教育部全国普通高等学校优秀教材（一等奖）

北京高等教育精品教材
BEIJING GAODENG JIAOYU JINGPIN JIAOCAI

新编21世纪法学系列教材
总主编 曾宪义 王利明

国际经济法

第六版

主 编 郭寿康 赵秀文 韩立余

撰稿人（以撰写章节先后为序）
郭寿康 韩立余 谢菁菁 朱 颖
金美蓉 张智勇 赵秀文

International
Economic Law

中国人民大学出版社
·北京·

内容简介

本教材力求阐明国际经济法的基本理论，并使之密切结合我国开展对外贸易和国际经济技术合作的实践，反映我国涉外经济立法与实践及国际立法与实践的最新发展动向。全书全面、系统地论述了国际经济贸易交易中所涉及的各种主要法律问题，包括国际贸易、国际投资、国际金融、国际反垄断、国际税收及国际经济贸易争议解决等内容，重点介绍与法学教育目的密切相关的国际经济法主要分支部门的法律现状。

本教材自2000年初版以来，多次修订、不断更新，本版在第五版基础上，更加简练实用，根据国际经济法理论以及实践的最新发展情况，及时更新修订，内容更加完善。

主编简介

郭寿康　中国人民大学法学院教授，博士研究生导师。2015年3月去世。

赵秀文　中国人民大学法学院国际仲裁研究所所长、教授、博士研究生导师，兼任中国国际经济法学会和中国国际私法学会常务理事，以及中国国际经济贸易仲裁委员会、世界知识产权组织仲裁与调解中心，新加坡、马来西亚等国家以及北京、深圳、珠海、香港等国内仲裁机构名册仲裁员。

韩立余　中国人民大学法学院教授、博士研究生导师，主要从事国际经济法教学与研究，兼任中国国际经济法学会副会长、中国法学会世界贸易组织法研究会副会长。

总序

曾憲義

在人类文明与文化的发展中，中华民族曾作出过伟大的贡献，不仅最早开启了世界东方文明的大门，而且对人类法治、法学及法学教育的生成与发展进行了积极的探索与光辉的实践。

在我们祖先生存繁衍的土地上，自从摆脱动物生活、开始用双手去进行创造性的劳动、用人类特有的灵性去思考以后，我们人类在不断改造客观世界、创造辉煌的物质文明的同时，也在不断地探索人类的主观世界，逐渐形成了哲学思想、伦理道德、宗教信仰、风俗习惯等一系列维系道德人心、维持一定社会秩序的精神规范，更创造了博大精深、义理精微的法律制度。应该说，在人类所创造的诸种精神文化成果中，法律制度是一种极为奇特的社会现象。因为作为一项人类的精神成果，法律制度往往集中而突出地反映了人类在认识自身、调节社会、谋求发展的各个重要进程中的思想和行动。法律是现实社会的调节器，是人民权利的保障书，是通过国家的强制力来确认人的不同社会地位的有力杠杆，它来源于现实生活，而且真实地反映现实的要求。因而透过一个国家、一个民族、一个时代的法律制度，我们可以清楚地观察到当时人们关于人、社会、人与人的关系、社会组织以及哲学、宗教等诸多方面的思想与观点。同时，法律是一种具有国家强制力、约束力的社会规范，它以一种最明确的方式，对当时社会成员的言论或行动作出规范与要求，因而也清楚地反映了人类在各个历史发展阶段中对于不同的人所作出的种种具体要求和限制。因此，从法律制度的发展变迁中，同样可以看到人类自身不断发展、不断完善的历史轨迹。人类社会几千年的国家文明发展历史已经无可争辩地证明，法律制度乃是维系社会、调整各种社会关系、保持社会稳定的重要的工具。同时，法律制度的不断完善，也是人类社会文明进步的显著体现。

由于发展路径的不同、文化背景的差异，东方社会与西方世界对于法律的意义、底蕴的理解、阐释存有很大的差异，但是，在各自的发展过程中，都曾比较注重法律的制定与完善。中国古代虽然被看成是“礼治”的社会、“人治”的世界，被认为是“只有刑，没有法”的时代，但从《法经》到《唐律疏议》、《大清律例》等数十部优秀成文法典的存在，充分说明了成文制定法在中国古代社会中的突出地位，唯这些成文法制所体现出的精神旨趣与现代法律文明有较大不同而已。时至20世纪初叶，随着西风东渐、东西文化交流加快，中国社会开始由古代的、传统的社会体制向近现代文明过渡，建立健全的、符合现代理性精神的法律文明体系方成为现代社会的共识。正因为如此，近代以来的数百年间，在西方、东方各主要国家里，伴随着社会变革的潮起潮落，法律改革运动也一直呈方兴未艾之势。

从历史上看，法律的文明、进步，取决于诸多的社会因素。东西方法律发展的历史均充分证明，推动法律文明进步的动力，是现实的社会生活，是政治、经济和社会文化的变迁；同时，法律内容、法律技术的发展，往往依赖于一大批法律专家以及更多的受过法律教育的社会成员的研究和推动。从这个角度看，法学教育、法学研究的发展，对于法律文明的发展进步，也有着异常重要的意义。正因为如此，法学教育和法学研究在现代国家的国民教育体系和科学研究体系中，开始占有越来越重要的位置。

中国近代意义上的法学教育和法学研究，肇始于19世纪末的晚清时代。清光绪二十一年（公元1895年）开办的天津中西学堂，首次开设法科并招收学生，虽然规模较小，但仍可以视为中国最早的近代法学教育机构（天津中西学堂后改名为北洋大学，又发展为天津大学）。三年后，中国近代著名的思想家、有“维新骄子”之称的梁启超先生即在湖南《湘报》上发表题为《论中国宜讲求法律之学》的文章，用他惯有的富有感染力的激情文字，呼唤国人重视法学，发明法学，讲求法学。梁先生是清代末年一位开风气之先的思想巨子，在他的辉煌的学术生涯中，法学并非其专攻，但他仍以敏锐的眼光，预见到了新世纪中国法学研究和法学教育的发展。数年以后，清廷在内外压力之下，被迫宣布实施“新政”，推动变法修律。以修订法律大臣沈家本为代表的一批有识之士，在近十年的变法修律过程中，在大量翻译西方法学著作，引进西方法律观念，有限度地改造中国传统的法律体制的同时，也开始推动中国早期的法学教育和法学研究。20世纪初，中国最早设立的三所大学——北洋大学、京师大学堂、山西大学堂均设有法科或法律学科目，以期“端正方向，培养通才”。1906年，应修订法律大臣沈家本、伍廷芳等人的奏请，清政府在京师正式设立中国第一所专门的法政教育机构——京师法律学堂。次年，另一所法政学堂——直属清政府学部的京师法政学堂也正式招生。这些大学法科及法律、法政学堂的设立，应该是中国历史上近代意义上的正规专门法学教育的滥觞。

自清末以来，中国的法学教育作为法律事业的一个重要组成部分，随着中国社会的曲折发展，经历了极不平坦的发展历程。在20世纪的大部分时间里，中国社会一直充斥着各种矛盾和斗争。在外敌入侵、民族危亡的沉重压力之下，中国人民为寻找适合中国国情的发展道路而花费了无穷的心力，付出过沉重的代价。从客观上看，长期的社会骚动和频繁的政治变迁曾给中国的法治与法学带来过极大的消极影响。直至70年代末期，以“文化大革命”宣告结束为标志，中国社会从政治阵痛中清醒过来，开始用理性的目光重新审视中国的过去，规划国家和社会的未来，中国由此进入长期稳定、和平发展的大好时期，以这种大的社会环境为背景，中国的法学教育也获得了前所未有的发展机遇。

从宏观上看，实行改革开放以来，经过二十多年的努力，中国的法学教育事业所取得的成就是辉煌的。首先，经过“解放思想，实事求是”思想解放运动的洗礼，在中国法学界迅速清除了极左思潮及苏联法学模式的一些消极影响，根据本国国情建设社会主义法治国家已经成为国家民族的共识，这为中国法学教育和法学研究的发展奠定了稳固的思想基础。其次，随着法学禁区的不断被打破、法学研究的逐步深入，一个较为完善的法学学科体系已经建立起来。理论法学、部门法学各学科基本形成了比较系统和成熟的理论体系和学术框架，一些随着法学研究逐渐深入而出现的法学子学科、法学边缘学科也渐次成型。1997 年，国家教育主管部门和教育部高校法学学科教学指导委员会对原有专业目录进行了又一次大幅度调整，决定自 1999 年起法学类本科只设一个单一的法学专业，按照一个专业招生，从而使法学学科的布局更加科学和合理。同时，在充分论证的基础上，确定了法学专业本科教学的 14 门核心课程，加上其他必修、选修课程的配合，由此形成了一个传统与更新并重、能够适应国家和社会发展需要的教学体系。法学硕士和博士研究生及法律硕士专业学位研究生的专业设置、课程教学和培养体系也日臻完善。再次，法学教育的规模迅速扩大，层次日趋齐全，结构日臻合理。目前中国有六百余所普通高等院校设置了法律院系或法律本科专业，在校本科学生和研究生已达二十余万人。除本科生外，在一些全国知名的法律院校，法学硕士研究生、法律硕士专业学位研究生、法学博士研究生已经逐步成为培养的重点。

众所周知，法律的进步、法治的完善，是一项综合性的社会工程。一方面，现实社会关系的发展，国家政治、经济和社会生活的变化，为法律的进步、变迁提供动力，提供社会的土壤。另一方面，法学教育、法学研究的发展，直接推动法律进步的进程。同时，全民法律意识、法律素质的提高，则是实现法治国理想的关键的、决定性的因素。在社会发展、法学教育、法学研究等几个攸关法律进步的重要环节中，法学教育无疑处于核心的、基础的地位。中国法学教育过去二十多年所走过的历程令人激动，所取得的成就也足资我们自豪。随着国家的发展、社会的进步，在 21 世纪，我们面临着更严峻的挑战和更灿烂的前景。“建设世界一流法学教育”，任重道远。

首先，法律是建立在经济基础之上的上层建筑，以法治为研究对象的法学也就成为一门实践性很强的学科。社会生活的发展变化，势必要对法学教育、法学研究不断提出新的要求。经过二十多年的奋斗，中国改革开放的前期目标已顺利实现。但随着改革开放的逐步深入，国家和社会的一些深层次问题，比如说社会主义市场经济秩序的真正建立、国有企业制度的改革、政治体制的完善、全民道德价值的重建、环境保护和自然资源的合理利用等等，也已经开始浮现出来。这些复杂问题的解决，无疑最终都会归结到法律制度的完善上来。建立一套完善、合理的法律制度，构建理想的和谐社会，乃一项持久而庞大的社会工程，需要全民族的智慧和努力。其中的基础性工作，如理论的论证、框架的设计、具体规范的拟订、法律实施中的纠偏等等，则有赖于法学研究的不断深入，以及高素质人才特别是法律人才的养成，而培养法律人才的任务，则是法学教育的直接责任。

其次，21世纪是一个多元化的世纪。20世纪中叶发生的信息技术革命，正在极大地改变着我们的世界。现代科学技术，特别是计算机网络信息技术的发展，使传统的生活方式、思想观念发生了根本的改变，并由此引发许多人类从未面对过的问题。就法学教育而言，在21世纪所要面临的，不仅是教学内容、研究对象的多元化问题，而且还有培养对象、培养目标的多元化、教学方式的多元化等一系列问题，这些问题都需要法学界去思考、去探索。

中国人民大学法学院建立于1950年，是新中国诞生后创办的第一所正规高等法学教育机构。在半个多世纪的岁月中，中国人民大学法学院以其雄厚的学术力量、严谨求实的学风、高水平的教学质量以及丰硕的学术研究成果，在全国法学教育领域处于领先地位，并开始跻身于世界著名法学院之林。据初步统计，中国人民大学法学院已经为国家培养法学专业本科生、硕士生、博士生一万余人，培养各类成人法科学生三十余万人。经过多年的努力，中国人民大学法学院形成了较为明显的学术优势，在现职教师中，既有一批资深望重、在国内外享有盛誉的法学前辈，更有一大批在改革开放后成长起来的优秀中青年法学家。这些老中青法学专家多年来在勤奋研究法学理论的同时，也积极投身于国家的立法、司法实践，对国家法制建设贡献良多。

有鉴于此，中国人民大学法学院与中国人民大学出版社经过研究协商，决定结合中国人民大学法学院的学术优势和中国人民大学出版社的出版力量，出版一套"21世纪法学系列教材"。自1998年开始编写出版本科教材，包括按照教育部所确定的法学专业核心课程和其所颁布印发的《全国高等学校法学专业核心课程基本要求》而编写的14门核心课程教材，也包括法学各领域、各新兴学科教材及教学参考书和案例分析在内，到2000年12月3日在人民大会堂大礼堂召开举世瞩目的"21世纪世界百所著名大学法学院院长论坛暨中国人民大学法学院成立五十周年庆祝大会"之时，业已出版了50本作为50周年院庆献礼，到现在总共出版了80本。为了进一步适应高等法学教育发展的形势和教学改革的需要，最近中国人民大学法学院与中国人民大学出版社决定将这套教材扩大为四个系列，即："本科生用书"、"法学研究生用书"、"法律硕士研究生用书"以及"司法考试用书"，总数将达二百多本。我们设想，本套教材的编写，将更加注意"高水准"与"适用性"的合理结合。首先，本套教材将由中国人民大学法学院具有全国影响的各学科的学术带头人领衔，约请全国高校优秀学者参加，形成学术实力强大的编写阵容。同时，在编写教材时，将注意吸收中国法学研究的最新的学术成果，注意国际学术发展的最新动向，力求使教材内容能够站在21世纪的学术前沿，反映各学科成熟的理论，体现中国法学的水平。其次，本套教材在编写时，将针对新时期学生特点，将思想性、学术性、新颖性、可读性有机结合起来，注意运用典型生动的案例、简明流畅的语言去阐释法律理论与法律制度。

我们期望并且相信，经过组织者、编写者、出版者的共同努力，这套法学教材将以其质量效应、规模效应，力求成为奉献给新世纪的精品教材，我们诚挚地祈望得到方家和广大读者的教正。

2006年7月1日

序言

法学教育是高等教育的重要组成部分，是建设社会主义法治国家、构建社会主义和谐社会的重要基础，并居于先导性的战略地位。在我国社会转型的新世纪、新阶段，法学教育不仅要为建设高素质的法律职业共同体服务，而且要面向全社会培养大批治理国家、管理社会、发展经济的高层次法律人才。近年来，法学教育取得了长足的进步，法科数量增长很快，教育质量稳步提高，培养层次日渐完善，目前已经形成了涵盖本科生、第二学士学位生、法学硕士研究生、法律硕士研究生、法学博士研究生的完整的法学人才培养体系，接受法科教育已经成为莘莘学子的优先选择之一。随着中国法治事业的迅速发展，我们有理由相信，中国法学教育的事业大有可为，中国法学教育的前途充满光明。

教育的基本功能在于育人，在于塑造德才兼备的高素质人才。法学教育的宗旨并非培养只会机械适用法律的"工匠"，而承载着培养追求正义、知法懂法、忠于法律、廉洁自律的法律人的任务。要完成法学教育的使命，首先必须认真抓好教材建设。我始终认为，教材是实现教育功能的重要工具和媒介，法学教材不仅仅是法学知识传承的载体，而且是规范教学内容、提高教学质量的关键，对法学教育的发展有着不可估量的作用。

第一，法学教材是传授法学基本知识的工具。初学法律，既要有好的老师，又要有好的教材。正如冯友兰先生所言："学哲学的目的，是使人作为人能够成为人，而不是成为某种人。其他的学习（不是学哲学）是使人能够成为某种人，即有一定职业的人。"一套好的教材，能够高屋建瓴地展示法律的体系，能够准确简明地阐释法律的逻辑，能够深入浅出地叙述法律的精要，能够生动贴切地表达深奥的法理。所以，法学教材是学生学习法律的向导，是学生步入法律殿堂的阶梯。如果在入门之初教材就有偏颇之处，就可能误人子弟，学生日后还要花费大量时间与精力来修正已经形成的错误观念。

第二，法学教材是传播法律价值理念的载体。好的法学教材不仅要传授法学知识，更要传播法律的精神和法治的理念，例如对公平、正义的追求，尊重权利的观念。本科、研究生阶段的青年学子，正处在人生观、价值观形成的阶段，一套优秀的法学教材，对于他们价值观的塑造和健全人格的培养具有重要意义。

第三，法学教材是形成职业共同体的主要条件。建设社会主义法治国家，有赖于法律职业共同体的生成。一套好的法学教材，向法律研习者传授共同的知识，这对于培养一个接受共同的价值理念、共同的法律思维、共同的话语体系的法律共同体，具有重要的作用。

第四，法学教材是所有法律研习者的良师益友。没有好的教材，一个好的教师或可弥补教材的欠缺和不足，但对那些没有老师指导的自学者而言，教材就是老师，其重要作用是显而易见的。

长期以来，在我们的评价体系中，教材并没有获得应有的注重，对学术成果的形式优先考虑的往往是专著而非教材。在不少人的观念中，教材与创新、与学术精品甚至与学术无缘。其实，要真正写出一部好的教材，其难度之大、工作之艰辛、影响之深远，绝不低于一部优秀的专著，它甚至可以成为在几百年甚至更长的时间内发挥作用的传世之作。以查士丁尼的《法学阶梯》为例，所谓法学阶梯，即法学入门之义，就是一部教材。但它概括了罗马法的精髓，千百年来，一直是人们研习罗马法最基本的著述。日本著名学者我妻荣说过，大学教授有两大任务：一是写出自己熟悉的专业及学术领域的讲义乃至教科书；二是选择自己最有兴趣、最看重的题目，集中精力进行终生的研究。实际上，这两者是相辅相成的。写出一部好教材，必须要对相关领域形成一个完整的知识体系，还要能以深入浅出的语言将问题讲清楚、讲明白。没有编写教材的基本功，实际上也很难写出优秀的专著。当然，也只有对每一个专题都有一定研究，才能形成对这个学术领域的完整把握。

虽然近几年我国法学教育发展迅速，成绩显著，但是法学教育也面临许多挑战。各个学校的师资队伍和教学质量参差不齐，这就更需要推出更多的结构严谨、内容全面、角度各有侧重、能够适应不同需求的法学教材，为提高法学教学和人才培养质量、保障法学教育健康发展提供前提条件。

长期以来，中国人民大学法学院始终高度重视教材建设。作为新中国成立后建立的第一所正规的法学教育机构，中国人民大学法律系最早开设了社会主义法学教学课堂，编写了第一套社会主义法学讲义，培养了新中国第一批法学本科生和各学科的硕士生、博士生，产生了新中国最早的一批法学家和法律工作者。中国人民大学法律系因此被誉为“新中国法学教育的工作母机”。半个多世纪以来，中国人民大学法学院为社会主义法制建设培养了大批优秀的法律人才，并为法学事业的振兴和繁荣作出了卓越贡献，也因此成为引领中国法学教育的重镇、凝聚国内法律人才的平台和沟通中外法学交流的窗口，并在世界知名法学院行列中崭露头角。为了对中国法学教育事业作出更大的贡献，我们有义务也有责任出版一套体现我们最新研究成果的法学教材。

承蒙中国人民大学出版社的大力支持，我们组织编写了本套教材，其中包括本科生用书、法律硕士研究生用书、法学研究生用书和司法考试用书四大系列，分别面向不同层次法科教育需求。编写人员以中国人民大学法学院教师为主，反映了中国人民大学法学院整体的研究实力和学术视野。相信本套教材的出版，一定能够为新时期法学教育的繁荣发展发挥应有的作用。

是为序。

2006 年 7 月 10 日

第六版修订说明

本教材于 2015 年出版第五版，按正常计划，2018 年应进行修订。2018 年中美贸易摩擦发生，导致这一修订计划推迟。当时只是想推迟一年左右，预期到时会有一个较为明确的结果，可以更好地修订教材内容。但之后发生的事情大大超出了预料。美国拜登政府重拾冷战思维。被视为世界贸易组织“明珠”的上诉争端解决机制因人去楼空而陷入瘫痪，世界贸易组织也面临着生死存亡的考验。投资者与东道国之间的投资条约仲裁机制，亦面临着合法性的挑战。世界进入了一个新阶段，国际经济贸易规则面临着大的变革，原来习以为常的规则需要重新审视。这为本教材修订提供了一个极为难得的机会和视角。

在中国国内，在习近平法治思想指导下，全面依法治国方略顺利实施，法治建设成就显著：2015 年通过《中华人民共和国国家安全法》，2019 年通过《中华人民共和国外商投资法》，2020 年通过《中华人民共和国民法典》和《中华人民共和国出口管制法》，2021 年通过《中华人民共和国反外国制裁法》。这些重要法律的制定和通过，代表着中国国内法治和涉外法治进入了一个新阶段，对国际经济法也产生重大影响。国际经济法的内容亟须更新，以反映这些新的成就和内容。

本教材的这次修订，虽然比计划推迟了几年，但反映了国际和国内最新变化，反映了更为全面的观点和视角。上述所说的内容和变化均已经体现在这次修订中。特别是，除了涉及《中华人民共和国民法典》和《中华人民共和国外商投资法》的重大更新，本次修订在结构上新增了“对国际经济活动的反垄断调整”一章，以更全面地反映国际经济活动的全貌，帮助学生了解、掌握更全面的知识框架和内容。

参加这次修订和撰写的人员有：

韩立余（中国人民大学法学院教授，法学博士）：导言，第一章至第九章，第二十二章和第二十三章；

谢菁菁（国际关系学院法律系副教授，法学博士）：第十章至第十三章；

朱颖（中国人民大学法学院助理教授，法学博士）：第十四章至第十五章；
金美蓉（中国人民大学法学院副教授，法学博士）：第十六章；
张智勇（北京大学法学院教授，法学博士）：第十七章至第十九章；
赵秀文（中国人民大学法学院教授，法学博士）：第二十章至第二十一章。
修订中难免有疏漏之处，请读者批评、指正。

韩立余
2022年3月5日

编写说明

国际经济法是近年来发展起来的调整国际经济关系的新兴法学学科，在我国则是伴随着对内搞活经济和对外实行开放政策的脚步而发展起来的。我国第一本公开出版发行的国际经济法专著就是由我院已故的刘丁教授撰写、中国人民大学出版社于 1984 年出版的。刘丁教授为我国的国际经济法的教学与研究作了开拓性的工作。十几年过去了，国际和国内经济关系及相关的立法所发生的重大变化，极大地丰富了国际经济法的内容。正因为如此，有关国际经济法的论著也像雨后春笋般地涌现出来，对国际经济法的研究也在不断深入。

为了适应我国高等院校国际经济法的教学与研究的需要，以中国人民大学国际法教研室为主的一些长期从事国际经济法教学与研究的中青年教师，集体编写了这本教材。本教材力求阐明国际经济法的基本理论，并使之密切结合我国开展对外贸易和国际经济技术合作的实践，反映我国涉外经济立法与实践及国际立法与实践的最新发展动向。本书比较系统地论述了国际经济贸易交易中所涉及的各种主要法律问题，包括国际贸易、国际投资、国际金融、国际税收及国际经济贸易争议解决等法律问题。书中引用的资料，一般均截至 1999 年 6 月。

本教材中的各位作者，虽尽心尽力，但由于学力的限制，不妥之处仍在所难免，敬请读者惠予指正。

全书由主编、副主编统一审校修改定稿。

编著者

1999 年 10 月

目录

第三编
国际投资法

第六编

国际税法

第七编

国际经济贸易争议解决法律制度

导 言

一、 国际经济法课程的孕育、 诞生和发展

从清末变法以来，一直到党的十一届三中全会实行以经济建设为中心和改革开放政策，在这一段漫长的岁月中，法学领域里从未听说过有国际经济法这样的课程，也没有在文献中见到过“国际经济法”这个术语。

党的十一届三中全会以后贯彻实行改革开放方针，对外经贸合作逐步展开，涉外法律法规逐步颁布施行，学术界也开始参加这方面的国际活动和修订国际经贸方面的条约、公约的工作。尤其是 1979 年 7 月 8 日颁布《中华人民共和国中外合资经营企业法》后，陆续制定了一些涉外法律法规，冲破了法学方面的许多“禁区”，形势发生了很大变化。本来，国际私法这门课程传统上就是讲冲突法，英国 A. V. Dicey 的名著就名为《冲突法》。美国的相应课程既包括国际私法冲突也包括各州之间的法律冲突，所以通常都命名为“冲突法”。国际私法究竟是国际法还是国内法，是私法还是公法，国内外学者争论很大。记得笔者在 20 世纪 40 年代听老前辈唐纪翔（嘉甫）先生的国际私法课程时，他第一句话就说：“国际私法者，国内公法也。”将调整涉外和国际民商事关系的条约和实体法放在国际私法课程中是否妥当，还需要进一步研究探索。到 20 世纪 80 年代初，调整涉外和国际民商事关系的实体法不断增加，而真正属于冲突规范的法律法规却还很少。直到 1985 年颁布《中华人民共和国涉外经济合同法》和 1986 年颁布《中华人民共和国民法通则》才打破了“适用外国法”这一“禁区”，我国正式有了冲突规范。在这种情况下，把《中华人民共和国中外合资经营企业法》等数量日益增多的调整涉外和国际民商

事关系的实体规范纳入国际私法课程中，颇有喧宾夺主、名不副实之感。也就是在这个时候，中央一些领导人的文章和讲话中开始出现经济法，这给我们很大启发。中国人民大学法律系的几位老教师开始酝酿是否可以将大国际私法的课程分为国际经济法和国际私法两门课来讲，国际私法主要讲冲突法，而国际经济法则侧重于国际统一实体规范的教学。于是我们分工合作，1981 年 10 月迅速完成了国际私法和国际经济法的教案编写工作，其中国际经济法油印出版，国际私法铅印出版，作为中国人民大学学生的校内用书。因此，中国人民大学自 1978 年复校以来，在全国率先将国际经济法和国际私法的教学区别开来。在南方，差不多同时，姚梅镇、周子亚、陈安等先生也开始提出和研究国际经济法，筹办了培训班。稍后，武汉大学以姚梅镇教授为首的教学集体，厦门大学以陈安教授为中心的教学集体，华东政法学院曹建明教授领导下的教学集体以及北京大学、中国政法大学、对外经贸大学等高等院校，陆续出版了一些国际经济法教材与专著，有些法学院校还设立了独立的国际经济法系或研究所。后来有些院校又将国际经济法与国际公法、国际私法合并为国际法学一门专业，但也有不同意见。① 将三门课程归并为国际法一门课程的，在法律高等院校中，还没看到。1987 年在姚梅镇教授和其他一些专家学者的积极努力下，成立了中国历史上第一个全国性的国际经济法学术团体——中国国际经济法学会，还出版了《国际经济法论丛》（后改名为《国际经济法学刊》）。曹建明教授还两次登上中南海的讲堂，为中央领导同志讲授国际经济法方面的专题。中国加入世界贸易组织（国际经济法特别是其中的国际贸易法的一个重大课题）一直是法律工作者以及全国人民关心的问题。2005 年，在中国法学会下设立了国际经济法学研究会，由沈四宝教授主持。总之，三十多年来，国际经济法这门课程和学科，从无到有，取得了令人瞩目的发展。

不必讳言，中国近现代法学教育及课程设置，如宪法、行政法、民法、民事诉讼法、刑法、刑事诉讼法、公司法、票据法、保险法、海商法以及国际公法、国际私法等，绝大多数都是从国外引进或受到西方国家和日本的重大影响。有意思的是，国际经济法这门原本应该是“洋气十足”的课程，在中国倒是适应改革开放的需要而自己摸索建立起来的，不是简单从外国“引进”的。以后了解到，外国也有国际经济法的教材和专著，但国外的法律院校在很长一段时间很少用这个名称开设课程，20 世纪 90 年代，西方国家才越来越多地出现国际经济法的著作、课程、机构和刊物。

譬如说，以美国为例，乔治城大学法学院于 1999 年 8 月成立了“国际经济法研究所”（The Institute of International Economic Laws，简称 IIEL），由著名的 John H. Jackson 任所长。Jackson 教授在受聘担任中国人民大学名誉教授的演说中提到该研究所进行了广泛研究活动，取得很大成绩。在国际领域，一些专家在 2006 年 11 月于美国布雷顿森林召开的一次会议上提出建立国际经济法方面的全球性组织的倡议，于 2008 年 7 月 15 日至 17 日在日内瓦成立了“国际经济法学会”（The Society of International Eco-

① 参见韩德培教授：《论国际公法、国际私法与国际经济法的合并问题——兼评新版〈授予学位和培养研究生的学科、专业目录〉中有关法学部分的修订问题》，载陈安主编：《国际经济法论丛》，第 1 卷，1～8 页，北京，法律出版社，1998。

nomic Laws，简称 SIEL)。

二、国际经济法的概念、学说和调整范围

国际经济法，作为一个独立的法律部门、学科和课程，学者们的看法并不一致，甚至相差甚远。各种独立的法律部门，一般都是一开始就提出该学科的概念，如民法是调整平等主体之间的财产关系和人身关系的法律规范的总和。① 尽管在表述上可能会有所差异，但在基本认识上是一致的。然而，对国际经济法的概念，不同的观点间存在很大的不同。不先把这些不同的看法讲清楚，就难以提出一个国际经济法的总的概念。

按照英国著名学者施米托夫的说法，"国际商法"在中世纪就出现了。"它是以商人习惯法的形式出现的，即事实上支配那些往返于商业交易所在的文明世界的各港口、集市之间的国际商业界普遍适用的国际习惯法规则。"② 也有人将国际经济法产生的时间推到更早，甚至一直到公元纪元以前。③ 历史上进入了资本主义时代，特别是 19 世纪后期和 20 世纪前期，国际经济贸易交往发展很快，规模也越来越大。相应的，国际经贸方面的条约、国内立法和国际惯例也大量增加。有些影响较大，甚至到现在以至将来仍然将发挥着重要作用，其中包括《保护工业产权巴黎公约》(1883 年，后经多次修订)，《保护文学艺术作品伯尔尼公约》(1886 年，后经多次修订)，《商标国际注册马德里协定》(1891 年，后经多次修订，还颁布了《商标国际注册马德里协定实施细则》并经多次修订，1989 年又签订了《商标国际注册马德里协定有关议定书》)，《统一船舶碰撞某些法律规定的国际公约》(1910 年)，《统一海上救助若干法律规则的国际公约》(1910 年)，《统一提单的若干法律规则的国际公约》(1924 年，简称《海牙规则》)，《统一国际航空运输某些规则的公约》(1929 年，简称《华沙公约》)，《统一汇票本票法公约》(1930 年)，以及《统一支票法公约》(1931 年) 等。国际贸易方面的重要惯例经国际商会整理于 1936 年首次颁布，名称为《国际贸易术语解释通则》(International Rules for the Interpretation of Trade Terms，简称 Incoterms，最新的修订本已于 2020 年生效)。国际法协会也于 1932 年制定了《华沙—牛津规则》，沿用至今。与此同时，国际统一私法协会于 1994 年制定了《国际商事合同通则》(后经多次修改，最近一次修订在 2016 年)。

第二次世界大战以来，国际经贸领域的双边和多边条约、国际组织的决议以及有关的国家立法大量涌现。有的西方学者认为这些规范构成国际经济法的组成部分④，并将年代追溯到第二次世界大战后期，也是有道理的。⑤ 第二次世界大战结束前夕，在美国的积极策动下，45 个国家于 1944 年 7 月在美国新罕布什尔州布雷顿森林签订了《国际货

---

① 参见《民法典》第 2 条。

② ［英］施米托夫著，赵秀文译，郭寿康审校：《国际贸易法文选》，4 页，北京，中国大百科全书出版社，1993。

③ 参见曹建明、陈治东主编：《国际经济法专论》，第 1 卷，55 页以下，北京，法律出版社，2000；陈安主编：《国际经济法学专论》(上编)，25 页以下，北京，高等教育出版社，2002。

④ 参见 Philip Kunig，Niels Lau，Werner Meng 编：《国际经济法·基本文件》(英文版)，2 版，XI 页，1993；P. Verloren Van Themat：《国际经济法变化中的结构》(英文版)，1981。

⑤ 参见 Philip Kunig，Niels Lau，Werner Meng 编：《国际经济法·基本文件》(英文版)，2 版，XII 页，1993。

币基金协定》和《国际复兴开发银行协定》。第二年正式成立了国际货币基金组织和世界银行，形成了“布雷顿森林体系”（Bretton Woods System）。1947 年 10 月，23 个国家又在瑞士日内瓦签订了《关税与贸易总协定》。这三项协定成为第二次世界大战后世界经济，特别是资本主义各国经济的三大支柱。然后，随着大批前殖民地和附属国家取得主权独立，要求改变符合西方发达国家利益的世界经济旧秩序，建立合理的世界经济新秩序的呼声，逐渐响亮地震撼国际舞台。

在 20 世纪 60 年代这方面的重大事件，包括联合国大会于 1962 年 12 月通过了《关于自然资源永久主权宣言》和 1964 年 3 月在日内瓦召开了第 1 届联合国贸易与发展会议，后来还被确认为联合国的常设机构，全名为 United Nations Conference on Trade and Development，简称为 UNCTAD。前者承认一切国家对其境内的全部自然资源都享有不可剥夺的永久主权，引进开发自然资源的外国资产，必须遵守东道国的法律，服从东道国的司法管辖，在一定条件下东道国政府有权对外国投资实行国有化和征用。后者在发展中国家推动下，逐步制定了有利于发展中国家的调整国际经济关系的一些新的规范，打破了发达国家在形成调整国际经贸关系的条约和规范方面包揽一切的局面。

在 20 世纪 70 年代，发展中国家要求改变国际经济旧秩序，建立国家经济新秩序的呼声更加高涨。在以 77 国集团为代表的发展中国家的倡议和积极努力下，在中国和其他国家的支持下，联合国第 6 届特别会议于 1974 年 5 月通过了《建立新国际经济秩序宣言》和《建立新国际经济秩序行动纲领》。同年 12 月 12 日，联合国大会又通过了《各国经济权利与义务宪章》。这种种努力和活动，当然遭到了旧经济秩序的维护者和既得利益者，特别是霸权主义者的抵制和反对。

与此同时，联合国、有关国际组织以及许多国家间，陆续制定了大量的调整国际经济贸易关系的公约和规范性文件。其中重要的有《关于国际货物销售统一法公约》（1964 年）、《关于国际货物销售合同成立统一法公约》（1964 年）、《国际货物买卖时效期限公约》（1974 年）、《联合国国际货物销售合同公约》（1980 年，CISG）、《联合国海上货物运输公约》（1978 年，简称《汉堡规则》）、《联合国国际货物多式联运公约》（1980 年）、《联合国国际汇票和本票公约》（1988 年）、《解决国家与他国国民之间投资争端公约》（1965 年）、《多边投资担保机构公约》（1985 年，简称《汉城公约》）、《承认与执行外国仲裁裁决公约》（1958 年，简称《纽约公约》）等。此外，还有属于国际惯例方面的《国际贸易术语解释通则》《跟单信用证统一惯例》以及具有示范性质的《国际商事合同通则》和联合国国际贸易法委员会《电子商务示范法》等。

正是在第二次世界大战结束以后，国际经济贸易方面的公约、惯例、国内立法、规范性文件以及法院案例大量涌现，学术界教学与研究工作为适应实践发展的需要也逐步发展起来。据资料记载，早在 1948 年英国伦敦大学就设置了国际经济法这门课程。① 后来，西方一些国家也陆续出版了国际经济法以及虽然不用国际经济法这一名称但实际上是讲这方面内容，如“跨国法”、“跨国经济法”以及“国际经济关系的法律问题”等的

① 参见周忠海：《国际经济关系中的法律问题》，7 页，北京，中国政法大学出版社，1993；曾华群：《国际经济法导论》，22 页，北京，法律出版社，1997。

教材和专著。在国际经济法的研究过程中逐渐形成了两种截然不同的学说——“狭义说”与“广义说”。

“狭义说”，也可以叫作“国际法分支说”。主张狭义说的学者几乎都是从事国际公法教学与研究工作的。他们认为，国际经济法是国际公法的分支，虽然传统的国际公法主要调整国家之间的政治、外交、军事等非经济关系，不直接涉及国家之间的经济关系。像从荷兰的格劳秀斯到英国的奥本海的早期著作中，都基本上没涉及国际经济问题。西方主张“狭义说”的学者与中国主张“狭义说”的学者都认为，作为国际法分支的国际经济法是调整国家之间、国际组织之间以及国家与国际组织之间经济关系的法律规范。因而，国际经济法的主体是国家和国际组织，不包括个人。在市场经济条件下，国家和国际组织很少亲自参与国际贸易等方面的关系，从而狭义国际经济法调整的国际经济关系也相应窄得多。主张“狭义说”的学者有英国的施瓦曾伯格、福克斯，法国的卡罗、朱伊亚尔和弗洛里，美国的沙赫特、亨金，德国的霍亨维尔登、艾尔勒，荷兰的范台玛（Verloren Van Themat）。我国学者史久镛和汪瑄也主张“狭义说”。譬如，施瓦曾伯格讲：“国际经济法是国际公法的一个分支；它涉及自然资源的所有权与开发、货物的生产与销售、经济或金融性质的无形国际交易、通货与金融、有关服务和从事这些活动者的地位与组织。”[①] 福克斯认为，国际经济法可以定义为调整国家、国际组织和其他国际机构（international means）相互间经济关系的法律。[②] 美国的沙赫特认为，“国际经济法广义来说，是指国家间经济关系的法律规则与程序”[③]。德国的霍亨维尔登认为，“国际经济法是指国际公法上那些直接关系到国际法主体之间的经济交往的规则”，它“仅是整个国际公法学科的一部分，但这是重要的部分”[④]。荷兰的范台玛认为，国际经济法是“关于跨国经济关系的国际公法（直接或间接地基于条约）的全部规范”[⑤]。史久镛先生所给的定义是，“国际经济法是国际公法的一个分支，它是国际经济秩序的法律方面，反映国际经济关系的法律秩序，其具体范围是与国际经济法活动的内容相符合的”[⑥]。

“广义说”，也可以称为“独立法律部门说”[⑦]。主张“广义说”的学者，不同意把国际经济法仅限于调整国家和/或国际组织相互之间的经济关系，从而也不同意将国际经济法只看作是国际公法的一个分支。第二次世界大战后，国际经济关系与相应的法律规范迅速发展。在和平时期，发展经济已成为各个主权国家面临的极其重要的任务。而世界经济的一体化和各国之间的经济交往与合作，也以空前的规模不断发展。在市场经济的条件下，各个国家的私人和公司积极参与国际经济贸易交往，占有非常重要的地位，此外，国家、国际组织也不享受豁免权地参与贸易和投资活动，在主体身份上它们同一般

① ［英］G. 施瓦曾伯格：《世界经济秩序》（英文版），4页，1970。

② 参见《国际经济法与发展中国家》，载［英］福克斯主编：《国际经济法系列丛书》（英文版），第2卷，22页，1992。

③ ［美］沙赫特：《国际法理论与实践》（英文版），300页，1991。

④ ［德］霍亨维尔登：《国际经济法》，载《海牙国际法学院讲演集》（英文版），第3册，1页，1986。

⑤ ［荷］Verloren Van Themat：《国际经济法变化中的结构》（英文版），9页，1981。这一定义为C. Parry和J. Grant于1986年出版的《国际法百科辞典》（英文版）所引用。

⑥ 史久镛：《论国际经济法的概念和范围》，载《中国国际法年刊》，1983，372页。

⑦ “独立法律部门”这一表述，只是对当时存在观点的概括，并不表示本书编者赞同这一观点。

法人的相同。而“狭义说”只将国家和国际组织作为国际经济法的主体，将个人和公司排除在外，那么大量存在且日益发展的调整私人和公司之间经济贸易的国际实体规范，从理论上讲，既不能纳入国内法，也不能包括在主要属于国际私法以及“狭义说”所主张的仅调整国家和/或国际组织之间经济关系的国际经济法中，则这一数量庞大且极其重要的国际经济关系及相应的法律规范岂不是无所归属了吗？这是人们不能不考虑的现实。“广义说”正是基于这种情况，把不同国家间的个人、法人以及国家和国际组织之间的经济关系都纳入国际经济法调整的范围，打破传统公法与私法的界限，把国际经济法看成是独立的新兴的法律部门。

国外主张“广义说”的代表人物，包括德国的哈姆斯（B. Harms）、彼特斯曼（E. U. Petersmann），美国的杰塞普、斯泰特、瓦茨、杰克逊、洛文费尔德以及日本的樱井雅夫和小原喜雄等。在这些主张“广义说”的学者之中，有些虽然没有使用国际经济法这一名称，而是使用跨国法、跨国法律等术语，但其实质上的含义是相同的。譬如，德国的彼特斯曼提出“国际经济的法律”（the law of the international economy），以区别于“经济的国际法”（the international law of the economy）。他认为国际经济的法律是“世界经济的民间、国家和国际规则的功能统一体”（a functional unity of the private, national and international regulations of the world economy）①。美国哈佛大学的斯泰特和瓦茨在惠赠给笔者的1986年版《跨国法律问题》（Transnational Legal Problems）中，把调整不同国籍私人间的投资、贸易法律关系的问题都包括在内。② 纽约大学的洛文费尔德在其多卷的系列教材中，将“国际私人贸易”和“国际私人投资”都以单独一卷出版。③ 美国的法学院大多设有“国际商务交往”（International Business Transaction，简称IBT）课程，其内容与广义国际经济法大体相当。④ 我国讲授与研究国际经济法的学者及其出版物大多数均主张广义说。⑤ 本书作者也持这种观点。

国际经济法，作为法律规范，可以理解为：调整不同国家的个人、法人、国家以及国际组织间被国家管理、管制的跨国财产流转关系的国际法和国内法的规范总和。⑥ 这样说来，国际经济法不是传统意义上的独立法律部门。至少，大家公认的是，国际法和国内法是两个不同的规则体系，国内法意义上的民商法和经济法、行政法也不认为是同一个法律部门。

“广义说”与“狭义说”之间的争论仍然在进行，一些从事国际公法研究的学者还反对将国际经济法作为一个独立的法律学科包括这么广泛的领域。国际经济法是一门新兴学科，尚待逐步完善与充实。不同意见的交流、讨论，甚至激烈的争论，对这门新兴学科的建立大有裨益。在我国，将国际经济法作为一门独立的法律学科，一个重要理由就

① ［英］福克斯主编：《国际经济法与发展中国家——导论》（英文版），第2卷，13页，1992。

② 参见［美］斯泰特、瓦茨：《跨国法律问题》（英文版），序言，19～20页，1986。

③ 洛文费尔德于1976年至1979年间主持编写了六卷本的《国际经济法》教材，影响颇大。1985年出第2版。1996年又开始出第3版。

④ R. H. Folson, M. W. Gordon 与 J. A. Spanogle 合著的 *International Business Transaction*，被美国许多法学院用作教材。

⑤ 刘丁、姚梅镇、陈安、曹建明、余劲松等教授编写的国际经济法教材，均采广义说。

⑥ 参见陈安：《国际经济法学刍言》，上卷，3页以下，北京，北京大学出版社，2005。

是适应改革开放的需要。我国日益广泛地参与国际经济贸易关系，在国际贸易总量方面居世界第二位，在引进外资方面好几年仅次于美国而居世界第二位。把调整如此大量而复杂的国际经济关系的规范，纳入国际公法不合适，纳入国际私法也不合适，纳入国内法更不合适。建立国际经济法这一门新兴学科，看来是一个可行的举措，已为日益众多的学者所接受。① 我们也认为，实践也证明，国际经济法是一门独立的法律学科。

随着国际经济法的发展和研究的深入，国际经济法也逐渐形成了许多分支。各个分支也陆续建立了单独的课程，主要有国际贸易法、国际投资法、国际金融法、国际税法、国际经济组织法、国际海商法、国际民事诉讼法和国际商事仲裁法等，包括调整国际经济关系的实体法规范和程序法规范。②

三、国际经济法的基本原则

国际经济法的基本原则，是指对国际经济法全部规范都有普遍指导意义，适用于国际经济法所有领域并为国际社会所普遍接受的原则。应该说，这些基本原则对于国际经济法规范的制定、理解和运用都具有重要的意义。然而，由于各国经济状况的差异和所处经济发展阶段的不同，对国际经济法基本原则的认识和理解也有很大区别。从《联合国宪章》到联合国大会一致通过或压倒多数通过的文件，以及多边国际经贸法律文件中，人们可以看到这些基本原则已被全体成员国或绝大多数成员国所承认。属于这一类的联合国文件有：联合国大会第6届特别会议于1974年5月一致通过的《建立新国际经济秩序宣言》和《建立新国际经济秩序行动纲领》，以及联合国大会于1974年12月12日以压倒多数通过的《各国经济权利与义务宪章》。③ 此外，像国际法协会于1986年8月在汉城（现译为首尔）召开的第62届大会的报告中所提出的调整国际经济关系的9项原则等，也是值得人们注意的重要文件。从上述这些文件中，我们可以归纳出国际经济法的

---

① 争论总是会有的，这也有利于学科的发展和进步。即便主张“广义说”的学者，也会在某些问题上有不同看法。譬如，有的著作将国际经济法定义为“调整自然人、法人、国家和国际组织在国际经济交往中所形成的各种法律关系的国内法规范和国际法规范的总称”（曹建明主编：《国际经济法学》，3页，北京，中国政法大学出版社，1999）。在笔者看来，调整“在国际经济交往中所形成的各种法律关系”，似乎范围太宽。“法律关系”是法律调整社会关系而产生的权利义务关系，而不好说这种权利义务关系再一次被法律规范调整。总之，这样的提法值得推敲。但是，这属于讨论、争鸣的范畴，总会有益于学科的建设，也不必强求一致。

② 国内外也有一些著作把属于冲突法的国际私法，部分地或全部地纳入国际经济法的范畴。譬如，美国的杰克逊和戴维于1986年出版的《国际经济关系的法律问题》一书的第二版就把国际贸易交往法分为三个层次，而将法律冲突（国际私法）放在第一个层次里（见该书第4页）。我国学者曾华群教授在其《国际经济法导论》一书中明确表明：以冲突规范为主要内容的国际私法，可进一步划分为用于调整涉外经济关系和调整涉外人身关系的冲突规范。前者属于国际经济法的范围（见该书第51页）。本书作者认为这一观点值得商榷。国际私法中大部分内容是用于调整含有涉外因素的经济关系的规范。调整含有涉外因素的人身关系的规范，如行为能力、婚姻等方面的冲突规范，只占国际私法的很少部分。把调整涉外经济关系的冲突规范也纳入国际经济法，就等于把国际私法的大部分纳入国际经济法，国际私法也就不再单独存在了。这种由国际经济法“吞下”起码是大部分国际私法内容的做法，就如同“大国际私法”“吞下”“国际经济法”的做法一样，有些膨胀了。此外，这也不符合国际上通常都承认国际私法的惯常做法。

③ 对《各国经济权利与义务宪章》投反对票的6个国家是比利时、丹麦、联邦德国、卢森堡、英国和美国，投弃权票的10个国家是奥地利、加拿大、法国、爱尔兰、以色列、意大利、日本、荷兰、挪威和西班牙。

以下几项基本原则[①]：

（一）国家主权原则[②]

联合国宪章的宗旨与原则中就规定了各会员国主权平等原则。旧金山制宪会议上第一委员会所提交的报告将这项原则解释为“国家都享有完全主权的固有权利”。

1962年12月14日联合国大会通过的《关于自然资源永久主权宣言》（第1803号决议）中就宣告：“各国必须根据主权平等原则，互相尊重，以促进各民族和各国自由有利行使其对自然资源之主权”；“侵犯各民族及各国对其自然与资源的主权，即系违反联合国宪章的精神与原则，且妨碍国际合作的发展与和平的维持”。

《建立新国际经济秩序宣言》中规定：“各国对本国的自然资源以及一切经济活动拥有完整的、永久的主权……这种权利是国家享有完整的永久主权的一种体现。任何国家都不应遭受经济、政治或其他形式的胁迫，阻挠它自由充分地行使这一不可让渡的权利。”这里应该强调的是，各国对一切经济活动拥有完整的、永久的主权。《各国经济权利与义务宪章》中也规定：各国对本国的全部财富、自然资源以及全部经济活动，都享有并且可以自由行使完整的、永久的主权，其中包括占有、使用和处置的权利。

正是基于国家经济主权的原理，《各国经济权利与义务宪章》规定：各国有权“将外国财产的所有权收归国有、征收或转移。在收归国有、征收或转移时，应由采取此种措施的国家给予适当的赔偿”。然而，霸权主义国家对于前殖民地、附属国以及一些发展中国家实行的国有化、征收等措施，极力反对，但它们也不得不承认这种措施是基于国家经济主权的合法行为。至于是“合理补偿”，还是“充分、及时、有效的补偿”，争论十分激烈。后面讲到国际投资法部分还要进行比较详细的剖析。

近期缔结的一系列国经贸协定明确国家规制权（right to regulate）是国家固有的权利，一些国际经贸投资案例也确认这一权利。国家规制权实质上是国家经济主权的另一种表述。

（二）平等、互利、公平原则

国家主权意味着国家间平等。《联合国宪章》确认了国家主权平等之原则。建立在主权平等基础上的国际经济关系，应当是互利的，也只有在互利的基础上才能可持续发展。平等互利是中国倡导的和平共处五项原则之一。基于国家主权原则，国家不分大小、强弱和贫富，在国际经济法面前一律平等。大国、强国、富国不能以大压小，以强凌弱，以富欺贫。《各国经济权利与义务宪章》规定的“国际经济关系的基本准则”中，就包括“一切国家主权平等”和“公平互利”。只有平等才能互利，不平等就谈不上什么互利。宗主国同殖民地、附属国之间没有平等可言，也就谈不上什么互利。同时，也只有互利才能达到真正的平等。如果只是形式上的平等，一方攫取大量利益而另一方却遭受严重经济损失，这就不是真正的平等。此外，互利也不能仅从眼前来看，还要从长远来看。

---

① 不同分析意见参见熊建明：《重构国际经济法基本原则体系之理由和尝试》，载《比较法研究》，2008（2）。

② 参见陈安：《国际经济法学刍言》，上卷，89页以下，北京，北京大学出版社，2005。

对发展中国家给予一定的优惠待遇和普惠制待遇，绝不是什么恩赐。发展中国家逐步摆脱经济困难，生产有所发展，生活有所改善，发达国家才能够面对有购买力的市场推销商品，取得利润。杀鸡取卵、竭泽而渔的做法，从长远来看，对己也并非有利。明智人士将会认真考虑，以取得双赢，即互利。

《建立新国际经济秩序宣言》序言指出，新国际经济秩序“应该建立在一切国家待遇公平（equity）……的基础上”。《各国经济权利与义务宪章》也宣告其基本宗旨（fundamental purpose）是“促进建立以一切国家待遇公平（equity）、主权平等、共同受益和协力合作为基础的国际经济新秩序”。当今世界，也存在对公平贸易的要求。

什么是公平？这是一个涉及意识形态的问题。不同的国家由于经济上的差异和所处经济发展阶段的不同，认识上会有很大区别。从广大发展中国家的切身利益出发，包括发达国家在内的许多有识之士都会认为逐步缩小以至消除发展中国家与发达国家之间的贫富悬殊状态，给予发展中国家一定的优惠待遇和普惠制待遇，是公平的。而一些死拖住旧国际经济秩序不放的人，则片面强调贸易自由化、市场准入，只顾自己发财，不管别人死活的做法，显然是不公正的。无视国际法和国际关系基本准则，动辄对其他国家实施经济制裁，也难称其是公平公正的。

（三）竞争与合作发展原则

和平与发展是人类当前面临的两大基本问题。国家要生存和发展，就需要维护主权、安全和发展利益。和平共处应是国际关系的基本原则。国家生存与发展，应通过竞争与合作的方式进行。竞争是国家生存与发展的内部动力，合作是国家生存与发展的外部条件。发展权是人权的一个重要组成部分。联合国大会于1986年通过了《发展权利宣言》，其中指出发展权是一项不容剥夺的人权。在通过这个宣言时，压倒多数的146个国家投赞成票，8个发达国家投弃权票，投反对票的只有美国。著名的国际法专家、曾经担任过国际法院院长的纳格德拉·辛格法官认为该宣言“不容置疑地确认发展权利是一项公认的国际法原则”①。

要发展经济，改善和提高人民生活，从外部条件来说，必须开展国际经济合作。历史证明，一个国家闭关自守，不与别国开展经济合作与交流，是很难发展经济的。《各国经济权利与义务宪章》中规定：国家合作以谋发展是所有国家的一致目标和共同义务，各个国家都应对发展中国家的努力给予合作，提供有利的外界条件，给予符合其发展需要和发展目标的积极协助，要严格尊重各国的主权平等，不附带任何有损它们主权的条件，以加速它们的经济和社会发展。所有国家有责任在经济、社会、文化、科学和技术领域进行合作，以促进全世界，特别是发展中国家的经济发展和社会进步。《关于各国依联合国宪章建立友好关系与合作的国际法原则宣言》强调了各国间相互合作的义务，指出各国不论在政治、经济及社会制度上有何差异，均有义务在国际关系各方面彼此合作。各国应在促进全世界尤其是发展中国家的经济增长方面彼此合作。

要实现发展权，谋求发展经济和改善人民生活，就需要开展国际合作与交流，互通

① 曾华群：《国际经济法导论》，211页，北京，法律出版社，1997。

有无，在合作与竞争的过程中实现优势互补。而开展国际合作又需要以互相尊重国家主权，贯彻平等、互利、公平原则为基础，否则也就实现不了国际合作；即使勉强建立了合作关系，也是维持不下去的。从这个角度来看，国家经济主权原则，平等、互利、公平原则和国际合作发展原则是紧密联系、不可分割的。如上所述，对于国际经济法的基本原则及其包含的内容，看法可能并不一致，但是应该说，对于我们上面所谈到的几个基本原则，大多数国家已经取得了共识。

四、国际经济法的渊源

如前所述，笔者认为国际经济法既包括国际法规范，也包括国内法规范。因而，这里所谈到的国际经济法渊源，将涉及国际经济条约、国际惯例、国际组织决议和规范性文件、国内涉外经贸立法以及法院判决和学说等。

（一）国际经济条约

国际经济条约是国家、国际组织间所缔结的调整其经济关系中权利与义务的国际协议。国际经济条约对缔约国有拘束力，适用“条约必须遵守”（pacta sunt servanda）这一国际法原则，从而是国际经济法的重要渊源。国际经济条约不必是专门调整国际经济关系中权利与义务的国际协议，一项国际协议只要含有调整国际经济关系中权利与义务的内容，就可以认为是国际经济条约。

重要的多边造法性国际经济条约有：《国际货币基金协定》（1944年）、《国际复兴开发银行协定》（1944年）、《建立世界贸易组织的马拉喀什协议》（1994年）、《联合国国际货物销售合同公约》（1980年）、《统一提单的若干法律规则的国际公约》（1924年）、《联合国海上货物运输公约》（1978年）、《联合国国际货物多式联运公约》（1980年）、《统一汇票本票法公约》（1930年）、《统一支票法公约》（1931年）、《保护工业产权巴黎公约》（1883年）、《保护文学艺术作品伯尔尼公约》（1886年）、《解决国家与他国国民之间投资争端公约》（1965年）、《多边投资担保机构公约》（1985年）、《承认与执行外国仲裁裁决公约》（1958年）、《统一国际航空某些规则的公约》等。

此外，还有大量区域性的多边国际经济条约和双边国际经济条约。

对于国际经济条约在国内的法律效力，各国规定不同，大致可分为两种情况：一种是无须任何手续，批准或加入的国际经济条约自动在国内生效（self-executing），从实践来看这种国际经济条约呈缩小趋势；另一种是批准或加入的国际经济条约必须以国内法形式公布以后才生效。

我国《民法通则》第142条第2款规定：中华人民共和国缔结或者参加的国际条约同中华人民共和国的民事法律有不同规定的，适用国际条约的规定，但中华人民共和国声明保留的条款除外。我国在加入世界贸易组织（WTO）前后，学术界深入讨论了这个问题，意见不一致；我国宪法中也没有明确规定。笔者认为，WTO规则并不要求成员方直接适用WTO各项协议。《建立世界贸易组织的马拉喀什协议》第16条第4款规定：“每一成员应保证其法律、法规和行政程序与所附各协定对其规定的义务相一致。”笔者认为，非直接适用，亦即“转化为国内法”适用是比较适当的。[①] 在我国“入世”前，对大量法律、法规的立、改、废就体现出这种精神。2020 年通过的《民法典》没有包括上述《民法通则》第 142 条的内容。

（二）国际惯例

国际惯例指在国际交往中经过长期实践、使用而逐渐形成的习惯性的行为规范。此处指国际经贸惯例或国际商业惯例。《国际法院规约》第 38 条第 1 款第 2 项规定，国际法的渊源之一为“国际习惯，作为通例之证明而经接受为法律者”（international custom，as evidence of a general practice accepted as law），此指习惯国际法。习惯国际法对任何国家都有约束力。而国际经贸惯例，作为商人习惯发挥作用。学界通常都承认，经国家承认或接受为法律的国际惯例是国际经济法的渊源。

一些重要的国际条约和国内立法都承认国际经贸惯例的规范性和拘束力。《联合国国际货物销售合同公约》第 9 条规定：（1）双方当事人已同意的任何惯例和他们之间确立的任何习惯做法，对双方当事人均有拘束力。（2）除非另有协议，双方当事人应视为已默示地同意对他们合同的订立适用双方当事人已知道或理应知道的惯例，而这种惯例，在国际经贸上已为有关特定贸易所涉同类合同的当事人广泛知道并为他们所经常遵守。我国原《民法通则》第 142 条第 3 款规定：中华人民共和国法律和中华人民共和国缔结或者参加的国际条约没有规定的，可以适用国际惯例。

某些非政府国际组织，如国际商会将一些国际经贸惯例编纂成文，形成《国际贸易术语解释通则》、《跟单信用证统一惯例》、《跟单托收统一规则》以及《不可抗力与艰难情势规则》等，为国际经贸界所广泛接受，影响很大。

（三）国际组织决议和规范性文件

国际组织决议和规范性文件，指国际组织尤其是政府间国际组织按照其宪章、章程规定的法定程序所制定的规范成员国之间权利义务关系的决议和法定文件。国际组织中由各成员国参加的最高权力机构，讨论其职权范围内的事项而通过的决议和制定的规范性文件，也是国际经济法的渊源。

对于联合国大会所通过的决议的效力，学术界存在不同的意见。按《联合国宪章》的规定，联合国大会的职权只限于讨论和建议，除涉及联合国内部事务的决议外，联合国大会决议都属于建议性质，因而不具有法律拘束力。也有学者认为，联合国大会决议至多属于尚未成熟到法律程度、不拥有制裁手段、只能施加舆论压力的“软法”（soft law）。但随着联合国实践的发展，国际法学界有越来越多的学者趋向于承认联合国大会决议的法律意义。当然，这也要具体分析。只具有建议性质以及仅对具体事项作出的决议，不能说具有普遍性的法律意义。但是，其中含有宣告国际法原则与规范内容的决议，应认为具有法律效力。英国著名的国际法学者劳特派特也承认，联合国大会决议“毕竟是联合国主要机构的法律行为，联合国成员有义务给予适当尊重”；他认为，各国对联合

---

① 参见曹建明主编：《WTO 与中国的司法审判》，250 页以下，北京，法律出版社，2001。

国大会决议负有自动的并要求给予充分效力的责任。①

为了建立国际经济新秩序，联合国大会于20世纪下半叶通过了一系列有深远历史意义的重要决议，如《关于自然资源永久主权宣言》（1962年）、《建立新国际经济秩序宣言》（1974年）、《建立新国际经济秩序行动纲领》（1974年）和《各国经济权利与义务宪章》（1974年）等。这些宣言、纲领和宪章，获得绝大多数会员国投票通过，反映或体现着正在形成中的国际经济法规范。尽管遭到少数发达国家反对，但在国际条约中约定和在国内法中规定后，成为国际经济法的渊源，其普遍而深远的意义是不能否认的。

（四）国内涉外经贸立法

按照广义国际经济法的观点，调整涉外经贸关系的国内立法，也是国际经济法的渊源。

实践中，各国调整涉外经贸关系的国内立法主要采取两种不同方式。一种是统一制，也可称为单轨制，指制定的国内经济立法，既调整涉外经贸关系，也调整国内经贸关系。西方发达国家无论是属于大陆法系还是属于英美法系都是这种情况。许多受西方法制影响的发展中国家也属于这一类。大陆法系国家大都有统一调整财产商贸关系的民法典。英美法系国家则有大量判例法以及成文法规，如美国的《统一商法典》《综合贸易与竞争法》，英国的《货物销售法》《公司法》《海上保险法》等。

另一种是分流制，即调整涉外经贸关系的国内立法与调整国内经贸关系的立法并存。一些发展中国家采用这种办法。我国从1978年施行改革开放政策以来，初期受国内计划经济影响很深，而调整涉外经贸关系更多考虑与国际通行做法接轨，从而形成了涉外经济立法与国内经济立法并存的局面，如《中外合资经营企业法》《中外合作经营企业法》《外资企业法》《对外合作开采海洋石油资源条例》《对外贸易法》《反倾销条例》《反补贴条例》等，都是调整涉外经贸关系的国内立法。但是，随着改革开放的扩大和深入发展，我国也出台了一些适用于国内外经贸关系的立法，如《公司法》等。2019年通过的《外商投资法》废止了原来的“三资企业法”，外商投资的企业组织形式等统一适用《公司法》或《合伙企业法》。也有一些原来属分流制的立法逐渐并轨而形成统一制，如原《涉外经济合同法》《经济合同法》《技术合同法》三法合一，形成统一的《合同法》（现已失效），既调整涉外经济合同关系，也调整国内合同关系。2020年通过的《民法典》所含的合同法规则统一适用于内外合同关系。

（五）法院判决

国际法院的判决、国际仲裁机构的裁决以及国内法院的判决和国内仲裁机构的裁决，有些在国际经济法上是很有价值的。

设在荷兰海牙的联合国国际法院从建立以来受理了的案件不断增多，其中就包括国际经济法方面的案件，如涉及外国投资的“巴塞罗那电车案”（Barcelona Traction Case）

① See Remigiusz Bierzanek, “Some Remarks on Soft International Law”, *Polish Yearbook of International Law*, Vol. 17, 1958, p. 33.

和涉及外国投资国有化的“ELSI 案”。然而，按照《国际法院规约》第 59 条的规定，国际法院的判决只对本案和本案当事人有拘束力。尽管如此，国际法院在适用和解释国际法时要对国际法的原则和规则加以认证和确定，而这种认证和确定在国际实践中是受到尊重的。①

国际仲裁机构，特别是 WTO 争端解决机构和解决投资争议国际中心（ICSID）的裁决，对国际经济法很重要。英国学者 R. Rayfuse 和 E. Lauterpacht 认为 ICSID 的裁决对国际投资法的实体内容和国际仲裁程序具有重要意义。②

国内法院判决，其法律效力则视其属于英美法系抑或属于大陆法系而不同。在隶属于英美普通法系的国家和地区（包括我国香港地区），上级法院判决中的判决要旨（ratio decidendi），按照遵循先例（stare decisis）原则对下级法院具有拘束力，属于国际经济法的渊源；在大陆法系国家和地区（包括我国澳门地区），则不是法律渊源，但对法院审理类似案件具有参考意义。

国内仲裁机构的裁决，则仅对本案享有拘束力，不是法律渊源。

（六）学说

《国际法院规约》第 38 条规定，各国权威最高之公法家学说，作为确定法律原则之辅助资料者，国际法院可以援引适用。在少数国家，如英国，当事人辩论和法院判决中常常援引法学家的学说，作为次要的法律渊源。在把学说规定为本国法的国家，如苏格兰，学说是法律渊源，但在绝大多数国家，学说不属于法律渊源，但对法律的解释和适用具有重要意义。

---

① 参见王铁崖主编：《国际法》，32 页，北京，法律出版社，1981。

② 参见 R. Rayfuse，E. Lauterpacht 主编：《ICSID 案件汇编》，Ⅸ页，Grotius 出版有限公司，1993。

1 PART ONE

|第一编|

国际经济法总论

第一章
国际经济法概论

本章概要

国际经济法是近年来发展迅速的、旨在调整国际经济关系的一门新兴的法学学科，涉及国际公法、国际私法和各国国内法等法律部门规范。国际经济法又是一门实用性很强的法学学科。在经济全球化的条件下，学习与研究国际经济法，首先要理解和掌握国际经济法的基本理论，其次就是要做到理论与实践相结合，了解国际经济立法与实践，特别是我国立法与实践中所涉及的国际贸易、国际投资、国际金融、国际税收和国际经济贸易争议解决的各种法律问题。

关键术语

经济全球化　国际经济法　国际公约　国际惯例　示范法

第一节　国际经济法概论

20世纪90年代以来，随着苏联的解体，第二次世界大战后持续多年的东西方“冷战”宣告结束。第二次世界大战后科学技术和交通、通信工具的迅猛发展，不仅促进了国际货物贸易的发展，也使国际服务贸易和技术贸易额成倍地增长。特别是20世纪60年代以来，随着信息产业和电子计算机及互联网的普及应用，世界各国空前紧密地联系在了一起：世界各国任何角落发生的事件，几分钟之内就能通过媒体传遍全球，整个世界变成了一个地球村。与此相适应，不同国家与地区之间的相互依存关系，特别是经济上的依存关系，前所未有地加强了。而所有这些，进一步加快了经济全球化的进程。无论人们是否喜欢经济全球化，经济全球化已经成为事实上不可逆转的历史潮流。

全球化（globalization）通常是针对国际社会所面临的共同问题。国际货币基金组织对全球化所下的定义是：“通过贸易、金融交易、技术转让、信息网络和跨国文化交流而在世界范围内所日趋形成的经济一体化。”① 随着国际贸易、国际金融、国际技术转让和信息网络技术的不断发展和跨国文化交流的空前发展，全球化进程正在不断加快，国家

① IMF, “World Economic Outlook”, May 1997, ch. 1.

之间在政治、经济等方面的相互依赖程度也在不断地提高。一个国家的经济生活、物质环境、国家安全及其存在与发展，均高度地，也许是越来越多地依赖于该国以外的行为者或这些行为者所采取的行为，而不是直接取决于该国政府。[①] 当然，也许这种提法有些过激，因为主权国家所采取的任何行动，归根结底应当由该主权国家自行作出，而不受其他国家的干预。但是，任何国家在制定其本国国内外政策时，不可能完全一意孤行，必须受制于国际大环境。因此，所有国家在作出重大决策时，均毫无例外地考虑到其他国家的情况和国际大环境对该国的影响。

一、 国际经济法对经济全球化条件下国际经济关系的调整

国际经济法以国际经济关系作为其调整对象，其所涉及的主题也比较广泛，因此，经济全球化向国际经济法提出了新的课题。随着经济全球化的不断深入，调整国际经济关系的法律规则也在不断地协调和统一。因为经济全球化的直接结果，就是全球市场的不断协调和冲突。无论是跨国公司的交易，还是国际贸易规则，包括调整不同国家国民之间的商事关系的法律规则、国家对不同国家当事人之间交易的管理和管制规则，以及调整国家之间的经济贸易规则，随着经济全球化的深入，其协调进程在不断地走向深入，同时引发新的冲突。第二次世界大战以后，特别是 20 世纪 60 年代以来，以国际公约、示范法为代表的调整国际经济贸易关系的国际立法日趋活跃，由政府间或者非政府间组织制定的调整国际经济关系的国际公约在国际经济贸易关系中发挥了重要的作用。

（一）国际公约对经济全球化条件下国际经济关系的调整

国际公约是主权国家之间订立的协议，对缔约国具有国际法上的拘束力。国家通过缔结国际公约的方式，承担国际法上的义务，进而对其国家主权自愿作出限制。随着经济全球化进程的加快，就调整国际经济关系的国际公约而言，无论是公约本身的数量还是公约缔约国的数量，都有了前所未有的增长。其特点如下：

1. 越来越多的国家成为已经存在的调整各国之间经济关系的国际公约的缔约国

一些旨在调整国际经济关系的存在多年的国际公约的缔约国数量不断增加，例如，已有一百多年历史的旨在保护知识产权的国际公约《保护工业产权巴黎公约》（简称《巴黎公约》），于 1883 年 3 月 20 日在法国巴黎签订，当时只有 11 个国家签署，而截至 2021 年 6 月，该公约缔约国已经有 177 个。1886 年 9 月 6 日至 9 日在瑞士伯尔尼举行的关于缔结国际版权公约《保护文学艺术作品伯尔尼公约》（简称《伯尔尼公约》）的外交会议上，参加会议的也只有 12 个国家：德国、比利时、西班牙、法国、海地、意大利、利比亚、瑞士、英国、突尼斯、美国（观察员）和日本（观察员），而截至 2021 年 6 月，该公约的缔约国已达到 179 个。[②] 又如，根据 1967 年 7 月 14 日由 51 个国家在瑞典首都斯德哥尔摩签署的《建立世界知识产权组织公约》而成立的、旨在在全球范围内保护知

① See Robert Dahl, *Democracy and Its Critics*, New Haven, Yale University Press, 1989, p. 319.

② 我国于 1992 年 10 月 15 日加入该公约。

识产权的政府间组织——世界知识产权组织（World Intellectual Property Organization，简称 WIPO），截至 2021 年 6 月，缔约国也已达到 193 个。①

2. 国家之间缔结的旨在调整国家关系的国际公约的数量也在不断增加

第二次世界大战后，在联合国的主持下，成立了一系列国际经济组织。世界贸易组织项下的一揽子协议就是最好的说明。继中国在 2001 年年底加入该组织后，截至 2021 年 6 月，世界贸易组织的正式成员已经达到 164 个。这些国家之间的贸易额，已经占到世界贸易总额的 90%以上。目前，有 100 个以上的国家参加的国际公约也不在少数，如《承认与执行外国仲裁裁决公约》《保护工业产权巴黎公约》《保护文学艺术作品伯尔尼公约》《建立世界知识产权组织公约》《多边投资担保机构公约》《解决国家与他国国民之间投资争端公约》等。这些公约均由政府间的国际组织制定，这些国际公约对于协调和统一各缔约国在相关领域内的国内立法，发挥了重要的作用。其他一些由国际组织制定的规范性文件，对于调整国际商事交易，同样发挥着重要的作用。

（二）国际惯例和示范法对经济全球化条件下国际经济关系的调整

国际商事惯例是在长期的国际商事交往中逐步形成的一般做法（general practices）。这些做法经国际组织或学术团体加以整理后，具有了固定的形式，如国际商会起草的《国际贸易术语解释通则》《跟单信用证统一惯例》《跟单托收统一规则》等，都是有关当事人在国际贸易中普遍适用的规则。这些规则的适用如此广泛，以至于“凡是从事国际贸易的商人都期待着与之订立合同的当事人都能切实遵守”②，而不论他们是否在合同中就有关当事人的权利与义务作了具体的规定。例如，CIF 合同中卖方承担安排运输和办理运输保险的义务，跟单信用证中开证行对符合信用证规定的单据承担无条件付款的义务，都是不言而喻的。无论有关合同是否专门对此作了明确的规定，这些国际商事惯例可以拘束国际商事交易的当事人的行为，已经成为国际贸易领域内普遍遵守的行为规则。

国际组织制定示范法，则是更为灵活的国际立法的方式。示范法不同于国际公约，它并不要求国家签署批准，但各主权国家的立法机构可以通过国内立法的方式，采纳某一特定的示范法。在采纳该示范法的过程中，还可以结合各有关国家的具体情况，对其进行这样或那样的修订。国际组织可以利用其成员来自不同司法制度国家的优势，在制定某一示范法的过程中充分考虑到不同司法制度国家的情况。这些示范法对于协调和统一各有关国家的国内立法的作用，也是不可低估的。特别是近几十年来，一些国际组织制定的以示范法为标志的国际立法文件，在国际上引起了广泛的反响。例如，由联合国国际贸易法委员会主持制定的《国际商事仲裁示范法》，对于协调和统一各国的仲裁立法，发挥了重要的作用。目前，该示范法已经被许多国家的立法机关采纳为各自国家的仲裁法。此外，联合国国际贸易法委员会还制定了其他一些供各国采纳的示范法，如 1992 年《国际贷记划拨示范法》、1994 年《货物、工程和服务采购示范法》、1996 年

① 我国于 1980 年 6 月 3 日成为该组织的正式成员国。

② ［英］施米托夫著，赵秀文译，郭寿康审校：《国际贸易法文选》，150 页，北京，中国大百科全书出版社，1993。

《电子商务示范法》、1997 年《跨国界破产示范法》、2001 年《电子签名示范法》，以及世界知识产权组织组织各国专家起草的 1978 年《保护计算机软件示范条款》等。此外，由国际统一私法协会主持制定的供各有关国家和当事人自愿采纳的《国际商事合同通则》，也具有示范法的性质。

由于示范法均为国际组织主持制定，因而具有代表性。这些示范法虽然不像国际公约那样对缔约国有拘束力，但可以作为协调和统一各国的有关立法和国际商事交易的一般原则；在一定的条件下，示范法既可以转化为国际公约或国际惯例，也可以转化为国内法。因此，示范法对于协调和统一各国有关国际经济贸易的立法发挥着积极的作用。

可见，无论是国际公约，还是国际惯例和示范法，对于协调和统一经济全球化进程中各种国际经济活动的参加者从事国际经济活动应当遵守的规则，发挥着重要的作用。

（三）国内立法在经济全球化条件下的地位和作用

在经济全球化的进程中，一国法律对国际经济活动的调整，主要是在该国境内或跨境进行的国际贸易、国际投资等国际商事交易和对此项交易进行管理和管制的活动方面。

一国立法机构在就上述活动进行立法的过程中，不可能不顾及国际上其他国家的相关做法，而只考虑该国的特殊情况。国内法在对境内或跨境的外国直接投资和其他国际经济合作进行管理的过程中，首先，要受到该国所缔结或参加的国际公约的约束。例如，如果某一国家是 WTO 的成员国，在其制定关税政策时，必须受到其在 WTO 协议项下的关税减让表的约束，对于那些列入减让表中的约束性关税，不得任意地提高，否则就要受到 WTO 成员的投诉。其次，还要考虑到相关的国际惯例。

各国在制定其他一些相关法律的过程中，如在制定合同法、知识产权法、仲裁法、公司法、票据法、证券法、保险法、海商法、国际私法等法律法规的过程中，也要顾及多数国家在这一领域中的立法原则。事实上，国际商事交往中广为适用的一些基本原则和规则，均在多数国家的国内法上有所反映。例如，当事人在订立国际合同时应当遵守的意思自治原则、诚实信用与公平交易原则，通过仲裁方式解决他们之间的合同争议等，在任何一个国家的国内法上，都能找到相关的规定。

需要指出的是，由于国际法与国内法的立法模式、实施机制等不同，从经营者的角度看，国内法的作用比国际法的作用要大得多。国家作为国际法的制定者、适用者，身兼运动员和裁判员两种角色，因此对国际法与国内法的关系应辩证地看待，要看到二者之间的互动性。

（四）国际经济法对经济全球化的调整

国际经济法是调整国际经济关系的法律规范的总称。这些法律规范是体现在国际公约、国际惯例和各国国内法中的调整国际经济关系的法律规则。在经济全球化的进程中，随着各国之间的经济依存关系的不断深入，各主权国家的国内立法与国际立法是相辅相成、互为补充的关系，其主要特点如下：

1. 国际公约适用范围的扩大和灵活性

国际公约传统上只对缔结或参加的国家有拘束力，因为它是国家之间的约定，约定的内容是国家政府间的事项。然而，近年来国家之间订立的国际公约，不仅约定政府间事项，还约束与国民权利义务相关的事项，不仅适用于缔约国政府，有的还直接适用于缔约国的国民（包括自然人和法人），甚至对那些没有参加公约的国民，在某些条件下也可以适用。

例如，1980 年《联合国国际货物销售合同公约》第 1 条第 1 款就该公约的适用范围作了如下规定，本公约适用于营业地在不同国家的当事人之间所订立的货物销售合同：（1）如果这些国家是缔约国；或（2）如果国际私法规则导致适用某一缔约国的法律。根据上述规定，一方面，该公约适用于营业地位于不同缔约国的当事人之间订立的国际货物买卖合同；另一方面，如果是在国际私法规则导致适用某一缔约国法律的情况下，公约也应得以适用。例如，两个非缔约国的国民之间订立的国际货物买卖合同约定，合同适用某一第三国的法律，而该第三国为公约缔约国，在这种情况下，根据公约第 1 条第（1）（2）项的规定，公约中规定买卖双方当事人的权利和义务的条文，也应当得以适用。同时，缔约国的国民也可以通过在合同中约定的方式，排除对该公约的适用；而非缔约国的国民，同样也可以通过在合同中作出约定的方式，选择适用公约中的规定。

又如，世界银行主持制定的《解决国家与他国国民之间投资争端公约》规定，如果东道国政府同意，外国投资者可以将他们与东道国政府之间由于直接投资而产生的法律上的争议，按照公约规定的条件，交由根据该公约设立的解决投资争议国际中心仲裁解决。欧盟设立的人权法院，也受理个人由于人权公约而提起的诉讼。所有这些都说明了，现代的国际公约不仅规范缔约国，其中许多还直接规范相关国家的国民、规范国民与政府间的关系。国际公约的适用范围在不断地扩大，在具体适用上也有一定的灵活性。

在各国的司法实践中，法院在某些情况下，也可以直接适用国际公约。例如，在承认与执行外国仲裁裁决的问题上，如果一国法院所在国为《承认与执行外国仲裁裁决公约》的缔约国，则法院在审理当事人申请承认与执行外国仲裁裁决的问题上，即可直接根据公约中规定的条件，或者承认与执行，或者拒绝承认与执行该外国仲裁裁决，履行公约项下的义务。

此外，一些传统上属于一国主权范围内的事项，如国家对国际贸易进行管理的规范，许多也通过国际公约的形式固定下来，进而国家在实施管理问题上的法律规范，也在不同程度地得到协调和统一。例如，WTO 协议对关税措施和非关税措施、知识产权的保护范围和标准，都作出了比较具体的规定。

2. 国内法与国际法相互渗透

在经济全球化的条件下，法律在调整国际经济关系的过程中，很难分清哪些属于国际法规范，哪些属于国内法规范。在法律规则对国际经济关系进行调整时，国际法与国内法是相互渗透、相互融合的关系。对于从事国际经济贸易活动应当遵守的行为规则，如诚实信用与公平交易原则，在国际公约、国际惯例和各国国内法上均有所体现。就此原则而言，很难说它究竟是国际法规范，还是国内法规范。

当然，各国国内法就相同事项的规定，在许多方面还存在差异。但就商事交易的基本原则而言，如当事人意思自治原则、诚实信用与公平交易原则、合法有效的契约应当忠实履行原则等，都是相同的。

由此可见，在调整国际商事交易的问题上，国际法和国内法已经融为一体，它们之间相互作用，互为补充。

3. 国际经济贸易组织在协调和统一国际经济法律规则中的独特作用

第二次世界大战以来，国际组织在维护国际秩序和安全方面发挥了巨大的作用。而在国际经济贸易方面的国际组织，包括政府间和非政府间的国际组织的作用，则更加突出。在政府间国际经济贸易组织方面，联合国国际贸易法委员会和世界贸易组织的成立及其所制定的国际公约和示范法，不仅在协调和统一调整平等当事人之间的经济贸易关系的“私法”方面，发挥了重要的作用，而且在协调和统一国家对国际经济贸易实施管理的“公法”方面，在维护国际经济贸易秩序方面，同样发挥了重要的作用。非政府间国际组织的作用同样不能低估。例如，有着近百年历史的国际商会，其所制定的调整国际经济贸易方面的买卖、银行业务、争议解决等方面的法律规则，对促进国际经济贸易惯例的形成与发展发挥着独特的作用。但要注意，政府间国际组织和非政府间国际组织制定的规范的法律效力是不同的，后者经由当事人选择而发挥作用。

二、国际经济法的概念

国际经济法是随着国际经济关系的发展而在第二次世界大战后形成的一个新兴的法学学科，是调整国际经济关系的法律规范的总称。

根据对国际经济法所调整的国际经济关系的不同理解，国内外的学者们对国际经济法存在两种不同的观点。

第一种观点认为，国际经济法调整国家或国际组织之间的经济关系，是国际公法的一部分。此观点将国际经济法视为“经济的国际法”。而对于不同国家的自然人、法人或其他组织之间的经济关系，则不属于国际经济法的调整范围。我们称此种观点为狭义上的国际经济法。

第二种观点则认为，从国际经济关系的实际情况出发，国际经济法所调整的国际经济关系不仅包括国家和国际经济组织之间的经济关系，而且还包括不同国家的自然人、法人或其他组织之间的经济关系。因为绝大部分具体的国际经济活动，如国际货物买卖、国际投资、国际技术转让、国际工程承包等经济活动，都是由具体的自然人、法人实施的。如果将这些人之间的经济活动排除在国际经济关系之外，不符合国际经济交往的实际情况。因此，国际经济法应当成为一个“独立的法律部门”，而不应当只是国际公法的一个分支。

目前，第二种观点已经广为接受，我国各高校法律院系的国际经济法教学均采用这一观点。[①] 本书接受国际经济法构成独立学科的观点，但对国际经济法构成独立法律部

① 余劲松教授主编《国际经济法学》（马克思主义理论研究和建设工程重点教材）认为国际经济法“是一个独立的、综合的法律部门”。参见余劲松主编：《国际经济法学》，2版，13页，北京，高等教育出版社，2019。

门的观点持怀疑态度。①

我们对国际经济法概念的表述是：国际经济法调整不同国家的自然人、法人及其他经济实体之间，国家和国际组织之间，以及他（它）们相互之间的经济关系，包括不同国家的平等当事人之间的经济交往关系、主权国家对此项交往进行管理和管制的关系，以及国家或国际经济组织就他（它）们之间的经济关系进行相互协调的关系。国际经济法是表现为一国范围内的涉外经济立法、国际公约和国际惯例中的法律规范的总称。

三、 国际经济法的特征

根据上述概念，国际经济法至少具有以下三个方面的特征。

首先，国际经济法的主体除了包括国家和国际经济组织，还包括自然人和法人。在国际经济交往实践中，自然人和法人是直接参与国际经济活动的当事人。国际贸易、国际技术转让、国际投资、国际金融等经济活动，主要是通过自然人和法人进行的，其中法人在国际经济交往中占有十分重要的地位，特别是跨国公司，尤为引人注目。国家作为国际经济法的主体，其主要作用是对国际经济活动进行管理与监督。而国际经济组织在国际经济活动中更多地发挥着协调各国调整国际经济活动的立法的作用，即通过组织起草有关的国际公约或示范法的方式，协调和统一各国调整国际经济活动的国内法。

其次，国际经济法的调整对象是广义上的国际经济关系，即超越一国范围的自然人、法人以及国家和国际经济组织之间的经济贸易关系、技术转让关系、投资关系、金融关系等经济关系。这些关系可以分为三个层次：第一，平等当事人之间的国际经济交往关系，即“横的关系”，如国际货物买卖、运输、保险、支付、合资经营、合作经营等。第二，国家对国际经济交往关系的当事人及其有关活动实施管理或管制的关系，即“纵的关系”。在此项关系中，国家与其所管理的当事人的法律地位不是平等的，二者之间是管理与被管理、管制与被管制的关系。例如，国家海关依法对进出口货物征收关税，外商投资管理部门对合作经营合同实施审批等。第三，国家或国际经济组织之间根据双边或多边国际公约或协定确立的国际经济关系，如贸易、投资、税收等方面的关系。

最后，国际经济法的规范，是一国调整涉外经济关系的立法，以及国际公约和国际惯例中的各种法律规范的总称。与国际经济法所调整的国际经济关系相适应，国际经济法的规范也可分为三个层次：第一，调整平等当事人之间的国际经济交易活动的“私法”规范，如合同中的规范，其特点是当事人在不违反有关国家的法律的情况下，自由地设定他们之间的权利与义务。第二，国家对当事人所从事的国际经济交易活动实施管理和管制的“公法”规范，这类规范一般属于“强制性”规范，即不是当事人通过协议即可改变的规范，如各国有关关税、所得税、外汇管理、商品进出口管理等方面的法律规范。对于此类规范，当事人只有遵守的义务，而无权自行作出改变。第三，调整国家或国际经济组织之间的国际法规范。这类规范主要为双边或多边国际公约或协定，以及国际惯

① 清华大学法学院车丕照教授曾专文探讨过国际经济法的“法”与“法”问题。参见车丕照：《国际经济法研究》，3～11页，北京，法律出版社，2015。

例中的规范。

通过以上对国际经济法特征的分析，我们可以得出如下结论：国际经济法有其独特的主体、调整对象和与此相适应的法律规范。国际经济法是否成为一个独立的法律部门，需要看如何定义“法律部门”。就国际经济法是众多类型的法律规范总称、既包括国际法又包括国内法而言，很难将其纳入传统法律部门范畴内。如果说国际经济法构成一个独立法律部门，也只能说是在非传统意义上构成一个“独立法律部门”。这种“独立法律部门”有一个“地域”意义上的调整对象，却没有自己的调整方法。

四、国际经济法的主体

国际经济法的主体是指国际经济关系的参与者。这些参与者在国际经济贸易中扮演不同的角色。这些参与者包括：

（一）自然人和个体企业

自然人指单个的个人，个体企业则为完全由个人出资并独资经营的企业。在我国，有一种被称为个体户的经营者。个体户独资经营，企业所产生的所有债权债务均由业主承担无限责任。个体企业经营如何完全取决于经营者的能力及个人的信誉，由于一个人的能力毕竟有限，其往往筹资困难。尽管国家法律并不禁止自然人和个体企业参与国际商事交易，但实践中只有少数个人或者个体企业参与国际商事交易。

自然人、个体企业的性质及权利能力和行为能力，一般取决于自然人所属国或者住所地国的法律，以及设立该个体企业的国家的国内法规定，如果他们在其他国家从事商事交易，也要受行为地国家法律的约束。

（二）法人

法人指依据特定国家的法律而设立的、拥有独立财产、以自己的名义承担民事权利义务的组织，如公司、企业或者其他经济实体或者社会组织。法人与自然人一样，属于特定国家的“国民”（national）。在各国经济交往中，双边或者多边条约给予外国人国民待遇或者最惠国待遇的有关规定中，外国人既包括具有外国国籍或者无国籍的自然人，也包括外国法人。而这里的外国法人，仅指根据特定国家的法律而设立的公司、企业或者其他经济组织。当然，外国法人能否在其本国或者外国从事特定领域内的国际商事交易活动，同样受到相关国家的法律的限制，包括法人所属国法律或者行为地国法律的限制。

“法人”可以在广义和狭义两种意义上使用。一种与自然人/个人相对应，包括各种非自然人形式的经济实体，如公司、合伙、协会等；另一种专指公司。使用时应注意具体语境下的含义。

（三）跨国公司

跨国公司又可称为国家多国企业（national multinational enterprise）或者国际多国

企业（international multinational enterprise）。根据《联合国跨国公司行动守则》对跨国公司的解释，跨国公司指“由分设在两个或者两个以上国家的实体组成的企业，而不论这些实体的法律形式和活动范围如何；这种企业的业务通过一个或多个决策中心，根据一定的决策体制经营，可以具有一贯的政策和共同的战略；企业的各个实体能对其他实体的活动施加重要影响，尤其是可以同其他实体分享知识、资源以及分担责任”。

跨国公司拥有雄厚的资本、先进的管理技术和信息网络，是世界商品的重要生产者和购买者、国际资本的主要拥有者和借贷者，也是国际一体化生产的核心组织者，其以内部分工使国际生产和营销一体化。这些跨国公司所垄断的自然资源和财富，使它们的财力和能量甚至超过了一些中小国家。一方面，跨国公司的资本、技术和管理经验可以给东道国的经济带来活力，使当地的消费者买到技术先进和价格低廉的商品，促进当地经济的发展。但另一方面，随着跨国公司对东道国经济的不断渗透，可能导致对东道国市场和资源的垄断。有的跨国公司甚至通过收买或培养代理人的方法插手东道国内政，直接参与策划推翻东道国国家政权的行动。

联合国经济暨社会理事会于 1974 年通过了成立跨国公司专门委员会的决议，设立了跨国公司中心，从 1977 年就开始起草对跨国公司实施监督的《跨国公司行动守则》，1982 年提交了有关草案的最后报告，但此后为修订守则草案进行了为期 10 年的谈判。由于各国对守则的内容、法律地位、其与一般国际法的关系等问题存在严重分歧，谈判实际上陷入僵局。从 1993 年起，有关跨国公司的事项移交给联合国贸易与发展会议处理，至今没有取得实质性的进展。

跨国公司这一称谓指在多个国家分设企业。一家国内企业跨国设立企业经营国际业务，即构成跨国公司。跨国公司由母公司和子公司或分支机构组成。母公司和子公司分属不同国家，分别属于投资国和东道国的国内法人，受各国国内法管辖。因此，跨国公司不具有国际法律人格。

（四）国家与国际组织

国家作为国际经济法的主体，其作用是多方面的。

首先，国家对国际商事交易活动实施管理。国家拥有主权，此项主权在国内是最高的，对外则是独立的，这是一般国民所没有的特权。国家利用其特权地位，制定法律并通过法律对国际商事交易活动实施管理，依法维护国内经济秩序。

其次，国家的另一职能，是与国际上的其他主权国家进行经济合作。其主要是通过共同协商、谈判的方式制定调整国家之间经济关系的双边或者多边条约，规范国际经济秩序。其中最重要的规则之一就是以世界贸易组织各项协议为代表的规范国家之间进行贸易活动与管理的世界贸易组织规则。这些规则成为调整国家之间的贸易活动或者与贸易活动有关的投资、知识产权保护所普遍适用的规则。

最后，国家可以以自己的名义与外国国民（法人）签订国际合同，如政府采购合同，或者与外国投资者签订特许协议，允许特定外国投资者在其特定领域内投资。为此，国家与外国国民都要受到二者所签订的合同条款的约束，承担合同项下产生的权利与义务，以及由于违约而引起的违约责任。

国家作为国际经济法主体所扮演的上述三种角色中，最重要的是前两种角色，也就是要维护国内经济活动和国际经济活动的依法进行，即作为国内经济秩序和国际经济秩序的维护者。

国际组织特别是国际经济组织也是国际经济法的重要主体。特别是在经济全球化的条件下，国际经济组织在制定国际经济贸易中的交易规则和国家之间经济交往规则以及促进国际经济发展中，发挥了和正在发挥着重要作用。我们将在第二章作专门介绍。

五、国际经济法与其邻近法律部门/学科的关系

（一）国际经济法与国际公法

我们可以从形式和内容两个方面理解国际经济法与国际公法的关系。形式上，国际经济法作为调整国际经济关系的法律规范总称，含有国际公法规范。内容上，国际经济法调整国际经济关系，调整国际经济关系的国际公法规范被纳入了国际经济法的范畴。例如，世界贸易组织法既被公认为国际经济法的内容，其作为国际条约这一形式又被认为属于国际公法的内容。因此，国际经济法与国际公法有着密切的联系。国际公法上的一些基本原则，如尊重国家主权原则、平等互利原则、条约必须遵守原则等，都适用于国际经济法。此外，在主体、调整对象和法律规范等方面，二者也有部分相同之处。然而，它们之间的区别也是显而易见的：国际公法的范围小于国际经济法的范围。首先，国际公法的主体主要表现为国家和国际组织，而国际经济法除了上述主体外，自然人、法人及其他经济实体，均可作为主体，而且还是非常重要的主体。其次，就二者的调整对象而言，国际经济法所调整的国际经济关系要比国际公法更为广泛，特别是自然人、法人之间的国际经济关系，以及国家与这些自然人和法人之间的国际经济关系，都不是国际公法所调整的对象。最后，二者的规范也是不同的。尽管国际经济法的规范也包括国际公约和国际惯例中的规范，但国际经济法的规范主要还是表现为一国的国内法规范，即一国调整平等当事人之间的国际经济交往的“私法”规范和国家对这些当事人之间的国际经济活动实施管理和管制的“公法”规范。上述这些区别与如何定义国际经济法有很大关系。有意思的是，国际公法教材较少包括国际经贸内容。实际上，就世界贸易组织法而言，它应该是国际公法的一个部门法。

（二）国际经济法与国际私法

国际经济法与国际私法有许多相同之处，如基本原则、主体、对象等。它与国际私法的主要区别是调整方法的不同：国际经济法所采用的是直接规定当事人权利与义务的规范的调整方法，而国际私法则通过冲突规范对当事人权利与义务实施间接调整。英美等国家将其称为“法律冲突法”或“法律适用法”，这更加符合国际私法的实际情况。国际私法就其实质而言，是一国的国内法，主要解决涉外民事关系的法律适用问题，其主要的规范则为间接调整当事人权利与义务的冲突规范。从国际经济法是调整国际经济关系的法律规范的总称这一定义看，国际经济法规范似应包括国际冲突规范，但从学科的

角度来看，一般认为这二者存在明显不同，一个侧重实体规则，另一个侧重程序规则。

（三）国际经济法与国内法

一方面，国内法本身是国际经济法的重要渊源。另一方面，在国际法与国内法的关系上虽然存在所谓直接适用和转化适用的分类，但基本趋势是通过国内法的实施来承担国际条约中所规定的义务，一些国际条约也有这方面的明确要求，这突出了国内法的重要性。就国内法而言，作为一个法律体系，国内法包括多个部门法，这些部门法都直接或间接调整着国际经济关系。国际条约在国内法律体系中的效力和地位，实乃宪法问题。在经济全球化和互联网经济大背景下，越来越多的经济活动跨越国境，成为国内法直接调整的对象。就经营者而言，国内法直接规定其权利义务、救济方式。一定意义上，国际经济法更具有国内法的色彩。

第二节 国际经济法的形成与发展

国际经济法是第二次世界大战后形成的一个新兴的、独立的法律部门/学科。国际经济法作为一个独立的法律部门/学科，并不是凭空产生的，也不是人们主观臆想出来的，而是社会发展的客观需要。

法律是调整社会关系的，任何法律部门的产生都基于一定的社会物质关系。早在1859年，马克思在其《〈政治经济学批判〉导言》中就指出，法的关系正像国家的形式一样，既不能从它们本身来理解，也不能从所谓人类精神的一般发展来理解，相反，它们根源于物质的生活关系。这就是说，只有当某种社会关系需要法律调整时，法才会产生。例如，如果没有当事人之间的经济关系的存在，就不会有经济合同的产生。同样，如果没有国际经济交往和商品交换，就没有大量调整此项交往和交换关系的法律规范，也就不会有国际经济法的产生。

国际经济法的形成与发展大体上经历了以下三个阶段。

一、自由资本主义时期到第一次世界大战之前

私法规范是调整平等当事人之间的商品经济关系的规范。人类社会发展到资本主义这一阶段，由于大机器生产的出现和先进技术的采用，商品经济得到了最充分的发展，资产阶级为其商品寻找出路，不得不奔走于全球各地，到处落户、到处创业、到处建立联系。

资产阶级，由于开拓了世界市场，使一切国家的生产和消费都成为世界性的了……过去那种地方的和民族的自给自足和闭关自守状态，被各民族的各方面的互相往来和各方面的互相依赖所代替了。[①] 与此相适应，调整各民族间的商品交换关系的法律规范主

① 参见《马克思恩格斯选集》，2版，第1卷，276页，北京，人民出版社，1995。

要表现为调整国际经济交往中当事人之间相互关系的私法规范，当事人相互之间自行设定他们的权利与义务，国家实行的是自由资本主义政策，一般也不干预他们之间的商事交易。19 世纪末，出现了少量的国际公约，如 1883 年《保护工业产权巴黎公约》、1886 年《保护文学艺术作品伯尔尼公约》、1891 年《商标国际注册马德里协定》等，以及国际货物买卖习惯法。

二、第一次世界大战后到第二次世界大战之前

第一次世界大战后，自由竞争的资本主义已经发展成为高度垄断的资本主义。一方面，工业资本和金融资本的结合，垄断组织的形成，使社会资本的集中和积聚达到了空前高度；另一方面，由于第一次世界大战后资本主义世界的经济危机，国际争夺原料和市场的贸易战更加激烈，一些资本主义国家为了保护本国的民族工业，高筑关税壁垒，实行贸易保护主义政策。为此，各国普遍制定了对进出口贸易实施管制的各类行政法规，加强了对本国经济的干预，出现了大量调整国家与私人之间关系的“公法规范”，如各国颁布的保护贸易和进出口管理的关税法、反垄断法、外汇管理法等法规。同时，这一时期调整国际经济关系的国际公约和国际惯例的数量也有了明显的增长，如 20 世纪 20 年代调整承运人与托运人和收货人之间权利与义务关系的 1924 年《海牙规则》（全称为《统一提单的若干法律规则的国际公约》）、1929 年《华沙公约》（全称为《统一国际航空某些规则的公约》）；由国际联盟主持制定的 1930 年《统一汇票本票法公约》、1931 年《统一支票法公约》；由国际商会主持制定的 1936 年《国际贸易术语解释通则》等。此外，许多国家之间还订立了调整双边贸易关系和其他商业关系的双边协议。这一时期各国制定的调整国际经济关系的公法规范和大量涌现的国际公约及国际惯例中的国际法规范，对于国际经济法的形成与发展，起到了积极的作用。

三、第二次世界大战后国际经济法的形成与发展

第二次世界大战后，国际经济关系发生了极为深刻的变化。国际经济法作为一个独立的法律部门/学科，正是在这一时期形成和发展起来的。第二次世界大战后国际经济关系的深刻变化，主要表现为以下几点。

首先，众多的发展中国家摆脱了帝国主义强加给它们的殖民统治，成立了自己的政府并享有主权。它们作为国际法的主体，积极参与国际交往，在其管辖范围内行使国家主权权力。它们在国际事务中发挥着日趋重要的作用。

其次，第二次世界大战后科学技术的迅速发展，促进了经济生活的国际化。各国在经济上相互依赖（economic interdependence）的程度日趋加深，进而使经济全球化和市场全球化（globalization）进程加快。

最后，第二次世界大战后一些国际组织，包括全球性和区域性组织的出现，对国际经济关系也产生了巨大的影响。联合国及其各专门机构及有关的组织，如世界知识产权组织、世界贸易组织、东南亚国家联盟、欧洲联盟、石油输出国组织、安第斯条约组织、

非洲统一组织等，在国际经济关系中起着重要的作用。在这些组织通过的调整国际经济关系的决议及其制定的有关国际公约和区域性公约中所形成的一系列国际经济交往的原则、规则和制度，是国际经济法的重要渊源。它们对于国际经济法的形成与发展，发挥了重要的作用。

综上，国际经济法的形成和发展的历史表明，各国间频繁的经济交往和商品交换，是国际经济法产生的物质基础，而大量出现的调整此类交往与交换关系的国内法、国际公约和国际惯例，是国际经济法赖以生存与发展的必要条件。

四、 国际经济法面临的新挑战

近年来，国际经济形势发生了重大变化。由于美国阻挠世界贸易组织上诉机构成员遴选，世界贸易组织上诉机构已经停止运行，世界贸易组织争端解决机制遭到重大侵害。世界贸易组织多哈回合谈判也无果而终。在国际投资领域中，投资者与东道国争端解决制度也面临着挑战，欧盟与一些国家努力推动建立国际投资法院，美国带头签署的《美墨加协定》一定程度上排除了投资者与东道国争端解决制度。2022 年 2 月发生的俄罗斯与乌克兰冲突，引发了许多国家对俄罗斯的多方面多领域的经济制裁，进一步强化了逆全球化趋势，各国都努力采取措施维护自己的本国利益。建立在国际经济贸易自由化基础上的国际经济法规则来到了一个十字路口。

这一百年未有之大变局仍在变动之中。中国也面临着来自一些国家的贸易投资限制，并遭受着来自美国、欧盟等经济体的经济制裁。中国国际经济法建设面临着新的使命。中国走向世界，以负责任大国参与国际事务，必须善于运用法治。在对外斗争中，我们要拿起法律武器，占领法治制高点，敢于向破坏者、搅局者说不。全球治理体系正处于调整变革的关键时期，我们要积极参与国际规则制定，做全球治理变革进程的参与者、推动者、引领者。①

第三节　国际经济法的体系和研究方法

一、 国际经济法的体系

国际经济法所涉及的国际经济关系的范围极为广泛，归纳起来，内容上主要包括国际贸易、国际投资、国际金融、国际税收及国际经济贸易争议解决等方面的关系，与此相适应，国际经济法可分为国际贸易法、国际投资法、国际金融法、国际税法等。尽管教材中没有反映，但国际反垄断法也应该属于国际经济法的内容。

国际经济法与其各分支之间的关系，是全体与部分的关系，即前者包括后者，后者为前者的组成部分。其中每一个独立的分支，都可作为一门单独的学科加以研究，这种

① 参见习近平：《论坚持全面依法治国》，225 页，北京，中央文献出版社，2020。

情况在实践中也已被采纳。本书只是对该学科所涉及的主要内容作一简要概述，使读者了解国际经济法的全貌。

本书共包括七编：

第一编为国际经济法总论，探讨国际经济法的起源与发展、国际经济法的基本概念和基本理论。

第二编为国际贸易法，涉及国际货物贸易、国际技术贸易和服务贸易及贸易管制中的法律问题，以及世界贸易组织的相关贸易规则，特别是与我国对外贸易管理相关的国际反倾销、反补贴和保障措施规则。

第三编为国际投资法，包括吸收利用外国投资和对外投资中的法律问题。

第四编为国际货币金融法，主要阐述国际贷款融资、债券和股票融资、项目融资中的法律问题。

第五编为国际反垄断法，主要讨论对跨越国境的国际垄断的法律规制，这一规制对国际经济活动产生了重大影响。

第六编为国际税法，主要探讨国际税收管辖权及其行使、国际重复征税与重叠征税、国际避税与逃税及其避免与防范措施等。

第七编为国际经济贸易争议解决法律制度，主要讨论国际经济贸易各主体之间的争议及其解决方式，包括解决平等当事人之间国际经济贸易争议所普遍采纳的选择性争议解决方法、国际商事诉讼和国际商事仲裁解决争议的方法，以及世界贸易组织解决国家之间贸易争议的方法和解决投资争议国际中心根据《解决国家与他国国民之间投资争端公约》解决政府与外国投资者之间争议的方法。

二、国际经济法的研究方法

我们研究国际经济法，一方面应当注重研究国际经济法的基本理论与实践，将注意力集中到具有普遍意义的调整国际经济关系的国际公约和国际惯例，及各有关国家的国内立法上；另一方面则必须立足于我国改革开放以来的国际商事交往及我国涉外经济立法与司法实践，包括我国近年来颁布的调整涉外经济关系的法律，我国缔结与参加的双边和多边国际公约，以及在实践中适用的国际惯例。在学习与研究国际经济法的过程中，应当注重采用以下方法。

1. 综合的方法

鉴于国际经济法是一个综合性法学学科，所涉及的规范既包括公法规范和私法规范，也包括国际法规范，因而在研究国际经济法所涉及的任何一种特定的法律关系时，均应对该特定法律关系所涉及的上述三种规范加以全面的考察，进而打破传统的公法与私法、国内法与国际法的界限，进行综合性的考察与研究。

2. 比较的方法

国际经济法涉及不同国家的国内法，包括这些国家的公法与私法，以及国际条约和国际惯例，因而在学习与研究的过程中，注意对各有关国家的立法与司法实践进行比较，从中找出一些规律，特别应当注重对那些有关的国际经济贸易组织制定的和各国在国际商事交易中普遍适用的法律原则与规则的研究。此外，国际经贸活动合规更要求遵守国别的相关法律。因此，在可能范围内，应了解、比较主要经济体的相关法律。

3. 理论联系实际的方法

我们学习与研究国际经济法的最终目的，是从法律的角度，更好地促进和加强我国与其他国家之间的国际经济贸易与合作关系，为我国的社会主义现代化建设服务。在建设社会主义市场经济的过程中，一方面应当借鉴各有关国家成功的经验和做法，另一方面更要与我国的涉外经济交往和涉外立法与司法实践相结合。特别注重我国自改革开放以来所颁布的涉外经济立法和我国缔结与参加的双边和多边国际公约，以及在国际经济交往实践中所适用的国际惯例。通过国际经济法的学习，掌握如何利用国际经济法的基本理论与实践中的一般做法的技能和技巧，并在此基础上能够对国际经济法所涉及的具体问题独立地进行较深层次的研究，提高解决所面临的国际经贸法律实际问题、为企业和政府提供更好服务的能力。

课堂讨论案例

中国某生产电了产品的民营企业经过30年的发展在技术研发方面在国际上处于领先地位，其产品不仅在国内畅销，在国际上也占有一定的份额。为了打破西方国家日趋明显的贸易保护，该企业打算在美国、欧盟成员国等国就地生产和销售。假设你是这家企业的法律顾问，你会为企业顺利实现其经营目标提出哪些法律方面的建议？

请结合本章内容，思考下列问题：

（1）采用什么样的组织形式到海外生产与销售企业产品？

（2）到海外投资设厂将要准备哪些法律文件？

（3）企业到海外投资，可能遇到哪些国内法方面的问题？

（4）实现企业的最终目的，会遇到哪些国际经济法方面的问题？

（5）如何在这一过程中保护拟到海外投资的国内企业的合法权益？

问题与思考

1. 国际经济法在经济全球化条件下的地位和作用是什么？

2. 如何理解国际经济法是一个独立的法律部门这一说法？

3. 结合你对国际经济法的理解，假定中国某公司拟向日本某公司出口家用电器，可能会遇到哪些法律问题？

第二章

国际经济组织

本章概要

国际经济组织是国际经济法的重要主体。国际经济组织既可以是主权国家或者区域性地方政府的政府间国际经济组织，也可以是由来自不同国家的民间团体、自然人或者法人组成的非政府间国际经济组织。其主要职能包括：制定和协调政策的职能，制定相关的法律规则的职能，行政与执行的职能以及解决国际经济贸易争端的职能。国际经济贸易组织对于促进世界经济发展和各国之间的国际经济贸易往来，发挥着重要的作用。

关键术语

政府间国际经济组织　非政府间国际经济组织　职能　作用

第一节　国际经济组织概论

一、国际经济组织的概念

国际经济组织是国际经济法的重要主体，它是指两个或两个以上的国家政府、民间团体、自然人或者法人为了实现共同的经济发展目标，通过一定的程序设立的具有特定经济贸易职能或者相关职能的跨国组织。

国际经济组织的主要特点如下。

第一，从国际经济组织的成员看，既可以是主权国家或者区域性地方政府的政府间国际经济组织，如国际货币基金组织、多边投资担保机构、世界贸易组织、联合国国际贸易法委员会、国际统一私法协会等；也可以是由来自不同国家的民间团体、自然人或者法人组成的非政府间国际经济组织，如国际商会、国际海事委员会等。

第二，从国际经济组织的设立程序看，它既可以通过协议的方式设立，也可以通过其他方式设立。例如，世界贸易组织是根据 125 个关税与贸易总协定成员在乌拉圭回合谈判结束时于 1994 年 4 月 15 日共同签署的《建立世界贸易组织的马拉喀什协议》设立的；而联合国国际贸易法委员会则是根据 1966 年 12 月 20 日联合国大会一致通过的第 2205/ XXI 决议设立的。而非政府间国际经济组织，则按照特定的章程及相关国家的法律，在某一特定国家设立，比如国际商会，就是在法国设立的。

第三，从国际经济组织的职能看，既可以是具有经济贸易职能的组织，也可以是与经济贸易职能有关的组织。具体而言，某一特定国际经济组织的具体职能由设立该组织的决议或者协议决定。例如，根据《国际货币基金协定》设立的国际货币基金组织，其主要职能是促进国家之间在货币领域的合作；而联合国国际贸易法委员会的主要职能，则是“通过与相关国际组织的合作，促进国际贸易法在全世界范围内的不断协调和统一”。

第四，国际经济组织具有独立的法律人格及独立的权利能力和行为能力。它们具有独立的订立合同的权利，取得和处置动产和不动产的权利，以及法律诉讼能力。其中，政府间国际经济组织及其官员在履行职务时，享有国际法上的外交特权与豁免，而非政府间组织则不具有此项特权与豁免。

二、国际经济组织的种类

国际经济组织可以有不同的分类，具体如下。

根据国际经济贸易组织成员身份的不同，可以分为政府间国际经济组织和非政府间国际经济组织。政府间国际经济组织的成员通常只能是国家，在某些情况下，政府间国际经济组织也可以作为另外一个政府间国际经济组织的成员。例如，在世界贸易组织中，欧盟组织中的各成员国是世界贸易组织的成员，欧盟作为一个区域性国际组织，同样在世界贸易组织中占有一席之地。此外，中国香港特别行政区也是世界贸易组织成员，这是基于中华人民共和国的同意所作出的一种安排。

非政府间国际经济组织的成员由不同国家的国民组成，这里的国民，既包括自然人，也包括法人，或者其他民间组织。例如，国际商会是世界上最大的国际商人组织，其成员既有国家会员（国家商会），也包括跨国公司、律师事务所，以及自然人。

根据国际经济组织所覆盖的地区的不同，可以分为全球性国际经济组织和区域性国际经济组织。全球性国际经济组织通常通过国家之间订立的国际条约设立，或者根据国际组织的相关决议设立。例如，解决投资争议国际中心，就是根据各国之间订立的《解决国家与他国国民之间投资争端公约》设立的；而世界贸易组织，是根据《建立世界贸易组织的马拉喀什协议》设立的。而区域性国际经济组织，则是根据某一地区的国家之间签订的协议设立的。例如欧盟，就是根据欧洲一些国家之间订立的《巴黎条约》《罗马条约》《马斯特里赫特条约》《里斯本条约》而设立、发展起来的。

三、国际经济组织的主要职能

在国际经济贸易中，国际经济组织的主要职能包括以下内容。

(一) 制定和协调政策的职能

这是国际经济组织的特有职能。特别是政府间国际组织，可以利用其成员为主权国家的优势地位，通过制定和协调特定领域内的政策，维护国家经济贸易交往秩序。例如，联合国项下的工业发展组织、贸易与发展会议等，在协调各国的工业与经济贸易发展政策方面，发挥相当重要的作用。而非政府间国际组织在协调和统一相关领域内的政策方面，也起到了很好的作用。例如，国际商会在协调和统一国际商业界的政策方面，具有举足轻重的地位。

（二）制定相关的法律规则的职能

在经济贸易全球化的条件下，无论发展还是竞争，都应当遵守一定的规则，否则就没有秩序。为了使国际经济贸易健康、有序地发展，必须运用权威性的游戏规则，还应当设立相应的机构，监督规则的实施。因此，由权威性的国际组织制定相关的法律规则并监督这些规则的实施，十分必要。政府间国际经济组织利用其成员为主权国家的优势和政府资源，以缔结国际公约的方式，规范国际经济贸易领域内的各项活动。例如，世界贸易组织在规范国家之间进行经济贸易的纪律方面，作出了突出的贡献；世界知识产权组织在促进各国保护知识产权方面，同样发挥了重要的作用。政府间国际经济组织还利用它们的优势，通过选派各国的专家在这些组织中工作，进而使这些组织在制定相关领域内的示范法时，充分考虑到不同发展阶段的国家和属于不同法律体系的国家的情况，因而它们起草的示范法更容易得到各国立法机关的采纳。例如，联合国国际贸易法委员会制定的《国际商事仲裁示范法》，已经被包括我国香港和澳门特别行政区在内的五十多个国家和地区的立法机关所采纳。非政府间国际组织在制定规则方面，也有其独特的作用，那些按照贸易客观发展规律和国际商事交易规律制定的规则，同样有可能被相关行业所普遍采纳。例如，国际商会制定的《国际贸易术语解释通则》和《跟单信用证统一惯例》，得到了各国从事国际经济贸易交易的自然人和法人的普遍遵守。

（三）行政与执行的职能

国际组织的权威和职能，主要是由设立该组织的国际公约或者相关章程赋予的，且通过特定组织的常设机构进行监督与执行。尽管国际上不存在凌驾于主权国家之上的诸如像国家法院、警察机构、监狱那样的强制性机构，主要依靠相关成员的自动执行，但是由制定特定规则的国际组织监督该规则的执行，对于该组织的成员而言，还是具有一定的威慑力的。

（四）解决国际经济贸易争端的职能

许多设立国际组织的公约都规定了由该组织负责解决由于公约的解释和履行而引起的争端，有的国际组织还设立了专门的争端解决机构。其中最有代表性的是世界贸易组织的争议解决机构（Dispute Settlement Body，DSB），该机构对于解决 WTO 成员之间由于世界贸易组织规则的解释和履行而发生的争议，维护多边贸易持续、稳定地发展，起到了关键性的作用。又如，根据《多边投资担保机构公约》第 56 条的规定，机构成员之间，或者成员与机构之间由于公约的解释和适用而产生的争议，受到特别影响的成员可以将争议提交董事会解决。成员对董事会的决定不服，还可以将争议的问题提交理事会处理。理事会的决定是终局的。而国际商会国际仲裁院在通过仲裁的方法解决国际商事争端方面所发挥的作用，同样不可低估。

第二节 全球性政府间国际经济组织

一、国际货币基金组织（International Monetary Fund，IMF）

1944年7月1日至22日，有45个国家参加的“联合国货币金融会议”在美国新罕布什尔州布雷顿森林召开，最终参会各国签订了《国际货币基金协定》。根据该协定，1945年12月27日在美国华盛顿成立了国际货币基金组织（简称基金组织），总部就设在华盛顿。基金组织于1947年3月1日开业，同年11月15日成为联合国专门机构。该组织作为各成员国金融交易的中介机构，负责监督管理国际货币体系的运行、管理基金、办理成员国购买外汇事宜等。

基金组织的宗旨是：（1）通过设置一常设机构就国际货币问题进行磋商与协作，从而促进国际货币领域的合作；（2）促进国际经济贸易的扩大和平衡发展，从而有助于提高和保持高水平的就业和实际收入以及各成员国生产性资源的开发，并以此作为经济政策的首要目标；（3）促进汇率的稳定，保持成员国之间有秩序的汇兑安排，避免竞争性货币贬值；（4）协助在成员国之间建立经常性交易的多边支付体系，取消阻碍国际贸易发展的外汇限制；（5）在具有充分保障的前提下，向成员国提供暂时性普通资金，以增强其信心，使其能有机会在无须采取有损本国和国际繁荣的措施的情况下，纠正国际收支失调等。围绕其宗旨，基金组织的主要业务包括：通过协调和磋商，监督成员国的汇率政策，提供政策建议；在成员国国际收支失衡时，为成员国政府提供贷款；向成员国政府和中央银行提供技术援助和培训。

《国际货币基金组织协定》经历了数次修改。其中，1976年对协定第4条的修改是根本性的，由此形成了所谓的牙买加体系，实现了从布雷顿森林体系的固定汇率制度到牙买加体系的浮动汇率制度的转变。从此之后，国际货币基金组织成员国可以自由浮动汇率。

中国是基金组织的创始成员国之一。自中华人民共和国成立后，中国的代表席位长期被中国台湾地区当局非法占据。1971年联合国恢复中华人民共和国的合法席位后，1980年4月1日，中国外交部致函基金组织，要求恢复中华人民共和国的合法席位。同年4月17日，基金组织执行董事会通过决议，恢复了中华人民共和国的合法席位。自2016年10月1日起，人民币作为第五种货币加入特别提款权货币篮子。

二、世界银行集团（World Bank Groups）

布雷顿森林会议产生了世界上最重要的两大国际金融组织，即国际货币基金组织和世界银行。世界银行的附属机构包括国际金融公司（International Finance Corporation,

IFC）、国际开发协会（International Development Association，IDA）、多边投资担保机构（Multilateral Investment Guarantee Agency，MIGA）和解决投资争议国际中心（International Center for the Settlement of Investment Dispute，ICSID）。世界银行和四个附属机构一起合称世界银行集团，世界银行集团中的每一个机构，同时也是一个相对独立的国际经济组织，履行不同的职能。这些机构均具有独立的国际法律人格，有权签订合同、取得并处理不动产和动产以及进行法律诉讼。这些组织及其工作人员在履行职务和参与诉讼时，在财产与资产、档案、税收等方面享有相应的外交特权与豁免。这些机构总部均设在华盛顿世界银行大楼内。其行政管理工作统一由世界银行负责。

世界银行集团是世界上最大的多边开发援助机构，对各成员国而言，也是最大的国外借贷机构。其宗旨是：通过提供资金、经济和技术咨询、鼓励国际投资等方式，帮助成员国，特别是发展中成员国提高生产力，促进经济发展和社会进步，改善和提高人民的生活水平。

（一）世界银行

世界银行又称国际复兴开发银行（International Bank for Reconstruction and Development，IBRD），根据1944年7月布雷顿森林会议通过的《国际复兴开发银行协定》于1945年12月27日设立。其宗旨是以提供长期贷款的方式，协助成员国政府、政府机构或政府所担保的私人企业解决用于生产目的所需要的资金，派遣调查团到借贷国调查及提供技术援助等。凡是国际货币基金组织的成员国，都可以成为世界银行的成员国。

中国是世界银行11个创始成员国之一。其合法席位曾长期被中国台湾地区当局非法占据。在1971年联合国恢复中华人民共和国的合法席位后，世界银行于1980年根据中国政府的请求，由董事会通过决议，恢复了中华人民共和国在世界银行的合法席位，同时也恢复了我国在国际金融公司和国际开发协会的成员国资格。

（二）国际金融公司

国际金融公司（IFC）根据世界银行于1955年5月25日制定的《国际金融公司协定》于1956年7月成立。只有世界银行的成员国，才有资格作为国际金融公司的成员国。国际金融公司具有独立的国际法律人格。

国际金融公司的宗旨是：在不需要政府担保的情况下，为成员国的私人企业发放贷款，并与私人投资者联合向成员国的私人生产企业投资。

（三）国际开发协会

国际开发协会（IDA）根据世界银行执行董事会于1960年1月26日制定的《国际开发协会协定》于同年9月24日成立。只有世界银行的成员国，才有资格作为国际开发协会的成员国。协会具有独立的法律人格。

国际开发协会的宗旨是：向最不发达的成员国的公共工程和发展项目提供长期贷款。其总部设在华盛顿，行政管理工作由世界银行承担。

（四）多边投资担保机构

多边投资担保机构（MIGA）根据世界银行于1985年10月在汉城（现译为首尔）举行的年会上通过的《多边投资担保机构公约》（简称《汉城公约》）设立，公约于1988年4月12日生效。公约的主要目的在于：建立多边投资担保机构，以便鼓励向发展中国家会员国融通生产性投资，为会员国间的海外私人投资提供担保；帮助发展中国家改善投资环境；同私人的、国家的或地区性的投资保险机构进行合作。

MIGA的目标是鼓励和促进向发展中国家会员国进行直接投资，以帮助、支持其经济发展，减少贫困，改善人民生活。为达到上述目标，MIGA对投资的非商业性风险予以担保，并开展合适的辅助性活动，以促进向发展中国家会员国和在发展中国家会员国间的投资流动。

MIGA提供担保的风险只限于非商业性政治风险，具体包括五种险别：货币汇兑险、征收或类似措施险、战争与内乱险、违约险和其他非商业性风险。MIGA在对担保权人支付或同意支付后，机构即代位取得担保权人在东道国所拥有的权利，有权向东道国和其他债务人进行求偿索赔。

中国于1988年4月28日批准该公约，4月30日向世界银行递交对公约的核准书，从而成为该机构的创始会员国之一。

（五）解决投资争议国际中心

解决投资争议国际中心（ICSID）根据1965年3月18日由世界银行提交各国政府在华盛顿签署的《解决国家与他国国民之间投资争端公约》（Convention on the Settlement of Investment Disputes Between States and Nationals of Other States，简称《华盛顿公约》）设立，目的在于为解决各缔约国和其他缔约国国民之间的投资争议，提供调解和仲裁的便利。

三、世界贸易组织（World Trade Organization，WTO）

世界贸易组织（WTO）根据125个关税与贸易总协定（GATT）成员在乌拉圭回合谈判结束时于1994年4月15日共同签署的《建立世界贸易组织的马拉喀什协议》（以下简称WTO协议）设立，总部设在日内瓦。

WTO是对GATT的继承与发展。其宗旨是：通过大幅度减让关税，取消各种贸易壁垒和歧视性待遇，实现贸易自由化；提高各国人民的生活水平，保证充分就业，保障实际收入和有效需求大量稳步增长；通过扩大货物和服务的生产与贸易，遵照可持续发展的目标和不同贸易发展水平国家的各自需要，促进世界资源的充分利用，并且确保发展中国家在国际贸易增长中得到与其贸易发展水平相适应的份额。

WTO规则是调整WTO成员管理国际贸易的行为规则的总称。这些规则不仅包括各成员方在WTO成立时订立的各项协议，也包括新成员加入议定书，各成员在货物贸易、服务贸易等领域内作出的相关承诺，以及在WTO存续期间通过谈判形成的对相关成员具有拘束力的各种法律文件。

根据 WTO 协议的规定，附件 1、2、3 所含协议（简称多边贸易协议）及相关法律文件，是该协定的组成部分，对所有成员有约束力。而附件 4 所含的协议（简称复边贸易协议）及相关法律文件，虽也构成该协定的组成部分，但仅对接受该协议的成员有约束力。世贸规则是 WTO 各成员方在多边贸易谈判中通过协商而达成的多边协议。随着国际经济贸易的发展，在 WTO 主持下由各成员方在新的回合就新的议题所进行的谈判中所形成的协议，如可能就贸易与环境、劳工标准等问题进行谈判并达成新的多边协议，同样构成世贸规则的组成部分。鉴于 WTO 的成员中绝大多数均为主权国家①，所以，世贸规则具有国际条约的性质，对各参加方具有国际法上的拘束力。

根据 WTO 协议第 3 条的规定，WTO 的主要职能是：

（1）促进 WTO 协议和多边贸易协议的执行、实施与运作并促进其目标的实现，并为复边贸易协议的执行、实施、运作提供框架。

（2）为 WTO 成员方在本协议附件各协议处理事项下的多边贸易关系提供谈判场所。若部长会议作出决定，WTO 还可以为各成员方之间进行的多边贸易关系的进一步谈判提供场所，并为该谈判成果的执行提供框架。

（3）负责管理实施本协议附件 2《关于解决争端的规则与程序的谅解》（简称《争端解决谅解》）。

（4）负责管理实施本协议附件 3《贸易政策审议机制》。

（5）为了更好地协调全球贸易政策的制定，应与国际货币基金组织、世界银行及其附属机构进行适当的合作。

WTO 的最高权力机构是由全体成员方代表组成的部长会议。部长会议负责履行 WTO 职责并采取必要行动，对任何多边贸易协议规定的所有事项均有权作出决定。在部长会议休会期间，其职责由全体成员方代表组成的总理事会履行。总理事会可以随时开会以履行《争端解决谅解》规定的争端解决机构的职责，以及《与贸易有关的投资措施协定》规定的贸易评审机构的职责。总理事会遵循共识决策的做法。总理事会下面设货物贸易理事会、服务贸易理事会与知识产权理事会，履行相关协议规定的职责。此外，部长会议设贸易发展委员会、限制国际收支失衡委员会及预算、财务和行政委员会，负责履行该协议和多边贸易协议规定的职责。

我国于 2001 年 12 月 11 日成为 WTO 的正式成员。

四、世界知识产权组织（World Intellectual Property Organization，WIPO）

世界知识产权组织（WIPO）是根据 1967 年在斯德哥尔摩签署的《建立世界知识产权组织公约》设立的政府间国际组织。公约于 1970 年 4 月 26 日生效。我国于 1980 年 6 月 3 日正式批准该公约，成为该组织第 90 个成员国。该组织自 1974 年 12 月 17 日起成

① 单独关税区也可成为 WTO 的成员，如欧盟，中国香港地区、中国澳门地区。我国台湾地区以“台澎金马单独关税区”的名义加入 WTO。

为联合国保护知识产权方面的专门机构，总部设在日内瓦。

WIPO 的宗旨是：通过国家间的合作促进在全世界范围内保护知识产权，保证各个联盟之间的行政合作。其主要职能有三个：注册职能，促进各国在管理知识产权方面的合作，以及组织知识产权领域内的开发与合作项目。

WIPO 的注册职能是各有关工业产权或知识产权国际公约赋予的行政管理义务。例如，WIPO 根据《专利合作条约》《商标国际注册马德里协定》《商标注册条约》《工业品外观设计国际备案海牙协定》等条约或者协定向有关国家的申请人申请国际专利、商标国际注册提供直接的服务，办理申请、检索、初审等事宜。

为促进知识产权管理方面的政府间合作提供援助，是该组织的另一重要职能。例如，该组织在 1975 年建立的专利情报与文献服务项目，免费向发展中国家的专利机关提供检索报告，检索费用由参加该项目的发达国家分担。此外，该组织还参与了非洲知识产权组织为满足讲法语的非洲国家的需要而建立的专利情报与文献中心的工作，以及讲英语的非洲国家工业产权组织建立的类似机构的工作。

此外，该组织通过设立工业产权开发合作的常设机构，负责定期或者不定期地举办各种技术开发与合作项目，旨在为发展中国家培训政府官员和私人企业的代表，组织起草新的法律规则，或者对现有法律规则进行修订，提供法律咨询与服务，建立和加强工业产权机构的工作，促进各国的技术革新与发明活动等。

该组织还设立了仲裁与调解中心，旨在通过仲裁与调解的方法，解决与知识产权有关的商事争议。

五、国际统一私法协会

国际统一私法协会（the International Institute for the Unification of Private Law, UNIDROIT）（以下简称协会）最早成立于 1926 年，当时是作为国际联盟的一个辅助性机构，在国际联盟解体后又于 1940 年根据多边协议——《国际统一私法协会章程》重新设立。该协会现在是一个独立的政府间国际组织，其总部设在罗马。成员国来自不同法律体系和地区，我国也是该协会的成员国。

协会的宗旨是在世界范围内协调和统一私法，促进各国和各多国集团之间私法规则的统一和协调，并制定可能会逐步被各个不同的国家所接受的私法统一规则。它主要致力于推进法律方面和立法技术方面的统一，而不过多地涉及“政治性”问题。

协会的组织机构由成员国大会、理事会、协会主席、秘书处和行政部等几个部分组成。成员国大会是协会的最高权力机构，由每个成员国各派一名代表组成，至少每年开一次大会。其任务是：每年审议一次协会的预算，每三年确认一次协会的工作计划，每五年改选理事会成员的 25%。理事会主要负责拟订协会的工作计划，确定实现章程所规定的各项目标的具体方法。协会主席由意大利政府指定，是理事会的当然成员。秘书处是协会的执行机构，负责实施各项工作计划。秘书处由秘书长领导，秘书长由协会主席提名并经理事会任命。行政部负责解决协会与其职员间的各种争议和纠纷。协会的正式语言为英语、法语、德语、意大利语和西班牙语，工作语言为英语和法语。

在确定某一课题是否纳入协会的工作计划时，理事会特别关注国际社会对该领域法律统一的需要程度，同时还要考虑在该领域协调各不同法系之间分歧的可能性。在选择统一法的类型和适用范围时也要考虑这些因素。目前已纳入协会的工作计划并正在进行调研的课题主要有：特许经营协议、检验合同、有关实施危险行为的民事责任、关于软件的法律问题等。

某一课题如被纳入了协会的工作计划，秘书处在专家的协助下将进行必要的准备性研究。研究主要侧重于对相关法律的比较，以及该项目的可行性，有时也会草拟一个初步的统一规则草案。该研究结果将提交理事会，如获理事会同意，则授权一个工作组正式起草规则草案。工作组由国际知名专家组成，在考虑工作组的构成时，秘书处会尽可能地兼顾各个不同法系的代表性。工作组完成起草工作后将文本提交理事会，理事会将授权秘书处组织政府专家委员会审阅。政府专家委员会由每个成员国指定一名或多名代表组成，一些对此感兴趣的非成员国也可被邀请作为观察员。政府专家委员会经过一轮或多轮审议后，将草案提交理事会批准，并将最后文本交由成员国外交大会讨论通过。

协会的其他活动主要有：(1) 向发展中国家和市场经济转轨的国家提供法律信息，并为其培训律师和专门的法律人才；(2) 设立研究基金，资助学者研究统一法及其实践；(3) 协会秘书处尽力举办各种培训班，宣讲私法统一所取得的成就，尤其是该协会的工作成果；(4) 举办国际法律研讨会；(5) 出版《统一法论坛》，这是继以前曾出版的《统一法年鉴》和《统一法案例》之后又一份成功的刊物。另外，协会的图书馆是欧洲主要图书馆之一，藏书达 220 000 册，还有不同国家出版的 550 种期刊，涉及私法的各个领域，特别是商法、国际私法和比较法。

协会自成立至今已经完成了七十多项研究和立法工作，涉及的领域主要有：有关货物买卖的法律、信贷法、货物运输法、与民事责任有关的法律、程序法和旅游法。

由协会制定并被其成员外交大会采纳的公约有：1964 年《关于国际货物销售合同成立的统一法公约》、1964 年《关于国际货物销售的统一法公约》、1970 年《旅游合同国际公约》、1973 年《国际票据格式统一法公约》、1983 年《国际货物销售代理公约》、1988 年《融资租赁公约》、1988 年《国际保付代理公约》、2013 年《中介证券实体规则公约》。

此外，协会还主持制定了 1994 年《国际商事合同通则》。该通则旨在为国际商事合同确定一般规则，用于解释或补充国际统一法律文件，也可用作国家或国际立法的范本。通则以示范立法的形式统一或协调法律。其颁布后被译成多国文字，协会又多次对该通则进行了修订和补充。通则中体现的诚实信用原则、公平交易原则等，得到各国国内立法的普遍认可。

协会参与制定的、由其他国际组织通过并正在生效的公约主要有：1954 年《战时文化财产保护公约》、1956 年《关于国际陆路货物运输合同的公约》、1958 年《关于承认和执行抚养未成年人义务判决的公约》、1959 年《关于强制投保机动车民事责任欧洲公约》（欧洲理事会）、1962 年《关于旅馆经营者对其住客财产的责任公约》（欧洲理事会）、1980 年《联合国国际货物销售合同公约》等。

六、联合国国际贸易法委员会

联合国国际贸易法委员会（United Nations Commission on International Trade Law，UNCITRAL，简称联合国贸法会）根据1966年12月20日联合国大会一致通过的第2205/ⅩⅪ决议设立，自1968年1月1日起开始工作。

在联合国贸法会的宗旨是在全世界范围内不断地协调和统一国际贸易法。其主要工作是：（1）协调国际贸易法领域内的相关国际组织的活动，鼓励相互间的合作；（2）促进更加广泛地参加现行公约和统一法及示范法的采纳；（3）准备和通过新的国际公约、示范法和统一法，促进国际贸易法典的编纂和更加广泛地采纳国际贸易术语、惯例和习惯性做法；（4）促进确保国际贸易法领域内的根据公约和统一法的统一解释适用的方法和手段；（5）收集和传播国际贸易法领域内的包括案例在内的各国国内立法和最新法律发展的信息；（6）建立和保持与联合国贸易与发展会议的密切合作；（7）与联合国的与贸易有关的其他组织和专门机构保持联系等。

在联合国贸法会成立之初，由联合国大会选出的29个国家组成，任期6年，名额按地区分配。1973年扩大到36名成员，成员来自不同地区和法系。每三年半数成员任期届满，委员会每年召开例会，例会轮流在维也纳和纽约举行。

联合国贸法会成立后，在协调和统一国际贸易法方面做了大量的工作。其起草的有关国际货物买卖、国际货物运输、国际商事仲裁、国际支付、电子商务、跨国破产等领域的国际公约、规则和示范法，对于协调和统一国际贸易法领域的法律规则，发挥了不可替代的作用。

由联合国贸法会负责管理和制定的相关国际条约和示范法如下①：

1. 货物销售方面

（1）《联合国国际货物销售时效期限公约》（1974年，纽约），经《1980年4月11日议定书》修正（维也纳）。

（2）《联合国国际货物销售合同公约》（1980年，维也纳）。

2. 争议解决方面

（1）《承认及执行外国仲裁裁决公约》（1958年，纽约）。

（2）《联合国国际贸易法委员会国际商事仲裁示范法》（1985年，2006年通过修正案）。

（3）《联合国国际贸易法委员会国际商事调解示范法》（2002年），经《联合国国际贸易法委员会国际商事调解和解产生的国际和解协议示范法》修正（2018年）。

（4）《联合国投资人与国家间基于条约仲裁透明度公约》（2014年，纽约）。

3. 政府订约方面

《联合国国际贸易法委员会公共采购示范法》（2011年）。

4. 银行业务和支付方面

（1）《联合国国际汇票和国际本票公约》（1988年，纽约）。

---

① 参见联合国大会文件，第A/CN. 9/843号，2015-05-04。

（2）《联合国国际贸易法委员会国际贷记划拨示范法》（1992年）。

（3）《联合国独立担保和备用信用证公约》（1995年，纽约）。

5. **担保权益方面**

《联合国国际贸易应收款转让公约》（2001年，纽约，）。

6. **破产方面**

《联合国国际贸易法委员会跨国界破产示范法》（1997年）。

7. **运输方面**

（1）《联合国海上货物运输公约》（1978年，汉堡）。

（2）《联合国国际贸易运输港站经营人赔偿责任公约》（1991年，维也纳）。

（3）《联合国全程或者部分海上国际货物运输合同公约》（2008年，纽约）。

8. **电子商务方面**

（1）《联合国国际贸易法委员会电子商务示范法》（1996年）。

（2）《联合国国际贸易法委员会电子签名示范法》（2001年）。

（3）《联合国国际合同使用电子通信公约》（2005年，纽约）。

七、其他一些政府间国际经济组织

除了以上列举的国际经济组织，还有一些政府间国际经济组织在促进国际经济发展的进程中发挥了同等重要的作用。这里仅列举以下政府间国际组织。

（1）联合国贸易和发展会议（United Nations Conference for Trade and Development，UNCTAD，简称联合国贸发会议），根据联合国大会决议成立于1964年，总部设在日内瓦。其宗旨是：促进成员国的贸易发展与国际贸易，特别是发展中国家之间的贸易和不同贸易制度与社会结构国家之间的贸易，制定与国际贸易和贸易发展相适应的原则和政策。UNCTAD主持制定了《联合国国际货物多式联运公约》《联合国国际技术转让行动守则》《限制性惯例示范法》《班轮公会行动守则公约》等法律规则。其在20世纪90年代转变职能后，主要集中于发展中国家经贸能力建设和信息搜集等。

（2）联合国工业发展组织（United Nations Industrial Development Organization，UNIDO，简称联合国工发组织），于1967年成立，总部设在维也纳，1986年1月1日起成为联合国专门机构之一。该组织的宗旨是：促进发展中国家工业的发展，协助建立新的国际贸易秩序，促进世界各国、各地区和各部门之间的工业发展与合作。

第三节　区域性政府间国际经济组织

一、欧洲联盟（European Union，EU，简称欧盟）

欧盟根据1991年欧共体12国在荷兰马斯特里赫特签署的《贸易与货币联盟条约》

和《政治罗马条约》（统称为《马斯特里赫特条约》，简称《马约》）设立。《马约》自1993年11月1日起生效。欧盟的前身是欧洲贸易共同体。目前，欧盟有27个成员国。总部设在比利时首都布鲁塞尔。

欧盟的宗旨是：通过设立一个没有内部边界的区域，加强贸易和社会联合，建立贸易与货币联盟并最终实现单一货币等途径，促进贸易和社会均衡、持续的进步；通过共同外交和安全政策（包括共同防务政策）的实现，维护欧盟的国际实体地位；通过采用欧盟公民资格，加强对成员国国民利益的保护。

欧盟的主要决策机构是欧盟理事会，由成员国各指定一名部长级代表组成。其主要职能是：在广泛的领域内与欧洲议会共同决定行使立法权；对各成员国的贸易政策进行广泛协调；代表欧盟与其他国家或国际组织签订国际协定；与欧洲议会共享预算权力；等等。

欧盟的执行机构是欧洲执行委员会，其主要职能是：向欧洲议会和欧盟理事会提出立法草案；负责实施议会和欧盟理事会通过的欧盟立法（指令、法规、决定）、预算和计划等；在国际上代表欧盟谈判等。

欧洲议会由成员国直接普选产生，议员名额按国家大小分配。其主要职能是：与欧盟理事会共同享有立法权；通过欧盟立法（指令、法规、决定）；与欧盟理事会共享预算权；对欧洲执行委员会的工作实施民主监督；等等。

欧洲法院是欧盟的司法机构。其主要职能是：解释《马约》，以及欧盟法规、决定、指令等；解决各成员国之间、欧盟各机构之间、欧盟与各成员国之间、法人之间、个人之间，以及它（他）们相互之间涉及执行欧盟法规有关的争议；行使欧盟行政法庭的职能；根据欧盟理事会或执行委员会的要求，在欧盟与外国或者其他国际组织签署的协定生效之前，提供咨询意见，以保证所签协议符合《马约》的有关规定等。

二、安第斯条约组织（Andean Pact Organization）

安第斯条约组织又称安第斯集团，是南美洲安第斯山地区发展中国家区域性经济贸易合作组织。1969年5月26日，玻利维亚、哥伦比亚、智利、厄瓜多尔和秘鲁五国在哥伦比亚卡塔赫纳签署《安第斯区域一体化协定》（后称《卡塔赫纳协定》），成立了卡塔赫纳协定委员会，1969年10月16日协定生效后，该委员会改称安第斯条约组织，总部设在秘鲁首都利马。

该组织的宗旨是促进成员国之间平衡和协调地发展，取消成员国之间的关税壁垒，组成共同市场，加速经济贸易一体化进程。安第斯集团的最高权力机构是卡塔赫纳协定委员会，由各成员国分别派一名全权代表、一名候补代表组成，每年召开3次例会。该委员会的主要职能包括制定总政策，批准所有成员国在协调发展计划和经济贸易政策方面都必须遵守的原则。技术委员会是该组织的技术和执行机构，由协定委员会任命的3名成员组成，任期1年。为了加速一体化进程，该组织于1978年建立了安第斯储备基金会以帮助成员国平衡国际收支，协调成员国的外汇、货币和财政政策。此外，该组织的机构还有安第斯议会、安第斯法院、安第斯开发公司、经济贸易和社会顾问委员会、外交部长理事会和总秘书处。

安第斯集团在1970年年底通过了《对待外资共同条例》，对外资投资范围、利润汇出比例、股权等方面都作了比较严格的规定。1987年5月安第斯集团在厄瓜多尔首都基多签署了修改《卡塔赫纳协定》的议定书，重新确定了自己的发展方向。议定书的主要内容为：放宽对外资投资范围的限制，大大提高汇出利润的比例；消除成员国之间的贸易保护主义，在议定书生效之后，哥伦比亚、秘鲁、委内瑞拉即实行免除关税的政策，玻利维亚和厄瓜多尔则可在议定书生效6个月之后开始减免关税，3年内每年减免5%；成员国之间可以自由发展双边贸易。

1989年5月下旬，安第斯集团五国首脑会议在哥伦比亚的卡塔赫纳举行，签署了《卡塔赫纳宣言》。宣言特别号召成员国立即取缔阻碍自由贸易计划实施的一切措施，加紧推广“比索”的使用，逐步使其成为地区的统一货币。宣言还鼓励和推动成员国与非安第斯国家以及政府间组织加强合作以促进拉丁美洲地区的发展。1996年3月，第8届首脑会议决定成立安第斯共同体。

第四节　非政府间国际经济组织

非政府间组织（Non-Governmental Organization，NGO）是指由政府以外的来自不同国家的成员组成的民间组织。在国际经济贸易交往中，其泛指政府以外的从事与国际经济贸易有关的活动的国际组织。在长期的国际经济贸易交往中，非政府组织在制定相关的交易规则和促进全球经济贸易发展方面，同样发挥了重要的作用。

与政府间国际组织相比，非政府间国际组织的主要特点是：第一，成员为政府以外的自然人、法人或者其他实体或组织。第二，非营利性，这些组织不同于专门从事经营活动并以追求利润为宗旨的跨国公司，这些组织所从事的是与促进国际经济贸易发展有关的工作，其通过各种方式参与和影响国际经济贸易活动。例如，制定相关行业的规则并监督此项规则的实施，解决国际贸易争议等。第三，这些组织根据特定国家的法律设立，有其各自的章程、组织机构、活动场所、办事机构等。

一、国际商会

国际商会（International Chamber of Commerce，ICC）是在1919年成立的为世界商业服务的非政府间国际组织，总部设在巴黎。其会员分为三种：第一种是国家商会会员，即每个国家的商会可申请成为该会的国家会员，组成国家委员会，如我国国际贸易促进委员会于1994年加入国际商会后即作为该会的国家会员。该会拥有来自一百三十多个国家的上千名公司和社团会员，在全球九十多个国家和地区设有国家会员。第二种是在国际上有影响的商业组织，这些商业组织遍及世界一百三十多个国家和地区。第三种是个人会员，如注册会计师、律师、教授等，只要愿意遵守该组织的章程，缴纳会费，就可成为该会个人会员。国际商会的宗旨是通过加强国际商业交往，促进世界贸易的繁荣与发展。

此外，联合国成立后第二年，国际商会即被授予最高级别的咨询会员的地位，为联合国许多专门机构提供咨询服务。该会设有多个专门委员会，涉及反腐败、仲裁、银行技能与实务、商业往来、商法与实务、竞争、海关与贸易规章、电子商务、信息技术与电信、经济政策、环境与能源、金融服务与保险、知识产权、市场营销、税务、贸易与投资政策、运输与后方勤务等领域，它们就上述领域内的政策与规则进行协调和统一。由该会主持制定的《国际贸易术语解释通则》《跟单信用证统一惯例》《跟单托收统一规则》《备用信用证惯例》《见索即付统一规则》等，对于协调和统一国际贸易规则和银行信用证付款规则，发挥了重要的作用。由该会在1923年设立的仲裁院在通过仲裁方式解决产生于国际商事交易中的争议方面，在世界范围内影响重大。

国际商会仲裁院不仅通过仲裁的方法解决了大量商事争议，还不断地扩展解决商事争议的其他渠道，制定了各种相关的规则。例如，1990年1月1日起生效的《仲裁前公断程序规则》(Rules for Pre-Arbitral Referee Procedure)，2001年1月1日起实施的《选择性争议解决规则》（ADR Rules)，2003年1月1日起实施的《专家解决争议规则》(Rules for Expertise)，2004年1月1日起实施的《ICC作为指定机构规则》（Rules of ICC as Appointing Authority)，以及2004年9月1日起实施的《争议解决委员会规则》(Dispute Board Rules）等，为当事人提供多种可供选择的解决争议方法。

二、国际海事委员会

国际海事委员会（International Maritime Commission，IMC）是一个非政府性组织，在1897年设立于比利时的布鲁塞尔。

根据国际海事委员会章程的规定，国际海事委员会由各国（或多国间）海商法协会组成。各个协会应遵循国际海事委员会的宗旨，其会员资格应向从事海事商业活动的人（个人和团体）或者海商法专家开放。各个会员协会应努力体现其协会中各种利益平衡的观点。如果一国没有设立海商法协会，但该国某一组织申请成为国际海事委员会会员，倘若国际海事委员会大会认定该组织的宗旨或宗旨之一是统一海商法、海事惯例和实践做法，则大会可接受其为国际海事委员会会员。凡该会章程中提到会员协会之处，都视为包括被接纳为会员的任何组织。除非大会作出另外决定，每一个国家只能有一个协会或组织成为合格的成员，多国间协会只在其任何一个成员国中没有会员协会时，才能成为合格会员。根据有关协会的提议，大会可任命协会中个人会员为国际海事委员会的名誉会员，但每一会员协会中国际海事委员会名誉会员最多为18名。此种任命应属于荣誉性质，并且作出此种任命应考虑候选人对国际海事委员会所作出的贡献及其在法律上或海运事务中所达到的地位。名誉会员不享有表决权。

国际海事委员会管理机构包括主席、大会和执行委员会。其中大会由国际海事委员会全体会员组成，会员协会和国际组织只能选派1名代表出席，并可有不超过2名的助手随同。大会应在每年3月举行一次会议，除非执行委员会决定在前半年其他日期召开，或者应主席、6个会员协会或秘书长请求在其他时间召开。会议通知至少应在开会前8

个星期发出。大会将处理的事项，包括任命空缺机构，应在会议通知的议题中列入，在出席大会的会员协会不反对此项议程时，大会可对没有列入议题的事项作出决定，但对国际海事委员会章程的修正除外。在大会上，出席大会的每一会员协会享有一票表决权。所有大会的决议应由到会并投票的会员的简单多数票通过。但是，对章程的修正案须由全体会员协会的多数票通过。如果修改章程的提案未能通过，大会可由简单多数票决定再次召开会议，但应不迟于开会前 8 个星期将开会事宜事先通知全体会员协会。在第二次会议上，决议可由到会并投票的会员的简单多数票通过。

大会的职能为：(1) 选举国际海事委员会官员和执行委员会成员，任命和罢免行政官员；(2) 接纳新的会员和观察员；(3) 确定会员向国际海事委员会缴纳费用分摊的比例；(4) 审核，并且如果认为适当，批准账目和预算；(5) 审核执行委员会的报告，发布国际海事委员会未来活动安排的通知；(6) 召集国际会议；(7) 修正章程等。

国际海事委员会的主席主持大会、执行委员会和国际会议。他是执行委员会任命的国际分委会和工作小组的当然成员。在秘书长的协助下，主席执行大会和执行委员会的决议；监督国际分委会和工作小组的工作；在对外事务，尤其是在与其他国际组织保持联系方面，代表国际海事委员会，确保国际海事委员会工作的持续和发展。

执行委员会是大会休会期间行使章程规定的权限的机构，其主要职能包括：与国际海事委员会的官员、会员协会、有关的政府间组织和其他国际性协会保持联系；组织准备相关文件，包括及时告知会员协会在统一海商法和实践做法的领域内的进展；告知政府间组织和其他国际性协会国际海事委员会对有关议题的观点；在国际海事委员会的宗旨范围内开展新的工作，指定分委会和工作小组承担有关工作并对其进行监督；征求专家对其所研究的法律问题的意见；扩大国际海事委员会会员的范围；编辑出版物；实施大会的决议，以及准备向大会报告所做的工作和所采纳的动议。

执行委员会法定成员为 5 人。但是，经征求所有会员的意见，执行委员会可不召开会议而作出决定。所有决定应以简单多数票通过。主席，或者在其缺席时，(执行) 秘书长，在双方票数相等时，应投决定性一票。执行委员会可以将其认为适当的工作委托给工作小组。此种工作小组应向执行委员会提交报告，但不向其他机构提交。

国际海事委员会应根据大会动议，至少每 4 年召开一次国际会议，讨论大会起草的议题。国际会议应由全体国际海事委员会会员和由执行委员会邀请的观察员参加。每一个有表决权的会员协会可派 7 名代表出席国际会议，不包括大会的该会员协会代表及其助手以及名誉会员。国际海事委员会的国际组织成员可以派 2 名代表出席国际会议。每一个会员协会具有一票表决权。国际海事委员会的其他成员或官员不享有表决权。一个协会不能委托另一个协会行使表决权。大会决议应由到会并投票的会员协会的简单多数票通过。

国际海事委员会自成立以来，制定了多项有关海事运输方面的国际规则，参加或者主持起草不少国际海事公约，并被国际社会接纳、生效，著名的如《约克—安特卫普规则》《海上避碰规则》《船舶碰撞中民事管辖权方面若干规定的国际公约》《维斯比规则》《电子提单规则》等。这些规则对于促进全球范围内海事私法规则的协调和统一，发挥了重要的作用。

三、国际咨询工程师联合会

国际咨询工程师联合会的全称是 Fédération Internationale Des Ingénieurs Conseils (FIDIC)，英文为 The International Federation of Consulting Engineer。[①] 总部设在瑞士日内瓦世界贸易中心。

该会成立于 1913 年，是国际咨询工程师的组织，在全球有 74 个会员团体（原则上每个国家有一个会员团体），代表一百多万咨询工程师的利益。此外，该会还包括其他会员。其宗旨是通过制定标准合同格式，规范行业标准，促进各国之间的商业交往和全球贸易的可持续发展。该会制定的国际工程承包合同格式，注意平衡发包人和承包人的利益，在世界范围内引起普遍关注，并得到相当普遍的采纳。

FIDIC 工程承包合同通常包括以下三类合同的共同条件：（1）建筑施工合同条件（conditions of contract for construction），又称红皮书（red book），即专门适用于承包建筑工程的合同条款，包括发包商和承包商都必须遵守的一般权利与义务；（2）设计施工合同条件（conditions of contract for plant and design-build），该合同条件除了包括适用于承包建筑工程的合同条款，还包括有关所承包工程的前期的勘察设计的内容，此项合同条件又称黄皮书（yellow book）；（3）交钥匙合同条件（conditions of contract for EPC/turnkey projects），顾名思义，该合同条件涉及所承包的工程项目的全过程，包括工程的勘察、可行性研究、规划、初步设计、技术设计、制定施工图、工程施工、设备安装、调试、人员培训，一直到开工生产，由承包人一包到底。

就一般的工程承包合同而言，通常包括如下条款。

（1）监理工程师和监理工程师代表权责条款：监理工程师经业主（发包人）任命并书面通知承包商，他是发包人的代理人，其主要职能是在履行合同的过程中，监察和监督工程的进展情况，对工程中采用的任何材料和工艺进行实验和审核，发出开工令，签发有关工程进度的证明，下达相关指令等。

（2）工程转让和分包条款：通常规定未经监理工程师或者发包人同意，承包人不得将其所承包的工程进行转包；或者经监理工程师或发包人同意而将工程转包后，承包人对分包人的违约或过失承担全部责任。

（3）承包商的一般义务条款：承包商应当按照合同规定，认真地实施和养护工程。

（4）竣工和推迟竣工条款：当工程按合同规定和监理工程师要求建成时，承包商应书面通知监理工程师并保证在维修期内完成剩余工作，由监理工程师签发相关证书或指示承包人完成哪些工作后才能获得相关证书。如果由于工程变更或遇到不利的自然条件或人为障碍需要延长工期的，也应当由监理工程师签发相关证明或指令。

（5）维修条款：在监理工程师签发证书后的一段期间内，承包商应当按照监理工程师的要求，对相关的工程缺陷进行维修。

（6）工程变更条款：在合同签订后，监理工程师认为必要的，可以作出更改工程的

---

① 该会的网址是 http://www.fidic.org。

指令，由此产生的相关费用由监理工程师酌定。

（7）索取追加费用条款：规定承包商每月向监理工程师提交一份清单，载明其认为有权向发包人请求支付的追加费用的具体情况，特别是根据监理工程师的指令所进行的额外工作的情况。

（8）支付条款：这是合同共同条件中最为重要的内容。对于一项建设周期长、耗资巨大的工程而言，工程款是分期支付的。一般而言，该条款包括以下主要内容。

1）预付款：工程开工前发包人应当向承包人支付的用于购置施工机械、原材料、工地办公设施等的款项，约为合同总金额的10%。

2）日常结算：通常为发包人每月向承包人支付的款项。此项费用可扣除承包人应当向发包人支付的款项，包括保留金、预付款的偿还部分等。保留金通常为每月应付款的5%至10%，但其总金额达到承包总额的5%时就不再扣留。保留金于竣工、维修开始和维修期满时各偿还1/2。

3）支付期限：自监理工程师签发结算单之日起若干天内发包人应当支付相关款项。

4）迟付利息：在发包人不按合同规定期限付款的情况下应当按工程所在国中央银行放款利率计息。

5）支付货币和兑换率：合同中应当就发包人支付的货币作出规定。如果以两种以上的货币支付，应规定支付的比例和它们的兑换率。

6）最后结算：承包人应当在维修证书签发之日起数日内向监理工程师提交最终结算单，并附上完工总价值证明文件及其他应得费用的证明。监理工程师收到最终结算单后在规定的期限内签发最终结算证书，发包人应当在最终结算证书签发之日起若干天内付清全部工程款。

（9）承包人违约条款：承包人必须按照合同规定和监理工程师的要求进行施工和维修。如果未经发包人或者监理工程师同意而转让合同、无正当理由不开工、使用不合格的原材料等，发包人有权根据违约情节要求损害赔偿，情节严重的，发包人有权解除合同，并请求损害赔偿。

（10）发包人违约条款：发包人在合同规定的期限内未向承包人支付工程款，干扰、拒绝签发付款证明，或者不能继续履行合同等，承包人有权追究发包人的违约责任，包括解除合同，并要求赔偿损失。

（11）特殊风险条款：由于承包人不能控制的原因而发生的风险，如战争、动乱、军事政变，对施工造成直接或者间接的影响的，承包人不承担责任。

（12）争议解决条款：如何通过争议解决机构和仲裁的方式解决合同当事人之间争议的条款。

四、其他一些非政府间国际经济组织

如国际法协会、绿色和平组织等民间团体，这些非政府组织的活动，对于建立公正的国际贸易秩序和促进国际贸易健康、有序地发展，同样发挥着重要的作用。

问题与思考

1. 简述国际经济组织的概念及种类。
2. 简述政府间国际经济组织在国际贸易中的作用。
3. 简述区域性国际经济组织在国际贸易中的作用。
4. 简述非政府间国际经济组织在国际贸易中的作用。
5. 简述国际商会在促进全球经济贸易中的作用。

2

PART TWO

| 第二编 |

国际贸易法

第三章

国际货物买卖法

本章概要

国际贸易法是一门古老的法学学科，并且不断发展。其调整范围由原来的商事交易关系扩大到贸易管理关系，由货物买卖扩大到技术贸易、服务贸易，性质上不再限于私法规范，也包括公法规范。

调整国际货物买卖的法律，包括国内法、国际惯例和国际条约。国际货物买卖合同是国际货物买卖合同当事人权利义务的基础，其特征、成立、基本条款及其解释，是应了解的基本要素。《联合国国际货物销售合同公约》调整合同的成立及买卖双方权利义务，但不调整合同的效力问题。该公约是默示适用公约，其对双方权利义务的规定不排除当事人的其他约定，只是在当事人没有约定或约定不明确时，公约提供了一个最低标准；同时双方的权利义务还应根据所使用的具体贸易术语来确定。损害赔偿是该公约规定的基本的违约补救措施，其规定可以补充中国合同法的不足。

关键术语

CISG　Incoterms　国际商事合同通则　数据电文　要约　承诺　要约邀请　承诺期限　FOB　CIF　CFR　船舷　装运合同　到货合同　权利担保　货物相符　根本违约　非债务人所能控制的障碍　预期违约　宣告合同无效　赔偿救济　实际履行　减价　货物特定化

第一节　调整国际货物买卖的法律规则

一、调整国际货物买卖的国际公约

国际货物买卖合同一般都离不开国内法的调整，在选择某一国的国内法作为买卖合同的适用法律时更是如此。世界上许多国家都有单独的买卖法来调整买卖合同，但不同国家法律对同一事项往往有不同的规定。统一调整国际货物买卖的法律规范一直是世界各国、各种贸易团体所追求的目标。国际社会在这方面作出了不懈的努力。最有代表性的是联合国国际贸易法委员会制定的《联合国国际货物销售合同公约》（CISG）。

1980 年 4 月 11 日通过、1988 年生效的《联合国国际货物销售合同公约》，是在国际统一私法协会 1964 年制定的《关于国际货物销售的统一法公约》（ULIS）、《关于国际货物销售合同成立的统一法公约》（ULF）的基础上制定的。

《联合国国际货物销售合同公约》适用于国际货物销售合同。国际货物销售合同应具备国际性、货物销售、销售合同等要件。

公约具有默示适用的特点。营业地位于不同国家的当事人之间所订立的货物销售合同，如果这些国家是缔约国，或因国际私法规则而导致适用某一缔约国的法律，则该合同可以适用公约。但双方当事人可以约定不适用公约，或减损公约的任何规定或改变其效力。如果当事人有一个以上的营业地，则以与合同及合同的履行关系最密切的营业地为其营业地，但要考虑双方当事人在订立合同前任何时候或订立合同时所知道或所设想的情况。如果当事人没有营业地，则以其惯常居住地为准。合同当事人的营业地在不同国家的事实，如果在订立合同前任何时候或订立合同时，从当事人之间的任何交易或当事人透露的情报均看不出，则不予考虑（即公约对该合同不适用）。在确定公约是否适用时，当事人的国籍和合同的民事或商业性质，不予考虑。

当事人营业地所在的国家必须是公约缔约国，或因国际私法规则而导致适用缔约国法律。根据公约第 1 条（1）（b）的规定，如果营业地位于不同国家的当事人之间订立货物买卖合同，因国际私法规则而导致适用某一缔约国的法律，则公约适用。这一规定旨在通过间接适用来扩大该公约的适用范围。对这一规定，中国、新加坡和美国等作出保留，宣布不受该规定的约束。当合同当事人在公约缔约国都没有营业地时，该保留旨在限制国际私法原则在确定公约适用时的作用。但随着加入公约的国家越来越多，该保留的作用会变小。

如果合同的当事人在公约缔约国没有营业地，则公约可以通过当事人的选择而对该合同适用。但此时，公约是作为合同中包含的一套术语和条件起作用，不能代替国内法中的强制性规定；而通过法律适用公约时，公约替代与之不一致的国内法的相关规定。在个别情况下，即使双方当事人在缔约国都没有营业地，也没有选择公约，合同仍可适用公约，如仲裁机构裁定采用公约即是这种情况。

必须指出的是，《联合国国际货物销售合同公约》的调整范围有限以及非强制性适用这些特点，决定了该公约适用的局限性。当事人欲决定适用这一公约来调整其权利义务关系，应在合同中明确表明这一意图。同时，由于该公约不能调整与买卖合同有关的所有问题，因此当事人需要另行选择一国内法来弥补这一空白。在有些国家中，国际条约与国内法的关系比较复杂，特别是在类似美国这样的联邦制国家中，调整买卖合同的商法属于州法，当事人在选择适用法律时越明确、越具体、越没有歧义越好，除非当事人想留有歧义。

二、国际贸易惯例

（一）概述

国际贸易惯例，是指在国际贸易的长期实践中，在某一地区或某一行业逐渐形成的，为该地区或该行业所普遍认知、适用的商业做法或贸易习惯，其作为确立当事人权利义务的规则对选择适用的当事人有约束力。现在的国际贸易惯例经过人们的整理、编纂，表现为书面的成文形式。某一组织、协会的标准合同文本、指导原则、业务规范、术语解释，都可以是国际贸易惯例。

国际贸易惯例可以补充现有法律规定的不足，明确合同条款的含义，更好地确定当事人的意图和权利义务关系。同时，国际贸易惯例促进了国际贸易规则的统一，减少了当事人可能产生的分歧和争议，方便了国际贸易的进行。

国际贸易中的国际惯例很多，涉及不同种类和方面。例如，在贸易术语方面，有国际商会的《国际贸易术语解释通则》；在结算方面，有《跟单托收统一规则》《跟单信用证统一惯例》；在国际货物运输方面，有国际上广泛使用的提单文本、租船合同；在保险方面，有保险协会的保险条款。国际统一私法协会制定的《国际商事合同通则》作为示范法也是以国际贸易惯例的形式起作用的。

（二）《国际商事合同通则》

《国际商事合同通则》由国际统一私法协会于 1994 年制定，并经多次修订和增补。该通则不是国际公约，不具有强制性，由合同当事人自愿选择适用。该通则旨在为国际商事合同确定一般规则，用于解释或补充国际统一法律文件，也可用作国家或国际立法的范本。它是以非立法的形式统一或协调法律。通则有意避免使用现存法律体系的特定术语，对条款所作的解释也避免参照各个国家法律，但遵循了《联合国国际货物销售合同公约》的方法或某些规定，意图制定一套可以在世界范围内使用的均衡的规则体系。《国际商事合同通则》考虑到了国际技术和经济的发展所带来的变化及对国际贸易实践产生的影响；同时特别阐明当事人应按照诚实信用和公平交易原则行事的一般义务，并加入了一些合理的行为标准。正如国际统一私法协会自己所承认的，通则并不是一项立即产生约束力的法律文件，其效力在很大程度上依赖于通则本身的说服力。

通则旨在为国际商事合同制定一般规则。在当事人一致同意其合同受通则管辖时，适用通则；如果当事人同意其合同受“法律的一般原则”“商事规则”或类似的措辞所指定的规则管辖时，亦可适用通则；当无法确定合同的适用法律对某一问题的相关规则时，通则可对该问题提供解决办法。通则并没有对国际商事合同作一定义，是旨在作尽可能广义的解释，但它不适用于消费者合同。

通则由前言和 11 章组成：第一章“总则”，第二章“合同订立和代理权”，第三章“合同效力”，第四章“合同的解释”，第五章“合同内容及第三方权利”，第六章“合同履行”，第七章“不履行”，第八章“抵销”，第九章“权利转让、义务转移及合同转让”，

第十章“诉讼时效”，第十一章“多个义务人与多个债权人”。在“总则”中，对通则的基本原则作了规定，包括缔约自由、无形式要求、合同的约束性、通则的非强制性规则、当事人排除或修改规则、通则的解释和补充、诚实信用和公平交易、惯例和习惯做法以及通知等。通则规定，当事人各方应受其业已同意的任何惯例和其相互之间业已建立的任何习惯做法的约束；在特定的有关贸易中的合同当事人，应受国际贸易中广泛知悉并被惯常遵守的惯例的约束，除非该惯例的适用不合理。在一般惯例与通则的关系上，通则的解释指出，一旦习惯做法和惯例被适用，则其相对于通则中的不同规定具有优先性。

在合同的订立方面，除规定要约和承诺外，通则还规定了合并条款、标准条款、意外条款、标准条款与非标准条款的冲突以及格式合同之争等内容。通则不涉及因无行为能力、无授权和不道德或非法而导致的合同无效；而关于欺诈、胁迫和重大失衡的各项规定具有强制性，当事人不得排除或修改，否则将违背诚实信用原则。在合同解释方面，应根据当事人意图、通情达理的第三人的理解、相关情况、合同整体进行解释，应以给予全部条款有效为宗旨，采取对条款提议人不利的规则，适当时，可以补充当事人未达成一致的条款。

当事人合同中的义务可以是明示的，也可以是默示的。当事人之间应相互合作，尽最大努力，获取特定结果。在合同履行方面，分为一般履行和艰难情形两部分。在一般履行中，对付款作了较详细的规定，包括票据付款、转账付款、付款货币、未规定货币、指定清偿等情形；还规定了一国法律要求的许可对合同的影响，包括申请许可、申请程序、没有结果及拒绝许可等。在艰难情形中，规定了艰难的定义、艰难的效果。在“不履行”一章中，对不履行的定义、要求履行的权利、合同的终止、损害赔偿作了规定。第八章“抵销”规定了抵销的条件、外汇抵销、抵销通知及通知内容等。第九章“权利转让、义务转移及合同转让”对权利、义务及合同的转让作出了规定，权利转让不适用于流通票据、所有权证书及金融债券的转让，不适用于转让业务中的权利转让，义务转让需取得债权人的同意，合同转让需取得对方的同意。第十一章对多个义务人与同一债权人、同一义务人与多个债权人的关系作了规定。

（三）国际贸易术语

国际贸易术语属于国际贸易惯例，表现为一组字母和简短概念的组合，用于划分买卖合同双方当事人之间的责任、风险、费用，并反映价格构成、交货条件，因此，贸易术语又被称为“价格术语”或“交货条件”。贸易术语的使用大大简化了当事人的贸易谈判、合同订立的过程，同时提供了确定买卖双方权利义务的准则。在国际货物买卖合同中，都要使用贸易术语，它构成了合同条款的重要组成部分。

历史上有关国际贸易术语的惯例有三个，即《1932 年华沙—牛津规则》《美国 1941 年对外贸易定义修订》《国际贸易术语解释通则》。目前国际上广泛使用的是国际商会的《国际贸易术语解释通则》。该通则于 1936 年制定，后经多次修订和补充，最新的版本是 2020 年国际商会发布的《国际贸易术语解释通则 2020》(Incoterms 2020)，于 2020 年 1 月 1 日起实施。

无论上述哪一种术语规则，都属于国际贸易惯例，都具有选择性、非强制约束的特点，同时，某些具体术语在不同的规则中具有不同的含义。因此，在使用某一具体术语时，应注明选择的是哪一规则。注明规则的另一好处是，在普通法国家，如英国，在术语方面存在其自己的判例法，如果没有注明适用哪一规则，法院往往适用其国内法，从而可能与当事人的意图相违背，使权利、义务处于不确定状态。

第二节 国际货物买卖合同

一、国际货物买卖合同的概念和特征

买卖合同是转移或旨在转移货物所有权的合同。我国《民法典》第595条规定，买卖合同是出卖人转移标的物的所有权于买受人，买受人支付价款的合同。国际货物买卖合同是具有国际因素的买卖合同。我国原《涉外经济合同法》（已失效）以当事人具有不同的国籍作为判断国际性的标准，而《联合国国际货物销售合同公约》以当事人的营业地位于不同的国家作为判断国际性的标准。有的规则采用与一个以上的国家有重要联系、合同涉及不同国家之间法律的选择或影响国际贸易的利益等标准。《国际商事合同通则》并未确定具体标准，而是要求对“国际”给予尽可能广义的解释，只排除根本不含有国际因素的情形。我国《民法典》并没有具体规定什么是国际的或涉外的货物买卖合同。

与国内货物买卖合同相比，国际货物买卖合同具有下列特征：买卖的货物一般很少由买卖双方直接交接，而多由负责运输的承运人转交；货物和与货物有关的单据经由不同的程序分别处理，有时处分单据就是处分货物；国际货物买卖风险大、周期长、程序复杂，买卖双方一般应对货物进行投保；买卖双方多处于不同的国家，了解不深，直接付款的情况少，多利用银行收款或由银行直接承担付款责任；买方、卖方或双方都面临适用外国法律的问题，法律选择成为合同中的重要问题；当事人可以自由选择争议的解决方式和地点。

二、国际货物买卖合同的成立

（一）合同当事人

在许多国家，只要具备一般的民事行为能力，就能签订国际货物买卖合同，从事国际贸易。但有些国家，尤其是发展中国家或对外贸控制的国家，要求从事国际贸易的人必须具有国家授予的资格，否则不能签订国际货物买卖合同。

我国《民法典》第464条规定，合同是平等主体的自然人、法人、非法人组织之间订立、变更、终止民事权利义务关系的协议。由于中国采取民商合一制度，此处的民事权利义务关系包括商事交易关系。国际统一私法协会《国际商事合同通则》特别指明，由于各国情形不同，该通则对民事和商事不作区分。

根据我国《对外贸易法》的规定，对外贸易经营者包括根据对外贸易法从事对外贸

易经营活动的法人、其他组织和个人。任何法人、其他组织和个人，只要向有关部门提交从事对外贸易的备案申请，即可以获得外贸经营资格。这表明，中国的自然人、法人或其他经济组织都可以成为外贸经营者，成为国际货物买卖合同的当事人。

外贸经营者可以根据自己的特长和需要，安排代理。我国《民法典》除在第一编"总则"第七章"代理"部分对直接代理作了一般规定外，在第三编"合同"第二十三章"委托合同"部分也作了相关规定，特别是《民法典》第925条和第926条的规定。《民法典》第925条规定，受托人以自己的名义，在委托人的授权范围与第三人订立的合同，第三人在订立合同时知道受托人与委托人之间的代理关系的，该合同接约束委托人和第三人；但是，有确切证据该明该合同只约束受托人和第三人的除外。《民法典》第926条作出了进一步的规定："受托人以自己的名义与第三人订立合同时，第三人不知道受托人与委托人之间的代理关系的，受托人因第三人的原因对委托人不履行义务，受托人应当向委托人披露第三人，委托人因此可以行使受托人对第三人的权利。但是，第三人与受托人订立合同时如果知道该委托人就不会订立合同的除外。受托人因委托人的原因对第三个不履行义务，受托人应当向第三人披露委托人，第三人因此可以选择受托人或者委托人作为相对人主张其权利，但是第三人不得变更选定的相对人。委托人行使受托人对第三人的权利的，第三人可以向委托人主张其对受托人的抗辩。第三人选定委托人作为其相对人的，委托人可以向第三人主张其对受托人的抗辩以及受托人对第三人的抗辩。"

《民法典》第925条和第926条的规定是原《合同法》第402条和第403条专门针对外贸公司规定的一般性转化。在国际货物买卖合同的框架下，要注意分清国内企业或外国企业的身份，是委托人还是受托人，要充分利用抗辩权利和机会。无论是国内企业向外方主张权利，还是外方向国内企业主张权利，被主张权利的一方，都可以主张进出口合同中对另一方的抗辩。在外方向国内企业主张权利时，国内企业还可以主张其对外贸公司的抗辩。

（二）合同形式

1. 形式的种类

各国对合同形式的要求不完全一致。有的要求合同必须具备某种特定形式，称为合同的要式；有的不要求合同具有某种特定形式，称为合同的不要式。大多数国家在法律上对货物买卖合同基本上都采取不要式原则，即合同无须按特定的形式和手续订立，当事人不论是采用口头方式、书面方式还是以某种行为来订立买卖合同，都被认为是合法和有效的。从世界发展的趋势看，许多国家逐渐放松了对合同形式的要求。

《联合国国际货物销售合同公约》对合同订立的形式原则上采取了不要式方法，公约第11条、第12条规定，买卖合同，包括其更改或终止，要约与承诺，或者其他意思表示，无须以书面形式订立或书面证明，在形式上也不受任何其他条件的限制，可以用包括人证在内的任何方法证明。但由于一些国家的法律要求其对外贸易方面的合同必须采用书面形式，公约特别规定了保留条款，即对于对此条款提出保留的缔约国，公约只适用于书面形式的合同。可以说，《联合国国际货物销售合同公约》以形式自由为原则，以作出保留为例外。我国政府在批准该公约时，曾经对上述内容作出了保留，非书面形式的合同被排除于公约的适用之外。但我国目前已经取消了这一保留。

根据我国《民法典》第469条和第490条的规定，当事人订立合同，可以采用书面形式、口头形式或者其他形式。法律、行政法规规定或当事人约定采用书面形式，而当事人未采用书面形式但一方已履行其主要义务，对方接受的，合同成立。

2. 书面形式

根据我国《民法典》第469条的规定，书面形式是指合同书、信件、电报、电传、传真等可以有形地表现所载内容的形式。以电子数据交换、电子邮件等方式能够有形地表现所载内容，并可以随时调取查用的数据电文，视为书面形式。

根据我国《电子签名法》相关条文的规定，数据电文是指以电子、光学、磁或者类似手段生成、发送、接收或者储存的信息。当事人约定使用电子签名、数据电文的文书，不得仅因为其采用电子签名、数据电文的形式而否定其法律效力。能够有形地表现所载内容，并可以随时调取查用的数据电文，视为符合法律、法规要求的书面形式。

我国《民法典》第491条明确了采用数据电文及互联网形式签订合同的特别规定。当事人通过信件或数据电文等形式订立合同要求签订确认书的，签订确认书时合同成立。当事人一方通过互联网等信息网络发布的商品或者服务信息符合要约条件的，对方选择该商品或者服务并提交订单成功时合同成立，但是当事人另有约定的除外。

（三）要约与承诺

签订合同的具体情形、具体过程各不相同，但就实质来说，不外乎两个方面：一方提出订约建议，另一方表示同意。通过这两个方面来确定当事人是否达成意思表示一致。因此，各国法律或国际公约一般通过要约和承诺两个方面对合同的成立作出规定。我国《民法典》第471条规定，当事人订立合同，采取要约、承诺方式。《联合国国际货物销售合同公约》中文作准文本使用了“发价”和“接受”这种商业味浓的术语表示要约和承诺，英文表示是offer和acceptance。

1. 要约

根据《联合国国际货物销售合同公约》的规定，要约是要约人向一个或一个以上的特定人（受要约人）提出的订立合同的建议。一项要约一般应具备下述几个条件：内容确定；向特定人发出；表明如要约被承诺则要约人受其约束。我国《民法典》对要约的规定无“向特定人发出”这一条件。我国《民法典》还规定了要约邀请这一概念。要约邀请是希望他人向自己发出要约的意思表示。拍卖公告、招标公告、招股说明书、债券募集办法、基金招募说明书、商业广告和宣传、寄送的价目表等为要约邀请。但商业广告和宣传的内容符合要约条件的，视为要约。

要约送达生效是世界各国的普遍原则。要约生效，是指从此时起，如果受要约人对要约作出承诺，要约人即受其要约的约束。《联合国国际货物销售合同公约》规定，要约在送达受要约人时生效。我国《民法典》未直接规定要约生效的时间①，而是适用我国

① 原《合同法》第16条第1款规定：要约到达受要约人时生效。

《民法典》有关意思表示生效的规定。根据我国《民法典》第 137 条的规定，以对话方式作出的意思表示，相对人知道其内容时生效。以非对话方式作出的意思表示，到达相对人时生效。以非对话方式作出的采用数据电文形式的意思表示，相对人指定特定系统接收数据电文的，该数据电文进入该特定系统时生效；未指定特定系统的，相对人知道或者应当知道该数据电文进入其系统时生效。当事人对采用数据电文形式的意思表示的生效时间另有约定的，按照其约定。我国《民法典》在此处规定的相对人，意指《联合国国际货物销售合同公约》中的受要约人；意思表示，意指要约。

要约可以以口头的、书面的或其他行为的形式作出。既然按一般规则要约到达被要约人时生效，则要约在到达要约人之前未生效，要约可以撤回。即便要约到达受要约人后，在受要约人承诺之前，要约也可以撤销，但要约人明示要约不可撤销的，或受要约人有理由认为要约是不可撤销的，并已经为履行合同做了合理准备工作的，则要约不可撤销。《民法典》第 477 条规定，撤销要约的意思表示以对话方式作出的，该意思表示应当在受要约人作出承诺之前为受要约人所知道；撤销要约的意思表示以非对话方式作出的，应当在受要约人作出承诺之前到达受要约人。

2. 承诺

根据《联合国国际货物销售合同公约》的规定，承诺是受要约人同意要约的意思表示。承诺的方式可以是声明或其他行为。沉默和不行为本身不等于承诺。一项承诺应具备下列条件：承诺由受要约人作出；对要约未作出实质性改变；在要约确定的期限内作出并到达要约人。我国《民法典》第 480 条要求承诺应当以通知的方式作出，但是根据交易习惯或者要约表明可以通过行为作出承诺的除外。

在承诺生效时间的问题上，大陆法系与普通法系的规定不完全相同。大陆法系采取承诺到达要约人生效的原则，即到达原则。普通法系仍残存着承诺投寄生效的原则，即投邮原则。但应该注意，投邮原则并非适用于所有的承诺方式，只有在通过信件的方式作出承诺时才适用这一规则。在采取快速通讯方式的情况下，承诺的生效时间是要约人收到承诺的时间。还有的国家采取了解生效的原则。《联合国国际货物销售合同公约》对承诺生效时间作了统一的规定：承诺在表示同意的通知到达要约人时生效。

我国原《合同法》第 26 条规定，承诺通知到达要约人时生效。我国《民法典》未有这样的明确规定，而是像对待要约生效的情形一样处理承诺生效问题。《民法典》第 484 条规定，以通知方式作出的承诺，生效的时间适用《民法典》第 137 条的规定。承诺不需要通知的，根据交易习惯或者要约的要求作出承诺的行为时生效。

承诺生效时合同成立。承诺生效地点为合同成立地点。采用数据电文形式订立合同的，收件人的主营业地，或没有主营业地时其经常居住地，为合同成立地。但当事人另有约定的除外。

根据我国《民法典》第 485 条的规定，承诺可以撤回。承诺的撤回适用《民法典》第 141 条的规定。《民法典》第 141 条规定，行为人可以撤回意思表示。撤回意思表示的通知应当在意思表示到达相对人前或者与意思表示同时到达相对人。

超过承诺期限到达的“承诺”，即逾期承诺，并不当然不生效。根据《联合国国际货物销售合同公约》的规定，逾期承诺，如果要约人毫不迟延地用口头或书面形式将此意见通知承诺人该承诺有效，则该逾期承诺有效。按正常情形本应按时到达的承诺逾期，该承诺有效，除非被要约人毫不迟延地通知承诺人该承诺无效。《民法典》第 486 条和第 487 条分别规定了不能及时到达和能够及时到达的逾期承诺情形的效力，基本内容与《联合国国际货物销售合同公约》的规定一致。

三、国际货物买卖合同的主要条款

每份国际货物买卖合同的条款并不完全一致，但一般都包括一些必要条款。一些商业组织还制定了自己的标准合同，另有一些组织制定示范合同，供选用或作为谈判的基础。以下对 1997 年国际商会制定的适用于制成品的《国际销售示范合同》作一介绍。

国际商会的《国际销售示范合同》包括具体条款和一般条款两部分。一般条款旨在供当事人填写具体内容或对文本提供的选项进行选择。一般条款可结合具体条款使用，亦可单独使用。除当事人的有关情况外，主要包括以下条款：

货物条款。该条款具体描述货物的特征。对于卖方提供的商品目录、说明书、传单、广告、图示、价目表中包括的任何有关货物及其用途的信息，除非合同明确提及，都不作为合同条款而生效。与货物有关的软件、图纸，即使为买方取得，与其有关的知识产权也不因此转让给买方。

价格条款。包括计价货币和总额。一般不包括增值税，但包括卖方根据合同承担的费用。

交货条件。指采用的国际贸易术语，每一术语应包括相应的指定地点、目的地、装运港或目的港，应注明 Incoterms 版本。采用某一术语时应考虑到制成品一般在装卸区或内陆仓库交付运输。需要时应填写承运人。

交货时间。应根据上述相应的贸易术语，确定卖方必须完成其交货义务的日期或期间。交货时间与双方选择的交货地点相联系。交货地点不一定是货物到达买方的地点。

货物检验。双方可以约定在装运前卖方给予合理通知以便买方检验货物。

所有权保留。双方可就货物的所有权保留作出约定，如有效地作出保留，则在买方付清货款之前，货物所有权归卖方；也可以作出其他约定。根据有些国家的法律，保留所有权并不一定有效。

支付条件。即采取何种支付方式，如赊账以及有关担保（见索即付保函或备用信用证）；预付货款，包括时间、数额；跟单托收，并注明是 D/P 还是 D/A；不可撤销信用证，是否保兑，开证或保兑银行及地点，信用证兑现方式（即期付款、延期付款、承兑付款、议付），通知信用证的日期等。

单据条款。卖方须提交的单据，应与选择的贸易术语相一致。通常涉及商业发票、运输单据（具体种类）、保险单据、原产地证书、商检证书、装箱单等。

解约日期。主要规定卖方在一定期限前未交付货物，买方在通知卖方的情况下，有权解除合同。

延迟交货的责任。可规定一定的赔偿金，表示方式可以是每延迟一定时间赔偿货款总额的一定百分比，也可以是某一确定金额。在买方终止合同的情况下，应确定卖方因延迟交货而承担的最高赔偿额。延迟交货的预定赔偿额，不应超过延迟交货价款的一定百分比或约定的最高额。

货物与合同规定不符的责任限制。应规定买方在目的地的验货期限，不符点的及时通知，未及时通知的效果，具体救济方式（减价、替代、修复、偿还价款、损害赔偿），以及卖方的最大责任额。

买方保留货物与合同不符时卖方的责任限制。买方可以取得差价，但最多应不超过货物价款的一定百分比。

不可抗力。应对不可抗力的范围作出约定。遭遇不可抗力的一方应承担证明、通知义务。

诉讼时效。除非另有约定，一般在货物到达之日起 2 年后买方不得向法院起诉或向仲裁机构申请仲裁。

适用法律。由《联合国国际货物销售合同公约》管辖，公约未规定的事项由卖方所在国法律管辖。

争议解决。对诉讼或仲裁，只能选择其中一种，应具体表明选择的仲裁机构或管辖法院。

我国《民法典》第 596 条规定了买卖合同一般包括的内容：标的物名称、数量、质量、价款、履行期限、履行地点和方式、包装方式、检验标准和方式、结算方式、合同使用的文字及其效力等。这一内容表面看来不像国际货物买卖合同的内容，缺少对国际货物买卖合同来说非常重要的法律适用和争端解决条款。

第三节　买卖双方的义务及违约救济

一、买卖双方的义务

《联合国国际货物销售合同公约》下的义务可以分为两大类：第一类是买卖双方都承担的共同义务；第二类是买卖双方各自承担的义务。

（一）买卖双方的共同义务

1. 通知义务

通知是合同双方当事人在履行合同义务时共同承担的一项义务。《联合国国际货物销售合同公约》规定了买卖双方的一系列通知义务，并对合同履行中不同通知的效力作了区别，区别的关键在于发出通知是行使权利还是设定义务。第一，如果通知是表明通知发出方履行了义务或要求索赔，则该通知发出即产生效力，对方收到与否都不影响发出方的权利。该规定适用于检验缺陷通知、要求索赔或补救、买方有关第三方权利的通知、宣告合同无效的通知。《联合国国际货物销售合同公约》第 27 条明确规定：除非公约本部分（货物销售）另有明文规定，当事人按照本部分的规定，以适合情况的方法发出任何通知、要求或其他通知后，这种通知如在传递上发生耽搁或错误，或者未能到达，并不使该当事人丧失依靠该项通知的权利。第二，如果收到通知是进一步行为或不行为或产生某种后果的条件，则该通知只有在收到后才产生效力。该规定适用于买方或卖方为对方设立的履约宽限期或合理期限的通知、卖方自己订明不同规格的通知、宽限期内不履行义务的通知、卖方在一定期限内对义务的履行进行补救的通知、遇到履行障碍的一方发出的通知。值得注意的是，此处说的通知是履行合同过程中的通知，而非合同订立过程中的通知。

我国《民法典》第565条对解除合同通知的效力的规定与《联合国国际货物销售合同公约》中的宣告合同无效的规定不同：当事人一方依法主张解除合同的，应当通知对方。合同自通知到达对方时解除；通知载明债务人在一定期限内不履行债务则合同自动解除，债务人在该期限内未履行债务的，合同自通知载明的期限届满时解除。对方对解除合同有异议的，任何一方当事人均可请求人民法院或仲裁机构确认解除合同行为的效力。当事人一方未通知对方，直接以提起诉讼或者申请仲裁的方式依法主张解除合同，人民法院或者仲裁机构确认该主张的，合同自起诉状副本或者仲裁申请书副本送达对方时解除。

2. 保全货物

根据《联合国国际货物销售合同公约》第85条至第88条的规定，当买方违约、卖方仍占有合同货物或仍享有控制货物的处置权时，或在卖方违约、买方已经收到货物但准备退回货物时，受害的权利方必须按情况采取合理措施，保全货物。权利方，尤其是买方，不能因为对方违约而对货物置之不理。有义务保全货物的一方，可以寄存货物，或必要时出售货物，但由此支出的费用必须是合理的。

我国《民法典》第591条有类似的规定：当事人一方违约后，对方应当采取适当措施防止损失的扩大；没有采取适当措施致使损失扩大的，不得就扩大的损失请求赔偿。当事人因防止损失扩大而支出的合理费用，由违约方负担。《民法典》第三编"合同"第五章"合同的保全"与《联合国国际货物销售合同公约》规定的保全货物（preservation of goods）不是一回事。

（二）卖方义务

根据《联合国国际货物销售合同公约》第30条的规定，卖方必须按照合同和公约的规定，交付货物，移交一切与货物有关的单据，并转移货物所有权。具体地说，卖方义务主要表现为四个方面，即交付货物、货物相符、移交单据和权利担保。

1. 交付货物

交付货物主要涉及交付货物本身以及交付的时间、地点、方式。交付的货物质量问题属于货物相符这一义务。交付货物义务的基本要求是：合同有约定的，按约定履行，合同没有约定的，或约定不明确的，按法律或公约的规定履行。

对于交付地点，如卖方没有义务在特定地点交货，其交货义务是：如涉及运输，则交由第一承运人，运交买方；如不涉及运输，如果合同标的是特定货物或从特定存货中提取的或尚待制造或生产的未经特定化的货物，且买卖双方在订立合同时知道货物在某一特定地点，或将在某一特定地点制造或生产，则卖方应在该地点把货物交给买方处置；在其他的情况下，卖方在其订立合同时的营业地向买方交货。

对于交货时间，卖方必须按以下规定的日期交付货物：如果合同规定有日期，或根据合同可以确定日期，应在该日期交货；如果合同规定有一段时间，或根据合同可以确定一段时间，除非情况表明应由买方选定一个日期外，应在该段时间内任何时候交货；在其他情况下，应在订立合同后一段合理时间内交货。合理时间根据合同的性质、货物的特征、对时间的要求等确定。

卖方交付货物必须满足对交付方式的要求，包括包装、标记。在货物交付承运人时，应清楚地注明货物属于合同项下货物。在货物上未加标记或未以装运单据或其他方式清楚地注明有关合同时，卖方必须向买方发出列明货物的发货通知。在卖方有义务安排运输时，卖方必须订立运输合同，支付有关的费用。

货物的交付与合同所使用的贸易术语紧密相关。卖方交付货物的义务应据贸易术语详尽确定。根据国际商会的《国际贸易术语解释通则 2020》，货物的交付可以分为两大类：一类是货交承运人，包括 FAS、FCA、FOB、CIF、CFR、CPT、CIP，卖方向承运人交货视为向买方交货，称为象征性交货；另一类是卖方直接将货交由买方处置，如 EXW、DAP、DPU、DDP，称为实际交货。在具体每一类当中，情况不完全相同，要注意贸易术语的具体规定。

2. 货物相符

货物相符包括交付的货物数量、质量和规格与合同规定相符。对于质量，《联合国国际货物销售合同公约》第 35 条规定了当事人没有另外协议时货物的 4 项品质标准：（1）货物适用于同一规格货物通常使用的目的；（2）除非情况表明买方不依赖于卖方的技能和判断力，或者这种依赖对他不合理，货物适用于订立合同时买方曾明示或默示地通知卖方的任何特定目的；（3）货物的质量与卖方向买方提供的货物样品或样式相同；（4）货物按照同类货物通用的方式装箱或包装，如果没有这种通用方式，则按照足以保全和保护货物的方式装箱或包装。如果买方在订立合同时知道或不可能不知道货物不符合同，则卖方对不符合同的货物不承担责任。

3. 交付单据

交付单据是卖方承担的一项独立义务。依《联合国国际货物销售合同公约》第 34 条，如果卖方有义务移交与货物有关的单据，他必须按照合同所规定的时间、地点和方式移交这些单据。如果卖方在规定时间以前已移交这些单据，他可以在规定时间到达前纠正单据中不符合合同规定的情形，但此权利的行使不得使买方遭受不合理的不便或承担不合理的开支。同时，买方保留公约所规定的要求损害赔偿的任何权利。

《民法典》第 598 条和第 599 条规定了出卖人移交单证的相关义务。出卖人应当履行向买受人交付标的物或者交付提取标的物的单证，并转移标的物所有权的义务。出卖人应当按照约定或者交易习惯向买受人交付提取标的物单证以外的有关单证和资料。

国际货物买卖与国内货物买卖的不同之一是货物的流转与单据的处理分开进行，卖方在交付货物之后或同时必须交付有关单据。常用的单据有发票、运输单据、保险单、质量检验证书、原产地证明、出口许可证等。有的单据还具有货物所有权凭证的作用，如海运提单。单据是卖方据以结算、买方据以付款的凭证。卖方交付单据的义务一般是按合同规定的形式、内容、种类、数量、时间、地点、方式交付有关单据。交付单据是卖方应履行的一项重要义务，仅仅按时交付货物不表示卖方履行义务完毕，如果不按规定交付单据，卖方的违约时间应是不交单或交单不合格的时间。

4. 权利担保

卖方出售的应当是不侵犯第三人权利的货物。买方通常也不会接受可能侵犯第三人权利 的货物，给自己带来麻烦。因此，卖方对出售货物的权利担保成为买卖合同中的必要内容。对此，《联合国国际货物销售合同公约》和我国《民法典》都有规定。

《联合国国际货物销售合同公约》第 41 条和第 42 条分别规定了所有权和知识产权的担保。根据第 41 条的规定，卖方所交付的货物，必须是第三方不能提出任何权利或要求的货物，除非买方同意收取存有这种权利或要求的货物。

根据第 42 条的规定，卖方所交付的货物，必须是第三方不能根据工业产权或其他知识产权主张任何权利或要求的货物，但以卖方在订立合同时已知道或不可能不知道的权利或要求为限，且这种权利或要求根据下述国家的法律规定是以工业产权或其他知识产权为基础：（a）如果双方当事人在订立合同时预期货物将在某一国境内转售或作其他使用，则根据货物将在其境内转售或做其他使用的国家的法律；（b）在任何其他情况下，根据买方营业地所在国家的法律。但前述有关卖方对货物知识产权担保的义务，不适用于以下情况：（a）买方在订立合同时已知道或不可能不知道此项权利或要求；（b）此项权利或要求的发生，是由于卖方要遵守买方所提供的技术图样、图案、程式或其他规格。

由于知识产权具有地域性和时间性的特点，卖方有关知识产权的担保存在时间和地域这两个限制性条件，应注意区分订立合同时和交付货物时这两个时间点，以及买方所在地和预期转售地或其他地点。

我国《民法典》第 612 条至第 614 条规定了卖方权利保证的义务，但此处规定未像《联合国国际货物销售合同公约》那样明确区分知识产权和其他权利。此外，我国《民法典》第 600 条规定，出卖具有知识产权的标的物的，除法律另有规定或者当事人另有约定外，该标的物的知识产权不属于买受人。

（三）买方义务

根据《联合国国际货物销售合同公约》第 53 条的规定，买方的基本义务主要体现在两大方面，即按合同或法律的规定支付货物价款和接收货物。

1. 支付货物价款

买方支付货物价款的义务包括两个方面：一是履行合同或法律、规章要求的支付价款的必要手续和步骤；二是实际付款。在实行外汇管制的国家，如需对外支付外汇，必须先向有关当局提出申请，取得许可。在使用远期汇票的情况下，付款人必须先承兑汇票。在使用信用证付款的情况下，买方必须先通过银行开出信用证。这些都是买方付款不可缺少的手续和步骤。

2. 接收货物

买方接收货物的义务包括两个方面：一是采取一切理应采取的行动，以便卖方能交付货物；二是接收货物。有的时候，卖方义务的履行依赖于买方的配合，没有买方的在先行为，卖方就不能履行其义务。这时买方就应为卖方履行义务提供方便，如 FOB 术语下买方派船。我国《民法典》第 526 条规定，当事人互负债务，有先后履行顺序，应当先履行一方未履行的，后履行一方有权拒绝其履行要求，先履行的一方履行义务不符合约定的，后履行一方有权拒绝其相应的履行要求。

二、国际贸易术语解释通则 2020

（一）概述

《国际贸易术语解释通则 2020》（Incoterms 2020）（以下简称“通则”）明确、补充、细化了买卖双方在国际货物买卖合同中某些方面的义务。该通则涉及为当事人双方设定的若干特定义务。但该通则没有涉及买卖合同中的许多重要事项，例如，货物所有权和其他产权的转移、违约、违约行为的后果以及某些情况下的免责等。从作用上说，它是对《联合国国际货物销售合同公约》和当事人约定的补充，但无意替代完整的买卖合同所需要订入的标准条款或商定条款。

通则共包括了 11 个贸易术语，买卖双方的义务均用 10 个项目对应列出。通则规定的术语只涉及责任、风险、费用的划分，不涉及所有权的转移；涉及运输的，调整的只是买方与卖方之间的权利义务，不调整买方或卖方与承运人的权利义务；只规定义务，不涉及违反义务的合同责任。每一术语的具体内容和术语的种类，都适应电子数据和新的运输技术尤其是多式联运技术发展的需要，可以使用电子单证，可以用于集装箱运输、滚装船运输和多式联运。

贸易术语按买卖双方的交付地点可以分成两类：一类是卖方将货物直接交付给买方处置，包括 EXW 一个 E 组术语和 DAP、DPU、DDP 三个 D 组术语。EXW 的交货点是买卖双方约定的买方收货地点，不论买方打算将货物运往什么地方，卖方交货即视为履行义务。DAP、DPU、DDP 的交货点和目的地是同一个地点，可称为到货合同，途中货物灭失或损坏的风险由卖方承担，只有货物实际到达目的地，卖方才视为履行其交货义务。另一类是卖方将货物交付承运人转交买方，包括 FCA、FAS、FOB 三个 F 组术语和 CFR、CIF、CPT、CIP 四个 C 组术语，可称为装运合同，交货地均在预期运输的卖方一侧，运输途中货物灭失或损坏的风险由买方承担，不论货物是否最终到达目的地，卖方都视为履行了交货义务。前一类有卖方向买方实际交付货物的日期，后一类只有装运货物的日期（交付给承运人的日期），没有向买方实际交付的日期。这一分类对 C 组术语来说非常重要，因为其交货地与目的地是两个不同的地点。

从运输方式上看，FAS、FOB、CFR、CIF 只能用于海上或内河运输，EXW、FCA、CPT、CIP、DAP、DPU、DDP 可适用于任何运输方式，包括水运、航空运输、铁路运输和公路运输以及多式联运。

从结关手续来看，买方需要办理出口结关手续的有 EXW，卖方需要办理进口结关手续的有 DDP。其他术语都是卖方办理出口结关手续，买方办理进口结关手续。

按每一术语的第一个字母分组，可分为 E、F、C、D 组，每组术语都有其特点。

1. E 组

E 组，只有 1 个贸易术语，即 EXW［Ex Works（... named place）］工厂交货（指定地点）。卖方在其所在地或其他指定地点将备妥的货物交付给买方处置时，即视为履行其交货义务。卖方承担的义务最小，不办理出口清关手续或将货物装上运输工具。在买方不能直接或间接地办理出口结关手续的情况下，不应使用该术语，可使用 FCA。

2. F 组

F 组，包括 3 个贸易术语，即 FCA、FAS 和 FOB。共同特征是买方安排货物运输并支付运输费用。如果买方未给予卖方关于承运人或船名等的充分通知，其指定的船只未按时到达、未能收受货物或比规定的时间提前停止装货，则自规定交货的约定日期或任何期限届满之日起，买方承担货物灭失或损坏的风险，但前提是货物已划归合同项下。

（1）FCA［Free Carrier（... named place）］货交承运人（指定地点）。卖方办理出口结关手续，在卖方所在地或指定的地点，将货物交付给买方指定的承运人或其他人，即完成交货。如果指定地点在卖方所在地，当货物装上买方指定的承运人提供的运输工具时，完成交货；如指定地点是在卖方所在地之外，当货物装上卖方运输工具、抵达指定地点、做好卸载准备并交由买方指定的承运人或其他人处置时，完成交货。卖方如果取得已经如此交付的货物，亦为交货。① 货物灭失或损坏的风险转移地点是交货地点。该术语适用于任何运输方式。承运人指运输合同中履行运输义务或承担办理运输业务的任何人。

（2）FAS［Free Alongside Ship（... named port of shipment）］船边交货（指定装运港）。卖方办理出口结关手续，在指定的装运港将货物交至买方指定的船边，完成交货，风险从此时起由买方承担。

（3）FOB［Free on Board（... named port of shipment）］船上交货（指定装运港）。具体内容见下文。

3. C 组

C 组，包括 4 个贸易术语，即 CFR、CIF、CPT 和 CIP。共同特征是卖方负责签订运输合同，支付主要运输费用。该组术语标明目的港，但却是装运合同，不是类似 D 组的到达合同，货物向承运人交付即视为向买方交付。该组术语中有两个关键地点：一个是风险的关键地点（装运地），一个是主要费用的关键地点（目的地）。使用该组术语时

---

① “取得已经如此交付的货物”是 Incoterms2010 版本增加的内容，在 Incoterms2020 版本中得以保留。多个术语中都有类似的表述。该内容主要适用于交易链中的多层销售，在大宗商品尤其常见。通俗地讲，就是卖方从他人手中买了已经如此交付的货物，也即他人将如此交付的货物转售给了此处买卖合同的卖方，该卖方再将该货交付给其买方。

不应规定货物到达买方的时间。①

（1）CFR［Cost and Freight（... named port of destination）］成本加运费（指定目的港）。卖方订立运输合同，支付可将货物运至指定目的港所需的运费，包括装货费用和据运输合同由卖方承担的卸货费用，在装运港将货物装上船时，完成交货。或者，卖方以取得已装船货物的方式交货。货物灭失或损坏的风险以及货物装船后产生的任何额外费用，自交货时起即从卖方转由买方承担。CFR 是海运术语。

（2）CIF［Cost，Insurance and Freight（... named port of destination）］成本、保险费加运费（指定目的港）。具体内容见下文。

（3）CPT［Carriage Paid To（... named place of destination）］运费付至（指定目的地）。卖方订立运输合同，支付可将货物运至指定目的地的运费，在约定地点将货物交给指定的承运人时，完成交货。或者，卖方以取得已经如此交付的货物的方式交货。货物灭失或损坏的风险以及货物交至承运人后产生的任何额外费用，自货物向承运人交付时起即从卖方转由买方承担。CPT 术语适用于各种运输方式。

（4）CIP［Carriage and Insurance Paid To（... named place of destination）］运费和保险费付至（指定目的地）。卖方除负有与 CPT 术语相同的义务外，增加了一个保险义务。卖方订立运输合同，支付可将货物运至指定目的地的运费，在约定地点将货物交给指定的承运人时，完成交货。或者，卖方以取得已经如此交付的货物的方式交货。卖方还必须办理货物在运输途中应由买方承担的货物灭失或损坏的风险的保险，卖方按最高险别订立保险合同并支付保险费。货物灭失或损坏的风险以及货物交至承运人后产生的任何额外费用，自货物向承运人交付时起即从卖方转由买方承担。CIP 适用于各种运输方式。

4. D组

D组，包括 3 个贸易术语，即 DAP、DPU 和 DDP，属于到货合同，卖方负责把货物运至约定的地点或目的地。卖方承担货物运至目的地的全部风险和费用。D组术语中，只在一个地点用于交货、确定风险和费用。

（1）DAP［Delivered at Place（named place of destination）］目的地交货。卖方在指定目的地将仍然处于已经抵达的运输工具之上、已做好卸载准备的货物交由买方处置时，即为交货。或者，卖方以取得已经如此交付的货物的方式交货。卖方承担将货物运至指定地点的一切风险和费用。卖方须办理出口清关手续，但无义务办理进口清关手续。DAP 适用于任何运输方式。

（2）DPU［Delivered at Place Unloaded（named place of destination）］目的地卸货后交货。卖方在指定目的地将货物从抵达的载货运输工具上卸下，交由买方处置时，即为交货。或者，卖方以取得已经如此交付的货物的方式交货。卖方承担将货物运至指定目的地并将其卸下的一切风险和费用。卖方办理出口清关手续，但无义务办理进口清关

① 实务中，如买方选择C组术语又要求货物在规定期限到达，而卖方又不愿舍弃这一机会，卖方可在买卖合同中承诺，在与承运人签订的运输合同中规定货物的到达期限。这样既满足了买方的要求，又规避了可能存在的风险。

手续。DPU 适用于任何运输方式。

（3）DDP［Delivered Duty Paid（... named place of destination）］完税后交货（指定目的地）。卖方在指定的目的地将未卸离到达的运输工具的货物交付给买方，履行其交货义务。或者，卖方以取得已经如此交付的货物的方式交货。卖方必须承担将货物运至指定目的地的一切风险和费用，包括关税、捐税、交付货物的其他费用，并办理进口结关。与 EXW 卖方承担最小责任正相反，该术语中卖方承担最大责任。DDP 适用于任何运输方式。

（二）FOB 和 CIF 术语

FOB 和 CIF 术语是国际贸易中使用最广泛的贸易术语。在一些国家，政府鼓励出口使用 CIF 术语，进口使用 FOB 术语，由本国保险公司和承运人保险或承运。

根据国际商会对 FOB 术语的解释，卖方的义务是，在规定的日期或期限内，将备妥的货物按港口习惯的方式在指定的装运港交到买方指定的船上，或通过取得已交付至船上的货物的方式，履行其交货义务。货物装上船后，有关费用以及货物灭失或损坏的一切风险转由买方承担。买方必须自付费用订立从指定装运港运输货物的合同。如果买方未给予卖方关于船名、装货地点和交货时间的充分通知，或其指定的船只未按时到达，或未能收受货物，或比通知的时间提前停止装货，则自规定交货的约定日期或任何期限届满之日起，买方承担货物灭失或损坏的一切风险，并支付由此产生的一切额外费用，但前提是货物已划归合同项下，即货物已清楚地划出或以其他方式确定为合同项下的货物。卖方应给予买方货物已装船的充分通知。由于买方为了自己的利益需要对货物投保，因而卖方的这一通知义务对买方及时投保非常重要。

在 FOB 术语中，买方自行负担费用订立从指定装运港运输货物的合同。卖方和承运人之间没有运输合同。因此，卖方向买方交付的有关运输单证通常是承运人签发的货物收据（大副收据），或者是运单；如买方要求，或双方约定，卖方可要求承运人向其签发提单。

尽管在 FOB 术语中没有规定保险的义务，但保险问题是该术语应该注意的问题。买方仅对装船后的货物享有保险利益，其对货物的保险仅在装船后生效。实务中，卖方可委托买方一并购买本应由卖方承担风险的那段运输行程的保险。

CIF 术语属于 C 组，卖方既要签订运输合同、支付运费，又要签订保险合同、支付保险费。卖方应按照通常条件自行负担费用订立运输合同，支付将货物按惯常航线用通常类型可供装载该合同货物的海上航行船只（或适当的内河运输船只）装运至指定目的港的运费。在规定的日期或期限内，将货物装到船上，或以取得已装船货物的方式，完成交货。货物灭失或损坏的一切风险在货物装上船时转移给买方。如买方有权决定装运货物的日期或目的港时，应给予卖方充分通知，否则由此引起的风险由买方承担。卖方必须办理货物在运输途中应由买方承担的货物灭失或损坏的风险的海运保险。卖方自行负担费用取得货物保险，向买方提供保险单或其他保险凭证，使买方或任何其他对货物有保险利益的人有权直接向保险人索赔。卖方投保的险别，如无明示协议，应是最低保险险别。最低保险金额应包括合同规定的价款另加 10%（即合同价款的 110%），并采用合同中的币制。在费用划分上，卖方支付将货物交付至船上的费用，支付订立运输合同的运费和运输合同所产生的其他一切费用，支付签订保险合同所产生的保险费用，支付依据运输合同由卖方承担的约定的卸货港的卸货费。

使用CIF术语，不应规定货物到达目的港的时间，因为它是一个装运合同。卖方只有支付到目的港的运费的义务，但没有保证货物到达目的港的义务。

特别需要指出的是，与Incoterms 2000相比，Incoterms 2010和Incoterms 2020改变了FOB、CIF和CFR这三个术语中的交货点，将原来版本中的货物越过船舷，修改为货物装到船上，原来起重要作用的船舷失去了意义，由此引起买卖双方之间的风险、费用分界点的变化。同时，Incoterms 2020对这三个术语增加了适用于链式合同（string sales）的规定：卖方将货物装上船仅仅是卖方交货的一种形式，卖方取得海运途中的货物，也是一种交货方式。而在后一种交货方式中，风险转移点是特别值得注意的问题。

三、违反国际货物买卖合同的补救方法

（一）违约类型

按违约程度分，违约可分为两类，即根本违约和非根本违约（一般违约）；按违约时间分，违约可分为预期违约和实际违约。

根本违约（fundamental breach）是《联合国国际货物销售合同公约》创设的一个非常重要的法律概念，规定于货物销售合同部分的首条位置，即公约第25条。一方当事人违反合同约定，如使另一方当事人蒙受损害，以至于实际上剥夺了他根据合同规定有权预期得到的东西，即为根本违反合同，除非违反合同一方并不预知而且一个同等资格、通情达理的人处于相同情况下也没有理由预知会发生这种结果。根本违约的主要标准是受害方的预期利益的丧失，但这一标准不是单纯的受害方的主观标准，它还必须满足另外两个标准：违约方应预知这种结果，以及第三人能预知这种结果（客观标准）。简单地说，这种结果应是买卖双方共同预期的。损害致使预期利益丧失，可以理解为受害方签订合同的目的落空，因而对继续履行合同失去利益。预期的时间应该是合同订立的时间，极个别的情况下考虑合同订立后对方另外提供的信息，如果该信息与订立合同时的预期完全不一致，则应不予考虑。“实际上剥夺了他根据合同规定有权预期得到的东西”这一表述类似于我国《民法典》中的“不能实现合同目的”。

根本违约的后果是受害方可以宣告合同无效（avoidance of the contract）。宣告合同无效的效果是解除了双方在合同中的义务，任何一方无权要求另一方继续履行合同规定的义务。但该效果不影响合同中关于解决争端的任何规定，不影响合同中有关双方在宣告合同无效后权利和义务的任何其他规定，而且各方仍应负责赔偿损失。宣告合同无效后，已全部或部分履行合同的一方，可以要求另一方归还他按照合同供应的货物或支付的价款。如果双方都须归还，双方必须同时这样做。宣告合同无效类似我国《民法典》第566条中的合同解除，而不是合同无效或民事法律行为无效。

与根本违约相对应，一般违约指一方违约的效果没有达到根本违约。但一般违约不

是《联合国国际货物销售合同公约》中的法律概念。在一般违约时，受害方不能宣告合同无效，只能要求其他救济。这有点像普通法中的违反保证。

预期违约（anticipatory breach），指在合同规定的履行期限到来之前，一方当事人通过声明或行为表明其不履行合同或不能履行合同。预期违约可能是一般违约，也可能是根本违约。根据《联合国国际货物销售合同公约》第 71 条的规定，如果订立合同后，一方当事人将不履行其大部分重要义务，另一方当事人就可以中止履行义务。中止履行义务的一方必须立即通知另一方当事人，如另一方当事人对履行义务提供充分保证，则中止一方必须继续履行义务。如果在履行合同之前，明显看出一方当事人将根本违反合同，另一方当事人可以宣告合同无效。公约规定了导致一方预期违约的两种情形：履行义务的能力或其信用有严重缺陷；不准备履行合同或合同中的行为。

我国《民法典》第 527 条规定了中止履行义务的情形（不安抗辩权）。应当先履行债务的当事人，有确切证据证明对方有下列情形之一的，可以中止履行：经营状况严重恶化；转移财产、抽逃资金，以逃避债务；丧失商业信誉；有丧失或可能丧失履行债务能力的其他情形。当事人没有确切证据中止履行的，应当承担违约责任。我国《民法典》第 528 条进一步规定：中止履行合同的应当及时通知对方，对方提供适当担保的，应当恢复履行。中止履行后，对方在合理期限内未恢复履行能力并且未提供适当担保的，视为以自己的行为表明不履行主要债务，中止履行的一方可以解除合同并可以请求对方承担违约责任。

（二）双方共同的补救措施

《联合国国际货物销售合同公约》在条文安排上，分别规定了卖方和买方的义务，同时规定了适用于买卖双方的一般义务。在规定义务的同时，规定了违反义务的补救或救济（ remedies)。“救济”或“补救”这一表述相当于我国《民法典》中的违约责任。此外，《联合国国际货物销售合同公约》使用了“损害赔偿”这一表述。我国《民法典》对违约责任使用了“损失赔偿”、对债权责任使用了“损害赔偿”。为避免造成混乱，本书在有关买卖合同的违约责任部分的介绍中，援引公约内容的使用“损害赔偿”这一表述，援引我国《民法典》内容的使用“损失赔偿”这一表述。

我国《民法典》第 577 条规定：当事人一方不履行合同义务或者履行合同义务不符合约定的，应当承担继续履行、采取补救措施或者赔偿损失等违约责任。这里的“补救措施”的范围小于《联合国国际货物销售合同公约》中的“补救”或“救济”。

1. 损失赔偿

对任何违约，无论违约程度如何，遭受损失的一方除可以采取其他救济措施外，都可以同时要求损失赔偿。依我国《民法典》第 583 条的规定，当事人一方不履行合同义务或者履行合同义务不符合约定的，在履行义务或者采取补救措施后，对方还有其他损失的，应当赔偿损失。《联合国国际货物销售合同公约》第 45 条和第 61 条在有关卖方违约和买方违约时的补救措施综述中均规定了损失赔偿适用范围的普遍性。

（1）损害赔偿额计算的一般原则。

一方当事人违反合同应负的损害赔偿额，应与另一方当事人遭受的包括利润在内的损失额相等。这种损害赔偿不得超过违反合同一方在订立合同时，依照他当时已知道或理应知道的事实和情况，对于违反合同预料到或理应预料到的可能损失。这是《联合国国际货物销售合同公约》第74条的规定。我国《民法典》第584条有类似规定。利润，一般来说，应是可证明的、直接从该交易中获得的利润。该原则确定了损害赔偿额的两个界限：一是违约发生后受害方的实际损失，二是合同订立时违约方的预期损失。在实际损失小于预期损失时，赔偿额是实际损失；在实际损失大于预期损失时，赔偿额是预期损失。但该数额可能被进一步地减少，受害方应采取措施减少损失而没有采取措施导致的损失，不在赔偿之列。该公约规定，声称另一方违反合同的一方，必须按情况采取合理措施，减轻由于另一方违反合同而引起的包括利润方面的损失。如果他不采取这种措施，违反合同一方可以要求从损害赔偿中扣除原可以减轻的损失数额。我国《民法典》第591条规定得更明确：当事人一方违约后，双方应当采取适当措施防止损失的扩大；没有采取适当措施致使损失扩大的，不得就扩大的损失请求赔偿。受害人采取的措施以合理或适当为度。

（2）宣告合同无效时损害赔偿额的计算。

《联合国国际货物销售合同公约》第75条和第76条提供了解除合同的不同情形下损害赔偿计算规则，区别在于卖方是否转售、买方是否补进。如果合同被宣告无效，在宣告无效后的一段合理时间内，买方以合理方式购买替代物，或卖方以合理方式转售货物，则要求损害赔偿的一方可以取得合同价格与替代交易价格之间的差额，以及据损害赔偿的一般原则可以取得的其他损害赔偿。这一规定限于卖方转卖或买方补进的情形。

如果合同被宣告无效后，当事人没有转售货物或购买货物，而货物在交付地点又有时价（现行价格），则要求损害赔偿的一方可以取得合同价格与宣告合同无效时的时价之间的差额及据损害赔偿的一般原则可取得的其他赔偿。但如果买方接收货物后又宣告合同无效，则适用接收货物时、交付货物地的时价，即合同价格与接收货物时的时价之间的差额。无论哪种情况，如果交付货物地点没有时价，在考虑货物运费差额的基础上，可以使用另一替代地点的价格。

我国《民法典》对此没有明确规定。

2. 实际履行

依《联合国国际货物销售合同公约》第46条和第62条的规定，买方或卖方可以要求对方履行合同义务，除非其已采取与此一要求相抵触的某种补救办法。我国《民法典》第577条使用了“继续履行”这一表述。

实际履行（specific performance，performance）受到各国法律制度的限制，不是普遍的救济形式。各国法院依其国内法判决是否准予一方当事人有权要求另一方当事人履行某一义务，法院没有义务作出判决，除非法院依照其本国的法律对不属于该公约范围的类似销售合同愿意这样做。我国《民法典》第580条列出了请求履行的除外情形，其中包括法律上或事实上不能履行、债务标的不适于强制履行或履行费用过高等。

3. 分批交付货物

依《联合国国际货物销售合同公约》第73条规定，如果合同规定分批交付货物，当事人可据每批货物违反合同的程度、与其他各批货物以及与整个合同货物之间的关系来采取相应的措施。如果一方当事人不履行交付任何一批货物的义务，对该批货物构成根本违反合同，另一方可以宣告合同对该批货物无效。如果一方当事人不履行交付任何一批货物的义务，使另一方有充分理由断定对今后各批货物将发生根本违反合同，该另一方可以在一段合理时间内宣告合同今后无效。对于买方来说，买方在宣告合同对任何一批货物的交付无效时，如果各批货物相互依存，不能单独用于双方当事人在订立合同时所设想的目的，可以同时宣告合同对已交付的或今后交付的各批货物均为无效。

上述规定中，根本违反合同是重要因素。我国《民法典》第 632～634 条规定了分批、分期履行合同的内容。相关条款中使用了“不能实现合同目的”这一表述。

（三）卖方违约的救济

卖方的违约主要表现为延迟交货、不交货、交货不合格、交单不合格、违反担保义务。

卖方的任何违约，如果构成了根本违约，买方都可以宣告合同无效。同时，在买方给予卖方履约的宽限期内，卖方不交付货物或声明不交付货物的，买方也可以宣告合同无效。但如果卖方已交付货物，买方宣告合同无效的权利则受到限制。同时，买方宣告合同无效的权利受到合理时间的限制。如果买方不在下述的一段合理时间内宣告合同无效，即失去了宣告合同无效的权利：对于迟延交货，他在知道交货后的一段合理时间内；对于迟延交货以外的任何违反合同事项，在已知道或理应知道这种违反合同后的一段合理时间内；在给予卖方的宽限期满后或卖方声明其将不在这一宽限期履行义务后的一段合理时间内；如果卖方要求买方表明是否接受卖方履行义务，买方在合理时间内没有作出答复后的一段合理时间内，或买方声明其将不接受卖方履行义务后的一段合理时间内。

买方除享有上述救济外，还享有其他救济：

在卖方不交货时，要求卖方履行义务。这实际上是要求卖方实际履行，不能与买方采取的其他补救办法相冲突。如买方已宣告合同无效，则不能要求卖方继续履行义务。

在卖方没有按时或不能按时交付货物时，买方可给予卖方一定的额外时间（宽限期），以便卖方履行其义务。是否给予卖方额外的时间来履行义务，需根据合同对时间的要求而定。我国《民法典》规定了迟延履行的催告制度，当事人一方迟延履行主要债务，经催告后在合理期限内仍未履行，另一方当事人可以解除合同。催告是解除合同的前提条件。《联合国国际货物销售合同公约》虽没有关于催告的规定，但宽限期也是宣告合同无效的一个条件。根据该公约，在宽限期内，买方不得对违反合同采取任何补救办法，除非买方收到卖方通知，卖方不在这一期限内履行义务。

如果卖方在合同规定的日期前交付货物，买方可以收取货物，也可以拒绝收取货物。

交货不合格时的救济包括交付替代物、修理、减价等。只有在货物不符合合同构成根本违反合同时，买方才可以要求交付替代物。在其他情况下，买方可要求卖方通过修理对不符合合同之处作出补救。如果货物不符合合同，买方可以要求减价，但卖方对不符货物进行补交、替换、修理，或买方拒绝卖方的上述要求，买方即不得要求减低价格。减价按实际交付的货物在交货时的价值与符合合同的货物在当时的价值两者之间的比例计算。其计算方式是：

减价后的货物价格＝合同价×实际交付的货物时价/符合合同的货物时价

我国《民法典》无减价的规定。

卖方交货不合格时，买方要求救济的权利只有在发现或理应发现不符情形后的一段合理时间内通知卖方时才存在，如不及时通知就丧失了声称货物不符合合同的权利。该通知应说明不符合合同的情形。对于潜在的缺陷，买方通知不符的时间延长至2年，如买方在实际收到货物之日起2年内没有将货物不符合合同的情况通知卖方，就丧失了声称货物不符合合同的权利，除非这一时限与合同规定的保证期不一致。如合同规定有保证期，应在保证期内提出不符的情形。如果买方在订立合同时知道或不可能不知道货物不符合合同，即免除了卖方对货物不符承担的责任。但如果卖方已知道或不可能不知道货物不符合合同而又没有告知买方，则卖方无权要求免责，买方仍享有声称货物不符合合同的权利。

如果卖方只交付部分货物，或者交付货物中只有部分符合合同，对缺漏部分及不符合合同规定部分的货物，买方可根据情况，要求实际履行、给予额外时间履行，要求修补、减价，甚至宣告合同无效。如果卖方交付的货物数量大于合同规定的数量，买方可以收取也可以拒绝收取多交部分的货物。如果买方收取多交部分的货物的全部或一部分，则必须按合同价格付款。

（四）买方违约的救济

对于买方违反合同，卖方可以采取要求实际履行、给予宽限期、要求赔偿、宣告合同无效等救济措施。同买方一样，卖方宣告合同无效的权利也受到限制。如果买方已支付货款，对于买方迟延履行义务，如果卖方知道买方履行义务前没有宣告合同无效；或对于买方迟延履行义务以外的任何违反合同事项，在已知道或理应知道这种违反合同后的一段合理时间内没有宣告合同无效，或在给予买方额外时间期满后或买方声明其将不在该额外期限内履行义务后的一段合理时间内没有宣告合同无效，卖方就失去了宣告合同无效的权利。在合同实际履行中，买方实施付款或收取货物的必要程序是买方的重要义务。在FOB合同中或信用证付款时，如果买方没有派船或没有通过银行开立信用证，卖方都可中止履行合同义务或宣告合同无效。

根据《联合国国际货物销售合同公约》，卖方有要求买方支付利息的权利。如果一方当事人没有支付价款或任何其他拖欠金额，另一方当事人有权对这些款额收取利息，而且收取利息不影响要求损害赔偿。

（五）违约免责

违约方并非对其所有违约都承担违约责任。常见的免责事项有受害人自己违约使违约方不能履约以及不可抗力两类情形。

《联合国国际货物销售合同公约》第80条规定，一方当事人因其行为或不行为而使另一方当事人不履行义务时，不得声称该另一方当事人不履行义务。在普通法中，有

"本身清白"之说。我国《民法典》第 592 条规定，当事人都违反合同的，应当各自承担相应的责任。当事人一方违约造成对方损失，对方对损失的发生有过错的，可以减少相应的损失赔偿额。

一般意义上，不可抗力免责在国际条约和国内法中都有规定，但不可抗力的含义与范围并不完全相同。《联合国国际货物销售合同公约》第 79 条创造了区别于各国法律制度已有概念的"非债务人所能控制的障碍"（impediment beyond his control）这一法律概念。根据这一规定，"一方当事人不履行义务，如果他能证明该不履行义务是由于某种非他所能控制的障碍引起，而且对于这种障碍，没有理由预期他在订立合同时能考虑到或者能避免或克服该障碍或其后果，则该当事人不负责任"。我国《民法典》第 180 条对不可抗力免责作出了一般性规定，第 590 条规定了因不可抗力不能履行合同的免责情形。依第 180 条的规定，因不可抗力不能履行民事义务的，不承担民事责任。法律另有规定的，依照其规定。不可抗力是不能预见、不能避免且不能克服的客观情况。依第 590 条的规定，当事人一方因不可抗力不能履行合同的，根据不可抗力的影响，部分或者全部免除责任，但是法律另有规定的除外。因不可抗力不能履行合同的，应当及时通知对方，以减轻可能给对方造成的损失，并应当在合理期限内提供证明。当事人迟延履行后发生不可抗力的，不免除其违约责任。另依我国《民法典》第 563 条的规定，因不可抗力致使不能实现合同目的，可以成为解除合同的一种情形。

该公约第 79 条第 2 款对涉及第三人的免责情形作了特别规定："如果当事人不履行义务是由于他所雇用的履行合同的全部或一部分规定的第三方不履行义务所致，该当事人只有在以下情况下才能免除责任：(a) 他按照上一款的规定应免除责任；且 (b) 假如该款的规定也适用于他所雇用的人，这个人也同样会免除责任。"这是一个双重要求。如卖方出售某种货物，该货物由第三方提供，结果第三方由于不可抗力不能提供该货物，这时只有该卖方也遇到不可抗力时，才可以免责。这一规定与我国《民法典》第 593 条的规定有所不同。该条将第三人与违约方之间的关系和受害方与违约方的关系视为不同的法律关系，未区分不可抗力情形："当事人一方因第三人的原因造成违约的，应当依法向对方承担违约责任。当事人一方和第三人之间的纠纷，依照法律规定或按照约定解决。"

"非债务人所能控制的障碍"免责对障碍存在的期间有效，且仅适用于损害赔偿，不妨碍任何一方行使公约规定的要求损害赔偿以外的任何权利。

四、货物所有权与风险的转移

(一) 所有权转移

货物买卖合同是卖方向买方转移货物所有权、买方支付价款的合同。但货物所有权何时由卖方向买方转移，国际公约、各国法律没有统一的规定。《联合国国际货物销售合同公约》虽然在规定卖方义务时要求转移货物所有权（第 30 条），并要求卖方应对其所售货物提供权利保证（第 41 条），但公约第 4 条明确规定："特别是，本公约除非另有明文规定，与以下事项无关：(a) 合同的效力，或其任何条款的效力，或任何惯例的效力；(b) 合同对所售货物所有权可能产生的影响。”

我国《民法典》第 224 条就动产交付作出了一般性规定：动产物权的设立和转让，自交付时发生效力，但是法律另有规定的除外。第 226 条至第 228 条进一步就动产物权作出了规定。动产物权设立和转让前，权利人已经依法占有该动产的，物权自民事法律行为生效时发生效力。动产物权设立和转让前，第三人依法占有该动产的，负有交付义务的人可以通过转让请求第三人返还原物的权利代替交付。动产物权转让时，双方又约定由出让人继续占有该动产的，物权自该约定生效时发生效力。

我国《民法典》第 641 条规定，当事人可以在买卖合同中约定买受人未履行支付价款或者其他义务的，标的物的所有权属于卖方（所有权保留条款）。出卖人对标的物保留的所有权，未经登记，不得对抗善意第三人。第 642 条进一步规定了出卖人有权取回标的物的情形。我国《民法典》的这一所有权保留和取回标的物规定对于国际货物买卖合同中的货物所有权转移似有不足。如果说这些规定针对国内买卖合同，则说明没有考虑到国际货物买卖合同或国际交易的情形。

我国《民法典》第 597 条规定了因所有权问题解除合同的情形：“因出卖人未取得处分权致使标的物所有权不能转移的，买受人可以解除合同并请求出卖人承担违约责任。法律、行政法规禁止或者限制转让的标的物，依照其规定。”因此，在国际货物销售合同背景下，还要考虑到我国《出口管制法》的适用情形。

（二）风险的转移

一定意义上说，合同是当事人对风险分配的约定。与货物有关的风险如何分配、如何转移、应承担什么责任，是买卖合同中需要特别注意的问题。风险的划分、承担直接影响着买卖双方的权利义务。国际商会制定的《国际贸易术语解释通则》非常详细地规定了与风险分配和承担相关的问题。国内法和国际条约也对此有明确规定。

依《联合国国际货物销售合同公约》第 66 条的规定，货物在风险转移到买方承担后遗失或损坏，买方支付价款的义务并不因此解除，除非这种遗失或损坏是由于卖方的行为或不行为造成的。

风险的划分、承担主要是风险的转移时间、地点问题。公约规定了几种风险转移的确立方式，主要包括交付时转移、合同订立时转移及买方接收时转移。如果销售合同涉及货物的运输，但卖方没有义务在某一特定地点交付货物，则自货物按照销售合同交付给第一承运人以转交给买方时起，风险就转移到买方承担。如果卖方有义务在某一特定地点把货物交付给承运人，在货物于该地点交付给承运人以前，风险不转移到买方承担。卖方有权保留控制货物处置权的单据，这不影响风险的转移。但无论哪种情况，都必须以货物的特定化为前提。在货物上加标记、以装运单据或向买方发出通知或以其他方式清楚地注明有关合同以前，货物风险并不向买方转移。

对于运输途中的货物，从订立合同时起，风险由卖方转移到买方。如果情况表明有此需要，从货物交付给签发载有运输合同的单据的承运人时起，风险由买方承担。如果在订立合同时卖方已知道货物已经遗失或损坏，但没有将这一事实告知买方，遗失或损坏的风险仍由卖方承担。

在卖方直接向买方交付货物的情况下，从买方接收货物时起，风险发生转移。但如果买方没有在适当时间内接收，则从货物交由买方处置但买方不接收货物从而违反合同时起，风险转移由买方承担。如果卖方在其营业地之外交付货物，当交货时间已到而买方知道货物已在该地点交给他处置时，风险开始转移。上述规定以货物的特定化为条件。我国《民法典》亦有上述类似规定，但没有特定化的要求。

我国《民法典》第604条至第609条对风险转移等作了规定。我国最高人民法院于2012年5月公布了《关于审理买卖合同纠纷案件适用法律问题的解释》（2020年12月修正），对标的物交付、所有权转移、风险承担等作了规定。

《联合国国际货物销售合同公约》和国内法对风险转移的规定，需要结合贸易术语来理解、确定。《国际贸易术语解释通则》对此提供了更具操作性的规则。

课堂讨论案例

2004年1月1日，S公司与B公司签订棉花买卖合同，约定出售二级皮棉1 370吨，单价每吨16 900元，质量按国家棉花质量标准GB11031999执行，S公司对质量、重量负责到底，如存在重大问题，以公证检验为准。B公司预付货款1 000万元，并在2004年1月15日前将余额打入S公司账户。当事人一方不履行合同约定的义务，另一方有权单方终止合同，同时，违约方按未履行合同金额的10%向另一方偿付违约金。合同签订后B公司当时即向S公司支付预付货款650万元。S公司收取预付款后即开始发货。截至2004年1月7日，S公司共向B公司发运皮棉1 173吨。S公司出具了出厂检验报告单，其中一级皮棉337吨，二级皮棉836吨。B公司在1月12日前将余额1 288万元货款转入S公司账户。2004年5月21日，B公司将S公司交付的二级皮棉46吨出售给湖北纺织公司。6月10日，经湖北纤维检验所公证检验，三级皮棉34吨，四级皮棉9吨，计重43吨。与原出厂皮棉检验单记载重量差3吨。因等级不符，湖北纺织公司要求退货。2004年6月12日，B公司与广东印染公司签订800吨棉纱购销合同，又与新疆纺织公司签订委托加工合同。B公司将S公司交付的皮棉225吨运到新疆纺织公司，其中一级皮棉90吨，二级皮棉135吨。7月2日，经新疆纺织公司所在地纤维检验所公证检验，这些皮棉质量与S公司出厂检验单上标明的质量等级不符。公证检验结果为：二级皮棉2吨，三级皮棉172吨，四级皮棉35吨，计重209吨。与原出厂皮棉检验单记载重量差16吨。B公司另于2004年6月将S公司交付的重量计180吨皮棉售给四川棉麻公司，一级皮棉135吨，二级皮棉45吨。7月经四川省纤维检验局检验，结果为：三级皮棉166吨，四级皮棉5吨，总重量171吨。与原出厂皮棉检验单记载重量差9吨。四川棉麻公司对向其交付的171吨皮棉按每吨13 661元支付B公司货款233万元。B公司起诉S公司，要求解除合同，S公司退还B公司货款，并承担诉讼费用。

一审诉讼中，经法院同意，2004年11月B公司将S公司交付的皮棉723吨出售给金纺公司，其中一级皮棉112吨，二级皮棉610吨。经新疆纤维检验局检验，结果为：三级皮棉151吨，四级皮棉515吨，五级皮棉22吨，合计688吨。与原出厂检验单记载重量差35吨。双方以三级棉每吨1.1万元、四级棉每吨1.04万元、五级棉每吨1.02万元出售。

2005年2月，B公司与H公司签订棉花买卖合同，将运往新疆纺织公司原定纺纱的209吨皮棉卖给H公司，单价每吨1.1万元，销售金额共计230万元。

依据公证检验结果，S公司向B公司提供皮棉共计1 111吨，其中二级皮棉2吨，三级皮棉523吨，四级皮棉564吨，五级皮棉22吨，销售货款1 273万元，B公司货款本金损失665万元。

另查明，委托加工合同的棉花不能用于加工。B公司提取棉花后，皮棉价格发生重大变化，逐月下滑。2004年1月份一级棉为每吨1.75万元，到5、6月份，降到每吨1.25万元，8月降至每吨1.1万元，到2005年4月，回升到每吨1.3万元。棉花每一级差为200元左右。每年9月份至次年的8月31日为棉花的“年度”，在该年度中应当保证棉花不变质，但到了次年的10月份左右，公证检验的棉花要降1～2级。

结合教材所讲内容，回答下述问题：

(1) 从卖方交付货物应符合约定和法律规定的角度看，S公司应承担什么样的赔偿责任？B公司之后的不同交易，是否导致S公司承担责任的不同？

(2) 买方B公司是否能获得全部的赔偿，为什么？

问题与思考

1. 《联合国国际货物销售合同公约》在适用上有什么特点？
2. 拟定国际货物买卖合同中的法律适用条款时，应注意什么问题？
3. 如何理解《国际商事合同通则》的作用？
4. 在承诺生效问题上，应注意什么问题？
5. 国际货物买卖合同中有哪些违约救济措施？如何确定违约的赔偿数额？
6. 国际货物买卖合同中的卖方和买方负有哪些主要义务？
7. 如何理解根本违反合同？我国《民法典》中有无类似的规定？
8. 风险转移对卖方和买方的权利义务有什么影响？
9. 如何确定所有权转移？

第四章

国际货物运输与保险

本章概要

本章是国际货物买卖合同中买方或卖方权利义务的延伸。通过对运输和保险内容的学习，不仅可以了解买方和卖方在相关问题上的权利义务分配，还可以了解买方或卖方与承运人、保险人之间的权利义务关系。本章以货物为连结点，由货物买卖合同转向运输合同、保险合同，论述了不同当事人在不同法律关系中的权利与义务关系。对于货物的灭失、损坏，可依据不同的法律关系采取救济措施。由于贸易术语与货物运输和保险相关，故而应联系贸易术语来学习本章。

关键术语

提单　租船合同　运单　保险利益　保险单　保险凭证　海上事故　保险险别　单独海损　委付　代位求偿权　海牙规则　维斯比规则　汉堡规则　FPA　WA

第一节　国际货物运输概述

国际货物买卖中，无论是买卖双方直接交付货物，还是卖方通过承运人向买方交付货物，都涉及货物的运输。长距离、长时间的货物运输使货物的风险增大。运输单证、承运人的责任、货物提取人的资格成为关注的重点。在运输方式方面，存在海上货物运输、航空货物运输、铁路货物运输和多式联合货物运输几种方式。每种运输方式的运输合同、当事人之间的权利与义务是不相同的。从运输量看，海上货物运输占据主要比重。

海上货物运输可以分为班轮运输和租船运输。租船运输又可分为航次租船、定期租船和光船租赁。我国《海商法》把定期租船和光船租赁归为船舶租用合同，而把其他的称为海上货物运输合同，包括班轮（提单）运输和航次租船合同。

作为国际货物买卖合同标的的货物，在海上运输期间，处于承运人或其代理人的控制之中，无论是卖方还是买方，都不能实际控制货物。承运人既是货物的运输者，又是货物的保管者，承担运输和保管的责任。海上货物运输途中，货物可能遇到一系列的风险，其中有些风险可能来自自然灾害，有些来自意外事故，有些可能来自承运人的过失。

因此，国际海上货物运输合同主要是承运人的义务和责任、权利与豁免的有关问题，在提单运输的情况下，还涉及提单的流通转让问题。

由于运输条件的限制，国际航空货物运输与铁路货物运输不像海上货物运输那样广泛，航空运输仅限于货物体积小、运量小、价值高、要求速度快的货物运输，铁路运输也受到线路、容量等的限制。尽管如此，航空运输和铁路运输仍具有海上运输不能取代的作用。国际多式联合运输的发展，也促进了航空、铁路运输的发展。

从法律角度看，调整海上货物运输的国际公约出现得最早，发展得也最成熟，包括于1924年制定并于1931年生效的《统一提单的若干法律规则的国际公约》（《海牙规则》）、于1968年制定并于1977年生效的《修改统一提单的若干法律规则的国际公约的议定书》（《维斯比规则》）、于1978年制定并于1992年生效的《联合国海上货物运输公约》（《汉堡规则》），此外还有国际海事委员会的《海运单统一规则》《电子提单规则》。在航空货物运输方面，有1929年的《统一国际航空运输某些规则的公约》（《华沙公约》）、1955年的《修改1929年统一国际航空运输某些规则的公约的议定书》（《海牙议定书》）、1961年的《统一非缔约承运人所办国际航空运输某些规则以补充华沙公约的公约》（《瓜达拉哈拉公约》）、1999年的国际民航组织《统一国际航空运输某些规则的公约》（《蒙特利尔公约》）。在国际铁路货物运输方面，有《国际铁路运输公约》（COTIF），其中包括《国际铁路货物运输合同统一规则》（CIM），还有《国际铁路货物联运协定》。在公路货物运输方面，有《国际公路货物运输合同公约》（CMR）。随着运输技术和运输方式的发展，统一各种运输方式的规则开始产生，这就是《联合国国际货物多式联运公约》，此外还有国际商会的《多式联运单据规则》。

上述公约、规则为规范国际货物运输、处理国际货物运输纠纷提供了依据，构成国际货物运输的法律框架。我国《海商法》第2条明确规定："本法所称海上运输，是指海上货物运输和海上旅客运输，包括海江之间、江海之间的直达运输。本法第四章海上货物运输合同的规定，不适用于中华人民共和国港口之间的海上货物运输。"因此，尽管我国《民法典》第三编"合同"第二分编"典型合同"中第十九章是对运输合同的规定，但我国《海商法》是海上运输合同的特别法。我国最高人民法院于2009年发布、2020年修正了《关于审理无正本提单交付货物案件适用法律若干问题的规定》，并于2012年发布了《关于审理海上货运代理纠纷案件若干问题的规定》。此外我国设有专门的海事法院，另有《海事诉讼特别程序法》以及最高人民法院发布的有关海事案件审判的若干司法解释。

第二节　海上货物运输

一、提单运输

海上货物运输可以分为提单运输和租船运输两大类。

提单（bill of lading，B/L），根据我国《海商法》的规定，是指用以证明海上货物运输合同和货物已经由承运人接收或装船，以及承运人保证据以交付货物的单证。

提单主要适用于班轮运输。所谓班轮运输（liner transport），是指船舶在固定的航线和港口间，按事先规定的船期和公布的费率进行的运输。一承运人可以同时运输多个托运人的货物。一般情况下，承运人向托运人签发、交付提单，有时承运人也签发提单以外的单证，如海上运单、大副收据或提货指示。不同的单据，其法律地位和作用是不同的。

（一）提单的法律调整

海上货物运输合同涉及承运人和托运人双方，双方的利益在某些方面是对立的。18、19世纪，作为海上运输大国的英国，允许承运人按照契约自由原则在提单中列入一系列的免责条款，这不利于托运人的利益。美国的《哈特法》规定了承运人的最低责任，某些情况下承运人的免责条款无效。其他国家也制定了类似的法律，这就产生了提单法律的冲突。为了统一提单的法律规则，产生了1924年的《统一提单的若干法律规则的国际公约》（简称《海牙规则》），向海上货物运输的国际法律统一迈出了第一步。《海牙规则》是海上货物运输的一个重要公约，世界许多国家先后通过了这一规则，某些国家即使没有通过该规则，在其运输公司的格式提单中也规定适用该规则。世界上多数国家，特别是主要航运大国，目前仍主要按《海牙规则》来处理业务，规范当事人之间的权利义务关系。

《海牙规则》较多地反映了承运人的利益。随着代表货主利益的殖民地国家的独立，要求修改《海牙规则》的呼声高涨。问题主要集中在承运人的责任问题上，特别是广泛的免责问题、承运人的最高赔偿限额、诉讼时效、责任期间及适用范围问题。

1968年的《修改统一提单的若干法律规则的国际公约的议定书》（布鲁塞尔议定书，简称《海牙—维斯比规则》或《维斯比规则》），对承运人的责任限额、集装箱运输、责任限制权利的丧失、提单证据效力、非契约索赔、适用范围、诉讼时效等作了规定。《维斯比规则》不是一个独立的规则，它只是对《海牙规则》的某些规则的修订，应结合《海牙规则》一同适用，因而有时被称为《海牙-维斯比规则》。该修订并不是对《海牙规则》的实质修订，《海牙规则》的基本原则和精神没有改变，仍然是偏向船主、航运国家的利益，因此发展中国家要求联合国制定新的规则。

经过联合国贸法会的多年努力，《联合国海上货物运输公约》（简称《汉堡规则》）于1978年通过，该公约已于1992年11月1日生效，但加入国多是一些小国、内陆国和发展中国家，大国或发达国家都没有加入。《汉堡规则》扩大了承运人的责任范围，加重了承运人的责任，相对平衡了船、货双方的利益和风险，并扩大了提单的适用范围。

提单规则的碎片化，促使联合国贸法会制定了适用范围更广、货方与船方利益更加平衡的《联合国全程或部分海上国际货物运输合同公约》（简称《鹿特丹规则》）（未生效）。该规则不仅规定了承运人的权利义务，还规定了托运人的权利义务、货物交付、货物控制方、权利转让等。该规则主要适用于班轮运输合同。

中国没有批准加入上述任何一个公约，但中国航运公司的提单条款是据《海牙规则》制定的，中国的《海商法》吸收了上述公约的有关规定。

《海牙规则》《维斯比规则》《汉堡规则》的主要区别表现在如下几个方面。

1. 适用范围

《海牙规则》适用于缔约国签发的提单。《维斯比规则》适用于在缔约国签发的或从缔约国港口启运的提单；如果提单载有的或由提单证明的合同规定，该合同应受该规则或使该规则生效的任何国家的立法约束，则该提单也适用《维斯比规则》。《汉堡规则》使其适用范围更加扩大：如果装货港、卸货港或备选卸货港中的实际卸货港在缔约国内，或提单或证明海上运输合同的其他单证在缔约国内签发，或提单或证明海上运输合同的其他单证规定该规则或实施本规则的国家立法约束该合同，即适用《汉堡规则》。《汉堡规则》不适用于租船合同，但可适用于依租船合同签发的提单。应注意的是，《汉堡规则》适用于所有海上运输合同，而不仅仅适用于提单。

2. 责任期限

《海牙规则》《维斯比规则》规定的承运人的责任期限是货物装船到卸船的期限，《汉堡规则》将承运人的责任期限延长到在装货港、在运输途中及在卸货港承运人掌管货物的全部期限。

3. 赔偿限额

《海牙规则》规定的赔偿限额是每件或每单位 100 英镑，《维斯比规则》改为双重标准，每件或每单位为 10 000 法郎，或毛重每公斤 30 法郎，以高者为准。《汉堡规则》规定每件或每装运单位 835 特别提款权，或毛重每公斤 2.5 特别提款权，以高者为准。

4. 诉讼时效

《海牙规则》和《维斯比规则》规定货方对承运人或船舶提起诉讼的时效为 1 年，但《维斯比规则》进一步规定，如经当事方同意该期限可以延长。《维斯比规则》还规定，如法院允许，可以在上述期限届满后对第三人提起诉讼。《汉堡规则》规定为 2 年，承运人可以在以其为被告的赔偿诉讼中或传票向其送达 90 天内对第三人提起追赔诉讼。

5. 货物范围

《海牙规则》不包括甲板货、集装箱货和活动物，《维斯比规则》增加了集装箱，《汉堡规则》规定，经协商可包括甲板货，对活动物只要按托运人指示，承运人即可免责。

6. 保函效力

《汉堡规则》将托运人用保函换取承运人签发清洁提单合法化，但该保函仅在托运人和承运人之间有效，对包括收货人在内的提单受让人无效。在发生欺诈的情况下，承运人承担赔偿责任，且不能享受《汉堡规则》规定的责任限额。

7. 免责范围

《海牙规则》和《维斯比规则》规定了大量的承运人的免责规定。《汉堡规则》废弃了《海牙规则》和《维斯比规则》中的免责规定，改用过失推定原则：承运人对其掌管期间因货物灭失、损坏及延迟交货产生的损失负赔偿责任，除非承运人证明他本人及其代理人、受雇人为避免事故的发生及后果，已采取了一切合同要求的措施。

(二) 提单的内容和种类

1. 提单的内容

提单由两部分组成，包括正面条款和背面条款。正面条款主要是对货物、运输情况的具体描述，一般由托运人填写，承运人或其代理人签字。背面条款是承运人印就的权利、义务条款。

我国《海商法》规定，提单内容（正面条款）可包括下述几项：货物的品名、标志、包数或者件数、重量或者体积，对危险货物的危险性质的说明；承运人的名称和主营业所；船舶名称；托运人名称；收货人名称；装货港和在装货港接收货物的日期；卸货港；多式联运提单增列的接收货物地点和交付货物地点；提单的签发日期、地点和份数；运费的支付；承运人或其代表的签字。

提单背面条款一般包括下述几个方面：名词定义；法律适用（首要条款）；承运人的责任与豁免；共同海损；责任期限；双方有责碰撞；等等。提单是受国内法或国际条约强制调整的。提单的背面条款，尽管是由承运人自行制定的，但不应违反有关国内法或国际条约的规定。目前绝大多数承运人的提单是根据《海牙规则》或《维斯比规则》制定的。各国的提单一般适用提单签发地国家的法律，但美国 1936 年《海上货物运输法》适用于自美国运输和向美国运输的货物的提单，因此，向美国运输货物要受到美国法的约束，提单条款中也往往含有适用美国法律的条款。

2. 提单的种类

(1) 根据签发提单时货物是否已装船，可将提单分为已装船提单和备运提单。

已装船提单（shipped B/L），指货物装上船后承运人向托运人签发的提单。该类提单上标有装载货物的船舶名称和装载日期。装载日期即提单的签发日。有时提单的签发日期与实际装船日期并不一致，这就是通常所说的“倒签提单”和“预借提单”。倒签提单（antedated B/L），指承运人倒填签发日期的提单，提单上的签发日期早于实际装船日期。从托运人（卖方）履行买卖合同的角度看，倒签提单变更了卖方交付货物的日期，使原本可能不符合合同规定的交货变得符合合同规定，从而可能剥夺了买方相应的权利，如拒收权。倒签提单一般在托运人不能在信用证规定的期限装船，同时又来不及修改信用证或不能修改信用证的情况下发生。倒签的目的是使卖方能够交付合格的单据，取得货款。预借提单（advanced B/L），指货物没有装船或没有装船完毕，托运人预先从承运人处借出提单，用于结汇。这在某种程度上是将没有装船冒称为已经装船，严重侵害了买方的权利，对承运人而言也存在极大的风险。

备运提单（received for shipment B/L），是指货物已交付承运人但还没有装船时承运人向托运人签发的提单。该提单只证明承运人收到了托运人交付的货物，但没有说明何时装船、能否装船，买方不能据此得知何时能收到货物。在跟单信用证的情况下，银行不收备运提单，只收已装船提单。有时承运人只能签发备运提单，如在集装箱运输的情况下，托运人向承运人交付集装箱时，因货物没有装船，承运人只能签发备运提单。货物装上船后，备运提单可以换成已装船提单，这只需在备运提单上加注船名、日期并签字盖章即可。

(2) 根据提单是否可以流通转让，可以将提单分为不可转让提单和可转让提单，可转让提单按提单抬头又可分为指示提单和不记名提单。

不可转让提单（non-negotiable B/L），即记名提单。在提单的收货人一栏具体写明特定收货人的名称。该种提单，只能由提单上的记名收货人向承运人提取货物，承运人也只能向该人交付货物。除提单上的记名人之外，其他人不能提货。因此，该提单不能转让给其他人进行流通。

可转让提单（negotiable B/L）指可以通过交付或背书、交付而进行流通转让的提单。可转让提单是一种流通票据。不记名提单（bearer B/L）指提单上没有指明收货人而仅填写交付持票人的提单，又称持票人提单。谁持有提单，谁就可以提取货物，承运人见单交货，而不管持票人的身份、是否真的有权提货，即使盗窃提单的人也可以提货。该种提单仅凭交付即可流通转让，缺乏安全保证。指示提单（order B/L）是指提单收货人一栏填写“凭指示”或“凭某人指示”的提单。该种提单可以通过背书、交付而转让。其好处是既能流通转让，又可以控制提单流向，故该种提单在国际贸易中被广泛使用。

(3) 根据承运人是否在提单上进行批注，可以将提单分为清洁提单与不清洁提单。

承运人通常对收到的货物状况进行核对、说明。提单中一般印有货物外表状况良好条款。如果承运人没有在提单上进行批注，则视为承运人收到的托运人交付的货物外表状况良好，这种提单称为清洁提单（clean B/L）。如果承运人收到的货物与提单上的描述不符，承运人可以在提单上批注，说明货物不符之处、对货物怀疑的根据或说明无法核对。承运人在提单上进行批注，如“渗漏、破损”“包装不固”，该种提单称为不清洁提单（unclean/foul/claused B/L）。在信用证支付的情况下，银行不接受不清洁提单，即卖方（受益人）不能凭不清洁提单结汇。买方一般也不接受不清洁提单，因为不清洁提单表明卖方交付的货物不符合合同的规定，也不能要求承运人对此承担责任。正因为如此，商业做法是，在承运人可能对提单进行批注时，托运人往往通过银行向承运人出具保函，换取承运人签发清洁提单。该保函旨在向承运人保证，托运人对承运人因签发清洁提单可能遭受的损失承担赔偿责任。以保函换取清洁提单有时形成对收货人的欺诈，这种情况下承运人往往不能从托运人处获得赔偿。法国法明确规定，凡为换取清洁提单而由托运人向承运人或其代理人所作的赔偿保证的函件和协议，对第三者均无效。

我国《最高人民法院关于审理无正本提单交付货物案件适用法律若干问题的规定》明确规定，正本提单包括记名提单、指示提单和不记名提单。

（三）提单的性质和作用

1. 提单是托运人与承运人之间海上货物运输合同的证据

提单与海上货物运输合同是两个不同的概念。从时间上讲，托运人与承运人之间的货物运输合同在货物装船之前就已经成立，而提单则在货物装船完毕之后签发。托运人在向承运人订妥舱位后，合同即已成立。货物在交付给承运人之后或装船之后、承运人签发提单之前灭损，承运人应承担责任，承运人不能以托运人没有提单为借口要求免责。从表现形式上讲，托运人与承运人之间的货物运输合同可以是口头的，而提单却是书面的。从意思表示上讲，托运人与承运人之间的货物运输合同是双方的意思表示，而提单只是承运人单方签发的书面文件。

2. 提单是承运人接收货物、装船后向托运人出具的收据

这是提单最早具有的功能。最初承运人只是对承运的货物记录，后来逐渐演变为向托运人出具收据。国际贸易中，普遍的做法是卖方通过承运人向买方交付货物，卖方向承运人交付货物即视为卖方履行了交货义务。承运人负责将货物交付买方。承运人在收到托运人交付的货物时，应向托运人出具收据，表明承运人已收到了托运人交付的货物或已将货物装船。

3. 提单是（代表）货物所有权的凭证

国际贸易的早期发展阶段，卖方负责租船，承运人向卖方交付货物，后来发展为向卖方代理人或指定人或第三人（买方）交付货物，在运输途中可改变收货人。提单逐渐有了流通特征。提单是承运人据以交付货物的单证和保证。提单持有人有权要求承运人交付货物，有权享有或占有货物。在国际贸易中，货物的流转与提单的流转是分开的，赋予提单所有权凭证的作用与特征，可以使提单持有人在货物运输期间处理货物，更好地促进货物的流转，促进国际贸易发展。提单的这一所有权凭证功能，作为国际贸易惯例，为各国法律所承认。转让提单就可以转让货物所有权。可转让提单成为一种可流通的有价票据，可以用于债务的担保。

我国《最高人民法院关于审理无正本提单交付货物案件适用法律若干问题的规定》明确规定，承运人违反法律规定，无正本提单交付货物，损害正本提单持有人提单权利的，正本提单持有人可以要求承运人承担由此造成损失的民事责任。承运人因无正本提单交付货物造成正本提单持有人损失的，正本提单持有人可以要求承运人承担违约责任或侵权责任。

(四) 承运人、托运人的权利、义务

1. 承运人的义务与责任

承运人作为货物的运输人和保管人，负有两个方面的义务，即经营船舶和管理货物。国际条约或国内法规定的承运人的义务和责任，是承运人的最低义务和责任，这些规定不影响在此之外增加承运人的责任和义务。

根据我国《海商法》的规定，承运人主要承担以下义务。

（1）提供适航的船舶。

承运人在船舶开航前和开航当时，应当谨慎处理，使船舶处于适航状态，妥善配备船员、装备船舶和配备供应品，并使货舱、冷藏舱、冷气舱和其他载货处所适于并能安全收受、载运和保管货物。

（2）管理和安全运送货物。

承运人应当妥善地、谨慎地装载、搬移、积载、运输、保管、照料和卸载所运货物。承运人的该项义务为绝对性义务，对违反该义务所造成的货物的灭失或损坏，承运人应负赔偿责任，但由免责事项造成的损失除外。

（3）签发提单并据以交付货物。

货物由承运人接收或装船后，应托运人的要求，承运人应当签发提单。提单可由承运人授权的人签发。提单由载货的船长签发的，视为代表承运人签发。提单中载明的向记名人交付货物，或按照指示人的指示交付货物，或向提单持有人交付货物的条款，构成承运人据以交付货物的保证。货物应在明确约定的时间内交付。我国最高人民法院于2009年发布并于2020年修正的《关于审理无正本提单交付货物案件适用法律若干问题的规定》明确规定，承运人无正本提单交付货物，造成正本提单持有人损失的，应承担违约或侵权责任。

（4）行驶合理的航线。

承运人应当按照约定的、习惯的或地理上的航线将货物运往卸货港。船舶在海上为救助或企图救助人命或者财产而发生的绕航为合理绕航。在普通法中，不合理绕航为根本性违约，货物所有人有权解除运输合同，承运人也由此失去免责的权利。

2. 承运人的责任期间、责任限制与免责

（1）责任期间。

在承运人的责任期间内，货物发生灭失或损坏的，除法律或合同另有规定外，承运人应负赔偿责任。对于不同装运方式的货物，责任期间是不同的。对于集装箱装运的货物，责任期间从在装货港接收货物时起至在卸货港交付货物时止，货物处于承运人掌管之下的全部期间，即所谓的“接到交”；对于非集装箱装运的货物，责任期间从货物装上船时起至卸下船时止，货物处于承运人掌管之下的全部期间，即所谓的“钩到钩”。

（2）责任限制。

承运人对货物灭失的赔偿额，按照货物的实际价值计算；货物损坏的赔偿额，按照货物受损前后实际价值的差额或货物的修复费用计算。货物的实际价值按照货物装船时的价值加保险费加运费计算。赔偿时应当减去因货物灭失或损坏而少付或免付的有关费用。但承运人的赔偿责任有额度的限制，超出限额部分，承运人有权不予赔付。承运人故意或明知而轻率作为或不作为造成的损失，承运人或其受雇人或代理人不得引用限额规定。赔偿限额按照货物件数或其他货运单位数计算。承运人无正本提单交付货物造成的损失，不适用责任限额。

（3）承运人的免责。

《海牙规则》和《维斯比规则》中列有17种免责事项。《汉堡规则》采取的是过失推定原则，废除了免责事项，承运人对其掌管之下的货物的损失承担赔偿责任，除非承运人举出相反证据，证明其不存在过失。从举证责任上说，这是举证责任的倒置。

我国《海商法》采取的是《海牙规则》的方法，同时根据航海技术的新发展，作了相应的规定。根据我国《海商法》的规定，在责任期间货物发生的灭失或损坏是由于下列原因之一造成的，承运人不负赔偿责任，但除火灾外，承运人须负举证责任：1）船长、船员、引航员或承运人的其他受雇人在驾驶船舶或管理船舶中的过失；2）火灾，但由于承运人本人的过失所造成的除外；3）天灾，海上或其他可航水域的危险或意外事故；4）战争或武装冲突；5）政府或主管部门的行为、检疫限制或司法扣押；6）罢工、停工或劳动受到限制；7）在海上救助或企图救助人命或财产；8）托运人、货物所有人或他们的代理人的行为；9）货物的自然特性或固有缺陷；10）货物包装不良或标志欠缺、不清；11）经谨慎处理仍未发现的船舶潜在缺陷；12）非由于承运人或承运人的受雇人、代理人的过失造成的其他原因。

（4）承运人的代理人、受雇人的责任。

根据我国《海商法》的规定，就海上货物运输合同所涉及的货物灭失、损害或延迟交付对承运人提起的诉讼，不论海事请求人是否为合同的一方，也不论诉讼是根据合同还是根据侵权行为提起的，都适用我国《海商法》关于承运人的抗辩理由和限制赔偿责任的规定。若上述诉讼对承运人的受雇人或代理人提起的，经承运人的受雇人或代理人证明，其行为是在受雇或者受委托的范围之内的，适用承运人的抗辩理由和限制赔偿责任。承运人的受雇人或代理人故意或明知可能造成损失仍轻率地作为或不作为造成的货物灭失、损害或延迟交付，不能适用承运人的抗辩理由和限制赔偿责任。我国《海商法》的上述规定适用于实际承运人的受雇人或代理人。就货物的灭失或损坏分别向承运人、实际承运人以及他们的受雇人、代理人提出赔偿请求的，赔偿总额不超过我国《海商法》规定的责任限额。

我国《最高人民法院关于审理海上货运代理纠纷案件若干问题的规定》在这方面作出了更为具体的规定。该规定适用于货运代理企业接受委托人委托处理与海上货物运输有关的货运代理事务时发生的下列纠纷：（1）因提供订舱、报关、报检、报验、保险服务所发生的纠纷；（2）因提供货物的包装、监装、监卸、集装箱装拆箱、分拨、中转服务所发生的纠纷；（3）因缮制、交付有关单证、费用结算所发生的纠纷；（4）因提供仓储、陆路运输服务所发生的纠纷；（5）因处理其他海上货运代理事务所发生的纠纷。该规定进一步明确，人民法院审理海上货运代理纠纷案件，认定货运代理企业因处理海上货运代理事务与委托人之间形成代理、运输、仓储等不同法律关系的，应分别适用相关的法律规定。

3. 承运人的权利

（1）批注权。

承运人或代其签发提单的人，知道或有合理的根据怀疑提单记载的货物的品名、标志、包数或件数、重量或体积与实际接收的货物不符，在签发已装船提单的情况下怀疑与已装船的货物不符，或没有适当的方法核对提单记载的，可以在提单上批注，说明不符之处、怀疑的根据或说明无法核对。

（2）收取运费权、货物留置权、请求拍卖权。

应当向承运人支付的运费、共同海损分摊、滞期费和承运人为货物垫付的必要费用以及应当向承运人支付的其他费用没有付清，又没有提供适当担保的，承运人可以在合理的限度内留置其货物。承运人留置的货物，自船舶抵达卸货港的次日起满60日无人提取的，承运人可以申请法院裁定拍卖；货物易腐烂、变质或货物的保管费用可能超过其价值的，可以申请提前拍卖。

（3）危险货物销毁权。

托运人托运危险货物，应当依照有关海上危险货物运输的规定，妥善包装，作出危险品标志和标签，并将其正式名称和性质以及应当采取的预防危害措施书面通知承运人；

托运人未通知或通知有误的，承运人可以在任何时间、任何地点根据情况需要将货物卸下、销毁或使之不能为害，而不负赔偿责任。托运人对承运人运输此类货物所受的损害，应当负赔偿责任。承运人知道危险货物的性质并已同意装运的，仍然可以在该项货物对船舶、人员或其他货物构成实际危险时，将货物卸下、销毁或使之不能为害，而不负赔偿责任。

（4）邻近港口卸载权。

因不可抗力或其他不能归责于承运人和托运人的原因致使船舶不能在合同约定的目的港卸货的，除合同另有约定外，船长有权将货物在目的港邻近的安全港口或地点卸载，视为已经履行合同，但应及时通知当事人。

4. 托运人的义务与权利

依我国《海商法》第42条给出的定义，“托运人”，是指：（1）本人或者委托他人以本人名义或者委托他人为本人与承运人订立海上货物运输合同的人；（2）本人或者委托他人以本人名义或者委托他人为本人将货物交给与海上货物运输合同有关的承运人的人。“收货人”，是指有权提取货物的人。托运人需要结合具体运输合同和贸易术语确定。就FOB术语而言，上述托运人的定义包括卖方和买方。

托运人的义务与权利主要包括：

（1）交付托运的货物，保证提供的有关材料正确。

托运人不交付或不完全交付约定托运的货物，应对承运人可能产生的空舱费负责。托运人托运货物，应当妥善包装，并向承运人保证，货物装船时所提供的货物的品名、标识、包数或件数、重量或体积正确；由于包装不良或上述资料不正确，对承运人造成损失的，托运人应当负赔偿责任。对于危险物品，应作出标识，并向承运人说明。

（2）办理必要的手续，将单证送交承运人。

托运人应当及时向港口、海关、检疫、检验和其他主管机关办理货物运输所需要的各项手续，并将已办理的各项手续的单证送交承运人；因办理各项手续的有关单证送交不及时、不完备或不正确，使承运人的利益受到损害的，托运人应当负赔偿责任。

（3）支付运费。

托运人应当按照约定向承运人支付运费，亦可约定由收货人支付。船舶在装货港开航前，托运人要求解除合同的，应支付运费的一半；因不可抗力的原因解除合同的除外。按惯例，在预付运费的情况下，无论货物是否灭失，运费一般不予退还。在到付运费的情况下，如货物没有运到，承运人无权收费。

（4）提取货物。

收货人迟延、拒绝提取货物的，由此产生的费用和风险由收货人承担。

对于不是由于托运人、托运人的代理人或其雇佣人员的行为、过失或疏忽所引起的货物或船舶的灭失，托运人概不负责。

（5）请求签发提单权、换取提单权。

货物由承运人接收或装船后，应托运人的要求，承运人应当签发提单。提单可由承运人授权的人签发。提单由载货船舶的船长签发的，视为代表承运人签发。

货物装船前，承运人已经应托运人的要求签发收货待运提单或其他单证的，货物装船完毕，托运人可以将收货待运提单或其他单证退还承运人，以换取已装船提单；承运人也可以在收货待运提单上加注承运船舶的船名和装船日期，加注后的收货待运提单视为已装船提单。

(6) 提货权、索赔权。

托运人，包括收货人和善意取得提单的第三人，有权要求承运人交付货物；对于在承运人掌管期间货物的损坏或灭失，承运人有权要求赔偿。

(五) 提单转让的效力

提单是托运人与承运人间货物运输合同的证明，提单一经转让即成为第三人与承运人之间的运输合同，第三人由此成为运输合同的一方；同时，提单又是货物所有权凭证，除非另有约定，转让提单就是转让货物所有权。在英国和美国，有单独的提单法调整提单转让及其效力。

有关受让人的权利与转让人的权利之间的关系、受让人对承运人享有的权利、提单转让的要求及效力，我国《海商法》规定："承运人同收货人、提单持有人之间的权利、义务关系，依据提单的规定确定。"《最高人民法院关于审理无正本提单交付货物案件适用法律若干问题的规定》有助于澄清我国无正本提单交货产生的相关问题。

二、 航次租船合同与定期租船合同

(一) 航次租船合同

我国《海商法》将航次租船合同归入"海上货物运输合同"一章。航次租船合同，又叫定程租船（voyage charter party），是指船舶出租人向承租人提供船舶或者船舶的部分舱位，装运约定的货物，从一港运至另一港，由承租人支付约定运费的合同。

航次租船合同是一种租船合同。与提单不同，租船合同的条款是由双方当事人约定的，国内法律或国际条约很少对其进行调整，我国《海商法》仅要求出租人提供适航的船舶和行驶合理的航线。航次租船合同下可以签发提单，在提单持有人不是承租人时，提单中的规定适用于承运人与提单持有人之间的权利义务，但提单中明确载明适用航次租船合同的，则适用航次租船合同。

航次租船合同是租用船舶运输某个航程，因此合同条款内容重在船舶和航程。除有关船舶的条款外，还包括装卸港口、受载期限、装卸期限、运费、滞期费、速遣费、绕航、留置权等条款，当然，货物条款也是其中的一个重要内容。

一般来说，出租人应在约定的时间、港口码头提供约定的船舶，承租人应提供约定的货物，并在约定的时间内装船、卸船。如果船舶未能在约定的时间（受载期，laydays）到达约定的地点，或船舶不符合约定，承租人可以解除合同或要求赔偿；如果承租人未能交付约定的货物，未能在约定的期限（许可装卸时间，laytime）内装卸，承租人应支付空舱费（dead freight）、滞期费（demurrage）。出租人为鼓励承租人尽快装卸，促使船舶加快离港，对承租人在约定期限内提前完成装卸的，常在合同中约定支付速遣费（dispatch）。速遣费常为滞期费的一半。无论合同规定由哪一方选择装卸港，港口都应具体、安全。

在使用航次租船合同的情况下，如果托运人、收货人需要可转让的提单，出租人（承运人）也可以签发可转让提单。这时货物运输就出现了两个文件，一是航次租船合同，另一是提单，二者的作用不同。

航次租船合同仅仅是运输合同，不具有货物所有权凭证的作用，它调整承租人与出租人之间的权利义务关系。而提单，在不同的情况下，其作用会发生变化。在承租人手中时，提单是出租人收取货物的收据，是货物所有权的凭证；在非承租人手中时，提单具备三种功能，即运输合同的证明、货物收据和所有权凭证。

（二）定期租船合同

定期租船合同（time charter party）是指船舶出租人向承租人提供约定的由出租人配备船员的船舶，由承租人在约定的期限内按照约定的用途使用，并支付租金的合同。定期租船合同的最大特点是承租人负责船舶的经营管理，出租人只负责船舶的维护、维修。

定期租船合同的内容由双方当事人约定。国际上有许多通行的标准合同，如“中国租船公司期租约范本”。定期租船合同不受国际条约的调整，但据此签发的提单却可能受类似《海牙规则》的调整。由于定期租船合同是将船舶租给承租人使用一定时期，因而船舶状况、船舶交付与归还、船舶用途、船舶使用范围与航行区域、停租转租等条款成为定期租船合同中的主要条款。由于出租人是按期收取租金，故而不存在航次租船合同中的滞期费、速遣费、绕航问题。

第三节　国际航空、铁路货物运输

一、国际航空货物运输

（一）调整国际航空货物运输的两大公约体系

目前调整国际航空货物运输的国际公约主要有两大体系：一是以《华沙公约》为核心的华沙公约体系，二是蒙特利尔公约体系。

华沙公约体系主要包括 1929 年《关于统一国际航空运输某些规则的公约》（简称《华沙公约》）、1955 年《修改 1929 年 10 月 12 日在华沙签订的统一国际航空运输某些规则的公约的议定书》（简称《海牙议定书》）和海牙议定书的危地马拉城 1971 年议定书。上述《华沙公约》和《海牙议定书》对承运人责任限额的规定都是以金价为标准的，而自 20 世纪 70 年代开始，金本位制度逐渐被废除，因此 1975 年，国际民航组织在蒙特利尔召开会议，签订了 4 个《蒙特利尔附加议定书》，用特别提款权代替了上述两个公约中的金价。

《华沙公约》和《海牙议定书》对于承运人是缔约承运人还是实际承运人没有作出明确的规定，于是产生了1961年的《统一非缔约承运人所办国际航空运输某些规则以补充华沙公约的公约》（简称《瓜达拉哈拉公约》）。《瓜达拉哈拉公约》旨在统一非缔约承运人执行国际运输的规则。

《华沙公约》适用于始发地和目的地在两个缔约国，或始发地和目的地在同一个缔约国，但在另一国家（地区）有约定的经停点的国际运输。几个连续航空承运人办理的运输，如是同一业务活动，则无论是否为一个合同，也无论该合同或该几个合同是否在同一国家履行，都不丧失其国际性。《海牙议定书》同样适用于上述国际运输，但始发地和目的地必须都位于议定书的两个缔约国，或虽在同一个缔约国，但在另一国有约定的经停点。

就这几个公约的关系来说，《华沙公约》是最基本的规定，其他公约是对《华沙公约》的修订或补充，但都相互独立。由于各国参加的公约不尽相同，因而在适用时须注意区别。我国参加了《华沙公约》和《海牙议定书》。

上述国际航空公约的相互独立性和不统一性，在某种程度上阻碍了国际航空运输业的发展。1995年国际民航组织决定起草一部新的统一性公约。1999年5月，国际民航组织在其组织总部加拿大的蒙特利尔通过了《统一国际航空运输某些规则的公约》（简称《蒙特利尔公约》）。该公约旨在实现《华沙公约》及相关文件的现代化与一体化，确保航空运输消费者的利益，在恢复性补偿原则的基础上，提供公平赔偿，而制定新公约来增进对国际航空运输某些规则的一致化和法典化，是获得公平的利益分配的最适当方法。该公约于2003年11月4日生效。我国签署了该公约，于2005年2月批准加入该公约。

(二) 蒙特利尔公约体系下的运输规则

1. 公约的适用范围和优先适用性

《蒙特利尔公约》适用于所有以航空器运送人员、行李或者货物而收取报酬的国际运输，也适用于航空运输企业用航空器履行的免费运输。国际运输，系指根据当事人的约定，不论在运输中有无间断或转运，其出发地点和目的地点是在两个当事国的领土内，或者在一个当事国的领土内，而在另一国的领土内有一个约定的经停地点的任何运输，即使该国不是当事国。在一个当事国领土内的两个地点之间的运输，且在另一国的领土内没有约定的经停地点的，不是国际运输。该公约当事国可以在任何时候向该公约的保存人提交通知，声明公约对下列事项不适用：由当事国就其作为主权国家的职能和责任为非商业目的而直接办理和运营的国际航空运输，或使用在该当事国登记的或者为该当事国所租赁的、其全部运力已为其军事当局或者以该当局的名义所保留的航空器，为该当局运输人员、货物或行李的运输。

关于《蒙特利尔公约》与《华沙公约》等的关系，《蒙特利尔公约》规定：当国际航空运输在该公约的当事国之间履行，而这些当事国同为下列条约的当事国时，《蒙特利尔公约》优先于国际航空运输所适用的下列任何规则：（1）《华沙公约》；（2）《海牙议定书》；（3）《瓜达拉哈拉公约》；（4）《危地马拉城议定书》；（5）各个《蒙特利尔议定书》。当国际航空运输在《蒙特利尔公约》的一个当事国内履行，但该当事国是上述五项所指一个或几个文件的当事国时，《蒙特利尔公约》优先于国际航空运输所适用的任何规则。

《蒙特利尔公约》因其与其他航空公约关系的规定，使《蒙特利尔公约》具有优先适用的效力，排除了其他公约的适用。如果说《蒙特利尔公约》本身在条文上统一了国际航空运输规则的话，那么，随着参加该公约的当事国越来越多，国际航空运输规则的全面、实质统一指日可待，原混乱复杂的国际运输规则将退出历史舞台。

2. 国际航空货物运输单证

航空货运单或货物收据是货物承运人向托运人出具的运输单证。托运人负责填写运单。承运人根据托运人的请求填写航空货运单的，在没有相反证明的情况下，应视为代托运人填写。托运人对其在航空货运单上的陈述负责；如不符合规定、不正确或不完全，对承运人或者承运人对其负责的任何其他人造成损失的，托运人对承运人承担赔偿责任；承运人在货物收据上的说明和陈述不符合规定、不正确或不完全，给托运人或托运人对其负责的任何其他人造成损失的，承运人应当对托运人承担赔偿责任。

航空货运单或货物收据是订立合同、接收货物和所列运输条件的初步证据。航空货运单或货物收据上有关货物等的任何陈述，是所述事实的初步证据。除经过承运人在托运人在场时查对并在运输单证上注明经过如此查对，或者关于货物外表状况的陈述外，运输单证上关于货物的陈述，不能构成不利于承运人的证据。

3. 承运人的责任及免责

对于因货物毁灭、遗失或损坏而产生的损失，只要造成损失的事件是在航空运输期间发生的，承运人应当承担责任。航空运输期间指货物处于承运人掌管的期间。

承运人证明货物的毁灭、遗失或者损坏是由于下列原因造成的，在此范围内承运人不承担责任：（1）货物的固有缺陷、质量或瑕疵；（2）承运人或其受雇人、代理人以外的人包装货物的，货物包装不良；（3）战争行为或者武装冲突；（4）公共当局实施的与货物入境、出境或过境有关的行为。

对于货物在航空运输途中因延误而引起的损失，承运人应当承担责任。但是，承运人证明本人及其受雇人和代理人为了避免损失的发生，已经采取一切符合合理要求的措施或者不可能采取此种措施的，承运人不对因延误引起的损失承担责任。

经承运人证明，损失是由索赔人或者索赔人从其处取得权利的人的过失或者其他不当行为、不作为造成或者促成的，应当根据造成或者促成此种损失的过失或者其他不当行为、不作为的程度，相应地全部或部分免除承运人对索赔人的责任。

4. 托运人和收货人处置货物的权利

托运人在负责履行运输合同规定的全部义务的条件下，有权对货物进行处置：可以在出发地机场或者目的地机场将货物提回；在途中经停时中止运输；要求在目的地点或者途中将货物交给非原指定的收货人；要求将货物运回出发地机场。但托运人行使这种处置权不得给承运人或其他托运人造成损失，并应偿付行使权利而产生的费用。

除托运人行使上述处置权利外，收货人于货物到达目的地点，并在缴付应付款项和履行运输条件后，有权要求承运人向其交付货物。此时，托运人的权利即告终止。但收货人拒绝接受货物，或者无法同收货人联系的，托运人恢复其处置权。承运人承认货物已经遗失，或货物在应当到达之日起 7 日内仍未到达的，收货人有权向承运人行使运输合同所赋予的权利。

5. **索赔**

有关损害赔偿的诉讼，只能依照《蒙特利尔公约》规定的条件和责任限额提起，无论其是根据该公约、合同，还是根据侵权提起诉讼。当事人的约定和国内法都不能改变这些要求，这表明了适用该公约规定的唯一性。上述免除责任或减轻责任条款无效的规定，也体现了这一点。另外，公约还在强制适用条款中规定，运输合同的任何条款和在损失前达成的所有特别协议，其当事人借以违反该公约规则的，无论其选择适用的法律还是变更有关管辖权的规则，均属无效。这再次突出了《蒙特利尔公约》的优先和排他适用效力。

收货人未提出异议，构成货物在良好状态下并与运输凭证相符的情况下交货的初步证据。发生损失的，收货人应当在发现后立即向承运人提出异议，至迟应在收货后 14 日内提出。发生延误的，至迟应在货物交付收货人处置之日起 21 日内提出异议。除承运人一方有欺诈外，未在前述规定期间内提出异议的，不得对承运人提起诉讼。

损害赔偿诉讼，诉讼地严格限于当事国，即必须在一个当事国的领土内提起。原告可以选择向承运人住所地、主要营业地或者订立合同的营业地的法院起诉，或者向目的地点的法院起诉。诉讼程序适用受理案件的法院所在地的法律。非为当事国的损失事件发生地，不包括在内。

二、国际铁路货物运输

国际铁路货物运输主要通过联运方式进行，托运人使用一份运单，由铁路负责两国以上的运输并移交货物。调整国际铁路货物运输的国际公约主要有：1924 年《国际铁路货物运输公约》（简称《货运公约》，法文简称 CIM），于 1961 年、1970 年修订，参加国主要为欧洲国家；1980 年制定的《国际铁路运输公约》（COTIF），CIM 作为 COTIF 其中的《国际铁路货物运输合同统一规则》的一个附件（COTIF/CIM），参加国为除苏联外所有欧洲国家和部分亚洲国家、非洲国家；1951 年的《国际铁路货物联运协定》（简称《联运协定》），参加国为原社会主义集团国家，1990 年后许多东欧国家退出了该协定，我国参加了该协定。

（一）《联运协定》

《联运协定》适用于各缔约国之间的货物运输，该协定对铁路、发货人和收货人都有约束力。《联运协定》不适用于始发站和终点站在同一国境内而经由另一国的运输，也不适用于两国车站间用发送国或到达国国际列车通过第三国国境的运输，或两个邻国按照一国规章全程都用该国列车的货物运输。

运单是铁路收取货物、承运货物的凭证，是铁路在终点站向收货人交付货物和核收运杂费的依据。运单不是所有权凭证，不能转让。运单由发货人填写，由铁路发站盖戳，副本退还发货人，正本随货物同行。铁路发站加盖戳记的日期为运输合同成立的日期，发站是合同签订地。发货人对运单中填写事项的准确性、完整性负责。

承运人对签发运单时起到在终点交付货物时止的期限内的货物损失承担责任。负责运送某一路段的承运人对整个损失承担连带责任。铁路对货物的赔偿额不超过货物全部灭失时的数额。

发货人可以在发站将货物领回、变更到站、变更收货人、将货物返还发站。收货人可以在到达国范围内变更货物的到站、变更收货人。收货人在货物因毁损或腐坏而发生质量变化，使部分货物或全部货物不能按原用途使用时，可以拒绝领取货物。

发货人和收货人都可以据运送契约提出赔偿请求，只是应分别向发货铁路和到达铁路提出，并分别提出运单副本和正本。货物运输逾期时，由收货人提出赔偿请求。诉讼只能在受理赔偿请求的铁路所属国家的法院提出。

(二)《货运公约》

我国没有参加该公约，但从其频频修订及广泛的缔约国来看，其适用性很强，同时考虑到欧亚大陆桥的建成，不排除将来中国加入该公约的可能，因此有必要对该公约作一简单介绍。

《货运公约》适用于按照联运单托运的货物运输，其运程通过至少两个缔约国的领土。发站和到站在同一国家境内仅通过另一国领土运输货物，如由发运国铁路独家经营或即使不是独家经营但据有关协议不是国际运输时，不受该公约的约束。

一经发运铁路承运附有运单的货物，运输合同即为签订。发站应在运单上加盖有承运日期的发站戳记，以证明承运。加盖戳记后的运单应为运输合同的证明。运单副本退回发货人，不具有作为随货运单或提单的效力。托运人填写运单，对运单上的内容和声明的正确性负责。货物托运应由发站所在地现行的法律和规章规定。

发货人或收货人有权基于一定的条件修改运输合同。发货人修改运输合同的权利在下列情况下终止：当收货人已持有运单时；当收货人已收到货物时；当收货人在货物到站后要求铁路交付运单和货物时；当货物进入到站国家的海关区，收货人行使修改运输合同的权利时。在发货人修改运输合同的权利终止后，铁路应执行收货人的指示。收货人修改运输合同的权利在下列情况下终止：当收货人已持有运单时；收货人已接受货物时；在货物到站后收货人要求铁路交付运单和货物时；其指定人在货物到站后要求铁路交付运单和货物时。如收货人已指示将货物交付其他人，则被指示人无权修改运输合同。

收货人开具收据并向铁路付清一切费用后，铁路应在到站将运单和货物交付给收货人。承运附有运单货物的铁路，应对至交货地的全程运输负责。铁路之间相互负连带责任。铁路应对超过运输期限、在接运货物至交付期间发生的货物的全部或部分灭失和损坏负责。铁路对货物灭失的赔偿额依次按商品交易价格、当时市场价格或正常价值计算。

对铁路的索赔诉讼，可由发货人或收货人提起。收货人持有运单、接受货物、在货物到站后要求铁路交付运单和货物或行使修改运输合同权利之前，由发货人起诉；在收货人持有运单、接受货物、在货物到站后要求铁路交付运单和货物或行使修改运输合同权利之后，由收货人起诉。但收货人的起诉权在其指定的人持有运单、接受货物、在货物到站后要求铁路交付运单和货物之时丧失。起诉时，发货人应提交运单副本，收货人应提交运单正本。

因运输合同引起的货物灭失或损坏的诉讼，只能向发站铁路、目的站铁路或造成诉讼根据的铁路提起。如原告选择对其中的任何一铁路起诉，则不得对其他铁路起诉。对于超过运输合同期限所引起的货物部分灭失或损坏，有权索赔或起诉的人如接受货物，则对铁路的一切诉讼权丧失，《货运公约》另有规定的除外。根据该公约提起的诉讼，只能在被告铁路所属国管辖法院提起，除非国家间协议等另有规定。因运输引起的法律诉讼，按有管辖权的法院的诉讼程序进行，但任何规定不得与该公约相违背。

第四节 国际货物多式联运

一、联合国国际货物多式联运公约

随着国际货物运输技术的发展，利用多种运输方式联合运输得以发展，国际多式联运产生了很多法律问题。联合国贸易和发展会议于 1980 年主持制定了《联合国国际货物多式联运公约》（简称《多式联运公约》）（未生效），后来又与国际商会一起制定了《1991 年联国贸易和发展会议/国际商会多式联运单证规则》。

按《多式联运公约》，国际多式联运（international multimodal transport）是指按照多式联运合同，以至少两种不同的运输方式，由多式联运经营人将货物从一国境内接管货物的地点运至另一国境内指定交付货物的地点。为履行单一方式运输合同而进行的该合同所规定的货物接送业务，不视为国际多式联运。

国际多式联运尽管采用多种运输方式，但运输合同只有一个，即国际多式联运合同。该合同是指多式联运经营人凭以收取运费、负责完成或组织完成国际多式联运的合同。经营人签发多式联运单据。多式联运单据可以是不可转让的，也可以是可转让的，由发货人选择，经营人可以在单据上对货物批注。可转让单据可背书转让或交付转让，具有所有权凭证的作用，提货时须交付可转让单据。不可转让单据应指明记名收货人，可向该人或该人指定的人交货。

多式联运经营人对其接管货物到交付货物期间的货物损失承担赔偿责任。经营人对托运人根据该公约承担责任，而实际承运人根据运输方式按相应的公约承担责任，如海上运输依据《海牙规则》、航空运输依据《华沙公约》承担责任。

根据《多式联运公约》提起的国际多式联运诉讼，原告可以选择位于下列地点的有权法院起诉：被告主营业地，如无主营业地则为被告的惯常住所地；通过被告的营业地、分支机构或代理机构签订多式联运合同的地点；接管或交付货物的地点；多式联运合同中为此目的指定并在单据中载明的任何其他地点。除此之外，不得在任何地点进行诉讼，但这不妨碍缔约国对临时性或保护性措施的管辖权。尽管有上述规定，当事人双方在索赔发生后达成协议，规定了原告起诉地点的，该协议有效。

二、多式联运单证规则

UNCTAD于1991年与国际商会共同制定了《1991年联合国贸易和发展会议/国际商会多式联运单证规则》。该规则没有强制约束力，当事人可以自由选择适用与否。据该规则，多式联运单据是可转让的，也可以是不可转让的，还可以是电子数据信息。除非有相反的表示，该单据是经营人如单据所示接收货物的初步证据。在单据转让或电子数据信息传递之后，相反的证明不予接受。

经营人的责任从接收货物到交付货物，对在该期间内货物的损失或延迟交货承担责任，除非经营人证明其本人、受雇人或代理人在履行合同中没有过失或疏忽。对于海运或水运损失，经营人对《修改统一提单若干法律规定的国际公约议定书》（以下简称《维斯比规则》）规定的免责事项造成的损失不承担赔偿责任。

三、我国《海商法》的有关规定

我国《海商法》对多式联运合同作了特别规定。但该法所称的多式联运，是指多式联运经营人以两种以上的不同运输方式（其中一种是海上运输方式），将货物从接收地运到目的地交付收货人，并收取全程运费的合同。

多式联运经营人的责任期间自接收货物时起至交付货物时止。经营人负责履行或组织履行联运合同，对全程负责。经营人与各区段承运人可以合同约定相互之间的责任，但这种约定不影响经营人的全程责任。货物的灭失或损坏发生于某一区段的，经营人的赔偿责任与赔偿限额，适用调整该区段运输方式的有关法律的规定；不能确定区段的，应按我国《海商法》关于承运人赔偿责任和责任限额的规定负赔偿责任。

第五节 国际货物运输保险

一、国际海上货物运输保险

国际货物运输中，对于货物在运输途中遭受的损失，货主可以向承运人要求赔偿。但承运人并非对所有的货物损失都承担赔偿责任，除存在一系列的免责事项外，其赔偿额度也存在一定的限制。另外，由于可能存在承运人资信问题，向承运人索赔并不总是一个最好的办法，所以，国际货物运输保险就成为国际货物销售中不可缺少的一环。

（一）海上货物运输保险中的保险利益

海上货物运输保险中的一个根本原则是保险利益原则。保险利益（insurable interest），又称可保利益，是指被保险人对保险标的因有利害关系而产生的为法律所承认的可以投保的经济利益。保险利益原则体现为，被保险人必须对保险标的具有保险利益，才能与保险人订立有效的保险合同，才能因货物的灭失、损坏向保险人索赔。实践中，投保时可不要求被保险人有保险利益的存在，但发生保险事故时必须存在保险利益。保险利益原则可防止以他人财产的灭损谋取自己的利益，也可以确定保险人的责任额度，实现保险的真正目的——对受到损害的被保险人进行赔偿。保险利益必须是合法的、确定的、可用货币补偿的经济利益。我国《保险法》第 12 条规定：保险利益是指投保人或者被保险人对保险标的具有的法律上承认的利益。财产保险的被保险人在保险事故发生时，对保险标的应当具有保险利益。《海商法》无对保险利益的定义，但第 44 条规定“将货物的保险利益转让给承运人的条款或者类似条款，无效。”

保险利益因被保险人对保险货物有利害关系而产生，可因对保险标的的所有权、占有权、担保权而产生，或因对货物承担风险或责任而产生。被保险人因货物的安全到达而受益，因货物的灭损而受损或产生责任。

国际货物买卖合同的当事人对货物是否享有保险利益，直接影响着其权利的享有。在所有权益不明确的情况下，对货物风险的承担即表明对货物享有保险利益。货物的风险转移是依据贸易术语确定的，我们可以根据贸易术语来确定买卖双方的保险利益。

（二）海上货物运输保险合同与保险单证

海上保险合同，是指保险人按照约定，对被保险人遭受保险事故造成保险标的的损失和产生的责任负责赔偿，而由被保险人支付保险费的合同。海上货物运输保险合同，是以海上运输货物为保险标的的海上保险合同，保险人对海上运输货物遭受保险事故所造成的损失、引起的费用承担赔偿责任。

保险合同在保险人与被保险人就保险事宜达成一致时成立，即被保险人提出保险要求，经保险人同意承保，并就海上保险合同的条款达成协议后，合同成立。保险人应当向被保险人及时签发保险单或者其他保险单证，并在保险单或者其他保险单证中载明当事人双方约定的合同内容。

保险单证是保险合同的证明，保险合同除保险单证外，还包括投保单、来往函电等。保险合同的成立时间早于保险单证的签发时间。保险单证一般可分为保险单（insurance policy）和保险凭证（insurance certificate）两大类。

保险单包括两大部分，即陈述（声明）部分和权利义务条款部分。陈述部分主要包括：保险标的、保险价值、保险金额、保险费（率）、承保险别、运载工具名称、起始地点、开航日期、赔付地点等。权利义务部分主要包括：保险责任、除外责任、保险期限、被保险人的义务等。保险凭证是一种简式保险合同，仅包括保险单的第一部分即陈述部分，而不包括据以确定当事人权利义务的保险条款部分。

我国《海商法》规定，海上货物运输保险合同可以由被保险人背书或者以其他方式转让，合同的权利、义务随之转移。但一般情况下只有保险单才可以转让。有关保险凭证的法律效力，各国法律和惯例的规定并不统一。卖方交付保险凭证是否代表履行了其交单义务，须根据当事人的约定确定。

（三）海上货物运输保险的保险范围

海上货物运输保险对约定的风险（事故）造成的损失、费用进行赔偿。

风险包括海上风险和外来风险。海上风险指货物在海上航行中发生的或与海上运输相关的风险，不包括海上的一切风险，同时又不局限于海上的风险，其包括自然灾害和意外事故。自然灾害包括恶劣气候、雷电、海啸、洪水、地震、火山爆发、海水或河水进入船舱、集装箱或储存处所等；意外事故包括运输工具搁浅、触礁、沉没、互撞、与流冰或其他物体碰撞、倾覆、投弃、火灾等，还包括海盗行为、船长和船员的不法行为。

外来风险指由海上风险以外的外来原因造成的风险，分为一般外来风险和特殊外来风险。一般外来风险有偷窃、短少和提货不着、渗漏、短量、碰损、破碎、钩损、玷污或串味等；特殊外来风险指由于战争、暴动、罢工等造成的风险。

只有上述风险造成的损失，保险人才给予赔偿，超出了约定的风险造成的损失，保险人不承担责任。从赔偿的角度来看，损失有全部损失和部分损失两大类。

全部损失指货物由于承保风险造成的全部灭失或视为全部灭失。全部损失又可分为实际全损和推定全损。前者又称绝对全损，指货物全部损失或失去了原有形体、用途或价值，或货物不能再归被保险人拥有，或载货船舶失踪超过了一定的期限；后者又称商业全损，从商业价值上判断已相当于全损，指货物发生保险事故后，货物实际虽未完全灭失，但可以预见其全损不可避免，或为避免实际全损而支付的抢救、修复费用加上将货物运到目的地的费用超过了货物在目的地的价值或保险价值。全部损失的“全部”应据具体情况确定。确定全部损失的一般界限是：一张保单所保货物的完全损失；一张保单所保的分类货物的完全损失；装卸过程中一个整件货物的完全损失；使用驳船装运货物时，一条驳船所载货物的完全损失；一张保单下包括多张提单的货物时，一张或几张提单货物的完全损失。

在推定全损时，如被保险人要求保险人按照全部损失赔偿，应向保险人委付保险标的。委付（abandonment）是被保险人让与对货物的权利与义务而要求全部赔偿的行为。在被保险人要求委付时，保险人应明确接受与否。

不属于实际全损和推定全损的损失，为部分损失，包括共同海损和单独海损。共同海损，是指在同一海上航程中，船舶、货物和其他财产遭遇共同危险，为了共同利益而有意地、合理地采取措施所直接造成的特殊牺牲、支付的特殊费用。共同海损应当由受益方按照各自的分摊价值的比例分摊。单独海损是特定利益方的部分损失，不涉及其他货主或船方，常用来表示除共同海损外的意外部分损失。

可以投保的费用包括施救费用和救助费用。施救费用指被保险货物在遭遇承保责任范围内的灾害事故时，被保险人为了避免或减少货物损失（根据合同可以得到赔偿的损失），采取各种抢救或防护措施所支出的合理费用。施救费用可由保险人在保险标的赔偿之外另行支付。救助费用是指海上保险财产在遭遇承保范围内的灾害事故时，由保险人和被保险人以外的第三者采取措施并获得成功，由被救方付给救助方的费用。救助费用一般采取“无效果、无报酬”原则，但现在有发生变化的趋势。

（四）保险条款及保险人与被保险人的权利义务

1. 保险条款与险别

保险人在某一海上货物运输保险合同中的具体责任应据其签发的保险单、其制定的保险条款确定。在保险条款中，保险人将风险、损失和责任按范围不同进行划分，构成保险险别或条款。保险险别不同，其承担的责任也不同。除中国人民保险公司制定的《海洋运输货物保险条款》外，国际上常用的有伦敦保险协会制定《协会货物条款》(Institute Cargo Clauses，ICC)。

(1)《协会货物条款》。

有六种条款，即 A 条款、B 条款、C 条款、战争条款、罢工条款和恶意损害条款。每一种条款都包括 8 项内容：承保范围、除外责任、保险期间、索赔、保险利益、减少损失、防止迟延、法律惯例。除前 3 项外，其余 5 项是相同的。

A 条款：保险人承保除外责任外的一切风险。A 条款是保险人承保范围最广的条款。除外责任有四类：一般除外、不适航、不适货除外、战争除外、罢工除外。一般除外有：被保险人的故意不法行为造成的损失或费用；自然渗漏；包装不当、内在缺陷或特性造成的损失或费用；直接由于迟延引起的损失或费用；船舶所有人、经理人、租船人或经营破产或不履行债务造成的损失或费用；原子或核裂变造成的损失或费用。不适航、不适货除外包括装船时被保险人已知船舶不适航或不适货。

B 条款：保险人只承保明确列明的风险，未列的风险不予承保。据 B 条款，保险人对下列原因造成的或可归于下列原因的灭损承担责任：火灾、爆炸；船舶触礁、搁浅、沉没或倾覆；陆上运输工具倾覆或出轨；船舶或运输工具同水以外的外界物体碰撞；在避难港卸货；地震、火山爆发、雷电；共同海损牺牲；抛货或浪击入海；水进入运输工具、集装箱或贮存处所；货物在装卸时落海或摔落造成的整件的全损。B 条款的除外责任除 A 条款的除外责任之外，还包括任何人（不仅仅是被保险人）的非法故意行为造成的货物灭损和海盗风险。

C 条款：仅承保意外重大事故造成的货物灭损，不承保自然灾害及非重大事故造成的货物灭损，包括：火灾、爆炸；船舶触礁、搁浅、沉没或倾覆；陆上运输工具倾覆或出轨；船舶或运输工具同水以外的外界物体碰撞；在避难港卸货；共同海损牺牲；抛货。与 B 条款相比，少了地震、火山爆发、雷电；浪击入海；水进入运输工具、集装箱或贮存处所；货物在装卸时落海或摔落造成的整件的全损。除外责任与 B 条款的完全相同。

(2) 中国人民保险公司保险条款。

将承保范围分为三种基本险、三种附加险和两种专门险。基本险可以单独投保，附加险和专门险不能单独投保，只能附加于基本险一起投保。

《海洋运输货物保险条款》规定的基本险，分为平安险、水渍险、一切险。平安险范围最小，一切险范围最大，但一切险也不包括一切风险。

平安险（Free From Particular Average，FPA），承保自然灾害造成的全损、意外事故造成的全损或部分损失、装卸或转运时的全损或部分损失。

水渍险（With Particular Average，WA），除承保平安险的责任外，还承保自然灾害造成的部分损失（包括海上风险的全部或部分损失）。

一切险（All Risks），除承保水渍险的责任外，还承保一般外来原因造成的损失。

据《海洋运输货物保险条款》的规定，保险人的责任起讫一般采取“仓至仓”责任。责任期限自保险货物运离保险单所载明的起运地仓库或储存处所开始运输时起，包括正常运输过程中的海上、陆上、内河和驳船运输在内，直至该项货物到达保险单所载明的目的地收货人的最后仓库或储存处所，或被保险人用作分配、分派或非正常运输的其他储存处所为止。如未抵达上述仓库或储存处所，则以被保险货物在最后卸载港全部卸离海轮后满 60 天为止。如上述 60 天内被保险货物须转运到非保险单所载明的目的地时，则该项货物开始转运时保险期限终止。特殊情况下亦有例外。

2. 保险人与被保险人的一般权利义务

保险人与被保险人之间的权利义务一般依保险人签发的保险单、保险凭证或保险人制定的保险条款确定。

保险合同中，被保险人具有最大诚信义务。一般合同中，欺诈可使合同处于可撤销状态，而在保险合同中，被保险人的欺诈赋予保险人解除合同的权利。被保险人具有重要事项告知义务、如实陈述义务和保证义务。在合同订立之前，被保险人应当将其知道的或者在通常业务中应当知道的有关影响保险人据以确定保险费率或者确定是否同意承保的重要情况，如实告知保险人。但保险人在订立保险合同时已经知道投保人未如实告知情况的，保险人不得解除合同。此外，被保险人必须支付保险费，发生事故时必须立即通知保险人，并采取必要合理的措施，防止或者减少损失。

根据我国《海商法》，保险人承担对约定的风险造成保险货物的损失进行赔偿、对被保险人支出的合理费用另行支付的义务。保险人赔偿保险事故造成的损失，以保险金额为限。保险金额低于保险价值的，在保险标的发生部分损失时，保险人按照保险金额与保险价值的比例负赔偿责任。保险标的在保险期间发生多次保险事故造成的损失，即使损失金额的总和超过保险金额，保险人也应当赔偿。但对于发生部分损失后未经修复又发生全部损失的，按全部损失赔偿。由于第三人的责任造成的损失，保险人在向被保险人赔偿后，取得了向第三人请求损害赔偿的权利，此为代位求偿权（subrogation）。

保险人对被保险人故意造成的损失，不承担赔偿责任。除合同另有约定外，对下列原因造成的货物损失，保险人不负赔偿责任：航行迟延、交货迟延或行市变化；货物的自然损耗、本身的缺陷和自然特性；包装不当。

二、 航运货物保险和陆运货物保险

航运货物保险和陆运货物保险历史较短，不像海运货物保险那样发达、自成一体。尤其是陆运货物保险，由于受到运输条件的限制，国际上还没有陆运货物保险条款。中国人民财产保险公司制定了《陆上运输货物保险条款》《航空运输货物保险条款》，伦敦保险协会制定了《协会货物（航空）条款》，并有《协会战争条款（空运货物）》和《协会罢工条款（空运货物）》与之配合。《协会货物（航空）条款》，除某些例外外，如战争和罢工，包括所有货物灭失的风险。

据中国人民财产保险公司的保险条款，陆运货物仅指火车、汽车运输的货物。陆运货物保险的基本险有陆运险和陆运一切险两种。陆运险的承保范围与海运货物保险中的水渍险相似，赔偿自然灾害或意外事故造成的全部或部分损失；陆运一切险的承保范围与海运货物保险中的一切险相似，除陆运险责任外，包括了外来原因造成的全部或部分损失，但没有专属海上的风险，如海啸，而增加了陆上的风险，如隧道坍塌。陆运险中没有共同海损，不区分自然灾害与意外事故、部分损失与全部损失。责任起讫也是“仓至仓”。

航运货物保险也分航空运输险和航空运输一切险两种基本险别，分别与海运货物保险中的水渍险和一切险相似。责任起讫为“仓至仓”。

课堂讨论案例

1997 年 2 月 25 日，中国赛乐公司与香港智得公司签订购销尿素合同，约定由赛乐公司供给智得公司尿素 28 000 吨。依据该合同，1997 年 3 月 10 日智得公司又与广西贝尔公司签订售货合同，约定由智得公司供应贝尔公司尿素 28 000 吨，价格条件为 CIF 至中国北海港。付款条件为贝尔公司在 1997 年 3 月 19 日前开出不可撤销远期 180 天信用证。1997 年 4 月 3 日，智得公司租用“东方”轮将赛乐公司供应的 28 000 吨尿素运至北海港，然后货物交由承运人在目的港的代理人中国船务代理公司管理，“东方”轮开出正本提单一式三份交由赛乐公司收执。货到港后，贝尔公司委托克利公司理货报关，克利公司向海关申报并办理了 9 000 吨尿素的通关手续。4 月 17 日，贝尔公司、中国农业银行分别向中国船务代理公司出具保函，保证尽快提交正本提单，并要求中国船务代理公司放行提货。4 月 18 日至 7 月 19 日，在未收到正本提单的情况下，中国船务代理公司共放行货物 9 000 吨给贝尔公司。

由于贝尔公司未能开出进口许可证、银行亦不允许开出信用证，为了保证双方的利益，1997 年 7 月 21 日，赛乐公司与贝尔公司、智得公司签订协议书，约定：甲方（贝尔公司）必须保证乙方（赛乐公司）的成本，甲方采取开立其他货物信用证贴现给智得公司转付给乙方作为尿素货款，并约定了信用证的开证时间、银行以及金额的安排，最迟不能超过 8 月 15 日须全部贴现付清货款；乙方保证积极配合甲方办理报关及清关工作，如甲方未能按上述内容执行，一切损失由丙方（智得公司）负责。合同签订后，由于没有进口许可证，中国船务代理公司无法清关。

1997 年 9 月 11 日，北海港海关以货物超期未报关为由提取变卖了“东方”轮所载的 19 000 吨尿素，扣除税款等费用后，于 1998 年 6 月 12 日通知中国船务代理公司，要求其通知收货人办理退款手续，但要求收货人向海关提交货物的进口单证及配额证明，不能提交的，按有关法规作没收处理，价款上缴国库。

1998 年 4 月 22 日，赛乐公司将一份正本提单交智得公司转贝尔公司，以便贝尔公司向海关办理 19 000 吨尿素的退款手续。

同年 11 月，赛乐公司将贝尔公司诉至北海市中级人民法院，要求将海关变卖“东方”轮所载 19 000 吨尿素的余款 1 670 万元确认为其所有。经法院主持调解，双方自愿达成协议：贝尔公司确认赛乐公司是“东方”轮全套正本提单的所有人，提单项下的 19 000 吨尿素余款 1 670 万元属赛乐公司所有。调解书已生效执行。

贝尔公司凭保函无单提取的 9 000 吨尿素款并未支付给赛乐公司。1998 年至 2001 年赛乐公司每年向中国香港法院、新加坡法院申请扣船令，以保证本案诉讼时效。2001 年

3月28日，赛乐公司以无正本提单放货为由诉至广西壮族自治区高级人民法院，请求法院确认中国船务代理公司、贝尔公司、中国农业银行三被告无单放货、提货的事实，侵犯了赛乐公司拥有的提单项下货物的所有权。

结合教材内容及相关法律规定，思考下列问题：

（1）本案中赛乐公司是否是9 000吨尿素的所有人？

（2）如何理解提单的物权凭证效力？

（3）本案中赛乐公司是否存在过失而不能获偿或全部获偿？

问题与思考

1. 如何理解提单的作用？
2. 简述提单的种类。
3. 简述提单、运单的区别与联系。
4. 海上承运人的义务有哪几类？有什么区别？其免责条件是什么？
5. 比较《海牙规则》、《维斯比规则》和《汉堡规则》。
6. 如何理解、利用保险利益原则？
7. 比较FOB、CIF合同在运输和保险方面的不同。

第五章
国际支付

本章概要

国际支付在国际贸易中具有极为重要的地位和作用。国际支付包括支付手段和支付方式两个方面。在支付手段上，国际支付多使用票据。目前国际上无统一的票据法律制度。国际支付方式有多种，常用的有汇付、托收、信用证等。国际商会制定的相关支付规则，如跟单托收统一规则、跟单信用证统一惯例，在国际支付中发挥着重要作用。

关键术语

票据　汇票　背书　承兑　M/T　T/T　D/D　D/A　D/P　信用证(L/C)

第一节　支付工具

一、票据

(一) 概念与特征

票据（negotiable instrument），根据我国《票据法》，是一种以支付金钱为目的的、可以流通的有价证券，分为汇票、本票和支票。许多国家票据法中，无对票据的统一定义，只有对汇票、本票或支票的定义。票据的作用主要表现在三个方面：结算作用；信用作用；流通作用。

票据具有下列主要特征：

1. 流通转让性

除注明“不可转让”外，票据经过背书或交付可以转让，受让人取得票据上的权利。转让的情况有两种：记名票据，须背书、交付才能转让；不记名票据，仅凭交付即可转让。

2. 无因性或独立性

票据的取得一般基于某种基础关系，但一经取得票据，票据的权利义务即与基础关系中的权利义务分离。票据权利是基于民事权利但又独立于民事权利的票据法上的权利。票据中的付款义务不受票据签发原因的影响。善意持票人的权利不受付款人的抗辩理由的影响。但我国票据法要求有真实的交易关系或债权债务关系存在，因此存在有因性要求。中国审判实践中，越来越强调票据的无因性，这造成了法律与实践在一定程度上的脱节。

3. 要式性

票据权利因票据的出具而产生，并以票据上的文字记载为准，出具票据不符合法定形式的，不产生票据权利，票据无效；同时，享有权利必须符合法定的形式，如票据形式有缺陷，权利即受影响。

（二）国际票据法律制度的冲突和统一

在票据调整法律方面，存在两大对立的法律制度，即以法国和德国为代表的日内瓦统一票据法系和以英美为代表的英美票据法系。1930 年和 1931 年国际联盟主持召开日内瓦票据法统一会议，制定、通过了 1930 年《统一汇票本票法公约》、1931 年《解决汇票及本票若干法律冲突公约》《统一支票法公约》和《解决支票若干法律的冲突公约》。上述公约为欧洲大多数国家、日本等采用（称之为大陆法系或日内瓦票据体系），但英美法系国家未派代表参加会议，因而也不采用上述公约。上述公约主要调和了德、法票据法的不同规定。

联合国贸法会继续在统一票据法方面作出努力，于 1971 年着手起草新的统一票据法公约。1988 年 12 月在纽约联合国大会通过了该委员会制定的《联合国国际汇票和国际本票公约》。国际上票据法的两个法系对立的情况依然存在。

我国于 1995 年通过、施行了《票据法》。票据分为汇票、本票和支票。

二、汇票

在国际贸易中使用最多的是汇票（bill of exchange，draft）。

《统一汇票本票法》作为《统一汇票本票法公约》的附件，是该公约的主要内容。根据该统一法，汇票是出票人要求付款人见票即付或见票后定期支付给受款人或其代理人一定金额的无条件支付委托。据英国汇票与本票法，汇票是一人（出票人）向另一人签发的，要求付款人即期或定期或在可以确定的将来时间，对特定人或其指定的人或持票人无条件支付一定金额的书面委托。

《联合国国际汇票和国际本票公约》重在规范国际票据的问题。据该公约，国际汇票必须是下列两个地点位于两个不同国家的汇票：出票地点、出票人签名旁所示地点、受票人姓名旁所示地点、受款人姓名旁所示地点和付款地点。

依我国《票据法》，汇票是出票人签发的，委托付款人在见票时或者在指定日期无条件支付确定的金额给收款人或者持票人的票据。涉外票据，指出票、背书、承兑、保证、付款等行为，既有发生在中国境内又有发生在中国境外的票据。

汇票是一种委托证券，非由出票人自己而是由第三人向持票人付款。在国际贸易中，汇票使用最多，常常是出票人自己是受款人，即出口商开出以自己为受款人的汇票，要求进口人付款。有时受款人也可能是出口商的开户行。

汇票有三个基本当事人，即出票人（drawer）、受票人（付款人，drawee）和受款人（收款人，payee）。出票人签发汇票后即承担保证该汇票承兑和付款的责任。受票人承兑汇票即成为承兑人。一张汇票在承兑之前，出票人是主债务人，在承兑之后承兑人是主债务人。付款人承兑汇票后，承担到期付款的责任。受款人将汇票背书转让，成为背书人（endorser），接受背书的人称为被背书人或受让人（endorsee）。背书人以背书转让汇票后，承担其后的受让人所持汇票获得承兑和付款的保证责任。受让人应当对其直接的转让人背书的真实性负责，如果接受冒签汇票将承担由此产生的风险和损失。汇票可以多次背书。受款人和受让人统称为持有人，在背书的情况下指受让人。汇票到期被拒绝付款的，持票人可以对背书人、出票人以及汇票的其他债务人行使追索权。

根据受票人是否在见票时付款，可以将汇票分为即期汇票和远期汇票。即期汇票是指受票人见票付款的汇票。远期汇票是指在约定的日期或可确定的日期付款的汇票。远期汇票又可分为见票后定期、出票后定期和定日汇票。远期汇票需要受票人的承兑。

按照汇票出票人的不同，可以将汇票分为银行汇票和商业汇票。银行汇票是出票人和付款人都是银行的汇票。商业汇票的出票人是公司或个人。在国际贸易中多是出口商出具汇票。

三、持票人的权利

票据权利，指持票人向票据债务人请求支付票据金额的权利，包括付款请求权和追索权。付款请求权对付款人行使，追索权对其前手行使。票据责任，指票据债务人向持票人支付票据金额的义务。汇票的出票人、背书人、承兑人和保证汇票的保证人是票据中的债务人，并负连带责任。

并非所有的持票人都享有完整的票据权利。在票据的流通过程中可能产生票据要式的缺陷，因受让人本身的原因也可能使其权利受到影响。英国票据法将持票人分为持票人、对价持票人（holder for value）和正当持票人（holder in due course），权利受保护程度依次增强。持票人指受款人、被背书人或无记名汇票的持有人。对价持票人指对票据给付了代价的持票人。正当持票人指在票据完整、正常、没有过期的情况下，出于诚信，不知悉票据曾遭到拒付，不知悉转让人的权利有瑕疵，支付代价取得票据的人。正当持票人享有的权利可以优于其前手。知悉为实际知悉。美国《统一商法典》将汇票持有人分为正当持票人和其他持票人。正当持票人必须满足下述条件：没有注意到票据瑕疵，善意地支付对价的流通票据的持有人；而票据本身必须没有明显的伪造或更改，或没有引起对真实性怀疑的不规范或不完整。知悉包括实际知悉和有理由知悉。正当持票人的权利仅受债务人下列抗辩的限制：债务人未成年；根据其他法律，胁迫、不具备法律资格、交易非法，使债务人的义务无效；债务人因受欺诈而签署票据，且不知或没有合理机会得知有关其特征或必需条件；破产程序中债务人的责任免除。非正当持票人的权利受到票据或收益中的财产权或占有权益请求权的限制，包括撤销转让、重新取得票据或收益的请求。

我国《票据法》没有上述明确的分类。根据我国《票据法》，持票人取得票据，应当遵循诚实信用的原则，具有真实的交易关系和债权债务关系，必须给付对价（赠与、继承等除外）。以欺诈、偷盗或者胁迫取得票据的，或者明知有前列情形，出于恶意取得票据的，不得享有票据权利。持票人因重大过失取得不符合票据法规定的票据的，不得享有票据权利。持票人明知存在票据债务人的抗辩事由而取得票据，票据债务人的抗辩事由可以对抗持票人。持票人因超过票据权利时效或者因票据记载事项欠缺而丧失票据权利。

可以看出，我国《票据法》的规定综合了不同法系的有关规定，增加了大陆法系中所没有的对价要求，增加了真实的交易关系和债权债务关系的要求，同时也吸收了相当于善意持票人、正当持票人的内容，尽管没有这样的明确概念。

四、票据伪造的民事责任承担

票据伪造的责任自然应由伪造者承担。伪造票据是一种犯罪行为，伪造者应负刑事责任，并应对因其伪造行为受损的其他人承担民事责任。但实际生活中，往往不能及时抓住伪造者，即使抓住伪造者，其也可能没有财产承担责任。因此，此处所说的票据伪造的民事责任承担，是指除伪造者之外的其他人的责任承担。由于汇票在国际贸易中的使用比较广泛，此处以汇票作为论述对象。

我国《票据法》第 14 条对伪造作了规定：票据上的记载事项应当真实，不得伪造、变造。伪造、变造票据上的签章和其他记载事项的，应当承担法律责任。票据上有伪造、变造的签章的，不影响票据上其他真实签章的效力。根据《票据法》的有关规定，票据出票人在票据上签章，按照票据上的记载事项承担责任。持票人行使票据权利，应当在票据上签章。其他票据债务人在票据上签章的，按照票据所记载的事项承担票据责任。票据上的签章，为签名、盖章或签名加盖章。签名应当为本当事人的签名。

我们将汇票的当事人限于出票人、付款人、承兑人、背书人、被背书人、持有人来分析论述伪造汇票的责任承担。

如果伪造出票人的签章，票据无效，这张伪造的票据上根本不存在票据权利。如果收款人没有将该票据转让或不能从付款人处取得款项，则收款人是这一伪造票据的唯一受害人，受害人的唯一补救措施是寻求伪造者要求偿付。付款人被要求付款时，根据《最高人民法院关于审理票据纠纷案件若干问题的规定》（2000 年发布，2020 年修正）第 68 条的规定，付款人未能识别出伪造、变造的票据或者身份证件而错误付款，属于重大过失付款，给持票人造成损失的，应当依法承担民事责任，之后其有权向伪造者、变造者依法追偿。

伪造承兑，该承兑无效，但不影响这张票据的效力，只相当于该票据没有承兑。由于承兑是一种履行票据义务的行为，承兑之后还有付款的义务，伪造者不能从伪造中直接受益，因而一般来说伪造承兑的情况极少。

最值得注意的是伪造背书。票据的流通程序是出票人、收款人（第一背书人）、第一被背书人（第二背书人）……持票人，经由连续背书而形成了一条环环相连的链条。最后的持票人在不能从付款人处得到付款时，可以对其前手追索，直至追索到出票人。背书转让票据可以取得款项、偿还债务，伪造背书可以直接非法获益，这造成了伪造背书的直接动机。

伪造背书的人一般是非法取得票据，即假冒收款人或伪造被背书人的签章。失票人在向付款人挂失止付后，付款人应立即暂停支付。付款人或者代理付款人自收到挂失止付通知书之日起在12日内没有收到人民法院止付通知书的，自第13日起，挂失止付通知书失效。根据前述规定，如果付款人未能发现系伪造背书而付款，则付款人因重大过失而自担责任，在可能的情况下可向伪造者寻求偿付。

伪造背书中的争议问题在于，是由丢失票据的人承担风险和责任，还是由从伪造者处取得票据的人（下称得票人）承担风险和责任。大陆法系和英美法系关于此问题的立场正好相反。大陆法系认为，伪造产生的风险应由失票人承担。这样有助于票据的流通，保护不知情的持有者，而且便于付款人付款后迅速了结票据关系，通过明确承担责任的人来减少法律诉讼和纠纷。而英美法系则认为，伪造的风险应由从伪造者处取得票据的人承担。这样有利于保护出票人的合法利益，鼓励使用票据；同时从伪造者处取得票据的人最容易防止这类事情的发生。

我国国内的观点认为，被伪造者一般不承担责任和风险，因为其没有签章。根据《最高人民法院关于审理票据纠纷案件若干问题的规定》第66条的规定，"伪造、变造票据者……应当承担民事赔偿责任。被伪造签章者不承担票据责任"。该条未涉及被伪造者存在过失的情况。该规定第68条接着规定："付款人或者代理付款人未能识别出伪造、变造的票据或者身份证件而错误付款，属于票据法第五十七条规定的'重大过失'，给持票人造成损失的，应当依法承担民事责任。付款人或者代理付款人承担责任后有权向伪造者、变造者依法追偿。持票人有过错的，也应当承担相应的民事责任。"如果由于被伪造者的过失造成他人的伪造，如票据、印章没有妥善处理，被伪造者应承担责任。在伪造者承担责任前被伪造者应承担全部责任，在其承担责任后可再向伪造者寻求救济。毕竟过失是票据法上承担责任的一个重要概念和因素。《关于审理票据纠纷案件若干问题的意见》第75条规定："依照票据法第一百零六条的规定，由于出票人制作票据，或者其他票据债务人未按照法定条件在票据上签章，给他人造成损失的，除应当按照所记载事项承担票据责任外，还应当承担相应的民事责任。持票人明知或者应当知道前款情形而接受的，可以适当减轻出票人或者票据债务人的责任。"这里也进一步明确了持票人的责任。

被伪造签章者（失票人）不承担票据责任，意味着失票人不能成为从伪造签章者手中获得票据的人的追索对象。持票人可否向其他前手包括出票人追索？换句话说，在背书链条中断的情况下，中断后的后手可否向中断前的前手追索？答案应当是否定的。

我国《票据法》规定了伪造票据的责任、风险承担。该法第32条规定，以背书转让的汇票，后手应当对其直接前手背书的真实性负责。第37条规定，背书人以背书转让汇票后，即承担保证其后手所持汇票承兑和付款的责任。背书人在汇票得不到承兑或者付款时，应当向持票人清偿该法第70条、第71条规定的金额和费用（即追索的金额和费用）。上述规定表明，从伪造者处获得票据的人（被背书人）应当对票据的真实性负责，在其以背书人的身份转让票据时，应当保证汇票承兑和付款。如果其后手不能获得付款人的承兑、付款，该人应当承担责任。由于其存在过失，他也不能向包括出票人在内的其他前手追索。但在这一点上，国内的看法有分歧，应基于具体案件的具体情形进一步分析。

五、涉外票据的法律适用

就整个票据的流通过程来说，票据涉及许多票据义务人，涉及许多票据行为。狭义的票据行为指承担票据义务的行为，如出票、背书、承兑、保证和付款。票据义务人不履行义务即产生票据纠纷，票据权利人不当行使票据权利也产生票据纠纷。根据我国《票据法》的规定，涉外票据是指出票、背书、承兑、保证和付款等行为中，既有发生在中国境内又有发生在中国境外的票据。这既包括在中国境内出票的票据，也包括在中国境外出票的票据。

由于票据涉及多个票据债务人、多种票据行为、多个票据行为地、多种票据纠纷，涉外票据的法律适用也是复杂的。票据法律适用的原则与我国原《民法通则》规定的法律适用原则是一致的：国际条约优先，我国声明保留的除外；国际条约和我国《票据法》没有规定的，可以适用国际惯例。国际上有关票据法的公约有日内瓦票据体系、《联合国国际汇票和国际本票公约》，但我国迄今为止都没有加入。涉及票据的国际惯例有《跟单信用证统一惯例》《跟单托收统一规则》《国际备用证惯例》等。

我国《票据法》还对票据的具体事项的法律适用作了规定：票据债务人的民事行为能力适用其本国法律；汇票、本票的记载事项适用出票地法律；背书、承兑、付款和保证行为，适用行为地法律；追索权的行使期限适用出票地法律；提示期限、拒绝证明的方式、出具拒绝证明的期限适用付款地法律；票据丧失时的请求保全程序适用付款地法律。

第二节　汇付与托收

一、汇付

汇付（remittance），即汇款，是指进口方将货款通过银行寄交出口方的结算方式。汇付一般涉及四个当事人，这就是汇款人、汇出行、收款人和汇入行。接受汇款人委托办理汇款业务的银行称为汇出行（remitting bank），接受汇出行委托向收款人解付款项的银行称为汇入行或解付行（paying bank）。根据结算工具传递方向与资金运动方向是否一致，可以把结算方式分为顺汇和逆汇。汇付属于顺汇。托收和信用证属于逆汇。逆汇又叫出票法，即债权人开出汇票，委托银行向国外债务人收款。

根据汇款的方式，可以将汇付分为信汇、电汇和票汇三种。

信汇（mail transfer，M/T），是指汇出行应汇款人的要求，将支付授权书通过邮寄方式寄给汇入行，由汇入行向指定收款人解付一定金额的汇付方式。信汇结算费用低、速度慢。

电汇（telegraphic transfer，T/T），基本与信汇相同，只是汇出行通过加押电传方式或SWIFT（环球银行金融电讯协会，一个国际银行间合作组织）将支付授权书通知汇入行。

票汇（bank's demand draft，D/D），是指应汇款人要求，汇出行开立以其国外代理行为付款人的即期汇票，由汇款人将汇票寄交收款人，收款人凭此汇票向付款人（汇入行）收款。与信汇、电汇不同，在票汇中，汇款人将汇款凭证交收款人，汇出行与汇入行间的指示是通过汇票作出的。该汇票为银行汇票。使用这种方式结算的好处是可以转让汇票。

在信汇和电汇两种情况下，汇付使用的凭证是支付授权书或支付指示（payment order，P. O.）。汇款人与汇出行是委托代理关系，汇出行和汇入行是委托代理关系，汇出行或汇入行与收款人没有直接的法律关系，收款人是上述代理关系的第三人。在票汇的情况下，汇付使用的是汇票。汇出行、汇入行与收款人是票据关系，三者分别是出票人、付款人和受款人。

汇付属于商业信用，是否付款取决于进口商，付款没有保证。从付款时间上可以分为预付货款和货到付款。但无论是哪一种，对买卖合同的当事人来讲都有风险。买方不愿先付款，卖方不愿先交货。因而，除非买卖双方有某种关系（如跨国公司的关联公司），或小数额的支付（如样品费、展品费、尾款），一般很少使用汇付。

二、托收

（一）托收的概念

托收（collections），据国际商会的《跟单托收统一规则》（Uniform Rules of Collection，国际商会第522号出版物，URC522），指银行依据所受指示，处理金融单据和商业单据，以取得付款或承兑，或凭付款和/或承兑交付单据，或按其他条件交付单据。简言之，托收指银行受债权人（出口商）委托，凭有关单据（商业单据，也可能包括金融单据）向债务人（进口商）收取货款的一种结算方式。托收属于一种商业信用。银行所起的作用仅是一种代理收款作用。银行对付款人是否付款不承担责任。因而托收对卖方来说意味着一种风险。在卖方不能控制货物或用于提货的凭证时，例如不使用提单或采用FOB术语或航空运输时，卖方不宜使用托收。

国际上规范托收的规则是国际商会的《跟单托收统一规则》。该规则仅适用于银行托收，且托收指示中注明该规则的托收。当事人可以作出不同的约定，该种约定优先于上述规则。该规则并不涉及当事人的能力和有关效力问题。

托收一般涉及四方当事人，即委托人、托收行、代收行和付款人。有时出现提示行。有时卖方会在买方所在地委托一个代理人，在买方拒收货物时代理处理货物。《跟单托收统一规则》定义的“有关当事人”包括委托人、托收行、代收行和提示行。付款人没有包括在这一范围之内。

委托人（principal）是委托银行办理托收的人，通常是国际货物买卖合同中的卖方。接受委托人委托处理托收的银行叫托收行（remitting bank），通常在卖方所在地。除托收行外，参与处理托收的银行叫代收行（collecting bank），通常在买方所在地。提示行（presenting bank）是向被提示人提示的代收行。付款人（drawee），是据托收指示向其提示的人，通常为买卖合同中的买方。如果托收中使用汇票，通常委托人是出票人，付款人是受票人。

委托人与付款人之间是货物买卖合同关系，也是债权人与债务人关系。委托人与托收行之间是代理关系，托收行按委托人的托收指示托收。托收行与代收行之间是业务代理关系，有可能属于同一银行的分支机构。托收行及代收行与付款人之间没有直接的法律关系，付款人处于第三人的地位。委托人与代收行之间是一种事实上的代理关系。

（二）托收的程序和种类

托收的基本程序如下：

（1）委托人委托托收行办理托收，填写委托书，交付有关单据。

（2）如接受委托，托收行向其在债务人所在地的代理行传达托收指示，并寄交有关单据。

（3）代收行按托收指示，向债务人提示有关单据，要求债务人承兑汇票或付款。

（4）债务人验单，决定是否承兑汇票或付款。

（5）如债务人承兑或付款，代收行向债务人交付有关单据；如债务人拒绝承兑或付款，代收行向托收行转述拒付理由，并返还有关单据。

（6）代收行向托收行付款。

（7）托收行向委托人付款；在债务人拒付时，向委托人返还有关单据。

根据托收是否附有商业单据，可分为光票托收（clean collection）和跟单托收（documentary collection）。光票托收指不附有商业单据的金融单据托收，跟单托收指附带商业单据的金融单据托收或不附有金融单据的商业单据托收。国际贸易中的托收多采用跟单托收。

按交单方式，跟单托收可分为付款交单和承兑交单。

付款交单（documents against payment，D/P），指付款人付款时代收行向其交付商业单据。付款交单又可分为即期付款交单和远期付款交单。即期付款交单包括不使用汇票的托收和使用即期汇票的托收。远期付款交单则使用远期汇票。经代收行向付款人提示有关单据后，付款人检查单据然后决定是否接受，接受时即付款赎单，或承兑汇票并在汇票到期时付款赎单。使用远期付款交单，付款人承兑汇票时不能取得单据，只有到期付款时才能取得有关单据。

承兑交单（documents against acceptance，D/A），指代收行向付款人提示远期汇票，付款人验单后承兑汇票，代收行即向其交付单据。在付款日期到来时，付款人向代收行支付货款。在承兑交单的情况下，交单在先，付款在后。

对于卖方来说，承兑交单比远期付款交单风险更大，卖方可能面临着货物已经交付而买方最终拒绝付款或失去支付能力的情况；而对于买方来讲，远期付款交单比承兑交单更不利，买方履行了承兑行为，承担了汇票上的义务，却没有取得单据。

（三）银行的托收义务及免责

（1）银行自由决定是否接受托收。

（2）银行应严格按托收指示履行责任。

（3）银行的义务涉及有关单据，不涉及货物、服务或行为。

（4）银行办理业务时遵循诚信及合理谨慎原则。银行对下列事项免责：单据的有效性；寄送途中的延误、丢失及翻译的错误；受指示方的行为；不可抗力。

第三节　跟单信用证

一、跟单信用证的定义及调整规范

跟单信用证是银行有条件的付款承诺，只要受益人提交的单据符合信用证的要求，银行即应付款。根据国际商会《跟单信用证统一惯例》（以下简称 UCP600）① 的定义，跟单信用证（documentary credit）是指一项不可撤销的安排，该项安排构成了开证行对相符交单予以承付的确定承诺。

信用证是一种银行信用，银行承担第一位的付款责任。受益人收到开证行开出的信用证，即得到了开证行付款的保障。因此，在国际贸易中，信用证这一支付方式使用比较广泛。

国际商会制定的 UCP600，是处理国际货款信用证支付的商业惯例，为世界各银行处理信用证业务所适用。为避免产生歧义，明确当事人的权利义务关系，信用证文件中应明确引用 UCP600。与该惯例相配套的主要规则包括：国际商会颁布的《关于审核跟单信用证项下单据的国际标准银行实务》（ISBP745）；《UCP600 关于电子交单的附则》（eUCP 2.0），其对 UCP600 进行补充，以适应电子信息的单独提交或与纸质单据联合提交的情况。

UCP600 在性质上属于国际商业惯例，旨在为信用证当事人提供行为规范，其调整范围和规范效力不能取代国内法的强制性规定。UCP600 没有包括与信用证有关的一切事项，例如信用证效力、信用证欺诈、追索问题等。我国最高人民法院 2005 年颁布了《关于审理信用证纠纷案件若干问题的规定》（法释〔2005〕13 号）②，就与信用证相关的

---

① 国际商会于 1933 年首次制定、公布了《跟单信用证统一惯例》，此后该惯例于 1951 年、1962 年、1974 年、1983 年、1993 年进行多次修订，现行文本是 2006 年修订、自 2007 年 7 月 1 日起施行的《跟单信用证统一惯例》（国际商会第 600 号出版物，UCP600）。

② 该规定于 2005 年 10 月 24 日由最高人民法院审判委员会第 1368 次会议通过，自 2006 年 1 月 1 日起施行，2020 年修正。

纠纷审理问题作出了规定。根据该解释，信用证纠纷案件，是指在信用证开立、通知、修改、撤销、保兑、议付、偿付等环节产生的纠纷。因申请开立信用证而产生的欠款纠纷、委托开立信用证纠纷和因此产生的担保纠纷以及信用证项下融资产生的纠纷，应当适用中华人民共和国相关法律。涉外合同当事人对法律适用另有约定的除外。

二、信用证的当事人及其相互关系

信用证的基本当事人有四个，即开证行、通知行、受益人和指定行。不同当事人之间具有不同的法律关系，其权利义务受不同的协议调整。开证申请人不是信用证的基本当事人。

开证行（issuing bank），指开出信用证并对受益人承担付款义务的银行。开证行一般是应申请人申请开立信用证，通常是申请人所在地的银行或其开户行。开证行与受益人的关系是最基本的信用证关系，开证行对受益人承担独立的、最终的付款义务。

通知行（advising bank），指应开证行要求向受益人通知信用证的银行。通知行通常是受益人所在地的银行。开证行与通知行之间是委托代理关系。通知行与受益人、申请人之间没有直接的法律关系。通知行可以不接受开证行的委托。通知行只承担确定信用证表面真实性的责任。如不能证实，通知行必须立即通知对其指示的银行；如通知行仍决定通知受益人，必须将其不能确定信用证真实性的情况告诉受益人。

受益人（beneficiary），指信用证中指定的有权享用信用证金额的人。一般是买卖合同中的卖方。在可转让信用证的情况下，除直接卖方外，还包括货物的实际供应商（第二受益人）。受益人与开证行之间的关系受信用证的调整，是信用证的直接关系人。

指定行（nominated bank），指信用证可在其处兑用的银行，是信用证中指定的直接向受益人付款、承担延期付款责任、承兑汇票或议付的银行。指定行包括指定的特定银行或任何银行，也包括开证行本身。

此外，还可能存在保兑行（confirming bank），即根据开证行的授权或要求对信用证加具保兑的银行。保兑行对受益人承担独立于开证行的付款责任。

三、信用证的基本运作程序和内容

（一）基本运作程序

信用证的运作涉及多项安排，其主要程序如下：

（1）买卖合同规定货款的支付采取信用证支付方式。

（2）申请人（买方）向开证行提出开证申请，包括开证要求、偿付或担保协议。

（3）开证行在接受申请人的申请后，向受益人（卖方）开出以其为受益人的信用证。

（4）通知行向受益人通知信用证。如通知行对信用证进行保兑，则其与受益人之间的关系独立于开证行与受益人之间的关系，对受益人承担独立的付款义务。

（5）受益人按信用证的规定制作单据，并向指定行提交单据。

（6）指定行根据信用证规定的条件和方式对受益人付款、承兑或议付。

（7）指定行向开行证或保兑行要求偿付。

（8）开证行向指定行或保兑行进行偿付。

（二）信用证的内容

1. 有关信用证本身的要求

（1）信用证的号码。信用证要求的各有关单据都应标明该号码。

（2）开证地点和日期。开证地点指开证行所在地，开证日期是指开出信用证的日期。

（3）截止日期和地点，也可称为有效日期和提交单据地点。有效日期指开证行承担付款义务的日期。若超过了有效期，银行的付款义务不复存在。交单地点指可以在其处兑用信用证的银行所在地。除规定的交单地点外，开证行所在地也是交单地点。如果信用证的交单地点是开证行所在地，考虑到提交单据路上花费的时间，受益人用于交单的实际时间缩短，相当于信用证的有效期缩短。同时，信用证应注明在装运日期后多长时间内提交单据。UCP600 规定，信用证必须规定一个交单的截止日。规定的承付或议付的截止日将被视为交单的截止日。提交单据的日期最迟不迟于装运日后 21 个自然日。银行在其营业时间外无接受单据的义务。

2. 相关当事人

相关当事人包括信用证的受益人、通知行、指定行。

3. 信用证金额及兑用方式

信用证金额指受益人可以使用的金额。如有“大约”等字样，表示金额允许有 10% 的增减幅度。

信用证应从四种兑用方式中指定一种兑用方式。这四种方式是：即期付款、延期付款、承兑汇票、议付。如使用汇票，应注明汇票的受票人（付款人）。

4. 货物运输与保险

这包括货物是否允许分批装运、货物是否允许转运、买方是否购买保险以及货物描述等。

5. 商业票据

（1）商业发票。与信用证的货物描述一致，除非信用证规定货物数量不得增减，在支付款项不超过信用证金额的条件下，货物数量准许有 5% 的增减幅度。

（2）运输单据。一般应标明要求什么样的单据，正本多少、副本多少。值得注意的是，银行不接受不清洁的运输单据。受益人应确定是否能够提供信用证要求的单据。信用证只应列明可以用单据表示的条件，不应包括不能通过单据表示的条件（非单据条件）。

（3）保险单据。注意是要求保险单还是保险凭证。

（4）其他单据。其他单据包括产地证明书、分析证明、领事发票、装箱单、重量单等。

6. 对银行的指示

（1）对通知行的指示。开证行要求通知行通知时，应表明是否要求通知行保兑、在受益人要求保兑时是否要求通知行保兑。需注意的是，即使开证行要求通知行保兑，通知行也可以不予保兑。

（2）银行间指示。应表明付款、承兑或议付的银行如何获得偿付，例如向谁偿付、何时偿付、在何地偿付以及偿付方式等。

四、信用证的种类

（一）即期付款信用证、延期付款信用证、承兑信用证和议付信用证

按信用证的兑用条件分，信用证分为四种：即期付款信用证、延期付款信用证、承兑信用证和议付信用证。据UCP600第6条的规定，信用证必须明确表明其是以即期付款、延期付款、承兑还是议付的方式兑用。同时，信用证必须规定在其处兑用的银行，或是否可以在任何一银行兑用。规定在指定银行兑用的信用证，也可以在开证行处兑用。

即期付款信用证（credit available by sight payment），指在受益人向指定行（或开证行）相符交单时银行即期付款的信用证。受益人仅交付单据，或同时交付其出具的以指定银行（或开证行）为付款人的即期汇票。由于印花税的原因，一些国家的当事人不要求汇票。

延期付款信用证（credit available by deferred payment），指受益人向指定行（包括开证行）相符交单，银行承诺延期付款并在付款到期日付款的信用证。如果要求汇票，则在延期付款到期日提示即期汇票。付款到期日的确定通常是装运日后或单据提示日后一定日期。

承兑信用证（credit available by acceptance），指受益人向指定行（包括开证行）提示单据和远期汇票，银行在相符交单时承兑受益人开出的以指定银行（或开证行）为付款人的远期汇票并在汇票到期日付款的信用证。

议付信用证（credit available by negotiation），指被授权议付的指定行在获得偿付的银行工作日当天或之前对受益人相符交单预付或同意预付从而购买汇票或单据的信用证。在议付信用证下，信用证上的付款人是议付行之外的其他银行；在使用汇票时，汇票的付款人是指定行以外的其他银行。议付信用证的实质，是被授权议付的银行开展单据或票据买入业务，自己成为信用证的受益人，然后向开证行索偿。

UCP600没有明确议付情况下能否追索的问题。根据国际商会的相关解释，由银行提供议付时所要求的条件，即是否保留追索权，不能由国际商会来裁定。所要求的条件是否合理取决于当地法律及银行与出口商之间的关系，应由受益人来决定是否接受那些条件并在保留追索权的条件下取得款项。

（二）保兑信用证与非保兑信用证

以开证行开立的信用证是否经另外一家银行保兑，可将信用证分为保兑信用证与非保兑信用证。

保兑信用证，指由开证行以外的另一家银行（保兑行）对信用证加具保兑，保兑行

对经保兑的信用证承担独立于开证行的付款责任。保兑行承担的付款责任，与开证行承担的付款责任是一致的：对相符交单必须付款，无论是否存在其他指定行或议付行，无论这些银行是否付款、承兑并付款或议付。

保兑信用证获得了开证行和保兑行双重的付款承诺。保兑行的责任与开证行的责任是相互独立、并存的，受益人可选择向开证行或保兑行交单结汇。保兑行承担的是主债务责任，而不是次要的或附属的责任。在开证行拒付或倒闭时，受益人可向保兑行要求付款；反之亦然。保兑行一般是受益人所在地的银行，受益人选择向保兑行交单结汇。如果受益人将单据直接提交开证行而开证行拒付，如在保兑行收到提示单据之前保兑日期已过，则保兑行的责任免除；在先向保兑行交单，再向开证行交单的情况下，也是如此。

一家银行是否对某一信用证进行保兑，完全由该银行决定。开证行授权或要求另一家银行对信用证加具保兑时，该银行可以不加具保兑，但该银行必须毫不延误地告知开证行。除非开证行在其授权或要求加具保兑的指示中另有规定，通知行可以不加具保兑，并将未经保兑的信用证通知受益人。一家银行是否乐于处理和通知此类信用证，取决于各自的代理关系。

未由开证行之外的另一家银行保兑的信用证属于非保兑信用证，由开证行对信用证付款承担责任。

（三）可转让信用证与背对背信用证

这两种信用证适用于国际货物买卖涉及中间商的情况。其中，可转让信用证在UCP600中有明确规定，而背对背信用证在UCP600中没有规定，是实践中的一种安排。

可转让信用证（transferable credit），是指特别注明“可转让”字样的信用证。可转让信用证可应受益人（第一受益人）的要求转为全部或部分由另一受益人（第二受益人）兑用。转让行系指办理信用证转让的指定银行，或当信用证规定可在任何一银行兑用时，开证行特别如此授权并实际办理转让的银行。开证行也可以担任转让行。根据UCP600第38条，银行无办理信用证转让的义务，除非其明确同意。实践中，可转让信用证的第一受益人一般是国际货物买卖合同中的卖方，第二受益人通常是该合同货物的实际供应者。

已由转让行转为可由第二受益人兑用的信用证为已转让信用证（transferred credit）（相对于原信用证的新证）。已转让信用证必须准确转载原证条款，包括保兑（如果有），但下列项目除外：信用证金额、规定的任何单价、截止日、交单期限、最迟发运日或发运期间。这些事项中的任何一项或全部都可以减少或缩短。必须投保的比例可以增加，以达到原信用证或UCP600规定的保险金额。可用第一受益人的名称替换原证中的开证申请人的名称。

第二受益人必须向转让行交单。第一受益人有权以自己的发票和汇票（如有汇票）替换第二受益人的发票和汇票，其金额不得超过信用证原定金额。经过替换，第一受益人可在原信用证项下支取该差价。如果第一受益人应提交其自己的发票和汇票（如有），但未能在第一次要求时照办，或第一受益人提交的发票导致了第二受益人的交单中本不存在的不符点，而其未能在第一次要求时修正，转让行有权将从第二受益人处收到的单据交开证行，并不再对第一受益人承担责任。

背对背信用证（back to back credit）实际上涉及两个信用证，以在先信用证作担保开立另一个信用证。有时实际的供货商不接受买方国家开出的信用证，这时国际货物买卖合同中的卖方，可用以自己为受益人的信用证作担保，要求付款行另行开立以实际供货商为受益人的信用证。第二张信用证，称为背对背信用证或从属信用证，或担保信用证。

可转让信用证与背对背信用证都适用于中间商，但前者实质上是一个信用证，只有一个开证行，经过两次通知分两次使用，转让行并不承担开证行的责任；而后者是以前证作担保开立的，包含两个独立的信用证，有两个开证行。

五、处理信用证关系的一般原则

（一）信用证独立原则（autonomy of credit）

信用证当事人之间以及信用证当事人与信用证申请人之间主要存在这样几类关系：银行与银行之间的关系，开证行与申请人之间的关系，开证行与受益人之间的关系，申请人与受益人之间的关系。这些关系都是不同的法律关系，相互之间是独立的。特别是，信用证开证行与受益人之间的权利义务关系独立于其他法律关系。

UCP600 第 4 条第 1 款规定，信用证在性质上与可能作为其依据的销售合同或其他合同是相互独立的交易，即使信用证中含有对此类合同的任何援引，银行也与该合同完全无关，并不受其约束。因此，银行关于承付、议付或履行信用证项下其他义务的承诺，不受申请人基于其与开证行或与受益人之间的关系而产生的索偿或抗辩的影响。受益人在任何情况下，不得利用银行之间或申请人与开证行之间的合同关系。该条第 2 款进一步规定，开证行应劝阻申请人试图将基础合同、形式发票等文件作为信用证组成部分的做法。第 7 条进一步规定，开证行偿付指定行的责任，独立于开证行对受益人的责任。第 8 条规定，保兑行偿付指定行的责任独立于保兑行对受益人的责任。

（二）单证严格一致原则（strict compliance）

这一原则包括两个方面：第一，信用证交易处理的是单据；第二，处理单据时应遵循单证相符原则，即对相符交单予以承付。

UCP600 第 5 条规定，在信用证业务中，银行处理的是单据，不是单据可能涉及的货物、服务或履约行为。因此，如果信用证中含有一项条件但未规定用以表明该条件得到满足的单据，银行将视为未规定这一条件而不予理会；同样，如果交单人提交的单据是非信用证要求的单据，银行亦不予理会，并可退还给交单人。此外，国际商会银行委员会坚决反对开证行开立含有非单据性条件的信用证。单据与货物、服务或其他履约行为相分离，也体现了信用证关系的独立。根据信用证的定义，信用证作为一项安排，构成了开证行对相符交单予以承付的确定承诺。在保兑的情况下，保兑行对相符交单独立承担类似开证行的义务。所谓相符交单，指与信用证条款、UCP600 的相关适用条款以及国际标准银行实务一致的交单。此一致为严格一致。根据 UCP600 第 14 条规定的审单标准，按指定行事的指定行、保兑行及开证行须审核交单，并仅基于单据本身确定其是否表面上构成相符交单。在受益人交付的单据与信用证规定一致（单证一致）、单据与单据之间一致（单单一致）时，银行须根据信用证兑用的类型履行相应的义务。当按照指定行事的指定行、保兑行或开证行确定交单不符时，可以拒绝承付或议付。《审核跟单信用证项下单据的国际标准银行实务做法》（ISBP745）进一步细化了这一要求。严格一致是形式要求而非实质或法律效果要求。UCP600 规定的一系列的银行免责条款，例如对单据有效性的免责、对单据代表货物状况的免责、对其他人的履约行为的免责，都体现了对表面形式的要求。

在相符交单下予以付款是各银行承担的义务，也只有在满足相符交单的条件时，银行才予以付款。指定行、保兑行、开证行都应遵循相符交单付款的规则。如果指定行、保兑行没有遵循这一要求，在单据不符的情况下付款，则可能因开证行以单据不符为由拒付而得不到偿付。此外，指定行、保兑行审单合格，并不解除开证行自己审查的义务和权利。

根据我国《最高人民法院关于审理信用证纠纷案件若干问题的规定》，其在独立性和单证严格一致要求方面，与《跟单信用证统一惯例》相同。

（三）银行免责事项

UCP600 许多条款规定了银行的免责事项，包括对单据有效性的免责、对信息传递和翻译的免责、不可抗力的免责以及对被指示方行为的免责等，涉及的条款如 UCP600 第 34 条、第 36 条、第 37 条。

六、信用证的欺诈例外及适用限制

信用证的独立原则和单证一致原则极大地保护了受益人的收款利益，但同时也可能为受益人欺诈申请人或银行提供了便利条件。因此，在许多国家的国内法中，存在信用证欺诈例外这一做法。在证明受益人实施欺诈时，即使单证一致，开证行也可以拒绝根据信用证对外付款。国际商会银行委员会也指出，这些规则都有一个例外，即滥用权利或欺诈例外。这种例外的范围及其对受益人、指定行的后果在不同的法域可能不同。如何公正地保护所有有关的善意当事人的利益，取决于法院。[①] 开证行拒绝对外付款，是基于法官的止付令进行的。

从法律渊源上说，欺诈例外规则是国内强制法对国际惯例的一种限制或替代。UCP600 作为一种商业惯例，主要规范银行的权利和义务，银行基于这些规则行使权利、履行义务。但信用证的独立原则和单证相符原则，不应该使实施欺诈的人获益。对这一

---

① 参见［英］Gray Colley & Ron Katz 编，国际商会中国国家委员会组织编译：《国际商会银行委员会意见汇编（1995—2001）》，R202（10），144 页，北京，中国民主法制出版社，2003。

矛盾的处理，是各国国内法适用的问题。总的原则是保证信用证交易的独立性，同时对受益人的欺诈进行惩处，其实质是确立了信用证与基础交易的关联性。但作为一般原则的例外，其在实践中的解释和适用被控制得非常严格。在中国，有关信用证欺诈的处理是由《最高人民法院关于审理信用证纠纷案件若干问题的规定》规范的。

信用证欺诈例外的核心问题是什么样的欺诈可以使银行对相符交单拒付，即银行拒付的条件和程序如何。一般认为，只有受益人（卖方）亲自参与的欺诈才可使银行免除付款义务，受益人（卖方）不知的第三人欺诈，如承运人伪造提单，不能使受益人失去受偿的权利；同时，银行在拒绝付款前必须有证据证明受益人欺诈，单纯的怀疑或没有得到证明的申请人的单方主张是不够的。银行拒绝履行信用证项下的义务应遵循一定的程序。英国有判例将信用证独立视为商业交易的生命线，以此来限制信用证欺诈例外原则的适用。1995 年修订的美国《统一商法典》第 5 编信用证第 5—109 条规定了处理信用证欺诈的规则。

我国最高人民法院在《关于审理信用证纠纷案件若干问题的规定》中确认了信用证欺诈例外这一规则：开证行在作出付款、承兑或者履行信用证项下其他义务的承诺后，只要单据与信用证条款、单据与单据之间在表面上相符，开证行应当履行在信用证规定的期限内付款的义务。当事人以开证申请人与受益人之间的基础交易提出抗辩的，人民法院不予支持。但具有该规定第 8 条规定的信用证欺诈的情形除外。第 8 条规定，信用证欺诈主要包括下述情形：第一，受益人伪造单据或者提交记载内容虚假的单据；第二，受益人恶意不交付货物或者交付的货物无价值；第三，受益人和开证申请人或者其他第三方串通提交假单据，而没有真实的基础交易；第四，其他进行信用证欺诈的情形。

但即使存在信用证欺诈，在下列情况下，法院不应裁定中止或判决终止支付信用证项下款项：第一，开证行的指定人、授权人已按照开证行的指定善意地进行了付款；第二，开证行或者其指定人、授权人已对信用证项下票据善意地作出了承兑；第三，保兑行善意地履行了付款义务；第四，议付行善意地进行了议付。

开证申请人、开证行或者其他利害关系人发现有信用证欺诈情形，并认为将会给其造成难以弥补的损害时，可以向有管辖权的人民法院申请中止支付信用证项下的款项。人民法院认定信用证欺诈的，应当裁定中止或者判决终止支付信用证项下款项。这表明，开证行、开证申请人或者其他利益关系人只有拒绝支付的申请权，决定权在法院。

信用证欺诈例外规则及其适用限制，是国内法的问题。因此，有可能产生开证行所在国法院认为是欺诈而受益人所在国法院不认为是欺诈，反而认为开证行违约的情形。在这种情形下，开证行所在国法院的判决并不能免除受益人所在国法院判决的付款义务。这表明，信用证欺诈例外原则对开证行的保护并不是绝对的。

七、信用证的开立和修改

（一）开证时间

申请人应按照货物买卖合同的规定，及时申请开立信用证。如果开证行没有按时开出信用证，视为买方（申请人）违反货物买卖合同的规定。该违约在性质上属于重大违约或根本违约，卖方可以拒绝履行合同。

（二）开证内容及其修改

开证行应按照申请人的申请内容开出信用证。申请人的开证申请应与货物买卖合同中的有关规定相一致。受益人接到信用证后，应核查信用证是否与合同的规定相符。如果不符，受益人可以通过申请人要求开证行修改信用证。申请人也应确定受益人的修改信用证要求是否符合合同的规定。如果信用证与货物买卖合同的规定不符，而受益人没有提出修改要求，受益人在履行合同、提交单据时应按照信用证的要求办理，否则银行可以单据不符信用证要求为由拒绝付款。

除可转让信用证另有规定外，未经开证行、保兑行及受益人同意，信用证既不得修改也不能撤销。在修改信用证时，对开证行来说，发出修改通知时即生效；而对受益人来说，除非其明确表示同意，或交付符合修改的信用证要求的单据，该修改对其没有效力，原信用证（或先前已接受修改的信用证）的条款对受益人仍然有效。受益人应提供接受或拒绝信用证修改的通知。如果受益人未能给予通知，当其交单与信用证及尚未表示接受的信用证修改通知一致时，即视为受益人已经作出接受修改的通知，且从此时起信用证被修改。由此可以看出，修改信用证的生效时间对开证行和受益人是不同的。同时，对于信用证的同一修改通知中的修改内容，不允许部分接受。

八、信用证下的单据及审核

（一）有关单据

受益人应在货物发运日后 21 个日历日内交单，但任何情况下都不得迟于信用证的截止日。

信用证要求的常用单据有商业发票、运输单据、汇票、保险单据等。根据 UCP600 第 14 条，银行不予理会非信用证要求的单据。如果银行收到此类单据，可退还交单人。同时，如果信用证含有一项条件但未规定用以证明该条件得到满足的单据，银行将视为未作规定并不予理会。这即是通常所说的非单据性条件。银行不处理非单据性条件，不受其约束，也不对其负责。

（二）单据的审核标准

根据 UCP600 第 14 条的要求，按指定行事的指定行、保兑行及开证行须审核交单，并仅基于单据本身确定其是否在表面上构成相符交单。按传统的说法，银行应确定是否表面（appear on their face）与信用证条款相符，即单证一致、单单一致。判断单据表面与信用证条款相符，构成相符交单的依据，是信用证条款、《跟单信用证统一惯例》和《国际标准银行实务做法》。

有关银行的合理审单时间是 5 个银行工作日，即按指定行事的指定行、保兑行及开证行各有从交单次日起的至多5个银行工作日，确定交单是否相符。这一期限，不因在交单日当天或之后信用证截止日或最迟交单日届至而受到缩减或影响。

（三）单据不符时的处理

根据UCP600，当开证行确定交单不符时，可以自行决定联系申请人放弃不符点。这意味着，申请人可以放弃这种要求，在单证不符时，授权开证行对外付款。一旦申请人放弃单证相符的要求，或授权付款，申请人即丧失了以单据不符为由拒绝向开证行偿付的权利。但是，根据法律关系独立原则，在单证不符时，即使申请人放弃对单证一致的要求，申请人的这一放弃对开证行没有约束力，开证行仍然有权对受益人拒付。

根据UCP600第16条，指定行、保兑行或开证行确定单据不符时，可以拒绝承付或议付。但在作出这一决定时，必须给予交单人一份单独的拒付通知。该拒付通知必须以电讯方式发出，如不可能则以其他快捷方式发出，且该拒付通知必须自交单翌日起至第5个银行工作日结束前发出。该拒付通知必须声明下述内容：第一，银行拒绝承付或议付。第二，银行拒绝承付或议付所依据的每一个不符点。第三，银行对单据的处理，包括下述几种选择方法：银行留存单据听候交单人的进一步指示；开证行留存单据直到其从申请人处接到放弃不符点的通知并同意接受该放弃，或者其同意接受对不符点的放弃之前从交单人处收到其进一步指示；银行将退回单据；或银行将按之前从交单人处获得的指示处理。根据UCP600第16条，如果开证行或从保兑行未能按第16条的规定行事，则无权宣称交单不符。当开证行拒绝承付或保兑行拒绝承付或议付，并且按第16条发出了拒付通知后，它有权要求卖方返还已偿付的款项及利息。

九、银行间的偿付

指定行在向受益人付款后，面临着如何受偿的问题。信用证中一般含有索偿条款，规定指定行（索偿行，claiming bank）直接从开证行索偿，或者从其他银行（偿付行）受偿，以及受偿的条件。指定行寄单索偿的方式有两类：向开证行寄单、索偿；向开证行寄单、向偿付行索偿。

（一）开证行偿付

开证行如自己对索偿行偿付，则在收到国外银行付款、承兑或议付行寄来的单据后，经审核，如果单据与信用证的要求相符，则应按照信用证的承诺，向索偿行进行偿付。开证行的偿付方式有电汇和信汇两种。在使用承兑信用证时，如由指定行承兑汇票，则在汇票的到期日对承兑行偿付；如由开证行自己承兑，则其在审核单据相符后承兑汇票，通知指定行，并在汇票到期日偿付。

（二）偿付行偿付

UCP600第13条对银行间的偿付安排作了规定。如果信用证规定指定行向另一方（偿付行，reimbursing bank）获取偿付时，必须同时规定该偿付是否按信用证开立时有效的国际商会银行间偿付规则进行。国际商会银行间偿付规则目前的版本是 2008 年的《跟单信用证下银行间偿付统一规则》(国际商会第 725 号出版物，URR725)。

根据 UCP600 第 13 条，开证行必须给予偿付行有关偿付的权利，授权应符合信用证有关兑用方式的规定，且不应设定截止日。开证行不应要求索偿行向偿付行提供与信用证条款相符的证明。如果偿付行未按信用证条款见索即偿，开证行将承担利息损失以及产生的任何其他费用。偿付行的费用应由开证行承担，但如果此项费用由受益人承担，开证行有责任在信用证及偿付授权中注明。如果偿付行未能见索即偿，开证行不能免除偿付责任。

《信用证下银行间偿付统一规则》适用于授权第三家银行作偿付行的信用证，开证行自行偿付指定行时不适用。除非偿付授权书另有规定，该规则对有关各方都有约束力。适用时应在偿付指示中加列“本信用证项下的偿付受《信用证下银行间偿付统一规则》(URR725) 的约束”。在开证行发出偿付授权书或按照开证行要求，偿付行开出偿付承诺书时，也应加列类似词语。

课堂讨论案例

1999 年 2 月 12 日，中国农业银行绍兴分行（以下简称绍兴农行）开出了一份不可撤销信用证，申请人为浙江金田公司，受益人为韩国菲力公司，通知行为韩国国民银行，付款方式为开证行承兑。信用证注明适用 UCP500。1999 年 4 月 1 日，韩国国民银行对韩国菲力公司的出口票据进行了贴现。绍兴农行于 1999 年 4 月 15 日对信用证项下的汇票予以承兑，承诺到 1999 年 7 月 11 日付款。1999 年 6 月 11 日，审理浙江金田公司与韩国菲力公司贸易争端的中国国际贸易仲裁委员会提出财产保全申请，绍兴中院作出裁决，冻结韩国菲力公司上述信用证项下的款项。2000 年 3 月 2 日，韩国菲力公司、韩国国民银行共同作为债权人，与债务受让人韩国保险公司签订转让书，规定出口公司韩国菲力公司、议付行韩国国民银行不可撤销地将所有的请求权、债权、权利及出口商与议付行各自享有的对抗进口商的一切权利，包括但不限于货款请求权，收回出口货物请求权，因违约造成的损失赔偿请求权，终止、解除、拒绝履行和取消合同的权利，基于不当得利的请求权，基于汇票的请求权，以及代位求偿权转让给保险公司。转让书签订后，韩国菲力公司、韩国国民银行未将该转让书有关情况告知绍兴农行。2000 年 3 月 5 日，中国国际贸易仲裁委员会裁决，韩国菲力公司应向浙江金田公司支付短少设备的等值货款 240 000 美元，浙江金田公司应向韩国菲力公司支付多发设备的货款 39 577 美元，该款可由浙江金田公司于支付货款时扣除。2000 年 4 月 30 日，韩国国民银行以票据支付请求权纠纷起诉绍兴农行，后于 2001 年 12 月 28 日申请撤诉。韩国保险公司于 2003 年 5 月 30 日以绍兴农行至今未承兑信用证项下汇票金额为由，向绍兴法院起诉，请求判令绍兴农行支付信用证项下汇票金额。

结合教材相关内容及相关法规、规则，思考下列问题：

(1) 韩国保险公司在本案中处于什么样的地位?

(2) 绍兴中院作出的冻结信用证款项的裁定，其效力何时终止?

（3）本案涉及承兑信用证，其中承兑汇票发挥什么作用？

（4）韩国国民银行是否是议付行？其对韩国菲力公司的出口票据进行的贴现具有什么样的效力？

问题与思考

1. 简述汇票的特征。
2. 如何理解票据持票人的权利？
3. 试述托收在CIF、FOB中的优势与不足。
4. 简述信用证的种类。
5. 如何理解信用证的独立原则和严格一致原则？
6. 简述信用证业务中汇票的使用。

第六章
国际贸易融资与担保

本章概要

贸易商离不开银行的资金扶持，必要时也需要自己或第三方提供履约的保证或担保，以促进国际贸易的进行。许多国家还设立了保障出口收汇的信用保险机制。这些安排各有不同特点，当事人之间存在不同的权利义务。有些安排虽然存在一些国际性规则，但各规则界定的权利义务却不相同。这是在国际性商事交易中所要注意的。

关键术语

备用信用证　见索即付保函　URDG　ISP98　出口押汇　卖方信贷　信托收据　出口信用保险

第一节　国际贸易融资

一、国际贸易融资概述

国际贸易中，无论买卖双方约定采用哪种支付方式，买方或卖方都可能面临资金不足的问题。买方可能没有现金支付货款，卖方可能没有现金采购原材料生产供出口的合同货物。如果能够得到金融机构的贷款，买方或卖方面临的现金流不足问题就能得到解决。因此，国际贸易融资在国际贸易中起着非常重要的作用。国际贸易融资，指为便利国际贸易的进行由金融机构向卖方或买方提供的资金融通或信贷。

国际贸易融资广义上包括所有提供资金信用的安排：既包括买卖双方相互提供信用（如买方预付或货到付款），也包括金融机构向贸易商提供信用；既包括金融机构直接向卖方付款（如跟单信用证），也包括金融机构向买方或卖方提供信贷，而不改变买方向卖方的付款义务。在跟单信用证中，开证行取代了申请人（货物买方）的付款人或主债务人地位。保理或福费廷也属于这类业务，由金融机构直接承购卖方的应收账款（未来到期债权）。狭义的国际贸易融资，仅限于不改变国际贸易中付款人的地位或义务，只是为接受融资的卖方或买方提供资金便利的融资。根据接受融资方的不同，可以分为卖方信贷和买方信贷。根据国际货款支付方式不同，可以分为汇付项下的融资、托收项下的融资、信用证项下的融资。

国际货物买卖中，作为买卖标的的货物本身具有一定的价值。同时，代表货物的单据也具有一定的价值。许多国家立法都赋予提单、仓单、保险单等以价值，允许提单、仓单、保险单等用作担保物。开证行开出的信用证，代表着开证行不可撤销的付款承诺。国际货物买卖的发票，一方面证明债权债务关系的存在，另一方面也代表着相应数额的应收账款，该应收账款可以依法转让或用作担保。而国际货物买卖中使用的票据，如汇票，其权利义务关系受到票据法的保护，当事人可以依法处分。国际货物买卖中的这些货物及相关单据或单证，为国际贸易融资提供了较为坚实的基础和担保，也为国际贸易融资的便捷提供了条件。

二、直接贷款

直接贷款是由金融机构直接向货物的卖方或买方贷款。在买卖双方约定由买方延期付款或赊销的情况下，为了便利卖方采购、备货、托运等，出口国的金融机构直接向卖方提供贷款，此为卖方信贷。在买卖双方约定预付货款或者付款交单时，为了便利买方支付货款，出口国的金融机构向买方提供信贷；也有出口国银行向进口国银行提供信贷，再由进口国银行向买方转贷的情况，此为买方信贷。有时进口国的进出口银行（通常为政策性银行）也向买方提供信贷。

三、托收下的银行融资

银行在办理托收时，可以利用托收票据向出口商或进口商提供资金融通。

1. 出口托收押汇（collection bill purchased）

托收行买入出口商（委托人）开立的以进口商为付款人的跟单汇票及随附商业单据，扣除利息和费用后将剩余货款付给出口商，托收行通过其联行或代理行向付款人收款。由于托收下债务人有可能不付款，因而出口托收押汇将卖方承担的风险转移到了托收行。除非出口商、进口商的资信良好，托收行一般不做这种业务。常见的业务是出口商向托收行保证，在进口商拒付时，托收行享有对出口商的追索权。

2. 信托收据（trust receipt，T/R）

代收行利用托收票据向进口商提供资金融通。代收行在付款人付款之前，凭付款人向其出具的信托收据，借出有关单据，供其报关、提货、出售，付款人用所得货款付款，赎回信托收据。有关单据下的货物及收益仍属银行，进口商只是处于信托人的地位。该做法适用于远期付款交单，是代收行向进口商提供信用。除非原来的托收指示要求这样做，代收行承担了进口商不付款的风险。凭信托收据向进口商出借单据加大了托收原来存在的风险。

依我国《信托法》，信托，指委托人基于对受托人的信任，将其财产权委托给受托人，由受托人按委托人的意愿以自己的名义，为受益人的利益或者特定目的，进行管理或者处分的行为。设立信托，必须有确定的信托财产，并且该信托必须是委托人合法所有的财产。对照《信托法》的这些规定，信托收据显然不符要求，银行不是相关财产的合法所有人。司法实践中，信托收据业务按当事人的约定处理。这意味着代收行可能要承担收款不能的风险和责任。

四、信用证项下的融资

(一) 出口融资

处理信用证的银行可以利用信用证，向受益人或申请人提供出口或进口融资。信用证项下的出口融资包括两类：一是适用于银行对出口商装运前的融资，如打包放款；二是适用于银行对受益人交单时的融资，如出口押汇。

1. 打包放款

打包放款（packing loan），是指出口商以收到的信用证正本作为质押申请贷款，用于该信用证项下的生产、备货、装运等，交单结汇时以所得款项偿还贷款。

信用证是银行有条件的付款承诺，是开证行提供的一种银行信用。一般情况下，有了信用证就有了付款的保证。只要出口商（受益人）按照信用证规定的条件履行合同、交付单据，就能获得货款。因此，银行根据信用证提供融资，一般是有保障的。

申请打包放款的出口商，将信用证质押给提供融资的银行。该银行一般是据信用证向出口商付款、承兑或议付的银行。融资行向出口商发放一定的贷款，其数额一般低于信用证金额。待受益人交单结汇时，融资行从信用证金额中扣除放款本息和费用，如信用证金额不足时，融资行可从出口商的账户中扣除。

打包放款是比较安全的一种银行贷款，但也存在一定的风险。下述情况下可能使提供融资的银行不能收回贷款：出口商不履行合同，不提供信用证要求的单据，不使用信用证；出口商利用自由议付信用证的特点，不向融资银行议付，而向其他银行议付；出口商提供的单据不符合信用证的要求而被开证行拒付。由于打包放款是融资行自己向出口商提供信用，与开证行无关，因而打包放款所引起的风险由融资行自己承担。

2. 利用红条款信用证

信用证加列红色字打印预支条款，表示开证行授权指定议付行预先垫付信用证金额的一部分给出口商。出口商交单议付时，利用信用证金额偿还本息。如果出口商不能交单议付，由开证行向指定议付行偿还议付行提供的贷款，然后由开证行向进口商追索。议付行利用红条款信用证向出口商提供融资比较安全。该贷款的风险由开证行承担，并最终由进口商承担。严格地说，利用红条款信用证提供融资不是议付行提供融资，而是进口商通过开证行、议付行提供融资。因此，需要出口商和进口商在销售合同中对此明确规定。出口商为换取红条款信用证，一般也需付出一定的代价，如降低货物价格等。

3. 出口押汇

出口押汇属于银行在出口商交单时对出口商的融资，适用于承兑信用证和延期付款信用证。这两种信用证下，出口商在交单时不能立即得到货款。如果出口商需要融资，可以利用信用证项下的单据向银行贷款。

出口押汇是出口商（受益人）将信用证项下的单据质押给信用证的指定行，由指定行（押汇行）向出口商提供融资。押汇行利用信用证项下的单据向开证行寄单索偿。由于出口押汇是押汇行自己向受益人提供信用，在开证行拒付或失去支付能力的情况下，押汇行面临不能收回贷款的风险，所以押汇行在提供融资时一般保留向出口商追索的权利。

办理出口押汇一般需要押汇行与出口商之间签订"出口押汇总质权书"，规定双方的权利义务；同时还需要出口商提供出口押汇申请，在押汇行同意后办理出口押汇。在出口商的出口押汇申请中，除同意押汇行的追索权外，一般还将有关单据及单据下的货物转让给押汇行，由押汇行处理。这是利用了有关单据的所有权功能。

在承兑信用证下，押汇行承兑了汇票后，自己对出口商给予贴现，押汇行（承兑行）寄单给开证行，在汇票到期时得到开证行的偿付。在延期付款信用证下，延期付款行（押汇行）在出口商交单时向出口商提供贷款，在信用证金额的付款日到期时，从开证行偿付的信用证金额中受偿。

（二）进口融资

开证行可以对进口商提供与信用证有关的进口融资。进口商作为信用证的申请人，在申请开立信用证时，一般应向开证行交纳一定的保证金（押金），作为将来偿付开证行对外付款的保证。如果开证行免收保证金，视为对进口商提供了信用。除此之外，在申请人无款赎单时，开证行先根据信用证对外付款，后向申请人追偿，形成对进口商融资。

如进口商不能交纳货款，开证行可以用进口单据作为质押提供贷款，进口商还贷赎单。

开证行在收到指定银行寄来的单据后、付款前，一般要求进口商在一定期限内办理付款赎单。如进口商不能在开证行对外付款前付款赎单，银行则与申请人签订进口押汇协议，以单据及单据项下的货物作担保，开证行对外付款后，进口商付款赎单。如果进口商不能付款赎单，开证行可以处理单据及单据项下的货物，收回对外支付的款项。

有时进口商不能及时付款赎单，向开证行申请延期付款，以进口单据作为质押。在提单已经到达而付款日期未到时，如在承兑信用证和延期付款信用证的情况下，进口商可以申请凭信托收据换取提单，利用出售货物的款项偿还开证行。这与托收下的信托收据是一样的。

国际货物运输中，在货物早于单据到达时，存在收货人凭保函向承运人提货的情况。在使用信用证的情况下，单据没有到达时进口商不能付款赎单。这时进口商可以向开证行提出担保提货申请，填写承运人的担保提货书，开证行经审查同意、签章后，由进口商向船公司或其代理人办理提货手续。在开证行收到正本提单后，交给承运人换回担保提货书，解除担保责任。这实际上是开证行出具保函给承运人，要求承运人向进口商放货，如出现责任或赔偿，由开证行负责。开证行在提供担保时，要注意自己拥有提单、换回担保书，防止提单落入他人之手二次提货，使自己承担责任。特别需要注意的是，由于货物已经提走，开证行须向承运人交付正本提单，故而即使单据不符合信用证的要求，银行也无法拒付，进口商也无法要求拒付，进口商、银行的拒付权利随之丧失。

第二节 保理和福费廷

一、债权转让

国际货物买卖中，卖方交付货物后买方应付货款，卖方成为货款的债权人。在托收和汇付这两种支付方式中，均通过买方向卖方直接付款的方式来实现卖方的债权。在信用证支付方式中，经由买方（申请人）的申请，开证行承担了向卖方付款的义务，本质上属于开证行替买方垫付。但在托收项下和信用证项下的融资中，我们看到，在某些情况下，卖方（债权人）可以通过出售单据的方式获得付款。这种债权得以实现的方式，实质上是一种债权转让。只不过它比一般的债权转让复杂一些。这说明，卖方作为债权人，是可以通过债权转让的方式获得付款的。

债权转让，涉及作为转让人的债权人、债务人和受让人三个基本当事人。其核心是转让人和受让人之间的债权转让本身是否有效，这一债权转让对债务人是否产生效力，产生效力的条件是什么，以及债务人对受让人是否可以行使抗辩权、抵消权或提出反请求（反索）。

我国《民法典》既含有债权转让的一般性规定，也有涉及保证人和保理的特别规定。依《民法典》第 545 条的规定，债权人可以将债权的全部或者部分转让给第三人，但有下列情形之一的除外：根据债权性质不得转让；按照当事人约定不得转让；依照法律规定不得转让。当事人约定非金钱债权不得转让的，不得对抗善意第三人。当事人约定金钱债权不得转让的，不得对抗第三人。第 546 条和第 548 条规定了债权转让的通知要求及其效力：债权人转让债权，未通知债务人的，该转让对债务人不发生效力。债权转让的通知不得撤销，但是经受让人同意的除外。债务人接到债权转让通知后，债务人对让与人的抗辩，可以向受让人主张。第 549 条列举了债务人可以向受让人主张抵销的两种情形：债务人接到债权转让通知时，债务人对让与人享有债权，且债务人的债权先于转让的债权到期或者同时到期；债务人的债权与转让的债权是基于同一合同产生。

我国《民法典》规定了债权不得转让的一种情形：当事人约定不得转让。在国际货物买卖合同的框架中，对此应理解为合同的卖方和买方约定不得转让。这种约定既然是一种合同约定，则存在被违反的可能性。与此相关的问题是：债权人违反合同约定转让债权，是导致债权人与受让人之间的转让本身无效呢，还是导致债权人对债务人承担违反约定的责任？《民法典》进一步作出的“当事人约定金钱债权不得转让的，不得对抗第三人”这一规定，一定程度上解决了这一困惑。国际统一私法协会制定的《国际商事合同通则》规定，尽管让与人与债务人之间存在限制或禁止转让的协议，请求金钱支付权利的转让仍然具有效力，但让与人可能因此向债务人承担违约责任。请求其他履行的权利的转让，如果违反让与人与债务人之间限制或禁止转让的协议，则转让无效，但受让人在转让时既不知道也不应知道该协议的存在，则转让有效，让与人可能因此向债务人承担违约责任。《国际商事合同通则》区分了金钱债权和其他债权，并对转让效力作出了相应的规定。我国《民法典》亦是如此。

《联合国国际贸易中应收款转让公约》（未生效）存在类似《国际商事合同通则》的规定。尽管转让人与债务人之间的协议限制转让人转让其应收款的权利，应收款的转让仍具有效力。这一规定不影响转让人因违反此种协议而承担的任何义务或赔偿责任，该协议的另一方不得仅以此项违反为由撤销原始合同或转让合同。非此种协议当事方的人仅因知悉该协议不承担责任。《联合国国际贸易中应收款转让公约》的这一规定，区分了转让人与受让人、转让人与债务人之间的不同关系。

由于《国际商事合同通则》和《联合国国际贸易中应收款转让公约》区分了债权人与债务人之间的原始协议和转让人（债权人）与受让人之间的转让协议，是否通知债务人这一转让产生的后果也是不同的。我国《民法典》将原《合同法》中“债权人转让权利的，应当通知债务人。未经通知，该转让对债务人不发生效力”这一条款，改为“债权人转让债权，未通知债务人的，该转让对债务人不发生效力”。这一修改取消了通知要求，区分了转让人与受让人、债权人与债务人之间的不同关系以及转让通知的效果。《国际商事合同通则》规定，一项权利仅凭让与人和受让人之间的协议即可转让，无须通知债务人；转让无须债务人同意，除非债务具有人身性质。在收到让与人或受让人发出的转让通知之前，债务人可通过向让与人清偿来解除债务；在收到该通知后，债务人只可通过向受让人清偿才能解除债务。当转让通知由受让人发出时，债务人可要求受让人在合理时间内提供转让已经发生的充分证据，例如作出转让的任何书面文件；在提供充分证据之前，债务人可以暂停清偿，原发出的转让通知不产生效力。《联合国国际贸易中应收款转让公约》要求，债务人在收到转让通知前，有权根据原始合同付款而解除其义务。债务人收到转让通知后，债务人仅可通过向受让人付款而解除其义务，多次通知、多次付款指示等情形除外。除非转让人与受让人之间另行约定，转让人或受让人或双方均可向债务人发出转让通知和付款指示，但在通知发出后，只有受让人才可以发出付款指示。如转让人或受让人违反他们的约定而发出转让通知或付款指示，这种通知或指示依然有效；但这一规定不影响违反协议的当事方对其违反协议造成的损害应承担的任何义务或赔偿责任。

我国《民法典》规定了债务人对债权受让人的抗辩权和抵消权。《国际商事合同通则》存在相同的规定。《联合国国际贸易中应收款转让公约》在类似规定的基础上进一步规定：在转让人违反限制转让人转让权的协议的情况下，债务人对转让人的抗辩或抵销权，不得对受让人提出。债务人可以和转让人书面约定，不向受让人提出抗辩和抵销权。

国际贸易中存在的保理和福费廷，是以债权转让为基础设计的国际贸易融资方式，具有其自身独特的作用和价值。

二、保理

1. 保理的概念

《民法典》第三编“合同”第十六章名为“保理合同”。这是我国首次对保理立法。保理是一种债权转让的特别安排。《民法典》第769条规定：“本章没有规定的，适用本编第六章债权转让的有关规定。”

保理（factoring），也叫保付代理、客账代理或承购应收账款业务或发票贴现，指银行或保理公司向卖方收购以发票表示的债务人的应收账款来提供综合性服务，包括销售分账户管理、债款回收、信用销售控制、坏账担保和贸易融资。一笔保理业务中保理商至少处理上述两种业务。保理是依以赊销为主的信用销售方式而设计的一种集融资、结算、账务管理和风险担保于一体的综合性金融服务。保理这一结算方式适应了非信用证结算方式扩大化的趋势。它既适用于国际业务，也适用于国内业务。

依《民法典》第 761 条的规定，保理合同是应收账款债权人将现有的或者将有的应收账款转让给保理人，保理人提供资金融通、应收账款管理或者催收、应收账款债务人付款担保等服务的合同。这一定义突出了保理以应收账款为基础的融资功能。《民法典》第 440 条规定应收账款可以出质，这与保理合同部分对应收账款的规定是一致的。“应收账款”是核心概念，但《民法典》未定义何为“应收账款”。依《联合国国际贸易中应收账款转让公约》，“现有应收款”系指转让合同订立时或此前产生的应收款，“未来应收款”系指转让合同订立后产生的应收款。

目前国际上调整保理业务的有关规则主要包括国际统一私法协会于 1988 年制定的《国际保理公约》（未生效）和国际保理商联合会的《国际保理通则》（多次修订）。《国际保理通则》主要对信用风险的承担、付款责任、出口保理商和进口保理商的代理、保证及其他责任、转让的合法性、补偿、预付款、期限、账务、报告和酬金等作了规定。

保理一般涉及四方当事人：出口商、进口商、出口商所在地的保理商（出口保理商）、进口商所在地的保理商（进口保理商）。

保理的特点是，在一般情况下，出口保理商承担了信贷风险；保理商负责对进口商的资信情况进行调查、托收、收款，甚至代办会计处理手续；预支货款。

根据不同标准可以将保理分为多种类型。按出售单据时是否收到货款（是否提供融资）可将其分为到期保理和预支保理。到期保理，是指单据到期时（保理商计算的平均到期日）保理商无追索权地向出口商支付票据金额，而不是在出售单据时向出口商支付。预支保理又叫标准保理，指出口商在将单据出售给保理商时即取得货款。

按是否公开保理商名称可分为公开型保理和隐蔽型保理。公开型保理在票据上写明将货款付给保理商。隐蔽型保理在程序上按托收处理，但保理商在收妥货款后不再向出口商转交。

按保理商是否有追索权，保理可分为有追索权保理和无追索权保理。无追索权保理形成呆账、坏账担保，有追索权保理仅提供包括融资在内的其他服务。

保理商在从事保理业务时，需要收取有关费用，包括管理费（手续费）和保理商付款到收款时的利息。保理商收取的上述费用转入卖方出口货物的出口价格中，最终由买方承担。相对买方申请开立信用证的成本来说，保理费用对买方而言仍是较低的。

保理这种支付方式主要针对中小企业，限于批发业务而非零售业务；经营商品限于消费性商品，不适用于资本性商品，如成套设备，因为资本性商品的支付方式复杂并涉及其他融资，且需提供售后服务。保理主要提供短期贸易融资的赊销，对于分期付款的长期销售合同不适用。卖方一般可以迅速得到货款，将风险转移给保理商；同时买方无须支付开立信用证的有关费用、免交押金，尽管货价有所提高，仍可降低成本。

2. 保理协议

保理业务主要涉及以下程序：（1）出口商和出口保理商存在一定期限的保理协议；（2）出口商与进口商存在交易意向；（3）出口商将进口商的名称及有关交易情况告知出口保理商；（4）出口保理商委托进口保理商对进口商的资信进行调查；（5）进口保理商进行调查；（6）进口保理商将调查结果告知出口保理商；（7）如资信可靠，出口保理商对进出口交易进行确认；（8）出口商和进口商签订买卖合同，必要时明确规定采用保理方式结汇；（9）出口商将交付货物后的有关单据售给出口保理商，出口保理商付款；（10）出口保理商将有关单据交进口保理商；（11）出口保理商在承购单据时或在约定的日期将扣除利息和费用的货款余额付给出口商；（12）进口保理商向进口商收款，并向出口保理商划付。

保理协议是出口保理商与出口商之间调整因保理业务而产生的法律关系的协议。保理业务不同，协议的内容也不同。一般包括下述内容：

（1）有效期限。一般情况下到期终止，但也可展期，或延期到某一具体保理业务完毕。

（2）收购应收账款。出口商据保理协议同意向保理商出售由保理商向债务人收取的款项。

（3）核准与未核准应收账款。就某一时间的应收账款进行核准。

（4）收购价款的计算与支付。应收款项应扣除出口商给予进口商的折扣、佣金或折让，扣除管理费用，扣除预付款的贴现费用（利息扣除）。

（5）债权转让及履约保证。出口商将债权转让给保理商，并将这种非抵押性质的转让以书面形式通知债务人。与货物有关的其他相关权益也随之转移，如货物所有权、留置权、停运权、再出售权等。同时，出口商应保证：所有出售的应收账款均产生于正当交易；已全部履行了有关合同项下的责任和义务；提供的货物及服务已被或将被客户接受，并不会出现争议及贸易纠纷；客户不是出口商的附属机构、控股公司或集团成员。

（6）附属机构。在保理商要求下，出口商应促使其所有附属机构以同样的条件与该保理商签订保理协议。一方面防止出口商在其附属机构间转移风险，另一方面也避免几个保理商之间的权益冲突。

（7）限制条款。未经保理商同意，出口商不得将应收账款抵押给第三者；签订保理协议后不得与第三者签订类似协议（包括母公司、子公司或控股公司）；未经同意不得转让保理协议。

（8）协议的立即终止。违反协议、申请自动清盘、被迫清盘、接收财产、财产被扣押等。

《民法典》第 762 条规定，保理合同的内容一般包括业务类型、服务范围、服务期限、基础交易合同情况、应收账款信息、保理融资款或者服务报酬及其支付方式等条款。保理合同应当采用书面形式。

3. 保理业务涉及的主要法律问题

（1）债权转让。出口商向保理商的债权转让应满足一定的形式要求，有时还要书面通知债务人。债权转让使保理商取得下述权利：对应收款项的所有权、与此相关的其他求偿权以及解除债务人债务的权利。

依《民法典》第765条的规定，应收账款债务人接到应收账款转让通知后，应收账款债权人与债务人无正当理由协商变更或者终止基础交易合同，对保理人产生不利影响的，对保理人不发生效力。

（2）是否享有追索权。保理是一种融资安排。保理商向出口商支付账款后，承担了向进口商收款不能的风险。在进口商不能支付账款时，保理商是否享有对出口商的追索权，对保理商本人和出口商都至关重要。享有追索权，意味着保理商可以向出口商追回已经支付的款项，这对保理商意味着安全，对出口商意味着风险。保理商是否享有追索权，依当事人约定。

依《民法典》第766条的规定，当事人约定有追索权保理的，保理人可以向应收账款债权人主张返还保理融资款本息或者回购应收账款债权，也可以向应收账款债务人主张应收账款债权。保理人向应收账款债务人主张应收账款债权，在扣除保理融资款本息和相关费用后有剩余的，剩余部分应当返还给应收账款债权人。依《民法典》第767条的规定，当事人约定无追索权保理的，保理人应当向应收账款债务人主张应收账款债权，保理人取得超过保理融资款本息和相关费用的部分，无须向应收账款债权人返还。

（3）保理商与第三者的利益冲突。尽管有保理协议中的保证，但仍会产生保理商与第三人之间的利益冲突。有时会出现几个受让人，一般原则是首先向债务人发出转让通知的受让人有优先权。有时保理商也会与抵押债权人产生冲突，尤其是在浮动抵押的情况下。保理商应事先取得其他债权人的弃权书或作出其他安排。

依《民法典》第768条规定，应收账款债权人就同一应收账款订立多个保理合同，致使多个保理人主张权利的，已经登记的先于未登记的取得应收账款；均已经登记的，按照登记时间的先后顺序取得应收账款；均未登记的，由最先到达应收账款债务人的转让通知中载明的保理人取得应收账款；既未登记也未通知的，按照保理融资款或者服务报酬的比例取得应收账款。

（4）债务人的抗辩和反索。保理业务有其局限性。如果出口商和进口商之间存在未了的争议，如货物缺陷引起的争议，则保理商的权益会受到影响。保理商在实际做法中，为了方便和避免争议，通常同意进口商的反索要求/反请求，借记出口商往来账户，向出口商索偿。

（5）出口商的清盘和破产。在清盘的情况下，出口商处理债权、债务的权利受到影响。保理商应及时取得有效的债权转让。在出口商破产时保理商应及时主张债权，对抗财产接管人。

三、福费廷

（一）福费廷的概念

福费廷（Forfaiting），又称包买票据，是一种付款请求权交易，可理解为一种债权转让。国际商会与国际福费廷协会于 2012 年共同制定了《福费廷统一规则》（URF800），自 2013 年起施行。

福费廷是一种国际贸易融资技术，具有很大的灵活性，能够创新应用。传统上，福费廷被理解为与贸易相关的应收款的无追索权的贴现。现代福费廷包括了更多的债权凭证、结构和概念，它具有使证明付款请求权的债权凭证流动的能力。通过使付款请求权更易于转让，福费廷不仅用于获取交付货物或服务的付款，还可用于提供融资。

根据《福费廷统一规则》，福费廷交易，是指无追索基础上卖方出售、买方购买付款请求权（payment claim）。付款请求权是指初始义务人在规定日期或经要求时支付一定数额的义务，以及从初始义务人接收或收回付款的所有的权利和利益。

《福费廷统一规则》只涉及付款请求权的转让，涉及卖方负责付款请求权和其转让的有效性，不涉及任何付款请求权的效力和执行性，不改变付款请求权。付款请求权由信用支持文件所证明。信用支持文件，指证明义务人之外的人对付款请求权予以付款的义务的文件。这使其可与汇票、本票、跟单信用证和发票购买一起使用。当事方需要选择适于证明付款请求权的债权凭证的转让方法，如背书、转让或更新（novation）。

福费廷交易有三个基本当事人，即卖方（债权人）、债务人、包买商（买方）。卖方和债务人是基础义务合同中的债权人和债务人，包买商是从债权人处购买债权（付款请求权）的人。考虑到国际特点和交易便利，和在保理中存在出口保理商和进口保理商一样，在福费廷交易中可分为位于债权人所在国的一级（初始）包买商和位于债务人所在国的二级包买商。因此，福费廷交易可以分为一级市场和二级市场。一级市场中的交易协议称为福费廷协议，二级市场中的交易协议称为福费廷确认。

（二）当事人之间的权利、义务

福费廷协议，是由一级包买商和卖方之间签订的规定福费廷交易条件的书面协议。在一级市场中设立福费廷交易，一级包买商和卖出付款请求权的卖方之间必须在交易日签署协议。福费廷协议应包括下述内容：付款请求权和信用支持文件的详细情况，包含请求权的数额、币种、到期日和义务人；当事人在福费廷协议签署日知悉的所要求文件清单；使用日；购买价格；结算日或预期结算日；适用法律和管辖权条款。交易日是指签署协议的日期，使用日是指卖方必须提交相符文件并满足其他条件的日期。

每一方当事人必须在不晚于使用日前满足对其适用的福费廷协议的所有条件；如果在使用日没有满足任何条件，当事人可约定延期使用日；如果在使用日或使用日前没有根据福费廷协议满足条件，福费廷协议终止。福费廷协议的任何该类终止，都不影响任何一方根据福费廷协议或适用法享有的权利。

卖方必须在不晚于使用日向包买商提交所要求的文件。包买商必须审查卖方提交的文件，以确定这些文件是否构成了所要求的文件；包买商可忽略并向卖方退回不是所要求文件的文件。包买商必须根据市场惯例（market practice）审查所要求文件，并确定是否构成符合要求的文件。如果包买商根据市场惯例确定所交付和审查的文件不是符合要求的文件，或要求其他文件，必须将这一情形通知卖方，并简要说明作出这一认定的理由，指明所要求的其他文件。当其确定收到了符合要求的文件时，包买商必须通知卖方。

购买付款的支付构成了这一通知，除非支付是凭保留支付。

在审查提交的文件时，包买商有权不受限制地考虑下述情况：所要求文件的真实性是否有满意证据的支持；付款请求权和任何信用支持文件下的义务是否是相关义务人的合法的、有效的、有约束力的、可执行的义务；付款请求权的付款是否在到期日以全部的相关货币支付，而没有抵消、反索或任何扣减，或税收代扣，或其他类似情形；付款请求权和信用支持文件下的权利是否可自由转让；所要求文件是否与福费廷协议相符。

包买商必须在结算日向卖方支付购买价款。付款必须以福费廷协议或福费廷确认中规定的币种进行，不得扣除或反索。如果付款到期日是福费廷协议或福费廷确认规定的付款地的营业日，付款必须以立即可使用的资金支付。如果付款到期日不是营业日，必须在到期日后的第一个营业日进行付款。

包买商付款后不得追索。在结算日，卖方向包买商出售、包买商向卖方购买付款请求权，不得追索（without recourse）。买方不得对卖方或任何之前的卖方就付款请求权方面的任何未付数额主张请求权。如果卖方是付款请求权或任何信用支持文件项下的义务人，《福费廷统一规则》中的任何规定都不影响卖方作为义务人的义务。

尽管存在买方购买后不得追索的规定，但如果当事人同意，买方可以凭保留（under reserve）付款，福费廷协议或福费廷确认必须具体规定下述内容，或通过修改，具体规定下述内容：保留条款要求；保留日期；回购条款，使用原始销售条款确定的利率。卖方必须在保留日前满足保留条款要求。如果保留日结束时，保留条款要求没有得到满足，且当事人没有就延期保留日达成协议，买方有权向卖方发出通知，要求卖方按回购条款回购。回购条款是指截至保留日保留条款仍未得到满足时，卖方必须回购任何付款请求权的条款。如果买方要求卖方按回购条款回购，卖方必须在收到买方通知后的 5 个营业日内按回购条款完成回购，并向买方支付相关数额。买方在收到卖方付款后的 5 个营业日内，必须向卖方返还原收到的卖方的所有文件，并采取一切必要措施，签署所有必要文件，确保享有付款请求权、信用支持文件和其他所要求的文件的权利被重新转移给卖方。此外，当事人的责任也可能涉及买方对卖方的权利。

（三）当事人的责任

如果发生下述任何情形，每方应向其相对方承担责任：如果其没有权限执行和履行福费廷协议、二级销售条件或福费廷确认项下的义务，或没有采取必要的措施确保适当的执行和履行；福费廷协议、福费廷确认项下的义务或与之相关的义务，或在签署福费廷确认前二级销售项下的义务或与之相关的义务，不构成合法的、有效的、有约束力的并且可执行的义务。

如果发生下述任何一种或多种情形，卖方也应对包买商承担责任：（1）在结算日已知或应知与付款请求权、任何信用支持文件或基本交易相关的事件或情形，影响到期付款请求权的存在，或影响信用支持文件项下的任何权利和义务的存在，且在交易日前没有向一级包买商披露；（2）在向买方转让付款请求权和信用支持文件项下的权利时，它不是付款请求权和这些权利的唯一合法的和实益（权益）的所有人，在这两种情形下应不存在第三人的权利请求或权利；（3）在结算日或结算日前付款请求权和信用支持文件项下的权利没有不可撤销地、无条件地转让给一级包买商；（4）无论是在结算日前或日后，没有遵循或违反了付款请求权、信用支持文件或基本交易项下的有约束力的义务，影响到期日付款请求权的存在，或影响信用支持文件项下的任何权利和义务的存在；（5）无论是在结算日前或日后，存在有关付款请求权或基础交易的欺诈，影响到期日付款请求权的存在或信用支持文件项下的任何义务的存在。

如果发生下述一种或多种情形，一级包买商应对其买方承担责任。（1）在交易日或交易日前，未披露从初始卖方收到的有关付款请求权、信用支持文件或基础交易的有关下述事件或情形的信息：该事件或情形影响付款请求权的存在，或影响信用支持文件项下的权利、义务的存在；（2）当向买方转让付款请求权和信用支持文件项下的权利时，不是该请求权和权利的唯一合法的实益的所有人，该请求权和权利应不存在第三方的权利或权利请求；（3）在结算日或结算日前，付款请求权和信用支持文件项下的权利，没有不可撤销地、无条件地转让给买方；（4）当购买付款请求权时，没有根据市场惯例采取适当的措施，来确定付款请求权和任何信用支持文件对相关义务人是合法的、有效的、有约束力的、可执行的，付款请求权和信用支持文件项下的权利能够不可撤销地、无条件地转让；（5）当购买付款请求权时，没有根据市场惯例采取适当的措施，确定所要求的文件反映了基础交易。

如果发生下述一种或多种情形，不是一级包买商的二级市场中的卖方，须对买方承担责任。（1）在交易日或交易日前，没有披露从卖方收到的有关付款请求权、信用支持文件或基础交易的下述事件或情形的信息：该事件或情形影响付款请求权的存在，或影响信用支持文件项下的义务的存在；（2）向买方转让付款请求权或信用支持文件项下的权利时，不是付款请求权或信用支持文件项下的权利的唯一合法的和实益的所有人，该请求权及权利不应存在第三方的权利或权利请求；（3）付款请求权或信用支持文件项下的权利，在结算日或结算日前，没有不可撤销地、无条件地转让给买方。

卖方只对其直接买方负责，但它可以通过声明对未来买方的利益承担责任，或允许责任的转让，或通过其他合法的有效方式，同意就上述约定的所有或任何事件对后继买方负责。

第三节 备用信用证与保函

一、概述

在国际贸易中，除金融机构直接向买方或卖方提供资金便利外，包括金融机构在内的第三方常常为了国际贸易的进行而提供担保或保证。在国际贸易中，这种担保或保证通常采取备用信用证（或称备用证）和保函的形式。国际机构为了便利担保的形式，制定了一些有关备用证和保函的规则。

国际贸易中的备用信用证和保函，虽然本质上属于保证，但相关规则与中国国内法上的保证或担保存在某些重大区别。根据中国原《担保法》或原《物权法》，担保关系与被担保的债权债务关系之间存在主从关系，即担保合同是主债权债务合同的从合同，其一般原则是主债权债务合同无效，担保合同无效（法律另有规定的除外）。国际贸易中的备用信用证和保函规则，有的存在类似主合同与从合同的规定，有的则直接规定担保合同独立于被担保的债权债务合同。因此，担保人履行担保义务的不同条件就成为非常重要的内容。

二、备用信用证

在国际货物买卖合同中，有时会使用备用信用证或保函来保证货款支付或合同履行。跟单信用证用于保证买方付款，备用信用证的应用范围不限于此，其还广泛用于投标担保、履行担保、付款担保、保留款担保等。保函则保障一方违约时另一方能够获得有效的救济。从严格意义上说，保函不属于国际货款支付的范围，但考虑到保函与备用信用证的密切联系和共同点，此处亦作一介绍。下面主要从货物买卖的角度对备用信用证和保函进行介绍。

（一）UCP 的有关规定

UCP500 在适用范围中包括了备用信用证，但只是在可以适用的范围内对备用信用证适用。可以说，UCP500 的大多数条款不适用于备用信用证。制定 UCP500 时，曾有人提议 UCP500 具体明确适用备用信用证的条款，但这一提议被认为不可能实现而没有被采纳。因此，信用证当事人有必要具体明确信用证的条款与条件。UCP500 包括备用信用证是因为从法律上说，备用信用证与即索担保相同，但备用信用证的适用范围远远广于即索担保的适用范围。UCP500 被认为是最适合备用信用证的规则，故在该惯例中包括了备用信用证。UCP600 仍然沿用了 UCP500 的做法。

（二）《国际备用证惯例 ISP98》

1. 概况

由于 UCP500 不能适应备用信用证的要求，而国际商会也不准备修改 UCP500 以更好地适应备用信用证的要求，在美国国务院的支持下，美国的银行与法律界开始起草备用信用证的有关规则。国际商会组织了专门的工作小组，参与了这一规则的制定工作。1998 年 4 月国际商会银行技术与惯例委员会批准了《国际备用证惯例 ISP98》（The International Standby Practices—ISP98）（以下简称《国际备用证惯例》），由国际商会以第 590 号出版物出版，自 1999 年 1 月 1 日起实施。该惯例反映了已被广泛接受的有关备用信用证的惯例、习惯和用法，为备用信用证提供了独立的规则。

《国际备用证惯例》符合 1995 年联合国通过的《联合国独立保函与备用信用证公约》。《国际备用证惯例》在法律不禁止的范围内对适用的法律进行补充；如果这些规则与强制性法律相冲突，应以适用的法律为准。但由于这些问题很少为当地法律所涉及，其结果是《国际备用证惯例》对当地法律进行补充而不是与之冲突。该惯例不仅适用于诉讼，也适用于仲裁。在备用证既受该规则约束，也受其他实务规则约束时，该规则取代其他规则的冲突性规定。

《国际备用证惯例》对下述事项不予界定或规定：开立备用信用证的权力或授权；对签发备用信用证的形式要求（如署名的书面形式）；或以欺诈、滥用权利或类似情况为根据对承付提出的抗辩。这些事项由适用的法律解决。

除非备用信用证文本另有要求，或明确地对该规则进行了修改或排除，该规则作为订入条款，适用于备用信用证的开立、保兑、通知、指定、修改、转让、开立申请或当事人同意的其他事项。该规则中含有“除非备用信用证另有说明”或类似语句时，强调备用信用证文本优先于该规则；没有上述语句的规则并不默示其规定优先于备用信用证条款；在“除非备用信用证另有说明”或类似语句前加上“明确地”或“清楚地”等词，强调该规则只有通过在备用信用证中用清晰、明白的文字才可以被排除或修改。《国际备用证惯例》所有规则的效力可以为备用信用证文本所改变，而其中一些规则效力的变动可能使备用信用证在适用的法律下丧失作为独立承诺的资格。

2. 备用信用证的概念及适用范围

根据《国际备用证惯例》，备用信用证是指依据该规则开出的任何独立承诺。不同的适用规则，将备用信用证与商业信用证及独立担保区别开来。备用信用证涉及下述当事人：开证人、受益人、通知人、保兑人、在备用信用证中被指定并照其行事或同意照其行事的任何人（指定人）、授权开立备用信用证或同意适用《国际备用证惯例》的申请人。

备用信用证的实质是开证人的独立承诺。根据在基础交易中备用信用证的不同作用以及一些不一定涉及备用信用证自身条款的其他因素，通常对备用信用证进行描述性的分类，如履约备用信用证、预付款备用信用证、投标备用信用证、反担保备用信用证、融资备用信用证、直接付款备用信用证、保险备用信用证、商业备用信用证等，这些分类对《国际备用证惯例》的适用并不产生操作上的影响。该惯例并没有对备用信用证进行类似的分类。但该惯例明确规定，备用信用证包括履约、融资和直接付款备用信用证。

备用信用证不仅适用于申请人违约、开证人对受益人提供违约担保的情形，也适用于开证人直接付款的情形。在付款义务到期、申请人并没有违约时，备用信用证要求开证人在受益人提交符合要求的单据时履行承诺，而不考虑基础交易的实际情况。这使备用信用证具有不同于保函的特征。

3. 备用信用证的性质

备用信用证在开立后，即是一个不可撤销的、独立的、跟单的、具有约束力的承诺，并且无须如此说明。

（1）不可撤销性。除非在备用信用证中另有规定，或经对方当事人同意，开证人不得修改或撤销其在该备用信用证下的义务。但受益人可以同意备用信用证的撤销，这种同意一经传达给开证人后即不可撤销。

（2）独立性。备用信用证独立于申请人与开证人之间、申请人与受益人之间、开证人与其他银行之间的协议或关系。备用信用证下开证人义务的履行不取决于下列事项：开证人从申请人那里获得偿付的权利和能力；受益人从申请人处获得付款的权利；在备用信用证中对任何偿付协议或其他基础交易的援引；开证人对任何偿付协议或基础交易的履约或违约的了解与否。开证人对受益人的义务，不受任何适用的协议、惯例和法律下开证对申请人的权利和义务的影响。开证人对下列事项不负责任：任何基础交易的履行或不履行；备用信用证下提示的任何单据的准确性、真实性或有效性；其他方的作为或不作为，尽管该人是由开证人或指定人选择的；除了备用信用证所选择的或开证地所适用的法律和惯例，对其他法律或惯例的遵守。

（3）单据性。这一特征是与独立性密切联系在一起的。开证人的义务仅取决于单据的提示，以及对所要求单据的表面审查。受益人提交的单据，指提示的（书面形式或电子媒介形式的）汇票、索款要求、所有权凭证、投资担保、发票、违约证明，或其他事实、法律或意见的陈述，据以审核是否与备用信用证的要求一致。如果一份备用信用证没有注明任何要求提交的单据，则需要提交一份做成单据的索款要求。开证人的付款义务取决于受益人提交的单据表面上是否与备用信用证的要求一致。

（4）约束性。备用信用证及其修改在开立后即具有约束力，无论申请人是否授权开立，开证人是否收取了费用，或受益人是否收到或因信赖备用信用证或修改而采取了行动，对开证人都是有强制性的。声明备用信用证“不可用”、“没生效”或“没有效力”，不影响备用信用证在脱离开证人控制后的不可撤销性和约束力。备用信用证不应或不必表明是“无条件的或抽象的”“绝对的”“第一性的”“用开证人的自有资金支付”“见索即付”。

4. 备用信用证的承付

备用信用证的基本程序包括：备用信用证的开立申请、开立、通知、提示、审核、偿付。

（1）受益人的提示。

受益人的提示应与备用信用证的规定相符。备用信用证应说明提示的时间、地点及在该地点范围内的场所、接受提示的人和提示的载体（medium of presentation）。如备用信用证并未说明，则应与《国际备用证惯例》一致。

收到备用信用证要求的并据其提示的单据，即构成了提示，开证人应对单据与备用信用证的条款和条件的一致性进行审查，即使备用信用证要求的单据没有全部被提示。提示必须标明据以提示的备用信用证，如果开证人不能从收到的单据表面判定是否据某一备用信用证来处理这些单据，或不能确定与该单据有关的备用信用证，则提示的时间为开证人能够认定的时间。在备用信用证开立之后、到期日之前提示，即为及时提示。提示应在备用信用证规定或《国际备用证惯例》规定的地点或场所作出。单据必须以备用信用证中注明的载体作出提示。《国际备用证惯例》允许使用电子载体的形式作出提示。如没有注明载体，单据必须以纸单的形式提示，除非只要求提交索款要求；如果单据是通过电子方式传送的，则不能视为以纸单提示，如注明以电子载体提示，单据必须以电子记录的方式提示，并能为接收提示的开证人或指定人证实。

每一次提示都是独立的（separate），无论备用信用证是否禁止部分或多次提款或提示，一次提示的不符、收回提示或未完成预定的或允许的多次提示中的一次，都不影响或损害另一次的及时提示或再次的及时提示的权利。对一次相符提示的错误拒付，并不构成其他提示的拒付或对备用信用证的毁约。对一次不符提示的承付，无论是否注意到了不符点，都没有放弃备用信用证对其他提示的要求。

受益人的展期要求或不展期即付款的要求构成了提示，意味着受益人同意修改备用信用证将到期日延长到所要求的日期，受益人要求开证人自主决定是否寻求申请人的同意、进行修改；意味着在修改时，受益人撤回索款的要求；意味着受益人同意《国际备用证惯例》规定的审查单据和发出拒付通知的最长期限。

对提示的要求，除了开证人自主决定的事项，在不影响申请人对开证人的义务的情况下，开证人也可以免除《国际备用证惯例》中的某些规则和备用信用证中注明的、主要为了开证人的利益和操作方便而设的类似条款，无论申请人是否同意或向其发出通知。

（2）对提示单据的审查和处理。

备用信用证的索款要求必须在表面上与备用信用证的条款相符。提示是否相符，应依据《国际备用证惯例》解释和补充的备用信用证的条款，结合标准备用信用证实务，通过审查提示是否表面上符合备用信用证而确定。除非是备用信用证要求提示电子记录，开证人无义务验明受益人的身份。

受益人提示的文件可包括索款要求、违约或其他提款事由的声明、可转让单据、法律司法文件、其他单据。有时备用信用证可能要求受益人自己对他人开立单独的承诺，但无须向开证人提示该承诺或其项下的单据，即便提示，开证人也无须审核，可将其退回提示人或转交申请人，开证人并不承担责任。

如果备用信用证没有具体规定要求的单据，仍视为要求单据性的索款要求。索款要求无须与受益人的声明或其他要求的单据分开，如要求单独的索款要求，应含有受益人向开证人的索款要求、该要求的提出日期、索款金额和受益人的签名。

开证人只需在备用信用证规定的范围内审查单据之间是否一致。非备用信用证要求的单据无须审核，并不予考虑。除非另有规定，所有备用信用证要求的单据必须由受益人出具，无须签名；如要求签名，可以任何方式为之。备用信用证中的非单据条件不予考虑，不管其是否会影响开证人接受相符提示或承认备用信用证已开立、修改或终止的义务。

如果开证人没有通知拒付、承兑或承担延期付款责任，则开证人有义务在到期日付款。如开证人决定拒付，应在合理的期限内（不得超过 7 个营业日）发出拒付的通知，拒付通知应注明拒付的所有不符点。如果没有及时发出拒付通知，没有列明不符点，则开证人就不能再对包含不符点的单据提出不符点，但不影响针对不同提示提出不符点。

如果开证人认为提示不符，可自主决定请求申请人放弃不符点或授权承付。获得了申请人的放弃声明并不使开证人有义务放弃该不符点。如果在收到拒付通知后，提示人要求将单据交给开证人（在指定人的情况下）或要求开证人寻求申请人放弃不符按下述规则处理：第一，有关人员没有这样的义务。第二，向开证人的提示应受《国际备用证惯例》规则的约束，除非提示人明确同意偏离《国际备用证惯例》。第三，如果单据被转交或向申请人提出放弃不符请求后，提示人不能拒绝开证人通知他的不符点；开证人据《国际备用证惯例》审查提示的义务没有解除；开证人没有义务放弃不符点，尽管申请人已经放弃；开证人必须持有单据，直至收到申请人的答复或应提示人要求归还单据。

申请人应通过迅速方式及时向开证人提出对承付不符提示的异议。如没有以迅速方式及时发出异议通知，申请人就不能再对开证人主张其收到的单据的不符点或其他表面事项提出异议，但不影响申请人对同一或不同备用信用证下的其他提示提出不符异议。

被拒付的单据必须按提示人的合理指示予以退还、持有或处置。

(3) 开证人的承付义务。

开证人根据《国际备用证惯例》和标准备用证做法，对表面符合备用信用证条款和条件的提示予以承付。开证人对符合的提示即期承付。但如果备用信用证规定了下述承付方式，则应据备用信用证规定的方式承付：及时承兑受益人开出的以开证人为付款人的汇票，在汇票到期时或到期后提示时对汇票的持有人付款；及时承担延期付款义务，在到期时付款；议付，开证人无追索权地即期支付。开证人承付时应以备用信用证中指定的币种支付可立即使用的资金，除非备用信用证注明以货币记账单位付款或交付其他有价物。

保兑人的义务与开证人的义务相同。如果保兑允许向开证人提示，保兑人承担开证人错误拒付时的承付义务；如果备用信用证允许向保兑人提示，开证人承担保兑人错误拒绝履行保兑时的承付义务。

(4) 偿付义务。

在开证人或其指定人承付后，要求开立备用信用证的申请人应向开证人偿付，开证人应向其指定人偿付。有关银行间的偿付适用国际商会的银行间偿付的标准规则。

申请人应对下列事项产生的请求、义务和责任向开证人负赔偿责任：开证地适用的或备用信用证选择的法律和惯例之外的法律、惯例的规定；其他人的欺诈、伪造或其他非法行为；保兑人错误地拒绝履行保兑、开证人代为履行保兑人的义务。

上述规定可以补充规定偿付或赔偿的任何适用协议、交易过程、做法、惯例或习惯。另外，申请人必须支付开证人收取的费用和其他人向开证人收取的费用。开证人有义务支付其他人的有关费用。

5. 备用信用证的欺诈

《国际备用证惯例》不解决以欺诈、滥用权利或类似情况为根据对承付提出的抗辩。这些事项由适用的国内法解决。但是，该惯例包括的一些规则实质上涉及欺诈问题。

这些规则包括：备用信用证的单据性特征；开证人无义务在单据表面相符之外调查基础交易；尽管单据存在欺诈或伪造性，对善意支付的款项获偿的权利；作为受让人的受益人与第一受益人欺诈或滥用行为结果的独立性；尽管存在欺诈或滥用性提款，在指定范围内行事的指定人受偿的权利。

三、保函

(一) 国际商会的保函规则

保函（letter of guarantee，L/G），是指担保人应委托人要求向受益人开出的保证文件，保证在委托人未尽义务、违约、过失时承担赔偿责任。银行开立的保函称为银行保函。

保函的基本当事人有委托人、受益人和担保人，有时还存在通知人。委托人和受益人之间存在基础性的契约关系，委托人须委托担保人向受益人提供担保。委托人和担保人之间是委托关系及偿付关系，委托人委托担保人出具保函，在担保人向受益人付款后，委托人予以偿付，并承担有关的费用。担保人和受益人之间是保函关系，担保人凭保函付款，受益人按保函要求提出索款声明，获得款项。

国际商会于1978年制定了《合约保函统一规则》（URCG，国际商会第325号出版物），但该规则未被广泛接受；于1991年又制定了《见索即付保函统一规则》（URDG，国际商会第458号出版物）；于1993年4月通过了《合同保证统一规则》（URCB，国际商会第524号出版物）。[①]《见索即付保函统一规则》于2010年修订（国际商会第758号出版物）。

制定保函规则，旨在为不同当事人的合法利益的平衡提供一个解决的办法。这些规则皆属于惯例性质，只有在保函中明确援引时才对保函有约束力。这些规则在对不同当事人的利益考虑上有所侧重，担保人承担担保责任的条件有所不同，当事人应根据自己的需要，选择适用相应的规则。

《合约保函统一规则》制定后未被广泛接受，其重要原因是保函与基础合同相联系，不是担保人承担义务的独立文件，且受益人在确定申请人确实违约后才能受偿。该规则第9条规定：证明索赔要求的文件需要受益人提供法院判决书、仲裁裁决书或委托人同意受益人的索赔及其金额的声明。这些都不利于受益人，使合约保函的作用大大降低。

《见索即付保函统一规则》是在《合约保函统一规则》的基础上制定的。它解决了保函的独立性问题，担保人履行承诺不以受益人实际证明委托人违约为条件。但这又产生了受益人欺诈或滥用保函的危险。倾向于委托人立场的保险业、建筑业对此更是非常关注。为了解决这些问题，使担保人的责任与委托人的责任相联系，从而以确定的违约为依据，国际商会又制定了《合同保证统一规则》。

根据《合同保证统一规则》，担保人根据保证的责任是第二性的（accessory），因违约而产生，委托人根据基础合同的所有抗辩，担保人都可以援用。担保人出具违约证书、符合要求的第三人出具违约证书、法院的终局裁决或仲裁裁决书都可以证明违约的存在。但该规则也没有明确规定受益人获得付款的时间和条件。

（二）见索即付保函的定义和特征

根据《见索即付保函统一规则》，见索即付保函（demand guarantee），指由银行、保险公司或其他组织或个人（担保人）以书面形式出具的任何保证、担保或其他付款承诺，表示在提交符合保函条款的索赔书或保函中规定的其他文件时承担付款责任。保函应规定委托人、受益人、担保人、要求开立保函的基础交易、应支付的最大数额和货币种类、保函的到期日或到期事件、索偿的条件、减少保函数额的其他规定。

---

① 这三个规则的英文名称分别是：Uniform Rules for Contract Guarantees，Uniform Rules for Demand Guarantees 和 Uniform Rules for Contract Bonds。《见索即付保函统一规则》也译为《即期担保统一规则》。

见索即付保函的特点是：(1) 独立性。保函与基础合同相互独立，同委托人与担保人之间的关系独立，即使保函中含有对基础合同的援引。担保人根据保函的付款承诺，不受担保人与受益人关系之外的任何关系所产生的请求或抗辩的约束。(2) 不可撤销性。除非另外明确表明，所有的保函和反担保保函都是不可撤销的。(3) 单据化。担保人根据保函的付款义务，以受益人提示索款要求及保函规定的其他单据为条件。(4) 表面相符。担保人只检查单据与保函要求是否表面一致。在确定付款要求与保函规定的条件表面一致时，担保人即应履行付款义务。

见索即付保函通常分为直接担保和间接担保两种。在国际贸易中，一般多使用间接担保。直接担保有三个当事人：申请人、担保人和受益人。间接担保，又叫反担保，有四个当事人：申请人、指示人（反担保人）、担保人、受益人。间接担保一般由申请人向其所在地的指示人提出申请，指示人指示或要求受益人所在地的担保人向受益人提供担保，并向担保人提供反担保。在间接担保中，反担保保函独立于担保保函。考虑到国家的外汇管制及国际因素，间接担保更有助于担保的真正实现，最大限度地保障受益人的利益。

(三) 见索即付保函有关当事人的义务

担保人只根据保函规定的条件和《见索即付保函统一规则》对受益人负责。担保人本着诚实信用和合理谨慎原则确认单据是否表面符合保函的要求、单据相互之间是否一致。在单据不符时，担保人可以拒绝履行担保义务，但应在提示后5个工作日内发出拒绝通知，且一次性指出所有不符点。担保人决定拒绝付款时，应以快速的方式通知受益人。

类似《跟单托收统一规则》和UCP500的规定，担保人和指示人，对于向其提交的文件的形式、充分性、准确性、真伪性、法律效果，或任何人的善意、行为或不行为不承担责任；对于不可抗力造成的营业中断所引起的后果，不承担责任；对于下述事项不负责任，但没有善意和谨慎从事除外：产生于信息、信件或文件传递中的延误或损失的后果；产生于电讯传递中的延误、缺损或其他差错；对技术术语的翻译或解释的差错（并保留对保函文本不予翻译传递的权利）；其传递的指示没被执行。由于不可抗力造成的业务中断，从原来期满日延长30天。

受益人的索款要求，应根据保函的条件在到期日或之前或到期事件前，在开立地向担保人提出。到期日指具体规定的日历日，到期事件指为到期目的规定的文件提示。无论如何规定到期，在向担保人提示保函本身时，或向担保人提示受益人免除保函责任的书面声明时（在这种情况下是否退还保函没有影响），保函被取消。在保函因付款、到期、取消等终止时，保留保函并不保存受益人根据保函享有的任何权利。

如果受益人要求延展保函的有效期代替要求付款，担保人应不迟延地通知给予担保人指示的一方。在允许委托人和受益人达成展期协议、委托人安排展期的合理时间内，担保人应暂停支付。除非在上述期限内展期，担保人应对受益人符合要求的索款要求付款。如果委托人要求展期，除非担保人和指示人或所有各方都同意，则不应展期。

受益人除提交保函要求的文件外，还应提交书面声明（无论是否包括在索款要求或单据中），表明委托人违反了基础合同的义务及委托人违反的方面。保函条款明确排除书面声明时除外。保函要求的所有文件应在保函的开立地向担保人提示，否则担保人可拒绝付款。

（四）中国法中的独立保函

中国《民法典》第二编物权第四分编担保物权和第三编合同第十三章保证合同中有关于担保或保证的相关规定，但没有直接规定独立保函。最高人民法院于 2016 年发布了《关于审理独立保函纠纷案件若干问题的规定》（2020 年修正），就独立保函的相关问题作出了具体规定，其中包括如何处理对待国际商会《见索即付保函统一规则》的问题。

该规定所称的独立保函，是指银行或非银行金融机构作为开立人，以书面形式向受益人出具的，同意在受益人请求付款并提交符合保函要求的单据时，向其支付特定款项或在保函最高金额内付款的承诺。单据，是指独立保函载明的受益人应提交的付款请求书、违约声明、第三方签发的文件、法院判决、仲裁裁决、汇票、发票等表明发生付款到期事件的书面文件。

独立保函可以依保函申请人的申请而开立，也可以依另一金融机构的指示而开立。一份保函是否是独立保函，需要根据相关情形确定。根据最高人民法院的上述决定，具有下列三种情形之一的保函，当事人主张保函性质为独立保函的，人民法院应予支持，但保函未载明据以付款的单据和最高金额的除外：保函载明见索即付；保函载明适用国际商会《见索即付保函统一规则》等独立保函交易示范规则；根据保函文本内容，开立人的付款义务独立于基础交易关系及保函申请法律关系，其仅承担相符交单的付款责任。独立保函未载明可撤销，当事人主张独立保函开立后不可撤销的，人民法院应予支持。

独立保函载明适用《见索即付保函统一规则》等独立保函交易示范规则，或开立人和受益人在一审法庭辩论终结前一致援引的，人民法院应当认定交易示范规则的内容构成独立保函条款的组成部分。不具有前款情形，当事人主张独立保函适用相关交易示范规则的，人民法院不予支持。

独立保函不同于我国《民法典》中的一般保证或连带保证。根据最高人民法院的上述决定，如果当事人以独立保函记载了对应的基础交易为由，主张该保函性质为一般保证或连带保证的，或者当事人主张独立保函适用担保法关于一般保证或连带保证规定的，人民法院不予支持。

上述规定也突显了独立保函独立于基础交易的独立性。开立人以基础交易关系或独立保函申请关系对付款义务提出抗辩的，人民法院不予支持，但下列情形除外，具有下列情形之一的，人民法院应当认定构成独立保函欺诈：（1）受益人与保函申请人或其他人串通，虚构基础交易的；（2）受益人提交的第三方单据系伪造或内容虚假的；（3）法院判决或仲裁裁决认定基础交易债务人没有付款或赔偿责任的；（4）受益人确认基础交易债务已得到完全履行或者确认独立保函载明的付款到期事件并未发生的；（5）受益人明知其没有付款请求权仍滥用该权利的其他情形。独立保函的申请人、开立人或指示人发现有上述情形的，可以在提起诉讼或申请仲裁前，向开立人住所地或其他对独立保函欺诈纠纷案件具有管辖权的人民法院申请中止支付独立保函项下的款项，也可以在诉讼或仲裁过程中提出申请。止付申请人以受益人在基础交易中违约为由请求止付的，人民法院不予支持。开立人在依指示开立的独立保函项下已经善意付款的，对保障该开立人追偿权的独立保函，人民法院不得裁定止付。

独立保函开立人基于单据表面相符原则发行保函项下义务。受益人提交的单据与独立保函条款之间、单据与单据之间表面相符，受益人请求开立人依据独立保函承担付款责任的，人民法院应予支持。人民法院在认定是否构成表面相符时，应当根据独立保函载明的审单标准进行审查；独立保函未载明的，可以参照适用国际商会确定的相关审单标准。单据与独立保函条款之间、单据与单据之间表面上不完全一致，但并不导致相互之间产生歧义的，人民法院应当认定构成表面相符。开立人有独立审查单据的权利与义务，有权自行决定单据与独立保函条款之间、单据与单据之间是否表面相符，并自行决定接受或拒绝接受不符点。开立人已向受益人明确表示接受不符点，受益人请求开立人承担付款责任的，人民法院应予支持。开立人拒绝接受不符点，受益人以保函申请人已接受不符点为由请求开立人承担付款责任的，人民法院不予支持。

开立人对保函申请人享有追偿权。开立人依据独立保函付款后向保函申请人追偿的，人民法院应予支持，但受益人提交的单据存在不符点的除外。开立人依指示开立独立保函的，可以要求指示人向其开立用以保障追偿权的独立保函。

涉外独立保函未载明适用法律，开立人和受益人在一审法庭辩论终结前亦未就适用法律达成一致的，开立人和受益人之间因涉外独立保函而产生的纠纷适用开立人经常居所地法律；独立保函由金融机构依法登记设立的分支机构开立的，适用分支机构登记地法律。涉外独立保函欺诈纠纷，当事人就适用法律不能达成一致的，适用被请求止付的独立保函的开立人经常居所地法律；独立保函由金融机构依法登记设立的分支机构开立的，适用分支机构登记地法律；当事人有共同经常居所地的，适用共同经常居所地法律。涉外独立保函止付保全程序，适用中华人民共和国法律。

四、《联合国独立保函与备用信用证公约》

（一）适用范围

1995 年联合国通过《联合国独立保函与备用信用证公约》，该公约于 2000 年 1 月 1 日生效。到 2014 年 5 月，批准该公约的国家有厄瓜多尔、萨尔瓦多、科威特、巴拿马、突尼斯、白俄罗斯、加蓬和利比里亚。美国签署了该公约，但没有批准。

该公约的目的尤其在于促进独立担保和备用信用证的使用。某些地方传统上使用两者之中的一种。该公约强调对共同基础原则的确认，强化了独立担保与备用信用证共同的特点。为了强调对独立担保和备用信用证均可适用一套共同的总规则并克服术语存在的差异，该公约使用了“承保”（undertaking）这一中性词泛指这两种单证。

“就本公约而言，承保是一项独立承诺，在国际惯例中称为独立担保或备用信用证。”这也说明在法律性质上，备用信用证实际上就是保函。美国法律不允许担保公司之外的机构使用保函，美国银行就使用了备用信用证这种形式。美国牵头起草 ISP98 也说明了这一点。

该公约适用于符合承保定义并且符合下述条件的国际承保：担保人/开证人出具该承保的营业地是位于一个缔约国之内，或国际私法规则导致适用某一国的法律，除非该承保排除该公约的适用。即使不符合公约承保定义的一项国际信用证，只要其声明遵守该公约，该公约亦对其适用。

(二) 承保的概念和性质

根据该公约，承保是一项独立承诺（commitment），是银行或其他机构、个人（担保人或开证人）作出，保证当提出见索即付要求时，或随同其他单据提出付款要求，表明或示意因发生了履行义务方面的违约事件或因另一偶发事件，索还借支或垫付款项，或由于委托人/申请人的欠款到期而应作出支付时，即根据承保条款和任何跟单条件向受益人支付一笔确定的或可确定数额的款项。独立保函与备用信用证也是一种有条件的付款承诺，但它并不总是发生付款。各方通常并不希望索偿要求真正提出，开证行的责任是“备用的”。承保的作出，可以是根据担保人/开证人的客户（委托人或申请人）的请求或指示，根据另一银行、机构或个人（指示方）按该指示方的客户（委托人或申请人）的请求而发出的指示，或担保人/开证人自己作出的承保。这表明，该公约中的承保，可以是直接承保，也可以是间接承保。在直接承保中存在开证人、委托人和受益人三方基本当事人；在间接承保中，另外还存在指示方这一基本当事人。

承保具有下列特性：

1. 独立性。

一项承保，在下列情况下即为独立的承保：担保人/开证人对受益人的义务，不取决于任何基础交易的存在或有效性，也不取决于任何其他承保（包括保兑和反担保所涉及的备用信用证或独立担保）；担保人/开证人对受益人的义务，不取决于承保未写明的任何条款或条件，除出示单据以外，也不取决于任何未来不确定的行为或事件，或担保人/开证人业务范围内的另一此类行为或事件。在独立承保中，担保人/开证人扮演的角色是付款人，而不是调查者。

2. 跟单性

作为独立于基础交易的一种附加属性，公约范围内的承保具有一种跟单性质。在面对提出付款要求时，担保人/开证人的义务只限于审查付款要求和佐证单据，核实索款书和所提出的其他单据表面上是否符合独立担保或备用信用证条款的要求。具有非跟单条件的承保不属于该公约的范围。

3. 不可撤销性

承保一经开立即不可撤销，除非承保本身规定是可撤销的。承保在脱离担保人/开证人的控制时即为开立。承保可以以保持完整信息的任何形式开立。自承保开立后，受益人即可据承保的条款和条件作出付款要求，除非承保规定了不同的时间。

4. 付款例外的明示性

该公约明确规定了担保人/开证人对欺诈性或滥用性索款要求可以拒绝付款的情形，以及申请人可以申请法院采取临时救济措施的情形。

（三）受益人的索款要求

任何索款要求都应以规定的形式提出，并符合承保规定的条件和条款。提示应在可提出索款要求的期限内，在承保的开立地向担保人/开证人作出。

受益人据承保的要求付款权在下列情况下终止：担保人/开证人已收到受益人解除责任的声明；受益人与担保人/开证人达成终止承保的协议；承保的数额已经支付（自动恢复的除外）；承保的有效期已过。

承保可以规定，受益人和担保人/开证人可以约定，在要求付款权终止时，向担保人/开证人交回含有承保的文件，或以非纸化形式开立时规定或约定等同于交回文件的功能程序。要求付款权终止后，受益人仍持有该文件并不保留受益人据承保享有的任何权利。

承保可以规定具体的到期日或固定期限的最后一天为到期日。如果到期依赖于非担保人/开证人业务范围外的行为或事件，则担保人/开证人得到该行为或事件发生通知的并出示了承保书内为此目的所规定的单据时为到期，如未规定出示的单据，则在出示了受益人关于该行为或事件发生的证明时，承保到期。如果承保没有规定到期日，或到期所依赖的行为或事件没有为提示的文件所确立，并且没有另外规定到期日，则在承保开立 6 年后到期。

（四）担保人/开证人的审查、付款

担保人/开证人和受益人的权利义务，根据承保书的条款和条件，以及该公约的有关条款来确定。在履行承保中的义务时，担保人/开证人应恪守诚信，谨慎行事，适当注意普遍接受的有关独立保函或备用信用证的国际做法。如不能诚信行事，或存在重大过失，担保人/开证人不能免责。担保人/开证人应审查索款要求和随附单据。在确定单据是否表面上与承保书的条款和条件相符以及单据之间相互相符时，担保人/开证人应适当考虑独立保函或备用信用证的国际适用标准。除非承保书另有规定或当事人另有约定，担保人/开证人应在合理时间内（从收到有关要求和文件次日起不超过 7 个工作日）审查、决定是否付款，如果不付，给予通知。在审查索款要求符合有关要求后，担保人/开证人应立即付款，除非是在延期付款基础上的承保。

（五）付款例外及临时救济措施

该公约特别涉及了欺诈性或滥用性的付款要求以及在此种情况下的司法补救。

下列情况明显而清楚时，担保人/开证人本着诚信办事原则，有权不付款给受益人：任何单据不真或伪造；根据索款要求和佐证单据中所述依据，付款没有到期，并不应作出付款；从承保的类型和目的可断定，该索款要求没有任何可能根据。该规定中对诚信原则的规定，表明它注意到担保人/开证人关心的问题是，保持承保业务作为独立于基础交易的承诺所应有的商业可靠性。

所谓索款要求无任何可能依据，包括下列几种情况：（1）为保护受益人而出具承保书的意外事件或风险毫无疑问地没有发生；（2）法院或仲裁庭已宣布委托人或申请人的基本义务无效，除非承保书表明该情况属于承保的风险范围之内；（3）承保所规定的基本义务已毫无疑问地令受益人满意地得到了履行；（4）受益人的故意不当行为显然妨碍了基本义务的履行；（5）若是根据一项反担保提出索款，反担保的受益人作为与该反担保相关的承保的担保人、开证人，不守诚信地付了款（恶意付款，in bad faith）。

与规定担保人/开证人有权不付款的情况相联系，该公约明确规定委托人或申请人有权请求法院采取临时措施。经委托人、申请人或指示方申请，如果表明上述担保人/开证人有权不付款的情形大有可能（high probability）存在，法院根据立即可得的有力证据（immediately available strong evidence），可以发布临时令，禁止受益人收到支付，或冻结已经付给受益人的承保款项（应考虑不发出这种命令是否会使委托人、申请人受到严重损害）。法院在发布临时令时，可要求有关申请人提供法院视为适当形式的保证。

除存在上述三种拒付理由或利用承保达成犯罪目的之外，法院不得根据任何其他拒付理由发出禁止止付令。但这一规定没有排除法院可以发布临时冻结令的可能性。

上述规定表明，该公约确认对与基础交易有关事实的调查是法院的职责，而不是担保人/开证人的职责。法院采取临时救济措施应满足该公约规定的相应的证据标准。但对于利用承保犯罪，也允许发布临时令阻止付款或冻结收益。从该公约规定看，冻结对象应仅限于支付的承保款项。据此理解，如果受益人已从开立地转走这笔款项，法院似不可以对受益人的其他财产冻结相当于承保款项的数额。

（六）法律的适用

根据该公约，承保的适用法律的确定可以采用两种方式：选择的确定和非选择的确定。承保可以规定适用的法律，或可从承保书的条款和条件中证明法律的选择，担保人/开证人和受益人可以约定法律的选择；在没有选择法律时，承保由担保人/开证人开立承保的营业地所在国的法律支配。

从上述规定看，主债务人的所在地是确定适用法律的标准。这一标准也应是法院管辖的标准。

第四节　出口信用保险

一、出口信用保险的概念

尽管银行信用通常比商业信用可靠，但无论是银行信用还是商业信用，由于政治风险和商业风险等各方面的原因，因而都可能存在信用风险。出口信用保险正是为了防范这一风险而由国家政府设立的一种风险保障机制。国家为了推动本国的出口贸易，为出口商和银行承担由于进口国政治风险和进口商商业风险在出口收汇和出口信贷等业务上可能遭受的损失提供政策性保障。投保企业在遭遇上述危险和实际损失后，出口信用保险机构支付保险赔偿金以补偿企业损失。同时，在投保出口信用保险后，出口企业收汇风险降低，这又为出口企业向商业银行融资提供了方便。

在中国，提供出口信用保险的是中国出口信用保险公司。根据该公司确立的定义，出口信用保险是国家为了推动本国的出口贸易，保障出口企业的收汇安全而制定的一项由国家财政提供保险准备金的非营利性的政策性保险业务。它体现了出口信用保险以保障出口收汇为核心的下述特点：国家性、政策性、非营利性、保障性。出口信用保险业务遵循的基本原则包括：（1）最大诚信原则，即投保人必须如实提供项目情况，不得隐瞒和虚报；（2）风险共担原则，即赔偿比率大多低于百分之百；（3）事先投保原则，即保险必须在实际风险有可能发生之前办妥。

二、出口信用保险承保的风险和类型

出口信用保险公司对被保险人在经营出口业务时面临的来自进口国家或地区的政治风险和买家的商业风险予以承保。政治风险是指被保险人在对外投资和贸易过程中，因保单约定的、债务人所在国（地区）或贷款须经过的第三国或投资目的地的政府行为和订约双方不能控制的事件，使债权人或权益人可能遭受损失的风险，包括禁止或限制汇兑、进口管制、没收、征用、国有化、撤销进口许可证、颁发延期付款令、战争、暴乱或革命等。商业风险是指，在商业信用付款条件下国外买方或在信用证付款条件下国外开证行或保兑行由于出现信用问题致使被保险人发生收汇损失，包括：买方或开证行破产或者无力偿付债务；买方或开证行拖欠货款；买方拒绝接受货物；开证行拒绝承兑。

出口信用保险按出口合同对进口方的信用放账期不同，可分为短期出口信用保险和中长期出口信用保险。一般情况下，短期出口信用保险保障信用期限在 1 年以内的出口收汇风险，本保险保障 1 年期以内，出口商以信用证（L/C）、付款交单（D/P）、承兑交单（D/A）、赊销（OA）方式保障从中国出口或转口的收汇风险。中长期出口信用保险保障信用期限在 1 年至 15 年的出口收汇风险，其旨在鼓励我国出口企业积极参与国际竞争，特别是高科技、高附加值的机电产品和成套设备等资本性货物的出口以及承包海外工程项目，支持银行等金融机构为出口贸易提供信贷融资。

出口企业向中国出口信用保险公司填写投保单，介绍出口企业的情况，并填写投保范围、出口情况、适保范围内的买方清单及其他需要说明的情况。中国出口信用保险公司基于国别风险分析、买方资信调查、买方风险分析与评估来评估买方资信，对每一个单独买方核定最高保险额度，审批有效信用限额。

问题与思考

1. 简述备用信用证的概念及使用范围。
2. 简述保函的种类及作用。
3. 简述见索即付保函的特点。
4. 简述出口信用保险的特点。

第七章

国际技术贸易

本章概要

技术贸易法的主要内容包括知识产权的国际保护和技术转让。技术贸易主要是以知识产权为标的的贸易，与货物贸易有着密切的联系。技术贸易的多种方式体现了这一点。世界贸易组织《与贸易有关的知识产权协定》(TRIPs) 的达成，使知识产权的保护，由知识产权的私权保护转向与贸易政策有关的知识产权保护。《与贸易有关的知识产权协定》确立的知识产权保护规则不同于传统的知识产权公约，使与贸易有关的知识产权保护进入了更高的层次。自由贸易协定扩大和强化了知识产权保护。

关键术语

《知识产权协定》　巴黎公约　伯尔尼公约　罗马公约　集成电路知识产权条约（华盛顿条约）　出租权　集成电路布图设计　未披露信息　排他性的返授条件　阻止对效力的异议　强制性　一揽子许可　地理标志　技术许可　特许经营　独占许可　独家许可　普通许可　最惠受让方条款　限制性贸易做法　know-how

第一节　国际技术贸易概述

一、国际技术贸易的基本概念

(一) 技术

技术贸易是以技术为标的的贸易。技术贸易包括技术买卖和技术许可。

世界知识产权组织于 1977 年对技术的定义是：技术是指制造某一产品、应用某项工艺或提供某项服务的系统知识。这些知识既可表现为某一发明、外观设计、实用新型或植物新品种，也可以表现为技术情报或技能，还可以表现为专家为某一工厂的设计、安装、运营或某一工商企业的管理及其有关活动提供的服务或协助等。世界知识产权组织 2010 年给出的描述有助于我们进一步理解技术的内容：“广义来说，技术系指具有发明和技术秘密形式的科学研究与开发的终端产品，为更好地满足市场需求，这些发明和技术秘密用作创造新的或改进的产品和服务的工具或过程。”①

上述概念并未突出享有知识产权的技术。知识产权是智力创造成果。以是否受知识产权保护为标准，技术可分为受知识产权保护的技术和不受知识产权保护的技术。但随着商业秘密正式成为知识产权保护的对象，在一定程度上，技术就是知识产权。技术贸易就是知识产权贸易。

(二) 技术贸易

与货物贸易不同，技术贸易虽包括技术的买卖（所有权的转让），但主要不是技术买卖，而是技术使用许可。技术贸易方式多样，包括技术的买断、许可，提供技术咨询或服务，特许经营，成套设备或关键设备的买卖，以技术投资的合营，工程承包等。

技术贸易与货物贸易、服务贸易关系密切，彼此的界限越来越模糊。只有初级产品的贸易不涉及技术，成套设备的贸易既是货物贸易，又是技术贸易。提供技术服务或咨询很显然也属于服务贸易的范围。是否归于某一类贸易，主要视该类贸易所占比例而定，是货物贸易比重大、技术贸易比重大，还是服务贸易比重大。

(三) 国际技术贸易

技术贸易的国际性并没有一个统一的标准，不同国家有不同的规定。有的以当事人的营业地或惯常住所地在不同的国家为标准，有的以当事人的国籍为标准。而在涉及法人时，法人国籍的确定又有登记国和资本控制人所属国等不同标准。在涉及跨国公司时问题更复杂。但一般情况下“国际”应作广义上的解释。在贸易只与一个国家有关、不涉及外国因素时，可以认为该贸易为国内贸易。

二、国际技术贸易法

国际技术贸易法是调整超越一国范围的技术贸易关系的法律规范的总和。其调整的法律关系，表现为横向的平等当事人之间的关系和纵向的管理者与被管理者之间的关系。其渊源为国内法、国际条约和惯例。

对技术享有的权利或知识产权本是一种私权，如同其他民事权利一样，当事人可以自由处分。适用于平等主体间的技术合同的法律规范无疑属于国际技术贸易法的范畴。但由于知识产权的垄断性、专有性、排他性，技术贸易的当事人实际上处于不平等的交易地位，技术的许可方可能滥用其优势地位，所以，一些受让方国家对技术贸易进行干预。许可方所在国家为保护其国民或法人的权利，也对交易进行干预。由于技术在发展中的作用越来越大，国家间的技术竞争越来越激烈，技术贸易管制性呈增强趋势，这表现在国际技术贸易法中，有关技术贸易管制的规范占有重要的比例和地位。国际技术贸易的管理规范主要表现为几个方面：第一，以知识产权法保护知识产权，通过赋予发明

① 世界知识产权组织：《交换价值——谈判技术使用许可协议：培训手册》，2010 年，第 15 页。

者以垄断权鼓励发明；第二，通过竞争法阻止对竞争的人为限制，以此来保护知识产权及有关技术，并对违反者进行处罚；第三，通过与国家安全有关的法律制度对技术实施出口管制。涉及国家安全利益的技术，各国对其许可转让实施严格的管制。国际方面亦存在联合管制的安排，如以前的巴黎统筹委员会，现在取而代之的“常规武器和两用物品和技术出口控制瓦瑟纳尔安排”。

第二节 知识产权保护的国际公约

一、世界知识产权组织管理的知识产权公约

世界知识产权组织（WIPO）是根据1967年《建立世界知识产权组织公约》于1970年成立的，1974年成为联合国的一个专门机构。该组织管理或与其他组织共同管理的一系列知识产权公约或协定，确立了知识产权的标准、体系、范围、制度，这些标准、制度等构成了技术贸易的基础。该类知识产权并不直接与贸易有关，其重在解决知识产权的获得、期限、效力及有关的国际合作，是一种静态的知识产权保护，为技术贸易提供权利或财产基础，特别是为国际技术贸易提供基本法律框架。知识产权的地域性以及有关保护的独立保护原则、国民待遇原则、最惠国待遇原则，为国际技术贸易奠定了法律基础。

(一)《保护工业产权巴黎公约》

《保护工业产权巴黎公约》（以下简称《巴黎公约》）于1883年签订，后经多次修订，存在不同的文本，现大多数国家采用的是1967年的斯德哥尔摩修订本。该公约规定了工业产权保护的三项基本原则：国民待遇原则、优先权原则和独立原则。该公约定义的工业产权的保护对象，包括专利、实用新型、外观设计、商标、服务标记、厂商名称、货源标记或原产地名称，以及制止不正当竞争。“工业产权”中的“工业”一词不限于一般意义上的工业，还包括农业、采掘业、商业等。适用《巴黎公约》的国家组成巴黎联盟。

(1) 国民待遇原则。

巴黎联盟成员国的国民，在保护工业产权方面，在该联盟其他国家内，享有该国法律现在或今后可能授予该国国民的保护。这种保护不以在提供保护的国家有住所或营业所为条件。另外，非巴黎联盟成员国的国民，在联盟的一个国家内有住所或真实有效的工商业营业所的，也享有国民待遇。因此，《巴黎公约》以国籍或住所为根据确定是否给予国民待遇。国民待遇原则适用于各国法律授予其国民的一切利益，保护国按本国的法律对外国国民提供保护，根据本国法确定国民待遇水平。这种保护不以互惠为条件。

(2) 优先权原则。

某一特定申请人在向某一成员国提出工业产权正式申请的基础上，可以在特定期限内向其他成员国提出申请（在后申请），向其他成员国提出的在后申请视为在第一个申请

日提出。这样，相对于第一个申请之后、在后申请之前就同一发明或商标提出的其他申请，在后申请享有优先的权利或地位，不丧失新颖性。优先权只能以在巴黎联盟成员国就同一事项所提出的第一次申请为基础。同时，第一个申请的撤回、放弃或驳回，都不破坏该申请作为优先权基础的地位。专利和实用新型的优先权期限为 12 个月，商标和外观设计的优先权期限为 6 个月。

（3）独立原则。

巴黎联盟成员国的国民向某一成员申请的专利权，与在其他成员国或非巴黎公约成员国对同一发明所取得的专利权相互独立。特别是在优先权期限内申请的各项专利，其无效和被剥夺权利的理由以及正常有效期，相互之间无关联。就商标而言，同一商标在不同国家所受的保护是相互独立的，申请和注册商标的条件，由各成员国的本国法确定。

《巴黎公约》对于专利权人不实施或不充分实施其专利规定了强制许可原则，国家可以通过法律强制实施该专利。《巴黎公约》同时规定了对驰名商标的保护。成员国有义务拒绝或取消注册并禁止使用易于与另一个早已在该成员国驰名的商标产生混淆的商标。商标在成员国是否驰名应由其行政主管机关或司法当局决定。某一商标虽没有在某一成员国使用，但在该国已经为人所知的，该商标在该国仍然可能是驰名的。另外，《巴黎公约》还对服务商标和集体商标作了规定。

（二）《保护文学艺术作品伯尔尼公约》

《保护文学艺术作品伯尔尼公约》（以下简称《伯尔尼公约》）于 1886 年订立，是世界上第一部版权公约，历经多次修订，现行文本是 1971 年的巴黎修订文本。《伯尔尼公约》确立了文学艺术作品保护的四项基本原则：国民待遇原则、自动保护原则、独立保护原则和公约特别授予权利原则。该公约规定了受保护作品的范围，确立了作者的专有权利。

（1）国民待遇原则。

就享受该公约保护的作品而论，作者在作品起源国以外的其他缔约国中享有该国法律现在给予和今后可能给予其国民的权利。对起源国的界定根据不同标准来确定，可以是作者国籍标准（人身标准）或作品国籍标准。只要作者是成员国国民，或非成员国国民的作品在成员国发表，该成员国即为起源国。对于在保护期不同的成员国发表的作品，保护期最短的成员国为起源国。该公约第 6 条规定了限制性的国民待遇：在成员国内无住所的非成员国的国民，在成员国首次发表作品，若非成员国未能充分保护成员国国民作者的作品，则成员国可以对该作者作品的保护加以限制。这被称为有限的国民待遇或有限互惠。《知识产权协定》认可这种限制性的国民待遇。

（2）自动保护原则。

享有和行使缔约国法律和该公约规定的权利，不需要履行任何手续，也不论作品在起源国是否存在保护。保护国的法律对文学艺术作品自动保护。这是《伯尔尼公约》不同于《世界版权公约》的非常重要的方面。

（3）独立保护原则。

享受和行使文学艺术作品的权利，不依赖于在起源国是否受到保护。除该公约规定外，只有被要求给予保护的国家的法律才能规定保护范围以及为保护作者的权利而向其提供的救济方法。独立保护原则与版权的地域性保护是联系在一起的、一致的。独立保护原则存在某些例外，如保护期限一般不超过起源国规定的保护期限、追续权等。

（4）公约特别授予权利原则。

公约在规定了国民待遇原则和独立保护原则的同时，特别规定了依据公约本身所享有的权利。《伯尔尼公约》保护的文学艺术作品，包括文学、科学和艺术领域内的一切作品，不论其表现形式或方式如何。文学艺术作品的作者享有经济权利和精神权利。作者的经济权利包括复制权、翻译权、公开表演权、广播权、朗诵权、改编权、录制权、电影权、追续权。经济权利的保护期限，一般文学艺术作品为作者有生之年加死后50年。合作作品的版权保护期，按最后死亡的作者计算。

1928年在罗马修订会议上增加了第6条之二，规定了作者的精神权利：作者的精神权利不受作者经济权利的影响，甚至在上述经济权利转让之后，作者仍保有要求其作品表明作者身份的权利，并有权反对对其作品的任何有损其声誉的歪曲、割裂或其他更改或损害行为。作者的精神权利，至少应保留到作者的经济权利期满为止，并由被要求给予保护的国家的本国法所授权的人或机构行使。但在批准或加入公约时国内法不保护精神权利的国家，有权规定对这些权利中的某些权利在作者死后不予保留。为保护精神权利而采取的补救方法由被要求给予保护的国家的法律规定。

（三）《保护表演者、录制者及广播组织罗马公约》

《保护表演者、录制者及广播组织罗马公约》（以下简称《罗马公约》）于1961年订立于罗马，是邻接权保护公约。该公约的保护不改动，也不影响对文学和艺术作品的版权保护。对《罗马公约》的解释不得损害对文学艺术作品的版权保护。该公约要求缔约国必须是《伯尔尼公约》成员国。由于与《伯尔尼公约》的这种关系及成员国之间的这种关系，《罗马公约》有时被称为封闭性的公约。

《罗马公约》给予的保护基本上由各国依其国内立法对本国表演者、录音制品制作者和广播组织给予的国民待遇构成。国民待遇，指被要求给予保护的缔约国的国内法律给予下列待遇：（1）其节目在该国境内表演、广播或首次录制的，身为该国国民的表演者的待遇；（2）其录音制品在该国境内首次录制或首次发行的，身为该国国民的录音制品制作者的待遇；（3）其广播节目从设在该国领土上的发射台发射的，总部设在该国境内的广播组织的待遇。但国民待遇应符合该公约明确保证的最低限度保护，该公约允许的明确例外或保留除外。对于录音制品制作者，可以依据缔约国国民标准、录制标准或发行标准，给予国民待遇。对于广播组织，可以依据总部标准或发射台播放标准，给予国民待遇。对于表演者，可以按照表演标准、录音制品标准或播放标准，给予国民待遇。

《罗马公约》没有明确规定表演者最低限度的权利，该公约向表演者保证的最低限度保护是防止不经其许可而实施某些行为的可能性。公约通过列举需要预先获得表演者同意的某些行为，实际上授予了表演者权利。这些受到限制的行为包括：广播或向公众传播实况表演；录制未曾录制过的表演；复制表演的录制品，但以原始录制未经表演者同意或制作该复制品的目的是该公约或表演者不允许的为限。

唱片制片者有权许可或禁止直接或间接复制他们的唱片。

广播组织有权许可或禁止：(1) 转播他们的广播节目；(2) 录制他们的节目；(3) 复制他们的未经他们许可录制的广播节目，为非法目的复制合法制作的录制品；(4) 在收费的公共场所向公众传播电视节目。该公约第16条第1款 (b) 项规定，成员可以宣告不执行上述第四项。如这样，其他成员无义务对其总部设在上述国家的广播组织给予第四项的权利。这类似《伯尔尼公约》第6条规定的有限互惠或有限国民待遇。《知识产权协定》认可这种待遇。

《罗马公约》规定的最低保护期限是20年，自录制作成、表演举行或广播播出之年年底起计算。

(四)《集成电路知识产权条约》

《集成电路知识产权条约》于1989年5月26日订立于华盛顿，又称《华盛顿条约》。该条约第2条至第8条是实体性条款，第9条至第21条是程序性条款。该条约本身并没有生效。但是《知识产权协定》第35条将该条约的第2条至第7条（第6条第3款除外）及第12条、第16条第3款纳入协定中。

《知识产权协定》基本上采纳了该条约的实体性条款，但排除了第8条和第6条第3款。第8条是关于保护期限的条款，该条规定最低保护期限为8年。《知识产权协定》将这一期限延长为10年。第6条第3款规定了未经权利人同意使用的措施，即非自愿许可或强制性许可的实施。《知识产权协定》排除这一条款，意味着不允许采取强制性许可。在程序性条款方面，《知识产权协定》仅采纳了两个条款，即第12条和第16条第3款。第12条涉及该条约与《巴黎公约》及《伯尔尼公约》的关系，规定该条款不影响任何缔约国根据《巴黎公约》或《伯尔尼公约》承担的义务。第16条第3款规定，对于该条约生效时已经存在的集成电路设计，各缔约方无权对其适用条约，即不得利用该条约对其进行保护，但这一规定不影响该集成电路设计根据其他的国际条约所享有的保护。第16条第3款实质上是不得追溯保护条款。

《集成电路知识产权条约》第3条规定了条约的保护对象。缔约方有义务根据该条约在集成电路方面给予知识产权保护，特别是应采取充分的措施确保防止根据第6条被视为非法的行为，确保在存在这样的行为时给予适当的法律救济。上述义务适用于具有独创性的布图设计，即该布图设计是创作者自己的智力劳动成果，并且在创作时该布图设计在布图设计创作者和集成电路制造者中不是公认的常规设计。

该条约第4条规定了保护的法律形式。缔约方可以自由决定通过特别法或有关版权、专利、实用新型、工业设计、不正当竞争的法律或任何其他法律，实施根据《华盛顿条约》承担的义务。

该条约第5条确立了国民待遇原则。在遵循确保对集成电路设计提供知识产权保护的义务的前提下，对其他缔约方国民或在其他缔约方有住所的人，对在其他缔约方有真实、有效的营业所并创作设计或生产集成电路的法人或自然人，每一缔约方给予与本国国民一样的待遇。但在指定代理人或指定送达地址方面，或对外国人适用的相关法院程序的特殊规则方面，可以不遵循国民待遇。

该条约第 6 条规定了保护范围。该条约没有直接规定布图设计创作人的专有权，这一权利是通过确定未经其许可的行为非法而确立的。根据条约，没有权利人许可而从事的下列行为是非法的：复制；为商业目的进口、销售或经销。缔约方可以自由决定未经权利人许可的其他非法行为。但第三人为了个人目的或为了评估、分析、研究或教学的唯一目的，未经权利人允许的复制行为，不为非法；第三人在评估、分析在先设计的基础上，创作了具有独创性的在后设计的，其可以在集成电路中包括在后设计，或对在后设计从事前述评估、分析等行为，而不被视为侵犯了在先设计的权利人的权利。不知或无理由得知其进口、销售或经销的集成电路含有非法复制的集成电路，不为非法。权利人将含有布图设计的集成电路投放市场或同意将其投放市场，可以认为权利用尽。

该条约第 2 条是定义条款，第 7 条是有关登记公开的规定。

(五) 其他条约

除上述国际条约外，还有《专利合作条约》《商标国际注册马德里协定》（以下简称《马德里协定》）、《世界知识产权组织版权条约》和《世界知识产权组织表演和录音制品条约》等。

《专利合作条约》解决了传统的分国别申请专利的问题，确立了国际申请、国际检索和国际公布的制度。申请人根据国际检索和国际初步审查结果，可以向有关国家提出专利申请，由接受其申请的国家决定是否授予专利。世界知识产权组织通过了《专利法条约》这一有关专利申请的程序性条约。该条约可以视为与《专利合作条约》相配套的条约。在与《巴黎公约》的关系上，每一缔约方均应遵守《巴黎公约》中有关专利的规定，该条约的任何内容均不得减损缔约方相互之间依照《巴黎公约》承担的义务。

根据《马德里协定》，在该协定的缔约国国内有真实、有效的工商营业所或住所或国籍（原属国）的自然人或法人，可以提出商标国际注册的申请。商标必须在原属国注册以后，才可以通过原属国商标局以法语向国际局提出国际申请。该申请可以要求优先权日。商标经国际注册后，其效力自动延伸至原属国以外的其他缔约国。申请人可以自主决定其商标在所有其他缔约国或部分缔约国获得保护。国际注册经批准、公布后，被申请要求给予保护的国家可以在 1 年期限内声明拒绝给予保护，但须说明理由。自国际注册之日起 5 年内，国际注册与原属国的国家注册存在依附关系，如在原属国因撤回、放弃、驳回、撤销、宣告无效等失效，则该商标在受国际注册保护的一切国家也丧失保护；5 年后则完全独立。

1989 年签订的《商标国际注册马德里协定议定书》对《马德里协定》作出了一定的修改。但这两个协定是相互独立的，有不同的缔约国。该议定书的主要修改包括：在原属国递交申请但尚未获得国家注册的，也可以提出国际注册；缔约国作出拒绝提供保护的声明的期限延长到 18 个月；国际注册因原属国基本注册被宣告无效而被国际局撤销时，该国际注册可以转成各指定国的国家申请，以国际注册日为申请日；商标国际注册的语言扩大到英语。

1994 年世界知识产权组织通过的《商标法条约》已经生效，主要涉及商标申请、所有权变更、注册及续展的程序性规定，是一项程序性条约。该条约适用于由视觉标志

(visible signs) 构成的商标，但唯有接受立体商标注册的缔约方才有义务将该条约也适用于立体商标；该条约不适用于全息商标（hologram marks）和不含视觉标志的商标，尤其是音响商标（sound marks）和嗅觉商标（olfactory marks）。该条约适用于与商品或服务有关的标志（商品商标或服务商标），或与商品和服务两者有关的标志。但该条约不适用于集体商标、证明商标和保证商标。在该条约与《巴黎公约》的关系上，任何缔约方均应遵守《巴黎公约》中有关商标的条款，各成员应对服务商标进行注册并适用《巴黎公约》中有关商标的条款。

1996 年世界知识产权组织通过了《世界知识产权组织版权条约》（WCT，以下简称《版权条约》）和《世界知识产权组织表演和录音制品条约》（WPPT，以下简称《表演和录音制品条约》），统称因特网条约，都已生效。《版权条约》是《伯尔尼公约》第 20 条意义下的专门协定。该条约可以给予作者更多的权利，但不得减损缔约方根据《伯尔尼公约》承担的义务。除此之外，不得与任何其他条约有任何联系，不得损害其他条约规定的权利、义务。根据该条约，计算机程序按文学作品保护；数据汇编（数据库）本身受到保护，但该保护不延及数据或资料本身，不损害汇编中的数据或资料上已经存在的任何版权；文学、艺术作品的作者享有发行权，享有与发行权独立的出租权，享有向公众传输的权利；摄影作品的保护期与一般作品的保护期相同。缔约方在某些特殊的、不与作品的正常使用相抵触，也不无理地损害作者合法权益的情况下，可以在立法中对作者的权利规定适当的限制或例外。

《表演和录音制品条约》对"表演者""录音制品""录制""录音制作者""发行""广播""向公众传输"分别予以定义。依该条约受保护的受益人，指缔约各方依据该条约的规定给予保护的其他缔约方国民的表演者和录音制品制作者。该条约规定了表演者的精神权利，表演者对其尚未录制的表演的经济权利以及表演者的复制权、发行权、出租权和提供已录制表演的权利。录音制品制作者享有复制权、发行权、出租权、提供录音制品的权利。根据规定，《表演和录音制品条约》的任何内容不得减损缔约方依照《罗马公约》相互承担的义务，该条约提供的保护不得触动、影响或解释为损害对文学、艺术作品版权的保护。该条约不得与任何其他条约有任何关联，也不得损害其他任何条约规定的权利和义务。

2012 年 6 月，世界知识产权组织关于保护音像、表演的外交会议在北京通过了《视听表演北京条约》。该条约对表演者提供了以视听录制品录制的表演方面的保护（1996 年《表演和录音制品条约》未提供这种保护）。该条约的任何内容，均不得减损缔约方相互之间依照《表演和录音制品条约》或依照《罗马公约》已承担的义务。依该条约给予的保护，不得触动或以任何方式影响对文学和艺术作品版权的保护，该条约的任何内容不得被解释为损害此种保护。除与世界知识产权组织《表演和录音制品条约》外，该条约不得与任何其他条约有任何关联，亦不得损害任何其他条约所规定的权利和义务。条约规定了国民待遇原则，精神权利，表演者对其尚未录制的表演的经济权利，表演者的复制权、发行权、出租权，提供已录制表演的权利，广播和向公众传播的权利，以及权利的转让、限制和例外等内容。依该条约给予表演者的保护期，自表演录制之年年终算起，至少持续到 50 年期满为止。

二、《与贸易有关的知识产权协定》

(一)《与贸易有关的知识产权协定》 介绍

世界贸易组织制定的《与贸易有关的知识产权协定》(以下简称《知识产权协定》)是乌拉圭回合谈判中达成的新协议之一。该协定通过在与贸易有关的知识产权领域对成员施加义务，第一次将知识产权纳入世界贸易制度，确立了知识产权国际保护的救济措施，是一项具有开拓性的成果。该协定确立了知识产权与贸易的紧密联系和处理规则。《知识产权协定》将关税与贸易总协定的基本原则纳入该协定。关税与贸易总协定基本原则的理解和适用规则，同样适用于《知识产权协定》。另外，关税与贸易总协定的一般适用和解释方法，也对《知识产权协定》的解释有指导作用。

《知识产权协定》不仅包括该协定文本本身，还通过并入条款并入了原来已有的知识产权公约的规定。《知识产权协定》将这些已有成果纳入自己的规定范围，对所有的成员(无论是否加入上述公约)具有约束力。世界贸易组织对于这些公约的理解和解释，依赖于这些公约原有管理机构即世界知识产权组织的理解和解释。这就使 WTO 协议这一自成一体的制度体系具有依赖性和开放性。同时，《知识产权协定》有选择地并入现有公约，使《知识产权协定》的有关内容相对独立于原公约。

《知识产权协定》确立了一个较高的最低保护标准，其保护范围广，保护期限长，保护程序严格。除基本原则外，《知识产权协定》不仅规定了知识产权的效力、范围和使用标准，更重要的是规定了知识产权的实施义务。后一内容使《知识产权协定》不同于传统的知识产权公约，其对知识产权保护的力度更大、保护更充分，从而强化了各成员对与贸易有关的知识产权的保护义务。《知识产权协定》规定的知识产权存在相应的知识产权例外或限制，同时该协定在最后一条规定了安全例外。

(二)《知识产权协定》 的基本原则

1. 最低保护原则

各成员应履行该协定确立的义务，实施该协定的规定。各成员对于其他成员的国民给予该协定规定的待遇。各成员可以但无义务在其法律中实施比该协定要求更广泛的保护，只要此种保护不违反该协定的规定。各成员有权在其各自的法律制度和实践中确定实施该协定规定的适当方法。

对有关的知识产权，“其他成员的国民”应理解为符合《巴黎公约》《伯尔尼公约》《罗马公约》《华盛顿条约》的保护资格标准的法人或自然人，如同 WTO 全体成员是这些公约的全体成员。《知识产权协定》所指的“国民”一词，对于 WTO 的单独关税区成员，指在该关税区内拥有住所或真实、有效的工商营业机构的自然人或法人。

2. 国民待遇原则

在知识产权保护方面，每一成员给予其他成员国民的待遇，不得低于给予本国国民的待遇。“保护”一词，在国民待遇和最惠国待遇中，包括影响知识产权的效力（availability），取得、维持和实施的事项，以及该协定专门处理的影响知识产权使用的事项。但是，《巴黎公约》《伯尔尼公约》《罗马公约》《华盛顿条约》规定的例外除外。就表演者、录音制品制作者和广播组织而言，国民待遇仅适用于《知识产权协定》规定的权利。“国民”一词的概念，应根据相关公约或协定中的标准确定。鉴于《知识产权协定》规定了最低保护原则，该协定中所要求的国民待遇实际上是最低相同标准基础上的国民待遇。《知识产权协定》认可国民待遇在某些情形下的例外。该协定明确提及《伯尔尼公约》第6条和《罗马公约》第16条第1款（b）项，这些规定含有某种程度上的互惠国民待遇。另外，各成员可以在司法和行政程序方面维持国民待遇例外，但这些例外应为保证遵守与该协定的规定不相抵触的法律和法规所必要，且这种做法的实施不会对贸易构成变相限制。可以看出，知识产权保护方面的国民待遇，与关税与贸易总协定中的国民待遇存在明显不同。

国民待遇以及下文叙述的最惠国待遇，不适用于世界知识产权组织主持缔结的多边协议中有关获得或维持知识产权的程序。

3. 最惠国待遇原则

对于知识产权保护，一成员对任何其他国家国民给予的任何利益、优惠、特权或豁免，应立即无条件地给予所有其他成员的国民。某一成员给予的下列情况下的任何利益、优惠、特权或豁免，可以免于最惠国待遇义务：由一般性司法协助或法律实施的，并非专为保护知识产权的国际协定所产生的；《伯尔尼公约》或《罗马公约》允许的另一国不按国民待遇给予的；该协定未规定的表演者、录音制品制作者以及广播组织的权利；WTO协议生效前已生效的知识产权保护国际协定所产生的，该类协定已经通知与贸易有关的知识产权委员会，且对其他成员的国民不构成任意的或不公平的歧视。

4. 促进经济与社会福利原则

知识产权的保护和实施，应有助于促进技术革新以及技术的转让和传播，有助于技术知识的创造者与使用者相互利益，促进社会、经济福利以及权利义务的平衡。

在制定或修改法律或法规时，各成员可以采用对保护公共健康和营养、促进社会、经济和技术的发展至关重要的公共利益所必需的措施，只要该措施与《知识产权协定》的规定相一致。各成员可以采取适当的措施防止知识产权权利人滥用知识产权，防止不合理限制贸易或对国际技术转让产生不利影响的行为，只要该措施与《知识产权协定》相一致。

(三)《知识产权协定》与纳入公约的关系

《知识产权协定》纳入了《巴黎公约》《伯尔尼公约》《罗马公约》《华盛顿条约》的相关内容。《知识产权协定》第一部分至第四部分（实体部分）的任何规定，不得背离各成员据上述条约可能承担的义务。这表明，《知识产权协定》确立的义务，是建立在上述公约基础之上的，是对已有公约内容和义务的补充与发展。另外，《知识产权协定》对不同公约的纳入是有选择性的，并且对不同公约的纳入方式不同。对于《巴黎公约》《伯尔尼公约》《华盛顿条约》,《知识产权协定》直接纳入了相关条文;而对于《罗马条约》,则采取了转变的方式,没有直接引用条文。

《知识产权协定》纳入上述公约,扩大了上述公约的适用范围,使原先没有加入上述公约的成员受到了相应的约束,使原本没有生效的条约产生了实际的效力。

1. 与《巴黎公约》的关系

《知识产权协定》要求各成员在知识产权标准、知识产权执法以及知识产权的获得及维护方面,遵循《巴黎公约》(1967 年)第 1 条至第 12 条和第 19 条的规定。第 1 条至第 11 条是《巴黎公约》的实体条款,第 12 条是有关国家工业产权专门机构的规定,第 19 条规定了成员相互间签订专门协定的权利。

在商标的保护客体方面,成员可以根据不违背《巴黎公约》的其他理由拒绝商标注册。《巴黎公约》第 6 条之二"驰名商标"比照适用于服务,比照适用于与已注册商标的货物或服务不相类似的货物或服务。对地理标志,各成员应向利害关系方提供法律手段,防止构成《巴黎公约》第 10 条之二范围内的不公平竞争行为的任何使用。

在保证针对《巴黎公约》第 10 条之二的不公平竞争采取有效保护的过程中,成员应按《知识产权协定》的新规定保护未披露信息和向政府或其代理机构提交的数据。

2. 与《伯尔尼公约》和《罗马公约》的关系

各成员应遵守《伯尔尼公约》第 1 条至第 21 条及其附件的规定(实体规定)。但是各成员不享有《伯尔尼公约》第 6 条之二授予或引申的权利,即精神权利。因而,《知识产权协定》没有规定文学艺术作品的精神权利。

《知识产权协定》第 14 条第 1 款、第 2 款和第 3 款授予表演者、录音制品制作者和广播组织相应权利,在《罗马条约》允许的限度内,各成员可对这些权利规定条件、限制、例外和保留。《伯尔尼公约》第 18 条规定的"追溯保护"比照适用于表演者和录音制品制作者的权利。与纳入的其他公约不同,《知识产权协定》没有直接纳入《罗马条约》的具体条款,而只是转述了该条约第 7 条、第 10 条和第 13 条的相关规定,《罗马条约》的许多实体规定并没有被纳入《知识产权协定》中。

3. 与《华盛顿条约》的关系

各成员同意依照《华盛顿条约》第 2 条至第 7 条(第 6 条第 3 款除外)及第 12 条和第 16 条第 3 款的规定,对集成电路布图设计提供保护。

(四)《知识产权协定》规定的知识产权保护标准

1. 版权与相关权利

《知识产权协定》规定各成员遵守《伯尔尼公约》1971 年文本中的实体规定(第 1 条到第 21 条)及附录。但是对于《伯尔尼公约》规定的精神权利(署名权和保护作品完整权)或由此派生的权利,各成员不享有权利或承担义务。该协定明确版权保护延及表达(expressions)而不延及思想、工艺(procedures)、操作方法或数学概念之类。

计算机程序作为文学作品予以保护,纳入版权保护范围。数据或其他资料汇编,只要其内容的选取或编排构成智力创作,应作为智力成果予以保护。该保护不延及数据或资料本身，不得损害数据或资料本身已有的版权。

2. 商标

《知识产权协定》扩大了可构成商标的客体范围。任何标记或标记组合，只要能够将某一企业的商品或服务区别于其他企业的商品和服务，即可构成商标。此类标记，特别是文字（包括人名）、字母、数字、图案和色彩组合，以及这些标记的组合，都可以注册为商标。如标记本身不能区别相关的货物或服务，可以根据使用获得的识别性（distinctiveness）注册。成员可以标记能够为视觉感知作为注册的一个条件。商标所适用的货物或服务的性质，在任何情况下，都不得成为注册商标的障碍。商标首次注册的保护期和续展注册的保护期均不得少于 7 年。商标的注册可以无限期续展。

3. 地理标志

《知识产权协定》对地理标志在《巴黎公约》的基础上作了进一步的规定。所谓地理标志（geographical indication），指识别货物产自某一成员境内或该境内的某一地区或地方的标记，货物的特定品质、信誉或其他特征主要归因于该地理来源。当货物的品质、信誉或其他特征基本上归因于货物的地理产地时，货物的品质、信誉或其他特征本身即构成地理标志的依据。

4. 工业设计

对于独立创造的具有新颖性或原创性的工业设计（工业品外观设计，industrial designs），各成员均应提供保护。如果某设计与已知设计或已知设计特征的组合没有根本性不同，可以认定没有新颖性或原创性。各成员可以规定，对工业设计的保护不延及主要考虑技术或功能的设计。各成员可通过外观设计法或版权法履行这一义务。受保护的工业设计的所有权人，有权制止第三方未经其同意，为商业目的生产、销售或进口带有或含有复制或实质性复制的受保护设计的物品。对工业设计的保护期限至少为 10 年。

5. 专利

《巴黎公约》构成了专利国际保护的基础。《知识产权协定》扩大了专利的保护范围，扩大了权利人的权利，规定了对权利人权利的限制，并对方法专利的举证责任给予特别的规定。对专利撤销或无效的决定确立了司法审查制度。专利权的保护期限自申请之日起不低于 20 年。专利权人对于专利产品，享有制止第三方未经其同意进行制造、使用、许诺销售、销售或为这些目的进口该产品的行为的专有权。专利权人许诺销售权和进口权为新增权项。对于专利方法，专利权人有权制止第三人未经其同意使用该方法的行为以及下列行为：使用、许诺销售、销售或为这些目的进口至少以该方法直接获得的产品。专利权人有权转让专利，通过继承转移专利，并有权签订许可合同。

6. 集成电路布图设计

各成员应根据《知识产权协定》引用的《华盛顿条约》的相关条款保护集成电路的布图设计（layout-designs of integrated circuits）。此外，《知识产权协定》还增加了补充性规定。未经权利人许可，下列行为非法：为商业目的进口、销售或以其他方式分销受保护的布图设计、含有受保护布图设计的集成电路，或者含有上述集成电路的物品（继续含有非法复制的布图设计)。但对于含有非法复制的布图设计的集成电路或含有该集成电路的物品,如果从事上述行为的人或命令从事上述行为的人,在获得集成电路或含有集成电路的物品时,实际不知并且也无合理理由知道包括了非法复制的布图设计,则不得认定这些行为非法。在收到布图设计是非法复制的充分通知后,该人员可对现有存货或在此之前的订货实施此类行为,但须向权利人支付一笔费用,数额相当于根据自由达成的许可使用该布图设计应支付的合理使用费(royalty)。对布图设计的保护期不得少于10年,自申请之日或在世界上任何地方首次进入商业利用之日起计算。在不要求注册作为保护条件的成员中,布图设计的保护期限自在世界任何地方首次商业利用之日起不得少于10年。但任何成员可以规定在布图设计创作15年后不予保护。

7. 未披露信息

《知识产权协定》要求对未披露信息(undisclosed information)(商业秘密、专有技术)进行保护。受保护的信息必须符合下述条件:秘密的;因秘密而具有商业价值;合法控制人采取了合理的保护措施。秘密,指信息作为一个整体或作为各部分的精确排列和组合,尚不为通常处理有关信息范围内的人普遍了解或不易为他们获得。对于符合上述条件的信息,自然人和法人应有可能阻止其合法控制的信息未经其同意,以违反诚实商业做法的方式,向他人披露、被他人取得或使用。违反诚实商业做法的方式,包括违约、泄密、违约诱导,并包括第三人取得未披露信息,而该第三人已知或有重大过失而使未知信息的取得违反诚实商业做法。该协定并没有要求将未披露信息视为一种财产对待,而只是要求合法控制人能够阻止上述行为。

8. 协议许可中反竞争行为的控制

《知识产权协定》承认与知识产权有关的限制竞争的许可做法或条件可能对贸易产生不利影响,阻碍技术的转让和传播。该协定规定,其任何规定都不阻止成员在其立法中具体规定在特定情况中可能构成滥用知识产权、对相关市场内的竞争有不利影响的许可做法或条件。成员可以采取与《知识产权协定》的其他条款一致的适当措施,阻止或控制这种做法,这些做法可包括排他性的返授条件、阻止对效力的异议、强制性一揽子许可等。

(五) 知识产权的实施

《知识产权协定》与以前的知识产权公约的根本不同,在于其实施与执行条款的规定。《知识产权协定》提供了完整的知识产权实施框架和制度。

1. 一般义务

《知识产权协定》要求各成员在国内法中规定知识产权的实施程序。这些程序的实施方法,应避免对合法贸易造成障碍,同时防止滥用程序。实施程序应公平、公正,不应过于复杂,费用不应过高,不应设定不合理的时效或无道理的拖延。案件裁决,最好采用书面形式,并应说明判决的理由。案件判决至少应及时送达诉讼当事人。案件应仅基于当事人应有机会听证的证据作出裁决。对终局的行政决定,以及对司法机构的初审判决中的法律问题(符合国内司法管辖权的规定),诉讼当事人应有机会要求司法机构进行审查。但对于刑事案件中的无罪判决，成员无义务提供审查的机会。《知识产权协定》规定的知识产权的实施义务，并不产生与一般法律实施制度不同的义务，也不影响各成员实施一般法律的能力。其任何规定，在知识产权执法与一般法律执法的资源分配方面，不设定任何义务。

2. 民事和行政程序及救济

（1）公平、公正程序。在知识产权实施方面，各成员应向权利持有人提供民事司法程序。原、被告双方享有及时获得详细通知的权利。原、被告双方有权由独立律师代表出庭，在强制本人出庭方面程序负担不应过重。各方均有权证明其权利请求，并提供相关证据。

（2）证据。如一方当事人已经提供合理获得的证据，足以支持其诉求，并指明了对方控制的证实其权利请求的相关证据，司法机关在适当的情形下可以要求对方提供此证据。如当事人不允许利用或在合理期限内不提供必要信息，或严重阻碍与实施措施相关的程序，则成员可以授权司法机关，在提供听证机会后，在向其提交信息基础上作出初步的或终局的肯定或否定裁决。

（3）禁令。司法机关有权命令一方当事人停止侵权，特别是在货物结关后立即制止涉及侵权的进口产品进入国内商业渠道。但对当事人知道或有理由知道对受保护对象的交易侵犯知识产权之前获得或订购的受保护对象，成员无义务授予司法机关这种权利。

（4）赔偿费。对于已知或有理由知道自己从事侵权活动的人，司法机关有权责令侵权人向权利持有人支付足以补偿因侵犯知识产权所受损害的赔偿。司法机关还有权责令侵权人支付包括律师费用在内的有关费用。在适当的情况下，即使侵权人不知或没有合理理由知道从事侵权活动，司法机关也可以责令侵权人退还所得利润或支付法定赔偿。

（5）其他补救。为有效制止侵权，在不给予任何补偿的情况下，司法机关有权责令侵权人以避免对权利人造成任何损害的方式，将被认定侵权的货物清除出流通渠道，或只要不违背宪法要求，责令侵权人销毁侵权货物。司法机关还有权在不给予任何补偿的情况下，责令侵权人将主要用于制造侵权货物的材料和工具清除出商业渠道，以便将产生进一步侵权的风险减少到最低限度。在审查这些请求时，应考虑侵权的严重程度与给予的救济的相称性以及第三方的利益。对于冒牌货物，简单地去除非法附着在货物上的商标，除例外情况，并不足以允许这类货物进入商业渠道。各成员可以规定司法当局有权责令侵权人通知权利人生产或经销侵权货物或服务的第三人的身份和经销渠道，除非与侵权的严重程度不相称。

（6）被告的权利保护。这包括两方面：一是申请人滥用程序的赔偿；二是公共当局和官员非善意执法的救济。

3. 临时措施

为了制止知识产权侵权的发生，特别是在阻止货物（包括结关后的进口货物）进入其管辖区域内的商业渠道，为了保存侵权指控的相关证据，司法机关有权责令采取迅速、有效的临时措施。适当时，特别是在任何延迟可能造成权利持有人不能弥补的损害时，或者证据有被销毁的危险时，司法机关在不事先通知的情况下，有权采取临时措施。

为了防止临时措施的滥用，保护被申请人的合法利益，《知识产权协定》规定了相关的保障措施。司法机关有权要求申请人提供合理获得的证据，使司法机关在很大程度上相信申请人是权利持有人，且申请人的权利正受到侵害或侵害威胁；司法机关有权责令申请人提供足以保护被申请人的利益、防止滥用临时措施的保证金或相应的保证。执行临时措施的主管机关可以要求申请人提供认定相关货物的其他必要信息。如临时措施被撤销，或者因申请人的作为或不作为而失效，或者随后认定不存在知识产权侵权或侵权威胁，司法机关可应被申请人要求，责令申请人就这些措施对被申请人造成的任何损害向被申请人提供适当的补偿。

4. 与边境措施相关的特殊要求

《知识产权协定》对在边境采取的保护知识产权的措施作了规定。这些措施主要包括：海关中止放行被怀疑侵权的货物；要求申请人提供保证金；进口商提供保证金；对进口商和货物所有权人赔偿；销毁或处理侵权货物等。

5. 刑事程序

《知识产权协定》要求各成员规定适用刑事程序和处罚，至少将其适用于具有商业规模的、故意假冒商标或盗版的案件。提供的救济可以包括足以起到威慑作用的监禁、罚款，其程度与对同等严重犯罪的救济相一致。适当时，也可以扣押、没收和销毁侵权货物和主要用于犯罪的材料和工具。对于其他知识产权侵权行为，特别是有意并具有商业规模的侵权行为，成员可以规定适用刑事程序和处罚。

第三节 国际技术许可

一、国际技术贸易方式

国际技术贸易方式有多种，具体采取哪种方式须据实际情况确定，主要包括以下几种。

1. 国际技术的买卖（assignment）

在这种情况下，技术所有人的全部权利或独占权利发生转移，形成技术的买断。现实中少有这种情况。这种方式常用于产品使用难于控制的情形，如数量多或成本低，或用于制造产品的技术难于商业化经营的情形。

2. 许可（license）

许可是指一国的技术权利人许可其他人在确定期限内在一国或一定区域内从事权利人的独占权所包括的一项或多项行为（如制造或使用产品，使用方法制造产品）。这是国际技术贸易最常用的方式。

3. 专有技术许可（know-how license）

专有技术不享有类似专利等的法律保护。其许可可能与专利许可合同相互独立，也可能包括在专利许可合同中。许可人可能是专有技术的开发者和持有者。提供者承诺向接受者提供专有技术供接受者使用，可通过有形或无形的方式，如提供文件、数据、图表、照片、缩微胶片、手册，或提供直接指导和培训（技术服务、管理服务）。由于专有技术没有公开，保密是其中的重要问题。谈判前、谈判中、谈判后都要注意采取保密措施。

4. 设备或其他资本货物（capital goods）的买卖和进口

一般来说，设备或其他资本货物含有较多的技术内容。货物的销售通常附带包含技术信息的文件，如安装、操作、维修手册、技术数据。货物的销售有时与许可合同或专有技术合同合在一起。

5. 特许或经销（franchising or distributorship）

这是一种商品与服务的特许或经销制度。一方以其信誉、技术信息和专长与另一方联合投资，直接向消费者销售货物或提供服务。通常基于商标、商号和经营场所的独特装饰或设计，并与某种形式的专有技术联系在一起，如技术信息、技术服务、经营管理服务（生产、推销、维持和管理）。

6. 咨询协议（consultant arrangement）

咨询协议是指为对方计划或实际取得某一特定技术而提供建议或相关服务，包括有关技术的建议、调研、设计。提供咨询方对结果一般不负责任。

7. 交钥匙工程项目（turn-key project）

此即国际工程承包。项目方（发包人）委托工程承包人按约定条件完成整个工程项目，承包人负责项目的设计、施工、设备供应、安装、调试，提供技术培训、质量管理服务，其设计、建设和运营都涉及技术供应或服务。

8. 合营（joint venture）

国际技术贸易可以通过合营的方式进行。合营是以某种特定方式结合资源，制造、生产或销售产品或提供服务，并以某种特定方式共享利润、共担风险。利用合营可以提供发展所需的后续资金或其他资源。一方知识产权独占权的转让（assignment）可以构成向合营公司的出资部分，一方也可以向合营企业授予许可（license）。

9. 兼并（merger & acquisition）

通过兼并拥有希望获得的技术的实体也可以形成技术的转让。

二、国际技术许可合同

（一）概述

许可协议可以从不同方面来理解。一方面，许可协议是指有权阻止其他人利用或使用某种技术（发明、设计、商标等）的人（许可方），同意某一人（被许可方）使用该项技术从而取得费用的协议。另一方面，使用许可协议是将技术中的知识产权使用权由许可人转让给被许可人，以使对方在特定时间和地区，以特定方式，生产、使用和销售包含该技术的产品。换言之，许可人将继续拥有对该技术的知识产权，仅仅授予了对该项技术规定范围内的使用权利。① 有时被许可方对技术的利用还要受许可方对商业利用的限制。国际技术许可是国际技术贸易中使用最为广泛的一种贸易方式，其最大特征是技术使用权的许可，可应用于专利许可、商标许可、版权许可、专有技术许可、特许权许可、形象许可或包含这些内容的混合许可。许可协议具有时间性、地域性、权限性、法律性、有偿性和国际性。

国际技术许可合同的当事人分别是许可方和受让方（被许可方）。按受让方在特定区域内取得的使用权限，可以将许可分为独占许可、独家许可、普通许可三类。

（1）独占许可（exclusive license），也称排他许可。这是被许可方享有最大使用权的一种许可方式。在合同规定的期限内，在合同确定的区域，被许可方对合同项下的技术享有独占或垄断权，许可方或其子公司不得在该区域内使用该技术，也不得将该技术许可给该区域内的第三人。

（2）独家许可（sole license）。在指定区域内，除被许可方外，没有其他的被许可方，但许可方或其子公司可以在该区域内使用该技术。

（3）普通许可（simple or non-exclusive license）。普通许可仅构成技术使用的授权，许可方或任何其他被许可方都可以在该区域内使用该技术。在普通许可的情况下一般含有最惠受让方条款：同一区域内，被许可方享有的条件不低于以后的被许可方享有的条件。

（二）国际技术许可合同的主要条款

不同目的的许可，其合同条款不尽相同。综合起来，可包括下述主要内容。

（1）当事人身份。当事人名称、国籍、法律形式等。

（2）鉴于条款。对许可的目的、愿望、背景进行说明，对解释协议条款提供指导原则。

（3）定义条款。对协议中关键性的、易于引起误解争议的术语进行解释、界定。

（4）标的。对技术或技术产品的确定或确切的描述，包括技术名称、技术范围、技术性能指标及验收标准、技术资料的交付等。

（5）权利许可使用范围。技术权利表现为不同方面，协议应确定具体许可的某一或某几个方面的权利。如专利权有五项权能，被许可方是否取得了全部或部分权利。技术使用或活动范围不同，支付价格不同。

（6）权利利用的充分性。许可方应与被许可方就充分利用许可技术达成一致，包括商标使用、产品质量、生产数量、被许可方对第三人的许可、当地缺乏条件时为满足当地需要的进口、利用许可方的经销渠道等。

（7）地域独占权。包括在何地区从事哪些行为，与第三方的关系，以及对平行进口（灰色市场产品）的规定。对地域范围的规定主要是应与许可方国家的出口控制制度一

① 参见世界知识产权组织：《交换价值——谈判技术使用许可协议培训手册》，19页，2007。

致，保护许可方免于被许可方的进口竞争，保护其他被许可方。这涉及许可方的全球市场安排、销售渠道限制以及与竞争法的关系等问题。

(8) 技术改进。许可方或被许可方的技术改进的取得或使用，是否相互免费使用，向第三人许可利益的共享、方式和数额，技术的专利申请权等。

(9) 保密。在含有专有技术许可的合同中，应存在保密条款，包括保密措施、期限、范围、侵权的结果。保密义务在下列情况下存在例外：非违约原因导致技术向公众公开，在披露之前已为受让方占有，第三方未加保密地向受让方披露，受让方独立开发，司法程序或其他法律要求披露。

(10) 保证与免责。一般许可方应提供两方面的担保，即权利担保和技术担保。许可方对技术拥有所有权或许可权，该技术应不侵犯第三者的权利；技术使用、操作及其结果应符合约定的标准，技术符合被许可方的法律要求（如环境要求、水平要求）。一般许可方的担保责任限于许可方控制抗辩和解决的权利要求，且被许可方及时通知、同意提供必要的帮助，许可方一般不担保非许可方提供的改进技术或其他技术。

(11) 救济和责任限制。包括替换、修补或支付，赔偿损失。

(12) 限制性贸易条款。许可方对被许可方使用技术的限制条款（有关内容见下一节）。

(13) 价格与支付（具体内容见下述许可费用部分）。

(14) 其他条款。包括税收、生效、终止、延长、法律适用、争议解决等。发展中国家一般规定合同在国家有关机关批准时生效。协议应对许可期限和终止作出规定，包括延期、终止条件、终止后的权利和义务。在知识产权许可时，许可期限应符合知识产权权利期限。

(三) 国际技术许可中的许可费用

有关许可费用，即技术的价格与支付，是许可合同中的主要条款，主要包括支付方式、时间、币种等。许可费用可以采取直接的货币支付方式，包括两种方法：一种是采取总付方式（lump-sum payment），一次性地事先计算许可费用，分一次或几次付清。该方法与技术的运行效果没有联系。另一种方法是采取提成费的方式（royalties），事后计算、按期支付，以经济上的使用或效果（产品、服务量、销售额、利润）为基数。一般情况下先预付一定的数额，称之为入门费（initial payment）。

许可费用也可以采取间接的和非货币的补偿方式。一般可采取下述几种收益方式：(1) 有关经营收入。包括许可方代表被许可方通过许可方的经销渠道销售产品的佣金，独占购买协议下向被许可方销售产品的收入，向被许可方销售完成营销计划的有关产品的收入，向被许可方销售原料、中间商品、零部件或机械出租等的收入。(2) 分红。常见于许可方对被许可方的企业有资金投入或双方设立合营企业的情况。这涉及分红与提成，二者成反比关系，一般根据参与的程度、财政和税收因素确定，应符合当地法律要求（包括母子公司、子子公司价格转移、双方间的利益、对许可的有效监督、提供原料或中间品的比例）。(3) 费用转移和分摊。(4) 技术信息的回馈（构成了一种收入）。(5) 市场资料的获得（有助于许可方在其他地区的销售）。

三、特许经营协议

（一）特许经营的概念和特征

特许经营（franchising arrangements），是指开发特定商业制度的特许方（franchisor）允许另一人（被特许方，franchisee）根据特许方规定的条件使用该制度，被特许方向特许方支付费用的经营制度。被特许方根据特许方建立和监督的标准和做法进行经营，并持续获得特许方的帮助和支持。在这一经营期间，特许关系继续存在。特许安排与“特许制度”有关，该制度是既包括知识产权，也包括其他权利和知识的，用于提供货物或服务的一揽子安排。

特许经营的主要特征包括：

（1）许可使用已建立的制度。特许经营的核心和本质是制度许可。特许方建立了行之有效的经营制度，并获得了一定的商誉。根据许可协议，特许方许可被特许方利用其特许制度。该制度包括一系列的内容，例如特许方的知识产权、商业和技术方法、管理知识等；除商标外，还包括商号。这是特许经营许可协议的一个重要方面。特许经营协议主要包括知识产权许可，但不限于知识产权许可。

（2）特许方与被特许方在法律上是相互独立的企业，相互之间是一种合同关系。特许经营不以特许方对被特许方投资为构成要件。特许方可以自己经营直营店，直营店不是特许经营店。除投资关系不同外，直营店与特许店一样，应遵循统一的经营制度要求。

（3）特许方与被特许方之间存在密切的控制、管理关系。这一特点使特许经营区别于一般的连锁经营、专卖店。特许经营是介于经销和代理中间的一种经营方式，被特许方在经营管理上受到特许方的控制。特许方有权规定经营方式，不仅监督知识产权的使用，还管理经营，制定实施特许制度的根本方法。特许方对被特许方的影响远大于一般许可。特许方对被特许方进行管理指导，既是特许方的权利，也是特许方的义务。管理、控制关系被认为是判断特许经营协议的重要因素。

（4）特许方与被特许方之间不断进行持续的互动关系。在整个许可期限内，双方互相依赖，每一方的收益都依赖于双方的共同努力。被特许方的成功更依赖于特许方开发盈利制度的能力，以适当方式培训被特许方的能力，依赖于特许方改善和促进制度的能力，以及监督、帮助被特许方的能力。而特许方的成功则依赖于被特许方的经营努力。这一特点使特许经营区别于一般的知识产权许可，后者一般是一次性的。

（二）特许经营协议条款

特许经营协议条款主要包括双方各自的权利、义务及共同安排三大方面。

（1）特许方的权利和义务。主要包括信息披露、提供经营手册、进行经营培训、开办帮助、持续支持等。由于特许方与被特许方的实际地位并不平等，这些义务对于特许经营来说非常重要。

（2）被特许方的义务。包括开发计划、费用支付、遵守质量控制要求、遵守经营模式、保密等。由于特许方与被特许方在法律上是相互独立的企业，特许协议一般要求被特许方自己投保相关保险及对第三者责任险。

（3）其他规定。包括独占、期限、原料及设备供应、违约、终止时各方的权利和义务、协议的转让、协议的续签等。

经营区域和权利范围是一般许可协议的构成要素，特许经营协议也不例外。这也涉及特许方、被特许方之间的关系以及被特许方之间的相互关系。一般来说，被特许方相互之间无合同意义上的权利义务关系。例如，如果某一被特许方与另一被特许方进行不正当竞争，通常需要特许方来解决。

特许协议终止时对特许方与被特许方的权利义务关系的处理非常重要。由于其持续性和互动性特征，被特许方可能对特许方的成功贡献很大，在一定区域内促进了特许方经营和商誉的发展。如果协议终止时直接剥夺被特许方的续签权或续签优先权，有显失公平之嫌。一些国家立法对此进行干预。

（三）特许经营协议的管理

虽然特许经营协议本质上是一种合同关系、许可关系，但各国对特许经营协议的管理理念很不相同，因此，管理手段也呈现出差别。

第一种认识认为，既然特许方与被特许方之间是一种合同关系，根据意思自治原则，国家不应对此进行干预，特许方与被特许方之间的权利、义务由他们自己协商确定。第二种认识则认为，虽然特许方与被特许方之间是合同关系，但二者的实际地位是不平等的，特许方可能滥用其地位，损害被特许方的利益，因此有必要通过法律的形式对这种关系进行调整和规范。第三种认识则重在市场竞争，从社会的角度对二者之间的关系进行调整。

与上述认识相对应，对于特许经营协议或特许方与被特许方之间的关系，目前国际上存在三种管理模式。第一种为通过信息披露要求来调整特许方与被特许方之间的关系，主要防止特许方的欺诈。这种模式要求特许方在签订特许协议之前，应向被特许方披露相关信息，例如特许方的投资情况、经营情况、对特许制度的描述、现有被特许方的经营情况、是否存在欺诈性刑事犯罪、是否处于破产程序等。该模式被称为披露法，以美国联邦政府采取的措施为代表。第二种为直接规范特许方与被特许方之间的权利义务关系，特别是对协议终止或续签时双方权利、义务的规范，借此保护处于弱势的被特许人的利益。该模式被称为关系法，一些国家和美国某些州采取此方法。第三种为从市场竞争角度，通过竞争法则规范特许方与被特许方的关系，关注特许经营协议中是否含有严重限制竞争的条款。该模式被称为竞争法，以欧盟为代表。

第四节 国际技术贸易管理

一、技术贸易管制的原因和模式

随着全球经济一体化程度的加深、各国市场的更加开放，特别是世界贸易组织成立以后，世界各国对货物贸易的管制呈现出越来越松的趋势。不过这一趋势没有出现在技术贸易上。无论是技术出口国家还是技术进口国家，都依然对国际技术贸易实施着较强的国家管制。尽管各国管制的原因不尽相同，程度也不尽一致，但国家对技术贸易实施比对货物贸易严格的管制是一个不争的事实。

技术是先进生产力的代表。新技术的创造、传播和消化，能够极大地改变一个地区、一个国家甚至整个世界的面貌，导致世界科技、经济和军事力量的变化。在世界发展不平衡、国家和地区冲突此起彼伏的背景下，技术具有一般货物所不能比拟的威力。技术就是点金术，谁控制了它，谁就有了点石成金的魔力。

对技术贸易的管制，首先是国家安全的要求。为了防止技术的输出增加对手或潜在对手的力量，技术优势国家总是禁止或限制关键技术的输出，对技术输出实施严格的管制审批制度。同时，为了防止类似核武器扩散，加剧整个世界的不安全，国际社会、相关国家加强了对核技术出口的管制。其他类似军民两用技术的出口也受到管制。

保证国家经济安全，也是技术贸易管制的重要原因。保障国家经济安全、健康地发展，保障国内产业在全球市场中的竞争力，技术是关键。有了先进的技术，落后国家可以缩短与先进国家的差距，甚至在某些方面赶超它们。技术优势国家不愿意看到自己被他国赶超，技术劣势国家努力防止自己的产业及国家经济因接受技术而受控。不同发展水平的国家，都根据自己的实际情况对技术贸易采取控制政策。

以知识产权为代表的技术，具有一定范围的垄断权或专有权。防止权利的滥用、防止技术贸易中存在的限制竞争情形，是技术贸易管制的又一原因。不受约束、限制竞争的技术权利可能导致社会成为一潭死水。对此，有必要从社会经济发展、技术进步的角度，对技术贸易进行规范。

如何实现技术出让方和受让方的具体权利、义务的平衡，是许多国家特别是发展中国家技术贸易管制的考虑因素。尽管这是对技术贸易当事方关系这一微观经济的调整，但它反映了国家的技术贸易政策，既保护技术受让方的利益，也保护国家的利益，避免技术出让方可能滥用权利、损害受让方利益。

上述这些因素，或单独，或一起，构成了技术贸易管制的动因。与这些考虑因素相联系，对技术贸易的管制，从法律制度和规范的角度看，主要有三种类型：第一，国家安全意义上的管制制度，此类制度以美国出口管理法为代表；第二，经济意义上的管制制度，此类制度以欧盟竞争法为代表；第三，民事意义上的管制制度，此类制度以合同管理为代表。各类制度之间有时并非泾渭分明。例如，我国的技术进出口管理制度不同程度地带有第一类制度和第三类制度的特征。限制性商业做法则融合了第二类制度和第三类制度的因素。

无论哪一类管制制度，其实施和运行都需要一系列规则的配合和补充。国家和国家之间在不同领域存在一定程度的合作。因而，从国际公约或协定到国内法律，从立法到规章，或审批或许可，或事前控制或事后监督，形成了形形色色的国际技术贸易管制制度。

二、我国对技术进出口的管理

1994年《对外贸易法》以基本法律的形式，确立了技术进出口管理的基本原则。2004年修订的《对外贸易法》，除继续对技术进出口管理作出规定外，还增加了与对外贸易有关的知识产权保护的相关内容。这使《对外贸易法》确立的技术贸易管理制度具有了多重性。

根据《对外贸易法》的规定，国家准许技术自由进出口，国家法律、行政法规另有规定的除外。在一定的情况下，国家可以限制或禁止技术进出口。对限制进出口的技术，实行许可证管理。国家制定、调整并公布限制或禁止进出口的技术目录，必要时也可以临时决定限制或禁止技术目录以外的技术进出口。为维护国家安全、社会公共利益或公共道德，保护人类及动植物的生命与健康，保护环境，保护自然资源，维护市场秩序，加快产业发展，履行国际义务等原因，国家可以禁止或限制技术进出口。

根据《对外贸易法》的规定，知识产权权利人阻止被许可人对许可合同中的知识产权的有效性提出质疑，进行强制性一揽子许可，在许可合同中规定排他性返授条件，并危害对外贸易公平竞争秩序的，国家外贸主管部门可以采取必要的措施，消除危害。

2019年通过的《外商投资法》第22条规定："国家保护外国投资者和外商投资企业的知识产权，保护知识产权权利人和相关权利人的合法权益；对知识产权侵权行为，严格依法追究法律责任。国家鼓励在外商投资过程中基于自愿原则和商业规则开展技术合作。技术合作的条件由投资各方遵循公平原则平等协商确定。行政机关及其工作人员不得利用行政手段强制转让技术。"几乎同时，国务院根据《外商投资法》修订了2001年颁布的《技术进出口管理条例》。2019年的修订删除了"技术引进合同的受让人按照合同约定使用让与人提供的技术，侵害他人合法权益的，由让与人承担责任"，删除了"在技术进口合同有效期内，改进技术的成果属于改进方"的要求，删除了技术进口合同中不得含有某些限制性条款的要求。2019年的修订代表了技术转让管理政策的一种重大转变。2020年《技术进出口管理条例》再次修订。

依《技术进出口管理条例》的规定，技术进出口，是指从中华人民共和国境外向中华人民共和国境内，或者从中华人民共和国境内向中华人民共和国境外，通过贸易、投资或者经济技术合作的方式转移技术的行为。这些行为包括专利权转让、专利申请权转让、专利实施许可、技术秘密转让、技术服务和其他方式的技术转移。1996年对外贸易经济合作部曾发布《技术引进和设备进口贸易工作管理暂行办法》规定的技术引进和设备进口贸易的范围更广，包括：（1）专利的许可或转让；（2）专有技术的许可或转让；（3）计算机软件的进口；（4）含有上述（1）（2）内容的商标许可或转让；（5）技术咨询；（6）技术服务；（7）合作设计、合作研究、合作开发；（8）合作生产；（9）成套设备及生产线进口；（10）关键设备进口。这些方式可以帮助理解《技术进出口管理条例》中"其他方式的技术转移"这一概念。2009年商务部颁布《技术进出口合同登记管理办法》，这一登记管理办法未及时根据《技术进出口管理条例》进行修改。

2020年全国人大常委会通过《出口管制法》，确立了我国出口管制的专门法律制度和管理制度。该法也适用于技术贸易、特别是技术出口。依该法规定，该法适用于国家对两用物项、军品、核以及其他与维护国家安全和利益、履行防扩散等国际义务相关的货物、技术、服务等物项（以下统称管制物项）的出口管制；管制物项，包括物项相关的技术资料等数据。该法第 4 条明确规定，国家实行统一的出口管制制度，通过制定管制清单、名录或者目录（以下统称管制清单）、实施出口许可等方式进行管理。该法第 13 条规定，国家出口管制管理部门综合考虑下列因素，对出口经营者出口管制物项的申请进行审查，作出准予或者不予许可的决定：（1）国家安全和利益；（2）国际义务和对外承诺；（3）出口类型；（4）管制物项敏感程度；（5）出口目的国家或者地区；（6）最终用户和最终用途；（7）出口经营者的相关信用记录；（8）法律、行政法规规定的其他因素。

三、对限制性贸易做法的管理

（一）限制性贸易做法的概念

联合国大会 1980 年通过《管制限制性商业惯例的一套多边协议的公平原则和规则》（以下简称《联合国竞争原则与规则》）[①]，“自此之后一直是唯一国际商定的竞争文书”[②]。迄今为止根据《联合国竞争原则与规则》的规定，限制性贸易做法，指通过滥用或谋取滥用市场力量的支配地位，限制进入市场，或以其他方式不适当地限制竞争，对国际贸易特别是发展中国家的国际贸易及经济发展造成或可能造成不利影响，或者通过企业间的正式或非正式的、书面或非书面的协议以及其他安排，造成同样影响的一切行为。限制性贸易做法存在的范围很广。就国际技术转让或许可来讲，主要表现为对技术受让方的限制。由于限制的原因、程度等不同，并非所有的限制性贸易做法都是法律禁止的。

技术贸易中限制性贸易做法存在的原因是多方面的。第一，许可方为保护其信誉或产品质量、竞争地位。技术许可中，许可方承担保证技术、技术生产的产品合格的义务，这就要求许可方限制可能影响实现这一目的的做法。产品质量低劣直接影响许可方的商誉。同时，如果允许被许可方自由销售产品，则可能影响其他被许可方的权益，也造成许可方的违约，还可能造成不正当竞争。第二，技术贸易标的本身的要求。各国法律对技术本身都有一定的要求，尤其是知识产权的保护。在知识产权保护不充分的被许可方所在国家，对技术贸易标的的保护主要是通过合同进行的，这就使许可方可能对被许可方提出限制性要求。第三，交易双方地位、实力的不平等，许可方利用这一点谋取不正当利益。

各国，尤其是发展中国家，都有管理限制性贸易做法的立法、规定。管理标准和目的是既要保护权利人的权利，又要阻止对竞争的限制，实际上是利益的平衡。但不同国

---

① the Set of Multilaterally Agreed Equitable Principles and Rules for the Control of Restrictive Business Practices (The UN Set), at https://unctad.org/topic/competition-and-consumer-protection/the-united-nations-set-of-principles- on-competition, The United Nations set of principles on competition (The UN Set) | UNCTAD.

② 联合国贸易与发展会议：《〈管制限制性商业惯例的一套多边协议的公平原则和规则〉的执行情况》。

家管理的侧重点可能不同，有的侧重于权利保护，有的侧重于自由竞争。

各国规范限制性贸易做法的立法表现形式不一致，有的国家由竞争法调整，有的国家由反垄断法调整。我国的《反不正当竞争法》和《技术进出口管理条例》都涉及相关内容。我国1985年《技术引进合同管理条例》规定了9种限制性贸易做法，取而代之的《技术进出口管理条例》将限制性贸易做法改为7种，但在2019年修订时被删除了。①

《民法典》第850条将原《合同法》第329条所称的"非法垄断技术、妨碍技术进步或者侵害他人技术成果的技术合同无效"改为"非法垄断技术或者侵害他人技术成果的技术合同无效"，表明立法者对限制性条款的态度倾向于垄断分析和侵权分析方法。最高人民法院于2004年发布、2020年修正的《关于审理技术合同纠纷案件适用法律若干问题的解释》，规定6种情形属于《民法典》第850条"非法垄断技术"的情形：（1）限制当事人一方在合同标的技术基础上进行新的研究开发或者限制其使用所改进的技术，或者双方交换改进技术的条件不对等，包括要求一方将其自行改进的技术无偿提供给对方、非互惠性转让给对方、无偿独占或者共享该改进技术的知识产权；（2）限制当事人一方从其他来源获得与技术提供方类似技术或者与其竞争的技术；（3）阻碍当事人一方根据市场需求，按照合理方式充分实施合同标的技术，包括明显不合理地限制技术接受方实施合同标的技术生产产品或者提供服务的数量、品种、价格、销售渠道和出口市场；（4）要求技术接受方接受并非实施技术必不可少的附带条件，包括购买非必需的技术、原材料、产品、设备、服务以及接收非必需的人员等；（5）不合理地限制技术接受方购买原材料、零部件、产品或者设备等的渠道或者来源；（6）禁止技术接受方对合同标的技术知识产权的有效性提出异议或者对提出异议附加条件。通过对比可以看出，我国《技术进出口管理条例》删除了有关限制性条款，而最高人民法院2020年修正的司法解释保留了原来的条款，可能意味着我国限制性条款管制方式的变化，即从行政审批的事前监管到司法解决的事后监督。

（二）国际对限制性贸易做法的管理

1.《联合国技术转让行为守则草案》

联合国贸易与发展会议在20世纪70年代末到80年代负责起草《联合国技术转让行为守则草案》，其虽然只是一个草案，但对限制性条款提出的规范影响深远。认识比较一致的限制性贸易做法包括：限制受让方从事与供方技术相同的或可能有竞争性的技术的研究或产品的开发；限制受让方从其他供方获得与原供方有竞争可能的技术；限制受让方的销售行为；要求受让方在供方的工业产权保护期满后仍旧支付使用费；期满后的使

① 2011年《技术进出口管理条例》第29条规定，技术进口合同中，不得含有下列限制性条款：（1）要求受让人接受并非技术进口必不可少的附带条件，包括购买非必需的技术、原材料、产品、设备或者服务；（2）要求受让人为专利权有效期限届满或者专利权被宣布无效的技术支付使用费或者承担相关义务；（3）限制受让人改进让与人提供的技术或者限制受让人使用所改进的技术；（4）限制受让人从其他来源获得与让与人提供的技术类似的技术或者与其竞争的技术；（5）不合理地限制受让人购买原材料、零部件、产品或者设备的渠道或者来源；（6）不合理地限制受让人产品的生产数量、品种或者销售价格；（7）不合理地限制受让人利用进口的技术生产产品的出口渠道。该条例采取了灵活的态度，并非一律禁止，需视具体情况而定。

用限制；固定价格；搭卖；限制受让方研究与开发技术；限制受让方雇用本地人员；限制受让方改进供方提供的技术；限制出口；单方回授；限制对效力提出异议。而限制受让方的产量与经营范围，要求受让方达到不能接受的质量控制，要求受让方使用某种商标，要求供方参与企业管理，技术转让合同期限过长，以及限制受让方自由使用技术，都曾作为限制性贸易做法被提出过，但国际社会对此没有达成一致认识。

2. 世界知识产权组织《技术转让合同管理示范法》

世界知识产权组织（WIPO）在 20 世纪 80 年代初制定了《技术转让合同管理示范法》，列出了 17 种限制性商业条款，包括：要求受让方进口在本国能够以相同或更低代价取得的技术；要求受让方支付过高的使用费；搭卖条款；限制受让方选择技术或原材料（为保证质量除外）；限制受让方使用供方无权控制的产品或原料（为保证质量除外）；要求受让方把产品大部分或全部出售给供方或其指定第三方；条件不对等的反馈条款；限制受让方的产量；限制受让方出口（供方享有知识产权地区除外）；要求受让方雇用供方指定的与实施技术无关的人员；限制受让方研究、发展引进技术；限制受让方使用其他人提供的技术；将许可合同范围扩大到与许可目标无关的技术并要求支付使用费；固定产品价格；在受让方或第三方因供方技术受到损害时免除或减轻供方责任；合同期满后限制受让方使用有关技术，以及合同期过长（如超过知识产权的有效期）。

3. 世界贸易组织《知识产权协定》

该协定对合同当事人可能滥用其权利采取限制性贸易做法作了规定。有关知识产权的限制竞争的许可做法或条件可能对贸易产生不利影响，并会妨碍技术的转让和传播。一国可以通过立法，规定特定情况下可能构成对知识产权滥用并对相关市场上的竞争产生不利影响的许可做法或条件。独占性的回授许可、阻止对效力提出异议以及强迫性一揽子许可被明确禁止。

4. 欧盟《技术转让协议条例》

欧盟主要通过竞争法规则来对技术许可协议进行调整和控制。1995 年欧盟将《专利许可条例》和《Know-how 许可条例》修订、合并为《技术转让条例》，对技术转让的权利、义务进行调整，其中包括限制性贸易做法。2004 年 4 月欧盟重新制定了《技术许可协议条例》，调整了对技术许可协议的政策和管理方法，摆脱了列举豁免条款的方法，强调一定市场份额下可以豁免的协议类型，具体规定协议中不应包含的限制或条款，采取了以经济学为基础的分析方法，对竞争者之间的协议和非竞争者之间的协议作了区别。2014 年欧盟制定了新的《技术转让协议条例》，替代到期的 2004 年条例。同年，欧盟委员会发布了《欧盟技术转让协议指南》，实施新条例。①

① COMMISSION REGULATION (EU) No 316/2014 of 21 March 2014 on the application of Article 101 (3) of the Treaty on the Functioning of the European Union to categories of technology transfer agreements (Text with EEA relevance); Communication from the Commission, Guidelines on the application of Article 101 of the Treaty on the Functioning of the European Union to technology transfer agreements, 2014/C 89/03.

课堂讨论案例

美国伊士曼（柯达）公司始创于1880年，是一个生产传统和数码影像产品、医疗影像产品、商业摄影产品、光学元器件和显示器的知名跨国公司。早在1888年，伊士曼公司就已将“Kodak”作为商标使用在照相机上。作为世界知名企业，伊士曼公司在一百五十多个国家和地区注册了将近一千七百件“Kodak”商标或以“Kodak”文字为主体的商标，具有极高的知名度和良好的市场声誉。在中国，伊士曼公司的“Kodak 柯达”商标早在1982年就已在第1类“有机化学品和无机化学品”上核准注册，注册号为154121，在此基础上，伊士曼公司又在第1类、第9类商品上注册了多个“Kodak”商标。作为世界最大的影像产品及相关服务的生产和供应商，伊士曼公司的“Kodak”商标在中外早已成为驰名商标，中国国家工商行政管理局先后于1999年和2000年两次将“Kodak 柯达”商标列入《全国重点商标保护名录》，中国的多家法院、工商执法机关及海关也认定和查处过众多侵犯伊士曼公司“Kodak”商标的侵权行为。

2005年6月，伊士曼公司在城外城家居文化广场、中国第一商城发现其所使用的自动扶梯上带有“Kodak”标识。经调查发现，该电梯由科达电梯公司生产并销售。除电梯产品外，科达电梯公司及其北京分公司、广州分公司还在其企业网站、工厂大门、公司门牌、员工名片、产品介绍、企业宣传资料上使用“Kodak”标识。同时，科达电梯公司及其北京分公司还将“Kodak”商标注册成其网站域名 kodaklift. com. cn 以及 kodak-bj. com，并加以使用。据此，伊士曼公司提起诉讼，控告苏州科达液压电梯有限公司未经授权，在其产品、宣传资料以及公司网站上使用与伊士曼公司“Kodak”注册商标完全相同的商标，并将“Kodak”注册成为其域名，侵犯了伊士曼公司注册商标专用权，损害了伊士曼公司“Kodak”商标的形象，请求法院判令：(1) 科达电梯公司立即停止对“Kodak”商标的全部侵权行为；(2) 科达电梯公司就其侵权行为向伊士曼公司赔偿经济损失50万元（包括伊士曼公司支出的合理费用）；(3) 科达电梯公司就其侵权行为在全国性报刊上刊登启事公开消除影响。

结合教材相关内容，思考下列问题：

(1) 本案中，自动扶梯和影像产品是什么关系？

(2) 工商局的《全国重点商标保护名录》对本案驰名商标的认定有什么影响？

(3) 我国与美国均属《保护工业产权巴黎公约》及世界贸易组织的成员国，对本案处理有影响吗？

问题与思考

1. 如何理解《知识产权协定》与其纳入的公约之间的关系？
2. 如何理解《知识产权协定》中的国民待遇义务？
3. 《知识产权协定》规定了哪些知识产权的实施措施？
4. 在知识产权保护标准上，《知识产权协定》有什么新内容？

5. 如何选择技术贸易的具体方式？
6. 简述一般技术许可与特许经营的关系。
7. 如何理解限制性贸易做法？
8. 国际技术许可合同中被许可方的权利有哪些？
9. 国际技术许可合同应包括哪些条款？

第八章
国际服务贸易

本章概要

《服务贸易总协定》（GATS）确立了服务贸易管理的法律框架。跨境提供、境外消费、商业存在和自然人存在，是服务贸易的四种提供方式。由于无形服务不同于有形货物，货物贸易的管理规则，如关税措施，不适用于服务贸易。最惠国待遇与国民待遇的原则在服务贸易中的适用具有新的特点。市场准入和国民待遇属于世界贸易组织成员的具体承诺范围。

关键术语

GATS 服务　服务贸易　商业存在　境外消费　服务贸易中的国民待遇　具体承诺　市场准入　同类服务和服务提供者

第一节　国际服务贸易概述

一、服务及服务贸易

国际上对服务没有统一的定义。人们一般将服务理解为不能够独立确定所有权的独立实体，不能脱离生产而单独地进行交易，一般是由生产者按照消费者的需要进行的活动。

各国的发展程度不同，服务的相对重要性不同，对服务的认识也不同。在乌拉圭回合谈判中，发达国家将服务定义为除工、农业之外的一切商品化，而发展中国家仅把服务定义为除工、农业外的一切可供交易的活动，即涉及国际贸易的那一部分。有人试图将服务定义为非货物供应，但货物与服务并非在任何情况下都可以分清。另一种服务界定方法是列出具体产业，凡是列出的产业，属于大家已经达成一致认识的服务产业，没有列出的则不属于或现在不认为是服务产业。《服务贸易总协定》采取的即是这种方法。

与货物相比，服务既是一种产出/产品，又是一种经济活动，也是一种经济活动过程。对于绝大多数服务，可以总结出下列共同特征：（1）无形性。与存在具体形态的货物不同，服务最主要的特点是无形性。（2）不能储存性。供应方和消费方的关系具有直接性。服务的提供与消费一般同时进行，提供者和消费者彼此贴近，除非包括在货物中，常表现为同时、同地的特点。(3) 依赖性。服务供应不像货物供应那样确定，依赖于服务供应商或其技能。(4) 政府管理方式不同。政府对服务贸易的管理包括产出管制，也包括过程管制和市场准入管制。

服务贸易一般可理解为服务的提供。国际服务贸易可理解为服务的国际或跨境提供。但由于服务本身的特点，其国际性并不像国际货物贸易那样容易明确。国际货物贸易涉及货物从一国到另一国的物理流动，而国际服务贸易并不必然需要服务产品越过不同国家的实际边境。跨越国境的活动有：资本形式的生产要素的越境流动，如金融、劳工、建筑；消费者的越境流动，如旅游；在供应国开发的服务的越境供应，如通过电话提供信息；有时则需要在进口国建立商业存在或运营，如设立分支机构、附属公司等，这种情况下，在设立机构时涉及跨国，而提供服务时，却是在当地进行。

二、国际服务贸易规则

国际服务贸易法是调整国际服务贸易的法律规范的总和。作为国际经济法的一个分支，国际经济法的基本原则、国际经济法主体理论，对国际服务贸易法都是适用的。在法律渊源上，亦表现为国际条约、国家立法和国际惯例几种形式。世界贸易组织《服务贸易总协定》、《联合国海上货物运输公约》等属于调整国际贸易的国际条约。诸如国际商会《跟单信用证统一惯例》，属于规范国际服务贸易的国际惯例。国际服务贸易的规制相对来说是一个比较新的内容，其国际规则处于初步形成期，因此从渊源和形式上看服务贸易规则主要是通过国家立法制定的。

国际服务贸易法包括服务贸易平等主体之间（服务提供者和消费者）的商事交易规范和国家（国际）或有关组织对服务贸易的管理规范。在商事规范方面，国际上已经取得很大的进展，存在许多调整双方权利、义务的条约、规则、惯例，但总体呈不均衡状态。有一些服务，由于内在的国际性特征，如国际航空、国际运输，已形成国际规则或某种形式的国际、多边或双边公约、规则、协议；有一些服务，形成了初步性的协议，如银行业的巴塞尔协议；还有一些服务，根本不存在国际性的统一协议。

与国际经济法的其他分支相比，国际服务贸易法有这样的特点：第一，作为分支法，出现得比较晚，很长时间内并没有将其独立对待。第二，在结构体系上，缺乏统一框架和体系，不同部门之间发展不平衡，许多是技术性规则。第三，受发展水平的限制，内容不完整，有些部分空泛，缺乏比较详细的规则、规范。第四，由于历史的原因，根据《服务贸易总协定》被划分为服务贸易的部门被置于其他分支法中，如运输、保险、支付通常被放在货物贸易法中，从而导致国际服务贸易法内容的单薄和零碎。第五，地区发展不平衡。在世界贸易组织《服务贸易总协定》制定之前，国际上不存在统一的规范性文件。欧共体一体化的法律建设中，服务贸易是其中的一个内容，《北美自由贸易协定》中也有规范服务贸易的条款，但都局限于地区范围。

早在1951年，经济合作与发展组织（OECD）国家就制定了《无形经营自由化守则》。欧洲一体化的进程包括了服务贸易的内容，但进展不大。另外一些国际组织，如国际海事组织、国际航空运输协会、国际民用航空组织，在国际服务贸易管理方面也曾作出努力。世界贸易组织《服务贸易总协定》的签订和实施，标志着国际服务贸易及国际服务贸易法进入一个新的发展阶段。

第二节 《服务贸易总协定》概况

一、签订背景

世界性服务贸易协定的诞生，出于经济发展水平的进一步提高与美国的大力倡议和积极推动。1974年关税与贸易总协定东京回合谈判时，美国就提出了订立服务协议的建议。1982年关税与贸易总协定部长会议上，美国又提出服务贸易问题。这次部长会议通过了一个折中方案，鼓励对服务贸易有兴趣的缔约方就这一问题进行研究，将研究成果提交下次缔约方全体大会审议。美国1984年制定的《贸易与关税法》将服务贸易与货物贸易并列，授权总统对服务贸易领域的不公平贸易做法使用"301条款"。1988年《综合贸易与竞争法》制定超级"301条款"。同时，发达国家服务贸易的发展和逐步自由化，以及科学技术的发展，使它们极力推动服务贸易的跨国界提供，推动制定服务贸易自由化的全球性规则。国际服务贸易规则伴随着服务贸易的自由化发展起来。在自由贸易区的建立中，已经进行了服务贸易的自由化。含有服务贸易内容的《北美自由贸易协定》，对乌拉圭回合服务贸易协议的谈判和签订，产生了重要影响。

1986年9月发起乌拉圭回合谈判的埃斯特角部长宣言，将服务贸易纳入乌拉圭回合谈判程序，作为与货物贸易谈判不同的谈判议题。经过三个阶段的艰苦谈判，从服务贸易的定义、范围，到服务贸易多边框架原则与规则的提出，最后到提交具体承诺，《服务贸易总协定》终于在1993年12月15日作为整个一揽子的谈判结果获得草签，并于1994年4月15日正式签署，1995年1月1日生效。

二、《服务贸易总协定》的基本框架

《服务贸易总协定》是第一个调整国际服务贸易的多边性、具有法律强制力的规则。其目标是：建立一个国际服务贸易原则和规则的多边框架，在透明和逐步自由化的条件下扩大服务贸易，促进所有贸易伙伴的经济增长和发展中国家的发展；在适当尊重国家政策目标的同时，通过连续回合的谈判，在互利基础上促进所有参加方的利益，并保证权利和义务的总体平衡，以便早日实现服务贸易自由化水平的逐步提高。该协定承认各成员有权对其领土内的服务提供进行管理，并制定新的规章，以实现其国家政策目标；同时认识到不同国家服务法规发展程度存在不平衡，发展中国家更加需要对服务贸易进行管理的权利。该协定期望便利发展中国家，通过加强其国内服务能力、效率和竞争力，使其更多地参与服务贸易和扩大服务出口。

《服务贸易总协定》包括协定本文和附件两大部分。它包括三个层次的规则：主要条

文部分包括一般原则和义务，附件为处理具体部门的规则，各国的具体承诺提供了各自的市场准入情况。这些承诺成为《服务贸易总协定》的一部分。由于谈判中存在的分歧，该协定对空运服务、海运服务、金融服务、电信没有达成实质性规定，而仅仅规定进一步谈判的指导原则。1997 年世界贸易组织达成《基础电信协议》《金融服务协议》。

《服务贸易总协定》本文包括六个部分，分别是范围和定义、一般义务和纪律、具体承诺、逐步自由化、机构条款以及最后条款。就确立的义务来说，前三部分构成了该协定的主要内容。服务贸易总协定是一个框架性协议，各成员根据该协定承担的义务需要通过不断的谈判来具体化。

三、适用范围

《服务贸易总协定》适用于各成员影响服务贸易的措施，不适用于行使政府职能而提供的服务，即不在商业基础上提供、又不与任何服务提供者竞争的服务。《服务贸易总协定》中的最惠国待遇义务、市场准入义务和国民待遇义务，不适用于规范政府机构为政府目的而购买服务的法律、法规或要求。这类购买不是为进行商业转售或为供商业销售而在提供服务过程中使用的。

《服务贸易总协定》意义上的“措施”，指成员的任何措施，不论采取法律、法规、规章、程序、决定、行政行为的形式或任何其他形式。“成员措施”包括成员的中央、地区或地方政府和主管机关采取的措施，以及由中央、地区或地方政府和主管机关授权行使权力的非政府机构采取的措施。《服务贸易总协定》的纪律超越了所有政府一级，包括行使所授权力的非政府机构。“影响服务贸易的措施”，包括下列方面的措施：服务的购买、支付和使用；与服务提供有关的、成员要求向公众普通提供的服务的准入和使用；一成员的人为提供服务在另一成员的存在（包括商业存在）。

根据《服务贸易总协定》给出的定义，“服务”包括任何部门的任何服务，但政府在行使职权时提供的服务除外。“服务提供”包括服务的生产、分销、营销、销售和交付。“商业存在”指任何类型的商业或专业机构，包括为提供服务在成员境内组建、收购或维持法人，或者设立或维持分支机构或代表处。

《服务贸易总协定》从提供服务的方式界定服务贸易。服务贸易是指通过下述四种方式提供的服务。

（1）跨境提供（cross-border supply）：服务从一国境内向其他国境内提供，不需要提供者和消费者的实际流动（服务产品的流动），如通过电话、因特网提供法律意见。这一方式类似于传统的货物贸易。最常见的实例是国际货物运输服务，其他如远程教育、远距离诊断，都是跨境服务的例子。

（2）境外消费（consumption abroad）：服务者在本国境内向来自其他国家的消费者提供服务，消费者移动到服务提供者国家接受服务（消费者的流动），如境外旅游、治病、境外语言学习。境外船舶修理也属于境外消费，因为只有消费者的资产迁往或位于境外，才可以获得这样的服务。

（3）商业存在（commercial presence）：外国实体在内国境内设立附属公司或分支机

构，向在内国的消费者提供服务，即外国服务提供者在其他国境内提供商业服务（在进口国设立机构）。境外商业存在的设立，是确保在生产和交付的各个阶段以及交付之后与处于其本土上的消费者保持密切联系的一种方法，经常是必要的。如外国银行的国外分支机构或附属机构提供的服务，外资医院提供的医疗服务，外资学校提供课程，都是通过商业存在这种方式提供的服务。

(4) 自然人存在（presence of natural persons）：通过自然人的短期移动来提供的服务，即一国的服务提供者在其他国境内以自然人的存在提供的服务（自然人流动），如国际工程承包、出国讲学。自然人存在涉及两种不同的自然人类型：自营人员和雇员。自然人存在只涉及在消费者国家中的非长期就业（一般为 2 至 5 年）。《服务贸易总协定》关于自然人流动的附件规定：该协定不适用于影响自然人进入某一成员国就业市场寻找就业机会的措施，也不适用于有关永久性居民、居所和就业的措施。

通过上述四种方式界定服务贸易是《服务贸易总协定》的一大特点。凡是通过其中任何一种方式提供服务的，都构成《服务贸易总协定》意义上的服务贸易，都属于《服务贸易总协定》的调整范围。

四、 外国服务与外国服务提供者

外国服务在《服务贸易总协定》表述为“另一成员的服务”，它包括两种情况：第一种，指从该成员境内提供的或在该成员境内提供的服务；第二种，在通过商业存在或自然人存在提供服务的情况下，指该成员的服务提供者提供的服务。

与“另一成员的服务”的概念相适应，《服务贸易总协定》对“另一成员的自然人”“另一成员的法人”予以定义。“另一成员的自然人”，指居住在该成员境内或任何其他成员境内的自然人，并且根据该成员的法律，是该成员的国民，或者在该成员境内享有永久居住权。“另一成员的法人”，指（1）根据该国法律设立或以其他方式组成、在该国或任何其他外国境内从事实质性业务活动的法人；（2）在通过商业存在提供服务时，由该国的自然人拥有或控制的法人，或由前述第（1）项定义的法人拥有或控制的法人。一个法人，如果某一成员的人（自然人或法人）实际拥有该法人股权利益的 50%以上，则该法人即为该国人“拥有”；如果某一成员的人（自然人或法人）有权任命该法人的大多数董事或以其他方式合法地指导其活动，则该法人为该国人“控制”。“法人”（juridical person）指根据适用法律正当设立或组建的任何法律实体（legal entity），包括公司、信托（基金）、合伙、合营、独资或联合体；该法律实体是否以营利为目的、是否为政府或私人所有，在所不计。因而，《服务贸易总协定》意义上的法人，其范围远远超出我们通常理解的法人的范围。

服务的国际（跨境）提供，是根据服务提供者或消费者的国籍或永久住所来确定的，在涉及法人的情况下同时使用了控制标准。这对于我们认定外国服务、外国服务提供者具有非常重要的意义，在通过商业存在提供服务的情况下，更是如此。

五、服务贸易的种类

由于服务的多样性与复杂性，《服务贸易总协定》条文本身都没有对服务贸易进行分类。国际上并不存在类似世界海关组织对货物分类的《商品名称及编码协调制度》那样的对服务的分类制度。但很显然，服务部门分类，是成员进行谈判、作出承诺、履行义务的基础条件和前提。1991 年，关税与贸易总协定秘书处编写了一份有关服务部门分类的说明，称为“GNS/W/120 服务部门分类”目录。该分类是根据联合国产品总分类（CPC）暂行本，并由各成员国磋商的结果。该目录明确了国内服务规章所涉及的相关部门和分部门是具体谈判和承诺的基础。因此，该分类目录可以视为是一个谈判目录。

《服务贸易总协定》列出了 12 个部门种类，155 个分类。这 12 个部门种类为：商业服务（包括专业与计算机），通讯服务，建筑与相关工程服务，分销服务，教育服务，环境服务，金融（保险与银行）服务，保健和社会（医疗）服务，旅游及相关服务，娱乐、文化和体育服务，运输服务，以及其他服务。需要说明的是，这 12 个部门分类及更小的分类，与服务贸易的四种方式是不同性质的分类，相互交叉，每一部门都可能存在四种贸易方式，每种贸易方式都可能涉及每一部门。正是这种复杂的关系，造成了《服务贸易总协定》减让表的复杂性。对于任何成员就任何部门或分部门作出的减让，都需要根据四种不同的贸易方式去理解、分析。

对服务部门的分类，仍然处于不断完善中。上述《服务贸易总协定》的分类，其详细程度不足以适应服务贸易的需要，与此相联系，某些具体分类存在不确定性，游离于不同分类之间。这对于履行服务贸易总协定项下的义务（如国民待遇义务），对于服务贸易的进一步谈判（如是否作出承诺）是不利的。国际社会正在为此做进一步的努力。2002 年，联合国、欧洲共同体委员会、国际货币基金组织、经济合作与发展组织、联合国贸易和发展会议、世界贸易组织联合制定、颁布了《国际服务贸易统计手册》。该手册主要用于统计目的，提供一个统一的概念框架。但可以相信，这会有助于世界贸易组织对服务贸易的进一步分类。世界贸易组织服务贸易理事会下设的具体承诺委员会，正在负责有关服务部门和分部门调整的技术性工作。

第三节 《服务贸易总协定》的一般义务

一、最惠国待遇

同国际货物贸易一样，国际服务贸易亦将最惠国待遇原则作为一般原则适用。对于《服务贸易总协定》所包括的任何措施，各成员应立即和无条件地给予任何其他成员的服务和服务提供者不低于其给予任何其他国家同类服务和服务提供者的待遇。

《服务贸易总协定》的最惠国待遇原则，同《关税与贸易总协定》（GATT）第 1 条第 1 款的最惠国待遇原则是一致的。在服务贸易方面，某一成员给予任何国家（不一定是世界贸易组织成员）任何优惠，其他成员都有权利无条件地立即享有。但二者的适用对象是不同的，《服务贸易总协定》的最惠国待遇原则既适用于服务，也适用于服务提供者，而《关税与贸易总协定》的最惠国待遇原则仅适用于货物。在具体的适用范围上，《服务贸易总协定》的最惠国待遇原则在适用上没有任何限制，它适用于《服务贸易总协定》所包括的任何措施，适用于任何其他成员的服务和服务提供者，而《关税与贸易总协定》的最惠国待遇义务仅适用于明确列出的四种情形，且适用于原产自或出口至其他成员的货物。从这一角度看，《服务贸易总协定》的最惠国待遇义务，比《关税与贸易总协定》的最惠国待遇义务范围更广、更严格。

《服务贸易总协定》中的最惠国待遇的适用以服务和服务提供者的同类性为条件。但和《关税与贸易总协定》中最惠国待遇义务适用的产品具有同类性这一条件相比，服务和服务提供者的同类性比较难以确定。

《服务贸易总协定》允许在一定条件下豁免最惠国待遇义务。《服务贸易总协定》规定了两种豁免。一种是该协定生效时的一次性豁免。在谈判时，成员列出最惠国待遇义务例外清单。在协定生效时成员可以豁免列入最惠国待遇豁免附件项下的最惠国待遇义务。另一种是其他情况下的一般豁免。根据《WTO协议》第9条豁免最惠国待遇义务，即在例外的情况下，部长会议可以决定豁免某成员承担的义务，这种决定应经3/4成员的批准。

最惠国待遇义务的规定不妨碍毗邻国家优惠。根据《服务贸易总协定》的规定，不得解释为阻止任何成员相邻国家授予或给予优惠，以便利毗连边境地区的当地生产和消费的服务的交换。《服务贸易总协定》第5条允许通过成员之间的经济一体化安排来实现服务贸易的进一步自由化。该安排构成了最惠国待遇义务的例外。

此外，《服务贸易总协定》中义务的一般例外、安全例外，对最惠国待遇义务都适用。最惠国待遇义务不适用于调整政府服务采购的法律、法规等，此种采购是为政府目的进行的，不是为了商业转售或供商业销售而在提供服务中使用。

二、透明度

除紧急情况外，每一成员应迅速公布有关影响《服务贸易总协定》运作的所有普遍适用的措施，最迟应在此类措施生效时公布。各成员应向世界贸易组织通知《服务贸易总协定》所覆盖的影响服务贸易的所有法律、法规和行政管理措施的具体信息，包括任何修改信息。对任何其他成员就普遍适用的任何措施或国际协定所提出的具体信息的所有要求，各成员应给予迅速答复。各成员还应设立咨询点（inquiry points），向其他成员提供有关信息。但对于若公开将妨碍法律实施、违背公众利益或损害特定公、私企业合法利益的机密资料，不要求公开。

三、国内规制

由于服务的复杂性和无形性，与货物贸易相比，服务贸易更多地受到国内规制的影响。《服务贸易总协定》对国内规制提出了要求：在已经作出具体承诺的部门中，每一成员应保证其所有影响服务贸易的普遍适用的措施以合理、客观和公正的方式实施。在司法、仲裁或行政审判或程序中，应提供客观和公正的审查。在已作出具体承诺的服务中，如提供此种服务需要审批，审批机关应在合理期限内将审批决定通知申请人。对有关资格要求和程序、技术标准和许可要求的各项措施，不构成不必要的服务贸易壁垒；该标准应客观透明，不构成不必要的负担，程序本身不得构成对服务提供的限制。

四、相互承认标准

一般情况下，提供服务的公司和个人需要取得允许其从事业务的证书、许可或其他授权。此类资格要求往往限制了外国服务提供者。为解决这一冲突或障碍，《服务贸易总协定》引进了资格等的相互承认制度。

为使服务提供者获得授权、许可或证明的标准或准则得以全部或部分实施，成员可承认在特定国家已经获得的教育或经历、已满足的要求以及给予的许可或证明。这种通过协调或其他办法实现的承认，可基于有关国家签订的协议或安排，也可自动给予。承认方式不得成为国家间歧视的手段或对服务贸易的变相限制。只要合适，承认应基于多边同意的标准。在适当的情况下，各成员应与有关政府间组织或非政府组织合作，以制定和采用承诺的共同国际标准和准则，以及有关服务行业和职业实务的共同国际标准。

五、垄断和专营服务提供者及其他限制竞争的商业惯例

各成员应确保其境内的任何垄断服务提供者，在相关市场提供垄断服务时，其方式不得违反最惠国待遇义务及作出的具体承诺。

一成员的垄断服务提供者，不论是直接或通过关联公司，在垄断权范围之外且该成员已作出具体承诺的服务提供方面参与竞争时，该成员应确保该提供者在其境内不滥用其垄断地位，不以与具体承诺项下的义务不符的方式行事。

如成员在形式上或事实上授权或设立少数几个服务提供者，且实质上阻止这些服务者在境内的相互竞争，上述规定也适用于此类专营服务提供者。

对于抑制竞争、限制服务贸易的服务贸易提供者的商业惯例，在其他成员的要求下，相关成员应进行磋商，以期取消这样的商业惯例，并提供可获得的有关资料。

六、义务例外

《服务贸易总协定》允许两类义务例外：一般例外和安全例外。一般例外允许成员采取贸易管制措施，但需满足两项要求：第一，该类措施在国家间不应构成武断的或不公正的歧视，或构成对服务贸易的变相限制；第二，该类措施必须用于下述目的：为保护公共道德或维护公共秩序所必需；为保护人类、动物或植物的生命或健康所必需；为确保遵守与协定规定不相抵触的与下述问题相关的法律和法规所必需：防止欺诈和欺骗做法，或处理服务合同违约事项，保护与个人资料处理及传播有关的个人隐私，保护个人

记录和账户秘密，安全问题；为保证对其他成员的服务或服务提供者平等和有效课征或收取直接税的差别待遇；源于该成员受其约束的避免双重征税协议或任何其他国际协议或安排中的避免双重征税的规定的差别待遇。

根据安全例外条款，《服务贸易总协定》不要求任何成员提供其认为公开后会违背其基本安全利益的任何资料，不阻止任何成员为保护其基本安全利益而有必要采取的行动，不阻止任何成员为履行《联合国宪章》下维护国际和平与安全的义务而采取的行动。

第四节 《服务贸易总协定》的具体承诺

一、具体承诺的性质和作用

世界贸易组织成员在特定服务部门、特定服务领域承担的特定义务，是由该成员在谈判时作出的具体承诺决定的。具体承诺在《服务贸易总协定》中以及在服务贸易自由化的进程中起着非常重要的作用。它包括市场准入和国民待遇两大类。《服务贸易总协定》中的一般义务，实质上是以具体承诺为基础的，例如最惠国待遇义务、国内管制方面的义务、垄断方面的义务、保障国际收支方面的义务等。如没有具体承诺，一般义务也无实际意义。其原因在于，与货物贸易不同，服务贸易受到较大的国内管制，成员没有开放服务贸易市场的义务，是否开放服务贸易市场由成员决定。在服务贸易市场没有开放的情况下，其他义务也失去应有的作用。具体承诺是逐步实现《服务贸易总协定》服务贸易自由化目标的必经步骤和具体措施。

每一成员在其减让表中列出了自己作出的具体承诺。具体承诺减让表规定了对外国服务和外国服务提供者的限制，是否给予市场准入、是否给予国民待遇、成员在哪些具体服务部门和事项方面承担具体义务，均依该具体承诺减让表来确定。在该减让表中，每个成员应具体列明下述内容：市场准入的规定、限制和条件；国民待遇的条件和资格；有关附加承诺的承诺；适当情况下，实施这类承诺的时间表；这类承诺的生效日期。

具体承诺如同约束性关税，对作出具体承诺的成员具有约束力，一般不能轻易修改或撤销。只有在承诺生效后 3 年，在发出修改或撤销某一具体承诺意向，并与受影响国家谈判达成补偿协议后，才可以修改或撤销具体承诺。在此类谈判和协议中，有关成员应努力维持互惠承诺的总体水平，不低于谈判前具体承诺减让表中的规定。补偿性调整应在最惠国待遇基础上进行。如不能达成补偿性协议，受修改承诺影响的成员可以提交仲裁。如无成员申请仲裁，则拟修改成员有权实施拟采取的修改；如有成员申请仲裁，则拟修改成员在作出符合仲裁结果的补偿性调整前，不得修改或撤销其承诺；如拟修改成员实施其拟议的修改或未遵循仲裁结果，则任何参加仲裁的受影响成员，可以根据裁决结果对拟修改成员改变或撤销实质上相当的利益。

根据《服务贸易总协定》规定的一般义务，在出现严重的国际收支失衡和对外财政困难或威胁时，成员可以对其已作出具体承诺的服务贸易，包括与该承诺有关的支付和转移，采取或维持限制措施。但该限制不应在成员间造成歧视，应与《国际货币基金协定》的规定相一致，应避免对其他成员的商业、经济和财政利益造成不必要的损害，同时不得超过必要限度。该限制是临时措施并应在情况改善时逐步取消。

二、市场准入

市场准入也即市场开放。根据《服务贸易总协定》，对于通过前述四种服务贸易提供方式的市场准入，每个成员给予其他任何成员的服务和服务提供者的待遇，不得低于其承诺表中所同意和明确规定的条款、限制和条件。就构成具体承诺的市场准入和国民待遇的关系来说，市场准入是国民待遇的基础和前提。如果某一措施既与市场准入不符，也与国民待遇义务不符，则该措施应列入市场准入栏目。在这种情况下，对市场准入的限制也构成对国民待遇义务的限制，从而规定了国民待遇的条件或资格。市场准入不包括政府采购。

在作出具体承诺的部门，除非在承诺减让表中明确规定，成员不得在其部分地区或全境维持或采取下述措施：（1）通过数量配额、垄断和专营服务提供者方式，或通过经济需求测试要求（the requirements of an economic needs test）方式，限制服务提供者的数量；（2）以数量配额或经济需求标准要求的方式，限制服务交易或资产总值；（3）以配额或经济需求标准要求方式，限制服务业务总数或以指定数量单位表示的服务产出总量，但不包括成员限制服务提供投入的措施；（4）以数量配额或经济需求标准要求方式，限制特定服务部门可雇佣自然人总数或服务提供者可雇佣自然人总数，这些自然人为提供特定服务所必需并与之直接相关；（5）限制或要求服务提供者通过特定类型的法律实体或合营企业提供服务的措施；（6）通过限制外国股权最高百分比，或限制单个或总体外国投资总额，限制外国资本的参与。上述 6 种限制越来越多地被纳入自由贸易协定中特别是投资条款中，成为市场准入的一般禁止性条件。这也说明了服务贸易与投资之间的密切联系。

发展中国家利用该协定允许的扩大发展中国家参与的规定，利用上述规定在承诺减让表中对建立商业存在提出了要求，明确注明批准商业存在应以加强国内服务能力的经济需求为条件。其条件通常包括：在合资企业的基础上批准商业存在的建立；不允许外国服务提供者在此类合资企业中占有大部分的股份；董事会成员中应有一定数量的本国人；外国服务提供者应使用适当的先进技术和管理经验；该企业应培训当地雇员并向他们传授技术；可能时应雇佣当地的国内分包人员。

对外国服务和服务提供者提供市场准入，实质上是允许外国服务提供者进行服务的国际投资。这一点在商业存在这种服务方式上体现得最为明显，也可以通过上述对 6 种措施的禁止体现出来。《服务贸易总协定》在市场准入减让表部分特别指出，如成员对通过跨境提供方式提供服务作出市场准入承诺，且如果资本的跨境流动是该服务本身所必需的部分，则该成员由此已经承诺允许此种资本跨境流动；如果成员就通过商业存在方式提供服务作出市场准入承诺，则成员由此已经承诺允许有关资本转移进入其境内。

三、国民待遇

国民待遇义务的性质属于具体承诺。因而，成员不存在给予外国服务及服务提供者的待遇不低于给予本国同类服务及服务提供者的待遇的普遍义务。国民待遇与市场准入存在密切的关系，国民待遇义务是以市场准入为前提的。《服务贸易总协定》的国民待遇义务仅适用于一国作出具体承诺的部门或方面，仅限于列入承诺减让表的部门，并且要遵照其中所列的条件和资格。没有作出承诺的部门，不适用国民待遇。即使在作出承诺的部门中，也允许按所列条件对国民待遇进行限制。

成员在所有影响服务提供的措施方面，给予任何其他成员的服务和服务提供者的待遇不得低于其给予本国同类服务和服务提供者的待遇。但该规定并不要求给予任何其他成员的服务和服务提供者的待遇，在形式上与给予本国同类服务和服务提供者的待遇相同。无论形式是否相同都可满足国民待遇的要求。国民待遇义务是以竞争条件为判断标准的。如果相同形式或不同形式改变了竞争条件，从而使该成员的服务或服务提供者与任何其他成员的同类服务或服务提供者相比处于有利地位，则提供给其他成员的同类服务或服务提供者的这种形式相同或不同的待遇应被视为较低的待遇，即歧视性待遇。

与最惠国待遇义务一样，国民待遇义务以同类服务或服务提供者为条件。由于服务的多样性和无形性，同类性的确定比在货物贸易时困难。

课堂讨论案例

在乌拉圭回合谈判期间，在服务贸易方面作出承诺依据的是关税与贸易总协定秘书处编写的第W/120号文件——服务贸易分类。其中，第10类为休闲、文化及体育服务（视听服务除外）。该类具体包括：A. 娱乐服务（包括剧院、现场乐队表演和马戏团服务）；B. 新闻代理服务；C. 图书馆、档案馆、博物馆和其他文化服务；D. 体育和其他休闲服务；E. 其他。其中，体育和其他休闲服务包括博彩（赌博）。

美国在编号为第10.D的行业下，载明了“其他消遣性服务（不包括体育）”，并列入了GATS第1条所界定的“跨境提供”“境外消费”“商业存在”“自然人存在”等四种服务贸易提供方式；其中，对于“跨境提供”方式的“市场准入限制”一栏，美国政府写入的是“没有限制”。

关于美国在文化、娱乐和体育服务部门中作出的承诺参见下表：

	Limitations on Market Access		Limitations on National Treatment	
D. OTHER RECREATIONAL SERVICES (except sporting)	mode	Commitment	mode	commitment
	1	None	1	None
	2	None	2	None
	3	The number of concessions available for commercial operations in federal, state and local facilities is limited	3	None
	4	Unbound, except as indicated in the horizontal section	4	None

在美国国内，对于网络赌博，至少有9个州制定了禁止网络赌博的法律或宣布网络

赌博违法，有 41 个州对网络赌博的合法性存在争议。美国司法部认为，根据 1961 年《有线通讯法》，通过互联网对体育事件或比赛下注的赌博商业活动为非法。因此，网络赌博公司在美国受到严格管制而经营困难。然而，一些网络赌博公司转移到扶持网络赌博的国家（如安提瓜和巴布达）重新开张。

美国在国内封杀了网络赌博，但不能阻止网络赌博公司在其他国家注册并架设服务器，源源不断地向美国网上赌博网民提供赌博服务。对此，美国政府一方面敦促有关国家强化对赌博产业的管理力度，另一方面加大对境外网络赌博公司的打击力度。2003 年，美国众议院通过一项《禁止非法网络赌博交易法》，规定对网络赌博活动加以限制，特别是限制美国网民使用信用卡和通过银行账户向国外赌博网站支付赌金。

安提瓜和巴布达在发展经济过程中，通过发展基础设施、简化审批手续等方式吸引了一批提供网络赌博服务的公司在安提瓜注册经营。美国政府的上述做法使安提瓜一度繁荣的网络赌博服务产业日渐衰落，政府收入也锐减。

安提瓜和巴布达就美国实施的影响赌博服务的跨境提供措施，根据 WTO 争端解决程序与美国进行磋商，但未能解决问题。安提瓜和巴布达要求世界贸易组织争端解决机构成立专家组对这一争端进行审理。安提瓜和巴布达指控，美国对网络赌博的打击违反了其在 GATS 下的具体承诺，违反了 GATS 第 16 条市场准入义务。

请结合教材相关内容及条约解释方法，思考下列问题：

（1）你是否知道赌博属于体育服务，这种认识对服务贸易谈判会产生什么影响？

（2）美国是否在 GATS 框架内对赌博服务作出了具体承诺？

（3）美国是否违反了 GATS 第 16 条市场准入义务？

问题与思考

1. 如何理解服务贸易与货物贸易的关系？
2. GATT 与 GATS 的一般原则有哪些不同？
3. 如何理解服务贸易中的国民待遇？

第九章

政府管理对外贸易的法律与措施

本章概要

本章教学目的是使学生能够正确认识和理解国家对国际贸易进行管理和规制的重要性和必要性，全面了解国家对国际贸易实施管理的各种法律制度和手段，加深对国际贸易法律的认识。不仅要求学生了解国际贸易管理的国内立法，同时还要了解国际贸易管理方面的国际立法和规则，特别是 WTO 多边贸易体制内的相关制度及其规则。

关键术语

对外贸易管理　关税措施　非关税措施　进出口配额制度　进出口许可制度　外汇管理制度　商品检验检疫制度　贸易壁垒　WTO 多边贸易规则　反倾销措施　反补贴措施　保障措施

第一节　政府管理对外贸易的法律和措施概述

一国政府对本国的对外贸易的管理和规制是实现其对外贸易政策的重要手段。世界各国政府，不论是发达国家还是发展中国家，均从本国经济利益和经济发展需要出发，制定一系列管理和规制本国对外贸易的法律制度，用以调控本国的对外贸易关系。应该指出和强调的是，各国政府制定的管理对外贸易的法律大多属于一国的经济行政法律规范，具有强制性，国际贸易双方当事人必须遵守这些法律的规定，不得任意在协议或合同中加以变更或排除。

在实践中，各国政府对货物进出口贸易的法律管理措施基本上可以分为两大类：一是关税措施，主要指各种进出口关税法律制度和措施；二是非关税措施，其中主要包括进出口配额制度、进出口许可制度、外汇管理制度、商品检验检疫制度、原产地规则以及有关保护竞争、限制垄断及不公平贸易做法等各项制度。

一、关税制度和措施

（一）关税的概念及作用

关税（Tariff/Custom Duties）是指一国海关根据其政府公布的海关税则对进出其关境的物品、货物所征收的税。关税是各国对外贸易管理的重要措施。关税可以分为保护性关税和财政关税。保护性关税的目的在于通过对进口货物征收关税来提高进口商品的成本、限制其进口，从而保护本国市场和同类产业。财政关税则主要是为了加强国家财政收入而不是为了限制进口。随着世界各国经济的不断发展，越来越多的国家已不再注重从增加财政收入的角度征收关税，而是注重从限制外国商品进口、保护本国经济和调节市场的角度征收关税。因此，保护性关税是当前国际贸易领域中各国政府对国际贸易实施管理所普遍采取的重要措施。保护性关税的保护功能主要是通过对进口的外国商品采取征收高额关税的措施，削弱外国进口商品在本国市场上的竞争力，从而达到限制外国商品的进口和保护本国市场的目的。因此，关税税率越高，其保护作用越大。

然而，根据《关税与贸易总协定》（GATT）确立的关税保护原则，GATT 各缔约方管理本国货物进口的措施应当主要通过进口关税来进行。同时，为了推动货物贸易的自由化，GATT 还不断推进和鼓励各成员方通过关税减让谈判来逐步降低各缔约方的关税税率，以逐步实现货物在各国间更加自由的流通。自 1947 年以来，在原 GATT 框架下先后进行的八轮关税减让谈判之后，各国的进口关税已有了很大幅度的降低，WTO 框架下各成员方继续通过多边贸易谈判来降低关税。因此，关税的贸易保护作用事实上受到了很大程度的制约和限制。美国特朗普政府采取的加税措施，以及一些国家对数字税的分歧，再次引起了对关税作用的反思。

（二）关税的种类

关税主要可以分为进口关税、出口关税和附加税。

1. 进口关税（Import Custom Duties）

进口关税是进口国的海关在外国商品进入时，对外国进口商品所征收的一种关税。进口关税通常是在外国商品进入一国关境时征收，或者在外国商品由海关保税仓库提出运往国内市场时征收。如上所述，由于进口国可以通过对进口商品征收高额进口税来提高进口商品的成本，从而削弱这些进口商品在进口国市场上的竞争力，达到保护本国工业的目的，所以，进口关税是目前各国实施对外贸易管理中普遍采取的手段。

2. 出口关税（Export Custom Duties）

出口关税是指一国出口的商品在离开本国关境时被征收的一种关税。出口关税实际上是出口国为保证本国市场的供应而对某些商品实施出口限制或者为保证本国财政收入而设置的一种关税。由于出口关税的征收往往会降低本国出口商品在国际市场上的竞争力，不利于本国出口，所以，许多国家征收出口关税都是从保护本国经济和资源的实际需要加以考虑，或者出于一种特殊情况下的需要而暂时采取的措施。

3.（进口）附加税（Additional Import Duties）

进口附加税是指进口国出于特定的目的，对进口商品在一定时期内征收的一种临时性或针对性的进口税。实践中常见的进口附加税有以下三种：（1）临时附加税，指进口国为了应付国际收支危机，维持进出口平衡，或针对某个国家采取歧视性政策等，而对外国进口商品征收的一种临时性税收。当进口国的经济情况有所好转时，进口国往往会取消这种附加税。（2）反倾销税，即针对进口的倾销产品征收的一种进口附加税。（3）反补贴税，指对接受出口补贴的外国进口商品征收的一种进口附加税。

（三）关税的征收及海关税则

1. 关税的征收（Collection of Custom Duties）

从各国实践看，关税征收的办法主要有以下几种：

（1）从量税，指按进出口货物的实际数量（包括重量、容量、面积、体积、个数等）征收关税。

（2）从价税，指按进出口货物的货价征收关税。

（3）混合税，指对进出口货物同时按照货物实际数量和货价征收关税。

（4）选择税，指对于同一进口商品同时订有从价税和从量税税率时，海关根据具体情况和需要从中选择税额较高或较低的加以征税。

2. 海关税则（Schedule of Custom Duty Rates）

海关税则又称关税税则，是一个国家通过立法程序公布实施的、按商品类别排列的关税税率表。关税税则通常包括商品名称、税表和税率三部分。税则可分为单一税则和多栏税则。前者是指一个税目里只规定一种统一税率，对来自不同国家的同一商品一律适用；后者是指对同一商品规定不同的税率，如普通税率、优惠税率、最惠国税率等，对来自不同国家的同一商品根据不同情况适用不同的税率。各国都是根据本国的经济利益和经济发展的需要来制定海关税则，并且定期对税则进行修改和调整，其目的是通过关税税率的调整，特别是通过对进口关税税率的调整，从宏观上达到对本国对外贸易的调整。

此外，保税制度是一国海关对进入该国特定区域的货物，或用于加工制造出口产品的原材料、成品等免征关税的制度。按照该特定区域（保税区）的大小和功能，可分为保税仓库、自由港和自由贸易区、出口加工区等。外国商品进入保税区内可免纳关税；但如果之后进入国内市场，则应照章纳税。保税区为外国商品的转口过境提供了便利，也是一国利用外资、吸引外国先进技术，以发展经济的有效手段。

二、非关税制度与措施

（一）非关税措施的概念和作用

所谓非关税措施（Non-tariff Measures），是指除关税以外，一切旨在为商品的进出口设置屏障或关卡，控制或限制商品进出口的各种贸易措施，其中包括法律上和行政上的措施。

值得指出的是，非关税措施是当前国际贸易领域中越来越多地被世界各国政府普遍和经常采用的，用以限制外国商品进口、保护本国经济和市场的重要手段。这主要是由于通过在原 GATT 框架内的 8 轮有关关税减让的多边贸易谈判，各缔约国的关税税率不得不大幅度降低，关税的贸易保护作用事实上受到了很大的制约和限制。正是在关税的贸易保护作用受到了很大限制的情况下，不少国家转而采用各种非关税措施，作为限制外国商品进口、保护本国经济和市场的手段。

（二）非关税措施的种类

实践中各国政府采取的非关税措施的种类很多。目前，WTO 框架内允许成员方所采取的以及在当前国际贸易实践中成员方经常采用的非关税措施主要包括：进出口配额措施、进出口许可证措施、外汇管理措施、产品技术标准及商品检验措施、反倾销措施、反补贴措施以及保障措施等。

1. 进出口配额措施（Import and Export Quotas）

进出口配额措施是一国政府在一定时期内，对某种商品的进出口的数量或金额事先规定一个限额，在规定的限额内可以进出口，超过限额部分则不准进出口，或者对超过限额部分征收较高的关税或罚款后才准许进出口的一种措施。

进口配额制有两种配额方式：关税配额和绝对配额。前者是指一国事先规定了一定时期内某一商品的进口配额，在规定的配额内对进口商品给予关税减免待遇，对超出配额的进口商品征收较高的关税、附加税或罚款。它是一种将进口配额与征收关税相结合的、对进口商品加以限制的措施。后者是指一定时期内对某一商品的进口数量或金额规定一个最高数额，达到这个最高数额后便不得再进口。

出口配额制是指各国从本国国家安全、外交政策以及国内经济发展的需要出发，为管理和限制本国某些商品的出口所采取的一定措施，是由政府有关部门规定某些商品的最大出口限额，当出口达到规定的限额之后，则完全禁止再出口的制度，例如，对重要的战略物资、现代的军事技术、国内市场供应的短缺物资以及国家文物、古董等商品实施限制出口或禁止出口。有时，各国政府出于履行国际协议的需要，也会自动暂时采取适当的出口配额措施。

2. 进出口许可证措施（Import and Export Permit/License）

进出口许可证措施是一国政府规定的对某些商品的进出口必须领取政府颁发的许可证之后方可进口或出口的措施。

进口许可证措施是指一国政府为控制进口贸易，规定某些商品的进口必须事先得到本国政府的进口批准许可，在获取许可证之后才能凭许可证进口该商品的措施。实践中进口许可证可分为两种：一种为定额进口许可证，另一种为无定额进口许可证。

出口许可证措施是某些国家对本国国内生产需要的原材料、国内供应不足的商品，规定出口商必须向政府有关部门申领出口许可证才能出口的措施。政府通过出口许可证措施可以控制出口商品的数量和价格。

进出口许可证又分为自动许可证与非自动许可证。自动许可证是指进出口商不需要就逐笔交易进行申请并获得批准，即可自由从事进出口。实行自动许可证的目的在于向海关提供统计数据并起到一定的监督作用。适用自动许可证的通常是一些需求广泛、无数量或国别限制的商品。非自动许可证也称特别许可证，要求进出口商对每一笔交易都经主管部门审查、批准，获得政府许可证之后才可以从事相关商品的进出口。通常来说，对于重要的战略物资、高精尖的技术产品，或者有国别、地区限制或数量限制的商品，各国政府实施非自动许可证措施。

3. 外汇管理措施（Control Measure over Foreign Currencies）

外汇管理措施是指一国政府利用限制性措施对本国外汇的买卖和国际结算实行不同程度的管理和控制。一国实行外汇管理措施的目的主要是保持本国国际收支平衡，维持本国货币汇率的稳定。同时，外汇管理措施也是各国政府实行奖出限入对外贸易政策的重要措施之一。一国既可以通过对进口外汇的管理达到限制进口的目的，也可以通过对出口外汇实施优惠措施达到鼓励出口的目的，如规定一些优惠的出口结汇方法或者对某一商品的出口给予外汇补助。

外汇管理的内容主要表现为对进出口贸易项下外汇的管理及有关汇率的管理。在发达国家，贸易项下的外汇收支已实现自由化，但在大多数发展中国家，由于种种原因，尚都维持不同程度的外汇管理制度。汇率是一国货币与另一国货币的兑换比率，汇率的变动直接影响进出口货物的价格，影响一国货物在国际市场上的竞争力。因此，对汇率的管理是一国对外贸易管理的重要内容。

4. 商品检验检疫措施以及产品技术标准（Inspection and Quarantine）

各国政府之所以制定对进口商品的技术检验检疫标准及商品检验标准，并对进出口商品进行检验检疫，其目的在于：（1）保证商品质量符合贸易合同的规定；（2）保证人类和动植物的生命和健康，保护环境，保护公共利益和国家安全。这应该说是合理的、必要的。但是，当前一个值得注意的发展趋势是，国际贸易领域中由于国际竞争日益激烈，复杂的产品技术标准及商品检验制度日益成为各国政府普遍使用的旨在保护本国经济和市场的非关税措施之一，技术性贸易措施已成为当今国际规则中最活跃的因素之一，这引起了 WTO 各成员高度关注。有些政府往往从保护本国经济安全和市场出发，为了达到控制或限制外国商品进口的目的而对进口商品规定过于严格或超出正常水平甚至是苛刻的技术标准、卫生标准和检验标准，使外国进口商品因难以满足这些苛刻的标准而被拒之门外。近年来，各国设置的技术壁垒、绿色壁垒日益增多。从技术壁垒、绿色壁垒的发展趋势看，已经从针对产品本身的性能、质量标准发展到针对产品生产、包装、运输的全过程。随着我国优势商品的出口潜力得到进一步发挥，可能会引致其他国家更为强烈的抵制，并且它们会更多地采取技术性贸易壁垒的方式，这一趋势值得我们密切关注。绿色贸易壁垒对我国的影响是巨大的。作为最大的发展中国家，我国出口贸易的相当部分是初级低附加值产品，主要出口国家（地区）是美国、欧盟、日本。这些国家（地区）在绿色贸易壁垒方面制定了苛刻条件，涉及我国出口产品本身及出口贸易的各个环节，农产品出口、食品出口、机电产品出口、服务贸易、生态标志和包装都不同程度地受其制约。

关于反倾销措施、反补贴措施和保障措施，正文单独介绍、分析。

除以上非关税措施外，为了鼓励本国商品的出口，一国政府还可以采取各种奖励出口的措施。实践中，各国奖励出口的主要措施包括出口补贴、出口信贷等。出口补贴是指一国政府专门就出口产品给予出口生产企业的一种鼓励性补贴，其目的是提高本国产品在国际市场上的竞争力，扩大出口效益。出口补贴的形式很多，如对为生产出口商品而进口的原材料实行减免税或出口退税，或就某一出口商品直接给出口商以现金补助等。出口信贷是一国政府鼓励本国商品出口的另一重要措施。出口信贷主要是由国家的银行向本国的出口商或本国商品的进口商提供贷款，从而达到促进和带动本国产品出口的目的。

第二节　我国政府对外贸易的规制和管理

一、我国有关对外贸易管理的立法

我国对外贸易管理是指我国政府通过制定法律、法规，对货物进出口、技术进出口和国际服务贸易往来进行管理和控制的行为。为适应我国改革开放的要求，促进对外贸易的发展，维护正常的对外贸易秩序，我国于 1994 年 5 月颁布《中华人民共和国对外贸易法》（以下简称《对外贸易法》），该法于 1994 年 7 月 1 日起正式实施。2004 年 4 月 6 日，为了适应我国“入世”的需要和解决我国对外贸易实践中出现的一些新问题，第十届全国人民代表大会常务委员会第八次会议对我国《对外贸易法》进行了修订，修订后的法律自 2004 年 7 月 1 日起施行。2020 年我国通过《中华人民共和国出口管制法》，2021 年通过《反外国制裁法》，标志着我国外贸法律制度不断完善。此外，其他相关规则，如海关规则和检疫法规则等，也在不断修订、发展和完善。

（一）我国对外贸易的基本原则

1. 实行统一的对外贸易制度

《对外贸易法》第 4 条明确规定，国家实行统一的对外贸易制度，即由国家统一制定对外贸易法律、法规、政策，采取统一的管理措施，对全国的对外贸易进行宏观指导和调控。实行统一的对外贸易制度有利于从整体上维护我国在对外贸易当中的利益，有利于保证我国对外贸易事业的健康发展。

2. 维护公平、自由的对外贸易秩序

公平的对外贸易秩序，是指国家应在法律上为中外经营者提供公平、自由的竞争环境，同时要求中外经营者依法经营、公平竞争，不得为任何法律所禁止的行为。《对外贸易法》第六章对我国对外贸易秩序作了专门的规定。在对外贸易经营活动中，不得违反有关反垄断的法律、行政法规的规定实施垄断行为。凡在对外贸易经营活动中实施垄断行为，危害市场公平竞争的，依照有关反垄断的法律、行政法规的规定处理。危害对外贸易秩序的，国务院对外贸易主管部门可以采取必要的措施消除危害。同时，还规定在对外贸易活动中禁止有下列行为：（1）伪造、变造进出口货物原产地标记，伪造、变造或者买卖进出口货物原产地证书、进出口许可证、进出口配额证明或者其他进出口证明文件；（2）骗取出口退税；（3）走私；（4）逃避法律、行政法规规定的认证、检验、检疫；（5）违反法律、行政法规规定的其他行为。

3. 坚持平等互利、互惠对等原则

平等互利、互惠对等一向是我国在开展对外经济贸易中所坚持的基本原则。《对外贸易法》又重申了这一基本原则，规定：根据平等互利的原则，促进和发展同其他国家和地区的贸易关系，缔结或者参加关税同盟协定、自由贸易区协定等区域经济贸易协定，参加区域经济组织。我国在对外贸易方面根据所缔结或者参加的国际条约、协定，给予其他缔约方、参加方最惠国待遇、国民待遇等，或者根据互惠、对等原则给予对方最惠国待遇、国民待遇等。任何国家或者地区在贸易方面对我国采取歧视性的禁止、限制或者其他类似措施的，我国可以根据实际情况对该国家或者该地区采取相应的措施。2021年我国通过《反外国制裁法》，标志着我国外贸法律制度发展到了一个新阶段，更突显了平等互利、互惠对等这一原则。

（二）我国对外贸易的限制性规定

1. 货物和技术进出口

根据我国《对外贸易法》的规定，国家准许货物和技术的自由进出口，但是，法律、行政法规另有规定的除外。也就是说，我国在坚持准许货物和技术自由进出口的总的原则之下，国家有权依据法律、法规的规定，采取措施，对货物和技术的进出口贸易实行限制和调整。国家基于下列原因，可以限制或者禁止有关货物、技术的进口或出口：（1）为维护国家安全、社会公共利益或者公共道德，需要限制或者禁止进口或者出口的；（2）为保护人的健康或者安全，保护动物、植物的生命或者健康，保护环境，需要限制或者禁止进口或者出口的；（3）为实施与黄金或者白银进出口有关的措施，需要限制或者禁止进口或者出口的；（4）国内供应短缺或者为有效保护可能用竭的自然资源，需要限制或者禁止出口的；（5）输往国家或者地区的市场容量有限，需要限制出口的；（6）出口经营秩序出现严重混乱，需要限制出口的；（7）为建立或者加快建立国内特定产业，需要限制进口的；（8）对任何形式的农业、牧业、渔业产品有必要限制进口的；（9）为保障国家国际金融地位和国际收支平衡，需要限制进口的；（10）依照法律、行政法规的规定，其他需要限制或者禁止进口或者出口的；（11）根据我国缔结或者参加的国际条约、协定的规定，其他需要限制或者禁止进口或者出口的。

我国对限制进口或者出口的货物，实行配额、许可证等方式管理；对限制进口或者出口的技术，实行许可证管理。实行配额、许可证管理的货物、技术，应当按照国务院规定，经国务院对外贸易主管部门或者经其会同国务院其他有关部门许可，方可进口或者出口。

2. 国际服务贸易

根据《对外贸易法》的规定，我国在国际服务贸易方面根据所缔结或者参加的国际条约、协定中所作的承诺，给予其他缔约方、参加方市场准入和国民待遇。国务院对外贸易主管部门和国务院其他有关部门，依照有关法律、行政法规的规定，对国际服务贸易进行管理。国家基于下列原因，可以限制或者禁止有关的国际服务贸易：（1）为维护国家安全、社会公共利益或者公共道德，需要限制或者禁止的；（2）为保护人的健康或者安全，保护动物、植物的生命或者健康，保护环境，需要限制或者禁止的；（3）为建立或者加快建立国内特定服务产业，需要限制的；（4）为保障国家外汇收支平衡，需要限制的；（5）依照法律、行政法规的规定，其他需要限制或者禁止的；（6）根据我国缔结或者参加的国际条约、协定的规定，其他需要限制或者禁止的。

二、我国对外贸易管理的具体制度和措施

（一）海关关税制度

海关是国家的进出关境监督管理机关，海关的重要职责之一就是依照国家公布的进出口关税税则，对进出口货物征收关税。我国早在1987年即颁布了《中华人民共和国海关法》。之后，为了适应“入世”的需要，我国于2000年7月8日对《中华人民共和国海关法》进行了第一次修正；2013年6月29日第十二届全国人民代表大会常务委员会第三次会议通过的《关于修改〈中华人民共和国文物保护法〉等十二部法律的决定》对该法进行了第二次修订。截至2021年4月，该法共进行了六次修正。

2003年11月，国务院重新制定并颁布了《中华人民共和国进出口关税条例》，该条例于2004年1月1日起正式实施，原1992年修改的《进出口关税条例》同时废止。我国《海关法》和《进出口关税条例》，是我国实行关税制度的主要法律依据。

《海关法》规定：中华人民共和国海关是国家的进出关境（以下简称进出境）监督管理机关。海关依照有关法律、行政法规，监管进出境的运输工具、货物、行李物品、邮递物品和其他物品，征收关税和其他税、费，查缉走私，并编制海关统计和办理其他海关业务。国务院设立海关总署，统一管理全国海关。国家在对外开放的口岸和海关监管业务集中的地点设立海关。海关的隶属关系，不受行政区划的限制。海关依法独立行使职权，向海关总署负责。同时，该法对进出境运输工具、进出境货物、进出境物品、关税、海关事务担保、执法监督、法律责任等方面都作出了明确规定。

《进出口关税条例》具体规定了我国关税制度的基本原则、进出口关税税率的设置和适用、进出口货物完税价格的确定、进出口货物关税的征收、进境物品进口税的征收。该条例规定由国务院制定《中华人民共和国进出口税则》和《中华人民共和国进境物品进口税税率表》，规定关税的税目、税则号列和税率。《进出口税则》和《进境物品进口税税率表》是《进出口关税条例》的组成部分。国务院设立关税税则委员会，负责《进出口税则》和《进境物品进口税税率表》的税目、税则号列和税率的调整和解释，并报

国务院批准后执行；决定实行暂定税率的货物、税率和期限；决定关税配额税率；决定征收反倾销税、反补贴税、保障措施关税、报复性关税以及决定实施其他关税措施；决定特殊情况下税率的适用，以及履行国务院规定的其他职责。

《进出口税则商品及品目注释》（以下简称《税则注释》）是商品归类的法律依据之一。我国是《商品名称及编码协调制度的公约》（以下简称《协调制度公约》）的缔约方，按照《协调制度公约》的规定，中国海关根据世界海关组织编制的 2012 年版《商品名称及编码协调制度注释》，编制了我国 2012 年版《税则注释》，并已于 2012 年 1 月 1 日起执行。此后，世界海关组织对 2012 年版《商品名称及编码协调制度注释》进行了部分修订。中国海关根据世界海关组织已发布的修订内容，同步调整了我国 2012 年版《税则注释》，新的《税则注释》自 2015 年 4 月 1 日起执行。

我国制定关税税率的基本原则是：(1) 对进口国家建设和人民生活所必需的，而国内不能生产或不能满足供应的某些商品给予免税或低税。(2) 原材料的进口税率一般低于半成品、制成品的税率。(3) 对国内不能生产的机械设备和仪器、仪表的零件、部件，其税率应比整机为低。(4) 对国内已能生产或非国计民生所必需的物品，应制定较高的税率。(5) 对国内已能生产供应，但须保护的商品，应制定更高的税率。(6) 为实行鼓励出口政策，对一般出口商品不征收出口关税；只对国内外差价大、在国际市场上容量有限而竞争性强的商品，以及需要限制出口的少数原材料、半成品，可适当征收出口税。

在“入世”前后，我国在降低关税方面作出了很大的努力。“入世”前，我国曾分别于 1992 年、1996 年和 1997 年三次降低我国进口关税的税率，涉及三千多个税目的商品。“入世”后，中国政府始终以认真负责的态度，克服重重困难，全面履行“入世”承诺，大幅降低进口关税，取消非关税措施。2003 年，中国农产品的关税税率已降到 16.8%，大大低于世界平均水平。工业品关税税率已降至 10.3%。在信息技术产品方面，中国加入了《信息技术协定》，将协定所涵盖的技术产品的关税在 2005 年全部降至零。

降低关税有利于我国对外贸易的进一步发展，有利于国内必需的原材料的进口和先进技术的引进。但也应当认识到，我国目前仍是一个发展中国家，降低关税水平必须与我国作为发展中国家的地位相适应。在我国目前的经济技术发展水平条件下，仍有必要采用关税措施对我国的市场和产业给予适度的保护。

(二) 进出口许可证制度

进出口许可证制度是我国对外贸易管理的重要措施之一，是我国政府为加强对外贸易管理，对进出口货物和技术实行颁发许可证的措施，以实现我国对对外贸易管理、监督的制度。许可证措施是国家对限制进出口的货物和技术实施管理的重要手段。根据我国《对外贸易法》的规定，进出口许可分为自动许可和非自动许可。国务院对外贸易主管部门基于监测进出口情况的需要，可以对部分自由进出口的货物实行进出口自动许可并公布其目录。实行自动许可的进出口货物，收货人、发货人在办理海关报关手续前提出自动许可申请的，国务院对外贸易主管部门或者其委托的机构应当予以许可；未办理自动许可手续的，海关不予放行。我国对限制进出口的货物和技术均实行许可证管理。国务院对外贸易主管部门会同国务院其他有关部门，依照《对外贸易法》的规定，制定、调整并公布限制或者禁止进出口的货物、技术目录。凡实行进出口许可证管理的限制进口或出口的货物和技术，应当按照国务院规定，经国务院对外贸易主管部门或者经其会同国务院其他有关部门许可，方可进口或者出口。

（三）进出口配额制度

为规范出口商品配额管理，保证出口商品配额管理工作符合效益、公正、公开和透明的原则，维护配额管理商品的正常出口，根据《对外贸易法》和《货物进出口管理条例》的有关规定，我国于 2001 年 12 月 20 日颁布了《出口商品配额管理办法》，并自 2002 年 1 月 1 日起正式实施。《出口商品配额管理办法》对我国进出口配额的总体原则，出口配额商品目录，出口配额总量，出口配额的申请，出口配额的分配、调整和管理，法律责任都作出了明确规定，同时办法后面还附有附件，规定了不适用《出口商品配额管理办法》的出口配额管理商品。

根据上述办法的规定，由我国对外贸易主管部门负责全国出口商品配额管理工作。各省、自治区、直辖市及计划单列市根据外经贸部的授权，负责本地区出口商品配额管理工作。我国对部分国家限制出口的商品实行出口配额管理。实行配额管理的出口商品目录，由对外贸易主管部门制定、调整并公布。出口商品配额总量，由外经贸部确定并公布。实行配额管理的出口商品目录，应当至少在实施前 21 天公布；在紧急情况下，应当不迟于实施之日公布。出口商品配额有效期截止到当年 12 月 31 日。下一年度出口配额总量应当于每年 10 月 31 日前公布。外贸主管部门可以根据实际需要对本年度出口商品配额总量作出调整，但有关调整应当不晚于当年 9 月 30 日完成并公布。在确定出口商品配额总量时，应当考虑以下因素：（1）保障国家经济安全的需要；（2）保护国内有限资源的需要；（3）国家对有关产业的发展规划、目标和政策；（4）国际、国内市场的需求及产销状况。

（四）进出口商品检验制度

进出口商品检验制度是指我国商检机构依据我国有关法律规定，对我国进出口商品的质量、规格、数量、重量和包装进行检验的一项制度。对进出口商品实行商品检验，也是我国对外贸易管理的主要措施之一，其目的在于保证进出口商品的质量，维护对外贸易有关当事各方的合法权益，促进对外经济贸易关系的顺利发展。

我国于 1989 年颁布《中华人民共和国进出口商品检验法》（以下简称《进出口商品检验法》），后经多次修正。2005 年 8 月颁布了《中华人民共和国进出口商品检验法实施条例》（以下简称《进出口商品检验法实施条例》），后经多次修订，原 1992 年颁布的《进出口商品检验实施条例》同时废止。《进出口商品检验法》《进出口商品检验法实施条例》是我国实施商品检验制度的主要法律依据。上述法律和条例对我国进出口商品检验制度的总原则，进出口商品的检验、监督管理和法律责任作了详细规定。根据其规定，国家设立进出口商品检验部门，主管全国进出口商品检验工作。商检机构和经国家商检部门许可的检验机构，依法对进出口商品实施检验。进出口商品检验应当根据保护人类健康和安全、保护动物或者植物的生命和健康、保护环境、防止欺诈行为、维护国家安全的原则，由国家商检部门制定、调整必须实施检验的进出口商品目录并公布实施。凡被列入目录的进出口商品，由商检机构实施检验。列入目录的进口商品，未经检验的，不准销售、使用；出口商品未经检验合格的，不准出口。

我国进出口商品检验分为法定检验和非法定检验。出入境检验检疫机构对列入进出口商品目录的进出口商品以及法律、行政法规规定须经出入境检验检疫机构检验的其他进出口商品实施检验（即法定检验）。出入境检验检疫机构对法定检验以外的进出口商品，根据国家规定实施抽查检验（即非法定检验）。

（五）外汇管理制度

考虑到我国目前经济发展的水平，为了保持我国国际收支平衡，促进国民经济健康发展，我国目前实行外汇管理措施。1996 年 1 月 29 日国务院发布《中华人民共和国外汇管理条例》（国务院令第 193 号），该条例于 1997 年 1 月 14 日第一次修正，于 2008 年 8 月 5 日再次修订。该条例对我国外汇管理的总则、经常项目外汇、资本项目外汇、金融机构外汇业务、人民币汇率和外汇市场以及法律责任都作了明确规定。

根据有关规定，国务院外汇管理部门及其分支机构依法履行外汇管理职责，负责条例的实施。国家对经常性国际支付和转移不予限制。国家实行国际收支统计申报制度。凡有国际收支活动的单位和个人，必须进行国际收支统计申报。在中华人民共和国境内，禁止外币流通，并不得以外币计价结算，但国家另有规定的除外。

“经常项目”是指国际收支中经常发生的交易项目，包括贸易收支、劳务收支、单方面转移等。对于经常项目外汇，境内机构的经常项目外汇收入必须调回境内，不得违反国家有关规定将外汇擅自存放在境外。境内机构的经常项目外汇收入，应当按照国务院关于结汇、售汇及付汇管理的规定卖给外汇指定银行，或者经批准在外汇指定银行开立外汇账户。境内机构的经常项目用汇，应当按照国务院关于结汇、售汇及付汇管理的规定，持有效凭证和商业单据向外汇指定银行购汇支付。境内机构的出口收汇和进口付汇，应当按照国家关于出口收汇核销管理和进口付汇核销管理的规定办理核销手续。

“资本项目”是指国际收支中因资本输出和输入而产生的资产与负债的增减项目，包括直接投资、各类贷款、证券投资等。对于资本项目外汇，该条例规定：境内机构的资本项目外汇收入，除国务院另有规定外，应当调回境内。境内机构的资本项目外汇收入，应当按照国家有关规定在外汇指定银行开立外汇账户；卖给外汇指定银行的，须经外汇管理机关批准。境内机构向境外投资，在向审批主管部门申请前，由外汇管理机关审查其外汇资金来源；经批准后，按照国务院关于境外投资外汇管理的规定办理有关资金汇出手续。借用国外贷款，由国务院确定的政府部门、国务院外汇管理部门批准的金融机构和企业按照国家有关规定办理。外商投资企业借用国外贷款，应当报外汇管理机关备案。

在人民币汇率和外汇市场方面，该条例规定：人民币汇率实行以市场供求为基础的、有管理的浮动汇率制度。由中国人民银行根据银行间外汇市场形成的价格，公布人民币对主要外币的汇率。外汇市场交易的币种和形式由国务院外汇管理部门规定和调整。国务院外汇管理部门依法监督管理全国的外汇市场。国务院外汇管理部门根据外汇市场的变化和货币政策的要求，依法对外汇市场进行调节。

为进一步深化外汇管理体制改革，更好地满足和便利外商投资企业经营与资金运作需要，国家外汇管理局于2015年3月30日发布《关于改革外商投资企业外汇资本金结汇管理方式的通知》（以下简称《通知》），《通知》自2015年6月1日起实施。《通知》的主要内容包括：一是外商投资企业外汇资本金实行意愿结汇管理，企业可自由选择资本金结汇时机。二是明确外商投资企业资本金及其结汇资金的使用应符合外汇管理相关规定，对资本金使用实施负面清单管理。三是便利外商投资企业以结汇所得人民币资金开展境内股权投资。四是进一步规范结汇资金的支付管理，明确银行按照展业三原则承担真实性审核义务。五是明确和简化其他直接投资项下外汇账户资金结汇及使用管理。六是外汇局加强事中、事后管理，进一步强化事后监管与违规查处。

第三节　WTO多边贸易规则对成员方政府对外贸易管理的制约

1995年根据《WTO协定》成立的世界贸易组织（World Trade Organization，WTO）开创了全球经济合作的新纪元，反映了各国为其人民的利益和幸福而在更加公平和开放的多边贸易体制中运作的普遍愿望。为了能够增强世界经济，并实现在世界范围内促进贸易和投资的自由化、增加就业和收入、逐步实现更加开发的贸易环境，各成员方决心通过制定一套更有利、更明确的多边贸易法律规制和纪律，抵制各种贸易保护主义的压力，努力在贸易、货币和金融领域使全球贸易政策更具一致性。在《WTO协定》中，各缔约方明确表示，期望通过贸易谈判达成互惠互利安排，在成员方之间实质性削减关税和其他贸易壁垒，消除国际贸易关系中的歧视待遇。

应该说，1986年开始的乌拉圭回合谈判在货物贸易方面的成果之一就是把长期以来游离于关税与贸易总协定多边贸易体制之外的非关税措施纳入关税与贸易总协定的多边贸易谈判中来。在乌拉圭回合谈判中，除了关税谈判外，缔约方针对国际贸易实践中各国经常使用的非关税贸易管理措施，就相互削减非关税壁垒达成了一系列的协议，而且通过要求成员方一揽子接受的方式，进一步加强了多边贸易体制的完整性和统一性。这对推动国际贸易中各国采用国际标准，减少贸易障碍起到了积极作用。

为了保证WTO多边贸易体制和规则的建立，根据《WTO协定》第2条的规定：协定的附件1、2、3中所涵盖的各项协议及其附属法律文件都是协定的组成部分，对所有成员方均具有约束力。《WTO协定》同时要求各成员方应该保证使其法律、法规与行政程序均符合协定附件中规定的义务。

一、《关税与贸易总协定》

1947年《关税与贸易总协定》是基于《临时适用议定书》并自1948年起临时适用的协定。1995年《世界贸易组织协定》生效后，除《临时适用议定书》外，1947年《关税与贸易总协定》被纳入 1994 年《关税与贸易总协定》中。《关税与贸易总协定》(GATT) 的根本目的就是要在 WTO 成员方之间通过谈判达成互惠互利的安排，实质性消减关税和其他贸易壁垒，消除国际贸易中的歧视待遇，实现世界资源的充分利用以及扩大货物的生产和交换。《关税与贸易总协定》中包括了一些相对独立的制度，也包括了与其他协定共同调整的制度。前者如普遍取消数量限制制度，后者如反倾销制度。《关税与贸易总协定》第 6 条和《反倾销协定》构成了适用于反倾销措施的规则。

GATT 第 11 条对数量限制措施作出了规定。根据 GATT 第 11 条的规定，成员方应当遵守普遍取消数量限制的原则，任何缔约方不得对任何其他缔约方领土产品的进口或向任何其他缔约方领土出口或销售的供出口的产品设立和维持除关税、国内税或其他费用外的禁止或限制，不论此类禁止或限制是通过配额、进出口许可还是其他措施来加以实施的。也就是说，GATT 在贸易领域中所确立的是关税保护原则。但是，该协定第 11 条同时规定了成员方得以维持的贸易措施：(1) 为了防止或缓解出口缔约方的粮食或其他必需品的严重短缺而临时实施的出口禁止或限制；(2) 为实施国际贸易中的商品归类、分级和销售标准或法规而必须实施的进出口禁止和限制；(3) 为了执行政府有关措施而必要采取的以任何形式进口的农产品和鱼制品的进口限制，例如，为消除同类产品的暂时过剩等。此外，GATT 还规定了对普遍取消数量限制原则的一些例外条款，允许成员方在规定的情形下，采取必要限度内的数量限制措施。

二、《海关估价协议》

一国海关在实行从价征税时，需要对作为征税依据的进出口商申报的价格进行审定，称为海关估价。经审定后确定的价格称为完税价格。各国海关估价时采用不同的标准、程序和方法，这直接影响完税价格确定的客观公正性。特别是实践中由于任意和虚构的完税价格的使用，往往产生极不公平的结果。在 WTO 框架内制定《海关估价协议》的目的就是要在成员方之间建立起一个公平、统一和中性的海关对货物估价的制度，保证在关税征收中完税价格确定的公正客观，以有效防止成员方使用任意和虚构的完税价格。该协议对海关估价的规则作出了统一规定：各成员方海关对货物估价的依据在最大限度内应该是被估价货物的成交价格；完税价格应该依据商业惯例的简单和公正的标准，而且估价程序应不分供货来源而普遍适用。此外，该协议还对有关协议的管理、磋商和争端解决、特殊和差别待遇都作出了详细的统一规定。

三、《进口许可程序协议》

进口许可证措施是一国政府为控制进口贸易所常常采取的手段。进口许可在成员方之间的不适当采用，势必会人为地阻碍国际贸易的流动，极易在国与国之间形成非关税贸易壁垒，限制贸易自由。贸易实践中一些国家不适当使用或滥用进口许可，以达到贸易保护的目的。因此，为了防止成员方政府不适当地使用或滥用进口许可并因此产生贸易扭曲，为了保证进口许可的使用方式不违背 GATT1994 的原则和义务，WTO 成员方通过谈判达成了《进口许可程序协议》。该协议承认了用于某些目的的自动许可和非自动许可的有用性和合理性，但同时规定自动许可和非自动许可的应用不应以限制贸易为目的。要求成员方对进口许可特别是非自动进口许可，应该以透明和可预测的方式加以实施。进口许可程序规则的实施应保持中性，并以公平、公正的方式实施和管理。协议针对各成员方，对进口许可程序中所应坚持的原则、自动进口许可及其程序、非自动进口许可及其程序作出了统一的规定。

四、《实施卫生与植物卫生措施协议》

该协议首先肯定各成员方有权实施为保护人类、动物或植物的生命或健康所必须采用或实施的卫生和植物卫生措施，以此来保护和改善人类健康和动植物的健康和卫生状况。但该协议同时要求成员方应保证任何卫生和植物卫生措施的实施仅在为保护人类、动物或植物的生命或健康所必要的限度内，这些措施的实施不得在情形相同的成员方之间构成任意或不合理的歧视，或者构成对国际贸易的变相限制。为了将卫生和植物卫生措施对贸易的消极影响减小到最低限度，该协议制定了统一的规则和多边纪律，以指导WTO各成员方的卫生与植物卫生措施的制定、采用和实施。该协议对实施卫生与植物卫生措施过程中应该坚持的原则、成员方的权利和义务、成员方之间的有关协调、风险评估和适当的卫生与植物卫生保护水平的确定、措施的适应地区条件、措施的控制、检查和批准程序以及相关的定义解释等，都作出了明确统一规定。

第四节　反倾销措施

一、反倾销措施概述

反倾销，是指国际贸易中进口国为了保护本国同类产业的利益免受损害，为了有效遏制出口商向进口国倾销其商品的行为，针对出口商的倾销产品而采取的措施。一般情况下，反倾销措施多以针对倾销产品征收反倾销税为手段，这样可以大大降低倾销产品在进口国国内市场的竞争力，以达到保护进口国本国同类产业的目的。

反倾销措施是WTO赋予各成员方在满足一定条件下用以保护本国工业、调整本国与其他成员方之间的竞争关系的合法贸易救济手段。反倾销的目的就是要抵消倾销商品对进口国国内同类产业造成的损害，保持各成员方之间的公平竞争贸易关系，从而促进国际贸易的正常、健康和平衡的发展。实践中，各进口国所采取的反倾销措施主要有：临时反倾销税、价格承诺、征收终裁反倾销税。

应该强调的是，由于反倾销措施从其诞生以来就具有保护性质，所以它具有明显的双重性。反倾销措施如果运用得当，可以有效消除倾销商品对进口国国内产业造成的损害，从而维护和保障国际贸易领域的公平竞争；如果运用不当甚至被滥用，则会事实上在国际贸易中形成新的非关税壁垒，产生进口国排斥进口产品、限制进口的效果，成为贸易保护主义的工具，这会给国际贸易造成不合理的障碍。正因为如此，WTO《反倾销协议》明确反对各成员方将反倾销措施作为贸易保护主义的工具，反对各成员方通过滥用反倾销措施而形成国际贸易中新的贸易壁垒，给国际贸易造成不合理的障碍。

二、倾销与反倾销的概念

（一）倾销的概念

倾销，其英文为 dumping，目前各国对于倾销的定义普遍采纳的是 GATT1994 第 6 条中对倾销所下的定义。根据 GATT1994 第 6 条的规定，倾销是指在正常贸易过程中一国的产品以低于其正常价值的价格进入另一国市场的行为。此外，WTO《反倾销协议》第 2.1 条进一步规定，如一产品自一国出口至另一国的出口价格低于在正常贸易过程中出口国供消费的同类产品的可比价格，即以低于正常价值的价格进入另一国商业市场，则视为倾销。我国 2001 年颁布的《中华人民共和国反倾销条例》中第 3 条对倾销所下的定义是：倾销，是指在正常贸易过程中进口产品以低于其正常价值的出口价格进入中华人民共和国市场。可见，倾销的一个突出特点是人为地使同一产品在不同国家市场上的售价不同。这种人为的差价并不是指出口产品的价格低于相同产品在进口国市场上的销售价格，而是指出口产品的价格低于相同产品在出口国市场上的销售价格。只要产品的出口价格低于其正常价值，就构成倾销。

然而，特别需要指出的是，目前国内一些著作中对倾销概念的理解和界定仍存在偏差。不少著作将对国内产业造成的损害、倾销与损害之间的因果关系认为是构成倾销的条件，这是错误的。这里需要强调的是：对国内产业造成的损害以及倾销与损害之间的因果关系并不是构成倾销的条件，而是 WTO《反倾销协议》确立的各成员方采取反倾销措施、征收反倾销税的前提条件。还有些学者将倾销的概念分成所谓“经济上的倾销概念”和所谓“法律上的倾销概念”，这是不妥当的。事实上，这种分类既没有科学根据，也不具有实际意义；这种分类既不符合事实，也不符合 WTO《反倾销协议》中对倾销所作出的统一定义。实际上，倾销是一种差价销售的行为，应该说是一种经济领域中的现象，只是在出口商倾销产品对进口国国内产业造成严重损害的情况下，进口国需要用法律手段对倾销行为进行调整，对国内同类产业施以救济。因此，反倾销才是法律上的概念。

（二）反倾销的概念

反倾销（Anti-dumping），是指国际贸易中，进口国为了保护本国同类产业的利益免受损害，为了有效遏制出口商向进口国倾销其商品，针对出口商的倾销产品而采取的措施。一般情况下，反倾销措施多为针对倾销产品征收反倾销税，这样可以大大降低倾销产品在进口国国内市场的竞争力，抵消损害，以达到保护进口国同类产业的目的。

三、WTO《反倾销协议》的主要内容

现行WTO反倾销立法的内容包括《关税与贸易总协定》（GATT1994）第6条和《关于实施1994年关税与贸易总协定第六条的协议》（以下简称《反倾销协议》）。GATT1994第6条是WTO《反倾销协议》的纲要，WTO《反倾销协议》则是具体规定了第6条的实施办法。

（一）征收反倾销税的前提条件

这里需要指出和强调的是，GATT1947和WTO制定统一的多边国际反倾销规则的目的并不是禁止倾销，而是旨在限制和监督各成员方对于反倾销法和反倾销措施的过分使用或者滥用，防止反倾销措施的实施在成员方之间形成新的贸易壁垒，其最终目的是促进国际贸易的健康正常发展。为此目的，GATT1994第6条以及WTO《反倾销协议》确立了各成员方实施反倾销措施应当遵守的一般原则和统一的条件。WTO《反倾销协议》第1条就明确规定：各成员方只有在GATT1994第6条所规定的情况下，才可以实施反倾销措施，并且实施反倾销措施应严格根据《反倾销协议》规定的发起和进行调查的各项规则进行。这里，WTO《反倾销协议》对各成员方得以实施反倾销措施的基本前提条件作了统一的规定。也就是说，各成员方只有在同时满足WTO《反倾销协议》规定的这些条件的情况下，才可以实施反倾销措施，否则是不可以滥加实施反倾销措施的。

GATT第6条所确立的各国实施反倾销措施的一般原则是：一个进口国家对某种进口产品实施反倾销措施、征收反倾销税时，必须同时具备三个条件：（1）要有倾销的存在，即必须证明进口产品的出口价格低于其正常价值，即倾销的确定；（2）有损害存在，即必须证明产品的倾销对进口国同类产业造成了实质性的损害，即损害的确定；（3）倾销与损害之间必须存在因果关系，即必须证明损害是因进口产品的倾销所致，而非由其他因素所致，即因果关系的确定。

1. 倾销的确定（Determination of Dumping）

确定倾销是否存在，一般分三个步骤：首先确定产品的正常价值，其次确定产品的出口价格，最后将产品的正常价值与出口价格相比较。

（1）正常价值（Normal Value）的确定方法。

凡是低于正常价值的销售即构成倾销。WTO《反倾销协议》规定的正常价值的确定方法有三种：

1）出口国国内价格（Domestic Comparable Price in the Exporting Country），即一国向另一国出口的相同产品在出口国国内消费时在正常贸易过程中形成的可比价格。该国内价格应当是在正常贸易过程中形成的（in the ordinary course of trade）、具有代表性的出口国国内价格，并要求有一定的交易量作支持。销售量低于5%的则被认为不具有代表性。但是，如果有证据证明低于5%但仍属于适当比例的足够量，则可接受该较低比例。

在对于来自非市场经济国家（Non-market Economy）的产品的国内销售价格是否可

以作为产品的正常价值这一问题上，GATT1994 附件 1 中对第 6 条的补充规定中的第 2 条规定：当进口产品来自贸易被完全或实质上完全垄断的国家，且所有国内价格均由国家确定的情况下，（在以国内价格作为正常价值时）可能存在特殊困难，此种情况下成员方可能认为有必要考虑与此类国家的国内价格进行严格比较不一定适当的可能性。这一规定事实上承认了非市场经济国家的国内销售价格不能作为正常价值与其出口价格进行比较。但是，在此种情况下成员方究竟应当采取什么价格作为正常价值，WTO《反倾销协议》未作出明确规定，仍然是个空白。而该条款的存在，实际上是允许各进口成员方自行决定采取其他方法来确定正常价值。正因为如此，一些国家在针对非市场经济国的反倾销指控中采用了替代国（substitute country）或类比国（analogue country）的做法来确定产品的正常价值。但对于替代国或类比国的选择，WTO《反倾销协议》又缺乏各成员方共同遵守的统一的选择标准，从而导致各成员方在替代国或类比国选择的问题上各行其是的现状。这种做法事实上对一部分出口成员方来讲是有失公平的。

2）向第三国的出口价格，即相同产品在正常贸易情况下向第三国出口的最高可比价格（the highest comparable price exported to any third country）。也就是说，当某一被指控倾销的产品在出口国国内没有销售，或者该销售是在关联企业之间进行的，或者因其国内销售量很低而不具有代表性，因此不能作为比较的基础时，WTO《反倾销协议》允许进口国采用出口国向第三国的出口价格作为产品的正常价值。但实践中，要想获取产品向第三国的出口价格，必须第三国予以配合，愿意提供有关价格资料。

3）推定价格（Constructed Value），即对被指控倾销的产品的生产成本加以估算并加上一定幅度的销售费、管理费、其他费用和合理的利润得出的推定价格。当出口国国内销售价格和向第三国出口价格均不符合要求，不能作为正常价值而成为比较的基础的情况下，WTO《反倾销协议》允许成员方采用产品的推定价格作为该产品的正常价值。但是，推定价格的计算事实上是对产品的成本、费用和利润的一种估算，实践中进口国调查当局为了证明倾销的存在而往往有意加高利润的比例，导致较高的正常价值。因此，为了防止各成员方在推定价格的计算上有失公平，特别是为了防止进口国调查当局为了证明倾销的存在而有意加高利润，WTO《反倾销协议》对推定价格中产品的管理、销售和一般费用以及利润的计算方法作出了进一步统一、具体的规定。WTO《反倾销协议》第 2.2.2 条规定：有关产品的管理、销售和一般费用以及利润的金额应当依据被调查的出口商在正常贸易过程中生产和销售同类产品的实际数据。如果此类金额不能在此基础上确定，则该金额可以在下列基础上确定：第一，所涉出口商或生产商在原产国国内市场中生产和销售同一大类产品所产生和实现的金额；第二，被调查的其他出口商或生产商在原产国国内市场中生产和销售同类产品所产生的加权平均实际金额；第三，任何其他合理的方法，但是此基础上所加利润不得超过原产国国内市场上同一大类产品销售时通常实现的正常利润额度。

（2）出口价格的确定（Export Price）。

有关产品出口价格的确定，WTO《反倾销协议》分别规定了几种情况下的确定方法：

1）第一种方法规定的是在一般情况下产品出口价格的确定原则。

在正常贸易的情况下，一国向另一国出口某一产品的实际价格为该产品的出口价格，即指产品的实际出口价格。

2）第二种方法规定的是在特殊情况下出口价格的确定方法。

按照WTO《反倾销协议》的规定，在特殊情况下，即在没有出口价格，或由于出口商和进口商或第三方之间存在关联关系或某种补偿安排，有关调查当局认为出口价格不是在正常贸易关系中形成的，是不可靠的情况下，确定产品的出口价格的方法为：进口国可依据进口产品在进口国国内首次转售给独立买方的价格来推定出口价格（price first resold to an independent buyer）。

3）第三种方法规定的是在上述两种方法都不可行的情况下产品出口价格的确定方法。

在实践中，有时进口产品并没有转售给一个独立买方，或当转售时进口产品的状况与进口时已有所不同，例如增加了产品的附加值或产品经再加工后的出售。此种的情况下，WTO《反倾销协议》则允许有关调查当局按照其确定的合理基础来推定产品的出口价格。但是，何为“合理基础”？其标准是什么？WTO《反倾销协议》并没有回答。因此，这实际上留给各成员方的调查当局很大程度的自由裁量权。实践中各国调查当局也倾向于使用推定的方法来估算出口价格。因而，如何防止各国执法机关滥用这种任意性很大的权力，堵住贸易保护主义插手的缺口，仍然是个有待解决的巨大难题。

（3）正常价值与出口价格的比较（Comparison between Normal Value and Export Price）。

在确定了产品的正常价值和出口价格之后，要将产品的正常价值与产品的出口价格进行比较，才能确定是否存在倾销。当产品的正常价值与出口价格的比较结果表明，产品的出口价格低于其正常价值，即可确定倾销的存在。产品出口价格低于其正常价值的额度为倾销幅度（margin of dumping）。但是，WTO《反倾销协议》对倾销的幅度规定了一个最低比例：如果倾销幅度按出口价格计算不足2%的，应当视为微不足道（de minimus），属于可以忽略不计的倾销。

因此，为了保证正常价值与出口价格比较结果的公平和公正性，WTO《反倾销协议》对正常价值与出口价格进行比较的方法作出了统一、具体的规定。WTO《反倾销协议》的有关规定要求各成员方的调查当局在将正常价值与出口价格作比较时，应当遵循以下比较原则。

1）对贸易层次、水平的要求。调查当局比较时应当使两种价格处于相同的贸易水平（at the same level of trade），通常为出厂价格水平（EXW price）。

2）对贸易时间的要求。应尽可能地就两项同时成交的交易进行比较。

3）对于可能影响贸易价格的具体差别因素的必要考虑和调整。调查当局应当根据个案具体情况对产品的销售条件、赋税以及其他可能影响产品价格可比性的差别因素给予适当的考虑。

4）对比较方法的要求。一般情况下可以采取的两种比较方法是：第一，调查阶段的倾销幅度应当在加权平均正常价值（weighted average normal value）与全部可比出口交易的加权平均价格（weighted average export price）进行比较的基础上加以确定；第二，在逐笔交易的基础上将其正常价值与出口价格进行比较而确定。

2. **损害的确定**（Determination of Injury）

采取反倾销措施的条件之二是损害的存在。确定了倾销的存在，仅仅满足了 WTO《反倾销协议》规定的各成员方实施反倾销措施的前提条件之一。如果仅有倾销的存在，而没有倾销对进口国相同工业造成的损害，进口国调查当局则不能对进口倾销产品实施反倾销措施。因此，进口国工业遭受损害是实施反倾销措施、征收反倾销税的另一必要前提条件。

（1）关于损害及损害的确定（Injury and Determination of Injury）。

根据 WTO《反倾销协议》的规定，所谓对进口国造成的损害应该包括三个方面的损害，只要调查结果表明存在其中任何一种损害，都构成损害条件的成立，而不必同时具有三种损害：

1）倾销对进口国已经建立的同类产品工业造成的实质性损害（Material Injury to an Established Industry）。

调查当局应当考虑倾销产品进口的数量，倾销产品对进口国国内市场上同类产品价格的影响，以及倾销产品进而对进口国同类产品生产商生产的影响，诸如在销售、利润、产量、市场份额等方面的影响。

2）对进口国已经建立的同类产品工业造成实质性损害的威胁（Threatens Material Injury to an Established Industry）。

实质性损害的威胁是指进口国有关工业虽尚未处于已被实质性损害的境地，但有关事实证明将会导致这种结果的发生，例如，倾销产品以极快的增长速度进入进口国市场，出口商近期内可以大量增加生产的能力表明倾销产品将继续大量涌入进口国市场，被调查产品拥有大量库存等。对实质性损害威胁的确定应该依据事实，而不是仅仅依据指控、推测的极小的可能性。同时倾销造成损害发生的情形变化必须是能够明显预见和迫近的（Clearly Foreseen and Imminent）。

3）实质性地阻碍了进口国同类产业的建立（Materially Retards the Establishment of a Domestic Industry）。

实质性地阻碍同类产业的建立是指进口国国内相关工业在其实际建立过程中因倾销而受阻，例如，由于倾销产品大量涌入进口国，相同产品在进口国市场上价格下跌，使进口国国内已建立起来的工厂无法开工投产等。但是，需要注意的是，阻碍进口国工业的建立一般不包括阻碍对建立一个新工业的计划或设想的实施。

倾销对进口国造成的损害是 WTO《反倾销协议》要求各成员方实施反倾销措施必须满足的前提条件，如果只有倾销，而没有损害的存在，调查当局应当终止有关调查。没有损害的存在，即便存在倾销，成员方也不可以采取反倾销措施。

（2）关于国内产业（Domestic Industry）。

反倾销领域中损害的客体是进口国国内同类产业及其生产商。因此，进口国国内产业范围的大小与损害的确定有着密切关系。WTO《反倾销协议》对损害的客体——“国内产业”在反倾销调查过程中的界定作出了明确规定：“国内产业”应该是指生产同类产品的国内生产者的总体，或者其产品的合计总量占国内该同类产品总产量的大多数的国内生产者。但是，如果进口国的生产者与出口商或进口商具有关联关系，或它本身就是被指控产品的进口商，则应当将其排除在国内产业之外。该协议进一步明确规定，在下列情况下应当认为进口国的生产者与出口商或进口商具有关联关系：1）它们中的一方直接或间接地控制另一方；2）它们直接或间接被同一第三者控制；3）它们直接或间接控制第三者，并且有理由怀疑或相信此种关系的后果是使有关生产者的行为不同于无关联的生产者，如一方在法律上或经营上处于限制或指导另一方的地位。

在特殊情况下，国内产业也可以以一个地区为范围而构成，其构成的条件是该地区事实上已经形成了一个独立的竞争市场。在一成员方境内事实上形成了两个以上相对独立的市场的情况下，如某一市场中的生产者在该市场中出售它们的全部或所有产品，并且该市场的需求在很大程度上不是由位于其他市场内的产品生产者供应，那么每一相对独立市场中的生产者均可被视为该市场内的独立产业，即该独立市场中的"国内产业"。

同样，如果两个或两个以上国家已经依据GATT1994第24条第8款的规定达到具有单一统一市场特征的一体化水平，即它们之间已经事实上具有一个单一的统一市场的特点，那么，整个一体化地区内的产业应当被视为该一体化地区境内的国内产业。比如，欧盟各成员方境内的产业应当被整体上视为欧盟经济一体组织境内的国内产业。所谓对国内产业的损害，应当指的是对欧盟境内整体同类产业造成的损害。

事实上，对同类产品的界定与对进口国国内产业范围的认定有着十分重要关系，因为同类产品范围的大小与国内产业范围的大小往往是成正比的，同类产品的范围界定得越宽，国内产业的范围就有可能越大；反之，如同类产品的范围被界定得越窄，国内产业的范围有可能越小。因此，WTO《反倾销协议》对同类产品的认定条件也进行了统一的规定：所谓同类产品是指与考虑中的产品在各方面都相同的产品，如果无此种产品，则指那些尽管在各方面并非都相同，但具有与考虑中的产品极为相似的特点的另一种产品。

(3) 判断产业损害的要素。

如何合理公正地对国内同类产业遭受的实质性损害作出判断，这是国际反倾销调查过程中另一个关键性问题，它涉及损害要件是否成立的问题。因此，WTO《反倾销协议》首先要求，实质性损害的确定应以无可辩驳的证据为依据，并要求反倾销调查当局必须对下列三方面的因素均作客观审查：其一，倾销产品的数量及对进口国国内市场同类产品的价格的影响，比如要看倾销产品是否导致进口国国内市场上同类产品的价格的下跌，是否存在大幅削低价格、压低价格，是否在很大程度上抑制了本应发生的价格增加等；其二，进口产品对进口国国内同类产品的生产者的影响，诸如在销售、利润、产量、市场份额等方面的影响；其三，存在产品的大量涌入、进口的急剧增加，其中包括数量的绝对增加和相对增加，这种进口的增加导致进口国国内生产商的市场份额迅速丧失、价格猛跌等，同时还包括对生产商生产后续冲击的程度等。

关于倾销进口产品对国内产业的影响程度的审查，应当包括对影响产业状况的所有有关经济因素和指标的评估，其中包括：销售、利润、产量、市场份额、生产力、投资收益、设备利用率的实际的和潜在的下降；影响国内价格的因素；产品倾销幅度的大小；对现金流动、库存、就业、工资、增长、筹措资金或投资的能力的实际或潜在的消极影响。

在判断是否确实存在实质性损害威胁的时候，WTO《反倾销协议》要求调查当局通常应当考虑的因素有：1）倾销产品进入进口国国内市场的大幅增长率，表明进口产品实质性增加的可能性；2）出口商可以充分自由使用的或即将实质性增加的能力，表明倾销产品进入进口国国内市场实质性增加的可能性，同时考虑吸收任何额外出口的其他市场的可获性；3）正在进口的产品是否大幅压低进口国国内的价格，是否会增加对更多进口产品的需求；4）被调查产品的库存情况。在对上述因素进行调查之后，如果调查结论表明，更多的倾销产品即将进入进口国国内市场，如若不采取措施，将对进口国同类产业造成实质性损害。此种情况下，调查当局可以确定构成对进口国同类产业的实质性损害的威胁。

3. 倾销与损害之间的因果关系（Causality between Dumping and Injury）

采取反倾销措施的条件之三是倾销与损害之间存在因果关系。按照WTO《反倾销协议》的规定，各成员方实施反倾销措施需要满足的前提条件之三，就是要有证据证明在倾销与损害之间存在因果关系。也就是说，进口国国内同类产业的损害是由倾销产品造成的。但如果调查结果表明：虽然既有倾销的存在，也有损害的存在，但损害并非由倾销所致，则进口国政府也不得采取反倾销措施。为了保证裁定因果关系构成的公正性，该协议同时要求这种因果关系必须用充分的事实来加以证明，而不能是无根据的推测或推断。

实践中，进口国国内产业遭受的损害有可能是由于倾销产品以外的其他原因所造成的。WTO《反倾销协议》要求调查当局在确定倾销与损害之间存在因果关系时，除了对进口国国内产业造成损害的倾销产品进行调查外，还要对所有已知因素进行调查。凡是由其他因素造成的进口国国内产业的损害，不应归咎于倾销的进口产品。这就是说，确定因果关系时，调查当局必须把其他因素加以排除，否则，就不能确定倾销与损害之间的因果关系，因而不能征收反倾销税。所谓“其他因素”通常主要包括：未按倾销价格出售的进口产品的数量和价格；需求下降或消费结构的变化；国内外生产商的贸易限制惯例及彼此之间的竞争；国内产业的技术改进；出口方式的变化和生产率的提高。一般来讲，进口国调查当局在确定倾销与损害之间是否存在因果关系时，主要考虑以下几个方面：（1）在进口国产业遭受实质性的损害时被指控产品的进口数量是否有大量增加；（2）倾销产品对进口国国内生产者产生的冲击的程度，比如对进口国生产商的产品销售额的影响程度、利润是否有所降低、对市场份额占有的影响程度；（3）倾销产品的涌入是否压低了进口国国内生产的同类产品的价格，其中包括对本来应当上涨的价格的影响。

（二）反倾销的具体措施（Anti-dumping Measures）

当反倾销调查结果表明，进口产品确实存在倾销，产品的倾销确实对进口国国内同类产业造成了损害，且倾销与损害之间存在因果关系时，WTO《反倾销协议》允许各成员方针对倾销产品采取反倾销措施，以保护本国的同类产业。

WTO《反倾销协议》规定了三种救济措施：临时措施、价格承诺和终裁征收反倾销税。

1. 临时措施（Provisional Measure）

临时措施是指在初步调查结果表明存在倾销和损害的情况下，为阻止在调查期间损害的继续产生，反倾销当局可以在初裁中根据临时估计的倾销幅度计算临时反倾销税，并采取临时征收的措施。临时措施可分为征收临时反倾销税和收取保证金或保函两种方式。收取保证金或保函等担保形式的金额要求与临时估计的反倾销税的金额相等，同时与其他临时措施（反倾销税）的实施受相同前提条件的约束。

按照 WTO《反倾销协议》的规定，临时措施必须在反倾销案件正式立案调查起 60 日之后，才能加以实施。成员方实施临时措施的期限应限制在尽可能短的时间内（be limited to as short a period as possible），一般不应超过 4 个月；或经有关主管机关的决定，并应在所涉及的贸易中占很大百分比的出口商的请求，可以延至 6 个月。个别情况下不得超过 9 个月。这些规定的目的在于防止进口国对临时措施的滥用。

2. 价格承诺（Price Undertaking）

价格承诺是指进口国政府对倾销产品的进口不征收反倾销税，而是通过与出口商达成提价协议的办法，通过出口商的自愿提价来消除倾销所造成的损害性影响。为了防止进口国对价格承诺的滥用，WTO《反倾销协议》第 8 条规定了实施价格承诺的条件和限制，要求进口国主管当局必须在作出倾销和损害的肯定裁决之后，才能与出口商谈判和缔结价格承诺协议。在双方达成价格承诺协议的情况下，如果调查结果表明不存在倾销或损害，则价格承诺自动失效，除非这种否定的裁决是在已经存在的价格承诺的基础之上作出的。

3. 终裁征收反倾销税（Definitive Anti-dumping Duties）

反倾销税是指当产品被证明存在倾销并导致进口国国内同类产业遭受损害时，由进口国政府对倾销产品征收的除正常关税和费用以外的一种附加税。终裁反倾销税是指反倾销调查当局在终裁时最终确定的反倾销税。终裁反倾销税的税额应以倾销幅度为限，但可以低于倾销幅度（lesser duty rule）。关于终裁反倾销税的征收问题，WTO《反倾销协议》一个突出的修改就是引进“日落条款”。所谓“日落条款”，是指反倾销税征收一般自征税之日起或最后一次复审之日起不得超过 5 年时间，除非能证明终止征税还可能对进口国国内产业造成损害。引进“日落条款”的目的在于限制进口国长时间地滥用反倾销措施。

一般情况下，临时反倾销税和终裁反倾销税都应该针对自裁定生效之后进口供消费的有关产品实行征收。反倾销税一般情况下不得追溯征收。

正确把握反倾销救济措施的性质，是至关重要的。不论从 GATT1994 第 6 条还是 WTO《反倾销协议》第 9.3 条的有关规定来看，WTO《反倾销协议》事实上强调各成员方实施反倾销的措施应该以针对倾销产品征收反倾销税为主要救济手段，并且强调了反倾销措施只具有救济功能，而不具有惩罚的性质。

(三) 反倾销调查程序和规则

按照 WTO《反倾销协议》以及各国反倾销法的规定，反倾销调查程序通常有以下几个阶段：起诉立案、反倾销调查、初步裁决、最终裁决和司法复审。

1. 反倾销申诉的受理立案（Initiation）

WTO《反倾销协议》第5条对反倾销的发起作出了明确规定。根据该协议第5.1条的规定，有关确定任何被指控的倾销的存在、倾销的程度和对国内产业的损害影响的调查，只有在反倾销机构收到反倾销申诉人的书面申请之后，才可以开始，即开始立案和发起反倾销的调查。可见，有关申诉人的申诉书是反倾销调查发起、立案的前提和依据。当然，该协议的第5.6条并没有排除在特殊情况下也可以由反倾销调查机构主动开始调查程序的可能性。

国际反倾销中，倾销所侵害的客体是进口国"国内产业"，因此，WTO《反倾销协议》规定，只有倾销产品对进口国国内产业造成损害或损害威胁的情况下，才允许各成员方采取反倾销措施。如果反倾销申请得到其总产量占到国内产业中表示支持或反对反倾销申请的国内同类产品生产商生产的同类产品总量的50%以上生产商的支持，那么，该反倾销申请则被认为是由国内产业或代表国内产业提出的。但是，如果明确表示支持反倾销申诉的进口国厂商的总产值占国内产业同类产品总产值的比例不足25%时，反倾销调查申请则不能成立。此外，该协议规定，对于国内产业，应当将与出口商或进口商有关联的国内生产商排除掉。

2. 反倾销调查（Anti-dumping Investigation）

反倾销机构在收到申诉人的申请以及相关材料之后，应在规定的时间内对所列各项证据的准确性和充足性进行审查并作出受理与否的决定，同时通知有关当事人。在决定对反倾销申请受理立案之后，反倾销机构便开始着手反倾销的调查。反倾销调查主要包括以下内容和步骤：(1) 由反倾销机构向有关当事方发出书面反倾销调查问卷或表格，就被指控倾销的产品的相关问题进行详细调查，如被指控产品的国内销售情况、出口的数量、价格以及生产成本等，以便确定有关产品的正常价值、出口价格、倾销幅度等。(2) 对证据进行核查与处理。主管当局在获得有关当事方提供的资料以后，要对这些资料进行核查，以确定这些资料的真实性和准确性。此外，反倾销调查机构还可以对资料和证据进行实地调查。为了核实所提供的资料或获取更详细的资料，当局可视需要在其他国家进行调查，但这种调查要得到有关被调查的公司或商号的同意，还要通知该公司所在国政府并获得其政府同意。

按照《WTO协议》的统一规定，成员方调查当局实施反倾销调查的期限除特殊情况外，应当在1年之内结束，最长不得超过18个月。

在反倾销调查中，当事各方特别是出口商的积极配合是十分重要的。值得指出的是，WTO《反倾销协议》正式引入了"可获最佳信息原则"。"可获最佳信息原则"英文为Best Information Available，又称BIA原则，是指在反倾销调查程序中，如果反倾销案件中的利害关系人拒绝与有关反倾销调查当局配合，不允许反倾销调查当局使用必要的所需信息，或者在合理时间内未向调查当局提供必要的所需信息，或者严重妨碍反倾销调查的进行，反倾销调查当局可以通过其他渠道获得事实和数据，并以此为根据，作出反倾销的初裁和最终裁定，而且不论这些事实和数据是否对被诉方有利，并根据该原则征收反倾销税。制定该原则的目的就是：在有关当事人不配合调查或严重阻碍调查的情况下，反倾销机构有权以该原则为依据，对倾销、损害作出初步或最终的裁决，并根据该原则实施反倾销措施，征收反倾销税。

必须指出，在国际反倾销案件中，进口国调查当局一旦采用“可获最佳信息原则”进行裁定，就会使反倾销案件中不配合的产品生产商或出口商处于极为不利的地位。一定意义上讲，在国际反倾销案件中，被诉产品的生产商或出口商拒绝配合调查、拒绝应诉的行为本身，恰恰为进口国反倾销调查当局提供了让其依据片面之词而作出非客观、非公正裁决的机会。反倾销调查中的被控企业，只有积极应诉配合调查，才有可能排除“可获最佳信息原则”的适用，也才有可能争取较好的结果。经验告诉我们，出口产品一旦在国外遭到反倾销指控，置之不理是不明智的，也不是解决问题的办法，反而会使自己处于更加不利的被动地位。

3. **初步裁决**（Preliminary Determination）

反倾销机构在对倾销进行调查核实后，作出初裁。初裁结果一般有三种：（1）由于缺少证明倾销或损害存在的事实和证据，反倾销机构终止案件而不采取任何保护措施。（2）在调查程序中，由于申诉方主动撤回申诉，反倾销机构终止对案件的调查。实践中，申诉方往往由于缺少足够的证据而撤诉。（3）当初审结果表明有倾销存在并对进口国工业造成损害时，反倾销机构可以作出初裁，并对被控产品征收临时反倾销税或实施其他临时的措施。

4. **最终裁决**（Final Determination）

终裁是反倾销机构在初裁之后，对有关事实和证据作进一步收集与核实后对倾销和损害作出的最终裁决。如果终裁是肯定的，反倾销机构将最终确定一个税率对倾销产品征收最终反倾销税。

5. **司法复审**（Judicial Review）

在GATT反倾销规则中对司法复审并未作出相关的规定，WTO《反倾销协议》首次就反倾销裁定的司法复审问题对各成员方作了统一规定。首先，为了进一步保证司法复审的公平公正，WTO《反倾销协议》要求司法复审必须由独立于原调查机构的法庭进行。司法复审是对涉及最终裁决的行政行为进行迅速审查或复议。这一新的规定对于保障当事各方的合法权益，特别是对被征收反倾销税的当事人的利益的保护是有利的。应该说，这是国际反倾销立法上一次有意义的突破。其次，该协议要求各成员方在其国内立法中应当规定司法、仲裁或行政庭或有关程序，从而保证与反倾销调查及其裁定有关的问题能够得到迅速的审查，并且对各成员方的反倾销机构的执法行为实行有效监督。同时值得注意的倾向是，一些国家的司法复审越来越倾向于突破其传统权利的限制范围，更多地参与对反倾销案件实质问题的判定，而不仅仅局限于对程序方面的审查，比如，有迹象表明欧盟法院对反倾销措施委员会的裁定在其复审中更大程度上参与实质问题的审查和判定。这在一定意义上或许有利于保证反倾销案件裁定更加公平合理，同时作为最后的手段，被诉方可以利用司法复审制度保护其合法利益。

四、反倾销领域中的反规避问题

在国际反倾销领域中的规避（Circumvention），是指在某一出口商的出口产品被进口国征收反倾销税的情况下，出口商采取某些措施或手段来躲避、逃避被征收反倾销税的行为。从国际贸易实践来看，出口商采取的规避反倾销税的措施是多种多样的，常见的主要有以下几种方式：

（1）在进口国境内组装。即在某一出口产品被进口国征收反倾销税的情况下，原出口商为逃避反倾销税转而将原出口产品的零配件或组装件出口到该进口国，并且在该进口国境内进行组装后在该进口国境内销售。这种规避措施实际上是利用了制成品与零配件在各国海关税则分类上不属于同一海关税则之内，从而绕过了反倾销税的征收。

（2）在第三国境内组装。即在某一出口产品被进口国征收反倾销税的情况下，原出口商为逃避反倾销税转而将原出口产品的零配件或组装件出口到第三国进行组装后，再从第三国将组装后的产品以第三国产品的身份向原进口国出口。这种规避措施事实上是通过改变产品的原产地来达到目的的。因为反倾销税的征收仅仅针对来自特定出口国生产的相同或相类似的产品，所以当倾销产品的出口国发生变化时，进口国海关不能依照原有的反倾销税令对来自第三国的产品征收反倾销税。

（3）对产品作细微改变。即原出口商通过仅仅对产品的形式或外观作细微改变，使该产品与已被征收反倾销税的产品处于不同的类别之下，以此达到躲避反倾销税的目的。事实上出口商并未对产品进行功能性的改变，所作的细小改变并不会导致产品在其最终用途、物理特征及消费者购买的选择上发生相应的改变。比如，将农产品经过粗加工后再行出口。

（4）对产品进行后期改进。即出口商对其受到反倾销调查的产品，在功能结构上对产品进行改进。与对商品作细微改变不同，后期改进的产品要求产品具有新的功能，新功能构成该产品的主要用途，且该功能的成本在该产品总成本中占较大比重。

所谓反规避或反规避措施（Anti-circumvention），是指进口国针对外国出口商躲避或逃避被征收反倾销税的行为而采取的相应措施，以阻止其规避反倾销税的行为。各国通常采取的反规避措施是将正在有效实施的反倾销税扩大适用，即一旦认定存在规避行为，则按照原反倾销调查中确定的反倾销税率，对与被征收反倾销税的产品有关的进口零部件或在第三国组装后的产品或经改装后的产品，征收反倾销税。

尽管征收反倾销税是 WTO 允许各成员方在一定条件下采取的用以保护本国国内产业的合法手段，但如何看待对反倾销税的规避行为以及是否应当采取反规避措施，目前各国的认识没有统一。

第五节　国际反补贴法

一、补贴与反补贴

补贴作为一种重要经济调控手段，一直被各国政府广泛使用。不论是发达国家还是发展中国家，都基于本国社会经济发展的需要，维持着不同形式的政府补贴。然而，过度的补贴，尤其是出口补贴，有可能对国际贸易产生不良的负面影响，人为扭曲进出口贸易的流向和国际贸易竞争关系，对他国同类产业造成损害。因此，就有必要对补贴加以规制，使之不至于成为一种不公平的贸易手段，以维护公平竞争的国际贸易秩序。

反补贴是进口国采取的、针对来自他国的接受补贴的产品进口造成国内产业损害的应对性措施，目的是抵消补贴所带来的不利影响，消除不公平竞争。通常，反补贴措施是针对接受补贴的进口商品征收反补贴税。

目前世界各国纷纷制定反补贴的法律，对外国政府的补贴行为采取必要的限制，避免和消除补贴对本国工业的侵害。但应当指出的是，并非所有的补贴都是被反对和禁止的。各国反补贴立法和措施并不是反对和禁止一切补贴，反补贴的措施主要是针对接受出口国政府补贴的进口商品征收反补贴税。

为了协调各国的反补贴法，防止各国补贴与反补贴措施向贸易保护手段转化，GATT 1947 的第 6 条、第 16 条和第 23 条对补贴与反补贴国际规则作出了原则性规定，从而初步形成了国际间多边的反补贴规则，作为指导各缔约方采取反补贴措施的原则。由于 GATT1947 对补贴与反补贴只作了一些非常原则性的规定，并且未对“补贴”一词作出一般定义，缔约国普遍认为有必要在此基础上制定一套更为明确、详细具体的反补贴统一规则。因此，在东京回合谈判中便把补贴与反补贴措施列为重点议题之一，并于 1979 年达成了《关于解释和适用 GATT 第 6 条、第 16 条和第 23 条的协议》（简称《1979 年反补贴规则》）。乌拉圭回合谈判再次把补贴与反补贴列为议题之一，并在东京回合达成的规则的基础上，于 1994 通过并签署了《补贴与反补贴措施协议》（以下简称 SCM 协议）。该协议由 11 个部分、32 条和 7 个附件组成，是 WTO 一揽子协议之一，对 WTO 所有成员方均有拘束力，从而结束了原东京回合达成的反补贴规则仅对 24 个签字方有效的历史。特别应当指出的是，根据 SCM 协议第 10 条的规定，各成员方应当采取所有必要步骤以保证对任何成员方领土的任何产品进口至另一成员方领土征收反补贴税符合 GATT1994 第 6 条的规定和本协议的规定。因此应该说，该协议是以 GATT1994 第 6 条规定为宗旨而制定的，是对 GATT1994 第 6 条的具体解释和运用，它与第 6 条是具体内容与指导原则的关系。该协议目前已经成为指导和统一世界各国反补贴立法与实践的基本原则，对世界各国具有普遍指导意义。因此，在国际反补贴方面了解 SCM 协议的主要内容，是十分重要的。

（一）补贴与专向补贴（Subsidies and specific subsidies）

1. 补贴的概念（Subsidy）

SCM 协议首次对补贴作了明确规定：补贴，是指一成员方政府或其境内的任何公共机构向“某些企业”（指一个企业或产业或一组企业或产业）提供的财政资助，或采取的 GATT1994 第 16 条意义上的任何形式的收入支持或价格支持，并由此而授予了某种利益。按照协议规定，补贴行为具体包括：（1）政府的行为涉及资金的直接转移（赠与、贷款和资产的投入），潜在的资金或债务的直接转移（如贷款担保）；（2）放弃或未征收在其他情况下应征收的政府税收（如税收抵免之类的财政鼓励）；（3）政府提供除一般基础设施以外的货物或服务，或购买货物；（4）政府向基金机构或信托机构拨款或指示某个私营机构履行上述（1）～（3）项通常本属于政府职能的行为，且此种做法与政府通常的做法并无实质性差别；（5）构成 GATT1994 第 16 条意义上的任何形式的收入或价格支持。

从这一定义中，我们可以归纳出补贴的成立必须具备的三个重要条件：（1）提供了某种财政资助；（2）此资助是由成员方政府或公共机构提供的；（3）由于提供此种财政资助而授予了某种利益。从该定义还可以看出，该协议对“财政资助”的界定是广义的，既包括“资金的直接转移”，也包括“潜在的资金的直接转移”，它是产生“利益”的前提，但“利益”并不是它的必然目的。只有产生了“利益”的财政资助才能构成补贴。因此，由政府或公共机构提供的“财政资助”，如果给接受者带来了比市场条件下更优惠的利益，就被认为构成 SCM 协议第 1 条所定义的补贴。同时必须注意，补贴不一定都是由政府直接作出的，提供补贴的主体可能是政府，也可能是经政府授意后的公共机构或私营机构。

2. 补贴的种类

在 WTO 法律框架下，GATT1994 第 6 条和 SCM 协议为 WTO 各成员方政府提供了一个关于评价补贴的衡量标准。该协议混合采用了贸易扭曲学派和贸易损害学派的观点，明确将补贴分为禁止性补贴、可申诉补贴和不可申诉补贴三大类。根据 SCM 协议第 31 条规定，不可申诉补贴的分类仅在“建立 WTO 的协议”生效之日起 5 年内适用，并且期满后委员会并未达成延期适用的决定。于是，该类补贴最终以默认方式于 1999 年 12 月 31 日失效，不可申诉补贴中的各种补贴方式被归入可申诉性补贴。

（1）禁止性补贴（prohibited subsidy），也称红色补贴，是指在 WTO 农产品协议以外，在法律或事实上按出口实绩提供的条件性补贴或以进口替代为目的的条件性补贴，也就是实践中的出口补贴和进口替代补贴。禁止性补贴被认为是对国际贸易造成严重扭曲的专向性补贴。SCM 协议明确规定成员方不得给予或维持此类补贴。

（2）可申诉补贴（actionable subsidy），也称黄色补贴，是指除 WTO 农产品协议规定的农产品补贴以外的，并对其他成员方利益造成有害影响的补贴。这类补贴在一定范围内允许实施，但如果在实施过程中对其他成员方的经济贸易利益造成不利影响或严重损害，受损害的成员方可以采取反补贴措施并诉诸 WTO 争议解决机构解决。可诉性补贴是具有专向性的补贴，即只适用于特定的产业或企业。

（3）反补贴协议原来规定的不可申诉补贴（non-actionable subsidy），也称绿色补贴，是指那些成员方所采取的对国际贸易影响不大、其他成员方不能采取反补贴措施，并且不能诉诸争议解决机构解决的补贴。这类补贴不具有专向性，主要包括为资助企业科研活动，或促进落后地区发展，或资助现有设施改造使之适应新的法定环境要求而提供的非专向性补贴。曾经有呼吁重新恢复不可诉补贴的规定，但随着全球化的逆向演变，这一可能性微乎其微。西方经济体越来越强化针对他国补贴的措施，补贴范围越来越扩大。美国在其执法实践中，已经将汇率认定为补贴措施。

3. 补贴的专向性（Specificity）

补贴的专向性是 SCM 协议最重要的概念之一，因为只有专向性的补贴才受 SCM 协议的约束。

补贴的专向性是指成员方向其辖区内特定企业、特定产业特别提供的补贴。这类优惠是其他企业或产业或地区不能获得的或高于其他企业或产业或地区所享受的待遇。例如，立法将补贴的获得明确限于某些企业，或仅限于授予机构管辖范围内指定地理区域的某些企业以补贴，这些都属于专向性补贴。此外，该协议还规定，禁止性补贴属于具有专向性的补贴。例如，法律或事实上视出口实绩为唯一条件或多种其他条件之一而给予的补贴，视使用国产货物而非进口货物的情况为唯一条件或多种其他条件之一而给予的补贴，属专向补贴。

这里特别需要说明的是，补贴有各种各样的形式和目的，补贴在各国实践中大量存在。但是，如前所述，并非所有的补贴都是 SCM 协议所反对和禁止的。有些补贴可能是一国政府用于促进其本国社会经济发展及实现经济政策目标的重要措施，对于这种补贴，WTO 并不禁止，但要求成员方尽量避免它对国际贸易可能产生的不利影响。按协议规定，只有专向性补贴才能纳入协议所禁止或限制的范围，同时，各成员方只能针对专向性的禁止性补贴和可申诉补贴采取反补贴措施，而不能对非专向性补贴采取措施。

（二）反补贴税及其征收条件

1. 反补贴（Countervailing Measures）

反补贴是指当接受补贴的进口产品对进口国国内产业造成严重损害的情况下，进口国针对接受了补贴的进口产品实施的一定措施。其目的是抵制补贴所带来的不利影响，消除不公平竞争。通常反补贴措施是针对接受补贴的进口商品征收反补贴税。

当今世界各国，不论发达国家还是发展中国家，基于社会经济发展的需要，均大量地存在政府补贴现象。但应当特别指出的是，并非所有的补贴都是被反对和禁止的。有些补贴可能是国家用于促进其社会发展及实现经济政策目标的重要措施，对于这种补贴，WTO 并不禁止，但要求成员方尽量避免它对国际贸易可能产生的不利影响。各国反补贴法不是反对和禁止一切补贴，各国反补贴法和 SCM 协议要求限制和禁止的补贴是指对生产者和销售者的补贴，一般表现为出口补贴。出口补贴的实施导致或可能导致国际贸易中产品价格的扭曲和不公平竞争，严重损害他国的贸易利益，因此被 WTO 严格禁止或严格限制使用。

2. 反补贴税（Countervailing Duties）

根据 GATT 第 6 条第 3 款，反补贴税应当理解为为了抵消在商品的制造、生产或出口环节上所直接或间接给予的任何奖励或补贴而征收的一种特别关税。可以看出，与反倾销税一样，反补贴税并不具有惩罚性，征收反补贴税的目的仅在于抵消补贴。因此，SCM 协议规定，各成员方对接受补贴的产品征收反补贴税的税额不得超过该产品在原产国或出口国制造、生产或出口环节中所直接或间接得到的奖金或补贴的估计金额。

3. 反补贴税的征收条件（pre-conditions）

根据 SCM 协议的有关规定，如果某一缔约国输入的另一缔约国的产品直接或间接地得到了出口国的奖励或津贴，并对进口国某项已建立的工业造成实质性的损害或损害威胁，或者实质阻碍进口国某一工业的建立，则进口该产品的缔约国可对其征收反补贴税（GATT1947 第 6、16 条）。由此可见，征收反补贴税的条件与征收反倾销税的条件基本相同，必须同时具备三个条件：（1）要有出口成员方对进口产品直接或间接地给予补贴的事实；（2）须对进口国国内相关产业造成损害或损害威胁，或者严重阻碍进口国某相关产业的建立；（3）补贴与损害之间有因果关系。只有在同时具备上述三个条件的情况下，成员方才能实施征收反补贴税。

SCM 协议还同时规定，对同一进口产品不得同时征收反倾销税和反补贴税（GATT1947 第 6 条第 5 款）。

（三）反补贴的救济措施

SCM 协议规定了三种反补贴措施：临时措施、承诺和征收反补贴税。

1. 临时措施（Provisional Measure）

反补贴临时措施是指当反补贴初步调查结果表明有补贴事实和损害存在的情况下，为阻止在调查期间损害的继续发生，有关当局可以在初裁中决定征收临时反补贴税。但临时措施必须在反补贴案件正式立案调查起 60 天后才能实施，最长不得超过 4 个月。

2. 承诺（Undertakings）

承诺是指出口方政府或企业为了避免被征收反补贴税，在进口国当局作出初步肯定裁决后，自愿作出承诺，同意取消或限制补贴或者自动采取其他措施消除由于补贴所引起的有害后果，或同意提高出口产品的价格，以抵消损害后果。对于出口方政府或企业作出的承诺，进口国当局有权自行决定是否接受。

3. 征收反补贴税（Countervailing Duties）

反补贴税是指当接受补贴的产品导致进口国工业损害时，由进口国政府对受补贴的进口产品征收的除正常关税以外的一种特别税。反补贴税征收的额度以产品实际接受补贴的额度为限。如果课征较低的反补贴税就足以抵消补贴对进口国国内产业的损害，反补贴税税额则可以低于实际补贴额。反补贴税的执行期限应以抵消补贴造成的损害所必需的时间为准，但任何反补贴税的征收均须于征收之日起 5 年内终止，除非有关当局根据复查结果认定这一终止可能导致补贴及损害的延续或复发。

此外，SCM 协议一个突出的特点是对补贴规定了两种救济制度。按照 SCM 协议的有关规定，当某一成员方的利益由于其他成员方采取补贴而受到损害时，在受损害方与采取补贴的一方磋商未果的情况下，受损害的一方可以将补贴争议提交 WTO 争议解决机构解决。

反倾销税和反补贴税是两种特别关税，各有自己的适用条件。现实实践中表现出同时征收反倾销税和反补贴措施的趋势。

第六节 保障措施

一、保障措施的概念

保障措施（Safeguard Measures），又称紧急措施。GATT1994 第 19 条对保障措施作了明确规定：如果因无法预见的情况和因一缔约方承担了 GATT 协议项下包括关税减让在内的义务的影响，导致任何产品进口到该缔约方领土内的数量大量增加，并且对该缔约方领土内相同产品或者与该产品有直接竞争关系的产品的国内生产商造成严重损害或严重损害的威胁的，该缔约方有权在防止或补救此种损害的必要的限度和时间内，针对该产品全部或部分地中止其减让义务，或撤销、修改其减让义务。

保障措施是目前 WTO 框架内允许各成员方在一定条件下采取的旨在保护和调整本国市场和产业，使本国市场和企业免受大量进口产品有害冲击的一种临时限制进口的保护性贸易措施。英文中有一个很形象的表达："escape clause"。应该说，保障措施是情势变迁原则在国际贸易领域中的具体运用和体现。

二、WTO 保障措施协议及其主要内容

保障措施是一国采取的一种紧急限制进口的措施，明显具有对一国境内市场和产业的保护和防御功能，因此，保障措施的运用不当或者滥用势必会在国际贸易中形成新的贸易壁垒，极易成为推行贸易保护主义的工具。为了防止 WTO 各成员方对保障措施的滥用，建立并加强对保障措施实施的多边约束，乌拉圭回合谈判在成员方之间达成了 WTO 保障措施协议，对 WTO 各成员方实施保障措施的前提条件和原则作出了统一的严格规定。

（一）实施保障措施的前提条件

为加强对成员方保障措施实施的多边控制，以防止保障措施的滥用，WTO 保障措施协议对各成员方实施保障措施规定了较为严格的前提条件，各成员方只有在同时满足这些条件的情况下才得以援引 GATT1994 第 19 条的规定对有关进口产品实施保障措施，否则就违反了 WTO 成员方义务。

（1）必须存在有关进口产品数量大量增加的事实。成员方采取保障措施的首要前提

条件就是有证据表明某一正在进口的产品的数量在大量增加。值得注意的是，对这种进口数量的大量增加是有一定要求的。进口数量的大量增加应该是针对某种正在进口的产品，而且这种产品进口数量的大量增加是足够近期的、突然的和急剧的；同时，这种大量增加既包括正在进口的产品的绝对数量的增加，也包括进口产品的相对数量的增加。

（2）产品进口数量的大量增加必须是进口成员方在其承诺有关关税减让义务时无法合理预见的。也就是说，并不是因任何原因引起的产品进口数量的大量增加都可以满足成员方实施保障措施的前提条件。首先，该协议要求产品进口数量的大量增加必须是由于一成员方承担了GATT1994协议项下的包括关税减让在内的义务造成的结果；其次，这种结果的发生必须是成员方在其承诺有关关税减让义务时无法合理预见的，是始料未及的。

（3）必须有损害事实的存在。实施保障措施的目的是防止或补救大量进口产品对进口国生产商造成的损害，因此，即便存在进口数量大量增加的事实，但在进口成员方的国内相关生产商并没有遭受严重损害的情况下，进口成员方仍然不得援引GATT1994第19条实施保障措施。各成员方要想实施保障措施，就必须有事实证明进口成员方国内相关生产商遭受了严重损害或面临严重损害的威胁。所谓严重损害，应当理解为对进口国产业状况的重大、全面损害；所谓严重损害的威胁，应理解为明显迫近的严重损害。

（4）产品进口数量的大量增加与损害事实之间存在因果关系。虽然存在进口数量大量增加的事实，也存在严重损害的事实，但是如果损害并非进口数量大量增加所造成的，成员方仍然不得实施保障措施。只有根据调查，有客观证据证明有关产品进口数量的大量增加与进口成员方境内生产商遭受的严重损害之间存在因果关系的情况下，成员方才得以实施保障措施。如果国内生产商或产业遭受的严重损害是产品进口数量大量增加以外的因素造成的，则此类损害不得归咎于产品进口的增加。

（二）保障措施的实施原则

与反倾销措施不同，保障措施的实施所针对的并不是不公平的竞争行为，它所针对的是在公平贸易状况下，由于在进口国承担了关税减让义务之后发生了无法预见的情势而导致有关产品进口数量的大量激增，并对进口国相关产业造成严重损害的情形。而对于这种数量的激增及其造成的严重损害的结果，出口方并没有任何过错。因此，要求保障措施必须是在坚持公平合理的原则和维护WTO各成员方之间利益平衡原则的基础之上加以实施。按照WTO保障措施协议的有关规定，保障措施的实施必须遵循的具体原则有：

（1）保障措施应当在非歧视原则基础上加以实施。根据该协议的要求，保障措施应当非歧视性地针对所有正在进口的某种产品加以实施，而不论产品来源于哪个出口成员方。

（2）保障措施的实施应当在合理的限度内。实施保障措施仅限于为了防止或补救国内相关生产商遭受的严重损害和对国内相关产业进行调整所必需的时间和限度之内，而不得超出必要的时间和限度。同时，该协议要求成员方在保障措施的形式上应当选择为实现补救目标最合适和恰当的措施。

（3）对受到影响的出口成员方给予适当的贸易补偿的原则。从根本上讲，这是公平原则在处理 WTO 成员方之间贸易关系问题上的具体体现。但实践中，这种情形几乎没有出现过。

三、保障措施与反倾销措施的异同

（一）保障措施与反倾销措施之间的相同点

（1）保障措施与反倾销措施的立法目的相同。二者都是当前 WTO 多边国际贸易制度中允许各成员方设立并使用的用以调整本国对外贸易政策、维护本国经济安全的保护性措施。两项措施的作用都是通过限制进口，使本国相关产业免受外来的不良冲击和损害，保护本国市场和相关产业。

（2）二者在实施条件上有相同之处，即二者的实施条件都包括进口产品存在对进口国同类产品或直接竞争产品的国内生产商造成严重损害或严重损害的威胁的事实。如果没有严重损害或严重损害的威胁的事实，进口国是不可以采取反倾销和保障措施的。

（二）保障措施与反倾销措施的主要区别

尽管保障措施与反倾销措施之间具有一定的相同点，但是二者之间还存在显著的区别。这些区别具体表现在以下几方面：

（1）二者适用的范围不同。如前所述，保障措施是在公平的贸易状态下，进口国政府针对那些始料未及的，但是的确危害本国产业的进口产品所采取的一种限制进口的手段。此种情况下，出口商方面并没有任何过错。反倾销措施则不然。反倾销措施是在非正常贸易状态下，为了制止非正常的贸易行为所采取的贸易措施，即在出口商对进口国国内市场倾销其产品并对进口国国内产业带来实质性损害的情况下，进口国政府针对给本国相同产业造成损害的倾销产品所采取的一种保护性措施，从而限制进口。此种情况下出口商是有倾销产品的过错的。

（2）二者要求的损害条件不同。尽管实施反倾销措施和保障措施都要求进口产品对进口国同类产业造成损害，但是，二者要求的损害程度是不同的。首先，保障措施要求的损害仅仅是严重损害和损害的威胁，并不包括实质性阻碍同类产业的建立；而反倾销措施要求的损害包括三方面，即实质性损害、实质性损害的威胁和实质性阻碍同类产业的建立。其次，尽管二者都要求有损害的事实，但二者要求损害的程度不同。保障措施要求的严重损害的程度要比反倾销措施要求的高。保障措施要求的严重损害的程度应当理解为对一成员方国内的产业状况的重大、全面减损，并且应该是明显迫近的严重损害，足以使进口国的相关产业处于非临时性的极为困难或濒临破产的境地。而反倾销措施所要求的只是实质性损害，至于到什么程度才构成实质性损害，WTO《反倾销协议》并没有具体规定。因此，反倾销措施要求的损害条件相对比较容易满足，而要满足保障措施所要求的损害要件则相对困难得多。

（3）反倾销措施只要求证明有倾销和损害的存在，以及二者之间的因果关系；而保障措施则不仅要求证明产品的进口数量激增与进口国同类产业严重损害之间存在因果关系，同时要求证明这种大量进口是进口成员方承担了关税减让义务之后所产生的，而且这种由于进口数量激增而遭受的严重损害必须是在承担关税减让义务时所不能预见的。也就是说，需要证明损害的后果是无法预见的。可见，保障措施对损害要件的要求更加严格，并不是说只要存在严重损害的事实，就满足保障措施对损害要件的要求。保障措施所要求的损害必须是由于保障措施协议当中所规定的原因引起的。因此，一定意义上说，保障措施实施方负有更多的举证责任。

（4）二者适用的原则不同。反倾销措施是允许进口国有选择性地针对某一个或多个出口国的出口商的倾销产品采取的措施，它并不要求在无歧视原则的基础上对所有出口国的产品加以实施；保障措施则不然，根据WTO保障措施协议的要求，保障措施的实施必须无歧视性地针对所有某一正在进口的产品实施，而不考虑其源于哪个出口国。

（5）二者采取的救济措施不同。反倾销措施是以征收反倾销税的形式为主；而保障措施的救济方法则有多种形式，比如进口国提高关税，对进口产品实施关税配额，或者采取数量限制等。

（6）二者实施的目的和后果不同。反倾销措施的目的是抵制和防止出口商的倾销行为，征收反倾销税是为了抵消倾销给本国带来的损害，因此反倾销措施的实施事实上是进口国对出口商倾销行为的还击。而在实施保障措施的情况下，保障措施的实施方（即进口国）在实施保障措施以后一般负有向受该措施影响的出口方（即出口国）给予经济补偿的义务。这是因为，保障措施所针对的是在公平贸易状况下的产品进口数量激增所导致的对本国相关产业的损害，此时，出口商对进口数量的激增并不存在任何过错；同时，由于保障措施必须是在最惠国基础上实施，所以进口国一旦实施保障措施，必然会对相同产品的所有出口商造成不同程度的贸易损害，影响所有出口国的正当利益，这对于没有过错的出口国或出口商是不公平的。因此，WTO保障措施协议要求实施保障措施的各成员方应当努力在它与可能受该措施影响的出口成员方之间，通过贸易补偿的方式维持在GATT1994项下关税减让后达成的利益平衡，并且规定了有关成员方可以就该措施的实施对其贸易产生的不利影响商定一定的贸易补偿方式。可见，保障措施实施的后果在这一点上与反倾销措施的实施后果是很不同的。

问题与思考

1. 简述关税的概念、作用、种类以及关税的征收。
2. 简述非关税措施的概念、作用及主要制度。
3. 简述我国对外贸易管理的具体制度和措施。
4. 简述WTO多边贸易规则对成员方政府对外贸易管理的制约。
5. 简述倾销与反倾销的概念。
6. 简述采取反倾销措施的前提条件。

7. 简述反倾销的主要措施及其实施原则。
8. 简述补贴及补贴的种类。
9. 简述反补贴的概念以及采取反补贴措施的前提条件。
10. 简述保障措施的概念、实施保障措施的前提条件和应当遵循的原则。
11. 试比较反倾销、反补贴、保障措施之间的区别与联系。

PART THREE

3

| 第三编 |

国际投资法

第十章
国际投资法概述

本章概要

始于资本主义发展时期的国际投资，在第二次世界大战后得到迅猛发展。跨国公司取代国家成为国际投资的主体，国际直接投资成为国际投资的主要方式。国际投资推动国际经济的进一步发展。国际投资法以国际直接投资为主要调整对象，其核心是国际投资保护和投资自由化，是有关国际投资的国内法律和国际法律构成的独立法律体系。

关键术语

国际投资　国际直接投资　国际证券组合投资　国际投资法　TRIMs

第一节　国际投资概述

国际投资是国际经济的重要组成部分。国际直接投资增加了资本存量，促进了人力资本积累，加速了东道国的技术进步。① 2002 年《蒙特雷共识》指出，国际投资对于经济持续增长以及最终减少贫困具有重要意义。② 本节简要介绍国际投资的概念、种类和主要形式。

一、国际投资的概念和种类

国际投资相对于国内投资，是国际资金流动的一种基本形式，也是国际经济合作的重要组成部分。③ 解决投资争议国际中心（ICSID）认为投资的要素包括：投资者的投

① See Xiaolun Sun, "Foreign Direct Investment and Economic Development, What Do the States Need To Do?", at http://unpan1.un.org/intradoc/groups/public/documents/un/unpan006348.pdf.

② 参见联合国《发展筹资问题国际会议的报告》，A/conf. 198/11，第 20 段，见 http://unctad.org/ch/docs/aconf198d11_ch.pdf。

③ 参见姚梅镇：《国际经济法概论》，362 页，武汉，武汉大学出版社，1989。

入、履行合同持续一定时间、承担交易风险和取得利润，以及对投资东道国经济发展的贡献。[①] 广义的国际投资包括国际直接投资和国际间接投资，狭义的国际投资仅指国际直接投资。

根据投资主体，国际投资可以分为国际私人投资和政府投资。政府投资的主体包括政府、国有企业和官方投资基金（包括主权基金）等。[②]

根据外国投资者是否控制企业的经营活动，国际投资可以分为国际直接投资和国际间接投资。国际直接投资，又称股本投资，是指一国私人（包括自然人和法人）在外国投资经营企业，直接或间接控制其投资企业的经营活动。[③] 经济合作与发展组织（OECD）认为，"外国直接投资是一个国家的居民（直接投资者）在其所在国之外的另一个国家的居民（直接投资企业）进行的以获得持久利益为目的的活动。持久利益的含义是直接投资者和企业之间存在一种长期的关系，直接投资者对企业的经营有重大的影响"[④]。国际货币基金组织（IMF）在《国际收支手册》中也强调了直接投资者与投资企业之间的持久利益，并指出直接投资者寻求对投资企业的管理进行有效控制或重大影响。[⑤] 直接投资者一般应在投资企业直接或者间接持有10%或以上的投票权。[⑥] 国际间接投资不寻求对投资企业的有效控制或重大影响，主要方式是国际证券组合投资、国际贷款等。国际证券组合投资是指投资者选择各种证券资产而形成的投资组合。与国际直接投资相比，在投资性质上，国际直接投资是生产资本的投入，国际证券组合投资的目的是金融资产的投入；在资金流量上，国际证券组合投资的资金净流入较国际直接投资更多；在投资者特征上，国际直接投资者记名，而国际证券组合投资中投资者对证券发行者（可能是企业）来说往往是不记名的；在投资回报方式上，国际直接投资中投资者具有长远利益，参与和控制投资企业的经营管理，而国际证券投资者不参加投资企业的经营管理，仅以其持有和交易证券获得收入；在退出机制上，国际直接投资者由于涉及股权变动相对较难退出，国际证券组合投资工具（外国公司的股票、债券或其他票据）

---

① Salini Costrutorri S. P. A and Italstrade S. P. A v. Kingdom of Morocco (Decision on Jurisdiction), 42 ILM 609 (2003), para. 52.

② See Shima, Y. (2015), "The Policy Landscape for International Investment by Government-controlled Investors: A Fact Finding Survey", *OECD Working Papers on International Investment*, 2015/01, OECD Publishing. 尽管在该报告研究的1 813个双边投资协定和自由贸易协定中，有84%的协定未明确区分私人投资和政府投资，但是近年来签订的投资协定显示出双边投资协定除规范私人投资外也规范政府投资的趋势。中国投资有限责任公司是我国的主权基金，自觉严格遵守主权财富基金《圣地亚哥原则》。该公司在境外投资基本原则上，坚持基于商业目的，作为财务投资者，不寻求对被投资企业的控制。截至2019年12月31日，对上市公司的股权投资占境外投资组合总额的38.9%，此外还有对泛行业的直接投资和基础设施等，参见《中国投资有限责任公司2019年度报告》，第37页，http://www.china-inv.cn/china_inv/xhtml/Media/2019CN.pdf。

③ 参见陈安主编：《国际投资法》，2页，厦门，鹭江出版社，1987。

④ *OECD Benchmark Definition of Foreign Direct Investment*, Third Edition, 1999, pp. 7 - 8, at http://www.oecd.org/daf/inv/investment-policy/2090148.pdf.

⑤ See International Monetary Fund, *Balance of Payments*, para. 177, 320, 359, at http://www.imf.org/external/np/sta/bop/BOPman.pdf; Balance of Payments and International Investment Position Manual (Six Edition/BPM6), para. 6.4, 6.8 - 6.13, at http://www.imf.org/external/pubs/ft/bop/2007/pdf/bpm6.pdf.

⑥ Id., para. 6.12.

具有流动性，证券组合投资者较易退出。① 随着国际金融市场的发展和金融工具创新，国际证券组合的交易范围不断扩大。

二、国际投资的主要形式

在19世纪早期，国际投资的主要形式是间接投资，通过贷款和政府债券在国际市场募集资金。从19世纪中期开始，通过对铁路、电报等基础设施的建设以及自然资源的开发，国际直接投资不断增长。② 两次世界大战期间，资本流动收缩，组合证券投资崩溃。第二次世界大战后，跨国公司日益扩大，国际直接投资成为国际投资的主要形式。③

随着国际经济一体化，国际投资形式不断创新。国际投资的主要形式包括：

（1）国际贷款，是指政府、国际组织、银行、其他经济组织与个人依据贷款协议向外国借贷人提供借贷资金，定期获得清偿。

（2）国际证券组合投资，是指外国投资者购买股票、债券等有价证券而取得相应收益并承担风险。

（3）独资经营，是指外国投资者依照东道国法律在东道国境内举办的全部投资为外国资本的公司或非公司实体，由外国投资者独立经营、自负盈亏。

（4）合资经营，是指外国投资者与东道国投资者依照东道国法律在东道国境内举办公司或非公司实体，由各投资者共同出资设立，共同经营，共担风险，共负盈亏。

（5）合作经营，是指外国投资者与东道国投资者依照东道国法律在东道国境内设立公司或非公司实体，并依据投资合同中的约定承担出资义务、经营义务和分享风险与收益。

（6）并购外国企业，是指外国投资者依照东道国法律，购买东道国境内公司或非公司实体的部分或全部股权、资产，或者通过协议控制该境内公司或非公司实体，并承担相应的风险和获得收益。

（7）合作开发自然资源，是指外国投资者单独或联合参与东道国自然资源开发项目，各投资者按照合同约定承担投资义务和分享风险与收益。

其中，新设独资经营企业、合资经营企业、合作经营企业又被称为“绿地投资”，即外国投资者依据东道国法律在东道国境内设立部分或全部资产所有权属于外国投资者的企业。而跨国并购外国企业的方式又被称为“褐地投资”。绿地投资中可能包含国际技术转让；国际技术转让也是国际技术贸易的一种形式。

（8）其他形式。国际投资还可以采取其他形式，如用于基础设施建设的BOT。BOT即“建设—经营—转让”，是指政府通过特许权协议，在规定的时间内，将项目授予由外商为特许权项目成立的项目公司，由项目公司负责该项目的建设和运营，至合同期届满

① *Balance of Payments and International Investment Position Manual*, Six Edition/BPM6, para. 6. 56.

② See R. Doak Bishop, James Crawford, W. Michael Reisman, “Foreign Investment Dispute, Cases, Materials and Commentary”, *Kluwer Law*, 2005, pp. 2-3.

③ Organization for Economic Cooperation and Develop, International Investment Law: Understanding Concepts and Tracking Innovations, OECD Publishing, 2008, p. 47.

时项目公司将该项目移交给政府。BOT往往同时包含国际贷款、国际证券组合投资、合资经营、国际工程承包和技术转让，是公私合作伙伴关系（PPP）的一种类型。

第二节　国际投资法概述

一、国际投资法的概念、特征及发展

（一）国际投资法的概念和特征

国际投资法是国际经济法的重要分支，是调整国际私人直接投资关系的国内法规范和国际法规范的总称。国际投资法具有以下特征：

（1）国际投资法仅调整私人投资关系。国际投资法调整的投资主体主要是指自然人、公司或非公司实体。国际投资法一般不调整政府投资，但是政府、国有企业和官方投资基金（包括主权基金）参与私人投资活动，非行使公权力而以商业为基础时，可以等同于私人投资对待。

（2）国际投资法仅调整直接投资关系。国际投资法不调整间接投资关系。国际间接投资关系适用与具体投资形式有关的法律，如国际证券组合投资适用公司法、证券法、票据法等，国际贷款适用合同法、国际组织法、国际贷款协定等。

（3）国际投资法调整的国际私人直接投资关系既包括国内关系，也包括国际关系。国际投资法调整外国投资者与东道国政府、外国投资者与本国、外国投资者母国与东道国之间的关系，内容包括国际投资保护、鼓励、规制，是国内法规范和国际法规范的总称。

（二）国际投资法的发展

国际投资法随着国际投资的发展而发展，其核心是国际投资保护和投资自由化。从早期美国推行的友好通商航海条约到20世纪60年代德国推动的欧洲式专门化的双边投资条约，以及各个多边投资条约和文件的起草尝试，都体现了发达国家和发展中国家围绕经济主权在创建国际经济新秩序的过程中不断博弈。

传统国际法对国际投资的保护主要依据国家责任，即国家对其国际不法行为承担责任。1930年国际联盟曾试图就外国人在东道国领土中造成的人身及财产损失产生的国家责任起草条款，但之后认为时机未成熟而放弃。1948年关于建立国际贸易组织的《哈瓦那宪章》试图规范外国投资保护和待遇，但由于该条约最后未能通过也告失败。

此后，1949年国际商会（ICC）《关于外国投资公平待遇的国际法典》、1949年国际法协会（ILA）《外国投资仲裁庭和外国投资法院规约草案》、1959年《阿布斯/肖克罗斯外国投资公约草案》、1961年《国家侵害外国人之国际责任公约草案》、1961年OECD《资本移动自由化法典》和《经常项目无形经营自由化法典》、1967年OECD《保护外国人财产公约草案》等文件对国际投资提出规范建议，并在不同程度上影响了双边投资协

定和东道国国内法。①

在推动投资自由化方面，世界银行、OECD 积极推动国际投资保护的一致规则。1992 年，世界银行制定了《外国直接投资待遇指南》，希望通过提出被普遍接受的国际标准补充双边投资条约。1998 年 OECD 提出了一个多边投资协定（MAI）草案，但未能在 OECD 成员国中达成一致，也没有发展中国家的参与。

WTO 创设了调整贸易和投资的多边体制，极大地推动了投资自由化。但是 WTO 对于投资的规范比较有限，对投资保护的规定比较原则。

1982 年美国以加拿大《外国投资审查法》中的某些规定违反 GATT 为由，向 GATT 专家组提起诉讼。专家组确认国内投资措施可能对贸易有消极影响，从而促成乌拉圭回合达成《与贸易有关的投资措施协定》（以下简称 TRIMs）。TRIMs 是世界贸易组织框架内第一个直接规范投资措施的文件。

投资措施可划分为“与贸易有关的”和“与贸易无关的”。TRIMs 规定 WTO 成员不得实施与 GATT1994 第 3 条（国民待遇）和第 11 条（一般取消数量限制）不符的“与贸易有关的”投资措施，无论该措施是国内法或行政命令项下的强制性的措施，还是虽非强制性但是为取得优势地位所必需的措施。TRIMs 在附录的解释性清单中明确禁止五种投资措施，分别是当地成分要求、贸易平衡要求、进口替代要求、进出口用汇限制和国内销售。TRIMs 酌情适用 GATT1994 规定的所有例外。自 1996 年至 2021 年 5 月，WTO 已有 45 起案件涉及 TRIMs。如美国诉印度汽车产业影响贸易和投资措施案（DS175）中，美国认为印度进出口政策文件中对汽车企业进口汽车整车和零部件进行当地成分要求和贸易平衡要求违反 TRIMs。阿根廷诉欧盟和西班牙有关生物柴油进口措施案（DS443）中，阿根廷认为西班牙部长令中为达到欧盟规定的可再生能源目标而实施的进口数额分配违反 TRIMs。

此外，《服务贸易总协定》（GATS）规范成员国服务业的市场准入和经营运作也涉及国际投资。在中国影响某些出版物和视听娱乐产品的贸易权和分销服务的措施案（DS363）中，专家组认定中国禁止外商投资以电子形式从事录音制品分销服务以及对外商投资企业经销录音录像制品方面的限制措施违反 GATS。中国随后修改了相应国内法。在中国影响金融信息服务和外国金融信息服务商的措施案（DS372，DS373 和 DS378）中，欧盟、美国和加拿大提出中国要求外国金融信息提供者必须由新华社批准经营，并在 2007 年《外商投资产业指导目录》中将其列为禁止投资的服务门类，违反了中国在该领域的市场准入承诺。最终中国与加拿大、美国和欧盟签署谅解备忘录，允许外国金融信息服务商设立正常的商业存在，并将原新华社监管金融信息服务商的职权移交给一家独立监管机构。在美国诉中国部分影响电子支付服务的措施案（DS413）中，专家组认定中国部分影响电子支付的措施营造了有利于银联的竞争条件，没有给予其他电子支付供应商以国民待遇，违反了 GATS 和中国“入世”承诺。中国随后开放电子支付产业。②

---

① 参见刘笋：《国际投资保护的国际法制——若干重要法律问题研究》，19～36 页，北京，法律出版社，2002。

② 2015 年 4 月颁布《国务院关于实施银行卡清算机构准入管理的决定》，2016 年颁布《银行卡清算机构管理办法》，2018 年中国人民银行发布〔2018〕第 7 号公告规范设立外商投资支付机构的程序及其运营、监管要求。

同时《与贸易有关的知识产权协定》（TRIPs）和 SCM 协议也对 WTO 成员方的国内外资法产生影响。如土耳其关于药品生产、进口和销售的特定措施案（DS583）中，欧盟提出土耳其关于医药产业结构性调整的发展规划、《社会保险机构法》等对药品生产的本地化要求、技术转让要求等违反了 TRIMs、TRIPs 和 SCM 协议。

随着国际投资的发展，国际投资协定数量不断增加。2019 年国际投资协定总数达到 3 284 个。[①] 区域经济贸易协定越来越多地涉及投资规则，如《加拿大与欧盟全面经济贸易协议》（CETA）、《全面与进步跨太平洋伙伴关系协定》（CPTPP）、《美墨加协定》（USMCA）、《非洲大陆自由贸易区协定》、（AfCFTA）、《区域全面经济伙伴关系协定》（RCEP）等。从投资规则发挥的作用看，近些年来，各国在促进和保护国际投资自由化的同时，对外国投资限制和监管也在增加。根据 UNCTAD 统计，2018 年约 55 个国家和经济体出台了至少 112 项影响外国投资的政策措施，其中 34%的措施引入了对外国直接投资的新的限制和规制。[②] 国际投资协定面临重新平衡保护外国投资者和国家发展空间的挑战，以及实现可持续发展目标的挑战。[③]

二、国际投资法的渊源和体系

国际投资法的渊源是指国际投资法的各种具体表现形式。国际投资法是由有关国际投资的国内法和国际法构成的独立的法律体系。

（1）国内法方面的渊源。按照资本流向，国内法包括资本输入的外国投资法律和资本输出的对外投资法律。按照规范的目的，一国的外国投资法律包括投资的促进、保护和管理的法律规则。

（2）国际法方面的渊源。包括双边投资条约、区域经济贸易协定和世界性多边条约、国际惯例和联合国大会决议。联合国大会通过的 1962 年《关于自然资源之永久主权宣言》、1974 年《建立新的国际经济秩序的行动纲领》和《各国经济权利和义务宪章》体现了国际社会对国家经济主权的法律确信，是资本输入国对外国资本实行征收或国有化的国际法依据之一。

课堂讨论案例

（一）基本案情

2009 年 5 月，加拿大安大略省出台《绿色能源及绿色经济法》，鼓励发展可再生能源发电，规定符合条件的可再生能源供应商可以在 15～20 年内以固定价格出售电力。省

① See UNCTAD, World Investment Report 2020: International Production Beyond the Pandemic, at https://unctad.org/system/files/official-document/wir2020_en.pdf, p. XII.

② 参见联合国贸易和发展会议：《世界投资报告 2019：经济特区》“要旨和概述”，at https://unctad.org/en/PublicationsLibrary/wir2019_overview_ch.pdf。

③ 参见联合国贸易和发展会议：《改革国际投资协定制度——前进之路问题专家会议的报告》，TD/B/C.II/EM.4/3，at https://unctad.org/meetings/en/SessionalDocuments/ciiem4d3_ch.pdf。

电力局随后出台政策（可再生能源回购计划，FIT），规定风力发电设备的本地成分率应达到25%，并在一定期限后提高到60%。除该项要求外，加拿大政府还出台了政府采购优惠、减税和补贴等激励手段以及设定可再生能源配额标准和目标。

2010年9月13日，日本就上网电价计划的本地成分要求与加拿大提出磋商。

2011年10月6日，争端解决机构就日本与加拿大之间的争议建立了专家组。2012年12月19日，专家组发布了报告。2013年2月5日，加拿大向上诉机构上诉。2013年2月11日，日本也提出了上诉。2013年5月24日，上诉机构报告获得通过。

（二）上诉机构的裁决及理由

本案涉及两种产品（发电设备和电力）和一项措施（FIT措施）。

上诉机构认为由于安大略省未被加拿大列入适用《政府采购协定》的次中央实体清单，因而安大略省购买可再生能源发电不符合GATT第3条第8款（a）所规定的政府采购不适用GATT的例外。

对发电设备提出的当地成分要求违反了GATT第3条第4款规定的国民待遇。

FIT措施是与投资有关的措施，其仅收购符合当地成分要求的风力发电，违反了TRIMs第2条第1款。该款规定："在不妨碍GATT1994中其他权利与义务的前提下，成员方不得使用任何与GATT1994第3条或第11条规定不相符合的与贸易有关的投资措施。"TRIMs以"附件列示清单"的形式规定违反GATT第3条国民待遇原则的具体投资措施，包括："(a) 要求企业购买或者使用国内产品或者任何来源于国内的产品，包括规定使用特定产品、规定数量或价值，或者规定使用当地产品的比例；(b) 要求企业购买或使用进口产品限制在与使用当地产品的数量或价值相当的水平。"TRIMs以"附件列示清单"的形式列举了违反普遍取消数量限制义务的具体投资措施，包括："(a) 普遍限制企业用于当地生产或与当地生产有关的进口……(c) 限制企业产品出口或供出口产品的销售，包括规定特定产品、规定数量或价值，或者按照当地产品的数量或价值确定比例。"

尽管TRIMs第3条规定GATT1994项下的所有例外均应酌情适用于该协定，但是加拿大未能证明FIT措施符合GATT第20条规定的"危及人类生命健康"或"可用竭的自然资源"例外。并且，作为诸边协议《政府采购协定》的缔约方，即使安大略省被加拿大列入适用该协定的次中央实体，《政府采购协定》也明确规定了政府采购外国产品的非歧视待遇，因此对发电设备的当地成分要求也不符合《政府采购协定》。加拿大辩称的对发电设备进行当地成分要求也不符合基于"公共利益"的非歧视待遇的例外。

请结合本章内容，回答下列问题：

(1) 为什么不能要求发电设备必须是国内产品？

(2) 如果加拿大为鼓励本国风电产业，规定向国内投资企业收购的电价高于向外国投资企业收购的电价，这是否违法？

(3) 环境保护与投资是什么关系？

问题与思考

1. 比较国际直接投资和国际证券组合投资。

2. 简述国际投资法的概念、特征和渊源。
3. GATT 与 TRIMs 之间是什么关系？
4. TRIMs 明确禁止的投资措施有哪些？

第十一章

资本输入国的外国投资法制

本章概要

投资是拉动经济增长的三驾马车之一。资本输入国为吸引和利用外资，实现本国产业政策及防止外资对国家安全和经济利益产生消极作用，其外国投资法的主要内容包括投资者权利义务和对外资的鼓励、保护和管制。我国自改革开放以来，根据自身经济发展的阶段和特点，制定和实施《外商投资法》，不断完善外资法体系，为市场经济的建设提供了重要的法律保障。

关键术语

外国投资法　负面清单　外商投资企业　《外商投资法》外资并购　股权并购　资产并购　协议控制　安全审查　反垄断审查　可持续发展

第一节　外国投资法概述

一、外国投资法的概念和立法特点

外国投资法是指资本输入国制定的关于调整外国私人直接投资关系的法律规范的总称。主要内容包括投资者权利义务，以及对外资的鼓励、保护和规制。

各国对外国投资进行规范的法律名称不一，立法技术不同。大致可分为三种立法体制和形式①：

第一，统一法模式。制定比较系统的、统一的外国投资法典或基本法作为主要调整规范，以其他涉及外国投资法律关系的法律和法规为辅助规范。如墨西哥 1989 年《外国投资法》规定，国家外国投资委员会负责审查和批准资本要求、固定资产投资、非墨西哥资本的融资形式、环境要求、就业创造计划、出口平衡、收购新技术、对较不发达地区投资等。再如印度尼西亚 1967 年《外国投资法》、加拿大 1985 年《投资加拿大法》、

① 参见余劲松主编：《国际投资法》，4 版，121～132 页，北京，法律出版社，2014。即使发达国家多采用第三种分散模式调整外国投资，其对于外资的管制也在加强，如美国 2007 年《外国投资和国家安全法》专门规定了对外国投资的安全审查机制，此后 2008 年《外国人合并、收购、接管条例》和 2018 年《外国投资风险审查现代化法》不断强化外资安全审查。

缅甸 1988 年《外国投资法》、俄罗斯 1999 年《俄罗斯联邦外国投资法》。

第二，专门模式。没有制定统一的外国投资法典或基本法，而是区别内资与外资，通过多个专门的有关外资的单行法规共同调整外国投资。我国此前以《中外合资经营企业法》《中外合作经营企业法》《外资企业法》作为特别法，以《公司法》作为一般法适用于外国投资。为适应投资趋势变化，改变分散调整中的不便，进一步全面深化改革开放，我国颁布《外商投资法》作为第一部调整外资的基础性法律。对于中外合作勘探开发自然资源，则适用《对外合作开采陆上石油资源条例》和《对外合作开采海洋石油资源条例》。

第三，分散模式。未制定专门的外国投资法典或基本法，而是通过一般国内法律、法规来调整外国投资关系及其活动。如澳大利亚 2001 年《公司法》和 1975 年《外国收购和接管法》、德国 1961 年《外贸和支付法》、印度 1999 年《外汇管理法》、日本 1949 年《外汇和外贸管理法》。再如阿联酋对外国投资适用 1981 年《代理法》和 1984 年《公司法》，而英国对外国投资和内国投资统一适用 2002 年《企业法》。①

外国投资法的立法模式应当适应本国经济发展状况，并没有绝对的优劣之分。随着国家对经济的管理和调控政策的改变，外国投资法立法模式也会进行调整。如越南通过 2006 年《投资法》取代了 1996 年《外国在越南投资法》，《投资法》同时适用于越南境内投资者和外国投资者在越南境内的投资以及越南对外投资。在签署《全面与进步跨太平洋伙伴关系协定》后，越南制定了新的《投资法》，已于 2021 年 1 月 1 日起生效，其区分了适用于所有投资者的投资要求和适用于外国投资者的市场准入条件，对于外国投资者适用准入前“负面清单”，以便进一步吸引外国投资。

二、外国投资法的主要内容

外国投资法的主要内容包括：外国投资者和外国投资的定义；外国投资的范围、比例和期限；外国投资的审批和程序；外国投资者的待遇；资本和利润的汇出；征收及补偿；投资争议解决等。②

（1）外国投资者和外国投资的定义。外国投资者一般按照国籍区分。也有国家通过定义外国投资，然后再定义从事该项投资的主体为外国投资者。根据各国国内法，法人的国籍一般以公司注册地来确定，自然人的国籍一般按照国籍法确定。外国投资的范围比较广泛，从境外输入的任何形式的资本为外国投资，包括动产、不动产、知识产权、特许权等。对于外国投资主要有三种定义方式：以资产为基础进行定义；以企业为基础进行定义；以交易为基础进行定义。

（2）外国投资的范围、比例和期限。外国投资的范围是指东道国允许外国投资的行业和部门，体现了东道国的产业政策和国民经济安全考虑。在东道国允许的投资范围内，

---

① See United States Government Accountability Office, “Foreign Investment”, *Laws and Policies Regulating Foreign Investment in 10 Countries*, GAO-08-320.

② 参见 UNCTAD-OECD 对 G20 国家发布的投资措施报告，见 http://unctad.org/en/pages/newsdetails.aspx?OriginalVersionID=674&Sitemap_x0020_Taxonomy=Investment and Enterprise; #607; #International Investment Agreements (IIA); #20; #UNCTAD Home。

一般给予外国投资者国民待遇或最惠国待遇。对于外国投资的范围和比例的规定，可以采取正面清单和负面清单两种模式。负面清单是指凡是针对外国投资的，与国民待遇、最惠国待遇不符的管理措施或业绩要求、当地成分要求或其他管理措施均以清单方式列明。投资比例是指合营企业中外国资本的持股比例。对于持股比例，有的只规定上限，有的只规定下限，还有的既规定上限也规定下限。除了市场准入范围和持股比例，一些国家还根据不同行业和部门对外国投资期限作出规定。

（3）外国投资的审批和程序。根据国家经济主权，东道国或其授权机关有权按照本国的法律、政策和特定时期的经济发展水平或目标，依据一定标准和程序对外国投资进行审批。东道国对于外国投资进行审批主要有三种做法：一般审批制度、个别审批制度和公告审批制度。一般审批制度是指东道国对境内的外国投资一律进行审批的制度。个别审批制度是指东道国只对特殊的外国投资者或者外国投资进行审批的制度。公告审批制度是指划分审批领域并进行公告，只对所公告的领域内的外国投资进行审批的制度。

对外国投资的审批可以分为程序性审批和实质性审批。程序性审批是指东道国仅对所要求文件是否在形式上齐备进行审查。实质性审批是指东道国还对所要求文件是否在实质上符合东道国经济和社会整体利益进行审查。审批标准包括积极标准和消极标准。积极标准是审批机构鉴定外资积极作用的标准，外国投资者满足其中一项或几项条件，即可予以批准。消极标准是指不予批准的外国投资的条件。

东道国对外国投资审批包括产业政策审查，反垄断审查，国家安全审查，环境、社会和治理责任审查等。产业政策审查是指东道国对外国投资是否符合其产业政策进行审查。反垄断审查是指东道国对外国投资对国内产业竞争秩序和产业结构的影响进行审查。国家安全审查是指东道国对外国投资者是否为外国政府拥有或者控制、外国投资的行业和部门以及具体交易对公共利益和国家安全的影响进行审查。环境、社会和治理责任审查是指东道国对外国投资对各种环境因素和生态系统的影响和风险，以及遵守劳工标准、履行企业社会责任等进行审查。

（4）外国投资者的待遇。各国对外国投资者给予的待遇不同，一般有国民待遇标准或最惠国待遇标准。即使是对于国民待遇原则，各国给予的程度也不同，并包含例外。如 OECD 国家中在普遍实行国民待遇的同时，美国、德国、法国均对航空运输业规定了外资比例和其他准入要求或履行要求。①

（5）资本和利润的汇出。外国投资者可将其在东道国的投资和获得的利润，兑换成资本输出国本国货币或者其他可以自由兑换货币，按照东道国的外汇管理制度的规定汇出东道国。

（6）征收及补偿。主权国家有权基于公共利益对其领域内的私人财产和外国财产进行征收，在特定情况下将外国投资收归国有。但是对于征收的补偿标准，发达国家和发展中国家存在分歧。美国国务卿赫尔在 1938 年给墨西哥政府的信中，明确提出实行国有

---

① See OECD, National Treatment for Foreign-Controlled Enterprises, Including Adhering Country Exceptions to National Treatment, 2013, at http://www.oecd.org/daf/inv/investment-policy/national-treatment-instrument-english.pdf.

化的国家应按照“充分、有效和及时”的方式赔偿给外国投资者造成的一切损失，即在赔偿数量上应是完全的，即赔偿实施征收时的全部价值；在支付方式上，以外国投资者接受的货币自由汇出；在支付时间上，赔偿支付不得拖延。而1962年《关于自然资源之永久主权宣言》和1974年《各国经济权利和义务宪章》都规定补偿标准是“适当补偿”。

（7）投资争议解决。东道国对境内投资享有属地管辖权，投资者母国享有属人管辖权。外国投资者也可以将其与东道国投资者之间的争议、与东道国之间的投资争议提交仲裁或按照其他约定的方式解决。

三、我国外国投资立法的历史发展及特点

（一）我国外国投资立法的历史发展

自1979年颁布实施《中外合资经营企业法》以来，我国形成以《中外合资经营企业法》、《中外合作经营企业法》和《外资企业法》（以下合称“三资企业法”，均已失效）及其实施条例/细则为主体的专门的外资法体系。[①] 三资企业法的实施，不仅为吸引外资进行经济建设作出重要贡献，而且推动了我国的现代企业制度和法人治理结构的建立。我国《公司法》于1994年7月1日起实施，晚于三资企业法。

随着市场经济的建设，我国外资立法不断完善，包括了大量的行政法规、地方性法规、部门和地方政府规章、规范性文件。从立法层级看，包含三个层次：一是宪法性规范。《宪法》第18条明确规定外国投资和外国投资者的合法权益受中国法律保护。二是单行法律规范，如三资企业法及其实施条例或实施细则、《对外合作开采海洋石油资源条例》《对外合作开采陆上石油资源条例》《中外合作办学条例》《外资银行管理条例》等。三是地方性法规，如《海南经济特区外国企业从事服务贸易经营活动登记管理暂行规定》。

从发展阶段上看，1995年原国家计划委员会、国家经济贸易委员会和对外贸易经济合作部联合发布的《指导外商投资方向暂行规定》（现已失效）和《外商投资产业指导目录》（现已失效），以及2001年12月11日加入WTO具有划阶段的意义。前者标志着我国外资政策更加灵活与开放，同时大量部门规章和规范性文件的颁布使我国外资法呈现纷繁、复杂的特点；后者标志着我国进一步融入全球资本市场，将国际投资条约义务转化为国内法，外资立法更加积极地从促进、鼓励变为管理外资。

随着改革开放的进一步深化，自2013年以来，我国开展试点，先后授权国务院在上海、广东、天津、福建自贸试验区内暂时调整三资企业法和《台湾同胞投资保护法》规定的有关行政审批内容，探索外商投资负面清单管理制度。习近平强调“继续创造更具吸引力的投资环境，加强同国际规则对接”。在此实践基础上，2019年3月15日第十三届全国人民代表大会第二次会议通过《外商投资法》，全面深化改革，应对国际经贸格局深刻调整，标志着我国外国投资立法在新时代进入新阶段。

自1982年我国与瑞典签订第一个双边投资协定，至2020年12月30日中国与欧盟

---

① 参见张翔宇：《中国外资法体系初探》，载《中国社会科学》，1985（5）。

实质性结束《中欧全面投资协定》（简称“CAI”）谈判，我国签订了大量双边投资协定和自由贸易协定。[①] 通过实施“一带一路”倡议[②]、成立亚洲基础设施投资银行等实践，中国履行国际投资协定中规定的国际义务，深化改革，扩大开放，积极探索从规则的跟随者向引领者的转变。

（二）《外商投资法》的特点

在加入 WTO 后，为适应社会主义市场经济的快速发展和提高吸收外资质量，并为履行国际投资条约义务，我国外资立法从“以外资经营阶段为管理重心模式”向“以外资准入阶段为管理重心模式”转型。[③] 鉴于以三资企业法为主体的外资立法框架缺乏系统性，三资企业法与其他法律双轨制存在的弊端，原有的以企业形式为基础进行的管理模式已经不能满足我国由资本净流入国向资本净输出国的转变，也不能体现我国境内外投资监管的视野和格局。2020 年 1 月 1 日起施行的《外商投资法》以及《外商投资法实施条例》，有利于创造公平竞争的营商环境，保障我国发展利益。

《外商投资法》具有以下主要特点。[④]

1. 统一的外国投资管理制度

《外商投资法》作为调整外国投资的基本法律，将外国投资者及其投资行为作为规范对象，不再规范外商投资企业的组织形式。外商投资企业的设立、终止和法人治理结构等划归《公司法》和《合伙企业法》等法律调整。在外国投资行为上统一管理，不再依据新设、收购、兼并、认购增资、换股等投资行为而适用不同的法律。

2. 实行高水平投资自由化政策

在外资准入管理上，转变为准入前国民待遇加负面清单管理。

此前《外商投资产业指导目录》将外资准入分为鼓励类、限制类、禁止类和许可类，实际上任何一类外商投资均需取得商务部门的核准。2014 年国家发展和改革委员会发布的《外商投资项目核准和备案管理办法》将外商投资项目管理分为核准和备案两种方式，2018 年后定期发布《外商投资准入特别管理措施（负面清单）》（以下简称“外商投资准入负面清单”）和《自由贸易试验区外商投资准入特别管理措施（负面清单）》，进一步减少外商投资市场准入限制。根据《外商投资法》，外国投资者不得投资外商投资准入负面清单规定禁止投资的领域，对外商投资准入负面清单规定限制投资的领域，应当符合负面清单规定的条件。外商投资准入负面清单以外的领域，按照内外资一致的原则，

---

① 截至 2016 年 12 月 12 日，我国签订了 104 个双边投资保护协定，参见“我国对外签订双边投资协定一览表”，at http://tfs.mofcom.gov.cn/article/Nocategory/201111/20111107819474.shtml。我国所缔结的条约，可以通过“中华人民共和国—条约数据库”查询，at http://treaty.mfa.gov.cn/Treaty/web/index.jsp，或者通过 UNCTAD 投资政策中心查询，at https://investmentpolicy.unctad.org/international-investment-agreements/advanced-search.

② 截至 2016 年 5 月 31 日，我国已与“一带一路”沿线 11 个国家签订自贸区协定，与 56 个国家签订双边投资协定。

③ 参见徐崇利：《中国外资管理立法的转型》，载《法学家》，2004（4）。

④ 参见李成钢：第十三届全国人大常委会专题讲座第九讲“改革开放 40 年来利用外资法律制度的变迁与展望”，at http://www.npc.gov.cn/npc/c541/201902/061c546b82e745bb988389f90d346baa.shtml。

适用国家发展和改革委员会与商务部制定的《市场准入负面清单》。

对外商投资给予准入后国民待遇，在政府资金安排、土地供应、税费减免、资质许可、标准制定、项目申报、人力资源政策等方面，依法平等对待外商投资企业和内资企业。明确外商投资企业平等参与标准制定、政府采购。

3. 改变监管模式

由着重市场准入审批的事前监管，转变为重点领域的审批备案监管①，以及加强对外商投资企业的事中事后监管。根据《外商投资法实施条例》，在《外商投资法》施行后5年内，此前设立的外商投资企业根据《公司法》《合伙企业法》等法律的规定调整其组织形式、组织机构，并依法办理变更登记。外国投资者或者外商投资企业应当通过企业登记系统以及企业信用信息公示系统向商务部门报送投资信息②，外商投资信息报告的内容和范围按照确有必要原则确定，方式包括初始报告、变更报告、注销报告和年度报告。

4. 维护国家安全和利益

明确对影响或可能影响国家安全的外国投资进行审查，完善了国家安全审查工作机制，规定了审查范围、申报机制、审查程序、审查决定监督执行。《外商投资法》规定，依法作出的安全审查决定为最终决定。

此前，2011年2月《国务院办公厅关于建立外国投资者并购境内企业安全审查制度的通知》仅规定并购环节的安全审查。2014年《外商投资项目核准和备案管理办法》第7条仅是对外商投资进行安全审查的一般规定，没有规定范围和具体程序。2015年4月国务院发布《自贸区外商投资国家安全审查试行办法》，规定对上海、广东、天津和福建自贸区试点进行外商投资安全审查的范围、内容、程序和机制，对安全审查制度进行了探索。2015年7月1日起施行的《国家安全法》规定了总体安全观，为建立外资国家安全审查制度提供了法律依据。国家安全是指国家政权、主权、统一和领土完整、人民福祉、经济社会可持续发展和国家其他重大利益相对处于没有危险和不受内外威胁的状态，以及保障持续安全状态的能力。据此，《外商投资安全审查办法》在此前外资并购和自贸区安全审查实践基础上，明确了安全审查范围。

为维护国家安全和利益，根据对等原则，对于任何国家或者地区在投资方面对我国采取歧视性的禁止、限制或者其他类似措施的，我国可以根据实际情况对该国家或者该地区采取相应的措施。我国建立了不可靠实体清单制度。外国企业、其他组织或者个人在国际经贸及相关活动中，（1）危害中国国家主权、安全、发展利益；或（2）违反正常的市场交易原则，中断与中国企业、其他组织或者个人的正常交易，或者对中国企业、其他组织或者个人采取歧视性措施，严重损害中国企业、其他组织或者个人合法权益的，将列入不可靠实体清单。根据《不可靠实体清单规定》第10条，可以对其采取包括限制

① 法律、行政法规或者国务院规定在登记前必须批准的行业，如外商投资期货公司，必须符合《外商投资期货公司管理办法》的规定，经中国证监会批准设立。对于企业登记前置审批事项，具体参见《市场监管总局关于调整企业登记前置审批事项目录的通知》（国市监注发〔2021〕17号）所附《企业登记前置审批事项目录（2021年）》和《企业变更登记、注销登记前置审批事项目录（2021年）》。

② 参见《外商投资信息报告办法》第4条。“商务部业务系统统一平台”是外商投资信息公示平台，见https://wzxxbg.mofcom.gov.cn/gspt/。

或者禁止其在中国境内投资的必要的措施。此外，《阻断外国法律与措施不当域外适用办法》对外国法律与措施存在不当域外适用情形，影响我国国家主权、安全、发展利益，或者影响我国公民、法人或者其他经济组织合法权益的，规定了不承认、不执行、不遵守的法律后果，并为我国受影响实体提供司法救济。

第二节 中国外商投资企业法律制度

一、外国投资者和外国投资的定义

（一）外国投资者

外国投资者是指外国的自然人、企业和其他组织。我国港澳台地区投资者不属于外国投资者。中国台湾地区的公司、企业、其他经济组织或者个人作为投资者的，适用《台湾同胞投资保护法》以及《海峡两岸经济合作框架协议》及其后续协议。中国香港特别行政区投资者适用《〈内地与香港关于建立更紧密经贸关系的安排〉投资协议》。中国澳门特别行政区投资者适用《〈内地与澳门关于建立更紧密经贸关系的安排〉投资协议》。对我国港澳台地区投资，参照《外商投资法》及其实施条例执行。

境外投资者不得作为个体工商户、个人独资企业投资人、农民专业合作社成员，从事投资经营活动。

我国所签订的双边投资协定和自由贸易区协定中，对外国投资者的国籍认定分别作出了规定。如 2012 年签订的《中华人民共和国政府和加拿大政府关于促进和相互保护投资的协定》中规定，自然人投资者按照公民或者永久居民身份认定，且不拥有另一方公民身份。企业投资者是指根据一国法律组成或者组织的任何实体以及分支机构。2020 年签订的《区域全面经济伙伴关系协定》（RCEP）规定，自然人投资者按照公民或国民身份认定；同时东道国和母国均承认永久居民权制度的，且缔约国在影响投资的措施方面给予各自永久居民国民待遇的，也是合格的自然人投资者。RCEP 规定法人投资者是根据一缔约方的法律组建或组织的法人，以及在该缔约方领土内并在该领土内从事商业活动的分支机构。

（二）外国投资

《外商投资法》规定外国投资是指外国投资者直接或者间接在中国境内的投资活动，包括新设企业、并购境内企业、新建项目和法律法规或者国务院规定的其他方式的投资。其他方式，如外国投资者按照《基础设施和公用事业特许经营管理办法》或根据政府和社会资本合作模式的规定取得特许经营权。

在中国所签订的双边投资协定和自由贸易协定中，投资是指具有投资性质的各种资产的投入，形式广泛。如 2015 年签订的《中华人民共和国和澳大利亚政府自由贸易协定》规定："投资是指投资者直接或间接拥有或控制的、具有投资性质的各种资产，例如资本或其他资源投入、收益或利润的预期或风险的承担。”

投资的形式包括设立企业和分支机构、股权、债权、合同权利、知识产权等。①《中华人民共和国政府和加拿大政府关于促进和相互保护投资的协定》中关于投资的定义还包括投资者对附属公司的股东贷款或者原始贷款期限在三年以上的贷款。

就设立外商投资企业而言，投资者的出资形式应符合《公司法》或《合伙企业法》的规定。根据《公司法》（2018 修正）第 27 条，股东可以用货币出资，也可以用实物、知识产权、土地使用权等可以用货币估价并可以依然转让的非货币财产作价出资；但是，法律、行政法规规定不得作为出资的财产除外。《合伙企业法》（2006 修订）第 16 条明确规定，除货币、实物、知识产权、土地使用权或其他财产权利外，经全体合伙人协商一致，合伙人也可以用劳务出资。对于外国普通合伙人以劳务出资的，应符合《外商投资合伙企业登记管理规定》第 15 条的规定，具有外国人就业许可文件。

(三) 外商投资企业设立的方式

外商投资企业的设立有两种方式：一是新设企业；二是并购境内企业。

《外商投资法》第 2 条规定了外商投资企业设立的方式包括：外国投资者单独或者与其他投资者共同在中国境内设立外商投资企业；外国投资者取得中国境内企业的股份、股权、财产份额或者其他类似权益；外国投资者单独或与其他投资者共同在中国境内投资新建项目；法律、行政法规或国务院规定的其他方式的投资。

外商投资企业的组织形式，可以是有限责任公司、股份有限责任公司或者合伙企业。外国企业设立外国企业常驻代表机构的，应按照《外国企业常驻代表机构登记管理办法》进行登记，且不得从事营利性活动。

二、 对外国投资的管理

(一) 外商投资准入负面清单管理

我国对外国投资适用准入前国民待遇加负面清单管理。准入前国民待遇是指在投资准入阶段给予外国投资者及其投资不低于本国投资者及其投资的待遇。

外商投资准入负面清单管理，是指清单规定禁止投资的领域，外国投资者不得投资，清单规定限制投资的领域，外国投资者进行投资必须符合清单规定的股权要求、高级管理人员要求等限制性准入特别管理措施。如根据《外商投资准入特别管理措施（负面清单）（2020 年版）》的规定，禁止外国投资互联网新闻信息服务、网络出版服务、网络视听

① 《中华人民共和国政府和澳大利亚政府自由贸易协定》第九章“投资”第一节“投资”第一条“定义”第四款列举的投资的形式包括：“1. 企业及其分支机构；2. 企业的股份、股票或其他参股形式，包括其衍生权利；3. 债券、信用债券、贷款及其他形式的债务，包括其衍生权利；4. 合同权利，包括交钥匙、建设、管理、生产或者收益分享合同；5. 合同项下的任何与投资相关且具有经济价值的金钱请求权和履行请求权；6. 知识产权；7. 依据法律、法规或合同授予的权力，如商业特许经营权、许可、授权及许可证；以及 8. 其他有形及无形资产、动产、不动产以及任何相关财产权利，如租赁、抵押、留置权、质押权。”

节目服务、互联网文化经营（音乐除外）、互联网公众发布信息服务（上述服务中，中国“入世”承诺中已开放的内容除外）；禁止外国投资人文社会科学研究机构；禁止投资中国法律事务（提供有关中国法律环境影响的信息除外），不得成为国内律师事务所合伙人。①

三资企业法下，中外合资经营企业、中外合作经营企业以及外商投资股份有限公司中，外商投资比例一般不得低于注册资本的25%。《外商投资产业指导目录》中明确“限于合资、合作”、“中方控股”和“中方相对控股”的，应从其规定。中方控股是指中方投资者在外商投资项目中投资比例之和为51%及以上。中方相对控股是指中方投资者在外商投资项目中的投资比例之和大于任何一方外国投资者的投资比例。《外商投资法》实施后，除法律、行政法规另有规定外，除外商投资准入负面清单有特别规定外，外国投资者的投资比例不受限制。如根据2019年版《外商投资准入负面清单》，证券公司的外资股比不超过51%，至2021年取消外资股比限制。2019年版《外商投资准入负面清单》规定，小麦、玉米新品种选育和种子生产须由中方控股。2020年版则放宽外资比例上限，规定小麦新品种选育和种子生产的中方股比不低于34%，保留玉米新品种选育和种子生产须由中方控股的规定。对于高管要求，2020年版规定了两处：一是公共航空运输公司的法定代表人必须由中国籍公民担任，二是学前、普通高中和高等教育机构限于中外合作办学，须由中方主导（校长或者主要行政负责人应当具有中国国籍，理事会、董事会或者联合管理委员会的中方组成人员不得少于1/2）。

在通过《外商投资准入负面清单》管理外资的同时，我国进一步深化改革开放成果，也规定了促进外国投资的各项措施。根据国民经济和社会发展需要，我国制定《鼓励外商投资产业目录》，鼓励和引导外国投资者在特定行业、领域和地区投资。如《鼓励外商投资产业目录（2020年版）》列出的鼓励类行业包括防治荒漠化、水土保持和国土绿化等生态环境保护工程建设、经营，节能、环保、利废、轻质高强、高性能、多功能建筑材料开发、生产等。列入目录的外国投资，可以享受优惠。如《海关总署关于执行〈鼓励外商投资产业目录（2020年版）〉有关问题的公告》（公告〔2021〕9号）规定，对属于鼓励目录范围的外商投资项目，在投资总额内进口的自用设备以及按照合同随前述设备进口的技术和配套件、备件，除相关《外商投资项目不予免税的进口商品目录》和《进口不予免税的重大技术装备和产品目录》所列商品外，免征关税。

（二）市场准入负面清单管理

根据2017年4月8日起施行的《企业投资项目核准和备案管理办法》，企业投资项目是指企业在中国境内投资建设的固定资产投资项目，包括企业使用自己筹措资金的项目，以及使用自己筹措的资金并申请使用政府投资补助或贷款贴息等的项目。对关系国家安全、涉及全国重大生产力布局、战略性资源开发和重大公共利益等项目，实行核准

① 我国“入世”服务贸易具体承诺减让表对法律服务的开放，明确不含中国法律业务。《司法部关于执行〈外国律师事务所驻华代表机构管理条例〉的规定》（司法部令第73号）第32条对“中国法律事务”进行了界定。外国律师事务所在中国境内开设外国代表处的，仅可以就该律师事务所律师从事律师业务的国家和地区的法律以及国际法提供咨询，或者接受委托处理该国家或地区的事务，或代表外国客户委托中国律师事务所处理中国法律事务，与中国律师事务所保持长期委托关系，和提供有关中国法律环境影响的信息。

管理。其他项目实行备案管理。国务院发布《政府核准的投资项目目录》对固定资产投资项目核准范围进行调整。

为进一步深化放管服改革，重塑政府与市场的关系，激发市场主体的活力，我国建立了市场准入负面清单管理制度，平等适用于包括外商投资企业在内的各市场主体。市场准入负面清单制度，是指国务院以清单方式明确列出在我国境内禁止和限制投资经营的行业、领域、业务等，各级政府依法采取相应管理措施的一系列制度安排。市场准入负面清单以外的行业、领域、业务等，各类市场主体均可依法平等进入。市场准入负面清单，衔接《产业结构调整指导目录》和《政府核准的投资项目目录》，包含禁止和许可两类。对禁止准入事项，市场主体不得进入，行政机关不予审批、核准；对许可准入事项，包括有关资格的要求和程序、技术标准和许可要求等，由市场主体申请，行政机关依法依规决定是否准入；对清单以外的行业、领域、业务等，内外资各类市场主体依法平等进入。例如，《市场准入负面清单（2020 年版）》规定，未获得许可，不得设立银行、证券、保险、基金等金融机构或变更其股权结构。其中，金融控股公司设立；变更名称、住所、注册资本、持有 5%以上股权的股东、实际控制人；分立、合并、解散或者破产由人民银行审批。银行业（含分支机构）及非银行金融机构（含分支机构）设立、变更、终止须由银行保险监督管理委员会审批。

（三）外商投资信息报告

《外商投资信息报告办法》规定外国投资者和外商投资企业应当通过企业登记系统以及国家企业信用信息公示系统向商务部门报送投资信息。市场监管部门应当及时将报送的投资信息推送至商务主管部门。外商投资信息报告应遵循真实、准确、完整原则，不得进行虚假或误导性报告，不得有重大遗漏。外商投资信息应遵守《企业信息公示暂行条例》规定的内容、范围、流程、期限和要求，向社会公示，接受市场化监管。

（四）安全审查

《外商投资安全审查办法》为外商投资领域实施安全审查提供了统一的法律框架，规定安全审查适用于外国直接投资，也适用于外国间接投资；适用于外国投资者的投资，也适用于我国港澳台地区投资者进行的投资。应被审查的投资，在具体形式上，包括新设、并购①和其他形式。

1. 安全审查范围

安全审查的范围按照行业和控制权进行管理，总原则是对影响或可能影响国家安全、

① 外资安全审查的公开的案例参见“永辉超市收购中百控股项目”。根据《国家发展改革委关于外商投资安全审查申报渠道调整的公告》（2019 年第 4 号），自 2019 年 4 月 30 日起，由发改委接收外资安全审查申报。“永辉超市股份有限公司关于要约收购中百控股集团股份有限公司的进展公告”（公告编号：临—2019—61），披露：永辉超市第一大股东为牛奶有限公司，持有永辉 19.99%股份，是牛奶国际在香港特别行政区的主要经营实体。永辉超市拟通过要约收购的方式将其直接和间接合计持有的中百控股集团股份有限公司的股份比例从 29.86%提高至最多不超过 40%。2019 年 8 月 21 日，永辉超市收到发改委关于外商投资安全审查申请表和补充申报文件的邮件；2019 年 9 月 24 日，发改委正式受理；2019 年 11 月 8 日发改委通知启动特别审查。参见 http://www.cninfo.com.cn/new/disclosure/detail?orgId=9900016367&announcementId=1207113187&announcementTime=2019-11-26。2019 年 12 月 27 日，永辉超市公告收到终止安全审查程序通知。

国家安全保障能力，涉及敏感行业、敏感技术、敏感地域的外商投资进行安全审查。审查范围具体包括两类：一是涉及国防的，外国投资者投资军工、军工配套领域，以及在军事设施和军工设施周边地域投资；二是涉及非国防，且实际控制权可能被外国投资者取得的。具体领域包括关系国家安全的重要农产品、重要能源和资源、重大装备制造、重要基础设施、重要运输服务、重要文化产品与服务、重要信息技术和互联网产品与服务、重要金融服务、关键技术以及其他重要领域。

关于对控制权的认定，有三个标准：第一个标准是外国投资者持有企业50%以上股权。第二个标准是虽然外国投资持有企业股权不足50%，但是享有的表决权能够对董事会、股东会、股东大会的决议产生重大影响。第三个标准是具有其他导致外国投资者能够对企业的经营决策、人事、财务、技术等产生重大影响的情形。外国投资实践中涉及的协议控制、代持、信托、再投资等方式，可能符合第三个标准而必须申报安全审查。

2. 安全审查的机构

建立外商投资安全审查工作机制，在国家发展改革委设立外商投资安全审查工作机制办公室，由国家发展改革委、商务部牵头，开展安全审查工作。

3. 安全审查方式和程序

外商投资安全审查程序的启动包括三种方式，分别是：主动申报、依职权限期申报和社会建议。程序分为三个阶段：第一阶段是审查启动阶段。在收到符合申报要求的材料之日起15个工作日内，外商投资安全审查工作机制办公室决定是否启动安全审查。第二阶段是一般审查阶段。在启动审查之日起30个工作日内作出通过审查的决定，或按程序进入下一阶段审查。第三阶段特别审查阶段。特别审查不是必经程序。未通过一般审查的，进入特别审查。特别审查期限为自启动之日起60个工作日。特殊情况下可能延长特别审查期限。审查期间，补充材料时间不计入审查期限。

安全审查的方式是根据提交的书面材料审查和对当事人询问。

4. 安全审查的意见及法律后果

《外商投资安全审查办法》没有规定审查决定是否应附具证据和是否允许相关方对决定及所依据的证据进行申辩。

安全审查期间，外国投资者不得实施投资。

依法作出的安全审查决定是最终决定。对于不影响国家安全的，通过安全审查，可实施投资；附条件通过审查的，应当按照附加条件消除对国家安全的影响后实施投资；对于影响国家安全的，禁止投资。违反禁止投资决定，已经实施投资的，限期处分股权或资产以及采取其他必要措施，恢复到投资实施前的状态。违反决定的，主管机构可以将其列入不良信用记录联合惩戒。①

---

① 对于安全审查决定是否可诉存在争议，如果可诉，司法审查的范围有待法律进一步明确。有学者认为，应平衡国家安全与投资者保护，为外国投资者提供程序性救济和加强对安全审查的监督。参见漆彤：《论外商投资国家安全审查决定的司法审查》，载《武汉大学学报》，2020（3），142～150页。

(五) 反垄断审查

通过滥用或谋取滥用市场力量的支配地位限制进入市场，或以其他方式不适当地限制竞争，或者通过企业间的协议、安排造成同样影响的一切行为，对国际贸易和经济，特别是发展中国家的国际贸易及其经济发展可能造成不利影响。

垄断行为包括经营者达成垄断协议，经营者滥用市场支配地位，具有或者可能具有排除、限制竞争效果的经营者集中。我国反垄断审查针对的是经营者集中行为。

我国已经建立了完整的制度，主要法律依据包括：《反垄断法》《国务院关于经营者集中申报标准的规定》《金融业经营者集中申报营业额计算办法》《国务院反垄断委员会关于相关市场界定的指南》《关于评估经营者集中竞争影响的暂行规定》《关于经营者集中简易案件适用标准的暂行规定》《关于经营者集中申报的指导意见》《经营者集中审查暂行规定》。[①]《反垄断法》适用于中国境内经济活动中的垄断行为，和对境内市场竞争产生排除、限制影响的中国境外的垄断行为。

1. 经营者集中申报标准

经营者集中审查，可以依经营者自行申报，或由商务主管部门主动调查。

申报标准有两个：一是参与集中的所有经营者上一会计年度在全球范围内的营业额合计超过 100 亿元人民币，并且其中至少两个经营者上一会计年度在中国境内的营业额均超过 4 亿元人民币；二是参与集中的所有经营者上一会计年度在中国境内的营业额合计超过 20 亿元人民币，且其中至少两个经营者上一会计年度在中国境内的营业额均超过 4 亿元人民币。金融业经营者的申报标准，适用《金融业经营者集中申报营业额计算办法》。

依法主动调查标准是：虽然经营者集中未达到规定的营业额要求，但是按照规定程序收集的事实和证据表明该经营者集中具有或者可能具有排除、限制竞争效果。

参与集中的经营者的营业额，应当为该经营者以及申报时与该经营者存在直接或者间接控制关系的所有经营者的营业额总和，但是不包括上述经营者之间的营业额。相同经营者自第一次交易完成之日起至最后一次交易签订协议之日止的两年内，如果多次实施未达到申报标准的经营者集中，参与集中的营业额合并计算。

如果参与集中的一个经营者拥有其他每个经营者 50%以上有表决权的股份或者资产，或者参与集中的每个经营者 50%以上有表决权的股份或者资产被同一个未参与集中的经营者拥有的，可以不申报经营者集中。

2. 经营者集中的方式

经营者集中包括三种情形：一是经营者合并；二是经营者通过取得股权或者资产的方式取得对其他经营者的控制权；三是经营者通过合同等方式取得对其他经营者的控制

---

① 此外，2020 年 9 月 11 日国务院反垄断委员会发布的《经营者反垄断合规指南》虽然不具有强制性，但是对于包括经营者集中在内的反垄断合规具有指引作用。

权或者能够对其他经营者施加决定性影响。[①]

3. **经营者集中的审查标准**

经营者集中的审查标准是该经营者集中是否具有或者可能具有排除、限制竞争效果，或者该集中对竞争产生的有利影响是否明显大于不利影响，或是否符合社会公共利益。具体考虑因素包括：

（1）参与集中的经营者在相关市场的市场份额及其对市场的控制力；

（2）相关市场的市场集中度；

（3）经营者集中对市场进入、技术进步的影响；

（4）经营者集中对消费者和其他有关经营者的影响；

（5）经营者集中对国民经济发展的影响；

（6）国务院反垄断执法机构认为应当考虑的影响市场竞争的其他因素。

4. **经营者集中审查的机构和程序**

国家市场监督管理总局是经营者集中反垄断审查执法机构，负责受理申报和执法。依申报进行的审查包括初步审查和进一步审查两个阶段。初步审查的期限是自立案之日起 30 日。通过初步审查决定是否实施进一步审查。进一步审查期限是自决定进行进一步审查之日起 90 日。进一步审查期限可以延长，但最长不得超过 60 日。依职权对违法实施经营者集中进行的调查包括初步调查和进一步调查两个阶段。初步调查的期限是自收到被调查经营者提交的材料之日起 30 日。进一步调查的期限，是自收到经营者提交的进一步调查材料之日起 120 日。

对于符合条件的经营者集中案件，可以适用简易案件审查程序，如果：（1）在同一相关市场，参与集中的经营者所占的市场份额之和小于 15%；在上下游市场，参与集中的经营者所占的市场份额均小于 25%；不在同一相关市场也不存在上下游关系的参与集中的经营者，在与交易有关的每个市场所占的市场份额均小于百分之 25%。（2）参与集中的经营者在中国境外设立合营企业，合营企业不在中国境内从事经济活动的。（3）参与集中的经营者收购境外企业股权或者资产，该境外企业不在中国境内从事经济活动的。（4）由两个以上经营者共同控制的合营企业，通过集中被其中一个或者一个以上经营者控制的。不适用简易案件审查程序，而适用普通程序的情形，包括：（1）由两个以上经营者共同控制的合营企业，通过集中被其中的一个经营者控制，该经营者与合营企业属于同一相关市场的竞争者，且市场份额之和大于 15%的；（2）经营者集中涉及的相关市场难以界

---

① 《经营者集中审查暂行规定》第 4 条列举了判断控制权或者能够施加决定性影响应当考虑的若干因素。《国务院反垄断委员会关于平台经济领域的反垄断指南》（国反垄发〔2021〕1 号）第 18 条明确规定，涉及协议控制架构的经营者集中，属于经营者集中反垄断调查范围。协议控制架构，即可变利益实体（Variable Interest Entities，VIEs），也称协议控制，是指境外设立公司，不通过股权控制而通过协议控制境内的业务运营实体，业务运营实体是境外公司的可变利益实体，从而实现对实际业务运营实体的控制和财务的合并。在腾讯控股有限公司收购 Bitauto Holdings Limited 股权项目中，腾讯控股有限公司在英属开曼群岛注册，通过协议控制境内主要运营实体深圳市腾讯计算机系统有限公司。Bitauto Holdings Limited 在英属开曼群岛注册成立，通过境内运营实体北京易车信息科技有限公司运营。2020 年 6 月 12 日腾讯购买 Bitauto Holdings Limited68.18%股权，未依法申报经营者集中，即完成股权变更登记。国家市场监督管理局对腾讯作出了行政处罚决定（国市监处〔2021〕30 号）。

定的；（3）经营者集中对市场进入、技术进步可能产生不利影响的；（4）经营者集中对消费者和其他有关经营者可能产生不利影响的；（5）经营者集中对国民经济发展可能产生不利影响的；（6）国家市场监督管理总局认为可能对市场竞争产生不利影响的其他情形。

5. 经营者集中反垄断审查的决定

经营者集中反垄断审查的决定有三种：无条件批准的决定；禁止经营者集中的决定；附条件批准的决定。

附条件批准所附限制性条件包括：剥离资产或相关权益等结构性条件，开发技术或终止排他性协议等行为性条件，或者结构性条件和行为性条件相结合的综合性条件。

6. 临时措施

在经营者集中反垄断审查期间，参与集中的经营者不得实施集中。经营者违法实施集中的，可以责令停止实施集中、限期处分股份或者资产、限期转让营业以及采取其他必要措施恢复到集中前的状态，可以对经营者处50万元以下的罚款。

（六）对外国投资的保护

《宪法》第18条明确保护外国投资者和外商投资企业的合法的权利和利益。《外商投资法》第1条中明确保护外商投资合法权益，并在其后的条文中具体化。

第一，对外国投资者的投资不实行征收。如果有特殊情况，对外国投资者的投资进行征收，应符合：（1）必须是国家为了公共利益的需要。（2）必须按照法律规定，并遵守法定程序进行。（3）征收必须以非歧视的方式进行。（4）必须及时给予公平、合理的补偿。补偿标准按照被征收投资的市场价值。（5）外国投资者对征收决定不服的，可以通过申请行政复议或者提起行政诉讼获得救济。

第二，保证外国投资者汇兑自由。外国投资者在中国境内的出资、利润、资本收益、资产处置所得、知识产权许可使用费、依法获得的补偿或者赔偿、清算所得等，可以依法以人民币或者外汇自由汇入、汇出。外籍职工和港澳台职工的工资收入和其他合法收入，可以依法自由汇出。①

第三，平等保护外国投资者和外商投资企业的知识产权。鼓励中外投资者基于自愿原则和商业规则开展技术合作，技术合作的条件由投资各方遵循公平原则平等协商确定。行政机关及其工作人员不得利用行政手段强制转让技术。对于国家标准、行业标准、地方标准和团体标准，保障外商投资企业依法平等参与标准制定工作，强化标准制定的信息公开。对于标准中涉及外国投资者或外商投资企业专利的，按照标准涉及专利的规定办理。② 对于外国投资者和外商投资企业的商业秘密，应当予以保密。

---

① 具体汇兑流程和手续遵守《资本项目外汇业务指引（2020年版）》（汇综发〔2020〕89号）、《银行跨境业务反洗钱和反恐怖融资工作指引（试行）》（银发〔2021〕16号）和《经常项目外汇业务指引（2020年版）》（汇发〔2020〕14号）。

② 根据《最高人民法院关于审理侵犯专利权纠纷案件应用法律若干问题的解释（二）》（2020修正）第24条规定，推荐性国家、行业或者地方标准涉及的必要专利，许可条件不应违反标准制定中承诺的公平、合理、无歧视的许可义务。即外国投资者和外商投资企业，即使未参加中国国内有关标准的制定，在涉及标准必要专利的许可时，也应获得公平、合理、无歧视的许可条件。

第四，通过外商投资企业投诉工作机制、行政复议和行政诉讼保障外国投资者和外商投资企业的合法权益。外国投资者或外商投资企业认为行政机关及其工作人员的行政行为侵犯其合法权益的，可以根据《外商投资企业投诉工作办法》和《全国外商投资企业投诉中心办事指南》规定的流程进行投诉处理。

三、外资并购现存企业

（一）外资并购的形式

外资并购现存企业是国际直接投资的重要方式。根据 UNCTAD《2014 年世界投资报告》的统计，2013 年跨境并购大约占全球直接投资流入量的 24%。2020 年，新冠肺炎疫情暴发，经济前景不明朗的预期导致投资减缓，直接后果之一是 2020 年上半年全球跨境并购较 2019 年同期降低 15%。①

我国外资并购的主要法律依据是：2006 年 9 月 8 日生效的《关于外国投资者并购境内企业的规定》及其修订（以下简称《并购规定》）。根据《并购规定》，外国投资者并购境内现存企业的形式包括股权并购和资产并购。股权并购是指外国投资者购买境内非外商投资企业股东的股权或认购境内公司增资，使该境内公司变更为外商投资企业。具体来说，股权并购分为股权转让或增资。资产并购是指外国投资者设立外商投资企业，并通过该企业协议购买境内企业资产且运营该资产，或，外国投资者协议购买境内企业资产，并以该资产投资设立外商投资企业运营该资产。外资并购应遵守《外商投资法》及其实施条例，不得违反外商投资准入负面清单的规定。

外资股权并购与资产并购有以下主要不同：

（1）交易主体不同。在股权转让中，股权并购的交易主体是外国投资者和境内目标企业的股东；在增资交易中，股权并购的交易主体是外国投资者和境内目标企业。而资产并购的主体是外国投资者或者其在境内设立的外商投资企业（作为买方）和境内目标企业（作为卖方）。

（2）标的不同。股权并购的标的是目标企业的部分或全部股权，而资产并购的标的是目标企业的部分或全部资产。

（3）债务风险不同。股权并购的并购方外国投资者成为目标企业的股东之一，在出资范围内承担目标企业的原有债务，并购后所设立的外商投资企业承继目标公司的债权和债务。资产并购中，并购方无须承担目标企业的债务，并购方仅考虑与所涉及资产有关的风险，出售资产的目标企业承担其原有的债权和债务。但是外国投资者、被并购境内企业、债权人及其他当事人，在不损害第三人利益和社会公共利益的情况下，可以对被并购境内企业的债权和债务的处置另行达成协议，并报送审批机关。

（4）审批程序不同。外资股权并购外商投资准入负面清单中限制投资的领域的境内

① See UNCTAD, Global Investment Trends Monitor, No. 36, at https://unctad.org/webflyer/global-investment-trends-monitor-no-36#tab-2.

企业，应符合条件，并由外国投资者或者外商投资企业向商务主管部门报送投资信息，不再审批或者备案。外资资产并购中如果不涉及国有资产、上市公司或者特殊行业的，通常不需要相关政府部门的审批。如果外资并购涉及国有股权、国有资产转让的，按照《企业国有资产法》和《企业国有资产交易监督管理办法》，还需要经过国有资产管理部门的审批或国家出资企业的批准，并经过评估。涉及上市公司的股权或重大资产变动的，则根据《上市公司重大资产重组管理办法》，报证监会审批。外国投资者对上市公司的战略投资，要符合《外国投资者对上市公司战略投资管理办法》的规定。

（5）税负不同。股权并购一般需缴纳所得税、印花税等。资产转让除涉及所得税、印花税以外，还根据转让标的的不同，可能涉及增值税、土地增值税或者其他相关税负。

（二）利用特殊目的公司进行的并购

《并购规定》定义了特殊目的公司，突出了投资者"实际控制"的要素，以便规范1996年后日渐增多的中国企业"红筹"上市模式。特殊目的公司是指境内居民（含境内机构和境内居民个人）以投融资为目的，以其合法持有的境内企业资产或者权益，或者以其合法持有的境外资产或权益，在境外直接设立或间接控制的境外企业。

中国境内的公司或自然人在中国境外设立特殊目的公司后，由特殊目的公司购买境内公司的股权或者境内公司增发的股份或资产，然后将该特殊目的公司在中国境外上市取得融资。这一融资模式被称为"红筹"上市模式。

境内居民直接或间接通过特殊目的公司在境内开展的直接投资活动，即通过新设、并购等方式在境内设立外商投资企业或项目，并取得所有权、控制权、经营管理权等权益的行为被称为返程投资。

根据《并购规定》，特殊目的公司以股权并购境内公司的，境内公司应向商务部报送审批。而中国境内自然人所设立的特殊目的公司，则适用2005年11月1日起施行的《国家外汇管理局关于境内居民通过境外特殊目的公司融资及返程投资外汇管理有关问题的通知》（以下简称"75号文"）。2014年7月14日国家外汇管理局综合司发布《关于境内居民通过特殊目的公司境外投融资及返程投资外汇管理有关问题的通知》（以下简称"37号文"），废止了75号文，进一步规范了境内居民通过特殊目的公司从事境外投融资及返程投资活动。根据37号文，境内居民设立特殊目的公司应在外汇管理局及其分支机构进行初始登记和变更登记，并应如实披露返程投资企业实际控制人的信息。控制是指境内居民通过收购、信托、代持、投票权、可转换债券等方式取得特殊目的公司的经营权、收益权或者决策权。

课堂讨论案例

基本案情

2016年5月23日，中国福建宏芯投资基金通过德国全资子公司Grand Chip Investment GmbH（以下简称"GCI"）对Aixtron SE（以下简称爱思强公司）提出每股6欧元、总价值6.7亿欧元的要约收购。根据要约文件，交易须以取得美国外资投资委员会

(以下简称 CFIUS) 批准为前提。收购方福建宏芯投资基金是一家有限合伙企业，由刘振东持股 51%，由厦门市政府出资的厦门博灏投资有限公司持股 49%。被收购方爱思强公司是半导体设备行业领先的供应商，在全球范围内运营，主要技术中心分别位于德国、英国和美国。爱思强公司在美国有一家子公司（“爱思强美国公司”），收入占其总收入的 20%。收购将部分涉及爱思强公司在美国的业务。

2016 年 7 月 1 日，GCI 和爱思强公司联合向 CFIUS 自愿申请安全审查。

2019 年 7 月 19 日，CFIUS 正式受理。CFIUS 初审期限为 30 日。

2019 年 8 月 2 日，收购双方提出拟采取的风险防范措施。但是 CFIUS 随后告知双方，委员会成员不认为双方提出的措施，或委员会可能想到的其他措施可以解决国家安全问题。2016 年 10 月 24 日，德国联邦经济部宣布撤销对 GCI 收购爱思强公司的批准。德国联邦经济部依据 2013 年修订的《对外贸易和支付法》和《德国对外贸易条例》对外国投资者收购德国公司进行审查。

2016 年 12 月 2 日，美国总统奥巴马就 GCI 收购爱思强公司控制权作出行政令。行政令中指出：一、有可靠的证据表明 GCI 通过控制德国爱思强公司的美国业务，可能采取措施威胁损害美国的国家安全。爱思强公司在爱思强美国公司中的股权，爱思强公司及其爱思强美国公司在美国的资产，包括但是不限于美国专利和商标局授予的任何专利和专利申请的权益，被使用或者利于子公司从事州际贸易活动。二、依据《1950 年国防生产法》第 721 条和《国际紧急经济权力法》的授权，基于以上认定事实，总统决定：(1) 禁止收购方收购爱思强美国公司，禁止通过收购方的股东、合伙人、子公司或者关联公司直接或者间接进行任何实质上等同的交易。(2) 收购方和爱思强公司应采取一切必要措施，除非经 CFIUS 同意延长不超过 90 日的期限，否则在发布本决定之日起 30 日内完全地、永久地放弃对爱思强美国公司的拟议收购。收购方和爱思强公司应以书面形式向 CFIUS 证明其履行完毕终止收购的所有步骤。(3) 在书面证明提交前，收购方和爱思强公司应每周向 CFIUS 提交证明，说明其履行终止收购已经完成的步骤，并提交剩余行动的时间表。

2017 年 5 月，爱思强公司宣布将出售美国爱思强公司的 ALD 和 CVD 内存生产线给美国尤金科技公司。美国尤金科技公司是韩国尤金科技有限公司在美国的子公司。

2017 年 10 月，CFIUS 批准了爱思强公司与美国尤金科技公司的交易。

请结合本章内容，回答下列问题：

(1) 美国进行国家安全审查的机构和法律依据是什么？

(2) 美国国家安全审查的范围包括哪些？

(3) 如果被收购方爱思强公司是一家在中国注册的公司，其在美国设立爱思强美国子公司，而一家美国公司将收购爱思强美国子公司，你认为依据我国有关安全审查的规定，我国是否会批准该项收购？

问题与思考

1. 简述国际投资法的发展。

2. 外国投资法有哪些基本内容?
3. 简述《外商投资法》的特点。
4. 简述我国对外国投资市场准入的规定。
5. 简述我国对外国投资的管理。
6. 简述我国的外资安全审查制度。
7. 简述我国的经营者集中反垄断审查制度。
8. 简述我国对外国投资的保护。
9. 比较资产并购和股权并购设立外商投资企业的方式。

第十二章
资本输出国的海外投资法律制度

本章概要

为鼓励和保护私人对外进行直接投资，资本输出国有必要采取一系列的政策措施和法律手段，主要包括两方面内容：一方面是鼓励对外投资，包括通过海外投资保险制度等保护对外投资安全；另一方面是对海外投资进行管理，实现国家社会经济发展的政策。中国在由净资本流入国转为双向投资平衡国后，应进一步加强海外投资法律制度的建设。

关键术语

海外投资保险　海外投资鼓励政策　海外投资管理措施

第一节　海外投资保险制度

一、海外投资保险制度的概念、历史发展和特征

海外投资保险制度又称海外投资保证制度，是资本输出国政府为了鼓励本国资本对外投资，增强本国的国际竞争地位，而对本国海外私人直接投资的政治风险提供法律保证或保险，在所承保的风险导致投资者遭受损失时，由特定机构予以补偿。

最早的官方出口信用机构是1919年建立的英国出口信用局（UK Export Finance）。随后欧美国家纷纷成立出口信用机构。1971年美国政府成立海外私人投资公司（OPIC），提供海外投资保险。自成立以来，OPIC为美国私人在150多个国家的投资项目提供保险，所支持的投资项目总数超过4 000个，所支持的投资总额超过2 000亿美元，预计带动美国760亿美元的出口额，预计支持超过27.8万个工作岗位。[①] OPIC在提供海外投资保险的同时，也提供贷款融资。根据2019年《更好利用投资促进发展法》，美国实施"蓝点网络"计划，合并海外私人投资公司和美国国际开发署，成立美国国际发展金融公

① 资料来源：https://www.opic.gov/what-we-offer/political-risk-insurance。

司（DFC），对低收入国家调动投资，进行基础设施建设。①

在国际组织方面，在经济危机后，1934 年成立国际信用和投资保险人协会，又称“伯尔尼协会”（The Berne Union），它是国际上最重要的出口信用服务组织。1993 年，由伯尔尼协会发起成立了布拉格俱乐部，该俱乐部最初主要由中东欧国家的机构组成，后来扩展至亚洲和非洲。截至 2021 年 5 月，伯尔尼协会和布拉格俱乐部共有 82 个成员，包括公营出口信用机构（如中国出口信用保险公司、日本出口和投资保险、泰国进出口银行、美国国际金融发展公司等）、私营保险公司（如美国国际集团、德国普华永道等）和国际金融机构（多边投资担保机构）。多边投资担保机构在 1994 年加入伯尔尼协会。伯尔尼协会的成员每年为大约全世界贸易额的 13%提供付款保证，自 2008 年金融危机后至今共支付了超过 600 亿美元的保险赔偿额。②

从出口信用保险机构的经营模式来看，有三种，分别是纯公营出口信用保险机构的经营模式、半公营半市场出口信用保险机构的经营模式和纯私营出口信用保险机构的经营模式。出口信用保险机构的服务包括贷款融资和海外投资保险。

从历史发展来看，20 世纪 90 年代早期及之前，主要是公营出口信用保险机构在各国政府支持下提供出口信用保险服务，私营出口信用保险机构开始提供短期信用保险业务。1999 年美国国际集团（AIG）作为首家私营信用保险机构加入伯尔尼协会，这标志着纯私营出口信用保险机构在支持对发展中国家投资方面发挥了越来越大的作用。从伯尔尼协会秘书处提供的数据看，至今，公营出口信用保险机构仍是海外投资保险的主要提供者。2012 年，最大的 5 家私营出口信用保险机构提供的政治风险保险占所有私营机构成员的保险总金额的 71%，但是只相当于协会成员完成的政治风险保险总金额的 13%；最大的两家公营出口信用保险机构提供的政治风险保险占到协会所有公营机构政治风险保险总金额的 77%，相当于协会成员完成的政治风险保险总金额的 57%。③

从海外投资保险覆盖的风险范围来看，随着各国逐渐取消外汇管制，出现外汇不能汇兑的风险的可能性日渐降低。而 2008 年金融危机及之后大量合同履行不能，因此违约风险增加。根据多边投资担保机构 2012 年底发布的调查报告，分别有 45%的受访者和 58%的受访者认为，在未来三年内，对自己而言，在发展中国家投资面临的最大政治风险是违约风险和法律变化。而自 2010 年以来，根据对 197 个国家进行的调查，有大约 10%的国家存在冲突和社会动乱风险上升的趋势，这对短期的政治风险保险业务造成显著影响。④

与一般商业保险相比，海外投资保险制度具有以下特征：

（1）海外投资保险制度在本质上是一种“政府保证”或“国家保证”，一般由政府机构或者公营机构承保。

（2）其对象限于私人海外直接投资。各国可依其国内法对对象进行调整。如英国出

① See U. S. International Development Finance Corporation，Starting Stronger：A Report on DFC's First Year，at https://www.dfc.gov/sites/default/files/media/documents/DFC_2020_Annual_Report.pdf.

② See Berne Union Yearbook 2020，at https://www.berneunion.org/Publications.

③ See Berne Union 2014，at http://www.berneunion.org/about-the-berne-union/.

④ See Multilateral Investment Guarantee Agency，World Investment and Political Risk 2013.

口信贷保证署（ECGD）提供保证的投资包括股权投资和贷款（包括本金和利息）。①

（3）承保的风险范围，只限于政治风险，如征收险、外汇险、战乱险等，不包括商业风险。

（4）其目的是保护海外投资者的财产利益不受损失，以鼓励对外投资，而不在于事后补偿投资者损失。

（5）政治风险导致投资者损失，保险机构向投资者支付或承诺支付保险金后，代位取得投资者向东道国政府索赔的权利。如《中国和罗马尼亚关于鼓励和相互保护投资协定》第 6 条规定：如果缔约一方根据其对缔约另一方领土内的某项投资所作的保证向其投资者支付了款项，缔约另一方应承认该缔约方对该投资者的权利和义务的代位。缔约一方代位所取得的权利和承担的义务，不得超过被保险投资者的权利和义务。

二、海外投资保险制度的主要内容

（一）保险范围

海外投资保险的范围仅限于政治风险。根据双边投资协定和国内法的规定，一般包括外汇险、征收险、战乱险及其他非商业风险。

1. 外汇险

外汇险又称不能自由兑换险或转移险，是指投保人在保险期内作为投资的收益或利润或因出售投资企业财产而取得的当地货币，如被东道国禁止兑换为可以自由流通的外币汇回本国，则由海外投资保险机构予以兑换。如 2002 年，阿根廷出台《国家危机及汇兑制度改革法案》以应对金融危机，直接引发了汇兑限制风险。

2. 征收险

征收险一般是指由于东道国政府实行征收或国有化措施，致使投保人的财产遭受损失，或者在一段时间内阻碍投保人行使其财产权利的，由保险机构负责赔偿。

3. 战乱险

战乱险是指由于东道国出现武装冲突、革命、暴动或剧烈的社会动乱，致使投资者在东道国境内的财产遭受损失的，由保险机构负责赔偿。

4. 其他非商业性风险

如政府更迭导致投资合同无法履行的风险。

（二）投保人

海外投资保险的投保人是依法有资格申请海外投资保险的投资者。依据英国《1978 年出口保证和海外投资法》第 11 条规定，英国出口信贷保证署（ECGD）可以与该等投

① See https://www.gov.uk/government/uploads/system/uploads/attachment_data/file/210645/oii-application-form.pdf.

资者签订信用保证协议，包括：在英国从事商业的自然人，或由英国自然人控制的公司，而且该英国人或英国人控制的公司在英国境外投资，持有该公司部分或全部的股权。

（三）海外投资保险的对象

海外投资保险的对象是指可以作为保险对象的合格的投资。英国出口信贷保证署（ECGD）规定的合格投资是指向境外企业投入现金或某种形式的资产，或者为建设或扩大海外项目而进行的贷款。

（四）海外投资保险的期限

海外投资保险期限包括短期和中长期。英国海外投资保险的保险期间一般不超过 15 年，并可以延长，但是最长不超过自投资开始日起 20 年。美国海外私人投资公司（OPIC）规定的保险期限也是最长 20 年，对于贷款、租赁等，保险期限可以和合同期限相同。

（五）海外投资保险的保险费率和保险金

美国海外私人投资公司（OPIC）对汇兑险的保险费率是 0.18 美元至 0.42 美元；对征收险的保险费率是 0.28 美元至 0.60 美元；对政治不稳定的保险费率是 0.21 美元至 0.35 美元。

OPIC 最多赔偿合格投资者 90%的损失，通常要求投资者自行承担至少 10%的损失。但是对金融机构提供给非相关第三方的贷款和融资租赁，可以支付相当于 100%的本金加利息的保险金。对于股权投资，OPIC 通常提供相当于初始投资额的 270%的保险金，其中 90%是对初始投资额的保险，另 180%是对将来可能获得的利润的保险。①

三、我国的海外投资保险

（一）中国出口信用保险公司

2001 年前，我国政策性出口信用保险业务由中国人民保险公司和中国进出口银行办理。2001 年 5 月 23 日，根据《国务院关于组建中国出口信用保险公司的通知》，国务院决定组建中国出口信用保险公司（以下简称“中国信保”）。该公司是从事政策性出口信用保险业务的国有独资保险公司，是我国唯一的公营海外投资保险机构。中国信保支持企业对外投资，为我国出口企业收回应收账款提供信用保障，产品包括短期出口信用保险、短期出口特险、中长期出口信用保险。为我国海外投资提供信用保障，产品包括保外投资保险和融资担保等。

中国信保提供的海外投资保险有以下特点：

（1）我国未就海外投资保险单独立法，对出口信用保险和海外投资保险主要按照规范性文件进行政策性指导，如 1998 年 3 月 4 日发布《财政部关于申请办理出口信用保险

① See https://www.opic.gov/what-we-offer/political-risk-insurance.

若干规定的通知》（已失效）、2001 年 6 月 11 日发布《关于大型出口信贷及出口信用保险项目的报批程序》、2005 年 1 月 25 日发布《关于建立境外投资重点项目风险保障机制有关问题的通知》、2005 年 8 月 10 日发布《商务部、中国出口信用保险公司关于实行出口信用保险专项优惠措施支持个体私营等非公有制企业开拓国际市场的通知》、2021 年 3 月 12 日发布《商务部、中国出口信用保险公司联合印发进一步发挥出口信用保险作用加快商务高质量发展的通知》。《中央企业境外投资监督管理办法》规定政策性出口信用保险是中央企业风险管理的组成部分。另，根据 2013 年《最高人民法院关于审理出口信用保险合同纠纷案件适用相关法律问题的批复》，出口信用保险合同纠纷参照适用保险法的相关规定，出口保险合同另有约定的，从其约定。立法的缺失反映了海外投资保险没有得到足够的重视，影响了其推广和管理。

（2）在十几年对海外投资保险的垄断中，中国信保发展很快，有效履行了政策性职能和服务开放。自 2015 年至 2019 年，海外投资保险承保金额逐年增长。2015 年中国信保海外投资保险承保额 409.4 亿美元，至 2019 年增长至 613.3 亿美元。2019 年，海外投资保险承保保单 705 张（新签保单 181 张），承保项目覆盖越南、美国、巴基斯坦、保加利亚等 82 个国家（地区）；支付赔款 3 589 万美元 ；业务主要分布在电力生产和供应（29.9%）、其他采矿业（23.9%）、其他制造业（16.7%）等行业[①]，为企业走出去提供了有力支持。

（3）中国信保的业务以短期出口信用保险为主，海外投资保险比例不高，这种产品结构与我国日益迅猛增长的海外投资和长期投资规模不成比例。根据中国信保年报，2019 年，中国信保短期出口信用保险为 4 869 亿美元，占当年保险承保金额的近 80%，中长期出口信用保险占近 2%，海外投资保险大约占 10%。短期和中长期出口信用保险覆盖面占我国出口总额比重达到 20%。和出口信用保险相比，相对于我国对外投资的总规模，海外投资保险渗透率仍显不足，有巨大增长空间。2019 年我国对外直接投资 1 369.1 亿美元；2019 年年末，中国对外直接投资存量达 2.2 万亿美元。[②]

（4）费率不具有竞争力，通过补贴降低费率来鼓励投保。2013 年 7 月发布《国务院办公厅关于促进进出口稳增长、调结构的若干意见》，以扩大信用保险支持。根据 2014 年财政部和商务部发布的《外经贸发展专项资金管理办法》的规定，中央财政设立外经贸发展专项资金，用于优化对外贸易结构、促进对外投资合作、改善外经贸公共服务等。该专项资金可以为符合专项条件的境外投资项目提供海外投资保险保费支持。如“2020 年度中央外经贸发展专项资金（对外投资合作资助事项及地方配套）申报指南”规定，专项支持对外承包工程项目和合同金额、境外投资项目中方实际直接投资额分别不低于 100 万美元（或等值货币）的项目。支持标准是，通过外贸发展专项资金对海外投资保险实际缴纳的保费给予不超过 50%的支持，单家企业年度资助不超过 3 000 万元。[③]

---

① 参见《中国出口信用保险公司：2019 年度报告》，at https://www.sinosure.com.cn/images/xwzx/ndbd/2020/08/27/38BBA5826A689D7D5B1DAE8BB66FACF8.pdf。

② 参见《2019 年度中国对外直接投资统计公报》，at http://images.mofcom.gov.cn/hzs/202010/20201029172027652.pdf。

③ 参见《财政部、商务部关于 2020 年度外经贸发展专项资金重点工作的通知》（财建〔2020〕109 号）、《深圳市商务局 2020 年度中央外经贸发展专项资金（对外投资合作资助事项及地方配套）申报指南》，at http://www.sz.gov.cn/cn/xxgk/zfxxgj/tzgg/content/post_7923895.html。

（二）中国信保的海外投资保险

1. 保险范围

包括征收、汇兑限制、战争及政治暴乱和附加政治风险。附加政治风险包括经营中断、违约。

征收是指东道国采取国有化、没收、征用等方式，剥夺投资项目的所有权和经营权，或投资项目资金、资产的使用权和控制权。汇兑限制是指东道国阻碍、限制投资者换汇自由，或提高换汇成本，以及阻止货币汇出该国。经营中断是指因战争及政治暴乱导致投资项目建设、经营的临时性完全中断。违约是指东道国政府或经保险人认可的其他主体违反或不履行与投资项目有关的协议，且拒绝赔偿。

2. 投保人

海外投资保险的投保人应为在中国境内（不含港、澳、台地区）注册成立的法人，或者实际控制权由在中国境内注册的法人掌握的在中国境外（含港、澳、台地区）注册的法人，或为项目提供融资的境内（外）金融机构。中国信保承保海外投资保险的投保人不包括中国的自然人。

3. 损失赔偿比例

基本政治风险项下赔偿比例最高不超过95%，违约项下赔偿比例最高不超过90%，经营中断项下赔偿比例最高不超过95%。

4. 代位求偿

1992年《中国和阿根廷关于促进和相互保护投资协定》第6条规定，如果缔约一方或其代表机构对其投资者在缔约另一方领土内的投资作了担保，并据此向该投资者作了支付，缔约另一方应承认该投资者的任何权利或请求权转移给了缔约前者一方或其代表机构，并承认缔约前者一方或其代表机构对上述权利或请求权的代位。代位的权利或请求权不得超过原投资者原有的权利或请求权。2014年《中加投资促进及保护协议》第13条以及其他我国签订的双边投资保护协定中大多有此类规定。我国的海外投资以双边模式为主，不排除混合适用外交保护。中国信保承保的保险协议也规定了中国信保在赔偿投保人后取得求偿权。

第二节　海外投资鼓励与管理

一、海外投资的鼓励措施

资本输出国为了促进本国对外投资，除采用海外投资保险制度，还采取了大量鼓励措施。资本输出国的鼓励措施主要包括：

（一）税收方面的鼓励措施

投资者进行海外投资时，会遇到由于其母国行使居民税收管辖权和东道国行使收入来源地税收管辖权形成的双重征税问题。资本输出国通过双边投资协定、双边税收协定或通过其国内立法来避免双重征税和减少投资者的税负。一般采取两种措施：一是税收抵免，即海外投资者在东道国已经缴纳税款的所得或股息，可以在本国应纳税额中抵减；二是税收饶让，即海外投资者在东道国已经缴纳的，视同在本国已经履行纳税义务，不再另行征税。

除了针对所得税的避免重复征税措施，资本输出国还可以采取延迟纳税和建立海外风险准备金制度等措施。如日本 1960 年实施对外直接投资亏损准备金制度，将投资的一定比例计入准备金，享受免税待遇，在投资亏损时可从准备金中得到补偿，投资没有亏损的，在之后逐年将准备金合并到应税所得中纳税。此外，资本输入国可以在关税、增值税环节给予对外投资优惠。如越南规定在鼓励投资的产业、特定地区和高新科技园区内，可以对外国投资进口的设备免除进口关税。

（二）政府支持与服务

1. 提供投资情报

资本输出国通过各级政府和驻外使领馆设立的经济情报中心，向本国海外投资者提供东道国与投资有关的信息，为投资者海外投资决策提供帮助。如英国外交和联邦事务办公室定期发布《海外商业投资风险报告》，按照国别对政治和经济风险、人权问题、贿赂、恐怖主义活动、刑事犯罪问题和知识产权等进行详细介绍和投资指导。国际经济组织也为海外投资提供信息，如世界银行自 2003 年起每年发布《营商环境报告》，在 2020 年世界银行报告的营商环境排名中，中国香港地区为第 3 位，中国台湾地区为第 15 位，中国内地（大陆）为第 31 位。

2. 提供资金支持

一些资本输出国设立特别金融机构，以出资或贷款方式参与本国私人的海外投资，或建立特别基金，给予海外投资者资金支持。对海外投资者的项目贷款一般给予优惠利率，在条件上也有优惠。2015 年联合国第三次发展筹资问题国际会议形成的《亚的斯亚贝巴行动议程》提出，发达国家承诺将其国民生产总值的 0.7%用于官方发展援助，包括将国民总收入的 0.15%～0. 2%作为对最不发达国家的官方发展援助，以建设可持续发展的未来。官方发展援助，包括提供信贷支持和促进海外投资符合可持续发展目标。

3. 提供技术支持

发展援助委员会是 OECD 之下的一个委员会，负责协调向发展中国家提供官方发展援助。发展援助委员会的大多数成员为了培训其海外投资企业的技术人员，对本国培训发展中国家技术人员的机构提供政府补贴。一些国家还协助成立本国民间团体，为发展中国家培训经营技术人员。

二、海外投资的管理措施

为了确保本国私人海外投资对本国的国际收支和经济发展有利，资本输出国对海外投资进行管理，主要措施包括信息披露要求、反逃避税和反垄断法的域外适用。

（一）海外投资的信息披露

从税收监管的角度，资本输出国税法要求对本国私人海外投资的情况进行申报，特别是对上市公司，要按照《公司法》和《证券法》等法律、法规进行信息披露。从履行《经济合作与发展组织反贿赂公约》《联合国反腐败公约》等国际条约义务的角度，资本输出国制定和执行措施，要求私营部门增加透明度，包括加强会计和审计标准，对账簿和记录进行保存，进行财务报表披露。

（二）防止海外投资企业逃避税

为保证本国财政税收，资本输出国对本国私人海外投资的税收进行征管和开展国际合作。具体包括：加强税收登记和国际税务申报、强化会计审查、实行所得评估、防止关联公司转移定价、防止滥用税收协定、防止利用避税地避税等。

（三）反垄断法的域外适用

资本输出国对私人海外投资中限制竞争的经济活动进行监管。对位于本国领土以外的外国企业在境外实施的行为，如果对本国境内市场产生排除、限制竞争影响的，反垄断法可以在域外适用。

美国在1945年“美国铝公司案”中确立了效果原则，此后不断完善。如果第三国企业间的合并对美国国内、美国的出口贸易或者美国企业的出口机会，有直接的、实质性的且可以合理预见的后果，则美国政府得适用其国内法对该交易进行审查。欧盟和其他国家也纷纷规定了反垄断法的域外适用。

为执行反垄断法，美国反垄断监管机构还设置了个人报告制度。任何个人可以通过电子邮件、信函和电话向司法部反垄断局下设的公民投诉中心提交任何有关反垄断关切的信息，该信息可以成为启动反垄断调查的证据。在反垄断法执行中涉及的证据上，美国强化了被调查当事方的举证责任。在2010年“美国联邦贸易委员会诉C&D公司案”中，C&D公司被要求提供其在加拿大投资的公司的大量文件。法院认为除非该举证负担构成不合理地中断或者严重干扰C&D公司的经营活动，否则必须提供书面文件或者至少允许联邦贸易委员会进行电子检索。

（四）其他管理措施

对私人海外投资的管理措施还包括外汇管理、反贿赂和反洗钱等。

实行外汇管制的资本输出国，对私人海外投资资金的汇出、利润的汇回和结汇等规定了审批、登记或申报等制度。

资本输出国对私人在海外投资和经营过程中存在的贿赂行为进行规制。如美国《海外反腐败法》禁止为获得不当商业利益对外国官员或国际组织的官员行贿。该法规定了两项措施：一是反贿赂措施，二是账簿和记录措施。反贿赂措施适用于三类主体：(1) 发行人及其管理人员、董事、雇员、代理人和代表该发行人行事的股东，发行人是指在美国上市或按照美国证券交易所要求提交定期报告的公司；(2) 美国个人或实体及其管理人员、董事、雇员、代理人和代表其行事的股东；(3) 外国个人或外国实体及其管理人员、董事、雇员、代理人和代表其行事的股东（在美国境内实施贿赂行为）。贿赂行为的发生地可以在美国境内，也可以在美国境外。

对私人海外投资中可能涉及的洗钱行为，资本输出国通过金融机构的报告制度及中介机构和特定行业的报告制度进行调查和起诉，以及开展国际合作。

第三节 中国对外投资法律制度

一、概述

(一) 中国对外投资的发展

中国对外投资起步晚、发展快，其发展历程大致可以分为三个阶段。

1. 起步阶段：20世纪70年代末至80年代中期

1979年8月13日国务院颁布了15项改革措施，其中明确规定允许出国办企业。1979年11月，北京市友谊商业服务公司在东京设立京和股份有限公司，标志着我国对外投资的开始。改革开放之初，我国对外投资的主体是国有大中型企业，主要方式是设立分支机构和代表处。

2. 初步发展阶段：20世纪80年代末至21世纪初

1985年原外经贸部颁发《关于在国外开设非贸易性合资经营企业的审批程序和管理办法（试行）》，扩大了投资主体范围，对外直接投资由个案审批转变为规范性审批。对外投资进一步发展，投资主体仍是国有大中型企业，投资形式由设立海外分支机构过渡到新设企业。

3. 迅速发展阶段：21世纪初至今

2000年10月，我国在“十五”规划建议中正式提出“走出去”战略，鼓励国内企业进行对外投资。由此中小型国有企业和民营资本取得对外投资的支持和鼓励。2003年后我国对外投资速度加快。2015年我国发布《推动共建丝绸之路经济带和21世纪海上丝绸之路的愿景与行动》，出台具体方案深化改革开放，不断提升参与全球治理的能力，构建人类命运共同体。

根据商务部、国家统计局、国家外汇管理局联合发布的《2019年度中国对外直接投资统计公报》，2019年，中国对外直接投资新增股权投资483.5亿美元，当期收益再投资 606.2 亿美元，债务工具投资 279.4 亿美元。截至 2019 年年底，中国 2.75 万家境内投资者在全球 188 个国家或地区设立境外企业 4.4 万家，年末境外企业资产总额 7.2 万亿美元。在对外非金融类直接投资的主体上，非公有经济控股主体投资规模略高于公有经济。在投资的国别与地区上，中国内地在中国香港地区投资存量占境外直接投资存量一半以上。[①]

（二）中国对外投资政策、法律制度的发展和特点

在制定“走出去”战略后，我国对外开放战略出现重大转变，出台了一系列政策、法律、法规和规章，鼓励和规范对外投资。以部门规章为主体的中国对外直接投资法律制度已经逐步形成，具有以下主要特点：

1. 简化企业对外直接投资审批程序

2004 年 7 月，国务院发布《关于投资体制改革的决定》，对不使用政府投资的项目一律不再实行审批制，对境外投资项目根据不同情况分别实行核准制和备案制。2004 年 10 月国家发展和改革委员会发布《境外投资项目核准暂行管理办法》（已失效）和商务部《关于境外投资开办企业核准事项的规定》（已失效），支持各种所有制企业在境外设立企业，并简化了境外投资程序。2005 年 10 月，商务部制定了《境外投资开办企业核准工作细则》。随着海外投资管理实践和经验的增加，为便利海外投资，2014 年 9 月商务部颁布《境外投资管理办法》，从商务角度，规定按照企业境外投资的不同情形，分别实行备案和核准管理。为加强境外投资宏观指导，2017 年 12 月国家发展和改革委员会颁布《企业境外投资管理办法》，从宏观调控角度，进一步规范了企业境外投资核准制和备案制的范围、程序和监督，实现境外投资管辖的全覆盖。

2. 鼓励、引导企业对外投资

我国经济发展和投资政策发生战略转变，对境外投资采取鼓励政策，指导、引导与规范境外投资，而不再是限制对外投资。在投资国别与产业上，我国相关部委相继发布了《对外投资国别产业导向目录》《对外投资国别产业指引》和《对外投资合作国别指南》。除禁止类和限制类外，允许和鼓励境内企业对外投资。自 2015 年起，中国信保推出《国别投资经营便利化状况报告》，为企业对外投资国别提供信息服务。

在投资主体上，在推动中央管理企业走出去的同时，我国鼓励民营企业向境外投资。2012 年 6 月，国家发展改革委、外交部、工业和信息化部等十三个部门联合发布《关于鼓励和引导民营企业积极开展境外投资的实施意见》，完善对民营企业境外投资的政策支持、管理和服务保障。2017 年 12 月 6 日，国家发展和改革委员会发布《民营企业境外投资经营行为规范》，提高走出去的质量和水平。

在外汇管制上，我国推出对外投资用汇的便利措施。2005 年 5 月，国家外汇管理局发布《关于扩大境外投资外汇管理改革试点有关问题的通知》（已失效），增加了境外投资的用汇额度。2006 年 7 月，国家外汇管理局发布《关于调整部分境外投资外汇管理政

---

① 参见《2019 年度中国对外直接投资统计公报》，at http://images.mofcom.gov.cn/hzs/202010/20201029172027652.pdf.

策的通知》(已失效)，取消境外投资购汇额度的限制。2008 年 8 月，国务院修订《外汇管理条例》，规定境内个人和境内机构一样在办理登记后可以向境外直接投资。2009 年 7 月，国家外汇管理局发布《境内机构境外直接投资外汇管理规定》，规定了对境外直接投资的外汇登记制度和资金汇出的登记制度。2015 年 2 月，外汇管理局《关于进一步简化和改进直接投资外汇管理政策的通知》（汇发〔2015〕13 号）取消了境外直接投资项下外汇登记核准审批，国家外汇管理局改为间接监管。

我国对境外投资给予财政支持。2005 年 12 月，财政部、商务部发布《对外经济技术合作专项资金管理办法》，利用专项资金对境外投资采取直接补助或贴息支持。2009 年 12 月，财政部、国家税务总局发布《关于企业境外所得税收抵免有关问题的通知》(部分失效)，规定境外直接投资税收抵免。

3. 对企业对外投资的监管方式由直接监管转向管理和服务并重

在监管方面，商务部门和宏观调控部门都加强了事中事后监管。2017 年 10 月商务部办公厅印发《对外投资合作“双随机一公开”监管工作细则（试行）》和 2017 年 12 月国家发展改革委发布的《企业境外投资管理办法》，规范了监管制度。一方面，建立了报告制度。投资主体通过其控制的境外企业开展 3 亿美元及以上的非敏感类项目，应当在项目实施前通过网络系统提交大额非敏感类项目情况报告表。属于核准、备案管理范围的项目，投资主体应当在项目完成之日起 20 个工作日内通过网络提交项目完成情况报告表。境外投资过程中发生外派人员重大伤亡、境外资产重大损失、损害我国与有关国家外交关系等重大不利情况的，投资主体应当在有关情况发生之日起 5 个工作日内通过网络系统提交重大不利情况报告表。国家发展改革委制定发布《企业境外投资管理办法配套格式文本（2018 年版）的通知》指导和便利投资主体履行核准、备案、报告等手续，规范核准、备案机关行政行为。另一方面，对于境外投资中的不正当竞争、扰乱境外投资市场秩序以及威胁我国国家利益和安全的，国家发展改革委或投资主体注册地的省级政府发展改革部门有权处罚。

在防范对外投资风险方面，《对外投资合作境外安全风险预警和信息通报制度》《对外投资合作境外安全事件应急响应和处置规定》《境外中资企业机构和人员安全管理规定》《境外中资企业机构和人员安全管理指南》《企业境外经营合规管理指引》，为指导和规范我国企业经营合规和提高竞争力提供了指导。

二、中国对外投资法律制度的主要内容

（一）境内企业境外投资的核准和备案制度

1. 发展改革部门的核准和备案

《企业境外投资管理办法》适用的投资主体包括各种类型的非金融企业和金融企业。①

① 境内自然人直接对境外或者港澳台地区开展投资的，不适用《企业境外投资管理办法》。境外自然人通过其控制的境外企业或者港澳台地区企业对境外开展投资的，参照执行。投资主体直接或者通过其控制的企业对港澳台地区开展投资的，也参照执行。

事业单位、社会团体等非企业组织对境外开展投资参照执行。适用的境外投资，包括投资主体直接开展和间接开展的境外投资。直接开展，是投资主体直接投入资产、权益或提供融资、担保。间接开展，由投资主体通过控制境外企业所实施，指境内企业直接或间接拥有境外企业半数以上表决权，或虽不拥有半数以上表决权，但能够支配企业的经营、财务、人事、技术等重要事项。

境外投资项目，应履行核准或备案手续。属于核准、备案管理范围的项目，投资主体未取得有效核准文件或备案通知书的，外汇管理、海关等有关部门依法不予办理相关手续，金融企业依法不予办理相关资金结算和融资业务。

对涉及敏感国家和地区或者涉及敏感行业的项目，即敏感类项目，无论是直接开展还是间接开展，由国家发展改革委进行核准。敏感国家和地区包括：（1）与我国未建交的国家和地区；（2）发生战争、内乱的国家和地区；（3）根据我国缔结或参加的国际条约、协定等，需要限制企业对其投资的国家和地区；（4）其他敏感国家和地区。国家发展改革委发布《境外投资敏感行业目录（2018年版）》规定的敏感行业包括：（1）武器装备的研制生产维修；（2）跨境水资源开发利用；（3）新闻传媒；（4）根据我国法律法规和有关调控政策，需要限制企业境外投资的行业。2017年8月4日，国务院办公厅转发《国家发展改革委、商务部、人民银行、外交部关于进一步引导和规范境外投资方向的指导意见》（国办发〔2017〕74号）①，调控政策列举的敏感行业，包括房地产、酒店、影城、娱乐业、体育俱乐部以及在境外设立无具体实业项目的股权投资基金或投资平台。国家发展改革委核准的条件是：不违反我国法律法规；不违反我国有关发展规划、宏观调控政策、产业政策和对外开放政策；不违反我国缔结或参加的国际条约、协定；并且不威胁、不损害我国国家利益和国家安全。

核准的期限是自受理之后20个工作日；经核准机关负责人批准后可以延长10个工作日。

对投资主体直接开展的非敏感项目，根据投资主体的类型和金额，由国家发展改革委或者省级发展改革部门进行分级备案。具体来说，投资主体是中央管理企业（含中央管理金融企业、国务院或国务院所属机构直接管理的企业）的，备案机关是国家发展改革委；投资主体是地方企业，且中方投资额3亿美元及以上的，备案机关是国家发展改革委；投资主体是地方企业，且中方投资额3亿美元以下的，备案机关是投资主体注册地的省级政府发展改革部门。备案的期限是自受理之日起7个工作日内。

2. 商务部门的核准和备案

《境外投资管理办法》适用的投资主体是境内企业。适用的境外投资是指通过新设、并购及其他方式在境外拥有非金融企业或取得既有非金融企业所有权、控制权、经营管理权及其他权益的行为。

---

① 该通知将境外投资分为三类，分别是禁止类、限制类和鼓励类。禁止类的境外投资包括：（1）涉及未经国家批准的军事工业核心技术和产品输出的境外投资。（2）运用我国禁止出口的技术、工艺、产品的境外投资。（3）赌博业、色情业等境外投资。（4）我国缔结或参加的国际条约规定禁止的境外投资。（5）其他危害或可能危害国家利益和国家安全的境外投资。

商务部和省级商务主管部门按照企业境外投资的不同情形，分别实行核准管理和备案。对境外投资涉及敏感国家和地区、敏感行业的，实行核准管理。敏感国家和地区是指与中国未建交的国家、受联合国制裁的国家，以及商务部另行公布名单中的国家和地区。敏感行业是指涉及中国限制出口的产品和技术的行业、影响一国（地区）以上利益的行业。除此以外的境外投资，实行备案管理。

商务部对境外投资实行分级分类管理。对核准类的投资，中央企业向商务部申请，商务部应在 20 个工作日内作出是否核准的决定。地方企业通过省级商务主管部门向商务部提出申请；省级商务主管部门应在 15 个工作日内作出初步审查意见；商务部在收到初步审查意见后，应在 15 个工作日内作出是否核准的决定。对备案类的投资，中央企业报商务部备案，地方企业报省级商务部门备案。

获得核准或备案的企业，取得《企业境外投资证书》，证书有效期为 2 年。

投资主体在开展对外投资的过程中，应当按照 2018 年 1 月 18 日七部委发布的《对外投资备案（核准）报告暂行办法》履行报告义务。

（二）对中央企业境外投资的监管

2017 年 1 月 7 日起施行的《中央企业境外投资监督管理办法》适用于国务院国有资产监督管理委员会（以下简称“国资委”）代表国务院履行出资人职责的国家出资企业，在境外从事固定资产投资与股权投资。

由中央企业发展战略和规划确定，并经国资委确认公布的企业，其主要经营业务是中央企业的主业。主业以外的其他业务是非主业。中央企业原则上不得在境外从事非主业投资。有特殊原因确需开展非主业投资的，应当报送国资委审核把关，并通过与具有相关主业优势的中央企业合作的方式开展。

国资委制定中央企业境外投资项目负面清单①，设定禁止类和特别监管类境外投资项目，实行分类监管。列入负面清单禁止类的境外投资项目，中央企业一律不得投资；列入负面清单特别监管类的境外投资项目，中央企业应当报送国资委履行出资人审核把关程序；负面清单之外的境外投资项目，由中央企业按照企业发展战略和规划自主决策。

中央企业可以制定自己的负面清单，其拟开展的境外投资项目要纳入当年上报国资委的投资计划。对境外特别重大投资项目，中央企业应委托独立第三方有资质咨询机构进行决策前风险评估。

（三）外汇管制

我国实行外汇管制，目前资本项目的管制逐渐放松。

---

① 《中央企业投资项目负面清单（2017 年版）》规定，禁止类的境外投资项目包括：(1) 不符合国家产业政策的投资项目。(2) 未按规定履行完成必要的审批程序的投资项目。(3) 不符合经国资委审核的企业发展战略和规划的投资项目。(4) 不符合企业投资决策程序和管理制度的投资项目。(5) 未明确融资、投资、管理、退出方式和相关责任人的投资项目。(6) 项目资本金低于国家相关规定要求的投资项目。(7) 超过国资委认定的非主业投资比例的非主业投资项目。(8) 投资预期收益低于 5 年期国债利率的商业性投资项目。(9) 国资委债务风险管控企业推高企业负债率的投资项目。(10) 非房地产主业中央企业新购土地开展的商业性房地产投资项目。特别监管类是指单项投资额大于中央企业上年度合并报表净资产 50%的投资项目。

企业境外直接投资的外汇来源包括自有外汇资金、符合规定的国内外汇贷款、人民币购汇或实物、无形资产、留存境外利润等多种来源。

自2015年6月1日起，境内企业境外直接投资，由银行办理境外直接投资外汇登记，取消境外再投资外汇备案，境内投资主体设立或控制的境外企业在境外再投资设立或控制新的境外企业无须办理外汇。

（四）投资支持与服务

除部门规章外，商务部会同有关部门制定《对外投资国别产业导向目录》《对外投资国别产业指引》《对外投资合作国别指南》《对外投资合作在外人员培训教材》《规范对外投资合作领域竞争行为的规定》《对外投资合作环境保护指南》等文件，引导、规范企业对外投资。建立对外投资与合作信息服务系统，为企业开展境外投资提供统计、投资机会等信息服务。通过对外经济技术合作专项资金，对境外投资采取直接补贴和贴息支持；提供境外投资专项贷款；通过中国信保提供海外投资保险，发展商业保险公司参与出口信贷。放松外汇管制，规定境外所得税收抵免，签订双边、多边经贸合作和投资协定，帮助、促进、保障中国境内企业“走出去”和参与国际竞争。

课堂讨论案例

（一）基本案情

2011年南苏丹从苏丹分离后经历持续的政治不稳定和无秩序状态。2013年12月至2014年1月期间，政府军和反政府武装激烈交火，在多个城市争夺控制和占领权，在南苏丹全国存在广泛的人权违反情况。据联合国人道主义事务协调办公室估计，截至2014年1月，约有超过74万人流离失所。多个国际组织的设施被袭击、洗劫和攻击。

国际救援委员会是一个国际非政府组织，在纽约成立，在40多个国家为难民和因战争、被迫害或者自然灾害造成的流离失所者提供人道主义援助。该组织在苏丹已经运营20余年，在南苏丹独立后继续运营。在南苏丹政治暴力冲突期间，国际救援委员会虽然仍在部分地区维持运营，但是已经逐渐收缩规模。其在石油重镇班提乌的办公室已经关闭，无法进入。

（二）保险合同

2010年5月24日，国际救援委员会与美国海外私人投资公司签订主合同，2013年10月28日签订协议将南苏丹列入附件投资国家。

主合同第7条规定，如果所投保财产的全部或者部分由于物理性损害、破坏、被抢走或扣押造成永久性损失，且政治性暴力是该损失的直接原因，保险人应赔偿投保人。合同中将政治性暴力定义为：主要为达到政治目的而实施的暴力行为，如宣战或者不宣而战、国家或者国际武装的敌对行动、内战、革命、暴动、内乱、恐怖主义或破坏。

投保财产是包括投保人不时提供给其分支机构在项目中使用的电脑、办公设备、汽车、用品、建筑、家具、发电机、通信设备和其他财产。项目被确定为投保人的人道主义援助项目，包括但是不限于为难民提供紧急救生，提供医疗和公共健康服务，提供避难所和事务，提供培训、教育和生产计划。

根据合同，保险赔偿不得超过赔偿限额。保险赔偿金额为修理和更换投保财产的合理成本，但是不超过投保财产原购置成本的200%。投保人自行承担其中的10%。投保人获得赔偿的条件之一是投保人必须在损失发生后的3年内修改或更换损失财产。

（三）赔偿

投保人提出投保财产的原购置成本为173 409美元，其中汽车价值55 423美元，其他投保财产价值117 987美元。汽车按照200%计算赔偿额为110 845美元，其他投保财产按照100%计算；在投保人承担10%的损失后，保险公司应赔偿205 949美元。

关于赔偿限额。保险合同的赔偿限额是500万美元，即在保险期间发生的各次保险事故获得的保险金总和不超过500万美元。投保人此前仅因在中非共和国的投资获得赔偿595 413.40美元。因此，该次赔偿不超过赔偿限额。

投保人已经签署保险权益转让书。美国海外私人投资公司同意赔偿205 949美元。

请结合本章内容，思考以下问题：

（1）海外投资有哪些风险需要预防和控制？

（2）对海外投资保险中的合格投资者有什么要求？

（3）海外投资保险和商业性的财产保险相比，有什么区别？

问题与思考

1. 简述海外投资保险制度的概念和特征。
2. 海外投资保险制度的主要内容是什么？
3. 资本输出国对海外投资的鼓励措施包含哪些主要内容？
4. 资本输入国对海外投资的管理措施包含哪些主要内容？
5. 请结合法律法规，说明我国对外直接投资法律制度的特点。
6. 简述我国境内企业境外投资的审核和备案制度。

第十三章

保护国际投资的国际法制

本章概要

资本的跨国流动决定了仅凭国内法无法保护国际投资。为了降低国内法对国际投资的阻碍作用，切实发挥投资对贸易、环境、社会经济发展的促进作用，鼓励和促进资本的全球流动以及对资本进行有效的管理和规制，各国积极寻求建立关于投资的国际法律体制。保护国际投资的国际法制包括双边投资保护协定、区域性投资条约和世界性的多边投资条约，主要内容包括投资、投资者、投资者义务、投资者待遇、投资争议解决等。

关键术语

双边投资保护协定　可持续发展　美国墨西哥加拿大协定　国际能源宪章条约　区域全面经济伙伴关系协定　全面与进步跨太平洋伙伴关系协定　多边投资担保机构

第一节　双边和区域性投资条约

双边投资保护协定是指两个国家之间就鼓励、促进和保护另一国国民在其领土内的投资而签订的双边条约，是第二次世界大战后各国普遍采用的保护国际投资的形式。

双边投资保护协定的起源可以追溯到18世纪末期，美国、日本和一些西欧国家签订一系列友好通商航海条约。其主要内容是调整两国间的通商关系，包括另一缔约国人员入境、居留及财产的保护、商业活动和管理、外汇管制、税收待遇、船舶和航运待遇以及争议解决，私人投资并不是其重点，并且友好通商航海条约一般在发达国家之间签署。

第二次世界大战后，为了实施复兴欧洲经济的马歇尔计划，美国启动了海外投资保险制度。海外投资保险必须以美国签订的双边投资保护条约为依据。投资保护条约的主要内容是海外投资保险的代位求偿权和投资争议解决。1959年联邦德国与巴基斯坦签订了双边投资保护协定。自此，资本输出国与资本输入国签订的双边投资保护协定逐渐增多。双边投资保护协定成为保护国际投资的主要国际法机制。区域性自由贸易条约往往也包括投资便利和投资保护的安排，弥补了全球多边投资协定的缺失，促进了资本的流动。

20世纪90年代后，双边投资保护协定的数量迅速增长。根据UNCTAD统计，2018年一年达成22个双边投资协定和16个其他投资条约。截至2018年年底，双边投资协定总数达到2 895个，其中仍有效的超过2 654个。其他的国际投资条约总数达到389个。①

一、双边投资保护协定的主要内容

双边投资保护协定的内容主要包括投资和投资者的范围、外国投资者的待遇标准、征收或国有化及其补偿、资本和收益的汇兑和转移、投资保险或保证及代位权、争议解决。

近年来，越来越多的双边投资保护协定涉及传统上属于国内法问题的环境问题和劳工问题。2015年联合国可持续发展峰会通过《2030年可持续发展议程》，提出17项可持续发展目标，号召各国在可持续发展目标上落实本国各方面的工作、政策和战略。②2016年二十国集团《全球投资指导原则》中指出，“投资及对投资产生影响的政策应在国际、国内层面保持协调，以促进投资为宗旨，与可持续发展和包容性增长的目标相一致”。与国际共识相一致，双边投资保护协定的内容日益体现全球合作可持续发展的要求。根据UNCTAD统计，2018年签订的双边投资协定中有19个规定了一般例外条款，保护人类、动植物生命健康或保护可用竭的自然资源；有16个认可缔约国不应为吸引投资而放松健康、安全或环境标准；有25个在序言中提及保护健康和安全、劳工权利、环境或者可持续发展；有13个规定了企业社会责任条款。③

中国近些年谈判的双边投资保护协定中也体现了可持续发展的要求。

（一）关于投资的范围

双边投资保护协定在定义条款中以概括加列举的方式规定投资的范围。多数投资协定中的投资范围都是开放的，也有投资协定通过排除或者设置条件，对投资进行限制。例如明确排除特定形式的资产，如因国际贸易产生的付款请求权；规定投资必须满足特

① See UNCTAD, World Investment Report 2020, at https://worldinvestmentreport.unctad.org/world-investment-report-2020/ch3-investment-policy-trends/#22-new-IIAs-were-signed.

② 目标包括：目标1. 在全世界消除一切形式的贫困；目标2. 消除饥饿，实现粮食安全，改善营养状况和促进可持续农业；目标3. 确保健康的生活方式，促进各年龄段人群的福祉；目标4. 确保包容和公平的优质教育，让全民终身享有学习机会；目标5. 实现性别平等，增强所有妇女和女童的权能；目标6. 为所有人提供水和环境卫生并对其进行可持续管理；目标7. 确保人人获得负担得起的、可靠和可持续的现代能源；目标8. 促进持久、包容和可持续的经济增长，促进充分的生产性就业和人人获得体面工作；目标9. 建造具备抵御灾害能力的基础设施，促进具有包容性的可持续工业化，推动创新；目标10. 减少国家内部和国家之间的不平等；目标11. 建设包容、安全、有抵御灾害能力和可持续的城市和人类住区；目标12. 采用可持续的消费和生产模式；目标13. 采取紧急行动应对气候变化及其影响；目标14. 保护和可持续利用海洋和海洋资源以促进可持续发展；目标15. 保护、恢复和促进可持续利用陆地生态系统，可持续管理森林，防治荒漠化，制止和扭转土地退化，遏制生物多样性的丧失；目标16. 创建和平、包容的社会以促进可持续发展，让所有人都能诉诸司法，在各级建立有效、负责和包容的机构；目标17. 加强执行手段，重振可持续发展全球伙伴关系。

③ See UNCTAD, Taking Stock of IIA Reform: Recent Developments, at https://unctad.org/system/files/official-document/diaepcbinf2019d5_en.pdf.

定的要求，如一定的经营期限和符合可持续发展的要求；规定投资通过企业进行；规定投资必须依法作出，不得贿赂或欺诈。①

我国原外经贸部制定的 1994 年《中国双边保护投资协定范本》（以下简称“1994 年 BIT 范本”）规定，投资是指任何形式的资产的投入，主要包括但是不限于：动产、不动产和其他财产权利，如抵押和质押；股份、股票和其他对公司的参与权；金钱请求权或其他有经济价值的关于合同履行的请求权；著作权、工业产权、专有技术和工艺流程；依法授予的特许权，包括自然资源勘探、开发权。1995 年中国与印度尼西亚双边投资保护协定和 2005 年中德双边投资保护协定即采纳该范本条款。2013 年中国与哥伦比亚双边投资保护协议中除 1994 年 BIT 范本所列举的投资外，还包括 3 年期以上的外国贷款，同时明确排除国债和任何因货物买卖合同、服务合同和商业贷款产生的金钱性请求权。

美国采用的双边投资协定范本从 1984 年范本、1994 年范本、2004 年范本到 2012 年范本，逐渐扩大所列举的投资范围。2012 年范本中将投资概括为：投资者直接或者间接拥有或者控制的任何资产，如果该资产具有投资的特征，包括承诺投入资本或其他资源、预期获得收入或利润、承担风险。具体形式包括：建立企业；债券、长期票据、贷款；期货、期权和其他衍生品；依据国内法授予的许可、授权或者类似权利等。

（二）关于投资者的定义

双边投资保护协定中的投资者是指作出投资的另一缔约国的国民，包括自然人和经济实体。投资者一般按照国籍认定，有些协定规定同时适用国籍和住处两个标准，有些协定还规定营业要求。

缔约国可以仅规定特定形式的投资者，如中国与印度尼西亚签订的双边投资协定中规定，作出投资的印度尼西亚公司是指依据印度尼西亚法律设立的有限责任公司和任何法人。美国 2012 年 BIT 范本规定，自然人存在双重国籍时，应认定为仅具有其主要的和有效的国籍。中国和加拿大双边投资协定排除双重国籍，投资者应具有一方公民身份或永久居民身份，并且不具有另一方的公民身份。中国和哥伦比亚双边投资协定中除国籍要求外，还增加营业要求，规定投资者为实体时，须依缔约国法律成立，在该国有住处，且在该国进行主要商业活动。对于在非缔约国境外设立的实体，如果由缔约国的自然人有效控制的，也是合格的投资者。

（三）关于外国投资者的待遇标准问题

双边投资协定中规定的外国投资者的待遇主要有国民待遇标准、最惠国待遇标准、公平与公正待遇标准和国际最低待遇标准。多数双边投资协定规定了市场准入后的国民待遇和最惠国待遇，少数双边投资协定同时规定了市场准入前的国民待遇和最惠国待遇。截至 2014 年年底，大约有 10%的双边投资保护协定规定了市场准入前承诺。2014 年新

① See UNCTAD, International Investment Agreements Reform Accelerator, at https://unctad.org/system/files/official-document/diaepcbinf2020d8_en.pdf.

签订的双边投资协定，有一半规定了对准入阶段适用完全的或有限的投资待遇。①

1. **国民待遇标准**

国民待遇是指在互惠的基础上，东道国按照本国法律给予外国投资者与给予本国国民相同的待遇。但是对于是否规定国民待遇，以及国民待遇的范围，投资协定中存在差异。一些明确规定东道国的管制权从而对国民待遇进行限制，一些规定国民待遇仅适用于准入后，而一些将国民待遇扩大到准入前。

中国 1994 年 BIT 范本并未规定国民待遇。中国与印度尼西亚投资协定中也未规定国民待遇。中德投资协定规定了国民待遇，要求每一缔约国应给予对方投资者不低于给予其本国投资者的待遇。中国与哥伦比亚投资协定中将国民待遇的范围明确为准入后待遇，规定在投资的经营、管理、使用、收益和处分方面，给予另一缔约国投资者的投资不低于相同情形下给予本国投资者的待遇。美国 2012 年 BIT 范本中规定的国民待遇的范围更大，既包含准入前待遇，也涉及准入后待遇；涉及设立、收购、扩张、管理、运营、出售或其他处理投资的方式。

2. **最惠国待遇标准**

最惠国待遇是指在互惠的基础上，东道国按照本国法律给予外国投资者的待遇，不低于该国给予任何第三国投资者的待遇。大部分双边投资协定中都规定最惠国待遇，但是最惠国待遇的范围存在差异。

中国 1994 年 BIT 范本规定了最惠国待遇，但是不适用于缔约国与其他国家基于关税同盟、自由贸易区、边境贸易或者为避免双重征税的安排涉及的优惠。中德投资协定采取了中国 1994 年 BIT 范本的规定。中国与印度尼西亚投资协定将最惠国待遇的范围进一步明确为管理、使用、收益或者处分投资和任何与投资有关的活动。美国 2012 年 BIT 范本规定最惠国待遇包括准入前待遇和准入后待遇，在设立、收购、扩张、管理、运营、出售或其他处理投资的方式上均适用最惠国待遇。中国与哥伦比亚投资协定除将最惠国待遇限定为准入后待遇外，明确最惠国待遇不适用于诉诸争端解决程序的权利。中国与加拿大投资协定将最惠国待遇扩大到准入前，在设立阶段也给予最惠国待遇，但是限于类似情形下给予非缔约方的待遇，同时明确待遇不包括争端解决程序。

3. **公平与公正待遇标准**

双边投资保护协定中一般规定给予外国投资者和其投资公平与公正待遇。但是对于公平与公正待遇的概念和范围存在较大分歧。一些投资保护协定将公平与公正待遇列为一个单独的标准，一些将其列入国际最低待遇标准；一些将其定义为提供充分保护和安全，一些将其定义为提供完全保护和安全；一些认为公平与公正待遇包括不对外国投资者进行歧视性对待，一些认为公平与公正待遇包括国际习惯法上所有对外国人的经济利益的对待；一些认为公平与公正待遇是国际习惯法上的标准，即所有国家遵守一致的标准，一些认为不存在习惯法上的标准。

---

① See UNCTAD, Recent Trends in IIAs and ISDs 2015, at http://unctad.org/en/PublicationsLibrary/webdiaepcb2015d1_en.pdf.

中国1994年BIT范本规定，缔约国应给予另一缔约国投资者在本国境内的投资和与投资有关的活动以公平与公正待遇。中德投资协定采纳该范本的规定。中国与印度尼西亚投资协定中规定，缔约国应给予投资者公平与公正待遇，并就在另一缔约国境内的投资有权取得充分保护和保证投资安全。美国在其双边投资协定范本中将公平与公正待遇与投资待遇最低标准相联系。美国2012年BIT范本规定，应该给予另一缔约国投资者符合国际习惯法的待遇，包括公平与公正待遇及完全保护和安全；公平与公正待遇要求根据世界主要法系中所包含的正当程序原则，不得在刑事、民事或行政程序中进行司法拒绝；完全保护和安全要求提供国际习惯法所要求的治安保护水平。中国与哥伦比亚投资协定中规定，缔约国应给予投资者符合国际习惯法的公平与公正待遇，给予投资完全保护和安全；公平和公正待遇并不要求国际习惯法下外国人的最低待遇标准之外的额外待遇，公平和公正待遇禁止违反国际习惯法在刑事、民事或行政程序中拒绝司法，完全保护和安全并不意味着给予优于对待本国国民的待遇。

（四）关于征收或国有化及其补偿

征收或国有化是指主权国家基于社会公共利益的需要，将外国投资者的部分或全部资产收归国有。双边投资协定规定征收或国有化必须符合一定条件，包括不得损害公共利益，不得具有歧视性，符合正当法律程序，并给予补偿。

征收或国有化的方式包括直接征收和间接征收。一些协定中明确排除间接征收，一些协定适用于直接征收也适用于间接征收，一些协定明确间接征收的标准。如中德投资协定规定征收包括直接征收、间接征收或者任何在效果上等同于征收的其他措施。印度和美国在各自的双边投资协定范本中详细列举了构成间接征收的情形，要求对于征收的判断必须根据个案进行。中韩自由贸易协定对间接征收进行个案判断，规定应考虑所采取行为产生的经济影响，行为对投资产生的明确合理期待的干扰，行为的性质、目标和行为以及是否与目标相称。同时，中韩自由贸易协定明确规定东道国为合法公共利益的目的采取的非歧视的管制措施不构成间接征收，除非在极少数情况下，例如根据其目的，该行为是极其严重或不相称的。

对征收的补偿问题，发达国家与发展中国家之间存在分歧。发达国家一般要求实行征收的国家给予“充分、有效、及时”的补偿。发展中国家曾依据《各国经济权利与义务宪章》主张补偿是“适当”的。近些年来，随着双边投资协定的大量签订，补偿的标准一般都规定为充分补偿。

中国1994年BIT范本中规定了征收的四个条件，并规定补偿额为被征收财产在被宣布征收时的价值，支付补偿不应不合理地延迟。中德投资协定规定补偿额按照投资的价值计算，计算时间为以下两者之间的较早时间，或者是采取征收措施前一刻，或者是该征收措施被知晓前一刻，包括按照通行的商业性利率计算的利息。美国2012年BIT范本规定，补偿应及时而无拖延地支付；补偿金额相当于征收前被征收投资的公允市场价值；补偿应可全部变成现金并可以自由转移。该范本规定公允市场价值的计算，包括自征收之日起至付款之日的利息，利率按照商业合理标准的数额确定。

（五）关于资本和收益的汇兑和转移

双边投资保护协定一般都规定投资者的资本、利润和其他合法权益可以自由转移，包括自由兑换成外币、自由转移或汇回本国。投资保护协定关于缔约国是否可以通过其国内法对自由转移作出限制，以及可转移的权益范围，存在差异。

中国 1994 年 BIT 范本规定，资本和收益的汇兑和转移应遵守缔约国国内法。资本和收益包括：利润、分红、利息和其他合法收入；投资清算的全部或部分款项；与投资有关的贷款合同项下的支付；特许权使用费；技术支持或技术服务费、管理费；与投资有关的项目支付；另一缔约国国民自缔约国境内获得的与投资有关的工作收入。中国与哥伦比亚投资协定规定不排除各方依据其国内法对汇兑进行限制。美国 2012 年 BIT 范本在自由转移的权益范围上，除规定中国范本中包括的各项权益外，还列举了基于争议产生的支付也可自由转移。美国范本中规定缔约国国内法对自由转移的限制必须是平等的、非歧视的和善意的，且仅限于以下方面的限制：(1) 破产或为保护债权人权利；(2) 发行、交易或处置证券、期货、期权或衍生品；(3) 刑事或刑罚指控；(4) 为协助法律执行或金融管制所必要的财务报告和备案；(5) 为保证司法或者行政程序中的裁定或判决的遵守。

（六）投资保险或保证及代位权

双边投资保护协定一般都规定，在投资保险或保证项下就政治风险对投资者进行赔偿或补偿后，缔约国政府或其机构取得代位求偿权，有权代替投资者向东道国政府提出赔偿请求。代位权不超过投资者原有的权利和主张。

（七）争议的解决

双边投资协定的争议包括两类：一类是有关国家之间由于投资条约的解释或适用而产生的争议，其解决方式通常包括谈判和仲裁；另一类是缔约国国民与另一缔约国之间因待遇、征收补偿、资本和利润汇出及履行要求等问题而产生的争议，其解决方式通常包括友好协商、当地行政与司法救济和国际仲裁。对于争议的范围的规定，双边投资协定存在差异。一些双边投资协定中规定了“保护伞条款”，将东道国与投资者间的投资合同的争议上升为双边投资协定的争议，即对于投资合同的违反也是对投资条约的违反。对于“保护伞条款”存在很大争议，2014 年 UNCTAD 审议的新签订的 13 个双边投资保护协定中均未包括该条款。一些投资协定规定了“岔路口”条款，即对当地救济和国际仲裁两种争议解决方式，选择其中一种，就不能再寻求另外一种。

中国 1994 年 BIT 范本规定，缔约国之间就条约解释与适用产生争议，如果经外交途径协商无法在 6 个月内达成一致，任一缔约方可以提交临时仲裁。对于投资者与东道国之间的投资争议，如果双方无法在 6 个月内达成一致，可以提交东道国有管辖权的法院。涉及征收补偿数额的争议，如果未提交当地法院审理的，可以提交临时仲裁；已提交当地法院的，则不可提交临时仲裁。美国 2012 年 BIT 范本规定，缔约国之间争议可以提交临时仲裁，适用联合国贸法会《仲裁规则》；投资者与东道国之间的投资争议，提交

ICSID 仲裁或按照联合国贸法会《仲裁规则》进行临时仲裁。中国和韩国自由贸易协定适用于违反对投资者或投资的义务致使投资者遭受损失或损害的争议。其规定了“岔路口”条款，争端投资者可以选择向争端缔约国法院起诉；除非争端投资者放弃向法院起诉，否则不得进行仲裁。争端投资者和争端缔约方的协商，是仲裁的前置程序，只有在4个月内无法协商解决才可以提起仲裁，并且，争端缔约国可以要求投资者在提起仲裁前完成该争端缔约国国内法律规定的行政复议程序。仲裁可以适用《国际投资争端解决中心公约》《国际投资争端解决中心附加便利规则》《联合国国际贸易法委员会仲裁规则》或者争端缔约方同意的其他仲裁规则。

(八) 东道国管制权与可持续发展

一般投资协定在序言中明确东道国对外国投资有管制权。一些在国民待遇条款和最惠国待遇条款中明确待遇标准为“类似情形”下，或者遵守东道国法律，一些在征收条款中明确行使合法的管制权的行为不构成间接征收，一些在例外条款中确认管制权，或者制定专门的管制条款。在程序环节上，规定协商机制、对仲裁庭的解释权进行限制，也是东道国加强对外资规制的体现。[①] 专门的管制条款包括国家安全例外和落实可持续发展要求。可持续发展要求包括经济、社会、环境责任。

1996 年中国与毛里求斯投资协定规定不得以任何方式限制缔约一方为保护基本安全利益或公共卫生或者防止动植物病虫害或保护环境而采取任何禁止或者限制措施。2020年年底结束谈判的《中欧全面投资协定》在序言中确认各方有权采取和执行措施，以实现合法的公共政策目标。其在“目标”一节中通过专门条款明确管制权，在便利投资自由化的同时，规定各方有权在其领土内进行管制以实现合法的政策目标，如保护公共卫生、社会服务、公共教育、安全、环境，包括应对气候变化、公共道德、社会保障或消费者保护，隐私和数据保护或促进和保护文化多样性。该协定另以“投资和可持续发展”为题，专门规定了企业社会责任、投资与环境、投资与劳动等内容。

二、区域性投资条约

第二次世界大战以来，区域合作日趋加强。特别是近些年来，各种区域优惠贸易与投资协定的数量持续增长。区域合作安排中通常包括投资的内容，以促进贸易和投资的自由化，从而实现更高程度的经济一体化。传统上区域合作在同一个地区的国家之间展开，但自 1990 年后，位于不同地区的国家和集团也开始相互采纳优惠贸易与投资协定。

在 WTO 开展多轮多边贸易与投资谈判的同时，区域合作更加富有活力和取得成效。

(一)《美国墨西哥加拿大协定》

2020 年 7 月 1 日《美国墨西哥加拿大协定》(USMCA) 生效，取代自 1994 年 1 月 1 日起实施的《北美自由贸易协定》(NAFTA)。该协定保留了《北美自由贸易协定》的大

① 参见张庆麟主编：《国际投资法：实践与评析》，5～19 页，武汉，武汉大学出版社，2017。

部分内容，同时增加了对更公平的竞争环境的规定，对美国知识产权的新的保护措施，以及有关数字贸易、反腐败和良好监管实践的规定。

《美国墨西哥加拿大协定》第 14 章规定了投资，包括两个部分：第一部分是投资的实体性规则，包括国民待遇、最惠国待遇、最低标准待遇、武装冲突或内乱中的待遇、征收与补偿、资金转移的自由、履行要求的限制、高级管理人员和董事会任命的自由、不适用条款、特殊手续和信息要求、利益拒绝条款、代位权、投资和环境、健康安全和其他规制目标、企业社会责任等。第二部分是投资者与东道国之间基于国别的投资争议解决规则，包括过渡安排和仅适用于美国和墨西哥之间争议的程序。该章附件 14－C 规定的过渡安排适用《北美自由贸易区协定》规定的仲裁机制，涉及两类投资：一类是新协定生效前已经作出的投资，且已经进入《北美自由贸易区协定》仲裁程序，另一类是《北美自由贸易区协定》有效期内设立和取得并在新协定生效后依然存在的投资，且在《北美自由贸易区协定》失效后 3 年内提出仲裁请求。附件 14－D 规定美国和墨西哥之间的一般争议解决程序，在争议范围上不包括有关准入前争议和间接征收的争议；在程序上适用磋商前置程序，且已经寻求过当地救济；仲裁时效为自损失产生之日起不超过 4 年。附件 14－E 规定美国和墨西哥之间的合格政府合同的争议解决程序。合格政府合同是一国中央政府机关与另一国的投资或投资者的书面协议，就石油天然气、电力、通信服务、交通服务、道路铁路桥梁和运河部门授予投资者权利。合格政府合同的争议的仲裁时效为 3 年，自申请方知道或应当知道其遭受损失之日起计算。政府合同的争议仲裁适用磋商前置程序，产生争议的事实发生之日起 6 个月内不得提起仲裁。

《美国墨西哥加拿大协定》明确了竞争中立规则。第 22 章“国有企业与指定垄断”规定对于国有企业基于商业考虑的行为给予非歧视待遇。缔约国和其国有企业不得向生产型国有企业提供特定的非商业性援助或通过非商业性援助而对另一缔约方利益造成不利影响，或通过向己方国有企业在另一缔约方境内的合格投资提供非商业性援助而对另一缔约方国内产业造成损害。各缔约国应提供国有企业清单，并保持国有企业或者指定政府垄断的信息的透明度。

《美国墨西哥加拿大协定》第 32 章“例外和总则”规定了例外和自贸协定缔约权的限制。例外包括一般例外、安全例外、税务例外、国际收支平衡例外、土著人民权利保护例外和文化产业措施例外。该协定适用 GATT 第 20 条和 GATS 第 14 条规定的一般例外，包括为保护人类、动植物生命和健康必要的措施，以及与保护生物和非生物可耗竭自然资源有关的措施。该协定不禁止缔约方采取其认为必要的措施，以履行其维护或恢复国际和平或安全的义务，或者保护其自身的基本安全利益，同时其规定了缔约国对土著人民权利的保护措施和在文化产业中采取具有同等商业效力的措施。

《美国墨西哥加拿大协定》第 32 章规定限制与非市场经济国家缔结自由贸易区协定。缔约方与非市场经济国家进行自由贸易区谈判，必须提前 3 个月通知其他缔约方，签署前至少提前 30 日提交文本给其他缔约方审核，并且其他缔约方有权终止《美国墨西哥加拿大协定》而以新的双边协定代替。

(二)《能源宪章条约》

《能源宪章条约》是在 1991 年《欧洲能源宪章》的基础上形成的有关能源的最重要

的多边条约。《能源宪章条约》及其《能源效率和相关环境问题议定书》于 1994 年 12 月 17 日通过，1998 年 4 月 16 日起生效。2015 年 5 月 21 日能源宪章会议通过国际能源宪章宣言，号召各国采取行动发展符合相关多边协定的能源贸易，加强能源领域的合作，提高能源效率与开展环境保护。2018 年 11 月 28 日能源宪章会议通过宪章现代化的议题清单①，试图更新宪章的条款以适应国际能源市场的新挑战。

能源宪章代表大会是其权力机构和执行机构，现有 53 个签字方②，美国、约旦等 14 个观察员，中国、埃及、韩国、阿联酋等 14 个特邀观察员，东盟、WTO 等 11 个国际组织观察员。

《能源宪章条约》的宗旨是，在互补和互惠的基础上，建立在能源领域长期合作的法律框架。其主要内容包括：促进和保护投资、能源效率、过境运输、国家对能源资源的主权、能源环境和争议解决。有关投资的规定涉及投资待遇、关键人员出入境、对武装冲突造成损失的赔偿、征收、代位权和投资的自由转移。

在外国投资者待遇方面，根据该条约，在管理、维护、使用、处置投资方面，在相似情况下，缔约方给予另一缔约方投资者的待遇不得低于给予本国国民或第三国国民的待遇，给予的公平与公正待遇不得低于国际法所要求的标准。

武装冲突导致投资损失和对征收的补偿，适用及时、充分和有效的标准。政府或其指定机构进行赔偿后取得代位求偿权。

该条约规定了复杂的争议解决机制，其规定投资者与另一缔约方之间的争议可以提交东道国境内法院或行政法院或国际仲裁解决。国际仲裁可以是 ICSID，或按照联合国贸法会《仲裁规则》进行临时仲裁，或提交斯德哥尔摩商会仲裁院仲裁。但是在附件 ID 和附件 IA 中，一些缔约方对仲裁的范围和程序作出了排除。根据 UNCTAD 的统计，在 2014 年所提起的投资争议中，依据《能源宪章条约》提出的争议数量已经超过根据《北美自由协定》提出的数量。截至 2021 年 3 月 21 日，基于《能源宪章条约》的仲裁案件共 136 个。③

(三)《全面与进步跨太平洋伙伴关系协定》

《全面与进步跨太平洋伙伴关系协定》（CPTPP）于 2018 年 12 月 30 日生效，现有 11 个成员国。④

CPTPP 是一个全面、高标准、平衡的区域贸易协定，旨在促进缔约方之间进一步区

---

① 2020 年 5 月 27 日欧盟法发布欧洲能源宪章条约现代化提案，以增加《能源宪章条约》的法律确定性和澄清外国投资的保护规则。

② 其中澳大利亚、挪威和俄罗斯未批准宪章，白俄罗斯未批准宪章但是临时适用宪章，Signatories/Contracting Parties，at https://www.energycharter.org/process/energy-charter-treaty-1994/energy-charter-treaty/signatories-contracting-parties/。俄罗斯于 1994 年签署《能源宪章条约》，但是一直未批准该条约。在尤科斯公司向常设仲裁法院申请对俄罗斯仲裁后，2009 年 7 月俄罗斯通过国内行政令宣布拒绝批准该条约，终止该条约在俄罗斯的临时适用。

③ See Statistics of ECT Cases (as of 10/3/2021), at https://www.energychartertreaty.org/fileadmin/DocumentsMedia/Statistics/All_statistics_-_20_March_2021.pdf

④ 包括澳大利亚、文莱、加拿大、智利、日本、马来西亚、墨西哥、秘鲁、新西兰、新加坡、越南。

域经济一体化与合作，为加快区域贸易自由化和投资增加机会。2016 年 2 月 4 日签订的《跨太平洋伙伴关系协定》条款经修改后，成为 CPTPP 的一部分。

CPTPP 的宗旨重申促进企业社会责任、文化认同和多样性、环境保护和保育、性别平等、土著权利、劳工权利、包容性贸易、可持续发展和传统知识的重要性，以及保留其出于公共利益进行监管的权利的重要性。

CPTPP 第 9 章“投资”规定了实体规则和投资者与国家间争端解决规则。实体规则方面，规定了国民待遇、最惠国待遇、最低标准待遇、征收及补偿、自由转移、业绩要求、高管、不符要求、特殊手续和信息要求，利益拒绝、环境、卫生和其他监管目标、企业社会责任。在争端解决程序方面，其规定磋商前置和仲裁程序。仲裁时效为 3 年 6 个月，自申请人知道违反行为或者遭受损害之日起计算。仲裁程序保证透明度。

CPTPP 规定竞争中立。第 17 章“国有企业和指定垄断”规定缔约保证其国有企业在从事商业活动时基于商业考虑，获得非歧视待遇，任何缔约国不得向国有企业，或者由国有企业向其境内的国有企业提供禁止的非商业援助而对另一缔约方的利益造成不利影响，或使用向在其他缔约国投资的国有企业进行非商业援助而损害另一缔约国的国内产业。各缔约方提供国有企业和指定垄断清单和减让表。

CPTPP 规定劳工标准。第 19 章“劳工”肯定了劳工标准不得用于贸易保护主义目的，同时明确不宜通过弱化或减少对劳工的保护以鼓励贸易或投资。协定对劳工法庭给予程序保证，同时规定了缔约国间合作性劳动对话和劳工磋商机制。

CPTPP 第 29 章“例外和总则”规定了一般例外、安全例外、临时保障措施、税收措施、烟草控制措施和毛利人待遇。

CPTPP 第 28 章“争端解决”适用于该协定的解释或适用的争端、缔约国违反 CPTPP 的争端、缔约国不违反 CPTPP 但是减损可合理预期利益的争端。争端解决的程序包括磋商前置、专家组程序和执行程序。专家组经协商一致作出决定，如果专家组不能达成一致，则按多数票作出决定。

（四）《区域全面经济伙伴关系协定》

2020 年 11 月 15 日，中国、东盟 10 国、澳大利亚、日本、韩国和新西兰签订《区域全面经济伙伴关系协定》（以下简称“RCEP”）。

RCEP 旨在扩大并深化地区经济一体化，增强经济增长和公平的经济发展，推进经济合作；增强缔约方的经济伙伴关系，以创造新的就业机会，提高生活水平，改善各国人民的普遍福利；寻求建立清晰且互利的规则，以便利贸易和投资，包括参与区域和全球供应链；重申缔约国为实现合法的公共福利目标而进行监管的权利，促进可持续发展。

RCEP 第 10 章“投资”规定了国民待遇、最惠国待遇、最低标准待遇、禁止业绩要求、高级管理人员和董事会、转移、特殊手续和信息披露、损失补偿、代位、征收、利益拒绝、安全例外、投资促进和保护、投资便利化。第 17 章“一般条款和例外”规定了法律法规、行政裁定的透明度，行政程序和审查、反腐败义务、例外。例外包括一般例外、安全例外、税收措施和保障国际收支平衡措施。

与我国此前签订的投资协定相比，RCEP 规定了更高水平的开放。如在投资范围上进一步扩大，包括非政府贷款以外的贷款，同时也规定了排除因货物买卖合同、服务合同产生的金钱性请求权。其在投资待遇上进一步扩大，将国民待遇扩大到准入前，规定在投资的设立阶段也适用国民待遇，同时规定国民待遇适用于类似情形。类似情形根据整体情况而定，包括相关待遇是否是基于合法的公共福利目标而在投资者和投资之间进行区别对待，因而强化了东道国的管制权。在转移上，保护外国投资及利益自由且无迟延地进出境内，同时明确地采用穷尽式列举东道国可以依法阻止或延迟转移的情况。在征收补偿标准上，考虑各缔约国的不同情况，按照各缔约方的声明计算公平市场价值，同时明确与土地相关的征收措施以实行征收的缔约国现行的法律和法规为依据。对于行政程序和审查的规定，为投资者利益保护提供了程序保障和救济。规范国家的管制权，同时通过列举安全例外的具体情形来限制对缔约国的基本安全利益的滥用。

RCEP 第 19 章“争端解决”为协定的适用和解释以及解决违反协定的争端提供了法律依据。RCEP 规定如果争端各方同时为其他国际条约下的缔约国，则缔约国可以选择解决争端的场所。争端各方可以磋商，可以在该协定规定的专家组程序的同时采取斡旋、调解或调停等替代性争议解决方式。专家组按照程序作出的最终报告是终局的，对争端各方具有约束力。争端涉及最不发达国家，以及在争端解决程序的所有阶段，应当特别考虑最不发达国家缔约国的特殊和差别待遇。

第二节 《多边投资担保机构公约》

一、《多边投资担保机构公约》与机构

早在 20 世纪 50 年代，世界银行就曾提出设立一个多边机构对政治风险提供担保。直到 20 世纪 80 年代，其重新启动公约起草工作，于 1985 年 10 月 11 日通过《多边投资担保机构公约》，1998 年 4 月《多边投资担保机构公约》生效。2010 年 11 月 14 日多边担保机构理事会批准对该公约进行了修订。截至 2020 年年底，公约共有 182 个会员国，其中包括 157 个发展中国家，25 个工业化国家。中国于 1988 年 4 月 30 日批准该公约，是该公约的创始会员国。

1. 多边投资担保机构的目的和宗旨

根据《多边投资担保机构公约》设立的多边投资担保机构（MIGA），它是世界银行集团的下属机构，拥有完全的法人地位，有权缔结合同、取得并处理不动产和动产及进行法律诉讼。为履行职能，多边投资担保机构及其官员在各会员国境内享有豁免和特权。

设立多边投资担保机构的目的和宗旨是，通过对非商业风险引起的损失提供政治风险保险或者担保，鼓励在会员国之间，尤其是向发展中国家会员国融通生产性投资，以补充国际复兴开发银行、国际金融公司和其他国际开发金融机构的活动。为此目的，机构为成员国境内投资的非商业性风险提供担保，包括共保和分保；通过技术援助、政策咨询、投资政策与经验磋商、交流信息、推动签订投资协议等辅助性活动，促进发展中会员国改善投资环境。

根据《多边投资担保机构2020年度报告》，2020财年，多边投资担保机构为47个项目提供39.614亿美元的担保。其中70%的项目为多边投资担保机构支持的优先领域：国际开发协会合格国家、脆弱和冲突局势国家和气候变化。2020年4月，多边投资担保机构还启动了65亿美元的新冠肺炎快速反应基金，支持私营部门投资者和贷款人应对疫情。①

2. 多边投资担保机构的组织机构

根据该公约，多边投资担保机构的组织机构包括理事会、董事会、总裁和工作人员。理事会是权力机构，职责包括决定机构的资本的任何增减，确定发展中国家名单，修改公约及其附件和附表等。董事会是执行机构，可以经理事会授权代行其部分职责。董事会可以任命总裁，负责机构的日常业务。机构、总裁及其工作人员作出决定不受任何成员方的政治事务干扰。

2009年董事会批准修改《多边担保机构业务规则》，使多边投资担保机构的担保范围扩大至银行和一些资本市场投资者。2010年将未履行财务责任承保范围扩大至主权债务，2013年扩大到国有企业。

二、多边投资担保机构的投资担保业务

（一）承保风险的种类

机构主要承保以下五种非商业性风险。

1. 货币汇兑险

货币汇兑险防止投资者因政府的作为或不作为而无法将当地货币（股本、利息、本金、利润等）合法兑换为外汇，或者无法将当地货币或外汇汇出东道国而产生的损失。货币汇兑风险不包括货币贬值。

2. 征收或类似措施险

机构担保的征收和类似措施险是指，某些政府行为导致投资者对投保资产的所有权减少或被剥夺，或导致投资者对投保资产的控制减弱或权益受损。但是政府为管理其境内的经济活动而通常采取的普遍适用的非歧视性措施不在此列。

3. 违约险

违约险是指东道国不履行或者违反与投保人签订的合同，并且（1）投资者无法诉诸司法或仲裁程序解决与东道国之间的争议，或（2）司法或仲裁机构未能在合理期限内作出裁决，或（3）虽有裁决但无法执行。

违约险可以适用于国有企业。在争议解决机制未作出决定前，如果满足一定条件，机构可以自行决定作出临时性支付。如果投资者诉诸法律途径受到东道国不合理的干涉

① 参见《多边投资担保机构2020年度报告》，at https://www.miga.org/sites/default/files/multilingual/2020-10/MIGA%202020%20Annual%20Report%20-%20Chinese.pdf。

时，机构可以不要求裁决而支持赔偿。

4. **战争与内乱险**

战争与内乱险是指，机构对因政治原因而引起的战争或内乱（包括革命、起义、政变、恐怖活动等）而导致的投资者有形资产的损失、毁坏、破坏或灭失，或者所导致的营业中断提供担保。担保范围不仅包括针对东道国政府的东道国动乱，还包括针对外国政府（包括投资者的政府和国家）或者外国投资的东道国动乱。

营业中断是指完全失去开展为维持整体项目可行性的必要业务的能力。经投资者申请，机构担保范围也可以包括暂时性业务中断。

战争与内乱险的担保范围为因资产有形损失或整体营业中断而遭受的直接损失。

5. **未履行主权财务责任险**

2010 年理事会对机构业务规则进行重要修改后，增加了对未履行主权财务责任险。如果东道国国家或者其下属机构、国有企业根据无条件的金融支付义务或与合格投资相关的担保，到期未能支付，给投保人造成损失的，机构提供担保。对此种损失的担保不要求投资者取得仲裁裁决结果。

此外，经董事会多数同意，机构可以承保除上述风险以外的非商业风险。

（二）合格的投资

合格投资必须符合四个条件：第一，投资必须是新的投资，包括新的投资以及与现有项目的扩展、现代化、改进或提高有关的投资，或投资者可显示项目具有发展效益和对项目有长期承诺的投资。新的投资者的收购行为，包括国有企业的私有化也可以担保。第二，投资类型包括股本投资、一年以上期限的股东贷款以及股东出具的贷款担保、技术援助和管理合同、资产证券化、发行债券、租赁、服务、特许经营权和许可协议等。非股东贷款，如果与既存的特定投资或项目相关，也可以担保。第三，投资项目应与机构促进经济增长与发展的目标保持一致。项目必须在财务上和经济上可行，在环境方面具有合理性，且必须符合东道国的劳动标准和发展目标。

机构制定了《环境与社会可持续政策》① 及其履行标准，并遵守世界银行集团《环境、健康和安全指南》的规定。机构根据投资的环境和社会影响评估，将投资划分为 A、B、C 和 FI 四类。FI 为金融机构或涉及金融机构的商业活动。从 A 类至 C 类，不利影响逐类降低。对不同类别，信息披露和利益相关方参与要求不同。担保项目在整个周期中应遵守《环境和社会可持续性绩效标准》② 和相关国家法律的规定。

机构对投资进行合理性测试，可以调整禁止承保项目清单。机构禁止承保项目清单

---

① See MIGA, Policy on Environmental and Social Sustainability, October 1, 2013, at https://www.miga.org/sites/default/files/archive/Documents/Policy_Environmental_Social_Sustainability.pdf.

② 《环境和社会可持续性绩效标准》包括八个方面，分别是：环境和社会风险与影响的评估和管理；劳工和工作条件；资源效率和污染防治；社区健康、安全和治安；土地征用和非自愿迁移；生物多样性保护和生物自然资源的可持续管理；土著居民；文化遗产。参见 Multilateral Investment Guarantee Agency Performance Standards on Environmental and Social Sustainability, October 1, 2013, at https://www.miga.org/sites/default/files/archive/Documents/MIGA_Performance_Standards_October_2013.pdf。

包括：(1) 根据东道国法律法规或国际条约被视为非法，或受国际禁令限制的任何产品或活动的生产或贸易，如药品、杀虫剂和除草剂、消耗臭氧层物质、多氯联苯、野生动物或《濒危物种公约》规管的产品。(2) 武器和弹药的生产或贸易。(3) 酒精饮料的生产或贸易（不包括啤酒和葡萄酒）。(4) 烟草的生产或贸易。(5) 赌博、赌场和类似企业。(6) 放射性物质的生产或贸易（不适用于医疗设备、质量控制测量设备和被认为放射源微不足道或已经充分屏蔽的任何设备的采购）。(7) 无黏结石棉纤维的生产或贸易（不适用于购买和使用石棉含量低于 20%的黏结石棉水泥板）。(8) 在海洋环境中使用长度超过 2.5 公里的流网捕鱼。多边投资担保机构规定金融中介机构除遵守禁止承保项目清单外，还不得投资以下三类项目：(1) 涉及强迫劳动或使用童工的生活或活动；(2) 主要的热带雨林中的商业伐木作业；(3) 非可持续管理的森林木材或者其他林业产品的生产和贸易。

(三) 合格的投资者

《多边投资担保机构公约》会员国的自然人和法人对该公约发展中会员国的投资，投资者包括：(1) 东道国以外的会员国的自然人国民；(2) 东道国国民所作的投资，但是其资金来源于东道国以外，且东道国政府特别批准此项投资；(3) 在会员国注册成立的公司或金融机构，且主要营业地在会员国境内，或会员国国民是该公司或金融机构多数股份的持有人。按照商业方式经营的国有企业和非营利组织也可以成为合格的投资者。

(四) 合格的东道国

合格的东道国必须是发展中国家。

(五) 担保期限和金额

机构一般提供最短 3 年最长 15 年的保险。根据特定项目的性质，最长可以到 20 年。一旦担保生效，除非有违约情况发生，机构不可终止合同。但是从第三个合同周年日开始，被担保方可以在任何合同周年日减少或撤销保险。

对于股本投资，机构最高担保 90%的投资额，外加投资额的 500%以补充担保投资收益额。对于贷款和贷款担保，机构最高担保 95%的本金，外加本金 150%以补充担保利息。对于技术援助和其他合同性协议，机构最高担保 90%的合同应付款项。此外，对于金融业、农业加工业务、制造业和服务业领域的中小型企业，机构提供小额投资担保计划，提供不超过 1 000 万美元的保险。

(六) 机构的代位权

机构向投资者支付或者同意支付赔偿时，机构取得投资者对东道国和其他债务人所拥有的有关担保合同的权利或求偿权。担保合同应规定求偿的条件和条款。

(七) 解决纠纷的途径

根据争议的性质适用不同的争议解决途径：(1) 会员国与机构之间和会员国相互之

间，因该公约的解释和适用而发生的争议，应提交董事会作出决定。会员国不同意董事会决定的，可以提交理事会作出最终决定。（2）机构和会员国之间的争议以及机构和已经被终止会员国资格的国家之间的争议，按照公约附件二规定的程序进行。机构代位权方面的争议，可以按照公约附件二规定的程序进行，也可以按照机构和会员国之间的协议规定的程序进行。附件二规定争议方应首先协商，协商是前置程序。如果进入协商后120天未能达成一致的，经争议双方同意可以按照调解程序调解，或者任一方可以申请仲裁。争议方无法就调解员人选达成一致的，可以申请由ICSID秘书长或国际法院院长指定。调解员自被任命之日起180天内作出调解报告。各方在收到调解报告后60天内可以发表书面意见。如果调解员未能按期作出调解报告，或者争议各方未能在收到调解报告之日起60天内接受调解建议或就争议解决达成一致，或有一方未能在60天内对调解报告发表书面意见，则争议方将争议提交仲裁。除非当事人另有约定或该公约另有规定，仲裁程序按照《解决国家与他国国民之间投资争端公约》采纳的仲裁规则进行。（3）基于投保合同或再保险合同产生的争议，应根据投保合同或再保险合同提交仲裁。

课堂讨论案例

（一）项目情况

海容通信集团有限公司在开曼群岛注册，总部位于中国深圳，投资、建设、维护及运营电信网络基础设施，是中国联通发起成立的“亚非欧1号海缆组织”的成员。2012年5月，海容通信集团有限公司在缅甸投资设立缅甸光纤通信网络有限公司，与缅甸通信邮政和电报部签订合作协议，建设缅甸全国光纤骨干传输网。缅甸规划在2012年至2023年期间安装62 000公里的国家光纤网络和1 000个通信铁塔。

作为国家规划的一部分，第三海容光纤骨干传输网项目（项目编号14433）总投资1.124亿美元，包括海容通信集团有限公司1 240万美元的股权投资和中国银行（香港）有限公司1亿美元贷款。

中国银行（香港）有限公司作为投资者，就该项目向多边投资担保机构申请担保，担保金额1.162 8亿美元，覆盖贷款本金及利息。担保期限为5年。担保的风险包括货币汇兑、征收、战争与内乱。2019年6月11日多边投资担保机构批准了该项目担保。

此前，2017年1月24日，多边投资担保机构已经就中国银行（香港）有限公司提供的1亿美元贷款承保1.057 4亿美元（项目编号13413），2018年6月28日，多边投资担保机构就工商银行（亚洲）有限公司提供的1亿美元贷款承保1.147 6亿美元（项目编号13974）。多边投资担保机构的担保，为投资缅甸全国光纤骨干传输网提供了风险控制，支持了缅甸的基础设施建设。

（二）环境和社会可持续性绩效标准评价

多边投资担保机构基于缅甸光纤通信网络有限公司提交的材料进行了尽职调查，2019年4月还进行了实地考察，对缅甸自然资源和环境保护部进行了访谈。该项目涉及多边投资担保机构环境和社会可持续性绩效八项标准中的四项。该项目的环境和社会影响评估为B类，即对社会或经济可能具有潜在的影响有限，该影响针对特定地区，基本上是可逆的，并且易于通过缓解措施解决 。

请结合本章内容，思考下列问题：

(1) 多边投资担保机构承保的范围有哪些?

(2) 多边投资担保机构对合格的投资有什么要求?

(3) 多边投资担保机构对促进向发展中国家投资起到什么作用?

问题与思考

1. 双边投资保护协定包括哪些主要内容?
2. 如何理解公平与公正待遇标准?
3. 简述我国在新时代签订的双边投资协定的特点。
4. 简述区域性投资条约中对于东道国管制权的规定。
5. 多边投资担保机构承保的范围有哪些?
6. 多边投资担保机构对合格投资有哪些要求?
7. 如何理解多边投资担保机构对可持续发展的促进?

4

PART FOUR

| 第四编 |

国际货币金融法

第十四章 国际货币法与国际金融法之原理

本章概要

国际货币金融法是国际经济法的重要组成部分，对于国际经济关系和国际经济秩序具有重要的基础性作用。但与国际货币金融实践的发展和要求相比，国际货币金融法制和国际货币金融法理论的发展均相对滞后。本章分别介绍国际货币制度的基本概念与特征、国际货币金融法的渊源、《国际货币基金协定》的内容。

关键术语

国际货币法　国际金融法　国际金融关系　国际货币基金协定　限制外汇管制之义务　实现有秩序汇率之义务　特别提款权

第一节 国际货币金融法概述

一、国际货币金融法的概念与特征

国际货币金融法是调整国际货币关系与国际金融关系的国际规范和国内规范的总称。在内容上，它涉及国际货币体系、国际资本跨国流动、跨国性金融经营机构及其管制、关于外汇的兑换与交易、关于各种国际金融资产及衍生工具的交易等问题。国际货币金融法是国际经济法的重要组成部分，是传统的国际贸易法制度和国际投资法制度的基础。在现代国际经济关系中，离开了国际货币金融法所形成的秩序，各类国际贸易活动、国际投资活动和其他各种国际经济活动将难以合理、顺利地进行；而一国所适用的国际货币金融法制度，在很大程度上又决定着该国国际贸易、国际投资和其他国际经济活动的方式和效率。

严格地说，国际货币金融法包括国际货币法和国际金融法两个性质有别但又密切联系的法律部门。其中，国际货币法是指调整国家之间因国际货币管理活动而产生的国际货币关系的国际规范和国内规范的总称，它规定的是关于国际货币的兑换、流动和汇率方面的法律规则，它构成一国国际货币金融制度的基础，具有典型的公法性质。国际金融法是指调整不同国家民事主体之间因跨国金融交易活动而产生的国际金融关系的国际规范和国内规范的总称，它规定的是关于国际贸易融资、国际贷款融资、国际债券融资、国际股票融资、国际租赁融资等金融交易的法律规则。尽管在不同国家的法律中，此类法律制度往往也可能包含一定的管制法内容，但它在本质上具有私法性质。

国际货币法与国际金融法又有着内在的联系。简要地说，国际货币法构成国际金融法的基础，而国际金融法则表明了国际货币法的目的和规范的内容。从国际货币金融法的发展来看，一方面，一国的国际金融法制度实际上建立在该国所采取的国际货币法制度基础上，在不同国家的国际货币法体系下，其国际支付和国际金融交易有不同的含义和特点，其国际金融法也有不同的性质和内容；另一方面，一国所采取的国际货币法制度又服务于其国际金融法制度，该国际货币法制度或者体现了其国际贸易支付制度的要求，或者体现了其国际金融交易制度的要求，或者综合体现了其经常性贸易支付和资本项下交易制度的共同要求。应当说，国际货币法与国际金融法的协调发展反映了国际货币金融关系密切联系的客观特征。

与其他相关的法律部门相比，国际货币金融法具有以下基本特征：

（1）它具有国际性特征。国际货币金融法调整的是国际性货币金融关系，这就是说，国际货币金融关系的主体、交易标的或者交易行为中必含有跨国因素。现代各国所采取的涉外货币金融制度不同程度地受到国际货币秩序和国家间共同接受的准则的制约，因而在国际上实际存在各国涉外货币金融制度相互协调的问题，这使其有别于一般的国内法制度。此外，在国际金融实践中，相当一部分国际协定和国际惯例对于跨国性金融交易的当事人还具有直接适用意义。

（2）它具有基础性特征。国际货币金融法仅仅调整由国际货币管理活动和国际金融交易活动所直接引起的国际货币关系和国际金融关系，它是直接针对国际货币兑换、货币国际流动和国际金融交易行为的法律规则，而不调整国际货币金融活动背后的国际贸易关系和国际投资关系，它实际上对一国的国际贸易法制和国际投资法制具有基础性作用，这使其与传统的国际贸易法和国际投资法相区别。

（3）它具有实践性特征。国际货币金融法规定的是关于涉外货币管理活动和跨国金融交易活动的规则，它在内容和功能上均具有实践性和技术性特征。它实际上仅仅为一国既定的国际贸易政策和国际投融资政策提供法律框架和法律工具，其作用在于保障国际经济活动的安全与效率。在近几十年来的国际经济活动中，国际金融实践在原有的国际货币金融法律秩序下得到长足的发展，国际金融法已成为创新迭出的重要领域，实践中多将依其运用而形成的金融法律结构称为“金融工具”。

二、国际金融关系

在国际货币金融法领域，对于“国际金融”概念的理解具有重要的基础意义。在理论上，学者们对于国际货币管理活动和国际货币关系的认识往往较为一致，均认为国际货币关系是基于国家涉外货币管理活动和国家间的协调而形成的公法关系。但对于国际金融活动和国际金融关系的概念，学者的认识则不尽相同。一些学者认为，金融活动仅仅指为完成货物贸易而支付货款的活动。① 另有些学者认为，金融活动仅仅指除贸易性支付以外的“资金交易活动”，或者说是指“通过发行股票、债券、票据或以抵押提供资金”的活动。② 还有些学者则主张对金融加以更为抽象的概括，使之可概括上述两类金融活动，他们认为，金融系指“货币资金的融通之意，也是货币流通的调节和信用活动的总称”；而“国际金融，是指发生在国际之间的货币流通与信用活动”③。

本书认为，从一般意义上讲，上述第三种观点更能反映国际金融活动和国际金融关系的本质内容，但在国际货币金融法领域，对国际金融活动和国际金融关系的理解不能不受到具体国家国际货币法及其他管制法律的制约。事实上，在实行不同的涉外货币制度的国家中，国际金融活动、国际金融关系乃至国际金融法等概念均具有极不相同的含义和内容。

在实行非外汇管制（即《国际货币基金协定》规定的第 8 条“成员国”）和资本自由流动的国家中，法律往往赋予国际金融交易和国际金融关系以广泛的含义，其交易主体可以是不同国家的各类民事主体，而不区分境内外机构和境内外居民，其交易标的可以是本币、外国货币和其他国际储备资产，而不区分经常项下的交易和资本项下的交易。其金融交易活动至少可包括以下几种形式：（1）以国际性货币（或黄金）为标的的国际现货交易或跨国兑换交易形式；（2）以国际性货币为标的的国际贷款融资交易或债权性融资交易形式，包括各种名目的国际贸易融资；（3）以国际性货币为单位的国际证券融资交易形式，包括股票融资、债券融资和国际票据融资；（4）以国际性货币为单位的金融资产衍生工具国际交易形式，包括金融期货交易、期权交易、互换交易、远期汇率交易等。在此类国家中，其国际货币金融法不仅包括由国际规范协调的国际货币法制度和国际金融法制度，而且包括旨在规范各类国际金融交易行为的国内法制度，此类国家的货币自由兑换和跨国流转制度实际上建立在其国内较为健全的市场化法律基础之上。

三、国际货币金融法的渊源

国际货币金融法的渊源是指国际货币金融法所借以表现的形式。从目前国家间的实践来看，国际货币金融法的渊源主要包括以下三种，其中前两种为国际货币金融法的国际渊源，后一种为其国内渊源。

(一) 国际条约

国际条约与国际协定是国际货币金融法的重要渊源。目前，调整国际货币金融关系的条约与协定主要包括《国际货币基金协定》《国际复兴开发银行协定》《建立亚洲开发银行协定》、1930 年《统一汇票本票法公约》、1931 年《统一支票法公约》等，其中《国

① 参见蔡福元主编：《金融法教程》，1 页，北京，法律出版社，1986；王国乡编著：《国际金融简明教程》，1 页，北京，求实出版社，1989。

② 参见［日］铃木淑夫著，李言赋等译：《日本的金融制度》，1 页，北京，中国金融出版社，1987；《布莱克法律词典》，568 页，圣保罗美国西部出版公司，1979。

③ ［美］库珀、费雷泽著，朱顺田译：《金融市场》，2 页，北京，中国金融出版社，1989。

际货币基金协定》在国际货币法体系中具有至关重要的地位，它被认为是维系战后国际经济秩序的三大支柱之一。除上述国际条约与协定外，由国际货币基金组织、世界银行等国际金融机构制定的某些规则、决议或规范性文件也依其性质被认为是国际货币金融法的国际渊源，此类规范性文件往往对于相关的国际条约和协定具有解释意义。总的来说，国际货币金融法制中的国际条约和协定仍有待于发展，其中相当一部分实际上仅起到协调和引导成员国涉外货币金融制度的作用，但某些国际条约对于成员国国际金融关系的当事人也具有直接适用的意义。

（二）国际惯例

国际惯例是国际货币金融法的主要国际渊源。从目前国际金融的实践来看，规范国际金融交易的主要行为规则是国际金融惯例，其作用极为重要。目前国际上被较普遍接受的国际金融惯例主要包括：由世界银行《贷款协议和担保协议通则》概括的国际贷款合同惯例、由国际开发协会《开发信贷协定通则》概括的国际信贷惯例、国际融资实践中依意思自治原则被普遍接受的国际贷款协议共同条款、在国际证券市场实践中被广泛接受的利息规则、各主要国际金融市场上被普遍采用的合同规则等。应当说，目前在国际金融惯例的适用上，各国法律所普遍确认的意思自治原则具有重要作用。从理论上说，国际金融实践所普遍采用的国际惯例实际上是依据意思自治原则以具体的合同条款加以确认的；但从实践来看，国际融资的供求关系和跨国特征往往又决定了接受此类惯例实质上是实现国际融资的前提。这些均使国际金融法实践具有复杂性与合同性。

（三）国内法律

除上述渊源之外，各国关于国际货币金融的国内法也是国际货币金融法的重要渊源。由于对国际货币的管理实质上为国家行为，各国基于主权原则对于涉外货币关系的法律调整均采取国内法形式和强行法形式，有关的国际货币条约仅对成员国政府具有协调和约束作用。而国际金融活动则是一种跨国性金融交易行为，对于国际金融关系的法律调整首先要涉及当事人本国法的适用，在有关的国际协定或国际惯例适用时也要考虑到相关国家国内法的限制性制度。各国关于国际货币金融的国内法通常包括涉外货币兑换和跨国流动的制度、汇率制度、财政货币政策、关于涉外货币金融机构和监管的制度、关于外汇和黄金国际交易的制度、国际信贷融资法制、国际证券融资法制、关于涉外金融资产衍生工具的交易法制等。其中，多数发达国家的此类法律制度采取民商法形式或市场化规则形式，并且对国内金融活动和国际金融活动不作性质有别的规定。而在许多发展中国家，不仅对于外汇兑换流通制度、汇率制度采取管制法形式，而且对于国际贸易融资制度、国际信贷融资制度和国际证券融资制度也都采取管制法的形式，相关的民商法规则不甚发展，并且通常对国际货币金融方面的法律采取有别于国内法制的特别法形式。

第二节 《国际货币基金协定》

《国际货币基金协定》（以下简称《基金协定》）是第二次世界大战以来世界范围内最重要的国际公约之一，由其所形成的国际货币体系曾构成国际货币秩序的基础，并被认为是国际经济秩序的三大支柱之一。但是自20世纪70年代以来，随着布雷顿森林体系的逐步瓦解，《基金协定》所建立的国际货币规则之有效性受到了极大的挑战。在21世纪初由美国次贷危机引发的全球金融风暴过程中，越来越多的国家激烈地提出改变国际经济交往间以美元为主要基础的国际货币体系，完善传统的由布雷顿森林体系所建立的国际货币秩序。应当说，尽管世界各国关于目前国际货币体系中基础货币的制度格局并没有统一的认识，但是多数国家对于《基金协定》所确定的国际货币秩序之基本规则是没有争议的。在本节中，我们将介绍这些基本规则。

一、限制外汇管制之义务

国际货币基金组织的基本宗旨之一在于“协助建立成员国经常性交易的多边支付制度，帮助消除妨碍世界贸易发展的外汇管制”。依此，《基金协定》第8条和第14条规定了成员国负有取消和限制外汇管制的义务。外汇管制是指一国政府为了平衡国际收支和维持汇价而对外汇交易兑换和流动实行一定限制的制度。世界上大多数国家均曾实行过外汇管制制度，并且目前不少国家仍在实行不同程度的外汇管制制度。我国自1996年7月1日起取消了对经常项目下的外汇兑换的大部分管制，实行经常项目下有条件的外汇可兑换，但对资本项目下的外汇交兑换和流动仍采取严格的外汇管制。①

(一)“第8条成员国”之义务

根据《基金协定》第8条的规定：成员国未经基金组织批准，不得对贸易和非贸易等国际收支经常性交易项目的外汇兑换、支付和清算实行限制；不得采用歧视性的差别汇率措施和复汇率制度；任何成员国对其他成员国在经常性交易中积存的本国货币，在对方为支付经常性交易而要求兑换时，应用外汇或对方的货币换回；各成员国应当向基金组织提供规定的有关金融和经济信息。本条义务甚至被称为成员国的一般义务。凡国际货币基金组织成员国接受此条规定的义务，取消其外汇管制后，就成为所谓“第8条成员国”，该国的货币将被基金组织视为“可自由兑换货币”。目前已有70多个基金成员国接受了《基金协定》第8条规定的义务。

《基金协定》第8条第2款至第4款所规定的成员国义务主要包括以下内容：(1) 该类成员国非经基金组织批准，不得对经常性国际交易项下的外汇兑换、支付或资金移转

① 参见1996年6月20日中国人民银行发布的《结汇、售汇及付汇管理规定》，2008年8月5日国务院修订颁布的《中华人民共和国外汇管理条例》。

实行限制或拖延兑付，不得限制非居民将其近期取得的经常性国际交易的盈余进行转让，也不得限制其本国居民向非居民或外国人以外汇进行经常性交易。（2）该类成员国非经基金组织批准，不得实施或允许其机构作出歧视性货币安排或者执行多种汇率制度（买卖价差超过2%），已有的涉及多种汇率或歧视性兑汇限制的政策措施均不得付诸实行。（3）该类成员国另负有购回其本国货币的义务，当其他成员国在经常性国际交易中积存有该国本币并且要求兑汇时，该类成员国有义务以外汇或对方的货币购回其本币。（4）在特殊情况下或紧急情势下，该类成员国经申请基金组织批准或事后批准，可以对经常项下的外汇支付采取某些限制性措施，也可以采取合理的多种汇率制度。凡未经基金组织批准而实施有悖于上述规则的外汇管制者，将构成对《基金协定》之违反，基金组织可根据情节予以制裁。

（二）过渡性安排

国际货币基金组织的许多成员国目前并未接受《基金协定》第8条的义务，这些国家在加入基金组织时即选择接受《基金协定》第14条第2款规定的“过渡性安排”之义务。依此规定，该类成员国在加入基金组织后，将继续保留或依情势的变迁改变其对经常性国际交易支付与货币移转的限制。按照基金组织的原意，《基金协定》第14条仅在第二次世界大战后的过渡期内允许成员国维持和施行某种临时性外汇限制措施，并且此类成员国应每年与基金组织磋商，即所谓“第14条磋商”，但这一条款后来被持续沿用至今。目前，接受第14条过渡性安排义务的成员国除少数发达国家外，主要为发展中国家。

根据《基金协定》第14条第2款和第3款的规定，接受过渡性安排义务的成员国应当遵循以下基本规则：（1）该类成员国在接受基金组织宗旨的基础上，可以保留其在加入基金组织时已存在的对国际交易中外汇兑付和移转的限制，也可以依情势变迁修正该项限制制度，并且该项限制制度的实施不需得到基金组织的批准。（2）该类成员国在计划对经常性国际交易的外汇兑付和移转制度增加新的限制时，必须依《基金协定》第8条规定的程序，申请基金组织批准，实践中区别新增限制和修正原有限制较为困难，原则上应从限制措施的新颖性、实用效果和限制作用几方面来考虑。（3）该类成员国有义务不断审查其外汇政策是否与基金组织的根本目标相符合，有义务每年与基金组织磋商审核其外汇管制措施是否仍有必要，并且有义务在具备条件时取消其外汇限制。

从现有的实践看，按照“第14条磋商”，基金组织通常是通过审核、建议、说服和敦促的方法来协助成员国逐步消除不必要的外汇管制政策。这就是说，基金组织与成员国首先须审查相关的外汇限制措施之必要性与合理性，考虑取消该限制是否会影响成员国的经济发展与国际收支平衡；其次，基金组织往往建议和协助成员国制定降低通货膨胀的政策、稳定币值的政策和简化外汇限制的政策，为消除不必要的外汇限制政策提供条件；最后，基金组织依磋商程序可以说服和敦促成员国逐步取消某些外汇限制措施，实施有利于国际多边结算和国际收支平衡的措施；此外，在某些情况下，基金组织还可通过拒绝批准成员国的提款申请等手段，促使成员国取消不必要的外汇限制，以引导成员国走向自由兑汇。

二、实现有秩序的汇率安排

维持有秩序的汇率是国际货币体系的核心内容，也是基金组织成员国进行国际货币合作的基本目标。布雷顿森林体系确立了固定汇率制度。鉴于布雷顿森林体系瓦解后，浮动汇率已经成为国际货币关系中长期化的事实，1977 年修订后的《基金协定》确认了成员国在汇率安排上具有一定的自由并负有相应的合作义务。

按照现行《基金协定》的规定，基金组织成员国在选择汇率制度与确定汇率方面具有相当大的自由，其前提是成员国所选择的汇率安排不得与《基金协定》规定的成员国义务及基金的原则和宗旨相抵触。从实践来看，目前基金成员国多采取浮动汇率制（但不得为多重汇率），在确定汇率方面多采取钉住一种货币或一组货币（包括特别提款权）的方式（但不得与黄金挂钩）。根据《基金协定》第 1 条的规定，基金组织对于汇率安排的基本宗旨和原则在于“促进汇率的稳定，在各成员国之间保持有秩序的汇率安排”。为实现此宗旨，《基金协定》第 4 条第 1 款和第 2 款要求各成员国在以下四方面进行合作：(1) 努力引导其经济和金融政策有利于实现有秩序的经济发展和价格的全面稳定；(2) 创造有秩序的和基本的经济金融条件并保持汇率不经常变动的货币制度，努力促进外汇制度的稳定；(3) 避免通过操纵外汇汇率和国际金融制度，妨碍国际收支的有效调整或取得不公平的竞争优势；(4) 执行和保持与汇率稳定相符合的外汇政策。应当说，《基金协定》第 4 条第 1 款和第 2 款的上述规定仅仅具有原则性和政策性意义，它们仅为基金组织成员国选择汇率制度与汇率政策提供了某种框架和目标。有鉴于此，《基金协定》第 4 条第 3 款又进一步规定，基金组织有权依据《基金协定》所确定的原则和宗旨制定旨在实现第 4 条第 1 款和第 2 款内容的具体原则，以指导成员国在汇率制度方面的行为和政策；该等具体原则将由基金理事会以简单多数加权投票通过。

值得说明的是，现行《基金协定》对于成员国汇率制度的要求不仅具有原则性，而且具有一定的弹力性（soft law)。一般来说，基金组织成员国应当在不违背《基金协定》原则、条款和基金组织决议的基础上选择其汇率制度，这实际上是指有利于其金融和经济稳定的汇率制度，是指成员国国内金融形势稳定条件下的汇率稳定的制度。但是，如果成员国国内的经济形势或金融形势致使其无法维持汇率的稳定，而不属于不公正地操纵汇率或国际货币体系，则该成员国将没有义务维持原有的汇率比价。

《基金协定》和基金组织除对基金组织成员国的汇率制度提出前述原则性要求外，还通过某些较为具体的规则对成员国加以约束，这主要包括成员国通报监督规则、汇率磋商程序和限制操纵汇率的规则。根据《基金协定》第 4 条第 2 款的规定，基金组织成员国虽可自主选择汇率制度和汇率定值规则，但其有义务向基金组织通报其所采用的制度和规则；当该成员国修改其汇率制度（如从钉住汇率改为自由浮动汇率）或汇率定值规则（如所钉住货币的种类或其比例发生变动）时，同样有义务立即向基金组织通报。此项规则意在使成员国详尽公开其汇率制度和政策的内涵、标准与干预汇率的条件，以确保基金组织和其他成员国对其进行有效的监督。

根据《基金协定》第 4 条第 1 款的规定，基金组织执行董事会于 1977 年 4 月 29 日通过了一项旨在避免操纵汇率或国际货币体系的决议。依该决议的规定，基金成员国有义务避免操纵汇率，操纵国际货币体系，阻碍其他成员国对国际收支的有效调整或者不公平地取得优于其他成员国的竞争地位；该决议还规定，如果外汇市场紊乱的情势构成对成员国货币汇率的短期干扰，为消除这种紊乱的情势，相关成员国于必要时应对外汇市场进行干预，并且此项干预应当充分考虑到其他成员国（包括所涉及外汇的发行国）的利益。这一决议对于《基金协定》第 4 条具有解释意义，它已成为基金成员国确定汇率政策的指导原则，对于成员国的汇率政策具有重要的影响。

除上述规则外，《基金协定》第 4 条第 3 款规定的磋商程序也是确保成员国履行合作义务，实现国际货币汇率制度的有效手段。依该磋商程序，凡涉及避免操纵汇率或国际货币体系指导原则的事项，或者发生以下原则性争议，相关成员国应当与基金组织就汇率问题进行磋商：（1）某成员国长时间、大幅度地对外汇市场进行单一方向的调整；（2）某成员国对用于国际收支平衡的官方或半官方的过渡性贷款进行调整；（3）某成员国对国际收支项下或经常性交易项下的资金兑汇或资金移转重新增加限制、加重限制或施以长期限制；（4）某成员国为实现其国际收支平衡目的而实施对资本国际流动造成不正常的鼓励或打击的其他金融政策；（5）依表面判断，某成员国对其汇率的调整和政策改变与起主导作用的经济金融情势不相关，并将影响其竞争能力和资本长期流动的情况。应当说，上述磋商程序对于协调成员国间的汇率政策，对于督促成员国采取合理公平的汇率措施，实现汇率的稳定均具有重要的作用。

按照基金组织目前的磋商程序，成员国之间的有关争议通常依以下方式处理：（1）成员国之间的投诉与争议可以正式提交基金理事会列入议程进行审议，也可以提交基金执行董事会审议；（2）成员国与基金组织或者成员国之间对《基金协定》条文解释所发生的争议，应当提交基金执行董事会裁决；（3）如果执行董事会所审议或裁决的投诉与争议和某一无权单独指派执行董事的成员国有关，该成员国可以派代表列席会议，执行董事会也可以对该成员国提出此种要求；（4）与《基金协定》解释争议有关的成员国对于执行董事会的裁决如有不服的，可以在该裁决作出后的 3 个月内，要求将该争议再提交基金理事会作最后裁决。

三、基金资金的使用

根据《基金协定》的规定，国际货币基金组织的主要职能之一是在成员国的国际支付手段短缺时，以特定方式向成员国提供必要的金融资助或贷款，以调整其国际收支不平衡，稳定货币关系。为实现此目的，各成员国在加入基金时，即以国际储备和本国通货向基金缴纳了被核定的份额，同时在基金账户下取得应有的配额；当成员国遇有国际收支失衡时，有权依照其配额和《基金协定》的规定提取或借贷取得相应的外汇资金。依此，基金起到汇合成员国国际储备资源的作用，各成员国对基金的提款权成为其国际储备的一部分。

基金组织对成员国的贷款通常又被称为成员国对基金的“提款权”，它与通常意义上的贷款不尽相同。其基本做法是：成员国在遇有国际收支平衡困难时，有权依规则以本国货币向基金组织购买其他国家的货币或特别提款权（无论何种贷款，本息均以特别提款权计价）；该提款国未来负有以外汇或特别提款权购回其本国货币的义务。它类似于成员国以本国货币为抵押，向基金组织取得外汇贷款，其还款后赎回抵押的本币。根据《基金协定》和基金组织的决议，基金仅对各成员国政府提供此类贷款（各成员国通常指定本国的财政部或中央银行负责基金账户下的提款），该贷款用途应不违背基金组织的以下宗旨：基金"在有充分保障的条件下，以基金组织的资金暂时供给成员国，使其有信心利用此机会调整其国际收支不平衡，而不致采取有害于本国或国际繁荣的措施"。"依上述原则，缩短会员国解决国际收支问题的时间，减轻由此带来的负担"。尽管许多成员国主张：成员国在其储备部分的提款可用于任何目的，但此项提款实际上也以不违反《基金协定》的条款和原则为限，并且该提款也不得用于远期外汇买卖。

根据基金贷款实践，成员国对于基金资金的提取主要有普通贷款（一般提款权）、在备用与扩大安排下的提款权和特别提款权几类方式。普通贷款又称为"一般提款权"，它是基金组织对成员国的一种基本贷款。该贷款用于解决成员国一般国际收支逆差的短期资金需要，其期限最长不超过 5 年，备用安排期为 1 年，成员国自得到贷款批准后可在一年内提款。由于普通贷款的数额受到成员国配额的限制，其中的信用部分贷款又要求成员国必须及时满足提款条件，为了解决成员国在特殊情况下的国际收支困难，基金理事会设置了备用与扩大安排下的贷款便利。在备用安排下，成员国在未发生金融困难时即可先行与基金组织磋商，由基金理事会单方作出决议，保证申请国有权依决议规定（而不再另行申请），从其基金一般资源账户下购买所需的外汇或特别提款权，而申请国则应提交一份说明其用资项目的意向书。在扩大安排下，成员国在其储备部分贷款和信用部分贷款均已提完，而为改善其金融情势又急需金融资助时，由该成员国与基金组织磋商，由基金理事会以决议形式作出扩大贷款安排，其程序类似于备用安排。备用与扩大安排为成员国在普通贷款限额之外提供了贷款便利，其中扩大安排下的贷款额最高可达成员国配额的 140%；备用安排下的贷款最高额可达成员国配额的 100%。

四、特别提款权（special draft right，SDR）

特别提款权是基金组织为补充国际储备不足而于 1969 年 8 月创设并于 1970 年 1 月开始向参加国发行的一种国际储备资产，它主要用作成员国及基金之间的国际支付工具（不能直接用于国际贸易支付）和货币定值单位，并可在成员国和基金组织间兑换成可自由使用的外汇。基金成员国可自愿参加特别提款权的分配，从而成为基金特别提款部的参加国（在基金特别提款权账户下享有特别提款权），也可以不参加特别提款权的分配，还可以在参加后退出特别提款部。此外，基金组织对于某些违反《基金协定》的成员国，可根据参加国有效通过的决议撤销其参加国资格或取消其特别提款权。目前，基金组织 190 个成员国中，除个别国家外，其余均为特别提款权账户的参加国。根据目前的《基金协定》和基金组织实践，特别提款权具有以下基本特征。

首先，特别提款权是参加国（指参加基金组织特别提款部的成员国）在基金组织特别提款权账户下享有的对其自有储备资产的提款权，它不同于成员国对基金组织一般资源账户下享有的借贷性提款权。根据《基金协定》的规定，参加国使用特别提款权除应符合《基金协定》要求的国际支付目的外，不受其他条件限制，其提款无须偿还，并且参加国对于其在基金组织特别提款权账户下分配拥有的特别提款权资产有权获得利息收益。

其次，特别提款权是由基金组织根据国际清偿能力的需要而发行，并由基金成员国集体监督管理的一种国际储备资产。依据《基金协定》的规定，特别提款权应根据国际经济贸易的发展对国际储备资产的要求而每几年发行一次，该发行应以保持全球国际储备的稳定发展为目标；特别提款权的分配原则上以成员国在基金一般资源账户下的配额为基础（近年来适当考虑到发展中国家方面利益）①，任何关于特别提款权分配或撤销某成员国特别提款权的决议均需得到特别提款部参加国 85%加权投票的赞成，每一参加国不仅有权在通过特别分配决议时投票反对，而且可以在分配表决前通知基金组织其不参加分配。发展中国家通常认为，基金组织目前对特别提款权的发行限制过于严格，难以满足国际储备手段增长的需求，且目前特别提款权在国际储备资产中所占的比例过低（占国际储备资产总值的 4%）；同时认为，基金目前对特别提款权的分配办法不合理，其中对于发展中国家的利益考虑不够。

再次，特别提款权本质上是由基金组织为弥补国际储备手段不足而创制的补充性国际储备工具，其基本作用在于充当成员国及基金之间的国际支付工具和货币定值单位，同时也可在成员国之间兑换为可自由使用的外汇。根据《基金协定》和基金组织决议的规定，特别提款权目前可用于以下用途：（1）根据《基金协定》第 19 条第 3 款的规定，参加国基于国际收支平衡或储备地位的需要，可申请基金组织在特别提款权账户下安排向其他参加国兑换为可自由使用的外汇；基金组织在收到申请后，可协调指定某些参加国（国际收支情势好、国际储备地位强的）为承兑特别提款权的对象，并在规定期限内与申请国兑汇；申请国的此种兑汇没有比例限制，可将其持有的全部特别提款权兑为可自由使用的外汇。（2）根据《基金协定》第 19 条第 2 款（b）的规定，某一参加国也可通过与其他参加国达成协议的方式，以特别提款权兑换为等值的其他通货（包括不可自由使用的外汇），而不必征得基金的批准，也不必遵循基金的相关规定与原则（包括有关兑汇“需要”的限制）；但此类交易以不违反《基金协定》第 22 条规定的原则为准（改变国际储备结构）。（3）依《基金协定》第 17 条第 2 款的规定，参加国可以申请将其在特别提款权账户下持有的特别提款权转入一般资源账户，以补足该参加国在一般资源账户下储备部分不足其配额 25%所形成的债务，或者用于偿还其所欠基金的其他债务（如依《基金协定》第 5 条第 6 款所欠债务）；基金特别提款部收到该申请国的申请后，实际上须将该特别提款权向其他参加国兑换为所需的通货，并转入该申请国的一般资源账户，故此过程中，基金须征得相关兑汇国的同意。（4）依基金组织目前的决议，特别提款权按照可调整的比例，集合表示五种可自由使用货币的币值（称为“特别提款权篮”），其币值具有相对的稳定性，可以作为货币定值单位。（5）根据《基金协定》第 30 条的规定，只要经基金组织批准，特别提款权还可以用于基金成员国与非成员国之间的其他相

① 参见《基金协定》第 18 条第 2 款。

关金融业务。从基金组织已有的决议和目前的实践来看，特别提款权已在成员国和非成员国之间被用于远期贸易付款、特定的贷款、国际金融结算、国际金融业务保证金、基金利息与红利支付、赠款等。

最后，特别提款权作为一种较为稳定的国际储备资产，又是一种货币定值单位。基金组织依《基金协定》第 15 条第 2 款的授权，可在任何时候改变特别提款权的计价方法与原则。特别提款权在创立时曾与黄金直接挂钩（1SDR 价值为 0.888 671 克黄金），《基金协定》第二次修订后，其曾与 16 国货币挂钩。根据 1980 年基金执行理事会通过的第 6631 号决议和第 6708 号决议，自 1986 年 1 月 1 日起将以国际出口贸易和服务贸易额最高的五个基金成员国的货币组成特别提款权货币篮，以后每五年调整一次，该五国货币被定为可自由使用的货币。按照 1986 年 1 月 1 日生效的特别提款权货币篮，特别提款权集合表示着美元、马克、法郎、日元、英镑五国货币的价值。随着欧元的启动，2001 年后，特别提款权由美元、欧元、日元、英镑四种货币构成。2016 年 10 月 1 日起，人民币作为第五种货币加入特别提款权货币篮。

问题与思考

1. 简述国际货币法与国际金融法的区别与联系。
2. 简述《基金协定》第 8 条与第 14 条规定的义务。
3. 简述《基金协定》对于各国汇率安排规定的内容。
4. 何谓“不公平地”操纵汇率？
5. 简述国际金融关系的含义。

第十五章
国际金融法基本制度

本章概要

在现代国际经济关系中，由单纯的国际金融交易所形成的跨国性金融关系正变得越来越重要。在这一领域，基本的法律调整手段为国际金融惯例和受到国际条约制约的各国国内法，这就使受到意思自治原则指导的各种金融交易合同或其他法律文件具有特别重要的地位。本章将根据目前国际金融法制的实践，简要介绍较为普遍而又重要的国际融资交易的基本类型、法律结构、操作程序和几种重要的法律工具。

关键术语

国际贷款协议　国际融资之共同条款　国际债券　浮动利率债券　债券条款与细则　境外上市外资股　存托证　超额配售选择权　国际项目融资　项目完工担保协议　现金流量缺额担保协议　国际融资租赁

第一节　国际贷款融资

一、国际贷款的概念与特征

国际贷款又称“国际借贷”“国际信贷”，它是指借款人以贷款协议方式向其他国家或地区的贷款人借贷资金的国际融资方式。国际贷款是一种合同性融资行为，不同国家或地区的借款人与贷款人之间依国际贷款协议结成国际债权债务关系；其中借款人为贷款债务人，贷款人为贷款债权人。

国际贷款的基本特征是：（1）国际贷款的借款人与贷款人分属于不同的国家或地区，其贷款协议、履行行为和争议解决受到国际惯例、意思自治原则或相关国家法律的支配，这不同于国内贷款。（2）国际贷款关系本质上是借款人与贷款人之间的债权债务关系，它是某种法律上可期待的清偿信用，具有期限性的特征，这不同于跨国直接投资所形成的国际股权性关系。（3）国际贷款以国际贷款协议为基础，它是一种合同性融资，是特定借款人与特定贷款人之间的协议行为，其借贷的成立与债权人的变更均受到合同法规则的限制，这不同于证券融资。

国际贷款是国际融资的重要形式，曾经在国际资本流动中占有主要的比重。近年来，随着国际证券市场的发展，国际融资手段走向证券化和多样化，但传统的协议借贷仍然是国际融资的重要形式和典型形式，其具有融资迅速、便利和灵活的特点，是其他金融手段所难以替代的。从实践来看，目前的国际贷款在手段与结构上正趋向于复杂化，这主要是基于贷款人分散风险和提高还款安全性的考虑，而并非国际借贷自身固有的特点。在历史上，英美和多数发达国家的工业化过程无一不与国际贷款有着密切的联系，而在目前情况下，有效地利用国际贷款手段获取国际资金，显然对于发展中国家加速经济发展、实现资源的优化配置有着重要的意义。

二、国际贷款的类型

依据不同的分类标准，国际贷款可分为不同的类型。例如，依据贷款人的性质，可将国际贷款分为政府贷款、国际金融机构贷款和国际商业银行贷款；依据国际借贷的期限，可将国际贷款分为短期贷款、中期贷款和长期贷款；依据国际借贷的组织方式，可将国际贷款分为单独贷款、联合贷款和银团贷款；等等。

(一) 政府贷款

政府贷款（government loan）是一国政府以其预算内资金向另一国政府以特定协议方式提供的优惠性贷款。此种贷款通常依据国家间的双边协定或根据国家间双边关系而提供，如 OECD 下属的工业发达国家对发展中国家提供的官方发展援助贷款，石油输出国根据“南南合作”原则对发展中国家提供的官方发展援助贷款。政府贷款一般采取三种方式：一是以出口信贷方式提供的贷款；二是以单纯的中长期贷款协议方式（基本形式）提供的贷款；三是以上述两种方式提供的混合贷款。

典型的政府贷款具有以下基本特征：(1) 政府贷款的借款人与贷款人均为特定的政府组织，贷款资金主要来自贷款人的国家财政预算收入。此类贷款本质上为国家行为和国家财政收入信贷，因而较少受商业原则的支配。(2) 政府贷款具有利率低、附加费用少的优惠性质。根据国际惯例，此种优惠性贷款至少应含有不低于 25%的“赠与成分”，这是根据贷款利率、偿还期限、宽限期间和综合贴现率等数据计算出的一种综合性指标。政府贷款的利息率一般为 1%至 3%，有的甚至为无息；其附加费通常限于承诺费①和手续费或其中之一种。(3) 政府贷款一般为中长期贷款。其贷款期通常为 10 年至 30 年，其宽限期②通常为 5 年至 7 年，最长的可达 10 年。(4) 政府贷款大多带有一定的附加条件。例如，要求借款人以贷款之部分向贷款国购买设备、物资、技术成果或技术服务，以此增加贷款国的出口贸易；或者在政府贷款的同时，要求借款人连带使用一定比例的贷款国出口信贷，以带动贷款国民间金融资本的输出。(5) 政府贷款主要为项目贷款。其贷款用途多限于符合双边协定或双方经贸关系的重要项目，超越这一范围将可能造成

① 承诺费是指借款人因未按约提取贷款而应向贷款人支付的补偿性费用。

② 宽限期是指在还款期开始后的若干年内允许借款人仅用款付息而不付本的期限。

贷款申请上的困难，并且在通常情况下，贷款国的有关机构还将按协议对借款国的项目实施过程进行监督管理。

(二) 国际金融机构贷款

国际金融机构贷款是指国际金融机构作为贷款人向借款人以贷款协议方式提供的优惠性国际贷款。国际金融机构贷款的贷款人不仅包括全球性国际金融机构，如国际复兴开发银行、国际开发协会、国际金融公司（即世界银行集团），而且包括区域性国际金融机构，如亚洲开发银行、泛美开发银行、非洲开发银行、欧洲投资银行、国际投资银行、亚洲基础设施投资银行等。

国际金融机构贷款是一种具有非商业性质的优惠性贷款，其基本特征是：(1) 国际金融机构贷款的贷款人为特定的国际金融机构，而其借款人通常也受到特定范围的限制。例如，世界银行贷款的借款人仅限于基金成员国政府、政府机构、由其政府机构提供担保的公私企业，国际开发协会贷款的借款人仅限于贫困发展中国家的开发项目当事人，亚洲开发银行贷款的借款人限于其成员国的开发本地区项目的投资人，泛美开发银行贷款的借款人限于其成员国的当事人，并且须为“在合理条件下无法从私人来源获得融资”的当事人等。(2) 国际金融机构贷款的资金主要源于各成员国缴纳的股金、捐款以及国际金融机构从资本市场的筹资，其资金放贷宗旨通常包含鼓励成员国从事开发项目，援助发展中国家特别是贫困国家经济发展的内容，不完全等同于仅以营利为目的的商业贷款。(3) 国际金融机构贷款的条件通常较为优惠，其利息率普遍低于商业银行贷款的利息率，其优惠性贷款的利息率可低于 3%甚至为无息；其附加费通常也包括承诺费和手续费。尽管国际金融机构贷款不完全等同于政府间的“软贷款”，但其贷款条件的整体优惠性往往并不亚于政府贷款的优惠性。(4) 国际金融贷款通常为中长期贷款，其期限较长，其贷款期一般为 10 年至 30 年（最长可达 50 年），宽限期多为 5 年左右。(5) 国际金融机构贷款大多为开发性贷款，主要用于经济复兴或开发性项目，非项目性贷款通常为配套性使用，这与商业银行贷款也有很大不同。(6) 国际金融机构贷款对贷款用途往往设有严格的限制，不仅贷款协议要求借款人严格遵守贷款目的和贷款用途条款，而且贷款人通常也对借款人的资金运用进行严格的监督和检查。

在国际金融机构贷款中，作为贷款人的国际金融机构通常主张其贷款协议具有独立于相关国家国内法的效力，其依据多为国际惯例、意思自治原则（国际贷款协议约定的内容）和国际金融机构制定颁布的贷款协议示范规则（如世界银行于 1985 年 1 月修订颁布的《贷款协议和担保协议通则》、国际开发协会于 1985 年 1 月修订颁布的《开发信贷协定通则》等），其贷款协议中往往指明：“（本）贷款协议规定的银行和借款方的权利和义务，应根据协议的条款生效并必须执行，而不管任何国家或其政府部门的法律有任何相反的规定。银行和借款方都无权在根据本条而采取的任何法律行动中，坚持因为银行《协定》的任何条款而主张贷款协议的任何条款无效或不能执行”①。在实践中，这一主张往往与国际仲裁制度相配合，它对于政府贷款协议和商业银行贷款协议均具有一定影

① 董世忠：《国际金融法》，170 页，北京，法律出版社，1989。

响，其中世界银行颁布的《贷款协议和担保协议通则》对于各类国际贷款协议的指导作用尤为明显。

（三）国际商业银行贷款

国际商业银行贷款又称“国际商业贷款”“商业银行贷款”，它是指一国的商业银行（或国际金融机构）作为贷款人以贷款协议方式向其他国家的借款人提供的商业贷款。国际商业银行贷款是国际贷款中最典型的形式，并在国际性贷款总量中占有主要的比重，其贷款资金主要源于商业银行业务，其贷款利率多以国际金融市场利率为基础。由于国际商业银行贷款的手续相对简便，较之政府贷款和国际金融机构贷款更容易获得，其资金使用并不附带商业条款以外的限制条件或附加条件，其贷款条件又依据市场原则随行就市，这对于经济效益良好而又短缺资金的借款人来说无疑是最为可靠有效的融资来源。

国际商业银行贷款的基本特征是：（1）商业银行贷款的贷款人和借款人除须为不同国家的当事人外，原则上不受特定身份的限制。按照多数国家的法律，其贷款人可以是具有贷款业务或商业银行业务的任何金融机构，其借款人可为各类主体。而某些发展中国家（如中国）则基于外债管理政策的考虑，对于本国借款人的资格设有一定限制。（2）商业银行贷款的利息率通常以国际金融市场利率为基础，一般是按照伦敦银行 6 个月期的同业拆放利率（LIBOR）再加一定的加息率或利差（margin），该利差除考虑贷款金额、贷款期限和借款人资信条件外，主要依据金融市场的供求关系确定。（3）商业银行贷款主要为定期贷款和中短期贷款，其贷款期限通常为 1 年至 10 年，其计息和付息多以 6 个月为一期。也有些商业银行贷款采取短期循环信贷方式，多数为转期贷款。（4）商业银行贷款的贷款用途不受特定范围限制，但贷款人基于贷款偿还安全原则、贷款协议合法原则和不违反贷款人经营能力原则，往往要求在贷款协议中载入贷款用途条款，该协议经当事人协商签署后，自应按约履行。（5）商业银行贷款原则上受到意思自治原则和相关国家（通常为贷款人所在国）国内法的支配及司法管辖，同时也要考虑国际惯例的要求，其贷款协议中通常含有法律适用条款和司法管辖条款，这与政府贷款和国际金融机构贷款有所不同。

国际商业银行贷款按照其组织放贷方式，可以分为单独贷款、联合贷款和银团贷款三种。单独贷款是指由某一家商业银行独立向借款人协议提供的国际贷款，其贷款资金由贷款人单独组织安排。联合贷款是指在不超过法律限制的条件下，由几家国际商业银行共同作为贷款人联合向借款人协议提供的国际贷款。银团贷款又称“辛迪加贷款”，它是指两家或两家以上的国际商业银行按照法律文件约定的方式，通过代理行联合向借款人协议提供数额较大的国际贷款。银团贷款是目前国际贷款融资中最为典型、最有代表性的方式，它不仅包含国际商业贷款关系中的一切基本要素，而且体现了分散贷款风险和提高筹资效率的市场要求，因而在国际商业银行贷款实践中有日益普遍化的趋向。

三、国际商业贷款的国内法管制

在一些发展中国家，借款人本国法往往对其取得国际银团贷款乃至任何国际商业贷款设有各种管制。我国目前对境外贷款的管制就比较严格，其主要管制制度包括以下一些内容。

(一) 国际借贷主体许可制度

根据我国目前的政策、法规，我国可以从事国际商业贷款的主体须具备国家许可授权的资格，未经许可授权者，不得向境外贷款。具体地说，此种经许可授权的主体可分为三类：(1) 政府组织、中国银行和国务院授权的金融机构具有长期性对外借贷的授权许可资格，其境外贷款无须再得到单项授权。因此，我国许多企业向境外贷款更愿意委托此类金融机构进行。(2) 根据现行法规，中国境内的外商投资企业也可以直接从国外借入外汇资金，无须得到逐笔授权。(3) 其他企业组织或金融机构向境外借贷时，必须经国家主管部门逐笔单项授权。

(二) 计划额度管理制度

根据我国目前的政策，具有境外借贷许可资格的机构拟向境外贷款之前，须提前申报贷款计划（包括中长期计划和年度计划），该计划中须具体说明贷款额度、资金来源、目的与用途、偿还安排等，贷款计划由国务院下达于各省区和中央部门。境内机构拟进行的境外贷款必须在国务院下达的外贷计划额度内安排，并须报计划管理部门审核、批准。

(三) 分级审批制度

我国目前对国际贷款采取分级审批制度，在审批内容上又分为计划部门审批和政府主管部门审批。对于在一定限额以下的国际贷款，借款人应当在借贷准备阶段取得省级政府主管部门及发展改革部门的批准；对于超过限额的国际贷款，借款人应当取得国家发展和改革委员会和国务院主管部门的批准。

(四) 外债登记管理制度

根据国家外汇管理局 1987 年 8 月颁布的《外债统计监测暂行规定》，中国境内机构向境外从事的国际贷款（包括政府贷款、国际金融机构贷款和商业贷款）、买方信贷以及境内机构向境内外资银行或合资银行取得的外汇贷款，均应向国家外汇管理局办理外债登记手续，领取外债登记证，其借入的外汇资金应按约调入国内，存入外汇指定银行。同时，借款人应当在贷款期内定期向外汇管理局报告其外债有关情况。但是中国境内注册的外资银行从国外借贷资金的不在外债登记之列。2013 年 4 月，国家外汇管理局发布《外债登记管理办法》对外债登记，外债账户、资金使用和结售汇管理，外保内贷外汇管理，对外转让不良资产外汇管理作出具体规定。

(五) 利息所得预提税管理

我国目前根据国际上较普遍的做法对商业贷款利息的所得（即扣除成本后的余额）征收预提税，该项税款实际上是根据商业性贷款协议约定的利息和成本计算征税额后，直接向境内的借款人征收。此种做法一方面起到限制境内机构借贷外债的作用，另一方面也是征管国际商业税收唯一可行的办法。在通常情况下，国际商业贷款的贷款人要求在贷款协议中明确该预提税由借款人负担，因而协议中贷款利率条款所约定的利息应为税后所得。

四、国际贷款协议

一项国际贷款往往涉及许多法律文件，其中最重要的是国际贷款协议和国际贷款担保协议。从实践来看，国际商业贷款协议尤其体现了国际贷款的典型要求，其所概括的内容不仅有惯例化趋势，而且对于国际金融机构贷款协议和债券发行法律文件有着重要的影响。

国际贷款协议是明确贷款人与借款人之间国际借贷债权债务关系的协议，其内容由当事人双方按照具体的贷款要求协商确定，在形式上通常包括约首、正文和结尾三部分。约首通常包括主体条款和鉴于条款，用以指明当事人、双方订约目的和所依据的原则。按照英美国家的法律，鉴于条款具有合同解释依据与合同原则的效力。结尾通常为当事人签章和附录。正文部分概括了国际贷款协议的主要内容，通常包括以下一些基本条款。

（1）定义条款（dcfinition）。该条款应对贷款协议中所使用的主要概念、术语和缩写作出明确的定义。

（2）贷款货币（currency）。该条款应规定国际贷款所使用的币种，此为国际贷款协议的基本内容之一，通常在贷款准备阶段即已商定。

（3）贷款承诺（loan commitment）。在一般商业贷款协议中，该条款应确定贷款人承诺贷款的整体金额；在联合贷款协议中，各贷款银行应当依该条款分别承诺其贷款份额或金额；而在银团贷款中，各参与银行签署的承诺贷款份额的声明文件也具有贷款承诺条款之效力。此条款意在明确各贷款银行与借款人分别具有债权债务关系，而非连带性债权关系。

（4）贷款期限（credit period）。贷款期限是指从贷款协议签署日起至借款人全部还清本息为止的整个期间。该条款亦为贷款协议的基本内容，通常应先行商定。依贷款期限的长短，国际贷款可分为短期贷款、中期贷款和长期贷款。

（5）贷款利率（interest rate）。该条款为贷款协议的主要内容，条款中应明确所采用的利率类型和计息办法，如为固定利率，应明确规定利息率数值和替代利率[①]；如为浮动利率，应明确规定利率基础、加息率和利息确定方法。

（6）贷款费用（borrowing increased cost）。在国际贷款中，借款人除须负担还本付息债务外，还应负担贷款组织中的有关费用。本条款应当明确借款人所负担的费用项目、具体数额及贷款人扣收办法。在银团贷款中，借款人通常要负担贷款管理费、代理费、杂费和承担费用等。

[①] 替代利率是指在贷款协议规定的原利率因故不能使用时，可以替代使用的利率和计息方法。它是一种附条件条款。

（7）提款条款（draw down）。该条款通常规定借款人分期提款的规则，包括具体的提款期、每次提款的金额、提款前的通知事项等。

（8）偿还贷款（repayment）。该条款为贷款协议的基本内容，条款中应明确还本付息的方式、期限、每期数额、通知事项等。在允许提前还款的情况下，还应明确提前还款的限制、方法、通知事项和借款人应付的补偿费（premium）等内容。

（9）先决条件（condition precedent）。国际贷款协议中通常设定一些限定贷款协议生效以及限定借款人可以提款的前提条件，即所谓先决条件。该条款应详细列举限定贷款协议生效的法律文件及其限制作用，还应指明限定借款人每次提款权的财务事实及限制作用。此为各类国际融资中普遍采用的共同条款。

（10）陈述与保证（representation and warranties）。在该条款中，借款人须对贷款人据以决定贷款和签约所涉及借款人的重要法律事实、财务事实和经营事实加以说明和承诺，并须保证该等事实是真实、准确、完整的；如借款人的陈述与保证失实，将构成违约，并应承担合同法责任。此为国际融资中常用的共同条款。

（11）约定事项（restrictive covenant）。约定事项是国际融资中普遍采用的一系列旨在限制借款人行为的共同条款的总称。借款人在该条款中须承诺于贷款清偿完毕之前将承担一系列义务，如不再以其资产设定担保、保障贷款人与其他债权人处于平等受偿地位、承诺不从事使其自身财务状况恶化的行为、限制处分财产、保障借款人主体之同一性、保证贷款用于约定之用途、按约定购买保险等。

（12）违约事件（event of default）。该条款不仅须详细列举各种构成违约的事件及违约责任，而且通常要对某些预期违约事件（如导致借款人丧失清偿能力的事实）加以明确。此为国际融资中的共同条款。

（13）债权让与（assignments）。该条款须对贷款人转让其贷款权（或残余债权）及其条件加以规定，其内容一般包括贷款人转让债权的权利、债权转让不得增加债务人负担之原则、债权转让是否另需征得借款人同意、债权转让方式等。一般来说，贷款人往往追求自由而少受限制的债权让与权。

（14）税收条款（no deduction）。该条款一般针对借款人所在国的利息预提税而设，其意在明确借款人所在国征收预提税或其他税负时的负担规则。依照惯例，该条款通常规定：无论借款人所在国已经征收利息税还是未来增加征收有关的税种，该税负均由借款人承担，借款人在还本付息时，不得再预扣税费，故该条款又被称为“不扣税条款”。

（15）抵销条款（offset clause）。该条款通常规定，贷款人有权对借款人到期应付的债务行使抵销，即将借款人存放在贷款人银行中的款项或其他债权冲抵其债务。由于各国法律对于抵销的规则有较大差异，条款中往往须对抵销权、抵销权行使方式和行使条件加以明确。

（16）权利放弃与累加救济（abstention and cumulative remedies）。该条款通常规定，贷款人不行使权利或沉默不等于其放弃权利，其弃权必须以书面通知方式作出；此外通常还规定，贷款协议中所规定的贷款人救济不等于排除了法律上规定的权利救济，而是对后者的补充或累加。

（17）放弃主权豁免（waiver of sovereign immunity）。在借款人或借款方的当事人为国家机构或者可能享有国家财产豁免权的情况下，商业贷款银行将要求其就放弃主权豁免权作出承诺和声明，此条款还应对放弃主权豁免权的范围加以列举。这一条款实际上与借款人所在国的国际私法政策有关。

(18) 法律适用 (governing law)，又称“法律选择条款”。该条款应明确贷款协议解释、协议履行和争议解决所适用的准据法。按照商业贷款惯例和市场条件，贷款人通常坚持要求以其本国法或第三国法为准据法，这与政府贷款和国际金融机构贷款有所不同。

(19) 司法管辖 (jurisdiction)，又称“法院管辖条款”。该条款应规定与贷款协议有关的争议由何国法院管辖，以及有关诉讼文书的送达机构。在目前情况下，国际商业贷款协议通常选择由贷款人所在国法院管辖。

(20) 本票条款 (loan bills)。在订立贷款协议时，一些国家的贷款人往往要求借款人签发远期本票作为债务凭证，如国际贷款中有此安排。协议条款中应对该期票的效力、还款提示方式和持票人的权利加以规定，并应在协议附录中附上票样。

五、国际贷款担保协议

国际贷款中的担保通常采取信用担保方式。信用担保又称“保证”，它是指第三人以其资信向国际贷款人的担保；依其担保，当借款人不能按期偿本付息时，担保人负有代其即时清偿的责任。在国际贷款中，信用担保的担保人通常是具有外汇支付能力或信用能力的金融机构或政府组织。此种担保可以有效地避免物权担保变现能力差和外汇管制障碍的缺点，故为国际商业银行贷款人所普遍接受。在大多数情况下，国际贷款中的信用担保采取担保（保证）协议方式，但根据当事人的约定，也可以采取贷款协议中要求的担保条款方式。此外，银行机构出具的备用信用证和政府组织的担保意愿书也是信用担保的方式。

目前，国际贷款担保一般采取所谓“持续的、无条件的和不可撤销的”担保模式。其担保协议在格式上也分为约首、正文和结尾三部分，在内容上大量采用了陈述与保证、约定事项、违约事件、法律适用与司法管辖等共同条款，但其正文的实质内容主要包括以下条款：(1) 担保人条款。该条款须明确担保人的名称、主体资格、法定住所、担保账户，如为共同担保，应分别列出各担保人。(2) 陈述与保证条款。担保人须承诺其主体资格的合法性、具备担保行为能力、已得到签署和履行担保协议的合法授权与批准等事项。(3) 担保范围条款。该条款须明确担保人承诺担保的数额或范围，如为多个担保人共同担保时，还须明确各担保人的担保份额，及其是否负有共同性连带责任等。(4) 无条件担保条款。该条款通常使用“无条件担保”或“连带担保”字样，并且要求担保人放弃先诉抗辩权。依此条款，当借款人届期不能清偿本息时，贷款人有权要求担保人以等同于主债务人的方式立即替代清偿，而不得援引所在国法律上的先诉抗辩权程序。根据当事人协商，该条款也可以约定仅在某些特殊情况下担保人不得行使先诉抗辩权，这通常是指主债务人被宣告破产时、主债务人住所变动而难以向其索偿时、主债务人财产不足以清偿债务时等。(5) 持续担保条款。该条款并不是说担保人的担保责任为无限期的，而是指担保人对于主债务人按贷款协议不断提取的债款数额全部负担保责任

（直至主债期满），而非仅对其在某一时期的负债余额负责。（6）不可撤销担保条款。依该条款，担保协议的效力具有相对的独立性，而不完全以贷款协议的效力为基础，担保人不能以因贷款协议而产生的抗辩权（例如贷款协议延期、变更或效力瑕疵等）来对抗贷款人。（7）贷款人权利条款。该条款通常以特约方式确定贷款人的某些特别权利，如贷款人有权仅向共同担保人中的某一人请求偿债，贷款人可以对几个共同担保人或某一个担保人起诉求偿等。（8）担保执行条款。该条款须对担保的执行条件和执行程序加以规定。按照无条件担保的要求，只要主债务人届期未能偿还本息，贷款人向担保人送达主债务人违约的书面通知后，就可立即或随时要求担保人替代偿债。（9）代位权条款。该条款通常规定，担保人在替代主债务人偿债后，将代位贷款人对主债务人取得了贷款协议上规定的债权求偿权；在设有反担保的情况下，担保人的代位求偿权将与其担保债权并存。但在通常情况下，代位权条款往往根据贷款人的要求而明确规定，只有在主债务全部清偿后，担保人方取得代位权。

除了担保协议或担保条款外，备用信用证和担保意愿书也是信用担保的常用形式。备用信用证是指由银行机构（担保人）根据主债务人的要求向贷款人开具的旨在担保国际贷款债务的长期信用付款凭证，如主债务人届期不能偿债时，贷款人可向担保人提示备用信用证和主债务人违约证明，要求担保人承担付款义务。担保意愿书则是指由一国政府组织或母公司根据其下属企业（借款人）的要求，向贷款人出具的表示愿意帮助该借款人偿还贷款的书面文件，此种担保文件的责任表示和法律效力较为含混，通常仅适用于信誉良好的大型公司或政府组织，实践中又称之为“安慰信”。

在国际贷款或国际融资中，贷款担保人为了避免担保偿债风险，往往在为借款人出具贷款担保的同时，要求借款人提供反担保。所谓反担保，是指借款人或第三人以其信用或资产上的权利向贷款担保人作的还款保证，它实质上是以贷款担保人为债权人的再担保；当借款人不能按期偿还贷款本息而导致贷款担保人替代偿债时，贷款担保人有权根据反担保协议向再担保人主张担保债权或对担保资产依法变价受偿。反担保可以采取信用担保（如借款人母公司的担保）形式或者物权担保形式，但借款人以其资产权利设立物权担保时，显然须将其事先披露于国际贷款的贷款人，并且该物权担保应不违背国际贷款协议中的约定事项条款。

第二节　国际融资中的共同条款

国际融资中的共同条款又称“国际贷款文件的共同条款”，它是指反映国际贷款和国际债权融资一般要求而被普遍采用的某些标准条款，它们与不同市场条件下贷款融资的具体条件的联系不甚密切，而着眼于概括国际贷款的一般法律条件，注重以意思自治方式解决所涉国家间的法律冲突和法律差异，其法律调整作用值得重视。由于此类条款反映了国际融资的共同要求，因而又被国际债券融资、国际项目融资和国际融资租赁所广泛应用。

一、先决条件

先决条件又称“前提条件”，它是指国际贷款文件中旨在限制贷方义务生效或部分贷方义务生效的前提条件。依据先决条件条款，只有在约定的条件事实具备时，贷款协议中关于贷款人义务的约定方发生效力，或者贷款人关于借款人每次提款的放贷义务方发生效力。先决条件的具体内容可以根据当事人的实际需要约定，但根据国际贷款惯例，其内容通常包括以下两部分。

（一）涉及贷款协议项下全部义务的先决条件

此类先决条件是关于限定贷方全部贷款义务生效的前提条件，它规定了贷款协议贷方义务生效的一般前提。根据贷款协议的约定，此类先决条件通常为借款人依其本国法应当取得的支持文件，因而在协议签署时，此类先决条件原则上就应当已经具备。它们通常包括以下一些内容：（1）借款人的有效营业执照、组织章程和主体合法性文件，主要证明其合法续存性与行为能力；（2）借款人公司董事会、股东会或所有权人批准该贷款的文件，主要证明借款人依其章程已就该贷款获得合法授权；（3）借款人为实施该贷款应当取得的一切来自所在国政府部门的批准、许可和授权文件（包括外汇主管部门的批准文件），主要证明借款人的境外借款不违反所在国外债和外汇管理制度；（4）依当事人约定应当签署的担保文件或保证书，主要证明当事人事先约定的担保条件已经取得；（5）当事人的法律顾问出具的法律意见书，主要说明借款人主体资格的合法性、经营能力的合法性、取得了合法的批准与授权、所涉贷款协议的有效性、其他有关法律文件的有效性等；（6）在许多情况下，贷款人还要求将陈述与保证的某些内容列为贷款协议的先决条件，其目的在于使借款人陈述的特定事实限制贷款义务的生效。

（二）涉及每一项提款的先决条件

国际贷款协议通常设有分期提款条款，以保障借款人在按约有效使用贷款的条件下得到约定的后续资金。在此种情况下，贷款协议中往往还规定借款人每次提取贷款之前应当满足的先决条件。它们通常包括：（1）至每一提款日时，借款人在贷款协议中所作的陈述与保证仍然准确无误，符合所谓“永久保证”之要求；（2）借款人未发生任何违反贷款协议的违约事件，也未出现任何限制借款人履行贷款协议的事实；（3）未出现任何因第三方的原因，致使贷款资金使用出现财务法律障碍的情况。从实践来看，贷款人往往要求借款人在每次提款之前，另按约定提交一份书面声明，说明此项前提条件和陈述与保证内容未发生变化或变更。

二、陈述与保证

陈述与保证又称“承诺与保证”，它是对借款人在贷款协议签署时或之前向贷款人所承诺的有关事实的保证性合同概括。在国际贷款中，如果贷款人依赖于借款人对其与贷款有关事实的陈述签署贷款协议，则通常要求对此类事实加以确认，要求借款人保证其真实性和完整性，并要求将其纳入合同条款。陈述与保证具有使借款人对有关事实陈述法律化的功能，它扩大了借款人的信息披露义务，扩展了借款人违约之含义；如果借款人陈述与保证的事项未来发生失实，将构成借款人违约，贷款人有权诉请法律救济。陈述与保证的内容主要包括以下两部分。

（一）对于贷款协议合法性的陈述与担保

借款人在此项下须承诺与保证的事项主要包括：（1）借款人是依法成立、合法续存的主体；（2）借款人签署和履行贷款协议已依法获得其董事会或股东会应有的授权；（3）借款人签署和履行贷款协议已依法取得政府部门一切应有的批准、许可或授权，并已履行法律要求的一切手续；（4）借款人所签署的贷款协议和相关文件不违反其所在国法律、法规和借款人组织章程的规定，也不与借款人及其财产所涉及的任何合同或抵押文件相抵触；（5）该贷款协议对于借款人具有法律约束力和强制执行力；等等。

（二）对于借款人财务状况和经营状况的陈述与保证

借款人在此项下需承诺与保证的事项主要包括：（1）借款人及其子公司提供的近期会计报表真实地反映了借款人的财务状况，并且自该会计报表经审计以来，借款人的财务状况未发生实质性的不利变化；（2）借款人及其子公司未卷入任何可能对其经营产生实质性不利影响的诉讼，也未受到此类潜在诉讼的威胁；（3）借款人在（银团贷款）信息备忘录中所提供的资料均为真实、准确和完整的，且其中不含有重大误导因素；（4）借款人及其子公司并未有过不履行对其财产权有不利影响的合同文件、抵押文件或其他法律文件项下义务的情形，也不曾发生过违约事件；（5）借款人及其子公司合法地拥有其营业财产的所有权、租赁权、知识产权和特许权等。

三、约定事项

约定事项又称“约定”或“限制性约定”，它是一系列关于限制借款人在贷款清偿期间的行为和不行为的共同条款的总称。其作用在于限定借款人偿债条件，防止借款人的偿债能力恶化，锁定贷款人的贷款风险。当借款人违反约定事项时，贷款人有权按约终止贷款协议，并要求借款人提前偿本付息。约定事项条款的类型较多，诸如消极担保条款、平等地位条款、财务约定事项、主体同一性条款、限制处置资产条款、贷款用途条款、购买保险条款、重要信息通知条款等均属之。在实践中，约定事项通常由当事人依具体情况约定，其中较为普遍而重要的条款主要包括以下五种。

（一）消极担保条款（negative pledge）

依照消极担保条款，借款人向贷款人承诺以下义务：在偿还贷款或债券之前，借款人将不得在其资产和收入上再行设定任何抵押、质权、留置或其他担保权，同时将按约处置其他已到期的原有担保。消极担保条款的作用在于防止借款人以其资产或收入为其他债权人的利益设定担保债务，影响本债权人的受偿顺序；限制借款人以担保之债方式发生新债，恶化其偿债能力。

消极担保条款通常仅以原则列举方式限制借款人在其营业资产和收入上设定担保。依据当事人的约定，该条款之适用可以有某些例外，其中较为重要的包括：贷款协议签署前已经存在的原有担保、依照相关国家法律具有留置权或优先权效力的法定担保①、借款人以融资租赁或类似方式购买货物的物权性限制等。此外，借款人以短期信用方式（如延期付款）取得的贸易性融资通常也不属于此类担保性负债。

（二）平等位次条款（pari passu）

依照平等位次条款，借款人承诺在贷款协议有效期间，保证无担保权益的贷款人在清偿债务时将处于不劣于其他无担保权益债权人的平等受偿地位。按照一些国家的法律，无担保权益的各个债权人之间在清偿顺序上并非均处于平等位次②，平等位次条款虽然不能改变此种法定顺序，但贷款人依此条款在发生违反约定的情况时，可要求借款人提前偿还贷款。

平等位次条款与消极担保条款具有相同的目的，其意在维护贷款人的地位不致因新债权人的出现而遭受歧视。在国际融资实践中，这两种条款通常是同时使用的。两者的差别在于，消极担保条款旨在防止贷款人的债权处于劣于新设的有担保债权的受偿地位，而平等位次条款则意在防止贷款人的债权处于劣于新设的无担保债权的受偿位次。

（三）财务约定条款（financial covenant）

依照财务约定条款，借款人一方面有义务向贷款人定期或应要求随时提供其财务报表和财务信息，另一方面则承诺将遵守约定的某些财务状况标准。这些标准通常包括：（1）保证其负债率不超过一定比率，而使其净资产值保持在一定数额以上；（2）保证其资产的流动比率和速动比率③不低于一定比值，以使其始终具有足够的流动资产支付流动负债，而不必变卖固定资产还债；（3）保证其最低周转资本（流动资产减去流动负债后的余额）不低于一定数额，以保证其应付日常周转的净流动资产需要；（4）保证其每年对股东的分派利润不超过其可分配利润的一定比例，以防止其分光现金资产，影响还贷条件等。

---

① 按照不同国家的法律，第三人在借款人委托在外的承揽物上可有留置权，在其应付税款和应付工资上可有优先权，在其维修的船舶上可有船舶优先权，在其以租买方式取得的货物上可有担保性物权限制等。

② 按照一些国家的法律，在无担保之债的债权人之间，银行的消费者存款人和保险持有人的请求权优于其他债权。

③ 流动比率是指某一法人组织的流动资产与其流动负债的比率，它是衡量债务人短期偿债能力的通用指标。其公式为：

$$\text{流动比率}=\frac{\text{货币资金}+\text{短期投资}+\text{应收票据}+\text{应收账款}+\text{存货等}}{\text{短期借款}+\text{应付票据}+\text{应付账款}+\text{预收账款等}}$$

速动比率是指某一法人组织变现能力最强的速动资产（几乎可立即用来偿债）与其流动负债的比率，它较之流动比率更能表明债务人的短期偿债能力。其公式为：

$$\text{速动比率}=\frac{\text{货币资金}+\text{短期投资}+\text{应收票据}+\text{应收账款等}}{\text{短期借款}+\text{应付票据}+\text{应付账款}+\text{预收账款等}}$$

(四) 主体同一性条款（merger covenant）

依此条款，借款人通常须承诺两方面的义务：(1) 非经贷款人书面同意，借款人不得改变其主要营业能力和范围，以保障贷款人预期的借款人还款能力不发生变化；(2) 非经贷款人书面同意，借款人不得进行其主要营业或其主要下属企业的转让、资产重组、被他人收购、与其他企业合并等行为，以避免借款人的资产负债发生不利于贷款人的重大变化。这一条款实际上引用了一些国家法律的规定，由此使债务人的资产和营业变动置于债权人的监督和制约之下。

(五) 保持资产条款（preservation of assets）

保持资产条款又称“限制资产处置条款”。依此条款，借款人须承诺以下义务：(1) 非经贷款人同意，借款人不得出售、转让、出租或以其他方式处置其资产的全部或大部，但借款人为日常经营而从事的商品处分或类似财产处分不在此限；(2) 借款人有义务对其企业资产向保险公司投保，以保障其资产不因意外危险而受损失。限制资产处置条款意在防止借款人不适当地转移、贬损或丧失其资产，使贷款人的受偿利益受到威胁。

四、违约事件

国际贷款协议通常以列举的方式将针对借款人的各种违约事件加以定义性概括，以防止因约定不明而可能产生的纠纷。违约事件的内容一般包括以下几项：(1) 借款人到期不能还本付息，或者借款人违反陈述与保证规定的义务，致使贷款协议不能履行的情况，即所谓实际违约；(2) 借款人违反约定事项规定的义务或贷款协议规定的其他义务，并且在贷款人指定的宽限期内未能纠正该等违约状态的情况；(3) 借款人出现丧失清偿能力、贷款抵押毁损或贬值、其经营资产被国有化或征收、借款人财务状况出现重大不利变化等事件，此类事件将导致借款人实际履行不能，因而在实际违约之前已构成“先期违约”；(4) 违约事件中通常还规定有“连锁违约”或“交叉违约”条款，依此条款，借款人凡对其他债权人违约的，也将构成对本贷款人的违约，该贷款人有权要求借款人加速清偿全部（尚未届期）债务，“连锁违约”条款的作用在于扩展借款人违约事件的含义，赋予国际贷款人以加速还款请求权，防止因借款人对其他债权人的债务纠纷而造成不利于国际贷款人的受偿局面。

违约事件条款除对各种违约情况加以列举外，通常还对贷款人有权采取的违约救济措施加以规定。根据国际融资惯例，贷款人按约取得的违约救济手段包括：对于借款人尚未提取的借款，贷款人有权予以取消或中止①；对于借款人已经提取的借款，贷款人可以宣布提前终止贷款协议，要求借款人提前偿本付息，即所谓“加速到期”；对于借款人逾期偿还的贷款，贷款人有权要求其支付约定的违约利息。此外，违约事件条款中往

---

① 所谓中止提款权，是指贷款人按约暂停借款人的提款，并要求其在宽限期内采取补救措施的权利。

往援引“累加救济条款”，说明贷款协议中约定的违约救济手段仅属于法定救济之累加措施。

五、市场不可抗力

在银团贷款文件、证券承销文件和与市场相关的融资文件中，通常还设有不可抗力条款。尽管此类条款中也可含有对战争、自然灾害、国有化等一般不可抗力事件的概括，但其主要着眼点在于国际金融市场变动之不可抗力，故又被称为“市场紊乱条款”。市场不可抗力条款的主要内容通常包括：（1）对于市场不可抗力的概括与列举，如金融市场发生实质性不利变动、金融市场行情变化致使约定利率和贷款人成本无法确定、当事人所在国发生战争或法律变更致使贷款协议无法履行、其他因贷款人不能预见也不能控制的原因致使协议不能履行的情况等；（2）规定不可抗力发生而影响协议履行时，未能履行义务一方当事人的事实通知义务及通知程序；（3）规定不可抗力发生时，不能履行义务的一方在履行通知后的免责效果，这一般是指贷款人或融资中介人可按约定条款免除贷款协议义务或暂时推迟贷款协议的履行。

市场不可抗力条款的基本作用在于避免贷款人或融资中介人可能面临的金融市场变动风险。在市场潜在危机或动荡的条件下，融资中介人不仅倾向于采取更为安全的贷款组织方式，要求推迟协议签署时间以缩短可预见风险的期间，而且往往坚持要求写入更具弹性和包容性的市场不可抗力条款。

六、法律适用与司法管辖

国际商业贷款协议几乎无例外地规定，关于贷款协议的解释、贷款协议的履行和由贷款协议引起的争议之解决均适用当事人选择的国内法，而非国际性规范；并且在通常情况下，该准据法为贷款人所在国法律或某一国际金融中心国家或地区的法律。从实践来看，国际商业贷款协议中的法律适用条款往往要对适用准据法的范围加以详细的列举，从而允许贷款协议所涉及的某些事项仍适用借款人所在国的法律，如借款人的法人资格、借款人的经营范围与行为能力、借款人所取得的签约与履约之授权效力、借款人国内管制法之符合等。应当说，国际商业贷款协议中有关法律适用、司法管辖和其他有关条款的约定，反映了目前国际信贷供求关系仍有利于贷款人的特点，也反映了国际借贷关系中借款人负有主要义务的客观要求。

司法管辖条款也是国际商业贷款协议中必备的共同条款，但在某些情况下，当事人也可以在国际商业贷款协议之外另订立司法管辖协议。司法管辖条款通常应包括两方面内容：（1）须明确选定有管辖权的法院，通常仅需指明由某一国的法院管辖，如该国分别有不同的司法管辖区时（如联邦制），还应具体指明由哪一司法管辖区的法院管辖；（2）须指定送达诉讼文书的代理人，通常仅须在协议中指定代理人身份和要求。在国际商业贷款中，原则上不采取仲裁方式解决当事人争议，这与国际金融机构贷款协议的条款要求有所不同。

第三节　国际债券融资

一、国际债券的概念与特征

国际债券是指一国政府机构、金融机构或工商企业为筹集资金而向外国投资者发行的可自由流转的债权证券。

国际债券的基本特征有三：(1) 国际债券的发行人与投资人分属于不同的国家或地区，其发行、交易与债务清偿受到不同国家或地区法律的支配，这不同于国内债券；(2) 国际债券本质上是一种债权凭证，它体现了债券发行人与债券持有人之间的债权债务关系，这不同于国际股权证券；(3) 国际债券是证券化的可自由流转的债权凭证，其发行与交易受到有关国家证券法规则的支配，这不同于国际贷款债权文件。此外，典型的国际债券通常还具有无记名证券、有固定的到期日和固定利率的特点。

国际债券在整体上可分为外国债券（foreign bond）和欧洲债券（eurobond）两大类。外国债券是指由债券发行人在某一外国的市场以该国货币标价发行，并在该国证券市场交易的国际债券。例如中国财政部在德国发行并在法兰克福交易所上市的政府债券、中国银行在日本发行并在东京交易所上市的“武士债券”、中国银行在美国发行并上市的“扬基债券”等均属此类。欧洲债券则是指由债券发行人在债券面值货币所在国以外的国际市场发行（通常同时在几个国家发售）的国际债券，它实际上是一种无国籍债券。根据欧洲债券的面值货币不同，它又可进一步分为欧洲美元债券、欧洲英镑债券、亚洲美元债券、亚洲英镑债券等。例如中国银行在国际市场发行并在东京上市的美元债券和在伦敦上市的美元债券均属之。

除发行市场方面的差异外，外国债券和欧洲债券还具有以下区别：(1) 在债券承销上，外国债券通常由债券发行地所在国的金融公司、证券公司或投资银行承销；而欧洲债券通常由国际性金融公司、证券公司或投资银行组织不同国家（通常为债券发行地）的分销商共同承销，即所谓“全球发售”。(2) 在债券面值货币上，外国债券所使用的货币只限于债券市场所在国的货币；而欧洲债券的发行人则可以根据货币的汇率、利率和集资用途，选择某种主要货币标明债券面值。(3) 在适用法律上，外国债券的发行必须受发行地国家法律的支配，并且往往须履行特定的申请和注册程序，在法律上它被视为某种外国证券；而欧洲债券的发行一般不受债券发行地国家法令的管制（但须受上市地国家法律的支配），通常也无须向发行地国家履行申请和注册程序，其法律适用问题通常须在债券发行文件中确定。(4) 在发行税收上，外国债券的发行人原则上须按照市场所在国法律接受预扣证券发行税（但许多国家和地区给予免税优惠）；欧洲债券的发行人通常不需缴纳证券发行税，由于欧洲债券可以保留于国外，故对此类债券的交易所得税也不予征收，这对于投资者来说颇有吸引力。

二、国际债券的种类

国际债券除在整体上分为外国债券和欧洲债券两大类外，还可按照债券发行利率、债券发行货币、债券可转换性、债券发行主体、债券兑付期限等标准进行不同的分类。例如，按照国际债券的利率确定方式，可将其分为固定利率债券、浮动利率债券、零息债券等；按照国际债券（实际上限于欧洲债券）的发行货币，可将其分为单一货币债券、双重货币债券、货币选择债券等；按照国际债券的可转换性，可将其分为直接债券、可转换债券、认购权证、转让贷款证券等；按照国际债券的发行主体，可将其分为政府债券、金融债券、企业债券等；按照国际债券的兑付期限，可将其分为长期债券、中期债券、短期债券和短期票据等。本书择其要，仅介绍以下几种常见的国际债券类型。

（一）固定利率债券（fixed rate bond）

固定利率债券是指具有固定利率、固定利息息票和固定到期日的债券。债券代理机构通常按照规定向息票持有人支付利息，并于到期日向债券持有人偿付本金。固定利率债券是国际债券的传统类型，也是目前国际债券融资中采用最多的典型形式。

固定利率债券通常适于在市场利率相对稳定的条件下发行，当市场利率不断发生较大变化时，将会对债券发行人或债券投资人造成风险，影响债券的发行条件和发行效果。20 世纪 80 年代以后，欧洲债券市场上开始出现一些固定利率债券的变型，其中最典型的为可撤销债券（retractable bond）。此种债券将债券期限分为若干期，发行时仅固定第一期利率，其后每期均另确定利率，以此来克服固定利率债券自身的缺陷。

（二）浮动利率债券（floating rate notes，简称 FRNs）

浮动利率债券是指利息率可按一定条件浮动变化的债券。其具体特点在于：其债券利息可根据短期存款利率的变化每 6 个月或 3 个月（依债券发行条件规定）调整一次；其利息率通常是在伦敦银行同业拆放利率（LIBOR）基础上略提高一些，并且其利息率浮动通常定有最低下浮限制，并可附有利息率浮动上限；浮动利率债券依其具体发行条件可附有不同的息票，通常每 6 个月或 3 个月支付一次；浮动利率债券通常为中长期债券，期限多为 5 年至 15 年；浮动利率债券多为可转让的无记名债券。

浮动利率债券结合了中期银团贷款和长期欧洲债券的优点，一方面它可为借款方提供期限长于银团贷款的中长期借贷资金，另一方面它又使投资者减少了因利率上升而引起的资金贬值风险。证券市场参与者通常认为，浮动利率债券具有将风险平均分配于借款方和贷款方的作用，为双方提供了公平躲避利率变动风险的条件。从市场表现来看，浮动利率债券的市场价格较为平稳，其买卖差价较小，债券发行人所负担的利息与 LIBOR 的差额不大，该券种的流动性也较高，这充分体现了此种创新性金融工具的作用。

（三）零息债券（zero-coupon bond）

零息债券是指以贴现方式发行，不附息票，而于到期日时按面值一次性支付本利的债券。其具体特点在于：该类债券以低于面值的贴现方式发行，由其发行贴现率决定债券的利息率；该类债券的兑付期限固定，到期后将按债券面值还款，形式上无利息支付问题；该类债券的收益力具有先定性，对于投资者具有一定的吸引力；该类债券在税收上也具有一定优势，按照许多国家的法律规定，此类债券可以避免利息所得税。

（四）可转换债券（convertible bonds）

可转换债券是指按照固定利率条件发行，但可按照投资者的意愿和约定条件转换为对发行人（或担保人）公司股票的公司债券，通常又称为 CB。其具体特点在于：（1）此类债券的发行人仅限于其资本业已股份化的股份有限公司或有限责任公司。（2）此类债券是一种固定利率债券，其利息率通常较低，以平衡转换选择权的利益。（3）此类债券在发行条件中附有转换选择权，债券持有人有权在约定的转换日期以约定的每股转换价格（conversion price）要求将该债券转为对发行人公司（或担保人公司）的普通股股票，也有权不将其转换为股票而要求将其转换为一般的固定利率债券；在通常情况下，可转换债券的每股转换价格应高于债券发行时该公司股票的市场价格。（4）此类债券的转换日期通常为发行条件中约定的某一利息支付日，并应规定合理的申请准备期间。

可转换债券为发行人提供了一种在不扩张股本条件下的低利息率融资工具，其融资效率往往高于股票发行和一般债券发行；对于投资者来说，可转换债券的吸引力实际取决于其转换升水（转换日时股票市场价格高于约定每股转化价格的差额之百分比），它大大提高了该债券的收益潜力；不仅如此，由于债券二级市场的存在，可转换债券的市场价格实际上与发行人公司的股票价格也具有相关性，从而直接提高可转换债券的投资价值。

（五）短期票据

短期票据在美国称为“商业票据”（commercial paper），在欧洲称为“欧洲票据”（euro-note）。它原本为一种货币证券，仅可提供短期资金信用，并不属于严格意义上的债券。但自 20 世纪 80 年代以后，金融机构通过一系列金融安排，使之成为某种中短期融资工具。实践中称之为“短期票据的便利化使用”（note facility），并被誉为现代资本市场的四大金融创新之一。①

在短期票据便利化的安排下，借款人通常须与负有承销责任的金融机构签署包括贷款承诺、票据承销、贷款展期承诺和还款担保在内的一系列协议文件；然后由借款人签发一系列短期票据（通常为本票）交由承销人安排以贴现价承销和余额承购，而背书转让（或无记名发票）制度、票据贴现市场和承销人贷款承诺则为借款人的短期票据融资提供了有效的保障；在初次短期票据即期后，借款人通过续期短期票据和承销人的展期承诺实现所谓“循环承销融资”（revolving underwriting facility），以此自然延长了贷款期间，由此可形成 1 年至 7 年的中短期融资。短期票据的便利化使用具有手续简便和筹

---

① 在现代“金融革命”中，通常将货币互换业务、金融期货、票据发行便利化和浮动利率债券并称为“四大金融创新”或金融市场的“四大发明”。

资成本低的特点，在短期资金市场发达且法律管制宽松的国家中，此种短期票据的发行甚至不需要有承销机构，借款人不必支付任何承销费用，即可实现发行筹资目标。通常认为，短期票据的便利化使用综合了票据工具、信贷技术与证券化融资技术的特点，它与传统的国际债券融资和贷款融资均不完全相同。此类金融工具在国际融资市场中占有相当大的份额并有不断上升之趋势，其中不仅包括欧洲票据，还包括被称为“票据发行贷款”的某些金融品种。

三、国际债券融资的结构

国际债券融资的当事人主要包括债券发行人、担保人、牵头经理人（通常为主承销人）、承销团、推销集团、专业性中介机构、财务代理人与支付代理人、受托银行、债券登记机构、债券投资人等。不同当事人之间通过合同性文件或法律文件形成法律关系，构成国际债券融资的基本结构。

（一）债券发行人

国际债券的发行人是指发行国际债券并承担债券上债务的外国政府机构、金融机构和企业组织。它们是债券上权利义务的当事人（债务人），也是债券招募说明书的签署人。国际债券的发行人可以为一国的政府机构，也可以为国际机构；可以为金融银行机构，也可以为商业或企业组织。按照多数国际债券市场的要求，国际债券的发行人应当具备较高的信用等级，这通常是指国际主要债券信用评级机构评估的BBB以上的等级。

（二）债券担保人

近二十年来，国际债券融资更趋向于无担保债券之结构，但是如果某债券发行人是新进入国际债券市场的企业组织、较小的企业组织或者其信用等级不足，就需要安排较著名的金融机构作为担保人。债券担保人同样是债券上权利义务的当事人，当发行人届期不能偿还债券上债务时，该担保人负有连带清偿责任。

（三）牵头经理人（lead manager）

牵头经理人又称“国际协调人”“主干事经理人”，它是指在国际债券发行中负责组织债券发行准备工作，组织承销团工作，并且通常负有主承销责任的国际性金融中介机构。牵头经理人在兼任主承销人的情况下，是承销协议和分销协议的当事人，也是债券招募说明书的签署人。牵头经理人具有承销团代表人的地位，它通常由有良好声誉的国际性投资银行、证券公司或金融机构担任，并且可以由两家以上的机构组成（称为“联席牵头经理人”）。在发行规模较大的项目中，牵头经理人还可以在其下组织由若干家金融机构组成的经理人集团（称为“联席经理人”）共同工作。

（四）承销团与推销集团（underwriting syndicate）

国际债券承销团由负有主承销责任和分销责任的金融中介机构组成，通常为投资银行、证券公司、商业银行（多数国家允许商业银行从事证券承销业务）和其他金融机构。承销团成员可分为主承销人、副主承销人和分销人三个层次，其承销关系由分销协议（又称“承销团协议”）确定。主承销人可以由两家以上的金融机构组成，通常兼任牵头经理人或联席经理人；副主承销人也可由两家以上的金融机构组成；分销人通常根据承销规模与承销要求由多家金融机构组成。承销团成员根据债券承销协议和分销协议通常负有承销或包销债券的责任，并有权收取承销费用；其中主承销人或联席经理人以上的承销人通常负有主要的承销责任，一般占总发行额的40%以上，分销人的承销份额较少，一般仅取得0.5%～2%的分销比例。

在国际债券发行中，牵头经理人或经理人还可以根据承销规模组织由银行机构和金融机构组成的推销集团。推销集团的成员不负债券包销责任，而仅负推销义务，每一推销人通常仅分到很小的推销份额（一般不超过发行总额的0.5%）。

（五）专业中介机构

在国际债券发行中，通常需要有债券评级机构对拟发债券进行债信评级。对于初次进入国际债券市场的发行人来说是必要条件，牵头经理人在决定组织承销其债券之前往往要求对该债券先行评级；而对于已进入该国际债券市场的发行人来说，获得高等级债信评级显然可提升其债券发行条件。目前国际公认的债信评级机构主要包括美国摩迪投资服务公司（Moodys Investors Services Inc.）、美国标准普尔公司（Standard and Poor's Corp.）、加拿大债务级别服务公司、英国艾克斯特尔统计服务公司、日本社团债务研究所等奉行“非利害关系宗旨”的独立机构，它们的债信评级在债券市场上通常受到投资者的信任和重视。从实践来看，许多国家债券的发行人往往委托两家以上的债券评级机构对其债券进行评级。如债券评级机构所做的评级结果不令发行人满意，发行人可以要求其不公布评级结果；但如果债券发行人接受该评级结果，债券评级机构将有权向投资者公布其评级结果和资料，并且在所发行的债券得到完全清偿前有责任定期或随时对债券发行人进行审查，如发行人的偿债情况发生变化，债券评级机构将对其债券等级降级或升级，并将向投资人公布。

（六）支付及财务代理人（paying and reference agency）

支付代理人是指根据与债券发行人签署的支付代理协议，代理债券发行人向债券投资人偿付债券利息和本金的当事人。在支付代理人兼任财务代理人（通常如此）的情况下，该代理人还负责债券发行时的债券管理和有关的债券财务事项。支付代理人及财务代理人通常由具有银行业务能力的牵头经理人或经理人担任，在债券发行规模较大的情况下，发行人还可在总代理人之下委托多家金融机构作为支付代理人。

（七）信托受托人（trustee）

信托受托人是指根据债券发行人签署的信托契据文件，保护债券持有人受益权利和利益的独立金融机构。根据各国的信托法规则，信托受托人须由国际债券承销人以外的独立金融机构或银行机构担任，其职责是代表债券持有人向债券发行人主张债券上权利，保存债券上利益的支付记录，参与债券本息偿付工作等。

(八) 债券投资人

债券投资人是购买和持有债券并享有债券上债权的当事人，即债券的购买人和持有人。债券投资人可以为自然人，亦可为法人机构或国家；可以为企业组织、金融机构，也可为非商业单位。按照许多国家的法律，证券投资人应分为公众投资人和专业性机构投资人两类。证券法对前者规定有较为严密和充分的保护规则，对后者则基于其专业性和资金能力设有某些特殊规则。

四、债券条款及细则 (terms and condition)

在国际债券发行前，参与债券发行的金融中介机构和专业性中介机构依法律和惯例须对债券发行人情况进行尽责审查，并协助债券发行人和牵头经理人准备国际债券发行的法律文件，其中较为重要的包括：债券条款及细则、债券发行说明书、有关的专业性报告、承销协议与分销协议、支付代理协议、信托契据文件、债券清算登记代理协议等。此外，还须协助发行人取得国际债券发行所需的一切来自其政府部门和证券监管部门的批准、许可或授权，其中有关债券发行文件和法律文件的准备是这一阶段工作的核心，它通过一系列权利义务的联系和一系列证据文件的支持，保障国际债券融资的结构。

债券条款又称“债券票面条款”，它是明确债券发行人与债券持有人之间债权债务关系的证券性文件，具有当事人间协议的效力，同时又表明了其持有人可自由转让之特性。在形式上，债券条款可简要载于债券之正面与反面，但更常见的是通过细则性文件专门规定，并援引于债券。典型债券条款及细则的内容主要包括以下方面。

1. 债券名称

债券上应当简要载明债券之名称、发行人所在国、发行人名称、债券的具体性质或类型、债券面值与币种等事项，并应当有债券发行人的签章。

2. 债券发行条件

债券通常以概述方式说明具体的发行人、发行总额、到期日、年利息率（对于浮息债券来说还需载明利息浮动期间与浮息规则）、有无担保、担保人、担保性质、上市交易事项、本次债券发行的授权批准、债券本息支付办法、支付代理协议之签署与信托契据签署等事项。在实践中，上述条件事项通常在债券背面以直叙方式一体概括。

3. 债券及息票的所有权

本条款应载明债券的无记名属性、发行方式、债券面值、债券及息票的所有权推定、债券交付或登记转让规则等。在多数情况下，国际债券以不记名方式发行，附有息票，债券息票所有权于交付时移转，凡持有债券及任何息票的当事人均被发行人、支付代理人及信托受托人推定为合法的持有者，而无须提交其取得证据或证明持有人身份。

4. 债券持有人地位

本条款通常须载明债券持有人具有发行人的债权人之地位；通常还应载明债券持有

人之债权与其他债权人之关系，在债券发行人破产倒闭时，债券持有人享有的权利和承担的责任等。

5. 担保条款

对于有担保的债券来说，本条款中须载明担保人名称、担保性质、担保条件、信托契据对担保的记载等事项。在通常情况下，担保人应在担保文件和信托契据中声明其担保为“无条件及不可撤销的担保”，并应说明对支付债券本息所负担的担保责任内容。

6. 消极担保承诺

本条款中通常由债券发行人承诺并保证，在债券清偿完毕之前，将不以其现有资产和收入设立抵押或其他类型的担保，并且此项承诺将持续至全部债券清偿完毕时止。

7. 财务限制条款

对于无担保债券来说，债券条款及细则中通常对发行人定有严格的财务限制，其作用在于限制发行人恶化其偿债能力，保护债券持有人利益。其限制多包括：限定发行人未来的长期负债所不得超过的比例、要求发行人不得超过其净利润的一定比例进行股东分配、限制发行人以关联交易方式转移其利润或支付能力等。

8. 利息条款

本条款中应当载明债券持有人领取利息的时间、每债券面值下的利息数额、计付利息时间、年息率、领取利息的办法和凭证等。在通常情况下，债券持有人应自规定日期起凭债券和息票向支付代理机构领取利息。

9. 赎回与购回

债券赎回是指债券发行人在债券到期时或到期前，因某些约定事项的发生，以债券发行说明书中规定的参照价格买回其发行在外债券的行为；而债券购回则是指债券发行人在债券到期前，以市场价格买回其发行在外债券的行为。赎回与购回条款中应当载明赎回的时间限制（通常须在发行一年后的利息支付日）、赎回原因（通常为发行人所在国税法变更）、自愿赎回与强制赎回规则、购回规则、债券注销事项等。

10. 税项

本条款应载明债券持有人是否负担利息预提税、发行人负担利息预提税的条件和特殊情况下的预提税责任等。对于欧洲债券来说，条款中通常载明债券持有人无须负担预提税，但如果因债券持有人延迟领息和政府税制变化而产生的税负，债券持有人则应按比例分担。

11. 支付条款

本条款应载明发行人支付债券本息的地点、时间、币种、方法、支付代理机构等事项，同时还应当就发行人违约情况下的提前偿付事项作出规定。根据通常的债券条款，凡发行人拖欠本息达到 15 天的，发行人或担保人违反债券条款和信托契约持续经过一定期间的，发行人或担保人根据所在国法律将进入破产或解散程序的，经过债券持有人会议通过有效决议，发行人即应当按照债券发行说明书中规定的赎回价格提前还款。

12. 债券条款与细则的修改

本条款通常应规定债券持有人会议和决议的程序、会议决议的效力、债券条款与细则修改或变更的条件与限制、信托受托人的权力等事项。在通常情况下，凡发行人违反债券条款、信托契据或其他债券发行文件，对债券持有人可能造成利益损害时，债券持有人会议可通过特别决议对债券条款与细则进行保护性修改，信托受托人还有权依决议对信托文件、支付代理协议等文件进行技术性修改。

除上述条款外，根据具体的债券发行类型，债券条款及细则中还可能包括放弃主权豁免条款、法律适用条款、重要事项通知条款等内容。

五、债券发行说明书

债券发行说明书是详细披露债券发行条件、债券发行人具体情况、债券条款及细则、作为债券发行基础的其他一切事实情况的基本文件。债券发行说明书概念有广义与狭义之分：广义的债券发行说明书，既包括公开发行债券所使用的债券发行章程(prospectus)，也包括债券私募所使用的信息备忘录（information memorandum)；狭义的债券发行说明书仅指债券发行章程。各国证券法对于债券发行说明书的信息披露要求程度不尽相同，但通常对于正式的债券发行章程的要求较严，而对于信息备忘录的要求较松。[①] 债券发行说明书的主要内容通常包括首页、责任承诺与声明、正文和附录四部分。

债券发行说明书应于首页以标题方式载明债券发行人名称、发行币种、发行总额、债券面值、发行价格、发行债券类型、偿还期限、利息率、担保人、上市交易所名称、牵头经理人与共同经理人、支付代理人等内容。

债券发行说明书的责任承诺与声明部分应由发行人、牵头经理人及主承销人依法律要求的方式，承诺其确信债券发行说明书中的内容不存在虚假、重大遗漏或误导成分，声明其对债券说明书内容的真实性和完整性承担责任。

债券发行说明书（募债章程）的正文部分内容较多，它主要包括以下项目：(1) 借款之用途。本项目应当载明发行人募集债券所筹资金的投向或用途，各国法律对此用途并无特殊限制，可以仅概括说明该债券募集为发行人及其所属企业的一般性融资。(2) 预期时间表。本项目应当载明债券申请认购的起止时间（精确到时)、认购申请全部或部分不获接纳之退款日期、债券交割日期、债券上市或开始交易日期等。(3) 绪言。本项目应简要说明债券发行人发行债券所依据的法律和债券发行说明书的目的，其中公募债券的法律依据至少须包括债券市场所在地的证券法及上市证券交易所的规则，债券发行说明书的目的通常是为各界人士提供有关发行人和担保人的资料。(4) 债券发行条件。本项目所述债券发行条件为当事人依承销认购协议所确定的最终条件，它不仅包括发行总额、

---

① 各国证券法关于不同类型债券发行的信息披露规则也不相同，其中美国法对于外国债券（扬基债券）的发行规定有较高的信息披露标准；欧洲美元债券发行的信息披露标准多依市场所在国法律的要求；德国和瑞士对于外国债券发行所要求的信息披露标准较宽松。

发行币种、年息率、有无担保、担保性质、上市交易事项、债券本息支付办法等内容，而且包括最后确定的发行价格（该价格不一定与面值价相同）。(5) 定义条款。本项目应当对债券发行说明书所使用的概念、专用术语和缩写加以定义，以精简债券发行说明书的内容。(6) 发行债券的有关当事人。本项目应当详细列明债券发行所涉及当事人的名称、住所、电话与电传，该当事人通常包括债券发行人、担保人、牵头经理人、经理人、各承销人、发行人法律顾问、承销人法律顾问、审计师兼申报会计师、支付代理人、财务代理人、信托受托人、收款银行、债券清算与登记机构等。(7) 债券条款及细则。本项目应重点摘录债券条款及细则的内容，这通常包括债券及息票的所有权、债券持有人地位、担保条款、消极担保条款、财务限制条款、利息条款、赎回与购回条款、税项条款、支付条款、条款与细则修改等。(8) 市场指数与债券赎回价格的相互关系图表。本项目应以图表方式说明根据债券上市的证券交易所的某一指数的变化，债券赎回价的浮动和调整情况。(9) 债券应计利息表。本项目应以表格方式详细列出每面值债券发行后，债券及息票持有人每一天按约应可获得的利息额（应计利息）。对于固定利息债券来说，这实际表现为一线性变化。(10) 债券发行人情况介绍。本项目通常须依据法律要求或市场惯例披露发行人的历史变动、主要股东及权益、营业现状、资产负债、或有负债、近期信用评级、损益状况、盈利预测、发展前景、董事会成员、董事权益等。(11) 会计师关于发行人的报告。本项目应披露会计师对发行人前若干年财务状况的审计报告，以及对未来盈利和现金流量预测的审核函，所审计的财务状况包括发行人的资产负债、损益和现金流量状况；同时应摘录发行人的会计报表，并对重大财务事项作附注披露。(12) 担保人情况。本项目应对担保人的历史变动、营业现状、资产负债、或有负债、近期信用评级、损益状况、盈利预测、与发行人的关系等作详细披露，以使投资者对第二债务人有较详细的了解。(13) 会计师关于担保人的报告。本项目应摘录会计师对担保人的财务状况审计与未来财务状况预测的审核结论，其内容与会计师关于发行人的报告项目无异。(14) 税项。本项目应详细披露与债券发行人有关的税负，这通常包括发行人所在国对其征收的营业税、所得税、利息所得预提税、其他税费科目、税收优惠等。(15) 印花税。本项目通常要披露债券市场所在国对于债券发行、债券交易和资金交割所征收的税负。按照许多国家和地区的法律，对于外国债券和欧洲债券通常免予征收发行税和交易税。(16) 认购及出售。本项目应当对于债券认购、预交款、有效认购之确定、不获接纳之退款、认购通知、债券交割等事项加以规定。(17) 法定及一般资料。本项目下应按照市场所在国法律要求简要概括与债券发行人及债券发行有关的资料，通常包括发行人情况、发行人所在国及其法律、发行人下属公司及其权益、承销认购安排、发行人近期重大合约、涉讼事项、专业机构的同意书、募债文件的注册与备查等。

债券发行说明书附录部分依法须披露由专业机构出具的审计报告、法律意见书、发行人组织章程、债券条款细则、发行人所在国有关法律摘录、债券申购表格等文件。

六、专业机构的结论性报告

国际债券发行通常要求国际会计师对发行人的财务状况出具审计报告，并以之作为债券发行说明书的附件。该审计报告应当对发行人的资产负债状况、损益状况和财务状况变动情况（现金流量表）作出结论性审计意见，说明其财务报表的准确性、公允性，列示其应披露的重大财务事实，并应附上符合债券上市地会计准则的国际会计报表。

国际债券发行要求的专业结论性文件通常还包括由发行人法律顾问和承销人法律顾问出具的法律意见书。不同法律顾问出具的法律意见书内容不尽相同，它们主要须说明债券发行人的主体资格和营业能力的合法性、债券发行人资产和权利的合法性、债券发行人进行的债券发行已得到其公司股东会的合法授权、债券发行人进行的债券发行已得到其所在国政府应有的批准和许可、本次债券发行所涉及全部合同文件和法律文件均为合法有效、本次债券发行的招募说明书所涉及的法律事实以及对发行人所在国法律的摘录均经过验证等。

国际债券发行通常以债券评级机构所作的债券评级结论为基本依据。在通常情况下，债券评级机构作的债券评级报告并不提供给发行人，而以报刊公示的方式向公众披露，因而对于债券发行人具有意义的仅为其债券评级的等级结论。债券评级结论大多采取三等九级的标准，它们并不评价债券发行人财务状况的优劣①，而是根据违约可能性、担保与否、发行人受法律文件的约束程度等因素，仅仅评估该债券偿还的可靠性或违约风险程度。根据目前国际主要债券评级机构的债券评级规则，AAA、AA、A、BBB 等四个等级被认为属投资级债券，具有可以较安全还款的投资价值。

除上述法律文件外，承销认购协议、分销协议（承销团协议）、支付代理协议和信托契据文件也是国际债券融资中的重要文件。它们分别规定国际债券融资不同阶段有关当事人的权利和义务，其中相当一部分具有持续性效力。

第四节　国际股票融资

一、国际股票融资的概念与特征

国际股票融资是指符合发行条件的公司依照规定的程序在境外证券交易场所向投资者发行可流转股权证券的融资方式。国际股票融资在性质上不同于国际债权融资，它本质上是股票发行人将公司的部分所有权和控制权让渡于投资人的行为。与此相对应，投资人认购发行人股份的行为本质上是一种直接投资，依此交易，认股人将取得相应的股东权利，其内容不仅包括旨在实现资本利益的股东自益权（例如获取股息红利），而且包括旨在控制、监督发行人公司的股东共益权（例如通过股东大会选举董事、参与公司经营决策的表决）。

国际股票融资具有以下基本特征：（1）根据多数国家的公司法和证券法，国际股票

① 国际主要债券评级机构认为，债券评级并不等同于财务审计，不能仅依据发行人的财务数据机械地评级（即所谓客观评级），而应着眼于某一具体债券的违约风险或偿还可靠性。因此，财务状况差的发行人如已得到可靠的还债担保，则可能得到较高的债券评级，而财务状况好的发行人如不接受财务限制条款，则可能得到较低的债券评级。

发行人仅限于资本业已股份化的特定类型的公司组织，通常为股份有限公司或特定类型的有限责任公司；（2）国际股票发行人与投资人分属于不同的国家或地区，其股票发行或上市交易行为受到公司成立地、上市地以及业务运营地法律的支配，由于其法律适用较为深入地涉及不同国家的公司法、财产法和证券法规则，故其法律冲突问题的解决较为复杂；（3）国际股票本质上是一种可自由流转的股东权利凭证，它具有权利无期限性，权利内容又具有复合性与复杂性，故国际股票的发行、交易与权利争议解决均不同于国际债券；（4）国际股票融资通常不以单纯的一次性股票发行为内容，发行人往往追求国际股票发行与股票上市的双重后果，其目的在于提高国际股票发行的效率，建立某种长期稳定的国际融资渠道，由此又造成实践中对于股票发行与股票上市概念混用的情况；（5）国际股票融资具有较强的技术性，股票发行与上市程序复杂，多数国家的证券法、公司法以及证券交易所上市规则对于股票发行与上市规定了发行人本身必须具备的资质、股票上市发行的审批流程。由于股票发行上市工作烦琐复杂，工作量巨大，因而股票发行与上市通常是在金融中介人和专业机构协助下进行的，是遵循公开和公正原则进行的，并且是在法律规定的条件规则和程序规则控制下进行的。

国际股票融资的核心内容是公司股票在国际证券市场上发行和上市，它是指符合发行条件的公司组织以筹集资金为直接目的，依照法律、法规和公司章程的规定在国际证券交易场所向投资人要约出售代表一定股东权利的股票的行为。根据多数国家证券法的规定，股票发行应当符合公开、公平与公正的基本原则，某些国家的法律甚至对股票发行方式也设有概括性规定（如我国证券法对股票发行方式加以列举式概括）。多数国家的法律对国际股票公开发行和私募发行设有不同的规则。股票公开发行（public offer），是指发行人根据法律规定，以招股章程（prospectus）形式向不特定的投资人发出要约公开进行募股的行为，其发行程序、信息披露和有效认股之确认均受到股票上市地上市规则和证券监管法律规则的规制。股票私募发行（placement），又称为"配售"，则是指发行人根据法律的许可，以招股信息备忘录（information memorandum）或类似形式向特定范围和特定数量的专业性机构投资人以直接要约承诺方式进行售股的行为，其发售程序、信息披露和有效认股之确定规则相较于公开股票发行程序要求较为宽松。

二、国际股票融资的结构与类型

依照其发行与上市结构，国际股票融资可分为不同的类型，我国的境外股票融资较普遍采用的类型主要包括境内上市外资股结构、境外上市外资股结构、间接境外募股上市结构和存托凭证境外上市结构等几种。

（一）境内上市外资股结构

境内上市外资股结构是指发行人通过承销商在境外募集股票（通常以私募方式），并将该股票在发行人所在国的证券交易所上市的融资结构。我国证券法规将依此类结构募集的股份称为"境内上市外资股"，实践中通常称之为"B股"。

在我国，境内上市外资股的发行人仅限于根据《公司法》合法设立的股份有限公司；

有关发行人公司章程、境内上市外资股的发行条件与审批、境内上市外资股的上市和交易制度均适用中国有关法律和法规；境内上市外资股的股票主承销商和上市保荐人应当由中国的金融中介人担任，但在承销工作方面通常由国际性金融中介人（称“国际协调人”）按照私募惯例组织；境内上市外资股的发行须根据我国证券法律和国际融资惯例的要求，采用符合信息披露要求的信息备忘录形式，经审计的发行人会计报表应当符合我国会计准则的要求；此外，境内上市外资股结构在公司发起人责任、同业竞争和关联交易等问题上，也应满足我国法律和国际融资惯例的要求。由上可见，我国的境内上市外资股结构主要是依据我国的法律和会计准则构建的，在承销组织上采用了国际股票融资惯例中的私募方式，并在不违反中国法律的基础上遵循了国际会计准则和股票发行地的有关法律要求。这主要是为了满足境外投资人的投资偏好，增加其投资信心。由于多数国家的法律对于国际股票私募并没有严格的限制，因而境内上市外资股结构所需解决的法律冲突和障碍也较少，其结构相对简单。

（二）境外上市外资股结构

境外上市外资股结构是指发行人通过国际承销人在境外募集股份，并将股票在境外的公开发售地的证券交易所直接上市的融资结构。此类募股通常采取公开发售与配售相结合的方式。我国的证券法规将依此类结构募集的股份称为“境外上市外资股”，实践中所称的“H股”“N股”“S股”等均属之。

我国境外上市外资股结构的特点是：（1）发行人为根据我国有关公司法规设立的股份有限公司，即为中国法人，但规范公司行为的公司章程已根据股票上市地法律进行了必要的补充，因而大体解决了中外法律差异；（2）其股票发行与承销通常由国际性金融机构担任主承销人和保荐人，并且按照股票上市地法律的要求采取公开发售与私募配售相结合的方式进行；（3）其招股说明书须采取股票上市地法律要求的招股章程和信息备忘录形式，并且须符合其法律和信息披露规则要求的必要条款内容；（4）经审计的发行人会计报表按照股票上市地要求的会计准则而准备；（5）有关发行人公司的发行申请、上市审核等行为实际受到股票上市地和发行地法律的支配，但发行人公司同时须履行中国有关的申请审批手续；（6）有关发行人公司及其股东的持续性责任、上市承诺、同业竞争、关联交易和其他交易规则等安排，应符合股票上市地法律的要求。

（三）间接境外募股上市结构

间接境外募股上市结构是指一国的境内企业通过其在境外的控股公司向境外投资人募集股份筹资，并将该募集股份在境外公开发售地的证券交易所上市的股票融资结构。依公司重组方式，其又可分为通过境外控股公司在境外公开发售地的证券交易所申请募集上市（红筹上市）和通过收购已经在境外证券交易所上市的公司后增募股份（借壳上市）[①] 两种。我国在中国香港地区上市的华润医药、腾讯、中信股份等公司均采取此类

---

① 根据国务院1997年6月20日发布的《国务院关于进一步加强在境外发行股票和上市管理的通知》的规定，中国现行政策对于通过收购境外上市公司股权而进行的间接上市作了限制。

结构。

在我国，间接境外募股上市是利用外商投资企业法创造的融资工具，其基本特征是：(1) 其发行人为根据股票上市地法律要求设立或收购的境外有限责任公司，为境外法人，其公司章程与公司设立均适用相应的外国法律；(2) 其股票发行申请、上市审核、招股说明书、信息披露责任、股票交易等均适用股票上市地的法律，发行人经审计的会计报表也仅采用股票上市地要求的会计准则；(3) 发行人公司作为境外投资人将根据外商投资企业法控股境内的企业，该境内企业为外商独资、中外合资有限公司或中外合作有限公司，其公司章程、会计准则、利润分配和境外资金投入均适用中国的有关法律；(4) 根据我国目前的法律规定，间接境外募股上市虽不受计划额度制度的支配，但境内机构（特别是国有机构）对境外控股公司的投资须取得商务部的批准和许可，以境内机构控股而实施的间接境外上市还须经证券监管部门批准后方可实施。

(四) 存托证境外上市结构

存托证（depositary receipt）又称"存股证"，它是由一国存托银行向该国投资者发行的一种代表对其他国家公司证券所有权的可流转证券，是为方便证券跨国界交易和结算而创制的原基础证券之派生工具。存托证所代替的基础证券通常为其他国家公司的普通股股票，但目前已扩展到优先股和债券，实践中最常见的存托证主要为美国存托证（ADR）及英国存托证（EDR）。我国目前已在美国上市的阿里巴巴、百度、中石油、中石化等公司均采取 ADR 境外上市结构。概括地说，存托证境外上市结构是指一国的发行人公司通过国际承销人向境外发行的股票（基础证券）将由某外国的存托银行代表境外投资人统一持有，而该存托银行又根据该基础证券向该国投资人或国际投资人发行代表该基础证券的存托证，并且最终将所发行的存托证在该国证券交易所上市的国际股票融资方式。

存托证境外上市结构的当事人除包括发行人和基础证券承销人之外，还包括存托银行①、存托证承销人、托管银行等。这一结构的基本特征是：(1) 发行人公司通过国际承销人向境外配售的基础证券（股票）由某外国的存托银行代表境外投资人认购，并委托基础证券市场所在国的托管银行机构（通常为存托银行的附属机构或代理行）负责保存和管理该基础证券；(2) 存托银行依据基础证券通过承销人再向其本国投资人或国际投资人发行代表该基础证券的存托证，每一单位存托证依发行价代表一定数量的基础证券，并将发行存托证的筹资用于认购基础证券；(3) 存托银行安排存托证在存托银行所在国证券交易所上市，负责安排存托证的注册和过户，同时保障基础证券在其市场所在国的可流转性；(4) 由存托银行通过托管银行向基础证券发行人主张权利，并以此向存托证持有人派发股息；(5) 存托银行负责向基础证券发行人质询信息，并负责向存托证持有人披露涉及基础证券发行人的信息和其他涉及存托证利益的信息；(6) 存托证注销的过程通常为，首先由存托银行以回购要约通过市场向存托证持有人购回存托证，其次

---

① 在国际证券融资中，发行存托证的存托银行通常为具有雄厚实力、广泛的国际性网络和存托业务经验的著名银行机构，例如美国的存托银行主要包括纽约银行、花旗银行、摩根银行等。

由存托银行通知基础证券市场的经纪商售出基础证券，再次由存托银行将购回的存托证注销，最后将基础证券售卖收入偿付存托证原持有人。由上可见，存托证境外上市结构是由存托银行提供金融服务的某种衍生证券发行与上市结构，存托银行在其中仅提供中介服务并收取服务费用，但不承担相关的风险。

我国存托凭证制度正在逐步建设阶段。2018 年 3 月，国务院办公厅转发《证监会关于开展创新企业境内发行股票或存托凭证试点的若干意见》，允许符合条件的境外创新企业通过申请发行股票或存托凭证的方式进入境内证券市场。2018 年 6 月 6 日，中国证监会公布《存托凭证发行与交易管理办法（试行）》，对存托凭证基本制度作出规范，规定了存托凭证的发行、上市和交易、信息披露、存托和托管、投资者保护等内容。随后，中国证监会发布了《试点创新企业境内发行股票或存托凭证并上市监管工作实施办法》等一系列规范性文件。我国构建存托凭证制度有利于完善资本市场结构，健全资本市场机制，进一步推动资本市场改革开放和稳定发展。

三、国际股票融资的程序

国际股票融资依其结构类型不同，其工作程序也有很大差别。对于中国发行人来说，典型的境外上市外资股融资程序通常包括以下几个工作阶段。

（一）公司重组阶段

我国拟进行国际股票融资的企业组织通常不具备境外募股公司的主体资格，某些业已进行股份制改组的公司往往也存在不符合拟上市地财务法律要求的情况，因此在进行股票发行准备之前，通常要进行原有企业的公司化或公司重组工作，实践中又称为“企业股份制改组”。此项工作的基本目标是设立符合中外法律要求的股票发行人公司主体，解决所有妨碍国际股票发行与上市的财务法律障碍，实现整体工作方案中确定的其他商业性目标；其工作内容通常包括资产重组、机构重组与人员重组和非经营性资产安排等。

由于原有企业的股份制改组或公司设立往往过程较长，故这一工作阶段通常与股票发行准备阶段相交错。从理论上说，公司设立过程最迟可以在招股文件定稿之前完成；而实际上，自中介机构代表拟上市公司向境外证券监管机构或证券交易所报送募股注册申请表格（例如中国香港地区的 A—1 表或美国的 F—1 表）后，拟上市公司的财务法律结构应不再发生变更，故上述募股注册工作实际上要等到发行准备后期方可进行。

（二）发行准备阶段

发行准备是国际股票融资工作的最重要阶段，这一阶段的主要工作包括以下一些内容。

首先，由保荐人、主承销人和其他专业性中介机构在尽职调查工作成果的基础上，完成对发行人公司的财务审计、盈利预测审核、物业估值、法律审查与调整，准备招股书草稿，协助拟订募集资金用资计划等。

其次，由发行人向所在国政府机关和证券监管部门申请取得为进行境外募股和上市一切所应取得的许可、批准和授权文件，此项工作应当于境外法律程序结束之前完成。根据我国的法律和法规，中国的股份有限公司从事境内上市外资股发行和境外上市外资股发行应当取得的批准与许可主要包括：主管机关对发行人公司境外募股的计划额度许可或者境外上市特许批准、主管机关对发行人公司章程的批准、证券监管部门对境外募股与上市（方案）的批准、商务部对发行人公司转为外商投资股份公司的批准（募股后完成）等；在间接境外募股上市的结构中还须取得对发起人机构境外投资权的许可。

最后，由国际协调人、主承销人和发行人境外律师代表发行人公司向股票上市地（及发行地）的证券监管部门和证券交易机构办理股票发行注册和上市申请手续，并接受交易所的审核，根据要求使招股说明书、招股书附录文件、依法应签署的合同文件和法律文件定稿，以取得上市地证券监管部门和证券交易所应有的许可、批准或承诺。简要地说，发行准备阶段的基本任务是准备股票境外发行与上市的各种招募文件和相关文件，使此类文件得到应有的法律文件和政府批准文件的支持，同时使此类文件符合股票上市地法律的要求，并使之得到上市地监管机构应有的核准或承诺。

(三) 发行与上市阶段

根据国际股票融资惯例，在股票发行开始之前，主承销人通常须根据发行方案组织对拟配售的股票进行全球推介，即所谓“路演”，并根据路演后的预订单确定发行价格。正式的股票发行工作始自招股说明书的定稿和承销协议的签署；在此工作阶段，发行人、主承销商和相关当事人应当使业已定稿的招股文件、各类协议文件和有关法律文件均得到签署，发行人还应与拟上市的证券交易所签署责任承诺声明；在招股说明书定稿后，应根据公开募集地的法律要求将其公开披露，以使股票发行和承销工作开始进行。

在市场状况无不可预见情势的条件下，股票发行的主承销人将组织全部拟发行股票的发售与认购，并在规定的交割日（closing day）停止认购过程。在有效认购被确认后的规定日期内，所有已发售的股份应完成交割登记，所有认股款项将依协议集中于收款银行，其中扣除发行成本费用后的部分将由收款银行汇至发行人。根据多数国家或地区证券法规的要求，已获上市承诺的发行股份应当在规定的较短期限内在证券交易所挂牌上市交易，发行人应当履行相应的信息披露责任。

四、国际股票融资的国内法管制

我国目前的国际股票融资制度处于不断发展的阶段，目前有关的法律政策管制比较严格，但也在向更有弹性的监管方式演变。例如，中国证监会 2012 年发布《关于股份有限公司境外发行股票和上市申报文件及审核程序的监管指引》，2016 年发布《股份有限公司境外公开募集股份及上市（包括增发）审批》、2019 年版《股份有限公司境外公开募集股份及上市（包括增发）审核关注要点》，进一步放宽了境内企业境外发行股票和上市的条件，简化审核程序，提高监管效率。再如，1998 年、2005 年和 2014 年版《证券法》均规定：“境内企业直接或者间接到境外发行证券或者将其证券在境外上市交易，必须经国务院证券监督管理机构依照国务院的规定批准。”2019 年版《证券法》则首次修订为："境内企业直接或者间接到境外发行证券或者将其证券在境外上市交易，应当符合国务院的有关规定。"有学者认为，由于不再强调"批准"，这一措辞变化为未来采取更为弹性的监管方式预留空间。①

简要地说，我国目前对国际股票发行与上市的管制主要包括以下四类。

（一）计划额度许可和境外上市资格许可

我国目前对境内上市外资股的发行采取计划额度许可制度，任何符合条件的股份公司欲发行境内上市外资股均需在国家下达的计划规模中安排，即取得额度批文；对于境外上市外资股的发行也采取较为严格的资格特许制度，拟发行境外上市外资股的企业须首先申请取得国务院主管部门的特许，其具体条件暂时仍受到政策的支配；而对于间接境外募股上市，我国目前也采取较为严格的境外投资（在境外设立拟上市公司）特许政策，其具体条件和境外投资规则目前尚无系统规定。

为了取得上述计划额度许可和境外上市资格许可，拟进行国际股票融资的企业须在未经改制的条件下，以未经评估和审计的会计报表和经营业绩为依据向国务院主管部门申报境外募股申请、计划额度申请、可行性报告、境外募股与上市方案及相关的申报材料，并由主管部门逐级推荐。

（二）企业股份制改组中的政府审批

拟进行境外募股的企业在进行原有企业的股份制改组工作过程中，须得到政府机关的一系列的批准或许可。这主要包括：拟改制企业须取得省级以上国资部门的评估立项批准和评估确认批文；须取得省级以上土地管理部门的土地评估立项和确认批文；须取得省级以上国资部门对于股份公司国有股权管理方案的批准；须取得省级以上土地管理部门对于股份公司国有土地处置方案的批准；还须取得省级以上体改部门对于股份公司章程和公司设立的批文；等等。这些批准和许可是股份公司登记设立的前提条件。对于拟进行间接境外募股的企业来说，原有企业的改制实际上等同于中外合资企业或中外合作企业的设立审批程序。

（三）特殊营业许可与外商投资准入政策

根据我国目前的法规，从事国际股票融资的股份公司在外资股超过公司股本总额的25％时（通常如此），可向商务部申请转为外商投资股份有限公司，取得外商投资企业的待遇，这对于多数企业来说实际上是必须履行的程序。鉴于此，从事国际股票融资的发行人公司还须受到三方面政策管制：一是发行人公司须依外商投资产业目录于改制前向政府主管部门申请取得从事特殊营业的许可；二是发行人公司须依外商投资产业目录中关于鼓励外商投资或限制外商投资的要求，接受对于境外股东持股比例的管制；三是发行人公司于募股完成后还须向商务部履行外商投资企业资格审批程序，以取得必要的外汇许可资格。

---

① 参见唐应茂：《国际金融法：跨境融资和法律规制》，2版，80页，北京，北京大学出版社，2015。

（四）国际股票发行审批

除上述管制外，从事国际股票融资的企业在发行准备阶段还应向国务院证券监管部门申报境外募股与上市方案，申报股票发行与上市的文件，以取得从事股票境外发行之许可。此外，从事间接境外募股的中国企业在发行准备阶段也须履行严格的审批程序，实践中其具体规则通常被称为“红筹股指引”①。

五、国际股票发行注册与上市审核

在股票发行准备阶段，根据股票发行地和上市地法律的要求，须同时完成股票发行注册与上市审核工作。从法律上说，单纯的股票发行注册与股票上市审核是两类不同程序，各国（地区）证券法和公司法通常对其采取不尽相同的控制政策，但多数国际股票融资具有股票发行与直接上市的双重目的。

根据多数国家（地区）的法律，凡公开募集股票或者募股规模超过一定数额的股票发行（这往往是股票上市的必要条件）通常须向证券监管部门、拟上市的证券交易所或者政府主管部门就拟发行的股票申请所谓“暂搁注册”②，而此类主管部门通常依据公开原则和信息披露原则对股票发行申请进行非实质性审核与备案。例如，在美国公开发行500万美元以上的股票须向SEC填写申报F—1表格，在中国香港地区公开发行股票须向联交所和公司注册署填写申报A—1表格，在日本发行1亿元以上的股票须向大藏省填写申报募股申报书③，等等。此种股票发行申请注册通常受到必要条款规则的限制、信息披露质量规则的限制和信息披露一致性（指申报内容与未来招股章程内容的一致性）规则的限制。然而，对于私募股票、较小规模的募股或者不以立即上市为目的的募股，多数国家（地区）的法律往往不要求发行人履行注册申报程序或者仅需履行极为简便的备案程序，例如我国股份有限公司在股票国际配售中通常安排的欧洲私募、美国144A私募等均可免予申报注册，而在美国安排其他的私募则仅须向SEC作管制较为宽松的F—6表格注册。

以股票上市为目的的国际股票融资在发行准备阶段通常还须接受证券交易所的上市审核，以确保发行后股票可以顺利安排上市。国际股票上市审核的实质目的在于保障拟上市公司及其所发行股份符合上市地法律和上市规则的要求。根据多数证券交易所规定的上市规则，国际股票上市的基本条件主要包括以下几类。

（1）利益冲突的排除。如果发行人公司的控股股东（及关联人士）与发行人公司正在从事或将要从事的营业可能存在同业竞争或其他重大利益冲突的，将依上市地法律被

---

① 即国务院1997年6月20日发布的《国务院关于进一步加强在境外发行股票和上市管理的通知》。

② 美国于1983年通过证券交易委员会415条款（SEC Rule）确立了“暂搁注册”（Shelf Registration）程序，该注册手续既具有明确发行人拟近期发行股票的意向登记意义，又具有聆讯或听证排期的法律意义。这一程序的确立实质上放宽了传统证券发行注册登记制度的管制，被称为“415条款之革命”，该规则现已为许多国家的证券法所采用。参见［美］查里斯·吉斯特著，郭浩译：《金融体系中的投资银行》，42页，北京，经济科学出版社，1998。

③ 详见《日本证券交易法》第4条。

认为不适宜上市；如果所涉及的利益冲突不具有严重性（例如仅为一般性关联交易），则可以通过长期合同文件和责任承诺文件加以解决。

（2）预期市值符合标准。不同国家（地区）的法律通常对上市公司发行后的市值设有不同的具体标准，依其内容又可分为上市市值、公司在世界范围内的市值和公司有形资产净值等多种可选择性标准。例如香港联交所上市规则规定，香港联交所预期上市申请人在上市时已发行股份的市值不得低于5亿港元，而如果上市申请人采用特定的上市标准，对市值的要求标准则会更高。

（3）符合公众持股要求。多数国家（地区）的证券法规对于上市公司的公众持股（指控股股东及其关联人士以外的股东持股）比例和持股之分散度设有具体的要求。例如，伦敦证券交易所要求上市公司的公众持股比例不应低于公司股份总额的25%；纽约交易所的上市规则要求一般上市公司的最低公众持股不应低于110万股，持有100股以上上市股份的股东不应少于2 000人，对于“非美国公司”的此类条件则更为严格；香港联交所上市规则规定的公众持股原则上不得低于公司已发行股份的25%；我国内地证券法规中对于公众持股不得低于公司股份总额25%的规定亦属此类。

（4）持续的营业记录。许多国家（地区）的证券法规对于新发行人公司申请其股票上市设有连续三年营业记录的要求，某些国家（地区）的法律还要求发行人公司须有连续三年盈利的营业记录且须达到一定的利润总量，并且要求该营业记录是在同一管理层经营下形成的，同时还要求反映该营业记录的公司财务报表符合国际会计准则并且经过符合条件的审计，其报表截止日距招股章程公布不应长于6个月。从实践来看，国际股票融资实际上对于发行人的经营业绩和预测盈利有着较之上述规则更高的要求，此类标准与其说是法律的要求，不如说是股票发行商业条件的要求。

（5）股份可以自由转让。股票国际发行与上市所涉及的最主要法律冲突是公司法和证券法上的冲突。多数国家（地区）的股票上市规则要求发行人公司章程和所在国（地区）法律对股东权利和股票自由转让提供可靠的保障，如果发行人所在国（地区）法律或者发行人公司章程对股东权利不能提供此类基本保障，或者其中含有限制股份转让的内容，将会被证券交易所认为其股票不适宜上市。我国的股份有限公司在境外新市场进行股票发行与上市前往往须根据上市所在国（地区）法律对发行人公司章程进行较为复杂的修改。

（6）发行人承诺负担上市后的持续性责任。许多国家（地区）的证券交易所为了指引法律冲突的解决，往往要求发行人公司及其董事签署旨在承担上市后持续性责任的协议文件，并以此作为股票上市的条件。发行人及其董事通常须承诺的责任主要包括：股票上市后的持续性信息披露责任、董事权益公开责任、关联交易公开责任、法定年报披露责任、避免利益冲突责任、适用上市地法律和上市规则事项等。

六、国际股票发行的招股说明书

国际股票融资所涉及的文件主要包括招股说明书、招股书附录文件、发行人公司章程、承销协议与分销协议、收款银行协议等；此外，发行人在公司重组或发行准备阶段为解决实质性法律障碍，往往须签署大量的合同文件和产权交易文件，它们往往被作为招股文件的基础，在招股说明书内容中加以披露。这里所说的招股说明书是对股票公开发行使用的招股章程和股票私募使用的信息备忘录的统称，它是任何类型股票发行所必不可少的基本文件，其信息披露内容与验证质量依不同国家或地区的法律要求和不同证券市场的惯例要求有所不同，而其内容又必须满足面向投资人的商业可读性要求。下面仅以典型招股章程的内容为例，对其作一简要介绍。

(一) 首页与重要提示 (cover and important)

依据股票融资惯例，招股章程应于封面和其后的首页中简要载明发行人公司名称、公司注册国、住所、股票发行方式（公开发售与配售）、发行股份总额、发行价格、国际协调人、上市保荐人、主承销人、副主承销人及财务顾问，并应注明招股章程或信息备忘录性质。

根据股票上市地法律的要求，招股章程还应于首页的“重要提示”项下载明招股书及其附录文件的披露查询事项、招股章程的注册登记事项、风险因素阅读提示、认股申请手续提示、超额配售选择权及其行使、股票上市安排、对招股书注册机关和证券监管交易部门的免责提示等。

(二) 概要 (summary)

本项下通常须对招股章程的最主要内容加以简要概括，以便于投资人迅速了解发行人的基本情况。该主要内容一般包括：发行人经营业务、资产物业权益、发行人经营政策与策略、发行人过去三年的营业记录（损益）、未来投资与发展计划、发行当年的盈利预测、股票发行价格与市盈率（或净现值）提示、有关技术问题的附注等。概要项下还应当说明该“概要”内容摘自招股章程，并应提示投资人阅读招股章程全文。

(三) 预期时间表 (expected timetable)

本项下应载明认购股票至发行完成的时间表，其中最重要的是认购申请截止时间(closing day)、有效认股公布日期、退款支票寄发日期、股份交割寄发日期、股票上市交易日期。

(四) 风险因素 (risk factors)

本项下应充分披露所有可能影响拟发行股票的风险因素，主要包括对发行人可能造成不利影响的生产经营风险、原材料供应风险、市场需求风险、竞争风险、不完全投保风险、发行人所在国政治及经济环境风险、发行人所在国政府政策变动风险、发行人所在国外汇管制及汇率变动风险、发行人所在国法律与法制风险、发行人所在国法律与上市地法律差异摘录、拟发行股票的流动性及股价波动风险等。在通常情况下，主承销人及其法律顾问要求强调披露影响发行人经营和股票品质的一切风险因素，并在风险因素项下作提示性说明，以最大限度地避免误导性责任。此项目披露往往易引起争议。

（五）释义（definitions）

本项下通常对招股章程使用的专用名词或概念加以明确定义，以精简招股书内容。通常的定义往往包括股票发行所涉及的当事人、发行人关联企业、有关政府机关及监管机构、股份类别、发售新股与国际配售、战略投资人、机构投资人、有关法规、重大合同与文件等。

（六）绪言（preliminary）

本项下须依股票上市地法律的要求载明招股章程所依据的法律、发行人公司董事责任承诺、依法将公开售股的国家或地区、因在各个国际配售地未履行招股章程注册程序故不得向公众售股之声明、发行人已取得的上市批准或承诺、所售股份的过户登记机构及转让规则、募股筹资目的及发行人募股要约或邀请等。

（七）发售股份与售股条件

本项下应载明拟发售股份之总额（通常称“售股建议”）、公开发售（通常称“新股发售”）份额、配售份额、国际配售地区、战略投资人购股、超额配售选择权、稳定市场措施、接纳认购的先决条件等内容。其中，股票发行价格通常已于首页披露；而接纳认购的先决条件通常为证券交易所批准上市交易和承销协议已无条件生效。

（八）股本（share capital）

本项下应载明发行人公司的法定股本数额、已缴足之股本数额、本次发行后的应缴足之股本数额（在经授权行使超额配售选择权的情况下还应作双重披露）、发行人公司已发行的其他类型股份、发行人于未来可预见期限（如 12 个月）内拟再发行的股份与限制条件等。

（九）债项（indebtedness）

本项下应载明截至经审计的最后会计日期，发行人未清偿完毕的负债总额、负债结构、或有负债（即担保）、经审计的最近会计日期以来的重大债务变化、债务外汇折算等。

（十）流动资金与资金来源（liquidity and financial resources）

本项下应载明截至经审计的最后会计日期，发行人的流动资金状况、银行贷款支持、发行人资金需求、短期债务清偿安排、募集资金运用安排等。

（十一）发行人董事及监事（directors and supervisors）

本项下应载明发行人公司董事及监事的姓名、国籍、住所、执行董事及独立非执行董事提示等内容。根据许多国家的法律或证券交易所的上市规则，海外公司的上市须有一定比例的独立人士代表中小股东担任“独立董事”。

（十二）公司及参与售股各方情况（corporate and parties involved in the share offer）

本项下应全面列明参与国际股票发行与上市的各方当事人及其住所，且不限于首页所作的商业性披露。其当事人通常包括：发行人公司、其法定代表人及公司秘书、上市保荐人、国际协调人、牵头经办人、各承销商、公司法律顾问、承销商法律顾问、财务顾问、审计师兼申报会计师、物业估值师、收款银行、股票过户登记处、发行人主要往来银行，等等。

（十三）行业背景资料（industry overview）

本项下应载明影响发行人公司经营的有关地区性因素和行业性因素。这通常包括发行人所在国整体经济状况、发行人所在地区经济状况、发行人所在行业的经营状况和市场状况、发行人所在国政府对其行业的管理和主要制度、发行人所在地区和行业的未来发展等。

（十四）发行人及其附属企业之资料（particulars of the group）

本项内容通常须全面载明发行人及其全部附属企业、联营企业、关联企业（通常称为“本集团”）的经营情况、法律结构和财务状况。其详细项目通常包括：(1) 发行人公司及其附属企业和关联企业的历史及发展；(2) 发行人公司及其关联企业的重组过程及重组后的结构；(3) 发行人公司及其附属企业的经营业务；(4) 发行人公司及其附属企业的经营政策与策略；(5) 发行人公司及其附属企业的资产权益及不动产产权；(6) 发行人公司及其附属企业过去三年在国际合并报表下的损益记录及说明；(7) 发行人公司与其控股股东的关系及相关的竞争关系与重大关联交易之处理；(8) 发行人公司的董事、监事、高级管理人员及雇员概括资料之披露；(9) 发行人公司的盈利预测与派息政策；(10) 发行人公司及其附属企业的未来计划与发展前景；(11) 募集资金用途及用资计划；(12) 发行人公司及其附属企业经国际调整后的有形资产净值。

（十五）招股书附录（appendix）

本项通常须对招股书所使用的各类专业性结论报告和权威性资料（如法律）分项进行全文披露或摘录。通常的附录主要包括：(1) 审计师报告及经审计的发行人公司合并会计报表；(2) 发行人公司的盈利预测及审计师的审核函；(3) 估值师的物业估值报告；(4) 发行人公司及其附属企业所适用的税项管理及税法摘要；(5) 对发行人所在国政治、法制、经济、外汇管制的概括性说明；(6) 对发行人所在国有关重要法律法规和上市地相关法律的摘录；(7) 发行人公司章程及细则的披露或摘要；(8) 法定及一般资料，此项附录须依上市地法律要求对所有法定披露内容再进行一般性概括，通常包括发行人公司、公司重组、发行人附属公司与附属合营企业、权益披露、承销安排与费用、遗产税、重大合约、知识产权、所涉诉讼、保荐人、同意函、招股书约束力、招股书注册事项等。

七、 国际股票发行的会计准则与审计监管

为保护发行地投资者，国际股票的发行需要披露财务报表和审计报告，通常是最近三年经过审计的财务报表，以及最近一期（季度或半年）未经审计的财务报表。不同国家（地区）的会计准则往往不同。例如，中国、美国、韩国各有不同的会计准则。其中涉及的问题是，境外企业跨境发行股票，其财务报表应当采用哪个国家（地区）的会计准则，以及由哪个国家（地区）的会计师事务所进行审计。

在会计准则方面，外国企业可以采用发行地会计准则。此外，针对外国企业是否可以采取发行地以外国家（地区）会计准则，各国采用了不同标准。例如，美国允许在美国发行股票的外国企业采用其他会计准则（如欧盟企业采用的国际会计准则），但前提是提供说明其采用准则与美国会计准则之间区别的差异调节表（reconciliation）。与美国不同，欧盟采用等效认可模式，即以欧盟企业采用的国际会计准则为基础，对第三国的会计准则进行评估，如果认定第三国会计准则与国际会计准则等效，则在欧盟发行股票的外国企业在准备财务报表时可以直接采用第三国会计准则。我国目前法律制度对美国和欧盟的模式均有借鉴。一方面，借鉴欧盟模式，境外机构到中国发行证券，可以采用中国企业会计准则准备财务报表，也可以采用财政部认定的与中国企业会计准则等效的其他会计准则。目前，国际会计准则和中国香港地区会计准则都被财政部认定为与中国（内地）会计准则等效。另一方面，借鉴美国模式，我国允许境外机构采用上述准则之外的其他会计准则，但前提是提供与中国企业会计准则的差异调节信息。

在审计监管方面，涉及的问题是外国企业在发行股票时需要由哪个国家（地区）的会计师事务所或审计机构来对企业财务报表进行审计。在安然、世通等财务欺诈事件暴露出公司和证券监管问题后，美国 2002 年颁布了《萨班斯-奥克斯利法案》（Sarbanes-Oxley Act），强调上市公司的财务报告责任、审计责任和信息披露责任。根据该法案第 101 条，美国设立了美国公众公司会计监管委员会（PCAOB）。只有在美国公众公司会计监管委员会注册的会计师事务所才可以从事对美国上市公司的审计业务。2020 年 12 月，美国国会通过《外国公司问责法案》（Holding Foreign Compcmies Accountable Act, HFCAA），进一步修订了《萨班斯-奥克斯利法案》。《外国公司问责法案》规定，如果 PCAOB 无法对在美上市的外国公司进行全面检查，则该无法检查的年度被界定为“非检查年度”。此外，该法案还规定，如果出现“非检查年度”，则该外国公司需要证明其不属于外国政府所有，亦不受外国政府控制。此外，如果该外国公司连续三次出现“非检查年度”，美国证券交易委员会应当禁止其股票在美国任何全国性证券交易所进行交易。如果该公司能够聘请 PCAOB 监管下的注册会计师事务所为其提供服务，并向 SEC 提供相关证明材料以满足美国证券交易委员会的监管要求，则该禁令可被移除，但若公司再次被发现“非检查年度”，则美国证券交易委员会将恢复禁令。欧盟则采用等效认可制度，只要第三国对审计机构的资质要求与欧盟要求等效，则被认为符合欧盟法律规定。我国既借鉴了欧盟的模式，根据我国财政部与境外会计师事务所所在国（地区）签署的审计监管等效协议或审计监管合作协议的规定，允许境外会计师事务所提供相关审计服

务；又借鉴了美国的模式，允许符合条件的境外会计师事务所在我国财政部进行备案，接受监管。

第五节　国际项目融资

一、国际项目融资的概念与特征

国际项目融资（project financing）是指国际贷款人向特定的工程项目提供贷款协议融资，对于该项目所产生的现金流量享有偿债请求权，并以该项目资产作为附属担保的国际融资类型。国际项目融资的信用结构有三项要点：首先，国际贷款人的债权实现依赖于拟建工程项目未来可用于偿债的现金流量，即其偿债资金来源并不限于正常的项目税后利润；其次，国际项目融资要求以建设项目的资产权利作为项目运营和偿债的安全保证，它不同于以资产价值为抵押的普通担保；最后，国际项目融资通常需创立足以防范或分散各种项目风险的多重信用保障结构，包括借款人或主办人提供的有限担保、完工担保人提供的项目完工担保、项目关系人提供的现金流量缺额担保、项目产品用户提供的长期销售协议，以及政府机构提供的政府担保或承诺等。

国际项目融资在理论上被认为具有广泛的应用前景。但从目前来看，它主要适用于耗资巨大、开发周期较长、有可靠现金收入来源的工程项目，特别是资源开发、重要基础设施建设、交通能源项目等。一般来说，贷款人在选用项目融资结构前首先须考虑拟投资项目是否具有可靠的收入和稳定的现金流量；其次考虑以怎样的担保结构或保障结构来确保贷款得到最有效率的清偿；最后，贷款人以此种风险方式提供融资，通常要追求高于普通贷款利息的融资回报。而项目主办人选用项目融资手段，主要是为解决大型开发项目耗资大、周期长、投资风险高的困难，对于资金短缺的发展中国家开发基础项目来说，这不失为一种适宜的融资方式。

尽管国际项目融资具有结构复杂和类型多样的特点，但与传统的国际贷款融资相比，国际项目融资通常具有以下基本特征。

（1）国际项目融资以特定的建设项目为融资对象。尽管项目融资的借款人可以为独立从事项目开发的项目公司（通常如此），也可以为并非单纯从事项目开发的项目主办人，但在通常情况下，贷款人要求对项目资产和负债（包括股东投入的股权资产和贷款人投入的项目贷款资产）独立核算，并限制将项目融资用于其他用途；在项目主办人作为借款人的情况下，贷款人将要求主办人将项目融资仅投向该特定项目或项目公司，并要求将项目资产与主办人其他资产相分离，由此形成主办人资产负债表之外的融资。这一特征表明，国际贷款人提供项目融资并非依赖借款人（包括主办人或项目公司）的信用，而是更主要依赖于项目投资后将形成的偿债能力和项目资产权利的完整性。在此情况下，贷款人显然不希望项目资产中除项目融资之外仍含有复杂的对第三人的负债。

（2）国际贷款人的债权实现主要依赖于拟建项目未来的现金流量以及该现金流量中可以合法用来偿债的净现值。正是基于这一特征，国际项目融资的贷款人在决定贷款前必须对项目未来的现金流量作出可靠的预测，并且须通过复杂的合同安排确保该现金流量将主要用于偿债，同时往往要求取得东道国政府关于加速折旧、所得税减免等方面的优惠批准或特许。依项目具体情况，上述因素均可能成为制约国际项目融资文件生效的前提条件。

(3) 国际项目融资通常以项目资产作为附属担保，但根据不同国家法律的许可，又可通过借款人或项目主办人提供有限信用担保。国际项目融资的资产担保并不以资产变价受偿为目的，贷款人要求此项担保意在获得资产控制权，它仅为项目融资信用保障结构中的一环。国际项目融资中的有限担保是在项目未来的现金流量不足以确保偿本付息的情况下，由借款人或项目主办人向贷款人提供的补充性的信用担保，它使贷款人取得了补充性的有限追索权，如果依项目具体情况不要求贷款人提供此种有限担保，则构成所谓"无追索权的项目融资"。由此可见，在国际项目融资中，项目资产担保和有限担保并不是主要的信用保障手段，其作用与保障项目未来的收益力相联系。

(4) 国际项目融资具有信用保障多样化和复杂化的特点。针对不同融资项目的具体风险状况，国际贷款人往往提出不同的信用保障要求，其目的在于分散项目风险，确保项目未来的现金流量可靠地用于偿还贷款。实践中通常采用的手段包括：要求项目主办人或投资者对项目首先进行一定的股权投资，使项目融资占到项目资产总值的一定比例（通常为60%以上），以分散贷款风险；通过项目完工担保合同（turn key）锁定工程工期、工程价格和工程质量，以避免完工风险；通过签署原材料长期供应合同，以锁定项目运营成本，避免项目运营风险；通过签署旨在以稳定价格售卖项目产品的长期销售合同，以确保现金收入总量，避免市场风险；此外，国际项目融资通常要求取得项目所在国政府的特许和保证，并且通常须设立旨在按约付款和收款的信托受托人（trustee），以确保项目融资的法律条件和偿债之可靠。

(5) 与上述特征相联系，国际项目融资具有融资额大、风险高、周期长、融资成本相对高的特点。由于国际项目融资以对项目未来的现金流量预测为基础，以旨在提高偿债效率的法律安排为条件，因而此类融资的准备工作成本、贷款利率和未来风险均较传统国际贷款融资的更高。

二、国际项目融资的基本类型

项目融资是某一类具有共同属性的融资类型的统称，而具体的项目融资又具有结构复杂多变的特点。可以说，几乎每一个具体的项目融资都是依据特定项目的条件而创造的，并且很难具有完全的可移植性。按照国际项目融资目前的实践，可以对项目融资依不同的标准加以进一步分类，了解这些分类，有助于我们更深入地认识项目融资的内容与特征。

依据国际项目融资的借款人身份，可将其分为以主办人或投资人为借款人的项目融资（通常为off-balance finance）、以项目公司投资人为借款人的项目融资、以项目公司为借款人的项目融资等。依据国际项目融资对项目资产和营业的管理权，可将其分为合伙管理的项目融资、非公司型合作管理的项目融资、由项目公司管理的项目融资等。依据国际项目融资的债款偿还方式，可将其分为生产支付型项目融资、黄金贷款项目融资、资产租赁型项目融资、BOT项目融资等。依据国际项目融资中主办人或投资人是否提供一定限度的信用担保，可将其分为无追索权的项目融资和有限追索权的项目融资。本节仅择其要，分别介绍几种较有特色的国际项目融资类型。

(一) 非公司型合作项目融资

非公司型合作项目融资又称为"契约型合作结构""非公司型合作结构"（unincorporated joint venture），它是指拟建项目的几个投资人通过合作协议共同投资于项目，分别取得项目资产的财产权和营业权，分别向国际贷款人协议借款并安排偿债的项目融资方式。在非公司型合作结构中，各个投资人可以依协议建立旨在实现统一管理项目资产和营业的管理委员会或项目管理公司，但此种管理机构对于项目资产并不享有所有权，也不与国际贷款人发生直接的协议债权债务关系。

非公司型合作结构的特征是：（1）非公司型合作结构并不形成统一的项目资产权利主体和融资主体，拟建项目的股权性投资人通过非公司型合作协议建立某种合作关系，每个投资人分别拥有项目资产和营业中的某一部分，因而此类拟建项目应当具备可分割性，此与合伙型项目融资具有类似之处。（2）非公司型合作结构的借款人通常为各个投资人。尽管此项贷款融资可以统一安排，但各投资人在法律上将按照约定的比例分别作为借款人与贷款人发生贷款协议关系，并且通常不发生连带关系。在实践中，此项借贷可以形成资产负债表之外的融资。（3）非公司型合作项目的投资人通常以合作协议明确其为合作关系，而非合伙关系，以排除相互间的连带责任和无限责任。在东道国法律有障碍的情况下，各出资者可分别设立数个清洁的有限责任公司作为项目投资人。（4）在非公司型合作结构中，各投资人可以按约建立统一管理项目资产与营业的管理委员会或项目管理公司，也可以委托某一个投资人公司负责项目管理，但该等机构仅具有受托管理或承包管理者的身份，而不具有投资利益。

非公司型合作结构是国际项目融资实践中被广泛采纳的模式之一，特别适于采矿、能源开发、钢铁及有色金属等领域内的项目开发，但该类开发项目应当在统一开发的基础上具有内在的可分割性。

(二) 项目公司融资

项目公司融资是指拟建项目的主办人及投资人先以股权合资方式建立有限责任的项目公司，然后由该项目公司直接投资于拟建项目并取得项目资产权和营业权，由项目公司向国际贷款人协议借款并负责偿债的项目融资方式。项目公司融资具有结构简单、财务关系清晰的特点，它是目前国际项目融资实践中被广泛采用的项目融资结构。

项目公司融资结构的基本特征是：（1）由主办人或投资人以股权投资方式设立的有限责任的项目公司是项目融资的主体，它负责对项目的直接投资和营业管理，并拥有项目资产的财产权，而主办人或投资人则仅拥有对项目公司可转让的股权。（2）在此类结构中，通常由项目公司与国际贷款人签署贷款协议和资产担保协议，由其取得贷款；但在特殊情况下，也可由主办人或投资人向国际贷款人协议借贷，再通过"商业交易"方式并入项目公司的资产负债。(3) 在此类结构中，须由项目公司取得为运营项目所需的一切来自政府部门的许可和税收优惠①，并由项目公司与项目工程承包人、原材料供应商、产品长期购买人及信托受托人签署有关的协议或文件。(4) 项目公司的合资协议、公司章程和分配政策文件须符合国际贷款协议的要求，其中最重要的是项目公司的利润分配政策须受到贷款偿债规则的限制。

(三) 生产支付型项目融资

生产支付 (production payment) 型项目融资又称为“产品支付项目融资”，它是指国际贷款人在提供项目贷款后，将根据项目融资文件直接取得一定比例的项目产品或该部分产品的全额销售收入，并以此进行偿本付息的项目融资方式。生产支付型项目融资是国际项目融资的早期形式，特别适用于稀有资源或矿产开发类型的项目，国际融资实践中流行的“黄金贷款”实际上也属此类。

生产支付型项目融资的信用保障结构可靠而特别，其基本特征是：(1) 其贷款还本付息并不直接依赖于项目产品未来的全部现金流量，而仅依赖于借款人按约支付的产品之数量及市场价格；由于贷款人根据融资文件将直接拥有特定矿产资源的部分储量，或者直接拥有一定比例年产量的项目产品，或者直接拥有该部分产品的全额销售收入，所以项目公司的成本管理、折旧政策乃至税收优惠对贷款人的利益已无直接影响。(2) 在此类项目融资中，贷款人仅依据能够可靠取得的支付产品数量安排贷款规模。一方面，贷款人将要求在项目融资文件中明确其每年应受领的产品数量或者全部产量中一定比例的产品 (但附有最低数量限制)，另一方面，贷款人安排的融资额将不超过未来购买该支付产品在一定利率条件下的贴现值。(3) 在此类项目融资中，贷款人提供贷款的期限将必然短于预计的项目产品的开采年限，以此保障贷款本息偿还的可靠性。(4) 在生产支付型项目融资中，国际贷款人通常安排某种代理销售支付产品的中介机构，代其从事贷款资金支付和产品销售活动。(5) 由于借款人所支付的产品及其销售收入被作为偿还债款的主要来源，因而此类项目融资通常仅须采取贷款人无追索权的形式。

三、国际项目融资的风险预测与风险控制

在项目融资决策阶段，项目主办人或投资人通常要对拟投资项目进行可行性分析，其目的在于对拟建项目作出综合性的技术可行性结论和经济效益分析结论，并以此作为投资决策的依据。但是项目融资贷款人在决策提供贷款之前，还必须进行项目风险预测或评价，它与项目投资可行性分析具有不同的目的与作用。概括地说，项目风险预测是以评价项目的近期偿债能力为目的，由专业人员对拟投资项目未来的可偿债现金流量以及限制该现金流量的各种风险因素所进行的定量性分析预测。根据国际融资惯例，专业人员首先须根据具体的资料对拟建项目的净现金流量、投资收益率和影响项目经济强度

---

① 通常认为，仅由项目公司取得税收及财务优惠 (税收亏损)，不利于最大限度地提高可偿债的现金流量，特别是项目建设期的减免税政策无法利用。

的各种系统风险①进行分析预测；其次须对具体项目的现金流量进行敏感性分析，以测试预计项目现金流量模型的可靠性；最后须根据审慎保守原则以现金流量贴现法预测拟建项目的有效净现金流量，并对其具有影响的系统风险作出定量化结论。影响项目经济强度的系统风险因素内容非常广泛，但其中最为重要的是项目信用风险、商业完工风险、生产及供应风险、市场销售风险、政治法律风险、环境保护风险、金融风险等。

（一）信用风险及其控制

这里所说的信用风险是指相对于贷款本息偿还需求而言，拟建项目未来的有效净现金流量相对不足或不稳定而形成的风险。按照现金流量分析技术，影响项目有效净现金流量的基本信用因素主要包括项目未来的产量水平、经营成本、市场定价政策、项目所在国税收财政制度等。在国际项目融资中，对拟建项目的净现金流量及其风险的预测具有基础的意义，如果拟建项目经预测的有效净现金流量不足，或者在偿贷期间该有效净现金流量不足，那么贷款人将不会作出贷款决策。

在拟建项目具有信用风险而又未达到不可放贷程度的情况下，牵头经理银行通常会根据项目风险预测的定量化结论建议对项目融资方案和结构进行设计调整，其通常采取的措施主要包括：（1）通过增大项目投资人的股权投资额和减少贷款额的方法分散贷款风险，相对提高项目偿债能力；（2）通过政府特许文件保证项目公司的专营性、优惠的定价政策和优惠的税收财政待遇等，以此改善市场和税负条件，提高项目的有效净现金流量；（3）通过签署有限追索的信用保证协议，要求保证人对净现金流量缺额提供有限担保；（4）通过与项目公司签署财务约定协议，要求项目运营维持一定的流动资金水平并限定成本费用水平，或者要求第三人以资金信用保证该两项指标不超过标准。

（二）完工风险及其控制

完工风险是指因拟建项目不能按期完成建设、不能按期运营、项目建设成本超支、不能达到设计的技术经济指标（包括产量指标、质量指标、原材料指标、能耗指标等）而形成的风险。完工风险是项目融资的主要风险和典型风险之一，如果拟建项目不能按约及时完工或者不能按商业完工标准投入正式运营，则预测的现金流量仍不能取得和用于偿债。在国际项目融资中，完工风险的内容并不限于建设工程完工，更重要的是所谓“商业完工”（commercial completion）。商业完工的典型标准通常为：在约定时间内达到正式运营完工标准；在约定的时间内达到产量、质量、成本、最低储量等技术完工标准；在约定时间内达到现金流量完工标准；等等。

完工风险在项目融资中是普遍存在的。牵头经理银行根据风险预测结论通常要求采取以下措施来控制完工风险：（1）通过项目公司与工程建设承包人签署的联合承包合同（通常为“交钥匙工程合同”）来锁定工程完工时间、建设成本或造价、项目建设质量，以保障按期运营；（2）通过与项目主办人或投资人签署完工担保协议，要求其就项目正

---

① 项目系统风险是指在同等资本市场和投资环境下，同等类型投资机会所共同具有的风险。此类风险对于同类项目投资具有共同的影响，从而使不同项目之间具有可比性。

式运营、商业完工和运营成本不超过约定标准提供担保；(3) 要求在工程联合承包合同和完工担保协议中设定以高额索赔为内容的违约赔偿条款或违约持续支付条款，以使部分完工风险由工程承包人、项目主办人或项目投资人分担；(4) 要求与项目投资人签署债权承购保证协议，依此协议，在项目完工标准最终仍不能实现时，项目投资人有义务购买该项目债权（债权人变更），而使之转化为项目公司对投资人的债务。

（三）生产和供应风险及其控制

生产和供应风险是指在项目生产运营阶段因技术条件、资源储量、原材料供应、生产经营管理等原因而将对项目现金流量造成不利影响的风险因素。生产和供应风险具有较复杂的构成，它也是国际项目融资中的典型风险之一，此类风险或者会影响项目的正常运营，或者会影响项目运营的正常成本，或者会影响项目运营的有效年限，这些因素均会影响贷款本息偿还的正常进行。

为了控制生产和供应风险，牵头经理银行根据风险预测结论通常要求采取以下措施来避免此类风险的不利影响：(1) 贷款银团原则上仅为经过市场证实的成熟生产技术项目提供贷款，对于任何采用新技术的高风险项目，则要求项目投资人提供强有力的保证或技术风险损失担保；(2) 在项目资源储量存在风险的情况下，牵头经理银行可以要求项目投资人增加其股权投资比例并且降低贷款比例，也可以要求项目投资人就现金流量缺额提供有限信用担保或者资产担保，以增强还贷保障；(3) 为控制能源与原材料供应风险，牵头经理银行通常要求在项目结构中安排项目公司与原材料供应商签署长期供应合同，此类合同可以通过长期性稳定价格条款来限定供应项目的能源和原材料之价格波动，也可以采取“或供货或付款合同”(supply or pay contract)① 方式移转项目所需能源和原材料的价格波动风险；(4) 为控制生产经营管理风险，项目融资结构中通常可以安排某些特殊控制机制，例如通过“项目管理协议”安排有信誉的国际管理公司直接管理项目运营，在项目公司中安排有经验的经营管理人员负责管理，由多国投资人共同投资于项目公司并采用经营激励机制；等等。

（四）市场销售风险及其控制

市场销售风险主要是指可能影响项目最终产品未来销售收入的市场销量风险和市场价格风险。对于某些市场需求稳定且供不应求的项目产品而言，其市场销售风险可能仅限于市场价格风险，如黄金、白银、石油产品等。但在大多数项目融资中，项目产品销售将不同程度地具有市场销量和市场价格双重风险，这里所说的市场价格风险主要是指因市场金融因素和市场整体供求因素而引起的产品市场价格变动之系统风险，它不同于发展中国家中通常具有的价格管制风险。

为了控制市场销售风险，大多数项目融资结构中安排有如下法律措施以分散风险：(1) 安排由项目公司与项目产品购买人签署产品长期销售合同，此类合同以限定长期购

① “或供货或付款合同”是一种长期供应合同。依此合同，能源或原材料供应商在所供产品的市场价格变动时，或者须严格按约履行供应义务，或者须向买方支付其另行购买能源或原材料所增加支付的额外成本。

货量、长期稳定价格和分散市场销售风险为主要内容，其典型形式为“提货即付款合同”（take and pay contract）和“或提货或付款合同”（take or pay contract）①，在某些情况下，项目产品长期购买人实际上由项目主办人或投资人担任；（2）安排由项目主办人或投资人对产品长期购买人不能履约提供担保，依此担保，如果长期购买人不能提货付款，项目主办人或投资人负有按约购买和付款之义务，此项措施通常在不存在稳定的第三购买人的情况下（例如项目产品为公路设施）须使用；（3）安排由信托受托人在长期购买关系中负有收款责任和将可偿债现金流量用于偿债的责任。

（五）政治风险及其控制

项目融资中的政治风险是指因项目所在国政治变动、国有化征用、法律制度变更、外汇制度变更或者政府机构给予的特许政策因客观因素而变更等原因所形成的项目风险。政治风险本质上是一种非系统风险，并且在风险分析预测的假定前提中通常被视为不可预见的情况，但政治风险将会涉及拟建项目的工程建设、项目运营、产品销售、现金流量分配等各个环节，并对贷款本息偿还产生不利影响，因此在项目融资结构中，特别是在涉及东道国基础设施或安全的重大项目建设中通常安排有控制政治风险的保障机制。

为控制政治风险，牵头经理银行通常要求采取以下措施：（1）要求政府机构或其所属的国有公司作为项目投资人对项目公司进行一定比例的股权投资；（2）要求项目所在国政府机构或其所属公司对贷款本息偿还提供信用性担保；（3）要求对项目政治风险安排海外投资保险机构提供保险；等等。

四、国际项目融资中的贷款协议与担保文件

（一）国际项目融资中的贷款协议

国际项目融资本质上是项目融资结构与传统融资手段的结合，因而国际项目融资中所使用的贷款协议与普通的商业贷款协议并无实质区别，但基于项目融资贷款规模和贷款期间的原因，其贷款协议往往更趋于严密和复杂。

在条款使用上，项目融资中的贷款协议具有以下特点：（1）贷款协议中通常设有分期提款条款，使借款人在按约有效使用贷款的条件下可按期提取项目贷款，以控制项目贷款风险；（2）贷款协议在约定事项中须规定资金用途条款，并要求借款人保证将贷款用于约定的项目；（3）贷款协议在约定事项中须规定现金流量专项使用条款，并要求借款人保证将分配的现金流量用于规定用途；（4）贷款协议约定事项中通常须规定或援引商业完工标准、试运营阶段的双方义务、完工验收的效果和违反商业完工标准的后果等

① “提货即付款合同”是以限定项目产品长期或定期购货量和长期性稳定价格为基本内容的长期购买合同。依此合同，只要销售方具有供货能力，购买方即应按约以固定数量和固定价格提货并付款；同时合同中通常具有旨在稳定售价的最低价格条款。“或提货或付款合同”是与“或供货或付款合同”类似的一种长期购买合同，购买人无论是否提货，均按约负有无条件付款的义务。

内容；（5）贷款协议在约定事项和违约事件中通常对项目运营阶段的现金流量状况和债务清偿比率①加以约束；（6）贷款协议在约定事项中通常限制或禁止项目公司在项目融资之外另行借款或进行项目之外的长期投资；（7）贷款协议须与信托文件、联合承包合同、设备材料供应合同和长期购买合同相衔接，同时须约定可转让的信托账户，使信托受托人可将约定的贷款部分支付给工程承包人和设备材料供应商，并将长期购买人支付形成的有效净现金流量用于偿还贷款本息。

（二）国际项目融资中的担保文件

国际项目融资中所使用的直接担保文件主要为项目资产担保协议、保证人提供的有限信用保证协议和由项目主办人或政府机构出具的安慰信，它们在法律上往往被作为项目贷款协议的附件。但项目融资的贷款偿还主要依赖于项目现金流量，而不是依赖于借款人本身的信用和担保财产的价值（它们均不足以作为偿债保障），这就使项目融资中的担保须追求某些特殊的目的。

项目融资中的项目资产担保协议形式上与一般的资产抵押和按揭文件无异，但在内容上则具有以下特点：（1）该担保协议要求项目公司以全部项目资产（包括未来建成的项目资产）作为担保，实现项目资产的"总担保化"，这在缺乏按揭制度的国家中通常须依意思自治原则作出详细的合同约定。（2）该担保协议通常要求在贷款人的债权得不到按约清偿时，使之可得到对项目资产的物权性权利（包括将其委托第三人经营的权利），而不是仅取得"强制性债权"②。按照英美法学者的认识，项目资产作为担保品的价值是极小的（例如设有预计油气流量的输油管线），它根本不足以作为贷款偿还的保障，因此"项目的贷款人将更重视项目运营方已证实的能力而不是资产的价值，因为是运营方的能力而不是项目资产的价值决定了贷款是否能按时偿还"③。（3）该担保协议须禁止项目公司将项目资产再行提供给任何第三人设为担保，以保障项目贷款人享有优于其他债权人或追索权人的物权性权利，并在贷款协议被违反时，使贷款人可以合法地成为项目资产的指定接收人。（4）该担保协议须规定项目公司有责任办理和取得项目资产权利的一切法定手续，并有责任在项目资产建成后办理所在国法律要求的一切登记手续。（5）该担保协议通常指定由特定的代理机构或信托受托人负责对设为担保的项目资产进行监督和保护，并且须规定其担保权享有人为可以变动的银团贷款人。

项目融资中的信用保证协议在形式上与一般的保证文件亦无不同，但在保证协议的内容和目的上具有自己的特点。首先，此类保证为仅具有附属担保意义的有限信用担保，它实际上是项目贷款信用保障机制的某种补充，因而确定有限担保额通常须首先明确有效净现金流量与应偿贷额之间的信用差额。其次，此类保证通常以担保某种具体的信用

---

① 债务清偿比率（coverage ratio）是指在特定年度内，可用于偿还本息的净现金流量与应偿还贷款本息额之比。其公式为：债务清偿比率＝有效净现金流量/当年应还贷额。它表明了项目公司偿还项目贷款的能力。在项目贷款协议中，贷款人通常要求规定项目公司有责任保证其还贷期间的债务清偿比率不低于 1，在低于该数值时，项目公司不得向股东分配利润。

② Lifford Chamce 法律公司著，龚辉宏译：《项目融资》，79～80 页，北京，华夏出版社，1997。

③ Lifford Chamce 法律公司著，龚辉宏译：《项目融资》，79～80 页，北京，华夏出版社，1997。

保障措施为直接目的，并且将在该信用保障措施发生违约时（而非在借款人不能偿债时）实现该保证之债，其作用具有复杂性，实践中经常使用的信用保证有现金流量缺额保证、建设或运营成本超支保证、其他特定的项目风险保证等。

除上述担保形式外，在项目融资中还经常使用意向性担保，其典型形式为“安慰信”(letter of comfort)。它是由项目主办人或政府机构向贷款人出具的旨在提供特定信用性保证的意向表示，其内容往往不限于承诺信用之债，还可能是追加投资承诺或者债务主体变更承诺。

课堂讨论案例

案例一

某外商投资企业现有已经缴足的注册资本60 000万元，拟于2013年度在中国境外另发行H股30 000万股，其财务状况如下表。假定该企业完全符合H股发行的条件，而市场接受的发行市盈率为15倍。问：(1) 该企业本次募股的每股发行价及筹资总额如何？(2) 请填充该企业预测的资产负债情况。

单位：万元（人民币）

	2011年经审计	2012年经审计	2013年经预测
总资产	110 000	130 000	
负债	50 000	50 000	50 000
净资产	60 000	80 000	
收入	200 000	250 000	300 000
税后利润	20 000	25 000	30 000

案例二

我国某省拟建立一条跨省高速公路，经协调将成立一中外合资的高速公路有限公司作为管理人，双方共拟出资5亿元人民币作为公司的注册资本；并商妥由某境外投资银行作为总协调人组织35亿元人民币的银团贷款。在项目开始后，由交通运输专业机构作出的项目净现金流量在打折后仅为30亿元人民币。该境外投资银行认为必须对原有项目结构进行调整，否则不予贷款。请简要说明该项目结构调整可能的方向和内容。

案例三

某外商投资公司因流动资金极度紧张，拟向境外A金融公司以负债方式融资1 000万美元，经查该公司未来有被其母公司重组改制的可能。假设你作为A金融公司的执行董事，在审查了该公司经审计的会计报表后，决定对其给予支持。请问：(1) 根据下表，你准备以何种方式对其给予支持？(2) 你认为在该融资文件中应使用何种条款来避免风险？

单位：万元（美元）

流动资产	银行存款	0	备注
	存货	2 000	
	应收账款	0	
固定资产	机器设备	4 000	
	厂房	1 000	已抵押
	办公楼	1 000	已抵押
长期投资		500	
无形资产	土地使用权	2 000	已抵押
	专利技术	0	
负债		4 000	有抵押

问题与思考

1. 简述政府贷款、国际货币基金组织贷款和国际商业贷款的区别。
2. 我国关于国际股票融资有哪些管制性规定?
3. 简述国际债券招募说明书的主要内容。
4. 何谓国际融资文件中的先决条件条款?
5. 简述国际项目融资的特征与作用。

PART FIVE

5

| 第五编 |

国际反垄断法

第十六章
对国际经济活动的反垄断调整

本章概要

反垄断法调整市场竞争秩序。随着经济全球化程度的不断深入，各国经济依赖性增强，一国境内的垄断行为可能对其他国家市场产生排除或限制竞争的影响。反垄断法越来越成为调整国际经济活动的重要制度和工具。在缺乏国际统一反垄断规则的情况下，一国反垄断执法机关主要通过效果原则执行反垄断法，这必然产生国家之间的管辖冲突。国际合作是解决反垄断法管辖冲突的重要途径。

关键术语

竞争　排除、限制竞争　垄断协议　市场支配地位　经营者集中　市场界定　效果原则　域外适用　管辖冲突

第一节　反垄断法对国际经济活动的调整

经济全球化意味着市场主体经济活动的空间不再局限在某个国家或地区。竞争机制是市场机制运行的重要动力和条件，有市场就有竞争，竞争的失灵意味着市场机制的失灵，这也是维护市场竞争的反垄断法被称为“经济宪法”的重要原因，同时也体现了其保障市场有效运行的重要功能。正因如此，当市场空间领域不再局限在某个国家或地区时，反垄断法调整的范围也势必呈现出跨国家、跨区域的特点。自 1890 年美国制定《保护贸易和商业不受非法限制与垄断之害法》（以下简称《谢尔曼法》）以来，对跨境垄断行为的规制一直以各国国内法为主，为了有效规制对本国市场造成严重负面影响的国际性垄断行为，各国普遍在立法或司法实践中确立了反垄断法域外适用的规则和做法。反垄断法的域外适用在增强各国反垄断规则对跨境垄断行为调整效果的同时，也产生了不同司法辖区反垄断管辖冲突、执法冲突问题。同时，国际经济活动日益增加、表现形式日趋复杂多样，各国国内反垄断规则对国际性垄断行为的“调整不足”或“调整冲突”问题更加凸显。在此背景下，各国逐渐加强国际反垄断合作与协调，在越来越多的多边、区域国际合作框架和机制下增加了与反垄断相关的条款、章节和内容。尤其是在反垄断制度较为相近的主要市场经济国家之间还签订了若干专门的国际竞争合作协议，成为调

整国际性垄断行为的重要合作机制。

一、 反垄断法概述

(一) 反垄断法的概念、目标和宗旨

1. 反垄断法与竞争法

反垄断法与竞争法这两个不同的称谓，有时可以通用，但严格地说，二者的范围不同。竞争法的范围要大于反垄断法的。竞争法除了包括反垄断法，还包括我们通常所说的反不正当竞争法。① 在这一问题上，世界各国并不统一。我国的《反不正当竞争法》实质上包括了反垄断法的内容，例如串标。② 日本《反垄断法》中包括了“不公正的交易方法”，其内容类似我国《反不正当竞争法》调整的行为。经济与合作组织（OECD）使用竞争法这一概念，包括了反不正当竞争法和反垄断法。

就字面含义来说，竞争法是一种正面表达，更侧重于保护竞争，反垄断法更侧重于反对限制竞争的行为，是一种反面表达。实际上，竞争法和反垄断法两种不同的称谓，是由各国的立法背景、立法模式、立法技术和使用语言等原因造成的。有的国家采取统一立法模式，一部法律包括了反垄断法和反不正当竞争法；有的国家采取单项立法模式，反垄断法和反不正当竞争法分开立法；还有的国家存在不止两项立法，对不同的具体调整对象分别立法。以我国为例，我国立法机关原本制定一部单一立法，但由于条件不成熟，《反不正当竞争法》先行出台，导致反不正当竞争与反垄断的分立立法。美国则有《谢尔曼法》《联邦贸易委员会法》《克莱顿法》等，而《联邦贸易委员会法》既包括了反不正当竞争法的内容，也包括了反垄断法的内容。

从法律宗旨、政策目标、适用标准和调整手段看，反不正当竞争法和反垄断法存在明显差异。反不正当竞争法防止竞争过度（不当竞争），反垄断法防止竞争不充分（垄断、排除竞争）；反不正当竞争法针对个体企业，反垄断法针对市场竞争过程；反不正当竞争法以个体企业的损害为救济条件，反垄断法以整个市场竞争受到损害为责任基础；反不正当竞争法主要采取行为救济，反垄断法则兼用行为救济和结构救济。

从国际经济法的角度看，与反不正当竞争法相比，反垄断法针对的是市场竞争与秩序，而经济市场日益全球化、统一化，垄断行为具有跨境的影响，反垄断法更符合国际经济法跨境调整的特征。因此，除非特别指明，本书所指的竞争法为反垄断法。

2. 反垄断法的目标和宗旨

美国 1890 年制定的《谢尔曼法》被认为是反垄断法正式诞生的标志。美国的反垄断法被称为反托拉斯法，其初始目标主要是反对托拉斯（企业间的联合），保护中小企业，

---

① 中国出版的《竞争法》教材大多包括这两部分，如王晓晔著的《竞争法学》，徐孟洲、孟雁北著的《竞争法》，吕明瑜著的《竞争法教程》等。

② 我国《反不正当竞争法》中还规定了“搭售”，但这一搭售不以搭售方拥有市场支配地位为条件，因而与反垄断法意义上的搭售不是同一概念。

后来逐渐演变为保护竞争、提高经济效率。美国反垄断法目标的这一演变，代表着世界各国反垄断法发展的特点。但由于各国经济发展水平不同、反垄断法的制定时间和执法实践的差异，各国反垄断法的政策目标不完全一致，在对保护竞争的理解上存在不同的看法，反垄断执法的具体标准不统一。

我国《反垄断法》第 1 条规定了反垄断法的制定目的："为了预防和制止垄断行为，保护市场公平竞争，提高经济运行效率，维护消费者利益和社会公共利益，促进社会主义市场经济健康发展，制定本法。"这一规定体现了中国反垄断法的多种目标。这些目标从总体和长远上看，是一致的、统一的、相协调的，但涉及个案、存在相互冲突的利益时，可能会产生矛盾。

预防和制止垄断行为，是反垄断法的最基本目标。而这种垄断行为是企业实施的行为，因此反垄断法首先面临的问题是如何调整企业间关系的问题。保护市场公平竞争，是预防和制止垄断行为的目的和体现，是对市场竞争过程和竞争秩序的要求。这一公平竞争，主要是针对垄断行为，而非主要针对竞争手段的不正当性（反不正当竞争法所规范的一系列行为，例如假冒行为）。提高经济运行效率，发挥竞争的资源配置作用，提高生产效率、配置效率，实现规模经济和范围经济，是反垄断法作为市场经济法的基本功能。而规范企业关系、提高经济效率的最终目标是维护消费者利益和社会公共利益。这种利益以社会福利为出发点和归宿，着眼于整体和长远，并不局限于个体消费者利益的保护和当前消费者利益的保护，从而使反垄断法区别于消费者权益保护法。

（二）反垄断法的主要调整对象

由于各国采取的立法模式和立法背景不同，从形式上看，各国反垄断法的内容及调整对象并不统一。有的名为反垄断法，实际却包括反不正当竞争法的内容，日本为此代表。有的竞争立法包括政府援助这一其他国家反垄断立法中少见的内容，欧盟为此代表。我国《反垄断法》则包括对滥用行政权利的规范。相关国家或地区反垄断法存在的这种差异，并不影响对反垄断法主要调整对象的共识：禁止垄断协议、禁止滥用市场支配地位、对经营者集中进行管制，是反垄断法的三大支柱。

1. 禁止垄断协议

垄断协议，一些国家立法中称其为"卡特尔"，指排除、限制竞争的协议、决定或者其他协同行为。垄断协议包括横向和纵向垄断协议两种类型。横向垄断协议，指具有竞争关系的经营者达成的垄断协议。例如，彩电生产商之间达成的固定商品价格的协议。纵向垄断协议指经营者与交易相对人达成的垄断协议。例如，彩电生产商与彩电经销商达成的固定转售价格的协议。经营者与交易相对人之间存在买卖关系、上下游关系。

从垄断协议产生的反竞争效果看，通常认为横向垄断协议的反竞争效果大于纵向垄断协议的反竞争效果。正因为如此，横向垄断协议一直是各国反垄断执法机关严格执法的对象。西方一些国家还存在"核心卡特尔"（hardcore cartel）这一概念，用以表示特别严厉打击的那类横向垄断协议。在美国、加拿大、英国、德国等国，达成核心卡特尔的企业可能承担刑事责任。

我国《反垄断法》第 13 条和第 14 条分别例举了一些横向垄断协议和纵向垄断协议。

横向垄断协议主要包括：固定或者变更商品价格；限制商品的生产数量或者销售数量；分割销售市场或者原材料采购市场；限制购买新技术、新设备或者限制开发新技术、新产品；联合抵制交易。纵向垄断协议主要包括：固定向第三人转售商品的价格；限定向第三人转售商品的最低价格。

根据我国《反垄断法》第15条的规定，如果垄断协议具有提高产品质量、改进技术、实现社会公共利益等效果，且相关经营者能够证明垄断协议不会严重限制相关市场的竞争、消费者还能分享由此产生的利益，此类垄断协议不属禁止之列。换句话说，根据我国现行《反垄断法》，垄断协议本身并非一概被禁止，或并非一概本身违法。某一垄断协议是否违法，需要根据其带来的不利和有利因素、结合消费者利益进行权衡，得出最终的结论。

国际贸易中，经营者针对特定国家或地区的市场达成的垄断协议，对目标市场的竞争具有重大不利影响。这种定向垄断协议，成为目标市场的反垄断执法机关管制的重要对象。

2. 禁止滥用市场支配地位

滥用市场支配地位，是指在相关市场中具有市场支配地位的企业实施反竞争的行为限制或削弱市场竞争。相关市场的界定、市场支配地位的认定、反竞争行为的确定、反竞争效果与促进竞争效果的衡量，是认定企业滥用市场支配地位需要考察的因素。

根据我国《反垄断法》第17条，市场支配地位指经营者在相关市场内具有能够控制商品价格、数量或者其他交易条件，或者能够阻碍、影响其他经营者进入相关市场能力的市场地位。根据我国《反垄断法》，认定经营者具有市场支配地位，应当依据下列因素：该经营者在相关市场的市场份额，以及相关市场的竞争状况；该经营者控制销售市场或者原材料采购市场的能力；该经营者的财力和技术条件；其他经营者对该经营者在交易上的依赖程度；其他经营者进入相关市场的难易程度。在这些因素中，市场份额是一个最基本条件。我国《反垄断法》甚至含有基于市场份额认定市场支配地位存在的推定条款。

与垄断协议相比，滥用市场支配地位更依赖于相关市场的界定。相关市场，指经营者在一定时期内就特定商品进行竞争的商品范围和地域范围。时间、地域和商品，是界定相关市场的三要素。而商品的替代性是界定相关市场的重要方面。这一市场，可能是国内市场、区域市场，也可能是国际市场。在其他相关因素相同的情况下，相关市场界定的宽窄与市场支配地位的大小成反比。

顾名思义，禁止滥用市场支配地位针对的主要是具有市场支配地位的大企业。根据普遍接受的反垄断法理论，大企业承担着保护竞争的特殊责任。对于同样的行为，小企业为之可能没有责任，大企业为之可能要承担责任，这一区别的依据正是市场支配地位。表面上，这似乎与鼓励企业提高规模经济和范围经济、做大做强的经济理论相矛盾，但禁止滥用市场支配地位这一制度并不禁止企业具有市场支配地位本身，而只是禁止利用这一地位采取某些行为并排除或限制竞争的行为。

相对于垄断协议，国际上对滥用市场支配地位的态度并不统一。美国传统上对拥有市场支配地位的企业采取较为宽松的态度，而欧盟则采取较为严厉的做法。欧美对待微软公司的不同做法可以证明这一点。但美国奥巴马政府上台后，美国政府的态度有所变化。一些发展中国家为了增强本国企业的国际竞争力，往往采取鼓励企业做大做强的做法，对企业可能存在的滥用市场支配地位的情形关注不足。

在我国《反垄断法》第 17 条例举的滥用市场支配地位的诸项行为中，均含有“不公平”“没有正当理由”这样的限制性因素。这表明，某些外在行为，只有在满足“不公平”或“没有正当理由”这些内在要求时，才是被禁止的滥用市场支配地位的行为。即使具备市场支配地位这一前提条件，某种外在行为本身，也并不当然属于被禁止的行为。

3. 对经营者集中进行管制

经营者集中，在一些立法或学者著述中又称之为“并购”。“并购”一词具有公司法和反垄断法上的双重含义。经营者集中则更突出强调了反垄断法意义上市场结构变化可能带来的反竞争效果。

根据我国《反垄断法》，经营者集中，指下述三种情形：第一，经营者合并；第二，经营者通过取得股权或者资产的方式取得对其他经营者的控制权；第三，经营者通过合同等方式取得对其他经营者的控制权或者能够对其他经营者施加决定性影响。经营者集中，导致市场上相互竞争的经营者减少，可能产生排除或限制市场竞争的效果。可以想象，美国波音公司与欧洲空中客车公司合并会对世界民用飞机市场带来什么样的影响。

存在经营者集中制度的绝大多数国家，都采取事先申报和事先审查制度。这种事先控制模式，有别于垄断协议、滥用市场支配地位的事后控制模式。一些国家最初对经营者集中采取事后控制模式，后来鉴于这种控制模式效果不理想，而改为事先申请和审查模式。

经营者集中前后相关经营者市场份额的变化，是经营者集中审查所要考虑的重要因素。根据我国《反垄断法》第 27 条，审查经营者集中，至少应考虑下述因素：参与集中的经营者在相关市场的市场份额及其对市场的控制力；相关市场的市场集中度；经营者集中对市场进入、技术进步的影响；经营者集中对消费者和其他有关经营者的影响；经营者集中对国民经济发展的影响。根据欧盟的法律规定，经营者集中对欧洲统一大市场的影响，也是经营者集中审查需要考虑的重要因素。

经营者集中，通常具有提高规模经济和范围经济的效果，但也存在排除或限制竞争的可能。上述审查要素表明，反垄断执法机构在审查时，需要考虑经营者集中可能带来的正反两方面的影响。包括中国反垄断法在内的一些国家的反垄断法，规定了经营者集中的初步审查和进一步审查两个阶段，也体现了对经营者集中双重影响的考虑。

二、 反垄断法的适用特点

(一) 以市场为基础

从严格意义上说，无论是垄断协议、滥用市场支配地位，还是经营者集中，其管制都是以这些行为在一定市场中产生或可能产生的影响效果评估为基础的。排除市场这一因素，抽象地谈这些行为的竞争影响，无异于缘木求鱼。反垄断法是市场经济的法，就是对市场在反垄断法适用中的作用的证明。

但是，垄断协议、滥用市场支配地位和经营者集中，对相关市场的依赖程度并不完全相同。滥用市场支配地位和经营者集中，严格以相关市场的界定为基础。没有相关市场的存在，就谈不到市场支配地位，也谈不到集中前后市场份额的变化。垄断协议表面上没有对相关市场的严格要求，但仍以一定的市场为基础。固定价格、限制数量、限制购买或联合抵制交易，均发生于一定市场之内；而分割市场则直接对市场本身进行分割、划分势力范围。我国《反垄断法》第 15 条规定的垄断协议不被禁止的情形中，要求经营者证明所达成的协议不会严重限制“相关市场”的竞争。我国《反垄断法》第 2 条有关该法的适用范围的规定，也以相关市场为前提：“中华人民共和国境内经济活动中的垄断行为，适用本法；中华人民共和国境外的垄断行为，对境内市场竞争产生排除、限制影响的，适用本法。”

相关市场可大可小，基于具体案件所涉及的商品和地域范围而定。例如，波音和空中客车生产的干线民用飞机市场是全球市场，而某一特定的招投标市场可能很小，局限于很小的范围内。有些市场可能限于某一国境内，有些市场可能跨越国界。跨越国界的市场，为反垄断法的域外适用提供了条件。

（二）遵循效果原则

效果原则是反垄断法适用的一项基本原则。反垄断法的制裁对象是对相关市场的竞争造成排除、限制效果的反垄断行为。这一特点使反垄断法既有别于消费者权益保护法，又有别于反不正当竞争法，还有别于商业侵权。竞争的本质是优胜劣汰。一些企业在竞争中受到损害甚至被迫退出市场，是正常的。这些企业因其他竞争企业的行为受到损害本身，并不意味着这些行为违法。另外，对于某些企业行为，即使市场中的其他企业没有实际受到损害，也不表明这些企业行为本身合法。是否合法的判断标准是相关行为对市场竞争的影响或效果，即对市场竞争产生排除、限制影响。

在美国反垄断法的适用中，曾经出现过截然分开的本身违法和合理原则二分法。这一二分法的出现，是由《谢尔曼法》实际使用用语的绝对性引起的。[①] 法院在适用中发展出了合理原则这一规则。在适用实践中，法院发现某些行为总是违法，从而得出本身违法的结论。由于判例法的特点，这种本身违法原则得到遵循。本身违法原则强调的是行为本身，而非效果。随着经济理论对反垄断法的影响，对企业行为的认识更加理性，美国最高法院逐渐放弃了对某些行为本身违法的这种认定。目前，本身违法和合理性这两项规则仍然是美国法院遵循的方法，但二者的差别越来越模糊。效果原则被普遍认为是反垄断法适用的基本原则。

反垄断法对垄断协议、滥用市场支配地位的事后控制模式和经营者集中的事先控制模式，并不否定反垄断法适用的效果原则。对垄断协议和滥用市场支配地位的制裁，是建立在对这些行为对市场竞争的实际效果进行权衡基础之上的。我国《反垄断法》第 15

---

① 美国《谢尔曼法》第 1 条规定：任何契约、以托拉斯形式或其他形式的联合、共谋，用来限制州际间或与外国之间的贸易或商业，均为非法。任何人签订上述契约或从事上述联合或共谋，是严重犯罪。

条体现了这种效果权衡。由于某些行为促进竞争的效果不明显，或几乎没有这种有利影响，这些行为更容易被认定为应受制裁的行为，而有些行为则可能相反。在欧盟委员会的做法中，有些行为被推定为具有反竞争的效果。例如，拥有市场支配地位的企业要求其客户不能试用其竞争者的产品。① 但这种推定并不等于彻底否定效果评估。经营者集中的事先控制，是对经营者集中可能产生的效果进行评估，这种评估是一种对潜在效果的评估。我国《反垄断法》第 27 条反映了这种效果评估。

遵循效果原则的一个必然结果是，将反垄断行为与垄断效果区别对待。这意味着，一方面，某些行为既具有反竞争效果，也具有促进竞争效果；另一方面，行为的发生和效果的产生可能并不出现在同一时间、同一地域。在侵权法上，有侵权行为发生地和侵权结果发生地之分，例如河流上游的污染可能导致下游居民受到侵害。反垄断法上的效果原则也遵循同样的逻辑。这种垄断行为与垄断结果的分离，在经济全球化这一框架中，可能产生行为发生地与效果发生地分处不同国家的事实。

(三) 国内市场为核心

反垄断法意义上的相关市场，与一国国内市场是两个不同的概念，两者的区别体现在地域范围上，相关市场可能小于、等于或大于国内市场。在相关市场等于或小于国内市场的情况下，垄断行为对市场的反竞争效果仅限于一国属地管辖范围之内，该国对垄断行为、垄断效果及相关经营者拥有管辖权。在相关市场超出一国地域范围、横跨多个国家甚至是全球市场时，就会涉及多个国家的国内市场，垄断行为对市场的反竞争效果不再局限于相关企业所在国家，还扩大到其他国家。多个国家的多个企业达成垄断协议、从事经营者集中时，本身就涉及多个国家。对于涉及多国市场的垄断行为，相关国家在执行自己的反垄断法时，主要考虑垄断行为对本国市场竞争、对本国消费者利益角度的影响，国内市场成为反垄断执法中起决定作用的相关市场。

美国微软公司是一家主要生产计算机操作系统的公司，其窗口操作系统几乎占领全球，其相关市场是全球市场，当然也包括任何一国的国内市场。美国、欧盟、韩国、日本等对微软公司滥用市场支配地位分别采取了相应的制裁措施，但制裁措施仅针对各自国内市场（包括欧盟内部统一市场）。欧盟委员会要求微软公司在欧洲市场上提供的操作系统不应带有浏览器。2009 年 6 月，微软终于同意向欧盟市场推出不含浏览器的窗口操作系统。② 至于其他国家反垄断当局是否要求微软公司采取同样的措施，则不是欧盟委员会关注的内容。

自 2008 年我国实施《反垄断法》以来，反垄断执法机构审查的许多经营者集中案件都能体现反垄断法对国际经济活动调整的特点。例如，在中国商务部处理的"日本三菱丽阳公司收购璐彩特国际公司案"③ 中，三菱丽阳公司是一家日本公司，在世界许多国

① See Guidance on Commission's Enforcement priorities in Applying Article 82 of the EC Treaty of Abusive exclusionary Conduct by Dominant Undertakings, C 45/7, 24. 2. 2009, para. 22.

② See http://www.computerworld.com/action/article.do?command=viewArticleBasic&articleId=9134280&intsrc=news_ts_head, 2009 - 6 - 15 visited.

③ http://fldj.mofcom.gov.cn/aarticle/ztxx/200904/20090406198805.html, 2009 - 6 - 15 visited.

家有投资。璐彩特国际公司是一家英国公司，在中国上海设有一家独资公司。三菱丽阳公司拟收购璐彩特国际公司，于是向中国商务部提出了经营者集中申报。经中国商务部反垄断局审查后，于 2009 年 4 月 24 日作出有条件同意三菱丽阳公司收购璐彩特国际公司的决定。根据中国《反垄断法》第 27 条，中国商务部从如下几个方面对此项经营者集中进行了全面审查：(1) 参与集中的经营者在相关市场的市场份额及其对市场的控制力；(2) 相关市场的市场集中度；(3) 经营者集中对市场进入、技术进步的影响；(4) 经营者集中对消费者和其他有关经营者的影响；(5) 经营者集中对国民经济发展的影响；(6) 其他因素对市场竞争产生的影响。在相关市场方面，中国商务部认定，三菱丽阳公司和璐彩特国际公司的业务重叠主要是在甲基丙烯酸甲酯（MMA）这一产品的生产和销售上，本项集中的相关地域市场为中国市场。

中国商务部确认该集中将产生如下不利影响：从横向看，此次交易很可能会对中国 MMA 的有效竞争格局产生负面影响。双方合并后的市场份额达到 64%，远远高于位于第二的吉林石化和位于第三的黑龙江龙新公司。凭借在 MMA 市场取得的支配地位，合并后三菱丽阳公司有能力在中国 MMA 市场排除和限制竞争对手。从纵向看，由于三菱丽阳公司在 MMA 及其下游两个市场均有业务，交易完成后，凭借在上游 MMA 市场取得的支配地位，合并后三菱丽阳公司有能力对其下游竞争者产生封锁效应。

为了减少审查中发现的不利影响，中国商务部与集中双方就附加限制性条件进行了商谈。商谈中，中国商务部就审查中发现的问题，要求集中双方提出可行解决方案。集中双方对商务部提出的问题表述了自己的看法，并先后提出了初步解决方案及其修改方案。经过评估，中国商务部认为集中双方针对影响竞争问题提出的救济方案，可以减少此项集中产生的不利影响。中国商务部决定接受集中双方所做承诺，附加限制性条件批准此项经营者集中，具体条件如下。

第一，产能剥离。

璐彩特国际（中国）化工有限公司（以下简称璐彩特中国公司）将其年产能中的 50%剥离出来，一次性出售给一家或多家非关联的第三方购买人（“第三方购买人”），剥离的期间为五年。第三方购买人将有权在五年内以生产成本和管理成本（即成本价格，不附加任何利润）购买璐彩特中国公司生产的 MMA 产品，该成本价由独立审计师作年度核实。如果在剥离期限内产能剥离未能完成，集中双方同意商务部有权指派独立的受托人将璐彩特中国公司的 100%股权出售给独立第三方（“全部剥离”）。剥离应在拟议交易完成后的六个月内完成。如果璐彩特中国公司有合理理由提出延期申请，中国商务部有权将以上期限延长六个月（“剥离期限”）。

第二，独立运营璐彩特中国公司直至完成产能剥离。在自拟议交易完成至完成产能剥离或完成全部剥离期间内（“独立运营期”），璐彩特中国公司与三菱丽阳公司在中国的 MMA 单体业务将独立运营，分别拥有各自的管理层和董事会成员。在独立运营期内，集中双方将继续在相互竞争的基础上分别在中国销售 MMA，两家公司不得相互交换有关中国市场的定价、客户及其他竞争性信息。独立运营期内，集中双方违反承诺发生重大违反行为，应支付总金额介于人民币 25 万元和人民币 50 万元之间的罚款，具体金额由中国商务部根据相关重大违反行为的性质及其对中国市场竞争的影响决定。

第三，未经中国商务部事先批准，未来五年不再收购也不再建新厂。本案中，日本公司收购英国公司，产品的相关市场是跨国性的，包括英国和日本，中国也是这一市场的组成部分。但中国商务部在本案中关注的地域市场是中国市场。中国商务部对这项集中的审查集中于两公司合并后对中国市场竞争的影响，包括相关产品的市场份额、其他竞争者的市场份额、合并后拥有的市场支配地位、上下游市场间的关系等。在中国政府对这起并购附加的条件中，包括合并方向独立第三方的产能剥离。这种结构性救济措施的目的，就是保障中国市场的竞争。

又如，2019 年中国国家市场监督管理总局反垄断局附条件批准的“诺贝丽斯公司收购爱励公司股权案”①中，收购方诺贝丽斯公司与被收购方爱励公司分别设立在加拿大与美国，其最终控制人分别为印度铝工业公司和橡树资本管理有限合伙。诺贝丽斯公司主要在全球范围内从事铝压延产品制造和销售，爱励公司也专注于铝压延产品的制造和销售，在北美、欧洲和中国有生产设施。

2018 年 7 月 26 日，诺贝丽斯公司与出让方签署协议，收购爱励公司全部股份，9 月 30 日中国市场监督管理总局立案进行经营者集中反垄断审查。该案相关市场为中国的汽车车身铝薄板内板和外板市场。根据《反垄断法》第 27 条规定，中国市场监管总局从参与集中的经营者在相关市场的市场份额及其对市场的控制力、相关市场的市场集中度、集中对下游用户企业和其他有关经营者的影响等方面，深入分析了此项经营者集中对市场竞争的影响，认为此项集中对中国汽车车身铝薄板内板和汽车车身铝薄板外板市场可能具有排除、限制竞争效果。

审查过程中，中国市场监管总局与申报方就如何减少此项经营者集中对竞争产生的不利影响等有关问题进行了多轮商谈。根据申报方提交的限制性条件建议最终稿，中国市场监管总局决定附加限制性条件批准此项集中，要求诺贝丽斯公司、爱励公司及集中后实体履行如下义务：（1）剥离爱励公司在欧洲经济区内全部的汽车车身铝薄板内板和外板业务，剥离内容包括相关设施、人员、知识产权和其他有形及无形资产。（2）在中国，集中后实体将不会向任何在汽车车身铝薄板市场开展业务的竞争者供应冷轧板。

从反垄断执法的对象看，该案中的经营者设立地均在中国境外，资本来源、控制人、生产经营、销售市场等方面具有跨国性、全球化的特点。中国反垄断执法机构立足于该经营者集中对中国相关商品市场的竞争影响，认为中国汽车车身铝薄板内外板市场均为高度集中市场，诺贝丽斯公司具有市场支配地位，该并购交易将导致市场集中度进一步提高；爱励公司在中国汽车车身铝薄板内外板市场的销售主要从欧洲进口，原本有动机在中国设厂生产而对诺贝丽斯公司形成重要竞争约束，然而一旦该交易达成则会消除该竞争约束，进一步加强集中后实体单方面排除、限制竞争的可能性；若该交易达成，集中后实体很可能在中国生产冷轧板，如果供应给竞争者，则可能增加两者在中国市场共同排除、限制竞争的可能性；该相关市场的进入壁垒很高，而一旦交易达成，则集中后实体在产品技术、长期认证、客户关系方面可能进行整合，增加其他经营者进入相关市场的难度。针对上述问题，反垄断执法机构与集中方进行商谈，在最终采纳的限制性条

① http://www.samr.gov.cn/fldj/tzgg/ftjpz/201912/t20191220_309365.html，最后访问时间：2021 年 8 月 3 日。

件中既包括剥离集中方在中国境外的相关业务，也包括集中方承诺在中国市场不从事特定类型业务和行为。因此无论是从被审查的主体及其生产经营、市场范围来看，还是从反垄断执法中的集中申报、竞争性评估、附加限制性条件等均体现了立足于本国市场对国际经济活动调整的特征。

以国内市场为核心的反垄断执法，关注垄断行为对本国市场竞争产生的影响，并据此采取相应的反垄断措施。这就可能造成同一行为面对多个不同管理机构审查和制裁的情形，导致管辖冲突及可能的多重制度。

（四）反垄断法的域外适用

许多国家的反垄断立法中，大都有反垄断法域外适用的规定。这些规定，或者从正面肯定反垄断法的域外适用效力，或者从反面例外性地规定反垄断法的域外效力。

我国《反垄断法》第 2 条是对该法适用范围的规定，该条明确规定了该法的域外适用效力："中华人民共和国境内经济活动中的垄断行为，适用本法；中华人民共和国境外的垄断行为，对境内市场竞争产生排除、限制影响的，适用本法。"德国《反对限制竞争法》第 130 条第 2 款也直接规定了该法的域外适用效力："本法适用于一切在本法适用范围内产生影响的限制竞争行为，限制竞争行为系本法适用范围以外的原因所致的，亦同。"《罗马尼亚竞争法》第 2 条规定："本法的规定适用于对竞争造成或可能造成限制、阻碍或者扭曲影响的行为，其行为主体包括：（1）企业或企业团体，其中包括私人或法人实体，本国或外国的，不论其国籍或公民权……（3）本法规定适用于发生在罗马尼亚境内外对罗马尼亚境内有影响的第（1）款所规定的行为。"

《芬兰竞争法》则代表了另外一种立法模式："除非国会另有规定，本法不适用于对芬兰境外竞争的限制，只要这种限制并不损害芬兰消费者的利益。按照芬兰与外国达成的协议，或者为了保护芬兰的对外贸易，国会可以把本法的效力延伸至国外的限制竞争行为。"①

在美国，反垄断法的域外适用是由美国法院通过判例确立的。在美国联邦第二巡回法院审理的"美国诉美国铝公司案"的判决中，法官指出，《谢尔曼法》适用于外国企业在美国境外订立的协议，如果其"意图是影响对美国的出口，且事实上影响了对美国的出口"②。该案也是确立美国反垄断法效果原则的案例。由此可以看出，反垄断法的效果原则与反垄断法的域外适用有着密切的联系。美国国会 1982 年通过了《对外贸易反托拉斯修订法》，该法被认为是对域外管辖权的否定，但存在例外。③ 根据该法，"《谢尔曼法》不适用于与外国的贸易（进口贸易除外），除非该行为对下述贸易具有直接的、重大的且可合理预期的影响，且该影响引起根据本法（而非本节）的诉求：（1）不是与外国

---

① 全国人大常委会法制工作委员会经济法室编：《中华人民共和国反垄断法：条文说明、立法理由及相关规定》，9～10 页，北京，北京大学出版社，2007。

② United States v. Aluminum Co. of America, 148 F. 2d 416 (2nd Cir. 1945). 转引自王晓晔：《我国反垄断法的域外效力》，载中国社会科学院国际法研究中心主办：《国际法研究》，第 2 卷，206～207 页，北京，中国人民公安大学出版社，2008。

③ See Herbert Hovenkamp, *Federal Antitrust Policy: The Law of Competition and its Practice*, 3rd edition, Thomson/West 2005, p. 767.

贸易的贸易，或与外国的进口贸易；（2）在美国从事的与外国的出口贸易。如果本法仅因为出口贸易行为而适用，则该适用仅限于对美国的出口商业造成侵害的行为。”《对外贸易反托拉斯修订法》没有包括进口贸易，因而，进口贸易仍适用“美国诉美国铝公司案”确定的效果原则来确定是否域外适用。①

欧盟的反垄断法立法没有反垄断法域外适用的明确规定。但在实践中，欧盟委员会实际上根据效果原则对境外主体的行为适用反垄断法。欧盟委员会 1997 年干预美国波音公司和麦道公司合并，被认为是域外适用反垄断法。② 除此之外，欧盟法院也曾依据“单一经济体”理论，将欧盟反垄断法适用于位于欧盟境外的外国公司。根据这一“单一经济体”理论，如果位于欧盟境外的外国公司与位于欧盟境内的该外国公司的子公司之间存在有效的控制关系，则该外国公司应对其子公司的行为承担责任。③ 换言之，子公司受欧盟反垄断法的管辖，外国公司因与子公司间的控制关系，也受欧盟反垄断法的管辖。

在执法方面，由于世界各国的政治制度、法律传统、政府结构不同，世界各国的反垄断执法机制也表现出不同的模式。美国反垄断执法机制是美国联邦法院为主的一种制度，司法部反垄断局主要以原告的身份向法院提起诉讼，指控企业违反垄断法。美国联邦贸易委员会虽然自己可以作出裁决，但法律标准仍然严格适用法院确定的标准。在欧盟，欧盟委员会主要负责反垄断执法，尽管当事人可以向欧盟法院提起诉讼，但其行政主导性非常强。中国也采取了行政执法为主、法院监督审查的执法体系。不同的执法体系，导致了反垄断法的域外适用的不同做法。

美国司法部 1988 年发布了《国际经营反托拉斯执法指南》。1995 年美国司法部与联邦贸易委员会共同发布了《国际经营反托拉斯执法指南》。④ 该指南说明了主管机构对美国之外的行为和实体的标的管辖权以及这些机构决定行使管辖权的各种考虑、问题、政策和程序。此外，美国司法部还与其他一些国家或地区的反垄断当局签订了反垄断执法合作的协定，甚至在美国与其他国家签订的《自由贸易协定》中包括反垄断执法的合作安排与要求。

第二节　反垄断法域外适用的冲突及协调

一、管辖权冲突

反垄断法的域外适用，是各国行使主权的结果。而经济主权是国家主权的组成部分。

① See Herbert Hovenkamp, *Federal Antitrust Policy: The Law of Competition and its Practice*, 3rd edition, Thomson/West 2005, p. 768.

② 参见王晓晔：《我国反垄断法的域外效力》，载中国社会科学院国际法研究中心主办：《国际法研究》，第 2 卷，204 页，北京，中国人民公安大学出版社，2008。

③ 参见吴振国：《〈中华人民共和国反垄断法〉解读》，76 页，北京，人民法院出版社，2007。

④ 参见尚明主编：《主要国家（地区）反垄断法律汇编》，282～318 页，北京，法律出版社，2004。

1974 年联合国大会通过了《各国经济权利和义务宪章》，更加明确了国家经济主权的内涵。"每个国家都享有独立自主的和不容剥夺的权利，可以根据本国人民的意愿，不仅选择本国的政治、社会和文化制度，而且选择本国的经济制度，不受任何形式的外来干涉、压制和威胁。""每个国家对本国的全部财富、自然资源以及全部经济活动，都享有并且可以自由行使完整的、永久的主权，其中包括占有、使用及处置的权利。""所有国家在法律上一律平等；并且作为国际社会的平等成员，有权充分地和切实有效地参加解决世界性的经济、财政金融以及货币等重要问题的国际决策过程；特别是有权通过相应的国际组织，并遵循这些组织的现行规章或逐步改善中的规章，参加这种国际决策过程，并且公平地分享由此而来的各种效益。"

独立自主性和最高权威性，构成了国家主权的核心要素。① 国家在行使主权时，对其管辖范围内的人或事享有管辖的权力。管辖权是一国行政机构或法院管制和处理相关人或事项的内在权力，是国家行使主权的内在组成部分。在国际法上，管辖权是国家依据国际法，对其领域内的一切人、物或所发生的事件，以及对在其领域外的本国人行使管辖的权力。对其领域内的一切人、物或所发生的事件行使管辖，称为属地管辖；对其领域外的本国人行使管辖，称为属人管辖。对境外的犯罪进行管辖（保护性管辖）和对某些特定的国际罪行进行管辖（普遍性管辖），是国际法中常见的两种域外管辖形式。②

反垄断法的域外适用或管辖，不同于传统国际法上的保护性管辖和普遍性管辖。它是以企业反垄断行为对本国市场竞争的影响为依据而实施的一种管辖，其国际法规则上的依据是上述的国家享有的经济权利，对本国的"全部经济活动"享有的完整主权。在经济全球化时代，一国经济与其他国家的经济更大程度上融为一体，企业市场或产品市场已经不再限于本国境内的特定地区或全部境内，而是扩大到其他国家境内，形成全球统一市场。企业越来越跨国化，某些企业在全球市场上拥有举足轻重的地位，从而能够对某些国家境内市场产生重大影响。跨国公司组成部分间的密切联系、组织结构、资本纽带和集中管理，削弱了公司国籍的作用。单一体论和效果论成为跨国公司对反竞争行为承担责任的依据。③ 这种生产过程多国化、多国市场一体化、境外公司境内化、行为效果外溢化，为调整市场竞争和市场秩序的反垄断法的域外适用提供了事实基础和经济基础。而国家对经济活动的主权为反垄断法的域外适用提供了权力基础。

与此同时，国家主权的平等、独立、至上，在赋予反垄断法域外适用效力的同时，也引起了各法域执法的冲突。首先，各国反垄断法的规定并不统一，立法宗旨、政策目标、实体标准等方面存在差异，法律传统、法律技巧和法律素质引发执法人员对同一问题的理解上的偏颇；其次，各国反垄断法的执法程序不统一，时间框架不同、提交文件不同、使用语言不同，使相关企业难于应付，成本增加，而一国执法的否定结果可能影响企业的全球布局和规划；最后，本国市场至上的执法理念与指导思想，不可避免地带有境内市场保护的因素，导致各法域执法机关可能得出相互矛盾的处理结果，导致企业

---

① 参见黄仁伟、刘杰：《国家主权新论》，142 页，北京，时事出版社，2004。

② 参见程晓霞、余民才主编：《国际法》（第三版），52 页，北京，中国人民大学出版社，2008。

③ 参见余劲松：《跨国公司法律问题专论》，155～161 页，北京，法律出版社，2008。

不知所措。

二、 反垄断法域外适用的协调

像世界贸易组织规定的贸易法那样，建立一套统一的反垄断规则，对于促进反垄断执法的协调与统一，是非常有利的。但这一目标，目前不被世界各国政府看好。国外学者曾提出过建立世界统一反垄断法的建议，并提交给当时的关税与贸易总协定，但没有获得响应。① 世界贸易组织 1996 年部长会议曾经确立了竞争议题，但在多哈回合谈判中被放弃。在美国和欧盟的倡导下，一些国家和地区的竞争机构组成了一个非正式的组织国际竞争网络②，建立这一网络的目的是解决反垄断执法和政策问题，促进反垄断政策在世界范围内的协调，保护消费者和经营者的利益。国际竞争网络通过项目的形式，进行专题研究，旨在取得反垄断法实体和程序问题的共识。经济合同与发展组织多年来一直推动、倡导国际竞争政策的统一，并制定了《竞争示范法》供相关国家特别是发展中国家参考，但该组织并没有致力于法律意义上的反垄断法的统一。

就各国政府来说，由于各国的反垄断法本身、执法模式等存在不同，发展中国家大都面临着发展本国产业的任务和目标，作为反垄断法发源地的美国不想为了迎合一些国家的要求而降低自己的反垄断法标准，因此，各国政府缺乏制定统一反垄断法的意愿。反垄断执法中的冲突主要通过政府自己或双边合作机制来解决。

(一) 维护国家利益、坚持管辖主权

坚持国家主权、维护国家利益是处理反垄断法域外适用问题应遵循的最根本原则。是否行使域外管辖、如何行使域外管辖、与其他国家如何进行协调合作、如何处理境外企业反垄断行为给国内市场竞争造成的不利影响，均考虑国家利益并将国家利益作为处理反垄断法域外管辖问题的指导原则。在国家主权赋予国家政府管理经济活动权力的前提下，由国家政府根据国家利益原则决定是否克制行使这一权力。迄今为止，在反垄断法领域，还不存在各国反垄断法与之适应的反垄断法体系，也不存在各国反垄断机构必须遵循的国际规范。国家主权和国家利益，要求国家反垄断机构对影响国内经济活动的反垄断行为行使管辖权。

与反垄断法域外适用有关的国家利益，主要体现为境外企业的行为对境内市场竞争造成了不利影响，也包括阻碍或排除境外产品或服务的进口，还包括阻碍或排除境内产品（包括服务）的出口。在进出口方面，存在相应的贸易救济制度，但这些制度并不替代反垄断法的适用。不过，在上述三个方面，境外反垄断行为的影响程度有所不同。境外反垄断行为如果影响到境内市场竞争或进口贸易，这种影响是直接的，其效果是明显的。但对出口贸易的影响，则可能没有那么直接。美国 1982 年《对外贸易反托拉斯修订法》针对对外贸易提出了“直接、重大和可预期的影响”的要求。只有境外企业反竞争

---

① 参见王晓晔：《欧共体竞争法》，495 页，北京，中国法制出版社，2001。

② 参见 http://www.internationalcompetitionnetwork.org/，最后访问日期：2022 年 3 月 3 日。

行为对美国企业出口的影响是“直接、重大和可预期时”，美国才会行使管辖权。① 因此，“直接、重大和可预期的影响”并非所有反垄断法域外适用所应遵循的规则，但国内市场、进口贸易除外。

（二）国际礼让

反垄断法的域外适用，必然涉及国与国之间的关系。“考虑国与国之间的关系主要应该从国家自身的战略利益出发。着眼于自身长远的战略利益，同时也尊重对方的利益，而不去计较历史的恩怨，不去计较社会制度和意识形态的差别，并且国家不分大小强弱都相互尊重，平等相待。这样，什么问题都可以妥善解决。”② 既考虑自己的利益，又尊重其他国家的利益，这一原则要求境内国家在决定是否实施反垄断法的域外适用时，不能只考虑自己的利益，毫无例外地、绝对性地行使反垄断法的域外管辖权，而是在某些情形下克制行使域外管辖权。国际礼让就是避免管辖权冲突的一种方法。美国司法部和联邦贸易委员会在其发布的《反托拉斯法国际适用指南》中，规定在执行反垄断法中，应考虑国际礼让。

根据上述《反托拉斯国际适用指南》，在确定是否主张管辖权或是否提起诉讼时，或寻求特别救济时，应考虑外国主权的重大利益是否受到影响。在进行礼让分析时，美国联邦机构应考虑所有相关因素，其中包括下列因素：（1）被指控的违法行为，与境外相比，在美国的相对重要性；（2）行为人或受该行为影响的人的国籍；（3）影响美国消费者、市场或出口商的目的存在与否；（4）该行为对美国的效果与在境外的效果相比的相对重要性及可预期性；（5）存在受该行为加强或阻止的合理预期；（6）与外国法或外国经济政策的冲突程度；（7）受另一国家对同样的人执法活动影响的程度，包括这些活动所导致的救济；（8）与美国执法措施相比，外国执法的有效性。上述每一因素的相对重要性依赖于每一案件的事实和情形。联邦机构也会考虑，主张适用美国法所寻求获得的目标，是否能够通过外国执法的某一特定程序（a particular instance）实现。联邦机构可能与有利害关系的外国主权国家通过适当的外交渠道进行磋商，以努力消除在美国的反竞争效果，代替提起执法诉讼。

国际礼让既是对平等主权的尊重，又是国家利益考虑的结果。在国际民事诉讼制度中，不方便法院原则亦起到类似的作用。

（三）国家行为与国家豁免

反垄断法主要规范企业的垄断行为。在少数国家的反垄断法中，也规范行政机关滥用行政权力排除、限制竞争的行为。例如，我国《反垄断法》第五章即规定了这方面的内容。“虽然从理论上和国际通行做法看，行政性限制竞争主要不是由反垄断法解决的问

① 这种不利影响，与世界贸易组织《补贴与反补贴协议》采取的方法是一致的。根据这一协议，任何成员均不得通过提供补贴对其他成员的利益造成不利影响。该不利影响包括三个方面：第一，损害另一成员的国内产业；第二，使其他成员根据《关税与贸易总协定》直接或间接获得的利益丧失或受损，特别是约束关税减让的利益；第三，严重侵害另一成员的利益（主要指在出口市场中的受损）。

② 《邓小平文选》，第3卷，330页，北京，人民出版社，1993。

题，反垄断法也很难从根本上解决这个问题。但是，从我国实际出发，在反垄断法这一保护竞争的专门性、基础性法律中对禁止行政性限制竞争作出明确、具体的规定，既表明国家对行政性限制竞争的重视和坚决反对的态度，又能够进一步防止和制止行政性限制竞争的行为。"① 应当看到，一国反垄断法对本国行政机关行政性限制竞争行为的规范，并不等于一国反垄断法对其他国家行政机关行政行为的规范，即使该行为是限制竞争行为。国家主权赋予了政府管制经济活动的权力，包括禁止、限制贸易、限制竞争的权力。

一国对另一国实施贸易制裁或贸易禁运，直接影响被制裁或被禁运国境内的经济活动和市场竞争。这种行使政府主权的限制竞争行为，或称政府行为，在国际法上，享有不受其他国家管辖的豁免权。因此，反垄断法的域外适用原则上不应包括政府行为。

2004 年联合国大会通过了《联合国国家及其财产管辖豁免公约》。该公约确立了限制豁免或相对豁免的原则。国家的非主权行为，不适用豁免。以国家的名义进行的商业交易，不适用豁免。国家可以通过明示或默示的方式放弃豁免权。

国有企业能否享有豁免权，关键是看其是否有权行使且实际行使国家的主权权力。《联合国国家及其财产管辖豁免公约》第 2 条规定了可以享有豁免的主体。除国家及政府机关外，有权行使且实际行使国家的主权权力的"其他实体"也包括在这一主体范围中。国有企业如果仅是作为一个商业实体而存在，不享有类似颁发政府许可等权力，应无权享有豁免权。

（四）国际协调与合作

1. 概述

反垄断法的域外适用、反垄断法的不统一导致反垄断执法存在国际上的困难。特别是在执法程序、执法效率方面，迫切需要各国的相互合作与协调。而企业面临的多头监管、无所适从的窘境，以及由此引起的成本负担和经营的不确定性，也需要保障企业利益的国家政府进行协调与合作。

OECD 自 1967 年以来一直从事反垄断合作的推荐意见的制定工作，1995 年对其进行了修订。各国反垄断法执法机关通过双边或多边的形式进行合作，促进共识，提供帮助。1991 年美国与欧共体签订了合作协议，2002 年又签订了新的合作协议。美国与其他有关国家、其他有关国家相互之间也签订了类似的合作协议。2001 年 7 月，欧共体委员会禁止了美国竞争当局批准的 GE/Honeywell 的合并。这一结果引起了美国竞争当局的震惊和愤慨。美国由此得出教训："光有合作是不够的"②，并加紧了竞争政策共识的促进。在美国竞争当局的推动下，促进竞争政策共识的国际竞争网（International Competition Network）成立了。国际竞争网是没有永久办事机构的、非正式的、项目导向的基

---

① 曹康泰 2006 年 6 月 24 日在第十届全国人民代表大会常务委员会第二十二次会议上所做《关于〈中华人民共和国反垄断法（草案）〉的说明》。

② Charles A. James, "International Antitrust in the 21st Century: Cooperation and Convergence", October 17, 2001, available at http://www.doj.gov.

于共识的网络，解决共同感兴趣的反垄断执法和政策问题，通过以取得结果为目的议程和结构，制定程序和实体共识建议。[①] 该网络由有关国家竞争机构轮流主持，成立专门工作组研究具体问题，是一个“就实质问题和程序问题达成共识的场所”[②]。

2. 反垄断执法合作协议

反垄断执法机关的合作，最初主要是通过执法机关间签订合作协议进行的。随着自由贸易协定纳入竞争内容，反垄断执法合作问题也成为自由贸易协定的组成部分。美国与澳大利亚分别于 1982 年和 1999 年签署了反垄断执法合作协议，并于 2004 年签署了《自由贸易协定》。[③] 此处以美国与澳大利亚间反垄断合作为例进行说明。

《1982 年美澳反垄断合作协议》承认美国反垄断法和政策反映的利益和澳大利亚反垄断法和政策反映的利益存在冲突，认为有必要在互相尊重主权、适当礼让的基础上解决这些冲突，政府间的磋商有助于解决这些冲突，希望建立一个适当的双边磋商框架，同时考虑在没有利益冲突的情况下进行执法合作。该协议规定了通知、磋商、保密、磋商后程序、反垄断执法合作以及在美国的私人反垄断诉讼六个方面。同时，美澳双方签订的《1999 年美澳反垄断执法互助协议》，旨在通过在互惠基础上的合作与相互援助，提高反垄断执法效率。该协议包括定义、帮助对象和范围、帮助请求、拒绝帮助情形、请求的实施、保密、证据使用的限制、适用法律的法律通知、证言与书面证据、搜查和没收、反垄断证据的返还、成本、协议的生效和终止共十三个条款。

2004 年签署、2005 年生效的《美国与澳大利亚自由贸易协定》（以下简称《美澳自贸协定》）是一个内容广泛的协定，除传统贸易的内容外，也包括与竞争有关的事项。该协定认为，在与竞争有关的事项方面进行合作，实施促进经济效率和消费者福利的政策，有助于保障整个协定所追求的利益。该协定在反垄断方面的内容主要包括下述几个方面：第一，竞争法和反竞争商业行为，主要规定各国均应维持反垄断机制，进行合作；第二，垄断机构的指定，认可各国的这一指定权利，同时要求该类机构在商业基础上运营；第三，国有企业及相关事项，不受政府行为原则保护的企业行为，受反垄断法调整；第四，允许地区差价；第五，政策透明度；第六，有关竞争方面的争议不得诉诸该协定规定的一般争端解决程序。

《1982 年美澳反垄断合作协议》主要涉及政策的通知，而《1999 年美澳反垄断执法互助协议》则扩大到证据交换、帮助搜集证据等领域。《美澳自贸协定》规定，在合作方面，以前两项协定为基础加强合作，该合作可包括一方政府应另一方政府要求采取执法行为或扩大执法行动。同时，《美澳自贸协定》从更宏观的政策角度，规定了协定各方指定或维持垄断企业和国有企业的权力及对这些企业的要求。这样的规定，对于处于经济转型期的国家来说，更有意义。在维持反垄断执法机制问题上，《美澳自贸协定》规定了国民待遇或不歧视待遇的要求。同时，该协定还规定了执法程序中的正当程序要求，包

① See Memorandum on the Establishment and Operation of the International Competition Network.

② Charles A. James, “International Antitrust in the 21st Century: Cooperation and Convergence”, October 17, 2001, available at http://www.doj.gov.

③ 相关文件见 http://www.usdoj.gov/atr/public/international/int_arrangements.htm。

括提供证据的机会、听证的机会、质证证人的机会、司法审查等。这种反垄断执法机制的要求，远远超出双边执法合作协议许可的程度。

3. 反垄断执法合作的内容

根据美国与澳大利亚签署的反垄断执法合作协议以及美国与欧共体签署的反垄断执法合作协议，反垄断执法合作的内容可以概括为下述几个主要方面。

（1）政策、法律和执法行为通知。此类通知是双边执法协议的最主要内容。如果协定一方认为其反垄断法政策、法律可能对另一方具有影响，该方应尽可能快地通知对方。

（2）反垄断执法措施前的磋商。包括反垄断调查程序、反垄断诉讼程序发起之前的磋商。磋商是双边执法合作协议的重点。磋商主要是进一步明确可能受执法措施影响的方面，尽可能避免双方法律、政策和国家利益的冲突，并以此为目的适当尊重对方主权、适当给予礼让。《1982年美澳反垄断合作协议》要求，双方磋商应考虑一方执法对另一方利益的损害，最大限度地考虑修改、克制、终止反垄断执法措施，对与澳大利亚自然资源出口有关的行为给予重点考虑。如果磋商后不能达成避免冲突的方法，每一方可自由保护其适当利益。

（3）反垄断执法合作。如果一方的反垄断执法没有对另一方产生不利影响，各方应在各自法律许可的限度内提供信息、行政或司法协助，进行合作。单纯要求提供信息或文件不应视为产生不利影响。一方发现另一方境内存在的反竞争行为可能影响自己的利益，可以要求对方发起适当的反垄断执法程序。

（4）证据方面的合作。在互惠基础上，进行证据搜集方面的合作，包括提供语言、获取文件、确定人物位置、进行搜查等。提供的证据仅可用于反垄断执法。对于超出合作协定的范围、超出国内法允许的范围、超越反垄断执法机构的权限或者违反公共利益的帮助请求，不予满足。

（5）信息保密要求。通过通知或磋商提供的信息和文件，除非提供方同意披露，均应予以保密。提供证据的要求及根据该要求提供的证据，均应予以保密。未经许可披露或使用保密信息，应及时通报，并可据此终止合作。

（6）避免反垄断执法中的利益冲突。在反垄断执法中应考虑对方的重要利益。在对是否发起调查或程序、调查范围大小、救济或处罚性质等作出决定时，应考虑对方的重要利益。在一方执法活动可能影响对方重要利益时，应比较执法一方境内反竞争活动的不利影响与另一方境内反竞争活动的不利影响、一方执法活动与另一方法律政策一致性的程度以及另一方对同一反竞争活动执法的程度。一方可请求另一方发起反垄断调查、对反垄断行为予以救济；在被请求方采取反垄断执法措施期间，提出请求的一方可延缓或中止反垄断执法，但有权之后发起或恢复反垄断执法。

问题与思考

1. 反垄断措施与贸易救济措施有何不同？
2. 如何理解反垄断法域外适用的法理基础？
3. 如何理解国家间的反垄断执法合作与尊重国家主权的关系？

PART SIX

6

|第六编|

国际税法

第十七章
国际税法概述

本章概要

本章主要讨论国际税法的概念和法律渊源，以及国际税法的功能与作用。在直接税领域，国际税法的法律渊源包括国内税法和以避免双重征税协定为主要表现形式的国际税收协定。国际税法要解决的主要问题有双重征税和国际避税，而这些问题的产生也与税收管辖权相关。税收管辖权可分为属人管辖权和属地管辖权两类。国内税法和避免双重征税协定也提供了消除双重征税和防范国际避税的相关机制。

关键术语

国际税法　居民税收管辖权　来源地管辖权　法律性双重征税　经济性双重征税　避免双重征税协定

第一节　国际税法的概念和法律渊源

一、国际税法的概念

本书首先将“国际税法”中“税”的范围限定在直接税（所得税）领域。理论上，税种可分为直接税和间接税两类。凡税负不能转嫁于他人，需由纳税人直接承担税负的税种，为直接税，如各类所得税。凡税负可以转嫁于他人，纳税人只是间接承担税负的税种，为间接税，如各类商品税。① 现实中，国内法通常是针对直接税和间接税分别立法。② 有关直接税和间接税的既有国际规则也是分别自成一体的。比如，在间接税领域，世界贸易组织下的GATT1994涉及WTO成员的关税减让。在直接税领域，则有专门的避免双重征税协定。GATT1994是一套多边法律制度，而避免双重征税协定则以双边为

---

① 参见张守文：《税法原理》，6版，15页，北京，北京大学出版社，2012。

② 以我国为例：直接税领域的立法有《企业所得税法》和《个人所得税法》；间接税领域中的关税在《海关法》第五章中有规定，增值税则有国务院制定的《增值税暂行条例》。

主。鉴于直接税和间接税本身的课税原理存在差异[①]，以及各自存在独立的法律规则，本书将集中讲授直接税（所得税）领域的国际税法问题。

本书也将国家间的税收分配关系和国家与跨国纳税人之间的税收征纳关系都包括在国际税法的范畴之内。或者说，国际税法是调整直接税领域的国家间税收分配关系以及国家和跨国纳税人之间的税收征纳关系的国际规范和国内规范的总称[②]，即由有关的国内法和国际法规范共同组成的综合性的法律体系。[③] 虽然从学理上把国际税法的范畴限定在调整国家间税收分配关系的国际法渊源并非不可，但从解决实际问题的角度来看，将这方面的国际法规范和国内法规范综合起来探讨更为恰当。

在直接税领域，一国主张居民税收管辖权时意味着本国居民的境内外全部所得都要向该国纳税，而该国居民的境外所得也可能被境外所得来源国课税（即面临来源地税收管辖权），这就产生了双重征税问题。[④] 双重征税是国家根据其国内法行使税收管辖权的结果，也会对纳税人的跨境经济活动产生不利影响。尽管一国可以采取单边措施消除双重征税[⑤]，但双重征税的产生与至少两个国家的税收管辖权有关，涉及国家间的税收利益分配，因此通过国家间的机制（比如避免双重征税协定）来消除双重征税也有其必要性。此外，协调国家间税收分配的国际法规范的具体实施也离不开国内法规范。比如，避免双重征税协定要求缔约国采用免税法来消除本国居民境外所得的双重征税，但如何具体实施免税法（比如哪些所得被归属为境外所得以及境内所得适用的税率等）则需要根据缔约国的国内法确定。

二、国际税法的法律渊源

国际税法的法律渊源包括国内法规范和国际法规范两个层面。

（一）国内法规范

国内法规范是各国有关所得税的法律规则。以我国为例，有《企业所得税法》和《个人所得税法》。这两部法律均规定对居民纳税人的全球所得和非居民纳税人来源于我国境内的所得课税。我国的《税收征收管理法》则适用于所得税（也包括其他间接税）的课征。[⑥] 除法律之外，我国还有相关的行政法规，比如国务院制定的《企业所得税法实施条例》《个人所得税法实施条例》《税收征收管理法实施细则》。此外，在英美等国，

① 比如，关税是针对货物的征税，只要确定了产品的分类、估价和原产地三个要素，关税就能够正确征收。所得税是对纳税人的纯收入课税，计算复杂，管理相对困难，征税成本也高于间接税。

② 参见杨紫烜主编：《经济法与国际经济法概论》，453页，北京，北京大学出版社，1997。

③ 参见廖益新主编：《国际税法学》，9页，北京，北京大学出版社，2001。

④ 现实中享有税收管辖权的主体并不局限于主权国家，也包括特定的地区。比如，我国《香港特别行政区基本法》第108条规定，香港特别行政区实行独立的税收制度，香港特别行政区自行立法规定税种、税率、税收宽免和其他税务事项。本书中出现“国家”的用语时，并不表明将特定地区认定为主权国家。

⑤ 比如，居民国采用免税法从而放弃对本国居民纳税人境外所得的征税权，这样该国居民的境外所得只被来源国征税。

⑥ 不过，根据《海关法》第53条，关税由海关征收。

判例也是其法律渊源。我国并非判例法国家。不过，我国最高人民法院自2010年起开始相继发布指导性案例。根据《最高人民法院关于案例指导工作的规定》第7条，最高人民法院发布的指导性案例，各级人民法院审判类似案例时应当参照。

(二) 国际法规范

避免双重征税协定是国际税法的国际法规范的主要组成部分，其主要功能是消除双重征税和防止逃税与避税。此外，相关国家或地区之间还可就税收情报交换和税收协助等事项缔结专门的协定。以我国为例，截至2018年12月12日，我国已对外正式签署107个避免双重征税协定，其中100个协定已生效。我国还与巴哈马等10个国家或地区签署了专门的税收情报交换协定。我国也参加了《多边税收征管互助公约》。《企业所得税法》第58条规定："中华人民共和国政府同外国政府订立的有关税收的协定与本法有不同规定的，依照协定的规定办理"。

需要指出的是，实践中还存在国际税收协定的范本（model），比如经济合作与发展组织（OECD）关于避免双重征税的协定范本（OECD Model Tax Convention on Income and on Capital，以下简称OECD范本）、联合国关于发达国家和发展中国家间避免双重征税的协定范本（United Nations Model Double Taxation Convention between Developed and Developing Countries，以下简称UN范本）。此外，有的国家也有自己的避免双重征税协定范本（比如美国的US Model Income Tax Convention），主要用于在谈判税收协定时提供给对方国家。税收协定范本本身并没有法律效力。不过，现实中的避免双重征税协定也多以OECD范本为基础，UN范本也遵循OECD范本的体例。① OECD范本草案是1963年出台的，UN范本是1980年出台的。两个范本随后都不断进行更新。最新的OECD范本和UN范本都是2017年版的。由于避免双重征税协定是税收协定的主体，为叙述简便，除非另有说明，本书随后部分所讲的税收协定通常指避免双重征税协定。

第二节 国际税收问题与国际税法的功能

一、国际税收问题

国际税法要处理的是国际税收问题。国际税收问题源起于各国在所得税领域的税收管辖权，由此产生了双重征税、避税和逃税、税收争端等方面的问题。

(一) 税收管辖权

税收是国家取得财政收入的一种主要手段。国家之所以能够征税是因其享有税收管辖权（tax jurisdiction）。税收管辖权是指一国自主决定对什么人征税、征收什么税和征

① 参见［美］阿诺德、麦金太尔，国家税务总局国际司译：《国际税收基础》，2版，179页，北京，中国税务出版社，2005。

收多少税的权力，是国家主权在税收领域内的体现。在所得税领域，税收管辖权可分为属人管辖权和属地管辖权两类。

1. 属人管辖权

属人管辖权是一国基于纳税人与其人身方面（personal attachment）的连接点而对纳税人的境内外全部所得（全球所得）课税。在属人管辖权下，纳税人承担的是无限纳税义务（full or unlimited liability）。属人管辖权又可分为公民税收管辖权和居民税收管辖权。

（1）公民税收管辖权。

公民税收管辖权实际上就是国籍管辖权，即按照自然人的国籍确定纳税人的身份。美国是实行公民税收管辖权的代表。在 Cook v. Tait 案中，美国公民 Cook 在墨西哥定居，其所得都来自墨西哥，并没有源于美国的所得，但税务机关依然要求 Cook 缴纳所得税。美国最高法院支持了税务机关的主张。①

不过，实践中采用公民税收管辖权的国家很少，毕竟所得税关注的是纳税人的经济活动所得。Cook v. Tait 案表明，如果一国采用公民税收管辖权，是无法对在当地定居的外国人的全球所得课税的，即使这种情况下外国人的经济活动与所得和定居地密切相关且与当地的公民没有实质区别。因此，大多数主张属人管辖权的国家采用的是居民税收管辖权。

（2）居民税收管辖权。

居民税收管辖权不以纳税人的国籍作为对其全球所得课税的连接点，而是看其是否具有居民身份。在纳税人居民身份的判定方面，针对自然人、企业或其他组织的判定标准也有所不同。

自然人居民的判定标准一般有住所标准和停留时间标准。比如，我国《个人所得税法》第 1 条规定："在中国境内有住所，或者无住所而一个纳税年度内在中国境内居住累计满一百八十三天的个人，为居民个人。居民个人从中国境内和境外取得的所得，依照本法规定缴纳个人所得税"。因此，我国对于居民身份的判定存在两个标准，纳税人满足其中之一即可成为我国税法上的居民。对于何为"住所"，根据《个人所得税法实施条例》第 2 条的解释，是指因户籍、家庭、经济利益关系而在中国境内习惯性居住。此外，根据《个人所得税法实施条例》第 4 条，在中国境内无住所的个人，在中国境内居住累计满 183 天的年度连续不满 6 年的，经向主管税务机关备案，其来源于中国境外且由境外单位或者个人支付的所得，免予缴纳个人所得税；在中国境内居住累计满 183 天的任一年度中有一次离境超过 30 天的，其在中国境内居住累计满 183 天的年度的连续年限重新起算。

在企业或其他组织的居民身份判定方面，主要有注册地标准和实际管理机构标准。比如，我国《企业所得税法》第 3 条规定居民企业应当就其来源于中国境内、境外的所得缴纳企业所得税。《企业所得税法》第 2 条将居民企业界定为依法在中国境内成立，或

---

① See Cook v. Tait, United States Collector of internal Revenue for the District of Maryland, Supreme Court of the United States, No. 220, 1924.

者依照外国（地区）法律成立但实际管理机构在中国境内的企业。以实际管理机构作为判定非自然人居民身份的标准可以避免单纯以注册地为标准所带来的税收流失。比如，A公司在甲国注册，但甲国税率很低或不课征所得税。A公司的全球经济活动都与乙国相关，与在乙国注册成立的居民公司没有实质区别。如果乙国只采用注册地标准，则无法对A公司的全球所得课税。不过，如何判定企业的实际管理机构并没有统一的标准，应依据个案的事实并结合相关因素进行判断，比如企业董事会通常开会的场所、最高经营责任者（CEO）及其他高级管理人员日常活动之场所等。①

2. 来源地管辖权

一个纳税人如果不具有一国居民的身份，则不需要就其全球所得向该国纳税。不过，该纳税人如果是一国的非居民纳税人，仍要就其来源于当地的所得向该国纳税，这就是来源地管辖权的含义。来源地管辖权是国家的属地管辖权在税收领域的体现，其前提是纳税人与征税国之间存在经济利益的联系（economic attachment）。

比如，根据我国《个人所得税法》第1条，在中国境内无住所又不居住，或者无住所而一个纳税年度内在中国境内居住累计不满183天的个人，为非居民个人。非居民个人从中国境内取得的所得，依照本法规定缴纳个人所得税。此外，《个人所得税法实施条例》第5条对非居民的部分境外所得免除征税，即在中国境内无住所的个人，在一个纳税年度内在中国境内居住累计不超过90天的，其来源于中国境内的所得，由境外雇主支付并且不由该雇主在中国境内的机构、场所负担的部分，免予缴纳个人所得税。

再比如，根据我国《企业所得税法》第2条，非居民企业是指依照外国（地区）法律成立且实际管理机构不在中国境内，但在中国境内设立机构、场所的，或者在中国境内未设立机构、场所，但有来源于中国境内所得的企业。《企业所得税法》第3条进一步规定：非居民企业在中国境内设立机构、场所的，应当就其所设机构、场所取得的来源于中国境内的所得，以及发生在中国境外但与其所设机构、场所有实际联系的所得，缴纳企业所得税。非居民企业在中国境内未设立机构、场所的，或者虽设立机构、场所但取得的所得与其所设机构、场所没有实际联系的，应当就其来源于中国境内的所得缴纳企业所得税。

就来源地管辖权而言，判定纳税人所得的来源地至关重要。② 税法中一般是根据不同类别的所得规定不同的判定标准。比如，根据《企业所得税法实施条例》第7条，来源于中国境内、境外的所得，按照以下原则确定：（1）销售货物所得，按照交易活动发生地确定；（2）提供劳务所得，按照劳务发生地确定；（3）转让财产所得，不动产转让所得按照不动产所在地确定，动产转让所得按照转让动产的企业或者机构、场所所在地确定，权益性投资资产转让所得按照被投资企业所在地确定；（4）股息、红利等权益性投资所得，按照分配所得的企业所在地确定；（5）利息所得、租金所得、特许权使用费所得，按照负担、支付所得的企业或者机构、场所所在地确定，或者按照负担、支付所

① 关于英国和德国等国关于这方面规定和实践，可参见陈清秀：《国际税法》，3版，57～67页，台北，台湾元照出版有限公司，2018。

② 对居民而言，所得来源地的判定也同样有意义，比如一国对居民的境外所得免税时，就需要明确哪些所得为境外所得。

得的个人的住所地确定。根据我国《个人所得税法实施条例》第 3 条，下列所得，不论支付地点是否在中国境内，均为来源于中国境内的所得：（1）因任职、受雇、履约等在中国境内提供劳务取得的所得；（2）将财产出租给承租人在中国境内使用而取得的所得；（3）许可各种特许权在中国境内使用而取得的所得；（4）转让中国境内的不动产等财产或者在中国境内转让其他财产取得的所得；（5）从中国境内企业、事业单位、其他组织以及居民个人取得的利息、股息、红利所得。此外，我国财政部和国家税务总局还发布了《关于非居民个人和无住所居民个人有关个人所得税政策的公告》（财政部、税务总局公告 2019 年第 35 号），就非居民个人的工资薪金所得以及股权激励所得和董事、监事及高层管理人员取得报酬所得、稿酬所得等所得来源地的认定以及无住所的居民和非个人的工薪所得的计算等问题做了进一步规定。

此外，税收协定也会对某些所得的来源认定作出规定。比如，我国和新加坡的税收协定第 11 条第 6 款规定：如果支付利息的人为该缔约国居民，应认为该利息发生在该缔约国。然而，当支付利息的人不论是否为缔约国一方居民，在缔约国一方设有常设机构或者固定基地，支付该利息的债务与该常设机构或者固定基地有联系，并由其负担利息，上述利息应认为发生于该常设机构或固定基地所在缔约国。

（二）双重征税

在两个或两个以上国家都同时主张属人管辖权和属地管辖权时，如果一个纳税人有境内和境外所得，将会出现双重征税问题。由于现实中属人管辖权中采用公民税收管辖权的国家很少，因此本书主要以居民税收管辖权作为属人管辖权的代表进行阐述。

学理上，国际间的双重征税可以分为法律性双重征税和经济性双重征税。

1. 法律性双重征税

按照 OECD 的定义，法律性双重征税（international juridical double taxation）是指两个或两个以上的国家对同一纳税人的同一课税对象在同一征税期内征收类似种类的税（the imposition of comparable taxes in two or more states on the same taxpayer in respect of the same subject matter and for identical periods）。[①]

法律性双重征税有三种具体的表现形式。

（1）属人管辖权和属人管辖权重叠导致的双重征税。

由于各国对居民标准认定的不同，一个自然人或公司可能被不同的国家同时认定为其各自的居民纳税人。比如，甲国 A 公司在乙国注册成立了一个子公司 B。乙国对居民公司的认定采用注册地标准，B 公司为乙国居民纳税人。甲国对居民公司的认定还采用实际管理机构标准。如果 B 公司的实际管理机构在甲国，则 B 公司同时也是甲国的居民公司。这样，B 公司的境内外全部所得要同时向甲国和乙国纳税。[②]

---

① 参见 OECD 范本 2017 年版引言部分第 1 段。

② 理论上也可能出现纳税人同时被两个以上的国家都认定为各自居民的情况。比如，自然人 X 在甲国有住所，在乙国有居所，同时在丙国停留时间超过了 183 天。如果甲、乙、丙三国认定自然人居民身份的标准分别为住所标准、居所标准和停留时间标准，而自然人 X 都满足了这三个国家认定居民的条件，其全球所得要向这三个国家纳税。

（2）属人管辖权和属地管辖权重叠导致的双重征税。

一国的居民纳税人要就其全球所得向其居民国纳税。同时，该纳税人作为其他国家的非居民纳税人，如果有来源于其他国家的所得，所得来源国也会基于属地管辖权就该部分所得课税。此时，该居民纳税人的境外所得面临双重征税。

比如，作为甲国居民纳税人的A公司在乙国设有一个分公司B并开展经营活动。A公司作为乙国的非居民纳税人，其分公司B在乙国的国内法中一般被称作“机构、场所”①，在税收协定中则被称为“常设机构”。分公司B来源于乙国的营业利润要在乙国纳税。由于分公司并非独立于总公司的法律实体，因此分公司在当地缴纳的税收实际上最终由A公司承担，即A公司在甲国缴纳所得税时要将分公司B的营业利润计算在内，这样分公司B的营业利润就在甲国和乙国被征收了两次税。

再比如，作为甲国居民纳税人的A公司在乙国设有一个子公司B。由于子公司是独立于母公司的法律实体，在乙国对居民纳税人采用注册地认定标准时，B公司构成乙国的居民纳税人。此时B公司并非A公司在乙国设立的机构或场所，但B公司作为乙国的居民纳税人要就其全球所得在乙国纳税。如果B公司从其税后利润中向A公司分配股息，甲国基于居民管辖权对A公司取得的境外股息课税。乙国如对A公司取得的股息主张属地管辖权时，A公司的股息也存在双重征税。

（3）属地管辖权和属地管辖权重叠导致的双重征税。

这种情况表现为一国税法上的居民有一笔境外所得，但该笔所得会被两个或两个以上的国家主张来源地管辖权。比如，甲国A银行向乙国B公司发放一笔贷款，B公司将贷款交给其在丙国的分公司C使用，利息由分公司C承担和支付。如果乙丙两国都认为A银行取得利息来源于当地，则该笔利息要同时面临两个属地管辖权。同时，A银行作为甲国的居民纳税人，其取得的利息也要向甲国纳税。因此，在这种情况下，实际上存在三个税收管辖权的重叠，也称“三角问题”②。

2. 经济性双重征税

经济性双重征税（international economic double taxation）是指两个或两个以上的国家对属于不同纳税人的来源于同一税源的课税对象在同一征税期内征税。③

比如，前述作为甲国居民纳税人的A公司从乙国子公司B取得股息的情况下，股息来源于B公司的税后利润，因此股息实际上已经缴纳了一次税，只是纳税人为B公司。此外，A公司收取的股息会被乙国主张来源地管辖权，也被甲国主张居民税收管辖权，此时的纳税人都是A公司，属于法律性双重征税的情况。因此，股息会同时存在经济性双重征税和法律性双重征税。

各国税务当局对以转让定价方式避税的纳税人进行应税所得调整时，还可能出现一种特殊的经济性双重征税问题。

---

① 比如，参见我国《企业所得税法》第2条。

② ［美］罗伊·罗哈吉，林海宁、范文祥译：《国际税收基础》，591～596页，北京，北京大学出版社，2006。

③ See Arnold A. Knechtle, *Basic Problems in International Fiscal Law* (translated from the German by W. E. Weisflog), Kluwer, 1979, p. 31.

转让定价又称公司内部定价，指关联企业间对内部交易的作价。通过转让定价形成的价格称为转让价格。① 转让价格不是市场交易的正常价格，而是关联企业内部人为的定价。关联企业之间通过人为制定偏离市场正常交易价格的低价，可以获得税收利益。关联企业使用转让定价避税可以通过下面的例子说明：

A公司为甲国居民公司，甲国所得税税率为40%，A公司在乙国有全资子公司B，乙国税率为30%。A公司卖给B公司一批成本80万美元的货物，正常作价100万美元，B公司再以120万美元卖给第三者。A公司和B公司各获利20万美元，其分别缴纳的税款为8万美元和6万美元。A公司和B公司作为关联企业，其总体税负为14万美元。但是，假如A公司将这批货物以80万美元的价格卖给B公司，B公司仍以120万美元价格卖给第三者，则A公司没有利润，不用纳税，B公司利润为40万美元，B公司缴纳税款12万美元。这样，A公司和B公司的总体税负反而减轻了，为12万美元。

由于纳税人通过转让定价改变了本应承担的税负，税务机关就要对关联企业的定价进行调整。不过，如果一国调增了本国企业的应税所得，而这个企业的境外关联企业所在国税务当局并不因此调减该关联企业的应税所得并退还多缴纳的税款，则转让定价的调整就会造成被调整利润的国际双重征税。在这两个关联企业分别为各自所在国的居民公司时，就是一种经济性双重征税的体现，即同一笔所得被两个国家主张征税权，税收负担由两个不同的纳税主体承担。

双重征税显然加重了跨国纳税人的税收负担，也与税收公平原则不符。税收公平原则是指税收应基于纳税人的纳税能力，包括横向公平和纵向公平。横向公平是指两个处境相似的纳税人被相等地课税；纵向公平是指不同处境的纳税人纳税不同，但与纳税人的纳税能力成比例。②对于有跨国所得的一国居民纳税人来讲，假如其纳税能力与没有跨国所得的该国另一居民纳税人相同，在国际双重征税存在的情况下，跨国纳税人的税收负担就比没有跨国所得的纳税人更重。

（三）税基侵蚀与利润转移问题

所谓税基侵蚀和利润转移（Base Erosion and Profit Shifting，简称BEPS），是指纳税人利用税收规则的漏洞而采取的将其利润人为转移到其没有开展经济实质活动且税负很低或不征税的地区的安排。③ 这一术语是OECD在2013年的《应对税基侵蚀和利润转移》（Addressing Base Erosion and Profit Shifting）报告中正式提出的，也包含了国际税收中的国际避税问题。

由于并不存在超国家的世界性税收组织和统一适用于各国的所得税法，因此各国税

---

① See Sylvain Plasschaert, *Transnational Corporations*: *Transfer Pricing and Taxation* (*The United Nations Library On Transnational Corporations*), Vol. 14, Routledge, 1994, p. 1.

② 参见［美］凯文·E. 墨菲、马克·希金斯，解学智等译：《美国联邦税制》，6页，大连，东北财经大学出版社，2001。

③ BEPS refers to tax planning strategies that exploit gaps and mismatches in tax rules to artificially shift profits to low or no-tax locations where there is little or no economic activity. 参见OECD网站：http://www.oecd.org/tax/beps/beps-about.htm。

法有关居民身份、收入来源判定标准等之间的差异以及征税范围、扣除项目等方面的不同规定，都可能为纳税人不当利用。[①] 纳税人进行国际避税的通常方式有利用避税地、税收协定滥用、资本弱化和转让定价等。此外，各国为了吸引外资而竞相给予税收优惠时，还会产生有害税收竞争（harmful tax competition）的问题。税收竞争会对资本跨境流动产生扭曲作用，导致资源仅仅因为税收优惠而向另一国转移，而非出于经济效率的考虑。[②] 税收竞争也会为纳税人的跨境避税提供机遇。

（四）国际税收争议

国际税收争议包括一国政府与跨国纳税人之间的税务争议和政府之间的税务争议。

在一国国内，税务机关对居民和非居民纳税人征税时均可能产生涉外因素的税收争议。比如，为了消除本国居民纳税人面临的双重征税，一国可能对居民的境外所得免税。这首先要确定该居民纳税人哪些所得属于可享受免税的境外所得，税务机关可能与纳税人存在不同看法，由此就会产生争议。再比如，非居民纳税人有来源于一国的一笔所得时，如果纳税人和税务机关对该笔所得性质有不同看法，而且对该笔所得的不同定性会导致适用不同的税收待遇[③]，这也会产生争议。

税收协定的缔约国双方在税收协定的解释和适用过程中也会产生税收争议。比如，当一国的居民纳税人有来源于另一国（来源国）的特许权使用费时，尽管来源国国内法赋予了该国课税权，但税收协定规定来源国放弃对该笔所得的属地管辖权，也就消除了双重征税。但是，对于何为特许权使用费，税收协定的缔约国可能存在不同的理解。此外，非居民纳税人与来源地国的税务机关产生争议时，可请求其居民国税务机关出面与来源地国税务机关协商解决。这就将缔约国税务机关和涉外纳税人的争议转化为缔约国政府之间的税收争议。

二、国际税法的机制与功能

国际税法的功能在于通过国内法和税收协定的相关机制来应对上述国际税收问题。

（一）国内法机制

对于双重征税，一国可以通过国内法来消除。以居民管辖权和来源地管辖权重叠导致的法律性双重征税为例，居民国可对本国居民的境外所得免税，来源国也可对非居民来源于当地的所得放弃管辖权，此时只有一个管辖权存在，也就消除了双重征税。

对于避税问题，一国可通过一般反避税规则和针对特定避税方式的反避税规则来处理。比如，我国《企业所得税法》第六章（特别纳税调整）就规定了一系列反避税规则。

---

① 参见刘剑文主编：《国际税法学》，2版，212页，北京，北京大学出版社，2004。

② Arthur J. Cockfield, *NAFTA Tax Law and Policy: Resolving the Clash between Economic and Sovereignty Interests*, University of Toronto Press 2005, p. 15.

③ 比如：A公司是甲国居民和乙国的非居民，A有一笔来源于乙国的所得。A认为该笔所得属于营业利润，但由于A在乙国没有常设机构，因此根据甲乙两国的税收协定，乙国不能对该笔所得课税。不过，乙国税务当局认为该笔所得属于特许权使用费，而根据甲乙两国的税收协定，乙国是可以对该笔所得课税的。此次例子的实际案例，可参考我国的“泛美卫星国际系统责任有限公司与北京市国家税务局对外分局第二税务所的征税纠纷”案。

对于一国与纳税人之间的税收争议，有的国家（比如美国）有专门的税务法院来处理。我国没有专门的税务法院，纳税人和税务机关的税收争议可通过行政复议和行政诉讼来解决。我国颁布了《行政复议法》和《行政诉讼法》，国务院还制定了《行政复议法实施条例》，最高人民法院也有关于适用《行政诉讼法》的司法解释。国家税务总局也就税收行政复议制定了《税务行政复议规则》。公民、法人和其他组织认为税务机关的具体行政行为侵犯其合法权益，向税务行政复议机关申请行政复议，税务行政复议机关办理行政复议事项，适用该规则。不过，我国的《税收征收管理法》第 88 条还专门规定：纳税人、扣缴义务人、纳税担保人同税务机关在纳税上发生争议时，必须先依照税务机关的纳税决定缴纳或者解缴税款及滞纳金或者提供相应的担保，然后可以依法申请行政复议；对行政复议决定不服的，可以依法向人民法院起诉。当事人对税务机关的处罚决定、强制执行措施或者税收保全措施不服的，可以依法申请行政复议，也可以依法向人民法院起诉。

不过，国内法应对上述所得税问题也存在局限性。以双重征税为例，国际间的双重征税是两个或两个以上税收管辖权重叠的结果，单靠一国的措施，有可能在该国放弃或限制税收管辖权从而减少税收收入的情况下，本国的居民纳税人并不一定真正获益。比如，在居民国采用免税法从而放弃居民纳税人境外所得的征税权时，如果来源地国不限制税率，纳税人在当地的税负并未减轻，来源地国没有税收损失，损失的是居民国的税收利益。再比如，在两个居民管辖权重叠时，一国也不能因为其他国家将本国居民纳税人也认定为居民纳税人时而当然放弃本国的居民管辖权。因此，居民国采取措施时，也需要另一国采取相应的措施，这就需要借助税收协定的机制。

(二) 税收协定的机制

1. 消除双重征税

以 OECD 范本为例，对于两个居民管辖权重叠导致的法律性双重征税，OECD 范本第 4 条规定只能由一个缔约国行使居民管辖权，但不影响另一国的来源地管辖权。此时仍会存在居民管辖权和来源地管辖权重叠导致的双重征税。对于此类双重征税，OECD 范本首先在缔约国之间划分征税权。税收协定中划分征税权的法律规范实质是在国家间分配征税权，是国家间税收分配关系的体现，也称为“分配规范（distributive rules）”①。如果征税权划归居民国或来源地国单独享有，就从根本上消除了双重征税。不过，在大多数情况下，税收协定是把征税权划归居民国和来源地国共享。此时，来源地国的优先征税权得到承认，但来源地国的征税范围或税率一般要受到限制，比如营业利润适用常设机构原则，对股息和利息的预提税税率受到限制。②

---

① Klaus Vogel on Double Taxation Conventions，3rd edition，Kluwer Law International Ltd.，1997，p. 27.

② 预提税并非一个单独的所得税税种，而是根据其课征方式命名的。预提税是对纳税人的某类所得（比如消极投资所得）就该笔所得的总收入（gross income）课征，适用比例税率。所得税的一般课税原理则是对纳税人的净利润（net income）课征。之所以采用预提税的方式，主要是为了便于课征。特别是来源国对非居民的消极投资所得而言，非居民取得该类所得时往往在来源国没有机构或场所（或是常设机构）。如果境外非居民取得所得后来源国再要求其缴纳税款，如果非居民不缴纳的话，由于非居民在来源国没有可供强制执行的财产，国际法也不允许来源国在未征得非居民所属居民国同意的情况下跨境执法，就需要请求对方税收机关给予征收协助。

在来源地国课税之后，居民国要对本国居民在来源地国的所得采取免税法或抵免法等措施来消除法律性双重征税。

2. 应对避税

税收协定也会有专门的反避税条款。比如，《中华人民共和国政府和法兰西共和国政府对所得避免双重征税和防止偷漏税的协定》（以下简称《我国和法国的税收协定》）第24条规定："如果进行某些交易或安排的主要目的是为了获得更优惠的税收待遇，而在这些情况下获得该优惠待遇违背了本协定相关规定的目标和目的，则本协定规定的任何减少或免除税收的待遇不适用"。

需要指出的是，在应对纳税人跨境避税方面，税务机关需要掌握纳税人的相关经营或所得的情况。为此，税收协定也有专门的情报交换条款。比如，根据《中华人民共和国和德意志联邦共和国对所得和财产避免双重征税和防止偷漏税的协定》（以下简称《我国和德国的税收协定》）第26条，缔约国双方主管当局应交换可以预见的与执行本协定的规定相关的信息，或与执行缔约国双方或其地方当局征收的各种税收的国内法律相关的信息。

3. 税收争议

对于跨境税收争议，税收协定还有专门的相互协商程序。比如，《中华人民共和国政府和柬埔寨王国政府对所得避免双重征税和防止逃避税的协定》第25条规定，如有人认为，缔约国一方或者双方所采取的措施，导致或将导致对其的征税不符合本协定的规定时，可以不考虑各缔约国国内法律的救济办法，将案情提交该人为其居民的缔约国主管当局。主管当局如果认为所提意见合理，又不能单方面圆满解决时，应设法同缔约国另一方主管当局相互协商解决，以避免不符合本协定的征税。此外，缔约国双方主管当局应通过相互协商设法解决在解释或实施本协定时所发生的困难或疑义，也可以对本协定未作规定的消除双重征税问题进行协商。

除了相互协商程序，有的税收协定还有税收仲裁程序。比如，美国和墨西哥的税收协定第26条前4款规定了相互协商程序，该条第5款进一步规定：任何本协定的解释或适用的困难和异议，缔约国主管当局如果不能通过本条前款的相互协商程序解决，如果缔约国双方主管当局和纳税人同意，可提交仲裁解决，只要纳税人事先书面说明受仲裁庭决定的约束。

从上述机制可以看出，税收协定消除双重征税的机制能够促进商品、劳务的交换和资本、人员流动。① 税收协定的反避税规则对于维护缔约国的税基也具有重要作用。此外，税收协定中还有"无差别待遇条款"来保障一国的人在另一国应承担的纳税义务不与另一国的人在相同或类似的情况下所受到的纳税待遇不同或比其负担更重。②

---

① 参见OECD范本关于第1条的注释第7段。

② 比如，OECD范本第24条的"无差别待遇"就包括国籍无差别、常设机构无差别，扣除无差别和资本无差别等内容。国籍无差别是指缔约国一方国民在缔约国另一方的税收，不应比缔约国另一方国民在相同情况下的负担更重。常设机构无差别指缔约国一方企业在缔约国另一方的常设机构的税负，不应高于进行同样活动的该另一国企业的。扣除无差别指缔约国一方企业支付给缔约国另一方居民的利息、特许权使用费等款项，在确定该企业的纳税所得时，应与在同样情况下支付给本国居民的一样扣除。资本无差别指缔约国另一方居民所拥有或控制的缔约国一方企业的税负，不应比该缔约国一方同类企业的更重。税收协定的相互协商程序也能为纳税人提供要求缔约国依照税收协定课税渠道。

以上对国际税法的法律框架和主要内容进行了简要的介绍。本书接下来将对消除双重征税和应对国际避税进行重点讲授。

课堂讨论案例

1. 请分析下列情况下的纳税人可能会面临哪些类型的税收管辖权：

(1) 美国公民同时也是英国居民，并在比利时一家公司受雇工作和取得报酬。

(2) 英国居民公司A从意大利居民公司B取得股息。

(3) 在新加坡注册成立的A公司的实际管理机构在中国境内。

(4) 德国居民公司将其某项技术许可给日本公司并从日本收取特许权使用费，而该技术由日本公司在马来西亚的分公司实际使用。

2. 美国居民A公司向中国居民B公司提供服务，B公司向A公司付费。在税务检查中，我国税务机关认为A公司提供服务取得的所得应在我国纳税。但是，A公司对此持有异议，认为该笔所得并非来源于我国境内的所得。根据我国法律，A公司有哪些救济渠道？A公司在诉诸这些救济渠道之前是否有前置条件？

问题与思考

1. 你如何界定国际税法的概念和理解国际税法的法律渊源？
2. 分析税收管辖权的类型和基本特征。
3. 分析国际双重征税的类别、成因和具体表现形式。
4. 试述我国税法关于居民和非居民纳税人的界定标准。
5. 试述避免双重征税协定的机制和作用。

第十八章 双重征税的消除

本章概要

本章主要讨论国际间的法律性双重征税和经济性双重征税的消除。这两类双重征税都可通过国内法和税收协定的机制来处理。就国际间的法律性双重征税而言，居民国主要采取的方法有免税法和抵免法。免税法可分为全额免税法和累进免税法。抵免法也分为全额抵免法和限额抵免法。限额抵免法也有综合限额抵免和分国限额抵免等做法。对于股息面临的国际间的经济性双重征税，居民国可通过免税法或间接抵免法来解决。

关键术语

免税法　全额免税法　累进免税法　抵免法　全额抵免法　限额抵免法　抵免限额　间接抵免　税收饶让抵免　常设机构

第一节　法律性双重征税的消除

一、基本原理

如前所述，国际间的法律性双重征税有三类表现形式：属人管辖权和属人管辖权重叠导致的双重征税；属人管辖权和属地管辖权重叠导致的双重征税；属地管辖权和属地管辖权重叠导致的双重征税。既然法律性国际双重征税根源于各国税收管辖权的叠加，那么消除此种国际双重征税就需要从协调税收管辖权入手，这既可以通过一国单方面的做法实现（单边措施），也可以通过相关国家共同采取措施来实现（双边或多边措施）。

（一）单边措施

从居民国角度讲，可以对本国居民的境外所得采用免税法、抵免法、扣除法或低税法等方法消除双重征税。对于来源地国，也可以采取放弃或限制来源地税收管辖权的措施。

以我国为例，从居民国的角度，根据《企业所得税法》第23条的规定，我国居民企业来源于中国境外的应税所得已在境外缴纳的所得税税额，可以从其当期应纳税额中抵免。从来源地国的角度，我国《企业所得税法实施条例》第 91 条规定下列所得免征企业所得税：外国政府向中国政府提供贷款取得的利息所得；国际金融组织向中国政府和居民企业提供优惠贷款取得的利息所得；经国务院批准的其他所得。

(二) 双边措施

消除双重征税的双边措施主要是通过国家间的双边税收协定来实现的。

1. 居民管辖权重叠导致的双重征税的消除

对于居民管辖权重叠导致的法律性双重征税，税收协定的通常做法是由一国来行使居民税收管辖权。比如，《我国和法国的税收协定》第 4 条第 1 款规定，在本协定中，“缔约国一方居民”一语是指按照该缔约国法律，由于住所、居所、成立地、实际管理机构所在地或者其他类似的标准，在该缔约国负有纳税义务的人，并且包括该缔约国及其地方当局。但是，这一用语不包括仅因来源于该缔约国的所得而在该缔约国负有纳税义务的人。该条第 2 款进一步规定，同时为缔约国双方居民的个人，其身份应按以下规则确定：（1）应认为仅是其永久性住所所在国的居民；如果在缔约国双方同时有永久性住所，应认为仅是与其个人和经济关系更密切（重要利益中心）的缔约国的居民。（2）如果其重要利益中心所在国无法确定，或者在缔约国任何一方都没有永久性住所，应认为仅是其习惯性居处所在国家的居民。（3）如果其在缔约国双方都有或者都没有习惯性居处，应认为仅是其国籍所属国家的居民。（4）如果发生双重国籍问题，或者其不是缔约国任何一方的国民，缔约国双方主管当局应通过协商解决。该条第 3 款还规定，由于第 1 款的规定，除个人以外，同时为缔约国双方居民的人，应认为仅是其实际管理机构所在国家的居民。

因此，假如一个法国公司的实际管理机构在我国，该公司根据法国税法和我国税法同时被认定为我国和法国的居民公司时，根据税收协定，将由我国行使居民管辖权，法国则不是税收协定意义下的该公司的居民国。

不过，当居民管辖权导致的双重征税根据税收协定的上述规定将居民管辖权划归一国行使，另一国仍可主张来源地征收权。对于居民管辖权和来源地管辖权重叠导致的双重征税，税收协定也有进一步的消除机制。

2. 居民管辖权和来源地管辖权重叠导致的双重征税

对于居民管辖权和来源地管辖权重叠导致的双重征税，税收协定首先在缔约国之间划分征税权，如果征税权划归居住国或来源地国单独享有，就从根本上消除了双重征税。比如 OECD 范本第 12 条规定：“发生于缔约国一方的特许权使用费，如果收取它的受益所有人是缔约国另一方的居民，则应仅由该缔约国另一方征税。”这意味着特许权使用费的来源地国不能对此行使征税权，或者说征税权划归居民国独享。

不过，在大多数情况下，税收协定是把征税权划归两国共享，并对来源地国的征税范围或税率进行限制，比如营业利润适用常设机构原则，股息和利息适用限制税率。

常设机构是税收协定中的一个重要概念，是来源国对非居民营业利润课税的门槛。比如，《中华人民共和国和荷兰王国政府对所得避免双重征税和防止偷漏税的协定》（以下简称《我国和荷兰的税收协定》）第 7 条第 1 款规定："缔约国一方企业的利润应仅在该缔约国征税，但该企业通过设在缔约国另一方的常设机构在缔约国另一方进行营业的除外。如果该企业通过设在缔约国另一方的常设机构在缔约国另一方进行营业，则其利润可以在缔约国另一方征税，但应仅以归属于该常设机构的利润为限。"这就将营业利润的征税权划归居民国和来源地国共享。

对于何为常设机构，《我国和荷兰的税收协定》第 5 条（常设机构）第 1 款将"常设机构"定义为企业进行全部或部分营业的固定营业场所。该条第 2 款指出常设机构特别包括：管理场所；分支机构；办事处；工厂；作业场所；以及矿场、油井或气井、采石场或者其他开采自然资源的场所。该条第 3 款还列出了一类特殊的工程类常设机构，即常设机构还包括：（1）建筑工地，建筑、装配或安装工程，或者与其有关的监督管理活动，但仅以该工地、工程或活动连续超过 12 个月的为限；（2）缔约国一方企业通过雇员或雇用的其他人员在缔约国另一方提供劳务，包括咨询劳务，但仅以该性质的活动（为同一项目或相关联的项目）在任何 12 个月中连续或累计超过 183 天的为限。不过，一国企业只在另一国有固定场所但不从事直接产生利润的经营活动时，或者说固定场所从事的是准备性或辅助性活动时，并不会被认为存在常设机构。比如，《我国和荷兰的税收协定》第 5 条第 4 款规定，虽有本条上述规定，"常设机构"应认为不包括：（1）专为储存、陈列或者交付本企业货物或者商品的目的而使用的设施；（2）专为储存、陈列或者交付的目的而保存本企业货物或者商品的库存；（3）专为由另一企业加工的目的而保存本企业货物或者商品的库存；（4）专为本企业采购货物或者商品，或者搜集信息的目的所设的固定营业场所；（5）专为本企业进行其他准备性或辅助性活动的目的所设的固定营业场所；（6）专为本款第（1）项至第（5）项活动的任意结合所设的固定营业场所，条件是这种结合使该固定营业场所的全部活动属于准备性质或辅助性质。

除了固定营业场所构成常设机构，当一国企业通过非独立地位的代理人在另一国从事经营活动，也会被认为在该另一国有常设机构。比如，《我国和荷兰的税收协定》第 5 条第 5 款规定：虽有第 1 款和第 2 款的规定，当一个人（除适用第 6 款规定的独立地位代理人以外）在缔约国一方代表缔约国另一方的企业进行活动，有权以该企业的名义签订合同并经常行使这种权力，这个人为该企业进行的任何活动，应认为该企业在该缔约国一方设有常设机构，除非这个人通过固定营业场所进行的活动限于第 4 款的规定。按照该款规定，不应认为该固定营业场所是常设机构。对于何为独立地位的代理人，《我国和荷兰的税收协定》第 5 条第 6 款规定："缔约国一方企业仅通过按常规经营本身业务的经纪人、一般佣金代理人或者任何其他独立地位代理人在缔约国另一方进行营业，不应认为在该缔约国另一方设有常设机构。但如果该代理人的活动全部或几乎全部代表该企业，且企业和代理人之间的商业和财务关系不同于非关联企业之间应有的关系，则不应认为是本款所指的独立地位代理人。"

需要明确的是，认定常设机构是对非居民征税，因为是非居民通过常设机构在另一国开展经营活动并取得营业利润。正因如此，税收协定也明确母子公司不因其持股关系而成为彼此的常设机构。比如，《我国和荷兰的税收协定》第 5 条第 7 款规定："缔约国一方的居民公司，控制或被控制于缔约国另一方的居民公司或者在该缔约国另一方进行营业的公司（不论是否通过常设机构），仅凭此项事实不能使任何一方公司构成另一方公司的常设机构。”

对于如何认定税收协定下的常设机构，我国国家税务总局还制定了专门的文件。《国家税务总局关于税收协定常设机构认定等有关问题的通知》（国税发〔2006〕35号）对“营业”一语和“准备性或辅助性”一语的含义以及其他涉及常设机构的问题，作出了如下解释：（1）“营业”一语是对英语“business”一词的翻译，实际含义不仅仅包括生产经营活动，还包括非营利机构从事的一般业务活动。因此，税收协定缔约对方的非营利机构，通过在我国设立的固定基地或场所从事业务活动，除为该机构进行准备性或辅助性活动外，应认为在我国构成常设机构。（2）对于“准备性或辅助性”活动的判定，应注意以下原则：固定基地或场所是否仅为总机构提供服务，或者是否与他人有业务往来；固定基地或场所的业务性质是否与总机构的业务性质一致；固定基地或场所的业务活动是否为总机构业务的重要组成部分。如果固定基地或场所不仅为总机构服务，而且与他人有业务往来，或者固定基地或场所的业务性质与总机构的业务性质一致，且其业务为总机构业务的重要组成部分，则不能认为该固定基地或场所的活动是准备性或辅助性的。

除了营业利润之外，税收协定也会对来源国针对非居民的其他类别的来源所得的征税权进行限定。比如，《中华人民共和国政府和比利时王国政府对所得避免双重征税和防止偷漏税的协定》（以下简称《我国和比利时的税收协定》）第11条第1款和第2款就规定利息所得的征税权划归居民国和来源国共享，但限制了来源国的预提税税率，其具体规定如下：发生于缔约国一方而支付给缔约国另一方居民的利息，可以在该缔约国另一方征税。然而，这些利息也可以在该利息发生的缔约国，按照该缔约国的法律征税。但是，如果利息受益所有人是缔约国另一方居民，则所征税款不应超过利息总额的10%。对于利息来源地的认定，《我国和比利时的税收协定》第11条第6款规定：如果支付利息的人是缔约国一方居民，应认为该利息发生在该缔约国。然而，如果支付利息的人——不论是否为缔约国一方居民——在缔约国一方设有常设机构或者固定基地，支付该利息的债务与该常设机构或者固定基地有联系，并由其负担该利息，上述利息应认为发生于该常设机构或固定基地所在的缔约国。

预提税方式适用于非居民在来源国没有常设机构或利息所得与常设机构没有实际联系的情况。不过，如果利息与常设机构存在实际联系，则不适用预提税的课征方式，而适用常设机构的征收原则。比如，根据《我国和比利时的税收协定》第11条第5款，如果利息受益所有人作为缔约国一方居民，在利息发生的缔约国另一方，通过设在该缔约国另一方的常设机构进行营业，据以支付该利息的债权与该常设机构有实际联系的，不适用第1款和第2款的规定。在这种情况下，应视具体情况适用第7条（即通过常设机构课征非居民营业利润）的规定。

常设机构的重要意义还在于当税收协定未就某些所得到的征税权在居民国和来源国划分时，仍可为来源国保留征收权。比如，《我国和德国的税收协定》第21条（其他所得）第1款规定，由缔约国一方居民取得的各项所得，不论发生于何地，凡本协定上述各条未作规定的，应仅在该缔约国一方征税。但是，根据第21条第2条的规定，第6条第2款规定的不动产所得以外的其他所得，如果所得的收款人为缔约国一方居民，通过设在缔约国另一方的常设机构在该缔约国另一方进行营业，据以支付所得的权利或财产与该常设机构有实际联系的，不适用第 1 款的规定。在这种情况下，应视具体情况适用第 7 条的规定。

当税收协定把征税权划归居民国和来源国共享时，尽管对来源地国的征税范围或税率进行限制，但仍存在两个税收管辖权的重叠，因此就需要居民国采用免税法或抵免法等方法消除双重征税。①

二、免税法

免税法全称为“外国税收豁免”（foreign tax exemption），是指居民国对本国居民来源于境外的所得免于征税。实践中采用免税法的居民国通常会设定相应的条件，比如，能够享受免税的国外所得必须来自课征与本国相似的所得税的国家，而对来自不征所得税或税率很低的国家或地区的所得不给予免税。② 由于所得税的税率可以采用比例税率或累进税率③，因此免税法又可分为全额免税法（full exemption）和累进免税法（exemption with progression）。

（一）基本原理

全额免税法和累进免税法在计算居民的应税所得时，都为“境内外全部应税所得减去境外应税所得的免税部分”，但在计算该应税所得适用的税率方面有区别：（1）按照全额免税法，在决定应税所得的纳税税率时不考虑予以免税的所得，即不把免税的所得列入全部所得中计算税率纳税。（2）按照累进免税法，计算居民应纳税所得额时，要适用该居民境内外全部应税所得对应的税率，即将免税所得列入总收入决定其余收入的税率，这是为了避免适用免税法的纳税人获得税率累进优势。

全额免税法和累进免税法的区别可通过下面的例子予以说明④：

假设某个居民纳税人的全球所得为 100 000，其中 80 000 为其居民国 R 的所得，20 000 为来源地国 S 的所得。假设 R 国对 100 000 的所得适用 35%的税率，对 80 000 的所得适用 30%的税率。同时假设 S 国的税率分别为 20%和 40%两种情况，则该纳税人在 S 国的应纳税额分别为 4 000 和 8 000。如果该纳税人的全部 100 000 所得都来自 R 国时，其税负为 35 000。但是，在本例中当纳税人有境外所得时，如果不采用消除双重征税的

① 也曾有国家采用扣除法，即在计算本国居民纳税人的应纳税所得额时将本国居民在国外已缴纳的所得税作为纳税人在外国从事经营并取得所得的当期费用扣除。这是最不彻底的消除双重征税的方法。许多国家在初建所得税税制时采用扣除法。那时各国税率较低，扣除法还可以接受。第二次世界大战后各国所得税税率相继提高，多数国家采用了免税法或抵免法作为消除双重征税的基本方法。OECD 范本和 UN 范本只认可免税法和抵免法。参见［美］阿诺德、麦金太尔，国家税务总局国际司译：《国际税收基础》，2 版，52 页，北京，中国税务出版社，2005。

② 参见朱青编著：《国际税收》，6 版，66 页，北京，中国人民大学出版社，2014。

③ 累进税率有全额累进税率、超额累进税率等多种方式。超额累进税率是将应纳税额数划分为不同等级，每个等级分别适用各等级的税率计算税额，各等级税额之和为纳税人的应纳税额。全额累进税率则将应纳税额的全部按照该数额对应的最高等级的税率计征。为便于说明，本章采用全额累进税率进行阐述。

④ 该例子选自 OECD 范本关于第 23A 和 23B 的注释第 18－22 段。

措施，其总税负分别为 39 000（S 国税率为 20%时）或 43 000（S 国税率为 40%时）。此时该纳税人的境外所得面临着双重征税。

采用全额累进免税法时，该纳税人向 R 国实际缴纳的税额为 80 000×30%＝24 000，全球税负分别为 28 000（S 国税率为 20%）或 32 000（S 国税率为 40%）。

采用累进免税法时，该纳税人向 R 国实际缴纳的税额为 80 000×35%＝28 000，全球税负分别为 32 000（S 国税率为 20%）或 36 000（S 国税率为 40%）。

R 国采用全额免税法和累进免税法消除双重征税的情况如下列图表所示：

全额免税法	第一种情况	第二种情况
R 国对 80 000 适用 30%税率	24 000	24 000
R 国放弃的税收（与未采用全额免税法时 R 国对 100 000 所得的课税 35 000 相比）	11 000（35 000—24 000）	11 000（35 000—24 000）
S 国对 20 000 的课税	4 000（S 国税率 20%）	8 000（S 国税率 40%）
R 国采用全额免税法后纳税人的全球税负	28 000（24 000＋4 000）	32 000（24 000＋8 000）
R 国采用全额免税法前后纳税人的全球税负差异	11 000（39 000－28 000）	11 000（43 000－32 000）

累进免税法	第一种情况	第二种情况
R 国对 80 000 适用 35%税率	28 000	28 000
R 国放弃的税收（与未采用全额免税法时 R 国对 100 000 所得的课税 35 000 相比）	7 000（35 000—28 000）	7 000（35 000—28 000）
S 国对 20 000 的课税	4 000（S 国税率 20%）	8 000（S 国税率 40%）
R 国采用全额免税法后纳税人的全球税负	32 000（28 000＋4 000）	36 000（28 000＋8 000）
R 国采用全额免税法前后纳税人的全球税负差异	7 000（39 000－32 000）	7 000（43 000－36 000）

（二）免税法的特点

通过上面的例子，可以归纳出免税法的下列特点。

（1）由于居民国放弃了对本国居民纳税人境外所得的征税权，只有来源地国一个税收管辖权，故而具有消除双重征税的效果。假如居民国的免税法不附加条件，在来源地国也不主张或行使管辖权时，居民国居民纳税人的境外所得还会出现双重不征税（double non-taxation）的情况。

（2）来源地国的税率水平不影响居民国放弃的税收，即来源地国税率高于和低于居民国税率时，居民国放弃的税收都是一样的。

（3）居民国实行全额免税法时，纳税人的税负比采用累进免税法时要轻，即全额免税法对居民纳税人更有利。

(4) 当来源地国税率低于居民国税率时，有境外所得的纳税人的税负要比全部所得来自居民国的纳税人轻；当来源地国税率高于居民国税率时，情况相反。或者说，居民国采用免税法时，纳税人的总体税负依来源地国税率高低而有所不同。

三、抵免法

抵免法的全称为“外国税收抵免”(foreign tax credit)，是指居民纳税人在其居民国以其境内外全部所得为应税所得，应税所得乘以应适用的税率减去该居民纳税人已在境外实际缴纳的所得税额为其在居民国的应纳税额。实践中，抵免法可分为全额抵免与限额抵免。限额抵免又可分为综合抵免、分国抵免、分项抵免等。

(一) 全额抵免法

全额抵免(full credit)是指居民国允许其居民纳税人将境外实际缴纳的全部税额从其境内外全部所得应向居民国缴纳的应纳税额中予以扣除，即使境外所得在境外缴纳的税额超过该笔所得应在本国缴纳的税额。仍以前述阐述免税法时的例子进行说明(但采用比例税率)。

全额抵免法	第一种情况	第二种情况
R国采用全额抵免法前对纳税人全球所得100 000适用35%税率	35 000	35 000
S国对20 000的课税	4 000(S国税率20%)	8 000(S国税率40%)
R国采用全额抵免法后对纳税人的课税	31 000(35 000—4 000)，S国税率为20%	27 000(35 000—8 000)，S国税率为40%
R国采用全额抵免法放弃的税收	4 000(S国税率为20%)	8 000(S国税率为40%)
R国采用全额抵免法后纳税人的全球税负	35 000(31 000+4 000)	35 000(27 000+8 000)
纳税人100 000所得均来自R国的税负	35 000	35 000

由此可以看出，全额抵免法具有下列特点。

(1) 由于居民纳税人可将其在来源地国实际缴纳的税款从其全部所得应向居民国缴纳的税款中扣除，这意味着对居民纳税人的境外所得只有来源地国实际对此征税，这样就消除了该笔境外所得的双重征税。

(2) 来源地国税率高于或低于居民国税率时，居民纳税人的实际税负与相同的全部所得均来自居民国的纳税人都是一样的。

(3) 居民国放弃的税收因来源地国的税率不同而有所变化，来源地国税率高时居民国放弃的税收多。

由于来源地国税率高于居民国税率时，居民国放弃的税收将大于其对该笔所得按本国税率征收的税款，居民国税收利益出现损失，因此实践中出现了限额抵免法。

(二) 限额抵免法

限额抵免，又称普通抵免（ordinary credit），是指居民纳税人在境外实际缴纳的税额，仅允许其抵免不超过该笔境外所得依居民国税率应纳税额（即抵免限额）的抵免。

限额抵免法的关键是计算出抵免限额。抵免限额的计算公式为：外国税收抵免限额=居民纳税人境内外全部所得按居民国税法计算的应纳税总额×（境外应税所得/境内外全部应税所得）。[①] 需要指出的是，抵免限额是允许居民纳税人抵免本国税款的最高数额（maximum deduction），纳税人被允许的实际抵免额为抵免限额与其在外国已缴纳税款中的较小者。仍以前述的例子来说明。根据R国税率计算的纳税人的S国2 000所得的抵免限额为7 000。当S国税率为20%，纳税人在S国纳税额为4 000，小于抵免限额，可全部抵免。当S国税率为40%时，纳税人在S国纳税人额为8 000，大于抵免限额，只能抵免7 000。

限额抵免法	第一种情况	第二种情况
R国采用限额抵免法前对纳税人全球所得100 000适用35%税率	35 000	35 000
S国对20 000的课税	4 000（S国税率20%）	8 000（S国税率40%）
R国采用限额抵免法后对纳税人的课税	31 000（35 000—4 000），S国税率为20%	28 000（35 000—7 000），S国税率为40%
R国采用全额抵免法放弃的税收	4 000（S国税率为20%）	7 000（S国税率为40%）
R国采用全额抵免法后纳税人的全球税负	35 000（31 000+4 000）	36 000（28 000+8 000）
纳税人100 000所得均来自R国的税负	35 000	35 000

从以上内容可以看出：在来源地国税率低于或等于居民国税率的情况下，全额抵免法和限额抵免法没有区别，纳税人的税负是相同的，而且该纳税人与应税所得相同但全部来自境内的纳税人的税负也是相同的。另外，居民国放弃的税收为境外所得在来源地国实际缴纳的税款。

但是，在来源地国税率高于居民国税率的情况下，全额抵免法和限额抵免法存在区别：适用全额抵免法时纳税人的税负比采用限额免税法的低，而且有境外所得的纳税人的税负在适用限额免税法时要高于与应税所得相同但全部来自境内的纳税人的税负。另外，居民国放弃的税收为境外所得根据居民国税率所应缴纳的税款，而非来源地国实际

① 上述公式中，居民纳税人在居民国的应纳税额的计算方式为境内外全部应税所得乘以按居民国税法应适用的税率，这样计算抵免限额的公式中纳税人的“全部应税所得”就出现了两次，分别在公式的分母和分子中。需要强调的是，在居民国实行超额累进税率的情况下，不能对“全部应税所得”进行简单的约分处理。这是因为超额累进税率下，应税所得中的不同等级的应税所得要适用不同档次的税率。因此，计算境外所得在居民国的应纳税额时，也不能将其简单乘以单一税率，需要先计算境内外全部应税所得的应纳税额，然后根据境外所得占境内外全部所得的比例来推算境外所得按居民国税法的应纳税额。

缴纳的税款。

(三) 限额抵免的具体做法

在实践中，限额抵免还有不同的做法，主要有分国限额法、综合限额法以及分项限额法。分国限额法是指当居民纳税人有来自多个来源地的所得时，以每个来源地为单位，分别计算抵免限额，即来自每个来源地的所得都有一个抵免限额。综合限额法则是将居民纳税人来自境外的全部所得汇总相加，作为一个整体计算抵免限额，即只有一个统一的抵免限额。分项限额法是指居民纳税人源于境外的某些特定项目的所得单独计算抵免限额，与其他项目分开，纳税人就各类境外所得在来源地缴纳的税款只能在同项抵免限额内抵免。分项限额法的采用与居民国的税制相关，当居民国对所得是分项征税时，居民纳税人来自境外的所得也要与境内所得一样分项计算。

我国《企业所得税法》和《个人所得税法》都采用分国限额法消除本国居民的双重征税，企业所得税不分项，而个人所得税存在分项抵免。

根据《企业所得税法》第 23 条，企业取得的下列所得已在境外缴纳的所得税税额，可以从其当期应纳税额中抵免，抵免限额为该项所得依照本法规定计算的应纳税额：(1) 居民企业来源于中国境外的应税所得；(2) 非居民企业在中国境内设立机构、场所，取得发生在中国境外但与该机构、场所有实际联系的应税所得。根据《企业所得税法实施条例》第 77 条，“已在境外缴纳的所得税税额”，是指企业来源于中国境外的所得依照中国境外税收法律以及相关规定应当缴纳并已经实际缴纳的企业所得税性质的税款。《企业所得税法实施条例》第 78 条规定，抵免限额，是指企业来源于中国境外的所得，依照企业所得税法和本条例的规定计算的应纳税额。除国务院财政、税务主管部门另有规定外，该抵免限额应当分国（地区）不分项计算，计算公式如下：抵免限额＝中国境内、境外所得依照企业所得税法和本条例的规定计算的应纳税总额×来源于某国（地区）的应纳税所得额÷中国境内、境外应纳税所得总额。此外，根据《财政部、税务总局关于完善企业境外所得税收抵免政策问题的通知》（财税〔2017〕84 号），企业可以选择按国（地区）别分别计算［“分国（地区）不分项”］，或者不按国（地区）别汇总计算［“不分国（地区）不分项”］其来源于境外的应纳税所得额，并按照财税〔2009〕125 号文件第 8 条规定的税率，分别计算其可抵免境外所得税税额和抵免限额。上述方式一经选择，5 年内不得改变。根据《财政部、国家税务总局关于企业境外所得税收抵免有关问题的通知》（财税〔2009〕125 号），在汇总计算境外应纳税所得额时，企业在境外同一国家（地区）设立不具有独立纳税地位的分支机构，按照企业所得税法及实施条例的有关规定计算的亏损，不得抵减其境内或他国（地区）的应纳税所得额，但可以用同一国家（地区）其他项目或以后年度的所得按规定弥补。

我国的《个人所得税法》在 2018 年进行了修正。纳税人的下列九类个人所得应当缴纳个人所得税：(1) 工资、薪金所得；(2) 劳务报酬所得；(3) 稿酬所得；(4) 特许权使用费所得；(5) 经营所得；(6) 利息、股息、红利所得；(7) 财产租赁所得；(8) 财产转让所得；(9) 偶然所得。其中，第 (1) ～ (4) 项所得统称为“综合所得”，居民个人取得综合所得按纳税年度合并计算个人所得税，非居民个人取得综合所得，按月或者按次分项计算个人所得税。纳税人取得第（5）～（9）项所得，分别计算个人所得税。根据《个人所得税法》第7条，居民个人从中国境外取得的所得，可以从其应纳税额中抵免已在境外缴纳的个人所得税税额，但抵免额不得超过该纳税人境外所得依照本法规定计算的应纳税额。根据《个人所得税法实施条例》第21条的规定，已在境外缴纳的个人所得税税额，是指居民个人来源于中国境外的所得，依照该所得来源国家（地区）的法律应当缴纳并且实际已经缴纳的所得税税额。抵免限额是居民个人抵免已在境外缴纳的综合所得、经营所得以及其他所得的所得税税额的限额。除国务院财政、税务主管部门另有规定外，来源于中国境外一个国家（地区）的综合所得抵免限额、经营所得抵免限额以及其他所得抵免限额之和，为来源于该国家（地区）所得的抵免限额。

需要指出的是，采用限额抵免法，当境外税率高于居民国税率时，会存在纳税人因境外实际缴纳的税款超过抵免限额而无法在当年全部抵免的情况。为此，国内税法可提供结转的便利。比如，我国《企业所得税法》第23条规定，超过抵免限额的部分，可以在以后五个年度内，用每年度抵免限额抵免当年应抵税额后的余额进行抵补。《个人所得税法实施条例》第21条也规定，超过来源于该国家（地区）所得的抵免限额的，其超过部分不得在本纳税年度的应纳税额中抵免，但是可以在以后纳税年度来源于该国家（地区）所得的抵免限额的余额中补扣。补扣期限最长不得超过五年。

四、免税法和抵免法的比较

免税法和抵免法都具有消除双重征税的作用，但也存在以下不同之处。

（1）消除双重征税效果的差异。在实行限额抵免的情况下，当来源地国税率高于居民国税率时，纳税人境外缴纳的税款不能得到全部抵免。对于免税法来讲，在来源地国的税率高于居民国时，纳税人的境外所得也不会被居民国征税，即使采用累进方式，也只是影响纳税人境内所得适用的税率。

（2）实现纳税人税负公平的差异。从税负公平考虑，抵免法能够保证居民纳税人的公平待遇，有境外所得的纳税人与所得相同但仅来源于境内的纳税人总税负也是相同的。当然，也可能会出现有境外所得的纳税人税负为多的情况，但这只是采用限额抵免时来源地国税率高于居民国的情况下，纳税人仍可选择到税率低于居民国的国家投资。但是，在免税法下，只要纳税人到税率低于居民国的国家投资，其总体税负就一定比相同所得均来自居民国的纳税人的税负轻。因此，免税法容易产生对只有国内所得的居民纳税人的不公平待遇。

（3）对资本输出的不同影响。免税法会促使国内资金和所得流向税率低的国家，也会为纳税人将境内所得转移到境外低税国产生诱因。当来源地国对来自不同国家的投资者在当地的所得给予同等税收待遇并与来源地国居民之间不存在歧视时，居民国采取免税法能够实现资本输入中性，因为在来源地国的来自不同国家的外国投资者在当地的税负不再受其居民国的影响。抵免法则体现了资本输出中性，因为来源地国的税率高低并不影响居民纳税人实际的总体税负，纳税人向低税国投资并不能因此减少总体税负。因此，抵免法本身不会对资本的跨国流向产生影响。

居民国究竟应采用抵免法还是免税法，国际间并没有定论。OECD 范本和联合国范本同时推荐了免税法和抵免法。

五、免税法与抵免法在税收协定中的应用

居民国国内法采取免税法或抵免法是消除双重征税的单边措施。不过，居民国与不同来源地国之间的经济关系可能是不同的，不同来源地国的税收制度也是存在差异的，因此单纯的单边措施不能完全适合居民国与不同来源地国之间的双边情况。由于双重征税是两个税收管辖权重叠的结果，通过税收协定明确居民国消除双重征税的措施，能够与来源地国的税制进行有效结合，体现两国间的互惠、对等和利益平衡，并为投资者提供税收待遇的确定性。下面结合 OECD 范本来阐述居民国消除双重征税的做法。

OECD 范本第 23 条推荐了免税法和抵免法两种方法，分别规定在 23A 和 23B 之中。需要指出的是，第 23 条属于该范本的第五章，而范本的第三章和第四章的相关条款已就居民国和来源地国对相关所得和财产的税收管辖权进行了分配，并对来源地国的税收管辖权进行了限定。因此，第 23 条是居民国在来源地国第三章和第四章行使管辖权之后应当采取的消除双重征税的措施。

(一) 第 23 条 A 的免税法

第 23 条 A 是关于免税法的规定，其文本如下：

1. 缔约国一方居民的所得或财产，根据本协定的相关条款可以在缔约国另一方征税时（这些条款只是由于该所得或财产也是缔约国另一方居民的所得或财产从而允许缔约国另一方征税的情况除外），首先提及的缔约国一方应对该项所得或财产免税。但本条第二款和第三款的规定除外。

2. 缔约国一方居民取得的各项所得，按照第 10 条和第 11 条的规定，可以在缔约国另一方征税时，首先提及的缔约国一方应允许从该居民的所得的课税额中扣除，其金额相当于在缔约国另一方所缴纳的税款。但该项扣除应不超过对来自缔约国另一方的该项所得扣除前计算的税额。

3. 按照本协定的任何规定，缔约国一方居民取得的所得或财产，在该国纳税时，该国在计算该居民其余所得或财产的税额时，可对免税的所得或财产予以考虑。

4. 缔约国一方居民取得的所得或财产，当缔约国另一方适用本协定对该所得或财产免税时，或缔约国另一方适用第 10 条和第 11 条第 2 款的规定时，本条第 1 款就不适用。

从上述文本看，第 1 款要求居民国采用免税法。不过，居民国是采用完全免税法还是累进免税法，第 1 款并未做进一步规定。

第 2 款实际上并非免税法，而是限额抵免法，适用于消除股息和利息的双重征税。也就是说，居民国采取免税法并不一定适用于居民纳税人的所有类型的境外所得，可以就股息和利息作出例外规定，即股息和利息适用抵免法来消除双重征税。股息和利息属

于消极投资所得，这样的规定也与采取免税法的国家一般适用于积极投资所得的实践相符。①

第 3 款允许实行居民国采用累进免税法。

第 4 款是为了避免纳税人的境外所得在居民国和来源地国双重不征税的情况。此外，对于股息和利息，该款再次明确了可不适用免税法。

因此，第 23 条 A 实际上是以免税法为主，以抵免法为辅。

（二）第 23 条 B 的抵免法

第 23 条 B 是关于抵免法的规定，其文本如下：

1. 缔约国一方居民取得的所得或财产，按照本协定的规定，可以在缔约国另一方征税时（这些条款只是由于该所得或财产也是缔约国另一方居民的所得或财产从而允许缔约国另一方征税的情况除外），首先提及的缔约国一方应当允许：

（1）从对该居民的所得的课税额中扣除，其数额等于在缔约国另一方所缴纳的所得税额；

（2）从对该居民的财产所课税额中扣除，其数额等于在缔约国另一方所缴纳的所得税额。

但该项扣除，在任何情况下，应不超过视具体情况可以在缔约国另一方征税的那部分所得或财产在扣除前计算的所得税额或财产税额。

2. 按照本协定的规定，缔约国一方居民取得的所得或拥有的财产，在该国免税时，该国在计算该居民其余所得或财产的税额时，可对免税的所得或财产予以考虑。

第 1 款是居民国采取限额抵免法的规定，第 2 款实际是关于累进免税法的规定。因此，第 23 条 B 以抵免法为主，以免税法为辅。

OECD 范本体现了抵免法和免税法综合使用的特点。一国在税收协定中是采用抵免法还是免税法，还是二者相结合，不同国家会结合国内税法有不同的考虑。我国自 20 世纪 80 年代开始谈签税收协定时就一直采用限额抵免法。

（三）国际税收协定与国内法中的免税法、抵免法的关系

国际税收协定中规定的免税法或抵免法与国内法中规定的免税法或抵免法既有联系，也有区别：

（1）税收协定规定缔约国采用免税法或抵免法的情况下，缔约国的国内法必须予以实施，这是履行税收协定义务的要求。

（2）税收协定中只是规定了一国采取抵免法或免税法。至于具体如何行使，还需要根据国内法来实施。比如适用范围、条件和程序，以及计算公式和规则等具体事项，则

---

① 特许权使用费也属于消极投资所得，不过 OECD 范本第 23A 并没有提及。这是因为 OECD 范本第 12 条将特许权使用费的征税权划归居民国独享，来源地国不再享有征税权，业已消除了双重征税。相比之下，UN 范本第 12 条则将特许权使用费的征税权划归居民国和来源地国共享，因此 UN 范本第 23 条 A 关于免税法的规定中，则提出可对股息、利息和特许权使用费采取抵免法。

取决于缔约国国内法中有关此种方法的具体规定。[①]

（3）税收协定只适用于该协定的缔约国双方。在本国居民有来源于没有税收协定的外国所得时，仍然需要根据国内法措施来消除双重征税。

（4）对于税收协定没有规定的双重征税事项，也需要国内法来解决。[②]

第二节 经济性双重征税的消除

一、股息承担的经济性双重征税的消除

（一）基本原理

经济性双重征税与法律性双重征税的成因不同。就股息承担的经济性双重征税而言，是因对公司和股东的所得都进行课税所产生的，这在国内税制中也是存在的。国际间的经济性双重征税则是因公司税和股东税由不同国家来征收而产生的。

对于是否消除因对公司利润和股东股息同时征税而产生的经济性双重征税，理论上存在不同观点。一些国家认为没有必要在一国之内消除经济上的双重征税，有的还认为对公司和股东分别课税是合理的，因为公司所得税和个人所得税两者不仅纳税人各异，征税对象不同，税基也不同。[③] OECD 也认为，对经济性双重征税如在国内不予以缓解，那么在国际上也不必予以解决。[④]

主张消除经济性双重征税的观点认为，分别对公司的利润和股东的股息征税，尽管在法律上合法有据，但从经济上看却不合理。从经济意义上说，公司实质上由各个股东组成，公司的资本是各个股东持有股份的总和，公司的利润是股东分得股息的源泉，二者是同一事物的两个不同侧面。因此，一方面对公司的利润征税，另一方面又对作为公司税后利润分配的股息再征税，这明显是对同一征税对象或称同一税源进行了重复征税。从经济效果来讲，对公司利润征收的所得税，最终还是按股份比例落到各个股东身上承担。这与对同一纳税人的同一所得的重复征税实质上并无区别。[⑤]

另外，国际间经济性双重征税的存在也带来了消极影响：妨碍国际投资的积极性；使公司不分配股息或尽量少地分配股息，股东则不能按时收到投资收益；使公司尽量利用借贷资本，较少吸收股份资本，这将影响公司资本结构，并增加成本。[⑥] 因此，消除经济性双重征税也有客观需要。

---

① 参见廖益新主编：《国际税法学》，299 页，北京，北京大学出版社，2001。

② 虽然税收协定中的相互协商程序（比如 OECD 范本第 25 条第 3 款）也规定缔约国双方税务当局可就税收协定未包括的双重征税进行磋商，但相互协商程序下缔约国并没有义务必须达成协议。

③ 参见刘剑文主编：《国际税法》，72 页，北京，北京大学出版社，1999。

④ 参见 OECD 范本关于第 10 条的注释第 41～42 段。

⑤ 参见葛惟熹主编：《国际税收教程》，58 页，北京，中国财政经济出版社，1987；转引自廖益新主编：《国际税法学》，131 页，北京，北京大学出版社，2001。

⑥ 参见高尔森主编：《国际税法》，77 页，北京，法律出版社，1988。

对于国内层面的经济性双重征税，可分别从公司或股东层面来采取措施，此时公司和股东一般均为当地的居民。以我国为例。《企业所得税法》第26条规定，符合条件的居民企业之间的股息、红利等权益性投资收益为免税收入。根据《企业所得税法实施条例》第83条的规定，符合条件的居民企业之间的股息、红利等权益性投资收益，是指居民企业直接投资于其他居民企业取得的投资收益。此外，股息、红利等权益性投资收益，不包括连续持有居民企业公开发行并上市流通的股票不足12个月取得的投资收益。

对于国际间的经济性双重征税，公司和股东一般分别属于不同国家的居民。有的国家在国内法中采取免税法或间接抵免法，或在双边税收协定中约定对股息采取免税法或间接抵免法。

(二) 消除国际间股息经济性双重征税的措施

对于此类经济性双重征税的消除，国内法上的措施一般有：

(1) 免税法。

作为消除法律性国际双重征税的做法，免税法通常适用于跨国积极投资所得，而不适用于股息等消极投资所得。不过，对于持股达到一定比例的公司之间分配的股息，可以视为来自直接投资的所得，有的国家因此也将免税法适用于此类情况下的股息。比如，日本税法规定，对适格外国公司分配给日本居民股东股息的95%免征日本公司税。所谓适格的外国公司是指，日本股东必须在该外国公司分配股息义务产生日前至少6个月持续持有该境外公司至少25%的股份。①

因此，将免税法适用于控股达到一定比例的关联公司之间，具有同时消除法律性双重征税和经济性双重征税的效果。

(2) 间接抵免法。

间接抵免实际上是借助于抵免的模式来消除经济性双重征税，即将股息所承担的公司税视为股东在公司所在国所缴纳的税收，从股东向其居住国的应纳税款中扣除。不过，间接抵免一般适用于公司之间并要达到一定持股比例的要求。

间接抵免分为单层抵免和多层抵免。单层抵免是指母公司和子公司之间的抵免，多层抵免是指母公司有来自孙公司以及重孙公司等多级附属公司股息的抵免。间接抵免的计算比直接抵免的复杂。间接抵免也存在抵免限额问题。

以我国为例，《企业所得税法》第24条规定，居民企业从其直接或者间接控制的外国企业分得的来源于中国境外的股息、红利等权益性投资收益，外国企业在境外实际缴纳的所得税税额中属于该项所得负担的部分，可以作为该居民企业的可抵免境外所得税税额，在本法第23条规定的抵免限额内抵免。根据《企业所得税法实施条例》第80条的规定，直接控制是指居民企业直接持有外国企业20%以上股份。间接控制是指居民企业以间接持股方式持有外国企业20%以上股份，具体认定办法由国务院财政、税务主管部门另行制定。因此，我国的措施是间接抵免法，而且是限额抵免。也就是说，股息在

① 参见陈红彦：《跨国股息征税问题研究》，129～130页，北京，科学出版社，2011。

境外负担的公司所得税以及股息预提税的总和超过抵免限额的部分不能抵免。此外，国家税务总局还制定了《企业境外所得税收抵免操作指南》(国家税务总局公告2010年第1号) 第5条，居民企业在按照企业所得税法第24条规定用境外所得间接负担的税额进行税收抵免时，其取得的境外投资收益实际间接负担的税额，是指根据直接或者间接持股方式合计持股20%以上（含20%，下同）的规定层级的外国企业股份，由此应分得的股息、红利等权益性投资收益中，从最低一层外国企业起逐层计算的属于由上一层企业负担的税额，其计算公式如下：本层企业所纳税额属于由一家上一层企业负担的税额＝(本层企业就利润和投资收益所实际缴纳的税额＋符合本通知规定的由本层企业间接负担的税额)×本层企业向一家上一层企业分配的股息（红利）÷本层企业所得税后利润额。该指南还附了相关计算示例，请读者自行查阅，在此不再赘述。

(3) 税收协定中消除股息经济性双重征税的措施。

税收协定中关于消除股息所承担的经济性双重征税机制适用于企业之间，并且有控股比例的要求。比如，根据《新加坡共和国政府和中华人民共和国政府关于对所得避免双重征税和防止偷漏税的协定》(以下简称《我国和新加坡税收协定》) 第22条第2款，新加坡对新加坡居民从中国取得的所得在中国缴纳的税款予以抵免。当该项所得是中国居民公司支付给新加坡居民公司的股息，同时该新加坡公司直接或间接持有中国居民公司不少于10%的公司股本的，抵免应考虑支付该股息公司就据以支付股息部分的利润所缴纳的中国税收。

在我国是居民国的情况下，我国签订的税收协定中采用的是间接抵免法。比如，《中华人民共和国和美利坚合众国政府关于对所得避免双重征税和防止偷漏税的协定》第22条第1款规定："中国居民公司从美国取得的所得，按照本协定规定对该项所得缴纳的美国所得税，应允许在对该居民征收的中国税收中抵免。但是，抵免额不应超过对该项所得按照中国税法和规章计算的中国税额"；第2款规定："从美国取得的所得是美国居民公司支付给中国居民公司的股息，同时该中国居民公司拥有支付股息公司股份不少于10%的，该项抵免应考虑支付该股息公司对于从中支付股息的利润向美国缴纳的所得税。"由此可以看出，第1款是关于直接抵免的规定，而且是限额抵免，而第2款则是间接抵免的规定。

需要注意的是，抵免法是减去纳税人在境外实际缴纳的税款。如果纳税人在来源国因享有当地的税收优惠而减免税负，除非居民国在税收协定中明确给予饶让抵免，否则只能按照实际缴纳的税款抵免。所谓税收饶让抵免，是指居民国和来源地国在税收协定中约定，居民国居民因享受来源地国税收减免优惠而未在来源地国实际缴纳的税额，视同该居民在来源地国已缴纳的税额并享受抵免的一种制度。之所以这样规定，是因为一些国家特别是发展中国家为了促进本国经济的发展和吸引外国投资，一般在国内法中给予外国投资以税收方面的减免税优惠。如果没有税收饶让，尽管来源地国对外国投资实行减免税优惠，但纳税人被减免的税收仍要在居民国纳税。这一方面造成来源地国税收收入的减少，同时跨国投资者也得不到减免税的实惠，来源地国吸引外国投资的愿望就得不到实现。如果居民国给予税收饶让，这一矛盾就能得到解决。比如，《我国和新加坡税收协定》第22条中，新加坡对本国居民采取限额抵免法消除双重征税，并通过间接抵免来消除居民公司取得的股息的经济性双重征税。该协定第 22 条还规定，在适用抵免时，缴纳的中国税收应视为包括假如没有按中华人民共和国企业所得税法及其实施条例规定给予免除、减少或退还而可能缴纳的中国税收数额。这就是税收饶让抵免的体现。

二、对转让定价调整中出现的经济性双重征税的解决

各国税务当局对以转让定价方式避税的纳税人进行应税所得调整时，也会出现经济性双重征税的问题。这种类型的经济性双重征税需要相关国家税务当局的合作才能消除。通常做法是在税收协定中约定，在一国税务当局进行了调整之后，另一国税务当局也应做必要的调整，或根据相互协商程序进行必要的协商。

比如，根据 OECD 范本第 9 条第 1 款，当关联企业之间的商业或财务股息不同于独立企业之间的关系，利润本应由其中一个企业取得，由于这些情况而没有取得的，可以计入该企业的利润内，并据以征税。OECD 范本第 9 条第 2 款进一步规定：当缔约国一方将缔约国另一方已征税的企业利润，而这部分利润应由首先提及的国家的企业所取得的，包括在该国企业的利润内并且加以征税时，如果这种情况发生在两个独立企业之间，另一国应对这部分利润所征收的税额加以适当调整，应适当考虑本协定的前提规定，如有必要，缔约国双方主管部门应相互协商。

我国的税收协定在转让定价调整方面也存在与 OECD 范本第 9 条类似的规定。不过，有的国家并不愿意在税收协定中完全复制 OECD 范本第 9 条。比如，捷克对 OECD 范本第 9 条第 2 款作出了保留；匈牙利和斯洛文尼亚则表示只有当其认为缔约另一方的调整是正当和有理由时才作出相应调整。①

《课堂讨论案例》

（一）甲国居民 A 公司取得一笔发生于乙国的特许权使用费。甲乙两国之间的税收协定第 12 条第 1 款和第 2 款规定如下：发生于缔约国一方而支付给缔约国另一方居民的特许权使用费，可以在该缔约国另一方征税。然而，这些特许权使用费也可以在其发生的缔约国，按照该缔约国的法律征税。

请回答：(1) 根据甲乙两国的税收协定第 12 条，该笔所得的税收管辖权如何分配？(2) 甲乙两国的税收协定第 23 条规定，甲国居民取得的所得，按照本协定规定可在乙国征税的，甲国应允许从对该人的所得所征税额中扣除相等于根据乙国法律与本协定规定在乙国缴纳的税收；然而，该项扣除还应参照根据甲国税法对同样所得计算出的税额。假设 A 公司根据甲国法律设立，但其实际管理机构在乙国，且 A 公司根据甲乙两国的国内税法同时被认定为甲乙两国的居民。甲乙两国的税收协定第 4 条第 3 款规定：除个人以外，同时为缔约国双方居民的人，应认为仅是其实际管理机构所在国家的居民。在这种情况下，A 公司能否请求甲国就该笔特许权使用费在乙国缴纳的税收中予以扣除？

---

① 参见 OECD 范本（2017 年版）关于第 9 条的注释第 16～19 段。

（二）我国A公司在乙国设立了一个全资子公司B。在某纳税年度，A公司收到B公司支付的一笔股息。假设乙国也同时主张居民管辖权和来源地管辖权，且A公司和B公司分别为我国和乙国的居民公司。

请回答：(1) A公司收到的股息会面临哪些类型的双重征税？(2) 如果我国和乙国之间没有税收协定，我国国内税法有哪些措施可以消除前述类型的双重征税？(3) 假设乙国为新加坡，根据《我国和新加坡税收协定》（该协定可从国家税务总局网站获得），我国应采取哪些措施消除前述类型的双重征税？

问题与思考

1. 阐述消除法律性双重征税的思路。
2. 试述常设机构对于一国主张来源地管辖权的意义和作用。
3. 试述免税法和抵免法的原理并比较两者的特点。
4. 简述消除股息面临的经济性双重征税的方法。
5. 阐述我国作为居民国消除法律性双重征税和经济性双重征税的措施。

第十九章

国际避税的规制

本章概要

本章主要讨论典型的避税方法与相应的反避税规则。主要避税方法包括利用避税地、税收协定滥用、资本弱化和转让定价等。国内法和税收协定有相应的一般反避税规则（GAAR）和针对特定避税安排的反避税规则。BEPS行动计划进一步强化了反避税规则。为了实施反避税规则，相关国家和地区之间也需要完善税收情报交换机制。

关键术语

税基侵蚀和利润转移（BEPS）　避税地　税收协定滥用　转让定价　资本弱化　受控外国公司规则　受益所有人　税收情报交换

第一节　典型国际避税方式与相应的规制措施

一、概述

税收是国家为实现其公共职能而凭借其政治权力，依法强制、无偿地取得财政收入的一种活动或手段。① 不过，纳税人也希望能够在法律允许的范围内尽量减免其缴纳的税收。纳税人通过合法的手段避免或减轻纳税义务的做法可称为节税行为（tax saving）。节税有两种情况：一是人们不从事税法规范领域的行为，从而避免纳税义务的发生。比如税法对香烟征收消费税，如果一个人不购买香烟，就不用纳税。二是纳税人通过合法手段减少纳税义务，因此带来节省税款的结果，而且这种做法通常是符合立法意图的。比如，在一国对特定行业的投资有税收优惠的情况下，纳税人向该行业投资并开展真实的经营活动就会减少纳税义务。

但是，纳税人采取的与法律不符的规避税收的行为会构成偷税或逃税（tax evasion）。比如，我国《税收征收管理法》第63条规定，纳税人伪造、变造、隐匿、擅自销毁账簿、记账凭证，或者在账簿上多列支出或者不列、少列收入，或者经税务机关

① 参见张守文：《税法原理》，6版，9页，北京，北京大学出版社，2012。

通知申报而拒不申报或者进行虚假的纳税申报，不缴或者少缴应纳税款的，是偷税。《国际税收辞汇》将逃税界定为：旨在逃避缴纳税款，是一种故意违法行为，或称其是一种直接违反税法的行为。[①] 因此，逃税是违法和具有欺诈性，要受到法律的惩罚，严重者要承担刑事责任。

与逃税相对应的一个术语是避税（tax avoidance)。《国际税收辞汇》给出的定义为：纳税人旨在降低税收负担但不足以构成逃税的行为。这一术语多数情况下是一个贬义词，表示不可接受行为或不合理行为（但不是非法行为)。换言之，避税虽在法律允许之内，但违背法律精神。[②] 因此，逃税和避税的区别在于：（1）逃税是违法的，而避税在形式上是合法的，是钻税法的漏洞，尽管这种做法有悖于道德和立法意图。（2）逃税要受到法律的惩罚，而避税的结果是国家要修改法律，填补法律的漏洞。不过，避税也可能承担法律责任，但不承担刑事责任。[③] 比如，根据我国《个人所得税法》第 8 条的规定，个人实施其他不具有合理商业目的的安排而获取不当税收利益的，税务机关有权作出纳税调整，需要补征税款的，应当补征税款，并依法加收利息。

需要指出的是，纳税人采用税收筹划（tax planning）来减少应纳税额的做法，要视其具体方法来判定是属于逃税、避税或节税措施。或者说，不能将税收筹划简单等同于节税，因为税收筹划不一定都采取节税手段。此外，对于一些过分的税收筹划，很难分清避税和逃税的界限，并且各国界定的标准也各不相同。[④]

纳税人的逃税或避税行为可以发生在一国境内，也可为针对跨境交易的安排，此时就可称之为国际逃税或国际避税。

本章接下来主要讲授国际避税的相关法律问题。

纳税人进行国际避税安排有多种方式。比如，纳税人可将国内来源所得转移到在避税地设立的受控离岸公司，纳税人也可借助导管公司等安排取得其本不应该享受的税收协定的优惠（也称为税收协定滥用)。

为了应对跨国避税问题，相关国家的国内法和双边税收协定中已有了一些反避税规则。这些反避税规则可分为一般反避税规则（general anti-avoidance rule，GAAR）和针对特定避税做法的特殊反避税规则（special anti-avoidance rule，SAAR)。

一般反避税规则是指如果某一交易的全部或主要动机是为了避税，则此交易的形式被认为是该纳税人滥用了这一形式的权利，而不予认可。[⑤] 比如，根据我国《企业所得税法》第 47 条，企业实施其他不具有合理商业目的的安排而减少其应纳税收入或者所得额的，税务机关有权按照合理方法调整。再比如，《我国和法国税收协定》第 24 条规定：

---

① 参见荷兰国际财政文献局（IBFD)，《IBFD 国际税收辞汇》翻译组译：《IBFD 国际税收辞汇》，7 版，168 页，北京，中国税务出版社，2016。

② 参见荷兰国际财政文献局（IBFD)，《IBFD 国际税收辞汇》翻译组译：《IBFD 国际税收辞汇》，7 版，31～32 页，北京，中国税务出版社，2016。

③ See Paulus Merks, "Tax Evasion, Tax Avoidance and Tax Planning", *INTERTAX*, Volume 34, Issue 5, 2006.

④ 参见［美］阿诺德、麦金太尔，国家税务总局国际司译：《国际税收基础》，2 版，131 页，北京，中国税务出版社，2005。

⑤ 参见国家税务局税收科学研究所译：《偷税与避税》，14 页，北京，中国财政经济出版社，1992。

如果进行某些交易或安排的主要目的是获得更优惠的税收待遇，而在这些情况下获得该优惠待遇违背了本协定相关规定的目标和目的，则本协定规定的任何减少或免除税收的待遇不适用。

特殊反避税规则是针对特定避税方式的立法，比如针对纳税人在避税地设立离岸公司的受控外国公司法。再比如，税收协定中为了防止纳税人不当取得协定下关于股息的优惠税率而增加的受益所有人测试要件。

国内法的反避税规则能够用于应对纳税人跨境交易的避税安排，也能用于防范纳税人滥用税收协定的避税安排。不过，通过国内法规制税收协定滥用可能导致国内法与税收协定的冲突。国际税收协定适用于"缔约国一方或缔约国双方居民"，如果税收协定没有将特定类型的居民排除在"居民"之外，适用国内反避税规则就产生了通过国内法限制税收协定适用的情况。因此，税收协定中也会有专门的条款来明确国内反避税规则和税收协定之间的关系。比如，《我国和新加坡税收协定》第 26 条就规定："本协定并不妨碍缔约国一方行使其关于防止规避税收（不论是否称为规避税收）的国内法律及措施的权利，但以其不导致税收与本协定冲突为限"。

接下来将结合常见的国际避税方式来阐述对其规制的反避税规则。

二、规制利用避税地避税

1998 年，OECD 出台了一个题为"有害的税收竞争：一个凸现的全球性问题"（Harmful Tax Competition：An Emerging Global Issue）的报告（以下简称"1998 年报告"），该报告提出了界定避税地的要素有：(1) 没有或只有名义税率（no or only nominal taxes）；(2) 缺乏有效的税收情报交换（lack of effective exchange of information）；(3) 缺乏透明度（lack of transparency）；(4) 不要求投资者从事实质经济活动（no substantial activities）。[①] 百慕大、英属维尔京群岛（BVI）等就是传统意义上的典型的避税地。纳税人使用避税地主要是为了避税，但也有非税因素的考虑，比如在避税地注册公司简便以及避税地没有外汇管制。

纳税人可以通过在避税地设立离岸公司来降低税负或递延纳税。比如，当一国有规定居民公司收取的境外子公司的股息只有在汇回居民国时才课税的话，居民公司会通过其在避税地设立的受控子公司推迟分配股息从而享受递延纳税的优惠。为此，以美国为代表的国家出台了《受控外国公司（controlled foreign corporation）法》（以下简称《CFC 规则》）来防范居民纳税人通过在避税地的子公司留存收益而逃避税收。美国税法典（Internal Revenue Code）中防止利用避税地避税的条款主要为 F 分部（Subpart F）。F 分部是针对美国股东从其控制的外国公司获得的股息等消极投资所得的。如果一个外国公司 50%以上有表决权的股票在一个纳税年度的任何时候为美国股东所持有，该公司

---

① 参见 1998 年报告第 52～55 段。从理论上讲，对于如何界定避税地也有不同的分类标准和看法。关于这方面的论述，可参见：Mykola Orlov，"The Concept of Tax Haven：A Legal Analysis"，*INTERTAX*，Volume 32，Issue 2，2004。

即为受控外国公司。美国股东是指持有该外国公司至少10%表决权股票的美国人。美国股东在受控外国公司的属于“F分部所得”的部分，即使当年不分配或不汇回美国，也要计入各美国股东名下，视同当年分配的股息，计入所得征税。①

我国《企业所得税法》第45条也有类似规定：由居民企业，或者由居民企业和中国居民控制的设立在实际税负明显低于本法第4条第1款规定税率水平的国家（地区）的企业，并非由于合理的经营需要而对利润不作分配或者减少分配的，上述利润中应归属于该居民企业的部分，应当计入该居民企业的当期收入。《企业所得税法》第4条第1款规定的税率水平为我国25%的企业所得税税率。根据《企业所得税法实施条例》第118条的规定，企业所得税法第45条所称实际税负明显低于企业所得税法第4条第1款规定税率水平，是指低于企业所得税法第4条第1款规定税率的50%。

三、规制税收协定滥用

税收协定滥用（treaty shopping）是指纳税人通过在税收协定缔约国设立中介公司的做法获取该税收协定本来不赋予其的税收优惠。

纳税人可设立导管公司（conduit companies）来获得税收利益。比如，B国与C国之间缔结了双边税收协定，C国给予B国居民（比如根据B国法律设立的公司）来源于C国的所得以税收优惠。A国和C国之间没有税收协定。同时，A国和B国之间有税收协定，B国给予A国居民来源于B国的所得以税收优惠。在这种情况下，A国居民就在B国设立一家公司，设在B国的这家公司从C国的所得就可以享受B国与C国之间税收协定给予的优惠，B国公司再把所得汇回A国居民，同样A国居民能够享受A国与B国之间的税收协定给予的优惠。这样A国居民就通过在B国设立一家导管公司而减轻了其在C国所得的税收负担。②

设立导管公司进行的税收协定滥用通常是为了取得税收协定下针对消极投资所得的优惠预提税税率。为此，税收协定中一般增加了受益所有人（beneficial owner）的测试要求。比如，OECD范本第11条第2款规定，当来源地国对利息征收预提税时，如果收取利息的受益所有人是缔约国另一方的居民，则所征税款不得超过利息总额的10%。这样，缔约国一方的居民要主张缔约国另一方适用优惠预提税税率，必须证明其为该所得的受益所有人。或者说，如果受益所有人并非税收协定缔约国的居民，即使利息的收取人是缔约国的居民，也不能享受优惠税率。

我国签订的税收协定中也有关于受益所有人的规定。国家税务总局还发布了《关于税收协定中“受益所有人”有关问题的公告》（国家税务总局公告2018年第9号）。该公告将受益所有人界定为对所得或所得据以产生的权利或财产具有所有权和支配权的人。代理人或指定收款人等不属于“受益所有人”。

该公告第2条规定，判定需要享受税收协定待遇的缔约对方居民（以下简称“申请

① 参见葛惟熹主编：《国际税收学》，325～326页，北京，中国财政经济出版社，1999。

② See Helmut Becker, Felix J. Wurm, *Treaty Shopping*, Kluwer Law and Taxation Publishers, 1988, pp. 4–5.

人"）"受益所有人"身份时，应根据本条所列因素，结合具体案例的实际情况进行综合分析。一般来说，下列因素不利于对申请人"受益所有人"身份的判定：（1）申请人有义务在收到所得的12个月内将所得的50%以上支付给第三国（地区）居民，"有义务"包括约定义务和虽未约定义务但已形成支付事实的情形。（2）申请人从事的经营活动不构成实质性经营活动。实质性经营活动包括具有实质性的制造、经销、管理等活动。申请人从事的经营活动是否具有实质性，应根据其实际履行的功能及承担的风险进行判定。申请人从事的具有实质性的投资控股管理活动，可以构成实质性经营活动；申请人从事不构成实质性经营活动的投资控股管理活动，同时从事其他经营活动的，如果其他经营活动不够显著，不构成实质性经营活动。（3）缔约对方国家（地区）对有关所得不征税或免税，或征税但实际税率极低。（4）在利息据以产生和支付的贷款合同之外，存在债权人与第三人之间在数额、利率和签订时间等方面相近的其他贷款或存款合同。（5）在特许权使用费据以产生和支付的版权、专利、技术等使用权转让合同之外，存在申请人与第三人之间在有关版权、专利、技术等的使用权或所有权方面的转让合同。

该公告第3条规定，申请人从中国取得的所得为股息时，申请人虽不符合"受益所有人"条件，但直接或间接持有申请人100%股份的人符合"受益所有人"条件，并且属于以下两种情形之一的，应认为申请人具有"受益所有人"身份：（1）上述符合"受益所有人"条件的人为申请人所属居民国（地区）居民；（2）上述符合"受益所有人"条件的人虽不为申请人所属居民国（地区）居民，但该人和间接持有股份情形下的中间层均为符合条件的人。"符合'受益所有人'条件"是指根据本公告第2条的规定，综合分析后可以判定具有"受益所有人"身份。"符合条件的人"是指该人从中国取得的所得为股息时根据中国与其所属居民国（地区）签署的税收协定可享受的税收协定待遇和申请人可享受的税收协定待遇相同或更为优惠。

该公告第4条还规定，下列申请人从中国取得的所得为股息时，可不根据本公告第2条规定的因素进行综合分析，直接判定申请人具有"受益所有人"身份：（1）缔约对方政府；（2）缔约对方居民且在缔约对方上市的公司；（3）缔约对方居民个人；（4）申请人被第（1）至（3）项中的一人或多人直接或间接持有100%股份，且间接持有股份情形下的中间层为中国居民或缔约对方居民。

此外，申请人虽具有"受益所有人"身份，但主管税务机关发现需要适用税收协定主要目的测试条款或国内税收法律规定的一般反避税规则的，适用一般反避税相关规定。

四、规制资本弱化

资本弱化（thin capitalization），是指跨国公司对其外国子公司的融资主要以提供贷款而非股权投资的方式，还包括子公司在母公司的安排下从外部借贷资金并由母公司担保的融资做法。在这两种情况下，子公司的负债与股本的比例要远远高于正常情况下公司的负债与股本的比例。采用资本弱化的做法，跨国公司可以得到以下税收上的好处：（1）母公司向子公司贷款形成的债权和进行股权投资形成的股权在税收上的处理不同。子公司要按贷款约定的期限和条件归还母公司的贷款并支付利息，不论子公司是否盈利。

子公司支付的贷款利息在计算其纳税所得时可以作为费用扣除；而子公司向母公司分配股息则要在子公司盈利的情况下从税后利润中支付。(2) 母公司在子公司的股息收入来自子公司税后利润，该股息收入在母公司所在国也要纳税，这就产生经济上的双重征税；而母公司的利息则来自子公司的税前所得，虽然该利息收入在子公司所在国（收入来源国）要缴纳预提税，但在利息要在母公司纳税的情况下，只是产生法律上的双重征税。此外，母公司还可通过一个设在避税港的导管公司将其境外收入汇总的做法，延迟纳税或避税。(3) 一些收入来源国对股息征收的预提税税率要高于对利息征收的税率。这样，跨国公司会考虑以利息的方式转移利润。①

对于资本弱化的规制，一般有两类措施。一类是规定公司的股权投资和债务的比例，如果持有公司一定比例股份的债权人对公司的贷款超过了税法规定的公司负债和股权的比例（比如2：1)，则超出比例贷款的利息，公司不能作为费用扣除，而贷款人收取的相应利益也可能被当作股息对待。我国《企业所得税法》第 46 条规定，企业从其关联方接受的债权性投资与权益性投资的比例超过规定标准而发生的利息支出，不得在计算应纳税所得额时扣除。根据《企业所得税法实施条例》第 119 条的规定，债权性投资，是指企业直接或者间接从关联方获得的，需要偿还本金和支付利息或者需要以其他具有支付利息性质的方式予以补偿的融资。企业间接从关联方获得的债权性投资，包括：(1) 关联方通过无关联第三方提供的债权性投资；(2) 无关联第三方提供的、由关联方担保且负有连带责任的债权性投资；(3) 其他间接从关联方获得的具有负债实质的债权性投资。权益性投资则是指企业接受的不需要偿还本金和支付利息，投资人对企业净资产拥有所有权的投资。《企业所得税法》第 46 条所称标准，由国务院财政、税务主管部门另行规定。

规制资本弱化的另一类措施则是通过转让定价调整规则来规范。即如果关联企业之间的贷款不是按照独立企业原则安排的，则税务当局就对其进行调整。比如，《我国和荷兰的税收协定》第 11 条（利息）给予了优惠的利息预提税税率。该条第 8 款规定，由于支付利息的人与受益所有人之间或者他们与其他人之间的特殊关系，就有关债权所支付的利息数额超出支付人与受益所有人没有上述关系所能同意的数额时，本条规定应仅适用于在没有上述关系情况下所能同意的数额。在这种情况下，对该支付款项的超出部分，仍应按各缔约国的法律征税，但应对本协定其他规定予以适当注意。

五、规制转让定价

需要指出的是，离开了关联企业这一组织形态，也就不存在转让定价。OECD 范本第 9 条和 UN 范本第 9 条对关联企业的规定是一致的，即当 (1) 缔约国一方企业直接或间接参与缔约国另一方的企业的管理控制或资本，或者 (2) 同一人直接或间接参与缔约国一方企业和缔约国另一方企业的管理、控制或资本，在上述任何一种情况下，这两个

---

① See Andrew Smith, *Tax Avoidance and Non-resident investors: The Case of Thin Capitalisation*, Institute of Policy Studies 1992 p. 2, 6, 9.

企业之间的财务或者商业关系就不同于独立企业之间的关系，这两个企业即为关联企业。

对关联企业转让定价进行调整的主要原则是独立交易原则（the arm's length principle），即关联企业间交易的价格或发生的费用应当按照独立竞争企业交易的价格进行调整。对关联企业转让定价调整的方法有：可比非受控价格法、再销售价格法、成本加成法、交易净利润法和利润分割法等。比如，我国《企业所得税法》第 41 条规定，企业与其关联方之间的业务往来，不符合独立交易原则而减少企业或者其关联方应纳税收入或者所得额的，税务机关有权按照合理方法调整。企业与其关联方共同开发、受让无形资产，或者共同提供、接受劳务发生的成本，在计算应纳税所得额时应当按照独立交易原则进行分摊。《企业所得税法实施条例》第 110 条规定，企业所得税法第 41 条所称独立交易原则，是指没有关联关系的交易各方，按照公平成交价格和营业常规进行业务往来遵循的原则。《企业所得税法》第 41 条所称合理方法，包括：(1) 可比非受控价格法，是指按照没有关联关系的交易各方进行相同或者类似业务往来的价格进行定价的方法；(2) 再销售价格法，是指按照从关联方购进商品再销售给没有关联关系的交易方的价格，减除相同或者类似业务的销售毛利进行定价的方法；(3) 成本加成法，是指按照成本加合理的费用和利润进行定价的方法；(4) 交易净利润法，是指按照没有关联关系的交易各方进行相同或者类似业务往来取得的净利润水平确定利润的方法；(5) 利润分割法，是指将企业与其关联方的合并利润或者亏损在各方之间采用合理标准进行分配的方法；(6) 其他符合独立交易原则的方法。

上述几种方法均为事后调整方法。此外，关联企业还可和税务机关事先就其定价方法达成预约定价安排或协议。比如，我国《企业所得税法》第 42 条规定，企业可以向税务机关提出与其关联方之间业务往来的定价原则和计算方法，税务机关与企业协商、确认后，达成预约定价安排。《企业所得税法实施条例》第 113 条规定，《企业所得税法》第 42 条所称预约定价安排，是指企业就其未来年度关联交易的定价原则和计算方法，向税务机关提出申请，与税务机关按照独立交易原则协商、确认后达成的协议。

此外，税收协定也承认缔约国税收机关进行转让定价调整的权利。比如《我国和法国税收协定》第 9 条第 1 款规定，两个企业之间商业或财务关系中确定或施加的条件不同于独立企业之间应确定的条件，并且由于这些条件的存在，导致其中一个企业没有取得其本应取得的利润，则可以将这部分利润计入该企业的所得，并据以征税。

第二节　税基侵蚀和利润转移（BEPS）项目

一、BEPS 行动计划

税基侵蚀和利润转移（BEPS）是指纳税人利用税收规则的漏洞而采取的将其利润人为转移到其没有开展经济实质活动且税负很低或不征税的地区的安排。OECD 于 2013 年 2 月发表了《应对税基侵蚀和利润转移》的报告（Addressing Base Erosion and Profit Shifting，以下简称“BEPS 报告”），并于 2013 年 7 月出台了《应对税基侵蚀和利润转移的行动计划》(Action Plan on Base Erosion and Profit Shifting，以下简称“BEPS行动计划”)，提出了15项应对BEPS的方案。这15项分别为：应对数字经济的税收挑战(行动计划1)；消除混合错配安排的影响(行动计划2)；强化CFC规则(行动计划3)；避免利息扣除和其他金融工具支付侵蚀税基(行动计划4)；更有效应对有害税收实践(行动计划5)；防范税收协定滥用(行动计划6)；防范纳税人规避常设机构地位来逃避来源国管辖权(行动计划7)；强化转让定价调整机制，特别是防范关联企业通过在无形资产、风险和资本以及其他高风险交易方面的人为安排进行逃避税收的利润转移(行动计划8～10)；建立收集和分析BEPS数据并指导相应行动的方法和系统(行动计划11)；强制要求纳税人披露恶意避税安排(行动计划12)；完善转让定价调整中纳税人应提交资料的规则，提高透明度和减轻纳税人负担(行动计划13)；建立更有效的税收争端解决机制(行动计划14)；构建国际税收的多边工具(行动计划15)。

OECD之所以提出BEPS行动计划，与当今经济全球化的时代背景有着密切的关系。全球化使纳税人在多国范围内避税成为可能。尽管国际市场已经全球化，但目前并不存在超国家的政府或国际组织，各国依然保留税收主权。由于并不存在全球统一的国内税法和税收协定，各国税法的差异、漏洞以及税收协定之间的优惠差异就为纳税人跨国避税提供了条件。此外，为了吸引外资和促进本国资本输出的需要，一国还会采取给予外资税收优惠或降低本国居民公司所得税税率等做法。但是，如果各国竞相采用这样的做法，就会产生有害税收竞争(harmful tax competition)问题。

与此同时，随着信息和通讯技术(information and communication technology)的发展，人类进入了数字经济(digital economy)时代。上述情势的发展也对现行国际税法规则提出了挑战。比如，在传统商业模式下，企业的跨境经营活动可能需要在境外设立商业存在。但是，在数字经济环境下，一国企业可以通过互联网或其他数字手段与另一国的客户进行交易，而无须设立常设机构。此时，税收协定关于常设机构的规则就无法适用，客户所在国就无法对另一国企业由此取得的营业利润课税。即使数字经济下的企业在另一国设有固定营业场所，企业可借助OECD范本第5条第4款关于“准备性或辅助性营业活动”的例外，使固定营业场所不构成常设机构，或者跨国公司可通过转让定价的做法将其常设机构的利润转移到低税国或避税地。但是，鉴于关联企业内部交易的比重占全球贸易和经济往来的比重越来越高以及数字经济下无形资产的大量使用，独立交易原则适用起来也存在困难。①

OECD发布了BEPS行动计划后也得到了2013年的G20财政部长和中央银行行长会议以及G20峰会的支持。2015年10月，OECD发布了实施BEPS行动计划的一系列最终报告和成果(BEPS package)，为应对BEPS问题提供了相关建议。这些建议可以分为三类：最低标准(minimum standards)、共同方法(common approaches)和最佳实践(best practices)。最低标准是出于建立公平税收环境(level the playing field)的考虑

---

① 比如：关联企业之间的无形资产交易与独立企业之间的无形资产交易没有可比性；难以确定某项无形资产对企业集团收入的单独贡献；关联企业之间通过与独立企业不同的合同安排，将无形资产的所有权、风险承担和投资与集团成员企业实际执行的功能分离开来，并导致BEPS问题的产生。

（即如果一些国家不采取行动将对其他国家产生负面的倡导效应）而对现行规则的修改，包括防范税收协定滥用、转让定价国别报告、应对有害税收竞争和提高税收争端的效率等四个行动计划的内容。所有 OECD 成员国和 G20 的成员国都承诺要实施最低标准。共同方法则是通过各国达成的税收政策导向（比如在混合错配方面）促进各国的税收实践在一段时间后实现趋同（facilitate the convergence of national practices)，并在未来考虑是否能够成为最低标准。最佳实践则为各国强化国内税收规则提供了供参考的指南（比如《CFC 规则》、要求强制纳税人披露恶意避税安排）。[①] 尽管 BEPS 报告本身并非法律文件，不具备法律约束力，但由于这些报告是由 OECD 成员和 G20 中的非 OECD 成员共同研究制定的，得到了 OECD 部长理事会批准以及 G20 各国领导人的背书，因而对 OECD 和 G20 成员有政治和道义约束，对 OECD 成员甚至具有软法性质。其中，最低标准约束性最强，将纳入监督执行机制，共同方法是未来可能发展为最低标准的规则，但目前统一监督执行时机尚不成熟，最佳实践则是推荐使用的、约束性相对低一些的规则。[②]

二、针对受控外国公司的最佳实践

BEPS 行动计划报告指出企业集团将利润转移到低税地的非居民关联实体会导致 BEPS 问题。BEPS 行动计划 3 的最终报告（以下简称“CFC 报告”）就如何设计和完善《CFC 规则》提出了具体的建议，其目的在于为尚未制定《CFC 规则》的国家和准备修订现行《CFC 规则》的国家提供指南，使相关国家的《CFC 规则》能够趋同。CFC 报告的建议包括以下内容。

1. 如何界定 CFC

CFC 报告建议对《CFC 规则》适用的实体做广义的界定，除了公司，还可包括透明实体和常设机构，如果这些实体取得的收入会导致 BEPS 问题而不能通过其他反避税规则来处理。

受控外国公司是一国居民纳税人所控制的境外实体。CFC 报告建议同时采用“法律控制”标准和“经济控制”标准，并引入事实控制标准以防纳税人规避法律控制和经济控制标准。法律控制（legal control）是指居民持有的 CFC 有表决权的股份的比例，比如单一股东的持有比例不低于 50%，或者少数持股股东通过一致行动（acting-in-concert）来实现控制。经济控制（economic control）是看居民对 CFC 利润和资产享有的权利（比如 CFC 清算时）。事实控制（de facto control）则是根据相关事实和情况看谁对 CFC 的决策有决定权或有能力直接影响 CFC 的日常经营，或是通过合同关系审查纳税人对 CFC 是否具有支配性的影响。

---

① See OECD，Explanatory Statement，OECD/G20 Base Erosion and Profit Shifting Project，2015.

② 参见廖体忠：《国际税收合作迎来明媚阳光——在新的背景下解读 BEPS 行动计划成果》，载《国际税收》，2015 (10)，7～8 页。

2. CFC 所得的界定

一旦某个实体被决定为 CFC，接下来就需要确定 CFC 的哪些收入为导致 BEPS 问题且应归属到 CFC 的股东或控制方的所得，这些所得称为 CFC 所得（CFC income）。CFC 报告提供的认定 CFC 所得的方法有类别分法、实质分析法、超额利润分析法、交易法和实体法等。

类别分析法是将 CFC 的收入划分为不同的类别并以此作为确定 CFC 所得的基础。这些收入的分类包括：股息、利息、保险收入、特许权使用费和知识产权收入、销售和服务收入。之所以特别关注这些类别的收入，是因为这些收入更容易在不同国家和地区之间流动从而导致 BEPS 问题。

实质分析法是通过分析 CFC 是否参与实质性经营活动来确定哪些收入归属为 CFC 所得。比如，CFC 是否拥有必要的经营场所来获取盈利；CFC 是否拥有足够的雇员来履行 CFC 的核心职能以及其雇员是否对 CFC 取得的收入作出了实质性贡献；CFC 是否为持有特定资产或承担特定风险的实体。举例来讲，如果 CFC 的雇员对 CFC 制造和销售动产的收入有实质性贡献，则 CFC 的此类收入就可不归属为 CFC 所得。

超额利润法是指将 CFC 在其所在地取得的超过正常回报的收入归属为 CFC 所得。正常回报为普通投资者预期从权益投资中取得的回报，计算公式为：正常汇报＝回报率×符合条件的权益。

交易法需要评估每笔收入以确定是否归属为 CFC 所得。根据实体法，如果一个实体没有取得一定比例或数额的可归属收入，将整体性地被认定没有可归属的 CFC 所得。这两种方法的区别在于：在实体法下，基于大部分收入是否属于 CFC 所得而认定该实体的全部收入为 CFC 所得或全部收入都不是 CFC 所得。根据交易法，即使实体的大部分收入不属于 CFC 所得，仍有一些所得可能被认定为 CFC 所得；即使大部分收入为 CFC 所得，但也会有一些收入被排除在 CFC 所得之外。

3. 如何计算 CFC 所得

在确定某些收入属于 CFC 所得后，下一步就应计算出 CFC 所得的具体数额。CFC 报告建议的方法是根据 CFC 母公司所在国（即实施《CFC 规则》的国家）的法律进行计算，因为 CFC 规制关注的是 CFC 的母公司所在国所面临的税基侵蚀。另外，还需要考虑是否允许 CFC 的亏损冲抵其母公司的所得。CFC 报告建议实施 CFC 的国家出台限制 CFC 损失抵扣的特殊规则，比如 CFC 的亏损只能用于抵减 CFC 的利润。

4. CFC 所得的归属规则

在计算出 CFC 所得后，下一步则是如何将这些所得归属到 CFC 的相应股东。CFC 报告建议实施 CFC 规制的国家采取 5 个步骤进行：（1）确定哪些纳税人有 CFC 所得，比如纳税人达到了最低的控制门槛（如持股比例的要求）。（2）确定纳税人有多少 CFC 所得，比如按照持股比例分配 CFC 所得。（3）确定纳税人何时应在纳税申报中列出 CFC 收入，比如 CFC 会计年度期末所在的纳税年度内，或会计年度纳税年度的会计期末后多少天所属的纳税年度的纳税申报中。（4）确定 CFC 所得的处理方法，比如将归属到股东的 CFC 所得按照股息对待。（5）确定 CFC 所得适用的税率。这应适用实施 CFC 规则的国家的税率。或者采取根据 CFC 所得在 CFC 所在国实际纳税的有效税率和 CFC 规则设定的税率门槛（比如 CFC 规则适用于有效税率低于 12%的 CFC）之间的差额来计算。

三、防范税收协定滥用的最低标准

BEPS 行动计划认为税收协定滥用是导致 BEPS 问题的最重要的因素之一。2015 年关于 BEPS 第 6 项行动计划的最终报告（以下简称“税收协定滥用报告”）的核心内容是在税收协定中完善相应反避税条款。

税收协定滥用报告建议在税收协定中写入利益限制条款（limitation-on-benefits, LOB）之类的反避税条款。该报告还提供了 LOB 条款的范本和注释。LOB 条款通常有 6 款：第 1 款明确缔约国一方的居民如果不符合第 2 款“合格的人”（qualified person）的身份，就不能取得本协定下的优惠或利益；第 2 款则对于“合格的人”的条件进行规定；第 3 款规定缔约国一方的居民，不论是否为第 2 款下的“合格的人”，可就来源于缔约国另一方的所得享受税收协定的优惠，如果该居民在其为居民的缔约国从事积极的营业活动，其来源于缔约国另一方的所得与这些营业活动有关或是伴随这些营业活动而产生；第 4 款允许被第三国居民控制的公司或实体在特定条件下也能够享受本税收协定的优惠；第 5 款规定缔约国一方的主管当局可给予不能根据第 1～4 款享受税收协定优惠的人特定的优惠；第 6 款为相关术语的定义。

纳税人除利用税收协定获取股息、利息等消极投资所得的预提税优惠之外，也存在利用税收协定的其他条款来不当获取税收优惠的情况。税收协定滥用报告也提出了相关建议。比如，作为一国居民的公司可以设立双重居民身份并根据税收协定对于双重居民的处理条款而成为税收协定下缔约国另一方的居民，从而规避其原为居民的缔约国的国内法中居民的纳税义务。对此，税收协定滥用报告建议将 OECD 范本第 4 条第 3 款修订为：当自然人之外的人由于本条第 1 款的原因同时为缔约国双方的居民时，缔约国的主管当局应结合该人的有效管理机构、注册地或其他相关因素通过相互协商来确定该人在税收协定之下应视为某一缔约国的居民。如果缔约国主管当局不能就此达成协议，该人就不能享受税收协定给予的税收减免，除非缔约国双方主管当局同意给予这样的税收减免。①

税收协定滥用报告还指出，为了应对其他形式的税收协定滥用，税收协定中应写入针对交易或安排的目的一般反避税条款（the principle purposes test or “PPT” rule），比如：不论本协定其他条款如何规定，如果在考查了所有相关事实和情况后，能够合理地得出结论，即交易或安排的主要目的之一是直接或间接取得本协定下的优惠，则不应将优惠给予相关的所得或财产，除非能够证明此种情况下给予优惠符合本协定相关条款的宗旨和目的。

---

① OECD2017 年范本已经做了这样的修订。

四、关于利息扣除的最佳实践

利息支出在大多数国家都可税前扣除，为防范纳税人通过利息支付转移利润（比如资本弱化）避税，BEPS 行动计划 3 的最终报告（以下简称“利息扣除报告”）提出了如下建议。

利息扣除报告所适用的利息是一个广义的概念，除了传统的利息，该报告也适用于经济上相当于利息的支付（payments economically equivalent to interest）和因融资而产生的费用。经济上相当于利息的支付（payments economically equivalent to interest）包括与实体融资相关的支出。

利息扣除报告建议规则适用的主体至少为隶属于某一跨国集团的所有实体。各国也可以自主决定将规则适用于隶属本国集团（仅在本国运营的集团）的实体和/或不属于某一集团的独立实体。

在防范利息扣除导致的 BEPS 方面，利息扣除报告的核心建议是采用“固定比率规则”（fixed ratio rule）来限制利息扣除。固定比率是指利息占支付人在计提利息、税额、折旧和摊销之前的收入（earnings before interest，taxes，depreciation and amortization，EBITDA）的百分比。也就是说，支付人可扣除的利息支出应不超过固定比率，超出部分则不能扣除，固定比率可在 10%～30%之间。根据固定比率计算实体不可扣除的利息支付的最高额需要三个步骤：首先，计算出 EBITDA；其次，将法定的固定比率适用于 EBITDA 以确定该实体可税前扣除的利息支付的上限；最后，将该实体实际支付的利息与上限进行比较。

根据固定比率规则，一个实体或集团最高可税前扣除不高于 EBITDA 法定比率的利息支付。不过，对于不同行业的企业集团来讲，其负债比率或杠杆程度是存在差异的，因此利息扣除报告提出建议在固定比率规则之外采用集团比率规则（group ratio rule）。集团比率高于固定比率，能够允许隶属于高杠杆集团的实体基于集团全球范围内的财务比率（group ratio）扣除超过根据固定比率计算的利息支付。① 集团比率规则可作为一项单独的规则，也可作为包括固定比率规则在内的整体规则的一部分。纳税人超过扣除上限的利息在当年是不能扣除的，但可允许向前或向后结转（carry forward and carry back）。

五、转让定价规则的完善

BEPS 第 8～10 项行动计划要求进一步完善独立交易原则。关于行动计划 8～10 的最终报告（以下简称“转让定价报告”）指出：关联企业的定价应反映其从事的实际交易，不能以不体现经济实际的合同安排作为定价的基础；关联企业通过合同分配风险应以实际商业决策为支持；仅投资资本但不从事任何经营功能的企业不能获得额外的回报；税

---

① 集团比率（group ratio）乘以适用于该实体的 EBITDA 为其可税前扣除的利息上限。

务机关可以否定不具有合理商业性的交易。

在独立交易原则的适用方面，可比性分析是其核心。可比性分析需要是被关联企业之间的商业或财务关系、交易条件和相关经济特征，并与独立企业在可比交易中的交易条件和经济特征进行比较。比如，跨国公司在不同市场的经营特点会对转让定价调整中如何进行可比性（comparability）对比和确定独立交易价格产生影响。跨国公司可将生产经营转移到低成本的国家或地区从而取得的经营净成本的节省，这称为选址节约（location saving）。在确定跨国公司通过选址节约在关联企业之间分配的成本时，需要考虑成本在多大程度上留存在企业集团的一个或几个成员之间，或是转移到独立的客户或供应商。如果成本没有完全转移到独立的客户或供应商处，如果能够在本地市场找到可比企业和可比交易，就能够用于确定跨国公司在关联企业之间分配成本的参照。如果在本地市场不能找到可比企业和可比交易，就应根据所有相关事实和情况（包括企业承担的功能、风险和使用的资产）来审查跨国公司的限制节约成本的分配是否合理。

在无形资产的转让定价方面，转让定价报告指出，关联企业仅拥有无形资产的法律所有权并不能使其享有使用无形资产的收益；关联企业承担无形资产的研发、价值提升、维护等方面的职能和风险时应获得相应的补偿并具备风险控制和承担风险的财务能力。

在转让定价调整方面，两类交易涉及无形资产的确认和审查：一是涉及无形资产或无形资产转让的交易，二是涉及无形资产使用的产品或服务的交易。有些关联交易虽然不涉及无形资产的转让，但也会涉及无形资产的使用。为此，首先需要界定无形资产。为了避免无形资产界定的范围过窄或过宽而带来的困难，该报告将无形资产界定为并非实物资产或金融资产的物项（something which is not a physical asset or a financial asset），但可被拥有或控制并用于商业活动，且独立企业在可比情况下对其的使用或受让将支付对价。转让定价调整中对无形资产的认定不以其是否根据会计准则被认定为无形资产为条件，也不以法律或合同是否提供保护以及其可否独立转让为标准。转让定价报告还对专利、专有技术、商业秘密、商标、商号、政府特许权合同下的权利、商誉等无形资产的特点进行了分析。

转让定价报告建议通过下列步骤来分析无形资产交易：确定关联交易中使用或转让的无形资产，以及与无形资产的研发、价值提升、维护等方面相关的重大经济风险；全面确定合同安排，特别是根据登记、许可协议或其他相关合同等法律安排来确定无形资产的法律上的所有人；确定承担无形资产的研发、价值维护和保护等方面功能的企业以及使用资产并管理风险的企业；确定企业的实际行为与合同安排中的相关条款是否一致，并判定企业承担重大经济风险的企业是否对无形资产的研发、价值提升和维护等方面的风险具有风险承担能力；根据无形资产的法律所有权和其他合同安排以及企业的实际行为，确定与无形资产的研发、改进、维护、保护相关的关联交易；为关联交易各方根据其承担的职能确定独立交易价格。

六、消除混合错配的共同方法

除以上几种反避税规则的强化之外，BEPS 行动计划也就纳税人通过混合错配安排所导致的 BEPS 问题提出了应对方案。所谓混合错配，是指纳税人通过混合金融工具或混合实体，利用不同国家税法的差异实现所得居民国和来源地国双重免税（double non-taxation）。比如，甲国居民公司 A 用于乙国居民公司 B 的全部股权。A 公司给 B 公司发放了一笔贷款，但 B 公司对 A 公司贷款本金和利息的支付位于 B 公司的所有债权人之后，且 B 公司破产清算时也暂停支付。乙国税法认为这样的贷款属于 B 公司的借贷，B 公司支付给 A 公司的利息可作为费用从 B 公司的应税所得中扣除。但是，甲国则视为 A 对 B 的股权投资，并对 A 收取的款项按照股息所得给予免税待遇。这称为产生扣除和免税结果（deduction / no inclusion，or D/NI outcomes）的混合错配安排。再比如，纳税人通过混合错配安排，支付人所在国允许支付人就此类安排下的支付进行扣除，而收款人所在国并不把支付人作为独立于收款人的法律实体存在，从而将支付人的扣除视为收款人的支付费用，也允许收款人予以扣除。这就产生了同一笔费用在两国都被扣除的情况。这称为产生双重扣除结果的混合错配安排（double deduction or DD outcomes）。

BEPS 行动计划 2 的最终报告（以下简称“混合错配报告”）在国内法和税收协定两个方面提出了应对消除混合错配的如下建议。

1. 国内法

由于跨境的混合错配安排旨在利用支付人和收款人所在国税法的差异进行避税，因此支付人和收款人所在国的税法都需要建立相应的应对机制，即两国要分别采用首要应对规则或防御规则。首要应对规则（primary rule）是支付人所在国不允许支付人就造成这种结果的支付进行扣除。如果支付人所在国没有前述措施，收款人所在国应采取相应的防御措施（defensive rule），将收款人的此类收入列入其应税所得。比如，对于那些为消除居民境外股息所得的经济性双重征税而给居民境外股息以免税待遇的国家，如果支付人所在国给予了扣除，收取人所在国就不应再免税。

2. 税收协定

为防止当事人通过混合金融工具或混合实体来不当获取税收协定下的优惠，混合错配安排报告还专门就双重居民身份和透明实体问题与税收协定的修订进行了讨论。

关于双重居民身份，税收协定滥用报告对 OECD 范本第 4 条第 3 款提出了修订建议。不过，混合错配报告认为上述修订并不能解决所有与双重居民身份有关的 BEPS 问题。比如，当事人根据一国国内法为该国居民，并根据该国与他国的税收协定成为另一国的居民，但仍享有国内法中居民的待遇而不承担对等的义务（例如根据国内法的集团减免制度将境外亏损转移到另一个居民国家并同时主张税收协定下对境外利润的保护）。产生这样问题的原因在于税收协定和国内法中居民概念的错配，此时仍需要国内法补充相应的规则（一国居民根据税收协定属于另一缔约国居民时，则不再给予其根据国内法取得的居民身份）。

关于透明实体，混合错配报告提出应在 OECD 范本第 1 条中增加第 2 款：如果根据缔约国任何一方的国内税法，来自或通过某个实体或安排所取得的所得在税收上被认为是全部或部分透明的，该项所得应认为是其中一个缔约国居民的所得，但也只是为了该缔约国的税收目的而将其视为该缔约国居民的所得。该款在任何情况下都不得解释为限制任何缔约国对本国居民征税的权利。[①]

七、进一步约束税收竞争

OECD的1998年报告认为，有害税收竞争侵蚀了相关国家的税基，扭曲了国际贸易和投资，削弱了税收的公平和中性，进而影响了全球福利和纳税人对税制的信心。该报告提出的认定有害优惠税制（harmful preferential tax regimes）的关键因素有：（1）没有或只有很低的有效税率（no or low effective tax rates）；（2）优惠税制与国内市场是隔绝的（ring fencing of regimes），比如获得优惠的企业不得在国内市场经营；（3）缺乏透明度（lack of transparency），缺乏透明度包括法律、法规适用的歧视性以及税收待遇和征管可以谈判等方面，缺乏透明度有制度设计和实施方面的原因；（4）缺乏有效的税收情报交换（lack of effective exchange of information），不将享受优惠税制的外国投资者的情况通报给其母国。

BEPS报告认为有害税收竞争也会导致BEPS问题的产生。关于行动计划5的最终报告（以下简称“有害税收竞争报告”）就约束税收竞争提出了建议，这也属于BEPS最终成果的最低标准。

有害税收竞争报告要求优惠税制的给予应以实质经营活动（substantial activity requirement）为条件。这是为了避免当事人主要基于税收目的把利润从创造价值的国家转移到提供优惠税制的国家。该报告以知识产权为例阐述了相关制度的设计。该报告考虑了三种方案：（1）价值创造法。该方法要求当事人从事一定数量的重要活动（a set number of significant development activities），但与其他两种方法相比，并没有获得支持。（2）转让定价方法。该种方法允许对来源于知识产权的所有所得都给予税收优惠，如果纳税人在该国的活动满足如下条件：纳税人在该国的活动具备重要功能；纳税人是知识产权的法律上的所有人和使用人；纳税人承担与知识产权相关的经济风险。不过，该种方法也只得到了少数国家的支持。（3）连接点法。这种方法以纳税人从事知识产权研发活动的程度作为享受税收优惠的条件，其核心在于建立研发税收抵免的基本原则和针对知识产权创造过程中支出费用的税制，即关注研发等支出与税收优惠的给予之间的直接联系。该种方法也同样适用于使用知识产权所创造的所得。因此，支出可作为认定实质经济活动的指标。该报告还提出了一个计算公式：（符合条件的知识产权研发支出/研发知识产权的总支出）×知识产权资产的总收入＝可获得税收优惠的所得。如果纳税人获得的一国提供税收优惠的所得总额不超过根据该公式计算的数额，则认为该制度满足了实质经营活动要求。

八、应对数字经济挑战和修订常设机构规则

有关BEPS行动计划1的最终报告（以下简称“数字经济报告”）就如何应对数字

---

① OECD2017年范本已经做了这样的修订。

经济的挑战提出了具体建议，比如修订税收协定中常设机构的例外条款。BEPS 行动计划 7 的最终报告（以下简称“常设机构报告”）对此进行了说明。

常设机构报告提出修订 OECD 范本第 5 条第 4 款的相应条款内容，修订后的第 5 条第 4 款为：“常设机构不应认为包括：(a) 专门为储存、陈列或交付本企业货物目的而使用的场所；(b) 专门为储存、陈列或交付目的而保存本企业货物的库存；(c) 专门为通过另一企业加工的目的而保存本企业货物的库存；(d) 专门为本企业采购货物或收集情报的目的而设立的固定营业场所；(e) 专门为本企业进行其他活动而设立的固定营业场所；(f) 专门为综合从事前述 (a) ～ (e) 项的活动而设立的固定营业场所，前提是固定营业场所的全部活动属于准备性或辅助性的”。

常设机构报告也对第 5 条第 4 款的注释第 21～30 段进行了相应的修订，并列举了一些范例进行说明。比如，对于 (a) 项的活动，R 国的 R 公司是一个在线销售实体产品的卖家，在 S 国持有一个非常大的仓库，并雇有众多员工在里面工作，以便储存及快速配送其在线销售给顾客的产品。在这种情况下，仓库是 R 公司的重要资产并通过大量雇员从事配送，R 公司通过仓库从事的活动构成了企业销售活动的核心部分，并不是准备性或辅助性的活动，因而不能适用第 4 款的例外豁免。

此外，为了防止紧密关联企业（closely related enterprises）将整体业务分拆为若干个小的单元并主张每个单元的活动为准备性或辅助性的从而人为规避常设机构条款，常设机构报告还提出在 OECD 范本第 5 条第 4 款中增加新的 4.1 款作为反拆分规则：如果某企业使用或设有固定营业场所，且该企业或其紧密关联企业在该场所或位于同一缔约国的另一场所开展经营活动，同时：(a) 该场所或另一场所构成该企业或其紧密关联企业的常设机构；或者 (b) 该企业或其紧密关联企业在同一场所或两个场所开展活动的结合，使整体活动不属于准备性质或辅助性质，只要该企业或其紧密关联企业在同一场所或两个场所开展的营业活动构成整体营业活动中互为补充的部分，则不适用第 4 款的规定。所谓紧密关联企业，是指基于所有相关的事实和情况，一个企业与另一企业之间彼此相互控制或同为第三方所控制，比如一方持有另一方 50%以上的权益。常设机构报告关于第 4.1 款的注释中也通过范例解释了如何适用反拆分规则。比如，R 公司是 R 国的一家居民银行，其在 S 国拥有若干构成常设机构的分支机构。R 公司同时在 S 国拥有一间单独的办事处，一些雇员在该办事处核查向上述分支机构提交贷款申请的客户所提供的信息。这些雇员的核查结果将被递交到 R 银行在 R 国的总部，由其他员工对贷款申请中的信息进行分析，并向 S 国的分支机构提供报告，以供其决定是否批准贷款。在这种情况下，第 5 条第 4 款的例外就不适用于该办事处，因为其他场所（即受理贷款申请的其他分支机构）构成了 R 公司在 S 国的常设机构，且 R 公司在该办事处开展的活动与相关分支机构的活动组成了整体业务（向 S 国客户提供贷款）的互补职能。

需要指出的是，常设机构报告并非专门针对数字经济的，而是从总体上防止纳税人规避常设机构规则而导致 BEPS 问题的情况，因此，除了第 4 款，常设机构报告还对 OECD 范本第 5 条的其他条款提出了修改建议。比如，OECD 范本第 5 条第 5 款是关于非独立地位代理人常设机构的规定。不过，属于第 5 条第 6 款的独立地位的代理人（比如佣金代理人）则不构成委托人的常设机构。但是，企业可能会通过表面上符合第 6 款独立代理人的安排来规避实质上为第 5 款的非独立地位代理人的情况。为此，常设机构报告建议将第 5 条第 5 款修改为：如果一个人（除第 6 款另有规定外）在一个缔约国代表另一缔约国的企业进行活动，有权并经常行使这种权利在首先提及的缔约国以该企业的名义签订合同，经常订立合同或在合同订立过程中起到主要作用，且企业对合同不进行实质性修改，该合同：（a）以该企业的名义订立，或（b）涉及该企业拥有或有权使用的财产之所有权的转让或使用权的授予，或（c）涉及该企业提供的劳务，应认为该企业在该缔约国有常设机构。同时，将第 6 款修订为：（a）在缔约国一方代表缔约国另一方的企业营业的人，如果为独立地位代理人且代理行为属于其常规业务的，则不适用第 5 款的规定。但是，如果某人专门或几乎专门代表一个或数个与之紧密关联的企业，则不应认为其为独立地位代理人。（b）基于所有相关的事实和情况，如果一个人与另一企业之间彼此相互控制或同为第三方所控制，应认定该人和该企业紧密关联。在任何情况下，如果一方直接或间接拥有另一方至少 50%的权益，或者第三方直接或间接拥有该人和该企业至少 50%的权益，应认定该人和该企业紧密关联。

除上述修订常设机构的相关条款的建议之外①，数字经济报告还提出了几个备选方案，比如：（1）以显著经济存在作为对非居民课税的新连接点。该方案的思路是：根据相关要素证明企业通过技术或自动化工具与该国存在持续的经济联系，就能够为该国建立一个类似于传统常设机构的征税存在（taxable presence）。（2）对数字交易征收预提税。这种方案的思路是一国就其居民（包括当地的常设机构）向非居民在线购买产品或服务时所支付的款项征收预提税（a withholding tax on digital transactions），实际上摆脱了传统的对常设机构课税的模式。② 在数字经济报告出台之后，OECD 也发表了数个文件，继续讨论解决数字经济带来的税收挑战。但是，截至本书写作之时，国际社会尚未就此达成统一方案。此外，有的国家（比如法国和英国）还开始诉诸开征数字服务税（Digital Services Tax，DST）的单边措施。

九、开发修订双边税收协定的多边工具

BEPS 行动计划最终报告的内容，特别是关于修订双边税收协定的建议（比如防范税收协定滥用、修订常设机构条款等）需要纳入税收协定之中才能真正发挥作用。不过，由于国际间的双边税收协定众多，逐个修订既费时又烦琐，因此，BEPS 第 15 项行动计划提出开发修订双边税收协定的多边工具。

2016 年 11 月 24 日，100 多个国家和地区完成了《实施税收协定相关措施以防止税基侵蚀和利润转移的多边公约》（Multilateral Convention to Implement Tax Treaty Related Measures to Prevent BEPS）的谈判，并于 2017 年 6 月在巴黎举行签约仪式。该公约共七部分 39 条，包括第一部分（第 1～2 条）“公约范围和术语的解释”，第二部分

① OECD2017 年范本已经进行了这样的修改。

② 有关这方面的探讨，可参见廖益新：《数字经济环境下营业利润课税权的分配》，载《厦门大学学报（哲学社会科学版）》，2017（4）。

（第 3～5 条）“混合错配”，第三部分（第 6～11 条）“协定滥用”，第四部分（12～15 条）“规避常设机构构成”，第五部分（第 16～17 条）“改进争议解决”，第六部分（第 18～26 条）“仲裁”，第七部分（第 27～39 条）“最终条款”。

公约修订的双边税收协定称为适用协定（covered tax agreement）。至于缔约方的哪些适用协定将根据公约修订，由缔约方自行选定并列出。公约把关于 BEPS 行动计划第 2、6、7、13 和 14 项的最终报告的相关内容纳入，用以修订适用协定。在一些修订内容方面，公约也给出了几种选择方案供缔约方采用。在修订的技术方法方面，公约有这样几种做法：一是公约条款替代适用协定的条款（如果适用协定没有与公约相对应的条款则公约不适用）；二是公约条款修改适用协定的条款；三是公约条款适用于没有相对应条款的适用协定；四是不论适用协定有无与公约相对应的条款，公约条款都适用。

我国于 2017 年 6 月 7 日签署了《实施税收协定相关措施以防止税基侵蚀和利润转移的多边公约》。

第三节　国际税收征管互助机制

在经济全球化的背景下，由于纳税人存在跨国经营活动和所得，不论是为了正确适用税收协定和国内税法，或是应对纳税人的跨境逃税与避税，一国税务当局都需要获得纳税人境外经营活动和所得的相关情报。由于国际法不允许一个国家在未经其他国家允许的情况下在当地进行税务调查①，建立国际间的税收情报交换（exchange of information）机制就至关重要。此外，当一国的纳税人有境外所得或财产而未能依法纳税时，该国税务机关也不能到纳税人境外所得或财产的来源国行使征收的权力，也需要当地税收机关提供征管协助。因此，虽然 BEPS 行动计划的最终报告为应对 BEPS 问题提出了完善国内法和税收协定的相关建议，但其实施依然依赖国际间的征管合作机制。

一、国际税收情报交换的法律基础

传统上的税收情报交换机制是规定在双边税收协定之中的。但是，在早期的税收协定中，被请求方往往以国内法中的银行保密规定或缺乏国内税收利益（domestic tax interest）为理由予以拒绝。因此，OECD 在 2002 年推出了体现新标准的税收情报交换协议范本（Model Agreement on Exchange of Information on Tax Matters），并对 OECD 范本的第 26 条进行了修订。以 OECD2017 年范本第 26 条为例，其第 4 款强调，被请求提供情报的缔约方应当使用情报采集措施取得情报，即使被请求方为自身税收目的而并不需要这些情报。被请求方不能仅以缺乏国内税收利益为理由而拒绝提供情报。第 26 条第 5 款也强调，被请求提供情报的缔约方不能仅仅以相关情报由银行、其他金融机构、代理人或受托人持有以及情报与当事人所有权利益相关为由而拒绝提供。OECD 范本第 26

---

① 参见［美］罗伊·罗哈吉，林海宁、范文祥译：《国际税收基础》，135 页，北京，北京大学出版社，2006。

条的变化也为UN范本所接纳。

除了税收协定第26条的机制，OECD还制定了专门的税收情报交换协议范本(Agreement on Exchange of Information on Tax Matters)。与OECD范本第26条相比，税收协定交换协议具有以下特点：首先，税收情报交换协议不同于以避免双重征税为目标的税收协定，是专门针对情报交换而订立的。其次，税收情报交换协议范本提供了多边和双边两个模式，而税收协定一般是双边的。不过，OECD税收情报交换协议范本下的多边模式并非传统国际公法上的多边协议，而是为一系列双边协议的整合提供基础。在多边模式下，税收情报交换协议只对缔约方和其特别选定的其他缔约方之间有约束力，而并非当然约束所有缔约方。在实体内容方面，多边模式和双边模式是基本相同的。

OECD税收情报交换协议范本第5条是情报交换机制的核心条款，就缔约国一方应另一方请求而进行情报交换的程序（exchange of information upon request）做了细致的规定。按照第5条第1款的规定，与税收刑事犯罪相关的情报也在交换之列，不论情报涉及对象的行为在被请求提供情报的缔约方是否构成犯罪。根据第5条第2款的规定，情报交换也不以被请求提供情报的缔约方存在国内税收利益为前提。

不过，税收协定中的情报交换条款和税收情报交换协议都是以双边模式为基础的，并没有在情报交换方面建立多边机制。由于纳税人（特别是对于跨国公司来讲）的业务范围往往涉及多个国家，建立情报交换的多边机制仍是很有必要的。在这方面，OECD和欧洲理事会（Council of Europe）的《多边税收征管互助公约》(Convention on Mutual Administrative Assistance in Tax Matters）是国际税收征管合作中最重要的多边法律基础。①

《多边税收征管互助公约》（以下简称《公约》）于1988年1月25日做成，1995年4月1日生效。《公约》对欧洲理事会和OECD成员国开放。《公约》的目的是为缔约国之间在情报交换、税款征收等事务的相互协助方面建立共同的基础。在OECD关于情报交换的新标准出台后，欧洲理事会和OECD于2010年5月27日通过了《关于修订〈公约〉的议定书》(Protocol amending the Convention on Mutual Administrative Assistance in Tax Matters，以下简称《议定书》)。经《议定书》修正后的《公约》也对欧洲理事会和OECD成员国以外的国家开放。《议定书》已于2011年1月6日生效。

修正后的《公约》体现了OECD倡导的标准和OECD范本第26条及相关注释的内容。在情报交换的具体方式方面，《公约》规定的情报交换方式主要有：(1) 应请求交换(exchange of information on request)，即被请求方向请求方提供其要求的针对特定案件的情报。(2) 自动交换（automatic exchange of information)，即就同一类型的多个案件的情报进行交换，通常是情报提供方在其日常业务中定期取得并自动定期交换。这种方

① 需要指出的是，欧洲理事会和欧盟是两个不同的国际组织。欧洲理事会成立于1949年，是政府间的政治性国际组织，其宗旨为：保护人权和多元民主；促进欧洲文化的发展；寻求欧洲社会问题的解决（比如歧视、环境、毒品等）；支持政治、司法和宪政改革以促进欧洲民主的稳定。欧洲理事会总部在法国斯特拉斯堡。欧洲理事会主持下通过的公约中包括著名的欧洲人权公约，其框架下存在欧洲人权法院。欧盟成员国都是欧洲理事会的成员国，但欧洲理事会的成员国还包括欧盟成员国之外的其他国家。参见欧洲理事会网站：http://www.coe.int/en/web/about-us/do-not-get-confused。

式需要相关缔约方之间事前就交换程序和内容达成协议。(3) 自发交换 (spontaneous exchange of information)，即缔约方将其获得的涉及其他缔约方利益的纳税人的情报主动提供给其他缔约方而无须其他缔约方提出请求。这种方式比自动交换更为有效，因为情报往往是提供方当局在调查和审计过程中发现的。(4) 同期税务检查 (simultaneous tax examination)，即两个或两个以上的缔约方同时在各自境内，对某人或存在某种共同或关联利益的多人进行纳税事项检查并交换各自由此所获得的相关情报。此外，一个缔约方的税务当局还可请求在其他缔约国进行境外税务检查 (tax examination abroad) 来取得情报。不过，是否允许请求方税务当局入境检查，完全由被请求方当局决定。《公约》第 21 条第 4 款也明确被请求方不能以被请求事项与本国没有税收利益为由而拒绝协助。

由于《公约》是以多边条约的方式做成，而相关缔约方国内法可能存在差异，或者国内法不允许将某些税种包括在内，或不允许采取某种税务互助方式，因此《公约》第 30 条允许缔约方作出保留。

2013 年 8 月 27 日，我国签署了《公约》，其于 2016 年 2 月对我国生效。

二、金融账户涉税信息自动交换机制

随着经济全球化进程的不断加快，纳税人通过境外金融机构持有和管理资产，并将收益隐匿在境外金融账户以逃避居民国纳税义务的现象日趋严重。因此，各国对进一步加强国际税收信息交换、维护本国税收权益的意愿愈显迫切。

就税收情报交换的几种方式而言，在自动情报交换方式下，居民国能够定期获得来源国关于纳税人各类收入的海量信息，而无须专门提出请求。居民国通过自动交换方式取得的情报通常是以数字化方式表现的，居民国可以将其并入本国的数据库来自动对纳税人的所得进行匹配与核对，从而大大节省了信息处理的成本，这有助于居民国的税收核定。因此，自动情报交换对于应对纳税人通过离岸方式逃税或避税具有重要作用，也能够促进纳税人对税法的自愿遵守。

双边税收协定中的税收情报交换条款、专门的税收情报交换协议和多边公约（比如《多边税收征管互助公约》）都可作为税收情报交换机制的法律基础。不过，上述机制并没有就自动情报交换的具体程序做细致的规定。

2014 年 7 月，OECD 发布了金融账户涉税信息自动交换的标准 (Standard for Automatic Exchange of Financial Account Information in Tax Matters)。标准由主管当局间协议范本和统一报告标准 (Common Standard on Reporting and Due Diligence for Financial Account Information, CRS) 两部分内容组成。主管当局间协议范本是规范各国（地区）税务主管当局之间如何开展金融账户涉税信息自动交换的操作性文件，以互惠型模式为基础，分为双边和多边两个版本。统一报告标准规定了金融机构收集和报送外国税收居民个人和企业账户信息的相关要求和程序。根据标准开展金融账户涉税信息自动交换，首先由一国（地区）金融机构通过尽职调查程序识别另一国（地区）税收居民个人和企业在该机构开立的账户，按年向金融机构所在国（地区）主管部门报送账户持有人名称、纳税人识别号、地址、账号、余额、利息、股息以及出售金融资产的收入等信息，再由该国（地区）税务主管当局与账户持有人的居民国税务主管当局开展信息交换，最终为各国（地区）进行跨境税源监管提供信息支持。①

2015年12月，国家税务总局签署了《金融账户涉税信息自动交换多边主管当局间协议》（Multilateral Competent Authority Agreement on Automatic Exchange of Financial Account Information），其于2017年5月对我国生效。该协议为我国与其他国家（地区）间相互交换金融账户涉税信息提供了操作层面的多边法律工具。

2017年5月9日，国家税务总局、财政部、中国人民银行、银监会、证监会、保监会发布了《非居民金融账户涉税信息尽职调查管理办法》的公告，自2017年7月1日起施行。该办法适用于在我国境内设立的金融机构开展非居民金融账户涉税信息尽职调查工作。该办法适用的金融机构包括存款机构、托管机构、投资机构、特定的保险机构及其分支机构，但不包括我国金融机构在海外的分支机构，也不包括金融资产管理公司、财务公司、金融租赁公司、汽车金融公司、消费金融公司、货币经纪公司、证券登记结算机构等。非居民是指中国税收居民以外的个人和企业（包括其他组织），但不包括政府机构、国际组织、中央银行、金融机构或者在证券市场上市交易的公司及其关联机构。非居民金融账户是指在我国境内的金融机构开立或者保有的、由非居民或者有非居民控制人的消极非金融机构持有的金融账户。该办法也就金融机构对个人账户的尽职调查程序以及机构账户的尽职调查做了相应规定。比如，金融机构应当按照以下规定，对新开个人账户开展尽职调查：（1）个人开立账户时，金融机构应当获取由账户持有人签署的税收居民身份声明文件（以下简称"声明文件"），识别账户持有人是否为非居民个人。金融机构通过本机构电子渠道接收个人账户开户申请时，应当要求账户持有人提供电子声明文件。声明文件应当作为开户资料的一部分，声明文件相关信息可并入开户申请书中。个人代理他人开立金融账户以及单位代理个人开立金融账户时，经账户持有人书面授权后可由代理人签署声明文件。（2）金融机构应当根据开户资料（包括通过反洗钱客户身份识别程序收集的资料），对声明文件的合理性进行审核，主要确认填写信息是否与其他信息存在明显矛盾。金融机构认为声明文件存在不合理信息时，应当要求账户持有人提供有效声明文件或者进行解释。不提供有效声明文件或者合理解释的，不得开立账户。（3）识别为非居民个人的，金融机构应当收集并记录报送所需信息。（4）金融机构知道或者应当知道新开个人账户情况发生变化导致原有声明文件信息不准确或者不可靠的，应当要求账户持有人提供有效声明文件。账户持有人自被要求提供之日起90日内未能提供声明文件的，金融机构应当将其账户视为非居民账户管理。

三、国际征税协助

当一国税务机关要对纳税人的境外所得或财产课税时，可能还需要另一国税务机关

① 参见国家税务总局网站：http://www.chinatax.gov.cn/aeoi_index.html。

提供税款征收的协助，因为按照大多数国家的国内法，外国作出的税收裁决是不能执行的。[①] 为此，相关国家可以通过税收协定的征收协助条款提供法律基础。

OECD 范本第 27 条（assistance in the collection of taxes）提供了一个样板。该条规定，当缔约国一方的税收主张（revenue claim）根据该国法律是可执行的，且纳税人根据该国法律也不能阻止征税时，缔约国另一国应接受该缔约国一方的征税协助请求。该缔约国另一方应按照本国的法律征税，如同征收本国税款一样。此外，当缔约国一方的税收主张根据其本国法律可以采取税收保全措施时，缔约国另一方也应接受该缔约国一方的保全协助请求并根据本国法律采取税收保全措施。同时，缔约国一方接受征税协助时，税收主张不适用接受请求的缔约国一方关于时效和优先权的规定。不过，第 27 条不能解释为缔约方施加了如下义务：(1) 采取与本国或缔约国另一方法律或行政实践不符的措施来征税；(2) 采取违背本国公共政策（public policy）的措施来征税。

《多边税收征管互助公约》也为征税协助提供了多边法律基础。该公约第 11 条规定，应请求国的请求，被请求国应以对待自身税收主张一样，采取必要措施追索请求国的税收主张。不过，该请求仅适用于请求国法律允许执行的税收主张，且除非有关缔约方间另有协议，该税收主张须不存在争议。如该税收主张针对的并非某请求国居民，则除非有关缔约方间另有协议，也仅适用于对该税收主张不再有争议的情况。不过，该公约第 12 条规定，应请求国请求，即使有关税收主张存在争议，被请求国仍应为追偿一定税额采取保全措施。根据该公约第 14 条和 15 条的规定，税收主张可执行期限的问题应由请求国法律决定。即使使用了被请求国的程序，追索协助涉及的税收主张也不得享有被请求国关于税收主张所特别享有的优先权。此外，公约也允许缔约国对征收协助进行保留。根据《全国人民代表大会常务委员会关于批准〈多边税收征管互助公约〉的决定》，我国不协助其他缔约方追缴税款，也不协助提供保全措施。

不过，我国近年来的双边税收协定已经开始考虑征收协助的问题。比如，《我国和法国税收协定》第 28 条（税收征收协助）规定："缔约国双方应努力相互协助征收税款。缔约国双方主管当局应通过相互协商确定本条规定的实施方式"。《我国和德国的税收协定》第 27 条也规定："缔约国双方应努力相互协助征收税款。缔约国双方主管当局可以通过相互协商确定本条规定的实施方式。本条的规定在任何情况下不应理解为缔约国一方有以下义务：(1) 采取与该缔约国一方或缔约国另一方法律和行政惯例相违背的行政措施；(2) 采取会违反公共政策（公共秩序）的措施"。

课堂讨论案例

（一）新加坡 A 公司在新加坡境内有一个全资子公司 B。B 的实收资本为 100 新加坡元，且持有中国 C 公司 40%的股权，但除此之外没有从事其他任何经营活动。新加坡 A 公司与中国 D 公司签署了一份股权转让协议，将 B 公司 100%的股权转让给中国 D 公司，

---

① 参见［美］阿诺德、麦金太尔，国家税务总局国际司译：《国际税收基础》，2 版，222 页，北京，中国税务出版社，2005。

A公司从中取得股权转让收益。《中国和新加坡的税收协定》第13条第5款规定如下："缔约国一方居民转让其在缔约国另一方居民公司或其他法人资本中的股份、参股、或其他权利取得的收益，如果该收益人在转让行为前的十二个月内，曾经直接或间接参与该公司或其他法人至少百分之二十五的资本，可以在该缔约国另一方征税"。我国《企业所得税法》第3条第3款规定："非居民企业在中国境内未设立机构、场所的，或者虽设立机构、场所但取得的所得与其所设机构、场所没有实际联系的，应当就其来源于中国境内的所得缴纳企业所得税"。根据我国《企业所得税法实施条例》第7条的规定，权益性投资资产转让所得的来源地按照被投资企业所在地确定。假设A公司和B公司为新加坡居民公司且在我国境内没有机构、场所，C公司和D公司为中国居民，且不存在上述公司被新加坡和中国同时认定为各自居民的情况。

请回答：(1) A公司和D公司股权转让协议的实质是什么？(2) 我国能否对A公司的股权转让收益主张税收管辖权？为什么？

（二）瑞典V公司和英国H公司在荷兰成立了一家控股公司，该控股公司又持有加拿大P公司的股份。根据加拿大和瑞典的税收协定以及加拿大和英国的税收协定，瑞典和英国居民从加拿大取得的股息要在加拿大缴纳的预提税的上限分别为15%和10%。但是，根据荷兰与加拿大的税收协定，荷兰居民从加拿大收取的股息的预提税的上限为5%。当然，预提税的优惠以收取人为受益所有人为前提。在这一安排下，荷兰控股公司再向瑞典V公司和英国H公司分配股息时，根据欧盟的法律，荷兰将不对瑞典V公司和英国H公司征收预提税。① 加拿大税务当局认为荷兰控股公司并非税收协定中的受益所有人。加拿大税务法院则认为荷兰控股公司是受益所有人。加拿大税务法院指出股息的受益所有人是取得股息并供自己支配以及承担相应风险的人。荷兰控股公司是P公司的股东，荷兰控股公司拥有自己的资产并承担相应的责任。荷兰控股公司的章程也没有为该公司附加必须分配股息的义务，即使分配股息也要遵守荷兰法律。因此，没有证据表明荷兰控股公司是瑞典V公司和英国H公司收取股息的导管公司。该案上诉到加拿大联邦上诉法院后，联邦上诉法院维持了税务法院的判决。

请回答：(1) 你如何看待该案的判决？(2) 该案的P公司如果替换为中国的某居民公司，根据中国的税法，你认为荷兰公司是否为受益所有人？

问题与思考

1. 简述《CFC规则》的作用。
2. 简述GAAR的作用。
3. 简述受益所有人的认定。
4. 简述资本弱化规则的作用。
5. 简述CRS的作用。
6. 试述转让定价的调整方法。

① 该案审理时英国是欧盟的成员国。

7. 试述我国的反避税规则。
8. 试述税收情报交换的法律基础和主要交换方式。
9. 试述 BEPS 行动计划提出的背景及其最终报告的主要内容。
10. 你如何看待数字经济对既有国际税收规则的挑战。

7

PART SEVEN

| 第七编 |

国际经济贸易争议解决法律制度

第二十章

国际经济贸易争议解决法律制度概述

本章概要

国际经济贸易争议解决法律制度旨在妥善地解决国际经济贸易中发生的争议，即国际经济贸易各种主体之间的争议。本章将重点讨论不同国家的国民之间解决争议的各种方法，包括ADR、国际民事诉讼和仲裁解决争议的方法。此外，我们还以专章的形式对世界贸易组织争议解决机制和解决国家与外国投资者之间的争议作了探讨。

关键术语

争议解决　司法诉讼程序　管辖权　法院判决及其承认与执行　ADR

第一节　国际经济贸易争议的种类及其解决方法

随着世界经济全球化进程的加快，国际贸易、国际投资等国际商事交易迅速发展，与此相关的争议的发生也是不可避免的。实践证明，妥善、公正地解决这些争议，可以进一步促进国际经济贸易的发展，加速世界经济全球化的进程。

一、国际经济贸易争议的种类及其特点

就国际经济贸易关系的参加者而言，国际经济贸易领域内的争议可以分为以下几种。

（一）不同国家的国民之间的国际经济贸易争议

这类争议一般是不同国家的国民之间由于货物买卖、技术转让、投资、工程承包等跨国经济活动而发生的争议。这些不同国家的国民，包括自然人和法人，是国际经济贸易活动的直接参加者。因此，产生于国际经济贸易活动中的争议，绝大部分属于这类当事人之间的争议。

此类争议一般为当事人之间在国际经济贸易合同的解释或履行中发生的争议，但在某些情况下，也可能是非契约性争议，如由于侵权行为所产生的纠纷。但无论是契约性争议，还是非契约性争议，这类争议的特点是：争议各方当事人所处的法律地位是平等

的，他们之间的权利与义务也是对等的。本编中我们所探讨的国际经济贸易争议的种类及其解决方法，主要集中在此类争议种类及解决方法。

（二）国家与本国或外国国民之间的国际经济贸易争议

这类国际经济贸易争议的主要特点是争议双方具有不同的法律地位：一方为主权国家，另一方为本国或外国国民。按照国际法一般原则，国家享有主权，可以制定和修订法律，并享有司法豁免权，而一般的国民则无此权力，他们对国家制定的法律，必须遵守。

此类争议主要发生在国家对具体从事国际经济贸易活动的当事人行使管理或监督的过程中，如国家海关或税务部门对进出口的货物征收关税和其他有关管理费、进出口商品检验部门对货物进出口依法进行检验、外汇管理部门依法对外汇实施管理，以及国家其他职能部门依法对国际技术转让和投资实施管理等。国家或国家机关在对上述有关国际经济贸易活动实施管理的过程中，也会与这些被管理者发生这样或那样的争议。

在国家与外国国民之间的经济交往中，有时也直接订立商事合同，如国家与外国投资者之间订立的允许外国投资者开发本国自然资源的特许权协议。在这种情况下，尽管协议双方也可以通过合同的方式确定他们之间的权利与义务，但是，就当事双方的法律地位而言，作为缔约一方的国民，其法律地位显然与国家的不同。

（三）国家之间的经济贸易争议

国家之间的经济贸易争议是指主权国家在经济贸易交往中所产生的争议。这类争议的特点是：第一，争议一般产生于国家之间订立的双边或多边国际公约的解释或履行中，如双边贸易协定、投资保护协定、避免双重征税和防止偷税、漏税协定的解释或履行中发生的争议，以及由于多边国际经济贸易公约而产生的争议，如世界贸易组织中的各项协议的解释或履行中发生的争议；第二，争议双方均为主权国家，而不是这些主权国家中的国民。

二、解决不同国民之间的国际经济贸易争议的方法

就不同国家的一般当事人之间的国际经济贸易争议而言，其解决方式概括起来，主要有以下两种：司法方法和非司法方法。

（一）司法方法

司法方法即通过诉讼的方法解决国际经济贸易争议。由于世界上并不存在并在近期内也不可能存在专门解决这类争议的、凌驾于各主权国家之上的法院，故我们这里所说的司法诉讼，是在一国法院提起的涉及不同国家当事人之间的国际经济贸易争议，各国法院根据本国的民事诉讼法对此类争议行使管辖权。一国法院作出的判决，如果需要到另一国家执行，还要得到另一国法院的司法协助。

（二）非司法方法

非司法方法即通过法院以外的方式解决争议的方法，如通过双方当事人友好协商或谈判，或者由双方同意的第三人进行调解或仲裁。这种方法又称选择性的解决争议的方法（Alternative Dispute Resolution，ADR）。这种解决争议的方法的前提是，当事人之间达成的通过 ADR 解决争议的协议。

在实践中，对于何谓 ADR，在西方的法律论著中存在两种不同的看法。

一种观点认为，ADR 是指当事人之间约定的通过除诉讼以外的方法解决他们之间的争议的各种方法的总称，如仲裁、调解和模拟诉讼（mini-trial）等方式，即除了通过法院解决争议的方法，其他各项解决争议的方式均可称为 ADR，包括双方当事人之间进行的谈判协商，或由第三人调解或仲裁等。

另一种观点则把仲裁排除在 ADR 之外。这种观点认为，在 ADR 的情况下，争议的解决有赖于争议各方自动执行他们之间业已达成的解决争议的方案。争议双方也可以选择一个中立的第三方协助他们解决争议，但该第三者的作用不同于仲裁员，后者有权作出对双方当事人有拘束力的决定。因此，ADR 协议不能保证有一个终局的、对双方当事人均有拘束力的决定，除非当事人之间就解决争议达成一致，并能自动执行他们之间业已达成的关于如何解决争议的协议。[①] 这种观点还认为，仲裁最早属于 ADR，但就仲裁庭可对当事人之间的争议作出有法律拘束力的裁决而言，它是一种准司法的方法。而 ADR 则主要指通过当事人之间的"合意"解决他们之间的争议，无论是当事人之间达成的解决争议的方案，还是第三者提出的解决方案，都不具有法律上的拘束力，不能得到法院的强制执行。

应该说，第二种观点比较符合现代解决国际商事争议的实践。根据解决争议的结果具有法律上的拘束力，把仲裁排除在 ADR 之外是比较科学的分类法。因此在本章中，我们将主要探讨解决争议的司法诉讼的方法和 ADR 的方法，然后将对仲裁解决争议的方法作专章探讨。

第二节　解决国际商事争议的司法方法

解决不同国家的国民之间的国际商事争议的司法方法，指在一国法院解决此项争议的方法。鉴于各国法院在受理国际商事诉讼时只适用法院地的诉讼程序法，因此，相同的当事人就同一诉讼标的同时在几个不同国家的法院涉诉的情况的产生，就不足为怪了。在此类诉讼中，由于涉及不同国家的法律制度，就会涉及一系列复杂的问题：一方面，当事人在不同国家的法院起诉或被诉，致使诉讼费用迅速增加；另一方面，不同国家的法官可能在解释或适用法律上存在差异，从而增加诉讼结果的不确定性。

---

① See David St. John Sutton and Others, Russell on Arbitration, Twenty-First Edition, Sweet & Maxwell, 1997, p. 5.

在一国法院进行的国际商事诉讼所涉及的主要法律问题包括：（1）对争议案件的管辖权；（2）诉讼程序的进行；（3）解决争议应当适用的法律规则；（4）法院判决的承认与执行。

一、法院对国际商事争议案件的管辖

（一）管辖权的确定与平行诉讼（parallel litigation）

1. 法院管辖权的确定方法

国际上并不存在统一的管辖国际商事案件的标准，各国只适用自己国家的民事诉讼法决定对特定案件的管辖，因而经常导致管辖权的冲突。根据国际法的基本原则和各国立法与实践，法院一般根据以下原则决定其管辖权限。

（1）属人管辖原则。

依照国际法上的属人优越权原则，主权国家对其国民享有管辖权，即便他们在该国境外时亦然。因此，中国公民在国外经商或者留学，中国法院仍然对他们享有管辖权，因为他们是中国公民。外国公民在中国进行上述类似的活动时，其国籍所属国法院同样对其国民享有管辖权。

（2）地域管辖原则。

据此原则，主权国家对于位于其管辖领土内的一切人和物享有管辖权。外国人在中国旅游期间实施犯罪，中国公民在外国停留期间所实施的侵权行为，他们所在国家均可依据当地的法律对他们在本国境内实施的不法行为实施管辖，尽管他们是外国人。对于外国船舶在中国领海内航行期间造成的油污环境污染，根据当地法律同样应当承担相应的法律责任。

（3）协议管辖原则。

此即具有不同国籍的当事人或者营业地位于不同国家的当事人之间通过协议的方式约定，将他们之间可能发生的或者已经发生的争议提交特定国家法院解决。在国际商事合同中，当事人通常可以依据法律作出上述约定。除非当地法律另有规定，各国法律一般尊重当事人作出的选择。在现代国际商事交往中，当事人在合同中与其选择特定国家法院解决他们之间的争议，不如选择特定的“法官”（事实上的仲裁员），通过仲裁的方式解决他们之间的争议。所以，在多数国际商事合同中，都含有通过仲裁的方式解决合同争议的“仲裁条款”，而不是选择法院的条款。

（4）专属管辖原则。

专属管辖原则是指各国法律明文规定的特定争议只能由本国法院专属管辖的原则。例如，由于位于特定国家境内的不动产而引起的争议，通常只能由该不动产所在地国法院管辖。此外，某些知识产权的有效性的争议，如对专利权和商标权的有效性争议，通常只能由该专利权或者商标权授予国的法院管辖，这是由于某些知识产权的严格地域性原则决定的。在法律规定的某些特定争议必须由当地法院专属管辖的情况下，当事人对该事项协议提交该法院地国以外的国家的法院处理的约定为无效约定，因为此项约定违反了该相关国家的法律。

2. **法院管辖权的冲突与平行诉讼问题**

由于各国法律可以根据当事人的国籍、住所或居所、营业地，以及他们之间达成的管辖权协议等实施管辖，在实践中发生管辖权冲突的现象不可避免。例如，中国公司与日本公司之间由于在美国签署并履行的合同发生争议，按照相关国家的法律，中国、日本、美国法院都可根据当地法律和争议标的与该国家之间的联系而主张管辖权。假定中国和日本当事人分别就合同争议在中、日法院起诉，中、日两国根据其各自的民事诉讼法均可对该相同案件行使管辖权，于是便产生了平行诉讼的问题。

（二）通过选择法院的条款避免平行诉讼

平行诉讼无疑会给当事人带来大量的诉讼费用、诉讼程序拖延和诉讼结果不确定性。避免平行诉讼的方法之一就是由争议双方订立选择法院（choice of forum）的约定。然而，一般只在合同订立时有可能就此达成协议。对于已经发生的争议，当事人一般很难就诉讼的地点达成协议。在实践上，这种选择的指向一般不是争议任何一方所属国的法院，通常为第三国法院。此外，由于对国际商事诉讼的管辖权缺乏统一标准，即便当事人就诉讼地点作出了选择，也不能保证被选择的法院一定会接受对当事人之间特定争议行使管辖权。被选择的第三国法院可以以“不方便法院”（forum on convenience）或其他理由，拒绝对该特定的案件行使管辖权，因为许多国家的法律规定法院对案件的管辖需要与该国有一定的联系。可见，如果被选择的法院拒绝行使管辖权，平行诉讼还是不可避免。

（三）通过国际公约解决平行诉讼的问题

此即通过双边司法互助协定或有关的多边国际公约避免管辖权的冲突和平行诉讼的问题。

在此领域内比较有影响的公约是1968年9月27日由比利时、联邦德国、法国、意大利、卢森堡和荷兰在布鲁塞尔签订的《欧洲关于法院对民、商事管辖权和判决执行的公约》（以下简称《布鲁塞尔公约》），该公约于1973年1月1日生效。该公约就民、商事案件的管辖权划分的统一标准作了规定，如合同、扶养、侵权行为、保险、赊卖、租购等案件的管辖法院，并对属于专属管辖的案件，管辖权的审查和确定，审理中的案件和有关联的诉讼案件等，以及判决的执行问题作了比较系统的规定，从而在一定程度上避免了平行诉讼。此外，1988年欧洲一些国家之间订立的《卢加诺关于法院对民、商事管辖权和判决执行的公约》（以下简称《卢加诺公约》）也同样具有避免平行诉讼的作用。这两个公约构成了布鲁塞尔和卢加诺体制。目前，适用这一体制的国家包括奥地利、比利时、丹麦、芬兰、法国、英国、希腊、德国、爱尔兰、冰岛、意大利、卢森堡、荷兰、挪威、葡萄牙、西班牙、瑞典和瑞士。① 各缔约国可通过适用上述国际公约规定的

① See Dr. Julian Lew, *Arbitration and Mediation in International Business*, Kluwer Law International, 1997, p. 21, footnote 50.

关于民、商事案件管辖的统一标准，避免或消除有关国际民、商事案件的平行诉讼。当事人如在公约的解释或执行问题上发生争议，可向欧洲法院就公约适用中的问题作出解释和裁定。

采用双边司法协助条约的方式也可在一定条件下避免平行诉讼的问题。我国与法国、德国等几十个国家也订立了这种协定。但无论是双边条约，还是多边公约，都仅对特定的缔约国有效。这些双边或多边国际公约尽管可在一定程度上避免或消除平行诉讼的问题，但从广义上看，在相当一段时期内，还不可能完全避免或消除管辖权的冲突。

二、国际商事案件的诉讼程序

国际商事诉讼案件在一国法院涉诉时所遇到的各种事实或法律问题，要比单纯的国内案件复杂得多。一些司法行为需要到对案件行使管辖权的法院所属国以外的国家或地区实施，如司法文书的送达、境外调查取证、查明争议事实的程序和方法等，都会遇到一些问题。在此，我们主要就大陆法系国家和英美法系国家在诉讼程序上的主要区别作一探讨。

法官和当事人及其律师在诉讼程序中所发挥的作用不同，是英美法系国家和大陆法系国家在诉讼程序上的主要区别。英美法系国家一般采用对抗式的（adversarial）程序，即由当事人向法官提出他们各自对事实问题和法律适用问题的解释，法官在听取他们各自的意见后从中作出选择。如果双方当事人均未提出有关的事实和法律问题，法官也不对该事实问题进行询问，而根据当事双方所提出的请求和证据作出判决。事实上，诉讼程序的进行主要掌握在当事人的手中，确切地说，掌握在各方当事人的律师的手中。大陆法系国家在诉讼中一般采用审问式的程序。在此项程序中，法官则自始至终地控制着程序的进行。在查明事实的过程中，法官发挥着积极的作用。

由于法官和当事人在诉讼程序中所发挥的作用不同，所以，大陆法系国家和英美法系国家在向法庭提供证据的问题上的规定也是不同的。大陆法系国家中的取证问题也为主审法官所严格控制。证人在向法庭提供口头证据时，被视为“法院的证人”，而不是任何一方当事人的证人。法官责令证人出庭作证，对于当事人的律师提出的出庭作证的证人名单，由法官决定他们之中谁将出庭作证。而证人出庭后，一般由法官对他们提出问题。在开庭审理之前或庭审之中，任何一方当事人的律师与证人之间的直接接触一般都受到严格的限制。对于出庭作证的专家，也是由法院提出的，他们提供的证据一般采用书面形式，但法院有权决定是否要在庭审中对他们出具的证据作出说明。

在英美法系国家的诉讼程序中，由当事人自行收集证据，庭审中的口头证据发挥着重要的作用。在庭审前的披露程序中，双方律师已经接触到对方所拥有的证据。而在庭审时，双方都带着各自的证人出庭，包括当事人自己也可以证人的身份经宣誓后作证。由律师向证人提出问题，首先是提供证人的一方的律师提问，然后是对方律师提问。法官对此程序实施监督，有时也自行或根据一方律师提出的反对意见实施干预。专家证人也是由各方当事人提供的，他们也要接受双方律师的交叉询问。

三、解决争议应当适用的法律规则

在国际商事诉讼中，会涉及不同国家的法律。某一特定的商事争议究竟适用什么样的法律解决，是法院对国际商事争议作出判决的至关重要的环节。

按照各国有关的立法与实践，一般允许当事人共同选择解决争议应当适用的法律，这也是各国国际私法的一般原则。然而，如果当事人未能对此作出选择，或者法院认为当事人所作出的选择不明确，法院一般适用法院地法有关的法律冲突规则决定应当适用的法律。在这种情况下，问题就变得复杂起来，因为国际商事交易涉及不同国家的法律制度，至少有两个或两个以上的连结点。在国际合同交易中，如果当事人未能选择合同应当适用的法律，按照各国国际私法关于适用法律的一般原则，均适用与合同有最密切联系的国家的法律。至于如何解释"最密切联系"，就同一争议合同而言，在不同国家的法院审理，往往会得出不同的结论。

即便法院根据当事人的共同选择正确地适用了应当适用的法律，当该应当适用的法律为外国法时，当事人往往也很难预料审理该案的法院适用该外国法所作判决的结果。因为法官并不一定知道该外国法的内容，为此，就要聘用有关人员将有关的合同、外国法或判例翻译成相应的语言，并听取有关专家对如何将该外国法适用于该特定争议案件及应当解决的问题的意见。由于外国法官对应当适用的外国法所产生的背景及所包含的实质性的内容和适用的方法没有对本国法那样熟悉，故很难预见适用该法律的判决结果。

四、法院判决的效力及执行

根据国际法上关于主权国家及其管辖范围的一般原则，一国法院作出的判决，仅在该国境内有效，而外国法院没有承认与执行他国法院判决的义务，除非有国际公约的约束，或者国家之间出于国际礼让，相互承认与执行对方法院的判决。

一国法院根据国际公约、国际礼让或者其本国法上的规定执行外国法院的判决时的一个必要的条件，就是该外国法院的判决必须是终局的，即该外国判决依法院地法不能再上诉。此外，该外国法院的终局判决，必须经执行地法院准许后，才能得以执行。而法院在承认该外国法院判决的效力时，一般要依据执行地国或有关的国际公约对该外国法院的判决进行审查，一般包括该外国法院对所判决的事项是否享有管辖权，是否履行了适当的程序，执行该外国法院的判决是否与当地的公共政策相抵触等。至于具体的审查内容，不仅国与国之间是不同的，即便在一国范围内，有时也是各异的。例如，一项判决在纽约联邦法院得到承认的机会，可能与其在亚拉巴马州法院的有所不同。

五、我国法院对涉外案件的处理

（一）我国法院对涉外民事案件的管辖

我国法院对涉外民事案件的管辖，规定在《民事诉讼法》的有关章节中。

1. **属于我国法院专属管辖的事项**

按照我国 2021 年《民事诉讼法》的有关规定，属于我国法院专属管辖的事项包括：(1) 位于我国境内的不动产纠纷和在我国港口作业中发生的纠纷（第 34 条）；(2) 因在我国境内履行中外合资经营企业合同、中外合作经营企业合同、中外合作勘探开发自然资源合同发生的纠纷提起的诉讼（第 273 条）。

2. **协议管辖的事项**

对于涉外合同或者涉外财产权益纠纷，当事人可以用书面协议选择与争议有实际联系的地点的法院管辖。

3. **其他事项的管辖法院**

因合同纠纷或者其他财产权益纠纷，对在我国境内没有住所的被告提起的诉讼，如果合同在我国境内签订或履行，或者诉讼标的物在我国境内，或者被告在我国境内有可供扣押的财产，或者被告在我国境内设有代表机构，可由合同签订地、合同履行地、诉讼标的物所在地、可供扣押财产所在地、侵权行为地或者代表机构住所地人民法院管辖（《民事诉讼法》第 272 条）。

（二）有权受理涉外民事案件的法院

《最高人民法院关于涉外民商事案件诉讼管辖若干问题的规定》第 1 条规定，有权审理涉外民商事案件的一审法院为：

(1) 国务院批准设立的经济技术开发区人民法院；

(2) 省会、自治区首府、直辖市所在地的中级人民法院；

(3) 经济特区、计划单列市中级人民法院；

(4) 最高人民法院指定的其他中级人民法院；

(5) 高级人民法院。

（三）国际商事争议案件的适用法律

除我国法律另有规定外，我国法律允许当事人对解决国际商事争议的法律作出约定。关于民、商事案件的适用法律，主要规定在我国《涉外民事关系法律适用法》和其他一些有关的法律文件中。归纳起来，主要有以下几种情况。

(1) 凡属于我国法院专属管辖的事项，适用我国法律。如位于我国境内的不动产争议，在我国境内履行的中外合资经营企业合同、中外合作经营企业合同、中外合作勘探开发自然资源合同争议，在我国港口作业中发生的纠纷，均适用我国法律。

(2) 凡属我国法律规定的当事人可以通过协议方式选择对争议案件管辖的法院的情况，如涉外合同或者涉外财产权益纠纷，当事人均可选择解决合同或其他财产权益纠纷应当适用的法律。在国际商事合同的情况下，如果当事人未能就合同应当适用的法律作出选择，适用与合同有最密切联系的国家的法律。

在应当适用的法律为外国法时，应当适用该外国的实体法，而不是冲突法。如果该外国法的适用违反我国法律的基本原则和我国的社会公共利益，则不予适用，在这种情况下，应当适用我国的法律。

（3）涉外民事关系适用的我国法律，由人民法院、仲裁机构或者行政机关查明。当事人选择适用外国法律的，应当提供该国法律。不能查明我国法律或者该国法律没有规定的，适用中华人民共和国法律。

（四）我国法院对外国法院判决的承认与执行

外国法院的判决只有经我国法院承认后，才能在我国境内得以执行。按照我国2021年《民事诉讼法》第288条的规定，向我国法院申请承认与执行的外国法院的判决，必须是已经发生法律效力的判决。当事人应当向我国有管辖权的中级人民法院申请承认与执行。根据2021年《民事诉讼法》第290条的规定，我国对外国法院判决的承认与执行所依据的主要原则有两个：一是我国缔结或者参加的国际条约中的有关规定，如我国与其他一些国家订立的司法互助协定中的规定；二是按照互惠原则进行审查，如我国法院认为该判决不违反我国法律的基本原则或者国家主权、安全、社会公共利益的，裁定承认其效力，需要执行的，发出执行令，按照我国《民事诉讼法》的有关规定执行。对于违反我国法律的基本原则或者国家主权、安全、社会公共利益的，不予承认与执行。

综上，在解决国际商事交易的实践中，在一国法院对国际商事争议进行诉讼，面临着诸多风险．首先，当事人就审理争议案件的适当法院作出约定绝非易事．如果两个以上的国家的法院依照它们各自国家的法律均可取得对某一特定案件的管辖权，同一案件就可能同时在几个国家涉诉，其结果是，诉讼当事人不得不同时在两个或两个以上的国家应诉，进而陷入相互抵触的反诉讼的禁令的"斗争"中。可见，如果管辖权的问题不能得到妥善的解决，就该涉诉的同一问题就会产生相互抵触的法院判决。其次，在诉讼程序中，当事人更关心的是法院的中立性。他们可能被迫寻求和提供证据，或容忍对方当事人通过他们所不熟悉的方式寻求和提供的证据。再次，当一国法院选择适用法律，特别是适用外国法时，就更增加了案件审理结果的不确定性。最后，当在一国法院作出的判决需要在另一国家执行时，该另一国家是否承认与执行该判决，仍然是一个未知数，这是不确定的。

当然，不是每一个案件都会遇到上述问题，但与国内诉讼相比，国际商事诉讼所遇到的问题要复杂得多，这是一个不可忽视的事实。在国际民事诉讼中，上面提到的各种不确定的因素也是不可避免的。正因为在一国进行的国际民商事诉讼存在以上不可避免的风险，通过仲裁方式解决国际商事争议，历来是各国商人普遍乐于采用的方法。

第三节　解决国际商事争议非司法方法（ADR）

正如我们在本章第一节中所指出的那样，将ADR界定为"通过诉讼和仲裁之外的方法解决国际商事争议的各种程序的总称"，是比较符合现代解决国际商事争议的客观现实的，也是比较合理的。在此，我们将就ADR的主要法律特征及表现方式作一探讨。

一、ADR的法律特征

与司法诉讼和仲裁相比，ADR具有简便易行和节省费用的优势，但需要当事双方有密切合作解决争议的诚意，并将此项诚意付诸实施，在ADR的每一个环节上密切合作，否则，其优势就不能得以发挥。这是由ADR本身所固有的法律特征所决定的。这些特征具体如下。

1. 它是当事人之间达成的自愿的解决争议的方法

通过ADR解决争议的前提是当事人之间就通过此项方法解决争议达成了协议。如无此项协议，当然就不能通过此项方法解决争议。在这一点上，ADR与仲裁有某种相似之处，仲裁也是一种自愿解决争议的方法。然而，ADR自愿解决争议的方法又与仲裁不完全相同。在仲裁解决争议的情况下，当事人一旦达成通过仲裁解决他们之间的争议的仲裁协议，该仲裁协议即对他们具有法律上的拘束力，任何一方当事人不得单方面撤回。而且当争议发生时，如果一方当事人不按协议规定将争议提交仲裁而直接交由法院解决时，则构成违约。在这种情况下，另一方当事人有权请求法院裁定中止诉讼程序，令当事人将争议提交仲裁解决。而当事人之间达成的ADR协议，则不具有上述法律上的拘束力，此项协议只能由当事人自动执行，如果一方当事人由于种种原因未能履行此项协议，另一方当事人不能请求法院强制执行此项协议。

2. 通过ADR达成的解决争议的方案没有法律上强制执行的效力

这是ADR与诉讼和仲裁之间的最重要的区别。ADR的方式是多种多样的，但无论采用什么样的方法，如当事人之间自行达成的和解协议，或者由第三者提出的解决争议的方案，都不具有法律上的拘束力，而只能由当事人自动履行，进而使争议得到解决。如果任何一方当事人拒绝履行他们之间已经达成的协议或者由第三者提出的解决争议的方案，对方当事人则不能请求法院强制执行上述协议或者方案。在后一种情况下，争议就不能得到解决。而法院作出的判决和仲裁庭作出的仲裁裁决则具有法律上的拘束力。除法律另有规定外，如果一方当事人不能自动履行法院判决或仲裁裁决，另一方当事人有权请求法院强制执行上述判决或裁决。

3. ADR既可单独适用，也可适用于诉讼程序和仲裁程序中

ADR是人们在长期的实践中逐步积累起来的解决争议的方法。它的适用范围极为广泛，不仅可以单独适用，也可适用于诉讼程序和仲裁程序中。在诉讼程序和仲裁程序中适用ADR，一般也应当以争议双方的自愿为前提，而由法官或仲裁员作为调解员，促成当事人达成和解协议。

这里必须指出的是，在诉讼程序或仲裁程序中达成的和解协议与在这两种程序之外达成的和解协议的效力有所不同。如前所述，ADR在单独适用的情况下，本身并没有法律上的拘束力。然而，ADR如果在诉讼程序或仲裁程序中适用，在法官或仲裁员的主持下达成的和解协议，由法官或仲裁员据此做成法院判决或仲裁裁决的形式后，即具有与法院判决或仲裁裁决相同的效力。

二、ADR 的主要表现形式

鉴于 ADR 是当事人之间自愿作出的解决他们之间争议的安排，所以，当事人可就他们之间的争议作出任何形式的安排。这种安排可以有第三者的参与，也可没有第三者的参与，而由争议双方自行解决。在解决国际商事争议的实践中，ADR 的表现方式是多种多样的。现就其主要的表现形式作一简要介绍。

（一）双方当事人协商谈判（consultation）

这是由争议双方当事人自行解决他们之间的争议的最为常见的方法。其特点是没有第三者的介入，而由当事双方通过友好协商的方式，自行解决他们之间的争议。在国际商事交易合同的争议解决条款中，一般首先规定的是“由于本合同产生的争议，当事双方应当通过友好协商的方式解决”。而事实上，多数争议都是由双方当事人自行解决的。只有在通过协商谈判不能达成协议的情况下，再将此争议提交仲裁解决。

在协商谈判解决争议的情况下，当事双方一般应当具有解决问题的诚意，双方当事人在谈判中通过查明或基本查明争议事实后，本着互谅互让的原则，通过友好协商的方式，使争议得到及时解决。实践证明，只要双方当事人能够在解决争议的问题上密切合作，并怀有解决问题的诚意，这不失为一种行之有效的解决争议的方法。古今中外，历来如此。

（二）由双方当事人共同选择的第三者调解（mediation or conciliation）

调解的特点是有与争议双方无利害关系的第三者参与争议的解决。通常应首先由争议双方当事人订立通过调解的方式解决他们之间争议的书面或口头协议，并共同参与对调解员的选择。调解员的主要作用是促成争议双方达成和解协议。为此，该调解员可以按照当事各方约定的程序查明争议的事实，然后对争议双方进行面对面的或背对背的调解，协助双方当事人分析争议的问题，从中找出妥善的解决争议的方案，或者促成当事人自行达成和解协议，或者自行提出解决此项争议的方案。但无论是当事人自行达成的和解协议，还是调解员提出的解决争议的方案，对争议双方均无法律上的拘束力。特别是对于调解员提出的解决方案，当事人可以接受，也可以拒绝。如果当事人接受了调解员提出的解决方案或者自行达成了调解协议，调解即告成功。如果调解失败，当事人可继续寻求其他的解决争议的方法，或者诉讼，或者仲裁。

可见，调解有其固有的优势，它可以使当事人在友好的气氛中商讨争议的解决。然而，调解并不是最终解决当事人之间争议的手段，如果当事人未能通过调解解决他们之间的争议，他们将不得不把争议提交仲裁或者诉讼，以达到最终解决他们之间争议的目的。

（三）模拟法庭（mini-trial）

据称，“模拟法庭”这一术语最早是由《纽约时报》在报道 1977 年发生在两个公司之间的专利侵权案件时采用的。[①] 此后便在美英等国家流行开来。

按照美国布莱克法律辞典对这一术语的解释，模拟法庭是指当事人之间安排的一种自愿的、私下进行的、非正规的解决争议的方式。其具体做法是：模拟法庭由争议双方有权作出决定的公司主管和一位双方当事人共同认可的第三者组成。在开庭审理时，首先由双方律师对他们之间的争议作出简要陈述，此后双方主管即试图对他们之间的争议的解决作出决断。在此之前，他们应当征求该第三者的意见：假定此案由法院判决，其结果如何？为此，该第三者就此案发表其无法律上的拘束力的咨询意见。双方主管在此意见的基础上就争议的解决作出决断，以了结双方当事人之间的争议。

在模拟法庭解决争议的情况下，一方面，有争议双方的主管人员，即有权代表一方当事人作出决断的人员参加。另一方面，双方当事人指定的第三者也是一个关键性的人物，其所发表的咨询意见对于解决双方当事人的争议至关重要，尽管其意见本身没有法律上的拘束力。如果他的意见被双方主管采纳，争议当时即可得到解决。该中立的第三者一般为在解决特定争议方面的权威人士，主要是一些退休法官，以及声誉卓著的、富有经验的律师。目前，许多争议解决机构都提供这样的专业人士的服务，如英国的解决争议中心（Centre for Dispute Resolution）、特许仲裁学会（Chartered Institute of Arbitrators），美国仲裁协会（American Arbitration Association），中国的香港国际仲裁中心（Hong Kong International Arbitration Centre），瑞士苏黎世商会（Chamber of Commerce in Zurich，Switzerland）等。

三、 ADR在解决我国国际商事争议中的应用

通过协商谈判和调解解决争议，是中国几千年来特有的传统文化。孔夫子的“克己复礼”“和为贵”等箴言早已深深地扎根于我国的社会生活之中。中国人很少像西方人那样动辄到法院打官司。一般争议发生后，如果自己解决不了，请资深的长者评理是十分普遍的现象。可以这样说，调解已经遍布于我国社会生活的各个领域，从家庭纠纷到邻里争议，从一般当事人之间的争议到各个行政管理部门之间的争议，都可通过调解的方式解决。即便在司法诉讼和仲裁程序中，如果当事双方同意，法官和仲裁员也可以作为调解员，促使争议双方达成和解。

1987年，北京调解中心在中国国际贸易促进委员会（CCPIT）内设立。该中心根据当事人之间订立的调解协议，受理调解案件。调解员由CCPIT从具有国际经济、贸易、金融、投资、技术转让、承包工程、运输、保险以及其他国际商事方面及/或法律方面的专门知识及/或实践经验的、公正的人士中聘请。除北京调解中心外，在全国各贸促分会中，许多都设立了解决国际商事争议的调解中心，受理当事人提交的调解案件。

中国国际经济贸易仲裁委员会在审理仲裁案件的过程中，同样也坚持仲裁与调解相结合的做法。仲裁庭在查明或基本查明争议事实的情况下，如果双方当事人同意，也可

---

① See Henry J. Brown and Arther L. Marriott, *ADR Principles and Practice*, Sweet & Maxwell, 1993, p. 262.

中止仲裁程序，转入调解程序。调解成功，仲裁庭则根据当事人达成的调解协议作出仲裁裁决；如果调解失败，则继续进行仲裁程序。

20 世纪 70 年代末，中国涉外仲裁机构与一些外国仲裁机构共同创立了一种新的调解方式，即联合调解（joint conciliation）。具体做法是：中外双方当事人向各自所在国家的仲裁机构提出请求，由被请求的仲裁机构派出数目相等的人员作为调解员，对争议事项进行调解。调解成功则争议结束，调解失败后再按照合同中的仲裁条款进行仲裁，或者将争议提交法院解决。1977 年至 1979 年，中美双方的仲裁机构运用此方式，成功地解决了发生在中美双边贸易中两项金额较大的争议。①

总之，调解在解决我国国内外商事争议中一贯发挥着重要的作用。它以争议双方当事人的自愿为前提。它可以单独进行，也可以与诉讼程序和仲裁程序相结合，同时进行。但它并非诉讼程序或者仲裁程序中的必经程序，同样以双方当事人自愿为前提条件。调解也不是无原则地进行，而是在查明或基本查明争议的事实、分清是非的情况下，按照事实和应当适用的法律，公平、合理地解决争议。

四、《新加坡调解公约》与我国国际商事和解协议的执行问题

（一）《新加坡调解公约》的主要内容

《新加坡调解公约》的全称为《联合国关于调解所产生的国际和解协议公约》(United Nations Convention on International Settlement Agreements Resulting from Mediation，以下简称《新加坡调解公约》)。② 其旨在为国际商事和解协议的跨国执行提供统一有效的框架，确保当事人达成的和解协议根据简化和精简的程序具有约束力和可执行性，进而便利国际商事交易，促进调解作为解决国际经济贸易争议的有效替代方法，同时，促进国际商事和解协议在不同国家和地区的承认与执行，简化和精简执行国际商事和解协议的执行程序。该公约适用于“调解所产生的、当事人为解决商事争议而以书面形式订立的具有国际性的协议”。同时，其要求公约项下的和解协议必须产生于“独立的调解程序”，而将“经由法院批准或者系在法院相关程序过程中订立的协议；可在该法院所在国作为判决执行的协议；以及已记录在案并可作为仲裁裁决执行的协议”，排除在公约的适用范围之外。

《新加坡调解公约》还规定了国际和解协议在缔约国境内的执行程序和执行条件。关于执行程序，按照《新加坡调解公约》第 3 条的规定，公约缔约国“应按照本国程序规则并根据本公约规定的条件执行和解协议”。关于当事人申请执行和解协议的条件，该公约要求当事人在向执行地主管机构申请执行和解协议时，应当向法院提出如下证据文件：(1) 由各方当事人签署的和解协议。(2) 证明该和解协议是通过调解的方法产生的，例

① 关于这两个案件的具体情况，参见程德钧主编：《涉外仲裁与法律》(第 1 辑)，105～106 页，北京，中国人民大学出版社，1992。

② 《新加坡调解公约》于 2018 年 12 月 20 日在联合国大会上通过。2019 年 8 月 7 日，包括我国政府在内的 46 个国家在新加坡签署了该公约。《新加坡调解公约》于 2020 年 9 月 12 日生效。

如，调解员在和解协议上的签名；调解员签署的表明进行了调解的文件；调解管理机构出具的相关证明；以及可以为执行地主管机构接受的其他证据（第4.1条）。此外，执行地主管机构有权要求申请人提供和解协议的当地语文译本，也有权要求申请人提供任何其认为必要文件，以便核实公约要求的条件已经得到遵守（第4.4条）。当然，公约也要求执行地的主管机构从速审议当事人提出的救济请求（第4.5条）。

《新加坡调解公约》规定的执行地主管机构可以拒绝执行和解协议的条件规定在第5条，其标题是"拒绝准予救济的理由"（Grounds for refusing to grant relief）。申请人向执行地国主管机构申请执行和解协议时，如果被申请执行人提出证据证明有下列情形之一的，该主管机构可以拒绝执行：（1）和解协议一方当事人处于某种无行为能力状况。（2）和解协议根据双方约定的法律，如无此项约定，依据执行地的主管机构认为应当适用的法律为无效，失效或不能履行；或者按照协议条款规定尚不具有约束力，或者不是终局的；或者该协议签署后被修订。（3）和解协议中的义务已经履行，或不清楚或无法理解。（4）准入救济将有悖于协议的规定。（5）调解员严重违反适用于调解员或调解的规则，如无此项违反，该当事人则不会签署此和解协议。（6）调解员未向各方当事人披露可能对调解员的公正性和独立性产生正当怀疑的情形，并且此种未予披露对一方当事人有实质性或不利影响，即若非此未予披露，该当事人本来不会订立该和解协议。此外，如果主管机构认为，准予救济将违反当地的公共政策，或者按照该当事人所在地法律，争议事项不能通过调解方式解决。

《新加坡调解公约》第8条则规定了允许当事方在加入公约时可以作出的两点保留事项：第一，和解协议的一方当事人为政府机构或代表政府机构签署，在声明规定的范围内不予适用；第二，和解协议双方当事人约定适用本公约。在签署《新加坡调解公约》的国家中，只有白俄罗斯对第8条第1款规定的第一项内容提出了保留，伊朗则对该款规定的第二项内容提出了保留。白俄罗斯保留的后果是：如果签署国际和解协议的一方当事人为国家政府机构，或者代表政府机构签署的此和解协议，则这样的和解协议不能得到白俄罗斯主管机构的执行。而伊朗的保留后果是：只有当事人在他们之间签署的和解协议中明确声明适用《新加坡调解公约》时，伊朗法院才能依据该公约规定执行该和解协议。我国政府代表团于2019年8月7日在新加坡签署了该公约，但尚未批准此公约。

（二）我国国际商事和解协议的执行问题

我国现行国内立法并没有专门规范执行国际商事和解协议的规则，《人民调解法》中关于国内民事调解协议的执行，则需要双方当事人在协议签署后30日内共同将和解协议申请司法确认，否则不能得到人民法院的执行。以此类推，对于当事人自行达成的国际商事和解协议，如果需要确保得到人民法院的执行，双方当事人也应当自协议签署后30日内共同向人民法院申请司法确认。最高人民法院于2018年6月27日发布了《关于设立国际商事法庭若干问题的规定》，据此规定，最高人民法院组建国际商事专家委员会，并选定符合条件的国际商事调解机构、国际商事仲裁机构与国际商事法庭共同构建调解、仲裁、诉讼有机衔接的纠纷解决平台，形成"一站式"国际商事纠纷解决机制。国际商事法庭支持当事人通过调解、仲裁、诉讼有机衔接的纠纷解决平台，选择其认为适宜的方式解决国际商事纠纷。国际商事法庭在受理案件后 7 日内，经当事人同意，可以委托国际商事专家委员会成员或者国际商事调解机构调解。经国际商事专家委员会成员或者国际商事调解机构主持调解，当事人达成调解协议的，国际商事法庭可以依照法律规定制发调解书。国际商事法庭作出的调解书，经双方当事人签收后，即具有与判决同等的法律效力。当事人对国际商事法庭作出的已经发生法律效力的调解书，可以向国际商事法庭申请执行。

2018 年 11 月 13 日，最高人民法院办公厅发布了《关于确定首批纳入“一站式”国际商事纠纷多元化解决机制的国际商事仲裁及调解机构的通知》（以下简称《通知》）。据此《通知》，确定中国国际经济贸易仲裁委员会、上海国际经济贸易仲裁委员会、深圳国际仲裁院、北京仲裁委员会、中国海事仲裁委员会以及中国国际贸易促进委员会调解中心、上海经贸商事调解中心，作为首批纳入“一站式”国际商事纠纷多元化解决机制的仲裁和调解机构。在国际商事交易中，当事人可以约定将其争议提交纳入机制的调解机构进行调解。当事人经调解机构调解达成调解协议的，国际商事法庭可以依照法律规定制发调解书；当事人要求发给判决书的，可以依据调解协议的内容制作判决书送达当事人。

课堂讨论案例

假定中国汽车进出口公司与日本公司订立了从日本进口汽车的合同，合同没有关于争议解决的规定。在中国汽车进出口公司将其进口的汽车卖给国内最终用户后，用户经过一段时间的使用，发现这批进口汽车的发动机有瑕疵，于是向中国汽车进出口公司提出索赔。中国汽车进出口公司将发动机瑕疵的问题告知日本公司，遭到日本公司的否认。如果你作为中国汽车进出口公司的法律顾问，应当如何代表公司解决与日本汽车公司之间的争议。

请结合本章内容，思考下列问题：

（1）本案争议的性质是什么？

（2）本案争议可以通过 ADR 的方法解决吗？其前提条件是什么？

（3）如果通过 ADR 不能解决本案争议，应当采取什么样的方法解决？

（4）哪一个国家的法院对本案争议有管辖权？依据是什么？

（5）从实践的角度出发，在法院诉讼可能遇到哪些法律问题？

问题与思考

1. 简述国际经济贸易争议的种类及解决方法。
2. 应当如何避免平行诉讼？
3. 简述 ADR 的法律特征及在争议解决实践中的应用。
4. 你认为我国应否批准《新加坡调解公约》？为此应当作哪些准备？

第二十一章
国际商事仲裁

本章概要

通过仲裁解决当事人之间的国际商事争议，已经成为国际商事交易当事人自愿选择的解决争议的重要方法之一。本章专门探讨了通过仲裁的方式解决国际商事争议中所涉及的各种法律问题，旨在使学生掌握国际商事仲裁的特点及与司法诉讼和ADR之间的联系与区别、仲裁管辖与法院管辖之间的联系与区别、国际常设仲裁机构在仲裁中的地位和作用、仲裁庭自裁管辖权与仲裁条款独立原则的理论与实践、仲裁庭的权利与义务、仲裁程序、仲裁裁决的承认与执行等问题。

关键术语

国际商事仲裁　仲裁协议　仲裁庭自裁管辖　仲裁条款独立原则　纽约公约　仲裁裁决　撤销　承认与执行

第一节　国际商事仲裁概述

一、 国际商事仲裁的概念和法律特征

对于何谓国际商事仲裁，法国《民事诉讼法典》第1492条作了原则性的界定：“如果包含国际商事利益，仲裁就是国际性的”。这里“国际商事利益”的含义，显然是极为广泛的。按照国际私法以涉外民商事关系为其调整对象的基本理论，对一国而言，凡是仲裁协议的一方或双方为外国人、无国籍人或其他外国企业或实体，或者仲裁协议订立时双方当事人的住所或营业地位于不同的国家，或者即便仲裁协议双方当事人的住所或营业地位于相同的国家，但如果仲裁地点位于该国境外，或者仲裁协议中所涉及的商事关系的设立、变更或终止的法律事实发生在国外，或者争议标的位于该国境外者，均可视为国际商事仲裁。

国际商事仲裁主要具有以下几个方面的特征。

首先，它是一种自愿解决争议的方法。当事人之间约定的通过仲裁方式解决他们之间已经发生的或将来可能发生的争议的仲裁协议，是通过仲裁解决争议的基本前提。如

无此项协议，就不可能有仲裁的发生。这一特点与ADR是相同的。

其次，仲裁解决争议具有较大的灵活性。当事人可就由谁来仲裁，仲裁适用的规则和法律，仲裁地点、仲裁所使用的语言及仲裁费用的承担等作出约定。除非当事双方另有约定，仲裁一般采用不公开审理的方法，这样，当事人的商业信誉和商业秘密就有可能得到较好的保护。而在司法诉讼中，各国法院只适用本国的诉讼程序法，当事人一般不能自由地选择审理争议的法官，并且严格地按照诉讼程序法的规定审理案件。

最后，仲裁裁决具有与法院判决相同的法律效力。然而，与法院判决相比，仲裁裁决如需在外国执行时，具有更大的优势。因为世界上一百多个国家均是1958年《承认及执行外国仲裁裁决公约》的缔约国。据此公约，缔约国有义务承认与执行在另一国境内作出的仲裁裁决，除非裁决具有该公约规定的拒绝承认与执行的理由。而一国法院作出的判决在另一国执行时，由于各国在政治、经济、文化和意识形态等方面的差异，内国法院往往对外国法院的判决采取不信任的态度，而目前又缺乏相互承认与执行法院判决的普遍性的国际公约，所以在执行时内国法院在对外国法院判决的审查上，往往附有非常苛刻的条件。

可见，仲裁既不同于ADR，也有别于司法诉讼，但与这两者又有某些相同之处，是介乎这两者之间的解决争议的方法。它既具有ADR自愿解决争议的特点，又与之不同，因为ADR达成的解决争议的方案本身不具有法律上可强制执行的效力。仲裁裁决具有与法院判决相同的可强制执行的效力，但它又与司法诉讼有着重要的区别，主要表现在程序上的灵活性。当事人可以选择仲裁所适用的法律和规则，以及审理案件的“法官”（仲裁员），而在司法诉讼中当事人一般不得对这些事项作出选择。

正是由于仲裁所具备的上述特点，使之成为解决国际合同争议的首要方法。绝大多数国际合同中均含有通过仲裁解决争议的条款——仲裁条款。许多国家之间订立的双边或多边国际公约或协定，一般也含有通过仲裁解决争议的条款。①

二、国际商事仲裁的种类

国际商事仲裁的种类很多，按照不同的分类标准，可作出不同的分类。但一般而言，主要有以下三种分类方法。

1. 按照国际商事仲裁协议主体的法律地位的不同进行划分

（1）不同国家的国民之间的商事仲裁。

这里的国民，不仅包括自然人、法人，也包括其他法律实体。其特点是：尽管当事人双方从属于不同的国家，但他们在国际商事交易中所处的法律地位是平等的，因而具有对等的权利与义务。我们平常所说的国际商事仲裁，绝大多数属于此类仲裁。

（2）国家与他国国民之间的商事仲裁。

此类仲裁的特点是一方当事人为主权国家或政府行政主管部门，他方为另一国家的

① 如国家之间订立的贸易协定、投资保护协定、避免双重征税协定等双边协定，以及世界银行主持制定的《多边投资担保机构公约》等多边国际公约。

国民。他们之间的争议一般是由于国家的管理行为而引起的争议。按照一些国家的法律，此类争议不能通过仲裁方式解决，只能诉诸法院。但基于国家法律、双边或多边国际公约，这类争议也可通过仲裁解决。如由世界银行主持制定的《解决国家与他国国民之间投资争端公约》，旨在设立解决投资争议国际中心，通过调解与仲裁的方式，为解决国家与他国国民之间的投资争议提供便利。一些双边投资保护协议中，也有通过仲裁解决东道国与对方国家的投资者之间的争议的规定。

(3) 国家之间的商事争议。

此即主权国家之间的商事争议。其特点是仲裁协议的当事双方均为主权国家。一些双边或多边国际公约或协定均有通过仲裁方式解决国家之间由于公约的解释或履行而产生的争议的规定。

2. 在一般的国际商事案件①中，根据参与仲裁程序的利害关系人人数的不同进行划分

(1) 双方当事人之间的仲裁。

仲裁庭的管辖权源于双方当事人之间的协议。一般情况下的争议，均为双方当事人之间的争议，即订立仲裁协议的双方当事人在协议项下的争议发生后将其提交约定的仲裁庭解决。而仲裁庭所解决的争议，也仅限于该双方当事人之间的争议，对第三人则无管辖权。然而，在国际商事交易实践中，该第三人或者对争议的标的具有独立的请求权，或者与该仲裁案件审理的结果有着直接的利害关系。例如，甲代理乙从国外丙公司进口设备，乙是直接用户，但订立含有仲裁条款合同的是甲和丙，乙与丙没有直接的合同关系，但有直接的利害关系，事实上乙是该进口设备的最终用户和所有权人。如果该设备不符合合同规定的标准，甲向仲裁机构对丙提起仲裁，乙能否作为一方当事人参与该仲裁？从理论上看，乙尽管是直接用户，但与丙没有订立仲裁协议，因此，仲裁机构无权管辖丙与乙之间的争议，只能就甲和丙之间的争议行使管辖权。

(2) 多方当事人之间的仲裁。

在国际商事合同中，如果争议是两个以上的公司或个人之间就同一合同或与该合同有关的含有相同仲裁条款的合同争议，就可能会涉及多方为同一仲裁程序当事人的情况。

多方当事人仲裁的出现有两个原因：第一，由三方或多方当事人共同签署了一项含有仲裁条款的合同。如由买卖双方、卖方或（和）买方的担保人共同签署的合同，或者由代理人、被代理人和另一方当事人签订的自后者进口设备的合同，或者由若干个合伙人共同经营一个企业或组成一个社团等。所有各方均在合同上签了字。如果合同在履行中发生争议，在合同上签字的各方均有合法的理由作为仲裁的一方当事人。第二，由含有相同仲裁条款的连环合同引起的争议。这种情况一般发生在总承包合同和分承包合同中，合同中含有相同的仲裁条款，由于前一个合同未能按期交工，进而直接影响了后一合同的按期履行。买卖合同中也有这样的情况，第一个合同的买方为第二个合同的卖方，且两个合同的条款是一致的，如果就合同的履行发生了争议，就可能涉及三方当事人仲裁的问题。但如果不涉及第三方的利益，第三方也无须参与此项仲裁。

如何处理多方当事人之间的仲裁，主要有以下解决方法。

① 这里指不同国家的国民之间的商事争议。

1）在由多方当事人签署的合同中，可在仲裁条款中作出专门规定，如果合同在履行中发生争议，所有与争议有利害关系的当事人均可自愿参加。

2）在涉及连环合同争议的情况下，可在发生争议的各方当事人同意的条件下，由一个仲裁庭合并审理与此有关的争议。

3）由法院发布关于合并审理的裁定。如荷兰1986年《民事诉讼法典》第1046条就对仲裁程序的合并作了专门规定：除当事人之间另有约定者外，如果荷兰境内已开始的一个仲裁庭的仲裁程序的标的与在荷兰境内已开始的另一个仲裁庭的仲裁程序的标的有联系，任何当事人可以请求阿姆斯特丹地方法院院长发布合并程序的命令。

3. 根据审理国际商事争议的仲裁机构是否具有固定的名称、章程和办公地点进行划分

（1）临时仲裁机构的仲裁。

此即由临时仲裁机构审理的仲裁。该机构是根据当事人之间的仲裁协议而临时设立的审理该特定案件的机构，即事实上的仲裁庭。当案件审理终结并作出仲裁裁决后，该仲裁机构即行解散。

临时仲裁机构的主要优势是程序上比较灵活，在一定条件下可提高工作效率和节省仲裁费用的开支，因为一般常设仲裁机构均收取管理费，此外还要办理其他一些复杂的手续。其缺点是当事人得就仲裁所涉及的各种问题作出约定，如果程序进行中发生争议，如一方当事人拒绝指定仲裁员，另一方当事人须按照所适用的仲裁规则的规定，申请法院或其他机构指定仲裁员。因此，其优势的发挥，有赖于当事各方的密切合作。我国仲裁法没有就临时仲裁作出规定，而目前我国设立的诸多的仲裁委员会，均为常设仲裁机构。

（2）常设仲裁机构的仲裁。

此即在常设仲裁机构管理下进行的仲裁。该机构是依据国际公约或一国国内法设立的仲裁机构。前者如解决投资争议国际中心，后者如中国国际经济贸易仲裁委员会、美国仲裁协会等。这些机构均有其特定的名称、章程和固定的办公地点，多数还有其仲裁规则，许多还有专门的供当事人选择的仲裁员名册。常设仲裁机构的主要职能不是直接参与对仲裁案件的审理，而是制定仲裁规则和监督规则的实施，行使章程规定的行政管理职能。

在国际商事仲裁实践中，一些重大的仲裁案件，一般均由这类仲裁机构仲裁解决。即便在临时仲裁的情况下，当事人一般也可以请求这类仲裁机构提供某些管理方面的服务，如代为指定仲裁员等。这类仲裁机构一般都比较规范，且有专门的秘书处实施管理方面的工作，包括确认收到并转交仲裁申请书和答辩状、按规定收取仲裁费、协助组成仲裁庭、安排开庭等事项，并提供记录、翻译等方面的服务。

三、调整国际商事仲裁的法律规则

（一）国际公约

在世界范围内最有影响的国际公约是《承认与执行外国仲裁裁决公约》。该公约由联合国主持制定，1958 年在纽约召开的联合国国际商事仲裁会议上通过，故简称《纽约公约》。[①] 公约共 16 条，其主要规定是：（1）各缔约国应当承认当事各方所签订或在互换函电中所载明的合同中的仲裁条款或仲裁协议的效力。（2）除公约规定的拒绝承认与执行外国仲裁裁决的情况外，各缔约国应当承认与执行该项在外国作出的仲裁裁决。（3）公约规定了各国可以拒绝承认与执行的外国仲裁裁决的各项条件中须由被申请人提供证据证明的，包括仲裁协议无效；仲裁程序不当；裁决超出了仲裁协议规定的范围；仲裁庭的组成或仲裁程序与仲裁协议或仲裁地的法律不符；裁决在裁决地国或依裁决应当适用的法律对当事人尚无拘束力，或已被上述国家的主管机关撤销。此外，如果被请求承认与执行该裁决的国家的主管机关认为，争议事项依该国法律为不能通过仲裁解决的事项，或者承认与执行该仲裁裁决与执行地的公共政策相抵触的，也可拒绝承认与执行该外国裁决。此外，还有一个影响较大的国际公约，即《解决国家与他国国民之间投资争端公约》。

除了上述两个普遍性的国际公约，还有一些地区性的国际公约，如由联合国欧洲经济委员会主持制定、1961 年由欧洲各国签署的《欧洲国际商事仲裁公约》；由美洲国家组织主持制定、1975 年在巴拿马城召开的国际私法特别会议上通过的《美洲国家商事仲裁公约》（以下简称《巴拿马公约》）。这两个公约均就其适用范围、仲裁协议的效力、仲裁庭的组成、仲裁规则的适用、仲裁裁决的效力及其承认与执行等作了规定。这两个公约的缔约国，一般均为《纽约公约》的缔约国。

（二）国内仲裁立法

各国有关仲裁的立法均调整国际商事仲裁，这些仲裁立法或者表现在这些国家的民事诉讼法中，如德国民事诉讼法、日本民事诉讼法、法国民事诉讼法等；还有一些国家制定了专门的仲裁法，如美国 1926 年联邦仲裁法、英国 1996 年仲裁法。这些仲裁法，既调整国内仲裁，也调整国际仲裁。还有一些国家专门制定了调整国际商事仲裁的法律或法规，如埃及于 1988 年制定的《埃及国际商事仲裁法案》。还有包括我国香港特别行政区和澳门特别行政区在内的世界上几十个国家或者地区根据联合国贸法会主持制定的《国际商事仲裁示范法》，制定了本国或者本地区的国际商事仲裁法，如俄罗斯国际商事仲裁法、保加利亚国际商事仲裁法等。所有这些有关仲裁的法律或法规，均就有关仲裁涉及的各种事项，包括仲裁协议的效力和仲裁庭的管辖权、仲裁庭的组成、仲裁员的指定、仲裁程序的进行、仲裁裁决的作出及其补救办法、仲裁裁决的效力及其承认与执行等事项作了规定。

我国调整国际仲裁的国内立法主要表现在 1994 年颁布的《中华人民共和国仲裁法》

---

① 截至 2021 年 2 月 21 日，该公约共有 166 个缔约国。关于这些缔约国的名称，可参见 https://uncitral.un.org/en/texts/arbitration/conventions/foreign_arbitral_awards/status2，最后访问时间：2021 年 2 月 21 日。我国政府于 1987 年 1 月 22 日向联合国提交了批准书，该公约于同年 4 月 22 日对我国正式生效。我国在提交批准书时对该公约作了两点保留声明，即互惠保留声明和商事保留声明：（1）中华人民共和国只在互惠的基础上对在另一缔约国领土内作出的仲裁裁决的承认和执行适应该公约；（2）中华人民共和国只对根据中华人民共和国法律认定为契约性和非契约性商事法律关系所引起的争议适用该公约。

和1991年颁布、2012年、2017年、2021年修正的《中华人民共和国民事诉讼法》中。其中《仲裁法》第七章就我国的涉外仲裁作了专门规定，包括涉外仲裁机构的组成、仲裁员的聘任、保全措施、涉外仲裁裁决的撤销和承认与执行问题等。《民事诉讼法》第二十六章（第278～282条）的规定也是专门针对国际经济贸易、运输和海事争议的仲裁的，主要内容包括：当事人之间订有将他们之间的争议提交仲裁解决的仲裁协议时，不得向法院起诉；申请强制执行涉外仲裁裁决的法院及不予执行此项仲裁裁决的条件等。

（三）国际商事仲裁案件应当适用的仲裁规则

国际商事交易中的当事人在他们之间订立的仲裁协议中所约定的应当适用的仲裁规则，在如何通过仲裁方式解决争议方面，发挥着重要的作用。

在国际商事仲裁实践中，一般常设仲裁机构均有自己的仲裁规则。当事人在将争议提交他们在仲裁协议中约定的仲裁机构时，如无相反的约定，就意味着适用该机构的仲裁规则。有些仲裁机构的规则对此还作出了专门规定。例如，1992年1月1日起实施的《日内瓦商工会仲裁规则》第1条第1款即规定："一旦当事人同意将争议提交商工会进行仲裁，本规则将适用。"

为了解决临时仲裁机构无专门仲裁规则的情况，联合国贸法会组织了来自不同法律制度下的专家，于1976年制定并公布了一套《仲裁规则》（2013年修订）。四十多年来的实践证明，此项规则不仅被广泛地应用于临时仲裁，世界上许多常设仲裁机构的仲裁规则，也是参照此规则制定的。此外，包括中国国际经济贸易仲裁委员会在内的绝大多数仲裁机构，均允许当事人选择适用联合国贸法会的仲裁规则，并应当事人的请求对依此规则进行的仲裁程序实施管理。

这类仲裁规则的特点是：第一，这些仲裁规则只对特定的当事人，即选择适用某一特定规则的当事人有拘束力；第二，这些仲裁规则的适用不得与进行仲裁应当适用的法律相抵触。如果这些规则的适用与仲裁应当适用的法律发生抵触，则此类规则应当服从法律中的有关规定。例如，联合国贸法会制定的《仲裁规则》第1条第2款规定："仲裁应受本规则支配，但本规则的任何规定如与双方当事人必须遵守的适用于仲裁的法律规定相抵触时，应服从法律的规定。"

第二节 国际商事常设仲裁机构及其作用

如前所述，常设仲裁机构是依据国际公约或一国的国内法设立的，旨在通过仲裁方式解决国际商事争议的专门机构。常设仲裁机构与临时仲裁机构的主要区别在于前者由专门的组织实施对仲裁程序的管理，如根据《解决国家与他国国民之间投资争端公约》设立的解决投资争议国际中心，按照一国国内法设立的伦敦国际仲裁院、美国仲裁协会、中国国际经济贸易仲裁委员会等。这些仲裁机构有自己的名称、章程、比较完善的仲裁规则、固定的办公地点和秘书处及工作人员，一般还有供当事人选择的仲裁员名册及示范仲裁条款或仲裁协议。这些机构在对仲裁程序实施管理时，一般都适用自己的规则，但在现代国际商事仲裁实践中，许多仲裁机构也允许当事人选择适用其他的仲裁规则，如联合国贸法会的仲裁规则或其他仲裁机构的仲裁规则。

在国际商事交往实践中，人们越来越多地将争议提交常设仲裁机构解决，特别是争议标的较大的，一般都提交常设仲裁机构解决。在有些国家，如我国，依现行仲裁法的规定，根本就没有临时仲裁存在的余地。与临时仲裁相比，常设仲裁机构对于保障仲裁程序的顺利进行和仲裁裁决的质量，更具有优势。

一、 常设仲裁机构的职能

常设仲裁机构本身并不具体负责处理某一仲裁案件，其主要职能是对提交其仲裁的案件实施行政管理，保障所适用的仲裁规则的实施。尽管各常设仲裁机构的具体职责有所不同，但一般都具有以下几个方面的职能。

（一）接受当事人提出的仲裁申请，对仲裁管辖权问题进行初步审理

各仲裁机构都设有专门的办事机构，如国际商会国际仲裁院的秘书处，伦敦国际仲裁院的登记处，中国国际经济贸易仲裁委员会的秘书局等，这些办事机构负责受理当事人向各该有关仲裁机构提交的仲裁申请。由机构对当事人的申请及其所依据的仲裁条款或仲裁协议进行初步审查，认为有管辖权的话，即可决定受理当事人提交的案件，并按仲裁规则及有关的收费标准收取仲裁费。

（二）协助仲裁庭的组庭工作

协助仲裁庭的组成，是常设仲裁机构的重要职能。如果当事人就其约定的独任仲裁员或首席仲裁员不能达成一致，或者在由三位仲裁员组成仲裁庭的情况下，被申请人在仲裁规则规定的期限内未能指定仲裁员，按照许多仲裁机构的仲裁规则的规定，由仲裁机构指定上述各仲裁员。例如，按照自 1998 年 1 月 1 日起生效的《国际商会仲裁院仲裁规则》第 8 条的规定，如果当事人约定争议由独任仲裁员审理，但双方当事人未能在被申请人收到申请人的仲裁申请之日后 30 日内或秘书处允许的额外期限内仍未能就此独任仲裁员达成协议，该独任仲裁员由仲裁院指定。如果争议在由三位仲裁员审理的情况下，一方当事人未能对其应当指定的仲裁员作出指定，则仲裁院有权对此仲裁员作出指定。按照国际商会国际仲裁院自 2017 年 3 月 1 日起实施的《仲裁规则》第 12.4 条的规定，在由三位仲裁员组成仲裁庭时，当事人如没有约定指定首席仲裁员的方法时，该首席仲裁员由仲裁院指定。

此外，这些仲裁机构还可以作为临时仲裁的指定仲裁员的机构，或依照当事人的申请作为管理机构。

（三）撤销对仲裁员的指定和指定替代仲裁员

这是常设仲裁机构的另一重要职责。例如按照《伦敦国际仲裁院仲裁规则》第 10 条的规定，如果仲裁员故意违背仲裁协议或应当适用的仲裁规则，无故拖延仲裁程序，或

者存在对某一仲裁员的公正性和独立性产生正当怀疑的情况，仲裁院有权作出撤回对该仲裁员的指定或要求其回避的决定。《国际商会仲裁院仲裁规则》第 11 条、《中国国际经济贸易仲裁委员会仲裁规则》第 28 条、《美国仲裁协会仲裁规则》第 9 条，均有类似的规定。

因仲裁员死亡、仲裁机构接受仲裁员辞职或回避，或者根据双方当事人的请求，仲裁机构也可以对替代仲裁员作出指定。

除了以上三项基本职能，有些仲裁机构还有其他一些职能，如确认仲裁庭的组成①；批准仲裁庭与当事人之间共同签署的审理事项②；对仲裁裁决的草案进行审查③等。

二、仲裁机构的作用及其实现

仲裁机构的主要作用是协助当事人更加积极、稳妥、有效地利用仲裁这一争议解决机制，保障仲裁程序的顺利进行，进而使争议得到及时、妥善和最终的解决，而不会由于仲裁程序中出现的一些这样或那样的问题而使程序中断，如当事人之间就仲裁庭的组成达不成协议、仲裁员在仲裁进行中突然死亡、被请求回避，或由于其他原因而不能履行职责，或一方当事人经正当传唤后拒不参加庭审等。在临时仲裁的情况下，如果出现了上述问题，仲裁程序就会中断，而要恢复此项程序，当事人就不得不到有关的法院寻求司法救济。为此不仅要耗费大量的金钱和精力，而且会造成不必要的拖延，致使争议不能得到及时的解决。

仲裁机构在通过仲裁方式解决国际商事争议中的积极作用，主要表现在以下几个方面。

（一）在起草仲裁协议中的作用

鉴于各仲裁机构一般都有自己的仲裁规则和建议当事人采纳的标准仲裁条款，这样就使当事人不必为如何使仲裁条款起草得更为全面、具体而绞尽脑汁。他们只要写明将争议提交哪个仲裁机构解决，其他一些细节问题一般也就迎刃而解了。这是由于当事人选择了在某一特定的机构仲裁，就意味着适用该机构的仲裁规则，而这些仲裁规则对仲裁涉及的具体问题，如仲裁地点、仲裁庭的组成、仲裁程序的进行、仲裁适用的法律、仲裁使用的语文，乃至仲裁的收费标准等，都有专门的规定。

（二）在选择仲裁员方面的便利

通过仲裁方式能否使国际商事争议切实得到独立、公正的解决，关键在于仲裁员自身的素质和他们所具有的资格、能力和水平。这是由于许多国家的仲裁法均未对仲裁员的资格作出规定，任何有行为能力的人都可以作为仲裁员。而在国际商事交易中，当事

① 参见《国际商会国际仲裁院仲裁规则》第 8、9 条。
② 参见《国际商会国际仲裁院仲裁规则》第 18 条第 3 款。
③ 参见《国际商会国际仲裁院仲裁规则》第 27 条。

人在选择仲裁员时，特别是在独任仲裁员和首席仲裁员的选择上，往往难以达成一致。但在机构仲裁的情况下，鉴于各仲裁机构一般都有自己的仲裁员名册，而列入名册的仲裁员一般都学有专长，为各有关领域的专家、学者，且来自各个不同的国家并有着丰富的解决国际商事争议的经验，因而当事人有比较大的选择余地。

（三）在仲裁程序中的积极作用

常设机构均设有专门的办事机构，如秘书处（局）、登记处等。尽管这些机构在仲裁程序中所发挥的具体作用有所不同，如有的机构的秘书处为所有的仲裁庭配备了专门的工作人员负责仲裁庭与当事人之间的沟通与联系，直至仲裁裁决的作出，如中国国际经济贸易仲裁委员会和美国仲裁协会；有的秘书处的主要工作集中在仲裁庭组庭之前，如国际商会国际仲裁院秘书处。

除了上述办事机构的作用，仲裁机构作为管理仲裁程序机关，本身也有大量的与保障仲裁程序顺利进行有关的工作，如根据国际商事仲裁的发展状况及时修订本机构的仲裁规则、接受当事人委托或按照仲裁规则规定指定仲裁员、决定仲裁案件的管辖权、决定仲裁员的回避及指定替代仲裁员、解决当事人与仲裁庭之间的争议等。

（四）在促进仲裁裁决的承认与执行方面的作用

鉴于世界上有一百六十多个国家都是《纽约公约》的缔约国，仲裁裁决较之法院判决在裁决或判决地以外的国家的执行更为方便。而常设仲裁机构所具有的一整套管理仲裁程序的制度，包括仲裁规则、内部规章及其办事机构和具体的办事人员等，使它们在长期的实践中积累了大量的经验和建立了良好的信誉。因此，机构项下的裁决被法院撤销或拒绝执行的比例极低。与临时仲裁庭作出的仲裁裁决相比，仲裁机构管理下由各仲裁庭作出的仲裁裁决，更易得到外国法院的承认与执行。

第三节　国际商事仲裁协议

一、国际商事仲裁协议的特征

国际商事仲裁协议是指当事各方同意将他们之间已经发生的或将来可能发生的争议提交仲裁解决的协议。概括起来，其具有以下几个方面的法律特征。

第一，它是特定的法律关系的当事人之间同意将他们之间的争议提交仲裁解决的共同的意思表示，而不是一方当事人的意思表示。而这种特定的法律关系，既包括国际货物买卖、运输、保险、支付、投资、技术转让等方面的契约性法律关系，也包括海上船舶碰撞、产品责任、医疗和交通事故等侵权行为方面的非契约性法律关系。

第二，仲裁协议是使某一特定的仲裁机构取得对协议项下的案件的管辖权的依据，同时也是排除法院对该特定案件实施管辖的主要的抗辩理由。《纽约公约》第 2 条第 3 款规定：“当事人就诉讼事项订有本条所称之仲裁协议者，缔约国法院受理诉讼时应依当事人一方之请求，令当事人提交仲裁，但仲裁协议经法院认定无效、失效或者不能施行者，不在此限。”此外，联合国贸法会制定的《国际商事仲裁示范法》第 8 条第 1 款也有类似规定。

第三，一项有效的仲裁协议，是仲裁裁决得以承认与执行的基本前提。对于仲裁庭作出的仲裁裁决，如果败诉一方未能自动执行，另一方当事人可请求法院强制执行此项裁决。但法院在执行此项裁决时，如果认定该项裁决根据无效的仲裁协议作出，按照《纽约公约》第 5 条第 1 款的规定，被请求执行该裁决的法院也会拒绝承认与执行此项裁决。

二、国际商事仲裁协议的表现方式及主要内容

国际商事仲裁协议有两种表现形式：合同中的仲裁条款和专门的仲裁协议书。

合同中的仲裁条款是合同双方当事人在争议发生之前订立的将合同执行过程中可能发生的争议提交仲裁解决的协议。其特点是：第一，它是当事人之间在争议发生之前所达成的将争议提交仲裁解决的约定；第二，它不是一个独立的文件，而是主合同中的一个条款。

而仲裁协议书一般是指当事人之间订立的将已经发生的争议提交仲裁解决的协议。它也有两个特点：第一，它是当事人之间在争议发生之后所达成的将争议提交仲裁解决的约定；第二，它是一个独立的文件，其内容是将特定的争议提交仲裁解决的单独的一项协议。

这里必须强调的是，无论是合同中的仲裁条款，还是当事人之间就已经发生的争议订立的单独的仲裁协议书，都必须包括如下内容。

1. 将争议提交仲裁解决的意思表示

此即双方当事人同意将争议通过仲裁的方式，而不是通过诉讼的方法解决的约定。这是仲裁协议最为重要的内容。如无此项约定，便不可能有仲裁的发生。

2. 提交仲裁的事项

此即将什么样的争议提交仲裁解决。这是对仲裁庭的管辖权作出界定的依据。如果仲裁庭裁决的事项超出了该项协议的范围，则就超出协议规定的范围的事项所作的裁决就不能得到法院的承认与执行。

3. 仲裁庭的组成或仲裁机构

著名国际贸易法专家施米托夫教授在其论文《有缺陷的仲裁条款》中指出，“即使是最拙劣的仲裁条款，也应包括两方面的内容：将争议提交仲裁解决和由谁来充当仲裁员”①。而这里的负责解决争议的仲裁庭，可以是临时仲裁庭，也可以是常设仲裁机构项下的仲裁庭。

---

① ［英］施米托夫著，赵秀文选译，郭寿康审校：《国际贸易法文选》，614 页，北京，中国大百科全书出版社，1993。

此外，当事人还可以就其他与仲裁有关的事项作出约定，如仲裁地点、仲裁应当适用的规则①等。

三、国际商事仲裁协议的效力及适用法律

（一）有效仲裁协议的基本要件

尽管各国法律对仲裁协议的效力应当具备的条件规定各异，但一般而言，一项有效的仲裁协议，至少应当具备以下条件。

（1）仲裁协议必须是双方当事人真实的意思表示，而不是一方当事人通过欺诈的方式强使另一方当事人接受此项协议的产物。

（2）订立协议的双方当事人依照应当适用的法律，必须具有合法的资格和能力。如果当事人依据应当适用的法律为无行为能力者，则仲裁协议无效。

（3）仲裁协议的内容应当合法，即当事人约定的仲裁事项必须是按照有关国家的法律可以通过仲裁方式解决的事项。这些法律一般为裁决地法或裁决执行地国的法律。此外，协议的内容也不得违反裁决地国或裁决执行地国的法律中有关强制性的规定；不得与这些国家的公共政策相抵触。

（4）仲裁协议的形式必须合法，按照《纽约公约》第2条、联合国贸法会《国际商事仲裁示范法》第7条第2款，仲裁协议必须采用书面形式。

（二）国际商事仲裁协议的适用法律

国际商事仲裁协议的效力，一方面取决于该特定的仲裁协议应当适用的法律。鉴于仲裁协议实质上是当事人之间订立的契约，因此有关国际私法上适用法律的一般原则，均适用于解决国际商事仲裁协议的适用法律，如当事人意思自治原则、最密切联系原则等。另一方面，仲裁协议本身不得违反裁决地国或裁决执行地国法律中有关强制性的规定，如涉及可仲裁事项的问题、当地的社会公共利益问题等的规定。

四、仲裁条款的独立性

当仲裁条款是主合同的一个条款时，如果主合同为无效合同，是否该合同中的仲裁条款也随之无效？

英国法院最早在“海曼诉达文斯”（Heyman v. Darwins）一案中确立了仲裁条款可独立于它所依据的合同而存在。在该案中，达文斯是英国一家钢铁制造商，它与营业地在纽约的海曼订立了独家代理合同，合同中含有措辞广泛的仲裁条款：“由本合同产生的争议应通过仲裁解决”。后来，达文斯拒绝履行合同，双方发生争议。于是，海曼将此争议诉诸法院，指控达文斯违约。达文斯则请求法院中止对该案的审理，并裁定将此争议

① 在常设仲裁机构仲裁的情况下，当事人只要约定将争议提交该特定机构仲裁，即适用该机构的仲裁规则。

按照合约提交仲裁解决。本案初审法官麦克米兰驳回了被告达文斯的请求。该法官认为："如果合同从来就不存在，那么作为合同一部分的仲裁协议也不存在。因为大合同中包含着小协议。"即如果主合同无效，作为该合同一部分的仲裁条款也随之无效。但上议院认为，该合同中的仲裁条款可以独立于它所依据的合同而存在。[①]

此后，法国最高法院于 1963 年 5 月 7 日在 Societe Gosset v. Societe Carapelli 一案的判决中[②]，美国最高法院于 1967 年 Prima Paint v. Flood & Conklin Manufacturing Co. 一案的判决中[③]，均确立了仲裁条款可独立于它所依据的合同存在的原则，即便一方当事人称合同是通过欺诈的方式订立或合同无效时亦然。目前，仲裁条款独立原则已经被包括我国在内的许多国家通过法律的形式固定下来。我国《仲裁法》第 19 条规定："仲裁协议独立存在，合同的变更、解除、终止或者无效，不影响仲裁协议的效力。"我国原《民法典》第 507 条对此原则的规定更加明确："合同不生效、无效、被撤销或者终止的，不影响合同中有关解决争议方法的条款的效力。"

第四节 仲裁庭及其管辖权限

仲裁庭是仲裁案件的直接审理者，无论是在临时仲裁，还是在机构仲裁的情况下，都是如此。特别是在机构仲裁的情况下，常设仲裁机构的主要工作是在行政管理方面，而不是对具体案件的审理。

一、 仲裁庭的组成

根据组成仲裁庭的仲裁员人数的不同，可以分为由一位仲裁员组成的独任仲裁庭、由两位仲裁员组成的二人仲裁庭和由三人或三人以上的仲裁员组成的仲裁庭。在国际商事仲裁实践中，常见的仲裁庭是独任仲裁庭和由三位仲裁员组成的仲裁庭。

在国际商事仲裁实践中，由两名仲裁员组成仲裁庭的情况并不多见。但在一些行业和国家，这种情况是存在的，如在航运市场上的某些标准合同中就有这样的条款。一些格式租船合同中的 Baltime Arbitration Clause 就是这样规定的："由于本租船合同而产生的争议交由伦敦（或者当事人约定的其他地点）仲裁解决。由船东指定一名仲裁员，另一名仲裁员由租船人指定。如果这两名仲裁员不能就仲裁裁决达成一致，争议交由他们共同指定的公断人（umpire）裁定。仲裁员或公断人的裁决是终局的，对当事双方均有拘束力。"

英国 1996 年《仲裁法》第 22 条第 1 款也就由两名仲裁员组成仲裁庭的情况作了规定："在当事人同意设两名或两名以上仲裁员但无首席仲裁员或公断人的情况下，当事人

---

① 参见《英国上诉法院 1942 年判例集》，356 页。

② 参见 Fordham International Journal，第 17 卷，599 页，1994。

③ 参见《美国最高法院 1967 年判例集》，第 388 卷，395 页。

可自由约定仲裁庭如何作出决定、命令和裁决。”此项规定包括了由两名仲裁员组成的仲裁庭的情况。在实践中，如果这两名仲裁员在解决当事人提交的争议时达成一致，就可作出仲裁裁决。但如果他们不能就此争议达成一致时，才由他们共同指定的公断人主持对该案件的审理。在这种情况下，原来由双方指定的仲裁员事实上充当了为他们各自被指定的当事人充当辩护人（advocate）的角色，而仲裁裁决由公断人自行作出。此时的公断人，则相当于独任仲裁员的角色。

二、仲裁员的资格

在解决国际商事争议的实践中，被指定为仲裁员的一般都是为当事人所信赖并能够对争议的是非曲直作出独立判断的人。因此，各国法律允许当事人在他们之间的仲裁协议中对仲裁员的资格作出约定。而法律本身对此一般没有严格的限制，凡是具有完全行为能力的人，包括本国人和外国人，都可以被指定为仲裁员。例如，荷兰 1986 年《民事诉讼法》第 1023 条规定：“任何有法律行为能力的自然人均可被指定为仲裁员。除非当事人另有约定，任何人不应由于其国籍的原因而妨碍指定。”有些国家的法律还对没有资格担任仲裁员的人作了规定。例如，意大利《民事诉讼法典》第 812 条规定：“仲裁员可以是意大利或他国国民”，它所规定的限制是：“未成年人、无法律行为能力人、破产者及被开除公职的人，不能担任仲裁员”。有的国家的法律还规定国家法官在任职期间不得接受指定作为仲裁员。①

我国《仲裁法》对仲裁员的资格作了比较严格的限制。该法第 13 条规定：仲裁委员会应当从公道正派的人员中聘任仲裁员。仲裁员应当符合下列条件之一：（1）通过国家统一法律职业资格考试取得法律职业资格，从事仲裁工作满 8 年的；（2）从事律师工作满 8 年的；（3）曾任法官满 8 年的；（4）从事法律研究、教学工作并具有高级职称的；（5）具有法律知识，从事经济贸易等专业工作并具有高级职称或者仅有同等专业水平的。

作为国际商事仲裁的一般原则，仲裁员，尤其是独任或首席仲裁员，不得与他所审理的案件有直接的利害关系，否则将影响他对所审理的案件作出独立、公正的审理。

2004 年 7 月 13 日，我国最高人民法院发出《关于现职法官不得担任仲裁员的通知》，该通知规定如下：根据《法官法》《仲裁法》的有关规定，法官担任仲裁员，从事案件的仲裁工作，不符合有关法律规定，超出了人民法院和法官的职权范围，不利于依法公正保护诉讼当事人的合法权益。因此，法官不得担任仲裁员；已经被仲裁委员会聘任，担任仲裁员的法官应当在本通知下发后一个月内辞去仲裁员职务，解除聘任关系。根据此通知，最迟自 2004 年 8 月 13 日起我国法官不得再担任仲裁员。我国最高人民法院的上述通知，避免了现任法官既作为仲裁员参加仲裁案件的审理，又利用其职权影响法院对仲裁裁决实施的司法监督，有利于维护仲裁解决争议的独立性与公正性。

---

① 如奥地利《民事诉讼法典》第 578 条、波兰《民事诉讼法》第 699 条第 2 款的规定。

三、仲裁庭自裁管辖原则

仲裁庭自裁管辖原则（the Kompetenz-Kompetenz Doctrine）既是各国仲裁立法与实践中的一个重要的理论问题，也是具有实践意义的现实问题。

在国际商事仲裁实践中，仲裁管辖的主要依据是当事人之间存在将他们之间业已发生的争议通过仲裁解决的有效的仲裁协议。因此，从某种意义上说，仲裁管辖与仲裁协议的有效性问题是一个问题的两个方面：根据有效的仲裁协议，仲裁庭就可获得管辖权；而根据无效的仲裁协议就不能获得此项管辖权。仲裁管辖的原则的核心内容是：仲裁庭能否对它自己的管辖权，包括仲裁协议的存在和效力的异议作出决定。

在国际商事交易中，往往有这样的情况发生：当仲裁协议项下的争议发生后，一方当事人将争议提交仲裁解决，而另一方则对仲裁庭的管辖权及仲裁协议的有效性提出异议。在这种情况下，仲裁庭能否就其管辖权及仲裁协议的效力作出决定，是仲裁（庭）面临的首要问题。这个问题不解决，仲裁程序就无法进行。按照各国的仲裁立法与实践，如果一方当事人采用欺诈的手段迫使对方与其订立仲裁协议，或者一方当事人不具备订立此项协议的行为能力，都会导致仲裁协议的无效，而根据无效的仲裁协议，仲裁庭是不能取得管辖权的。在另外一些情况下，一方当事人将争议提交仲裁，另一方当事人将此同样的争议提交法院，而对方当事人在仲裁程序或诉讼程序开始后对仲裁或法院的管辖权提出异议，按照各国关于国际商事仲裁立法与实践，仲裁庭和法院均有权决定仲裁庭的管辖权。按照联合国贸法会《国际商事仲裁示范法》第 16 条第 2 款规定的精神，如果仲裁庭对其管辖权作出了初步的裁定，任何当事一方均可在收到此项裁定后 30 天内请求对此有管辖权的法院作出决定，而法院的决定不容上诉。

第五节　国际商事仲裁的适用法律

一、仲裁程序的适用法律

（一）仲裁程序的适用法律的概念

仲裁程序的适用法律指仲裁程序进行中所涉及的一些具体问题，如仲裁庭的组成、案件的审理、保全措施、裁决的作出等一系列与程序有关的问题应当适用的法律。

仲裁程序与司法诉讼程序不同。一些国家的法律允许当事人选择仲裁程序的适用法律，至少从理论上说这是可以的，即在一国进行的仲裁，当事人可以约定适用另一国家的仲裁法，但在实践中这会遇到许多困难。例如，按照英国法，在英国进行的仲裁不可能排除英国法院对它行使的管辖权，如果当事人选择了在英国进行仲裁而适用另一国家的仲裁法，就会引起就同一案件同时适用两个不同国家的程序法的冲突，即仲裁地的仲裁法和当事人明示选择的仲裁法之间的冲突。[①] 例如在"麦道公司案"中[②]，尽管当事人在仲裁协议中约定了"仲裁应当按照印度 1940 年仲裁法或对该法的任何修订的程序进行"，但由于双方当事人又约定了"仲裁程序在英国的伦敦进行"，所以，当双方当事人就该案的仲裁程序的法律适用问题发生争议并将此争议提交英国法院解决时，法院对此案的判决是：既然当事人选择了在伦敦仲裁，那么他们通过仲裁协议所选择的仲裁程序的适用法律是英国法，而不是印度法。

（二）仲裁程序规则与仲裁程序法在国际商事仲裁中的适用

仲裁程序规则与仲裁程序法是两个不同的概念。

仲裁程序规则是指各仲裁机构、各有关组织或团体、仲裁协议的当事人约定的或仲裁庭决定的关于如何进行仲裁所遵循的程序规则，它们本身没有法律上的拘束力。然而，它们具有契约的性质，即一旦被仲裁协议的当事人采纳，就在这些当事人之间产生了拘束力，其前提条件是不违背有关国家的仲裁法中的强制性的规定。

在国际商事仲裁实践中，特别是在机构仲裁的情况下，当事人选择将争议提交特定的仲裁机构仲裁，就意味着适用该机构的仲裁规则，除非当事各方另有约定。许多仲裁机构的仲裁规则也有类似规定。例如，1998 年《伦敦国际仲裁院仲裁规则》规定：任何载有或提及按本院仲裁规则或由仲裁院仲裁的任何书面协议或约定，视为当事人同意按本规则或在此之后修订的规则，但须在仲裁开始前已经生效。美国仲裁协会 1997 年《仲裁规则》第 1 条第 1 款也有类似规定。此外，包括联合国贸法会制定的仲裁规则在内的许多仲裁规则都规定，当事人在仲裁协议中约定适用特定的仲裁规则时，也可对所适用的规则加以修订，具体措辞为"除非当事各方另有约定"。这是由仲裁的契约性质决定的，而仲裁规则本身也在某种程度上具有此项性质，因为只有当事人在仲裁协议中约定适用某一规则时，该特定的规则才对同意适用该规则的当事人有拘束力。

仲裁规则适用的另一个特点，是该规则的适用不得违反或规避仲裁应当适用的法律所规定的当事人必须遵守的各项规定，否则，仲裁裁决在请求法院强制执行时就可能遇到麻烦。例如，由联合国贸法会制定的《仲裁规则》第 1 条第 3 款规定："仲裁应按照本规则进行，但本规则任一条款与仲裁所适用的某项法律规定相抵触且各方当事人又不得背离该法律规定的，以该法律规定为准。"而这里所说的法律，无疑就是仲裁应当适用的法律，通常指进行仲裁程序应当适用的有关国家的仲裁法。该法一般情况下为仲裁地所在国的仲裁法。

综上所述，仲裁规则适用的特点是：第一，它是选择性的，只有当事人选择适用了某一特定的规则，该规则才能对选择适用的当事人有拘束力。第二，当事人所选择适用的仲裁规则不得与应当适用的仲裁法的规定相抵触。

---

① See David St. John Sutton and Others, *Russell on Arbitration*, Twenty-First Edition, Sweet & Maxwell, 1997, p. 76.

② 参见赵秀文主编：《国际经济贸易仲裁法案例选编》，159～167 页，北京，中国法制出版社，1999。

（三）仲裁程序法的适用范围

仲裁程序法是规范如何进行仲裁的法律规范的总称，具体表现为一国立法机关制定的调整国际商事仲裁的法律。尽管各国有关仲裁法的法律繁简不一，名称各异，但一般都就可仲裁的事项、仲裁协议及效力、仲裁员的指定、仲裁庭的组成及管辖、仲裁程序、仲裁裁决及其承认与执行等问题作出规定。

按照国际法上的国家主权和地域原则，以及国际私法上的“场所支配行为”原则，在一国进行的仲裁，该国的仲裁法理所当然地应当得到适用，即便是现代各国的仲裁法，也是如此。例如，1998年德国的仲裁立法，即德国《民事诉讼法》第1025条规定，德国的仲裁立法适用于在德国进行的仲裁。英国1997年《仲裁法》第2条第1款规定，有关仲裁程序的事项，适用于在英格兰、苏格兰和威尔士进行的仲裁。从法学基本理论看，一国颁布的法律在该国境内的效力，是不言而喻的。各国的仲裁法适用于在各该国进行的仲裁，也符合国际法的国家主权原则。

一般而言，仲裁程序法支配如下问题。

（1）仲裁员的指定方法。如果双方当事人不能就独任仲裁员、首席仲裁员的指定达成一致，或者一方当事人未能在仲裁规则规定的期限内指定仲裁员，法院可根据当事人的请求，对仲裁员作出指定。

（2）仲裁庭的权力和义务，包括仲裁员或仲裁庭违反其所承担的义务时的补救办法。

（3）对仲裁裁决的异议及其处理办法。各国仲裁法一般均对此作出规定，包括对仲裁裁决的撤销和承认与执行的条件。

然而，对于仲裁协议的准据法支配仲裁协议的实体问题和仲裁程序法支配仲裁协议项下的程序问题，往往在实践中不易作出明确的划分。依英国法，如果合同及其所包含的仲裁条款的准据法均非英国法，仲裁条款未规定仲裁地点，那么，仲裁程序应当受根据国际商会仲裁规则所指定的仲裁地所在国的法律支配。①

（四）仲裁程序法的确定

在一国进行的仲裁能否适用另一国的仲裁法？对这一问题的回答可以表述为：理论上是可行的，有些国家的立法实践中也是允许的，但实践中很少有当事人对此作出专门约定。

从理论上看，仲裁本身就是一种受各国法律保护的自愿选择的争议解决的方式，对于仲裁在哪里进行、适用什么样的法律、使用什么样的语言等，均可作出约定。当事人既然可以选择仲裁解决争议，当然也可以就仲裁应当适用的法律作出约定。

在仲裁立法实践中，有些国家已经对此作出了明示规定。例如，法国《民事诉讼法典》第1494条第1款规定：“仲裁协议可以通过直接规定或援引一套仲裁规则来明确仲裁应遵循的程序；它也可以选择特定的程序法为准据法。”这里的规定显然可以解释为允

① See David St. John Sutton and Others, *Russell on Arbitration*, Twenty-First Edition, Sweet & Maxwell, 1997, p. 73.

许在法国进行仲裁的当事人选择适用的法国以外的国家的仲裁（程序）法。即便在以保守而著称的英国，当事人也可以自由地选择仲裁地点，特别是仲裁程序法，而该法可以独立于合同准据法和仲裁协议的支配法律。[①] 仲裁程序上选择适用另一国家的法律在实践上会遇到一些难以解决的问题，特别是临时性强制措施的采取。例如，选择外国法作为支配仲裁的法律的后果可能导致该仲裁法以外的国家拒绝行使对该仲裁案件的管辖权。英国法院 1993 年就拒绝了一个在英国施工的建设海底隧道合同中一方当事人提出的请求发布强制另一方当事人在仲裁程序进行期间继续履行合同项下的义务的命令，理由之一是仲裁不在英国进行，而是依据合同规定在布鲁塞尔依照国际商会规则仲裁。[②] 按照英国的判例，当事人如果选择了在英国仲裁，英国仲裁法就应当得到适用，尽管当事人约定适用另一国家的仲裁法。[③]

在一国进行仲裁而选择适用另一国家的仲裁法在实践中之所以会遇到一些困难并引起某些法律冲突，这是因为：一方面，按照国际法上的属地原则，主权国家的法律适用于该国家的领域，即一国仲裁法无疑地适用于在该国境内进行的仲裁；另一方面，如果当事人选择适用另一国家的仲裁法，如“麦道公司案”中，当事人在仲裁协议中约定在伦敦仲裁，而适用印度 1941 年《仲裁法》，那么，按照英国法院的解释，当事人选择在英国仲裁，就是选择了适用英国的法律。如果此案在印度或另一国家的法院审理，可能就是另一种结果了，因为按照字面上的解释，当事人的意思表示是明确的，即在英国仲裁，适用印度仲裁法。

与上述问题有密切联系的另一个问题是，在一国境内进行的仲裁是否可完全独立于该国的仲裁法？

传统的观点认为，仲裁受特定国家的国内法，即仲裁地法的支配，仲裁地法决定仲裁程序的有效性。如果仲裁不与某一特定国家的法律制度相联系，仲裁庭的决定就不会产生法律上的拘束力。[④] 也就是说，尽管国际商事仲裁具有国际性、自主性，但它不可能脱离任何国家的法律监督而在真空中进行，因为仲裁裁决的效力是有关国家的法律赋予的，特别是仲裁地国的法律赋予的。如果仲裁裁决在裁决地国（country of origin）无效，或者被该国的法院撤销，该裁决就不应得到其他国家的承认与执行。

另一种观点认为，国际商事仲裁可以独立于裁决地国的仲裁法，它可以超出仲裁地国家的法律而独立存在。此项仲裁被称为非内国化或非地方化仲裁（delocalized arbitration），由此，非内国仲裁而产生的裁决，为非内国裁决（a-national award）或浮动裁决（floating award）。此项裁决即便在裁决地国无效或被该国撤销，也是可以执行的。例如，某一裁决被裁决地国的法院以作出此裁决的仲裁员在裁决中有舞弊行为为由而撤销，该裁决仍然可以在另一国家申请执行，该另一国家仍然可以承认此项裁决的效力，如果该

---

① See David St. John Sutton and Others, *Russell on Arbitration*, Twenty-First Edition, Sweet & Maxwell, 1997, p. 75.

② See David St. John Sutton and Others, *Russell on Arbitration*, Twenty-First Edition, Sweet & Maxwell, 1997, p. 74.

③ 参见“麦道公司案”。

④ See William W. Park, “The Lex Loci Arbitri and International Commercial Arbitration”, Vol. 32, Jan. 1983, International and Comparative Law Quarterly, p. 23.

另一国家的法律关于撤销裁决的规定中没有上述撤销的理由。①

英国法从不认为仲裁程序可以脱离任何国家的法律制度而独立存在。在英国法看来，仲裁程序法一般为进行仲裁（仲裁本座，the seat of arbitration）的国家的法律。当事各方对仲裁本座的选择极为重要，它意味着仲裁应当遵守该地的法律进行，而本座地的法院也有权对在当地进行的仲裁实施监督和管辖。②

二、解决争议实体问题的适用法律

解决争议实体问题的适用法律就是用什么样的法律规则判断当事人之间争议的是非曲直。鉴于国际商事交易涉及不同国家的法律，而不同国家可能就相同的事项作出不同的规定，如在合同成立的问题上，即便在同一国家，法律的规定也可能不完全相同。以中国为例，一般的国际货物买卖合同只要当事双方签字盖章，合同即成立；而在我国境内订立的中外合资、中外合作合同，以及技术引进合同的生效日期，按照我国现行的法律规定，自主管机关批准之日起生效。而上述种类的合同，在其他国家就可能无须经上级主管机关批准。假定一合资经营合同，当事人之间在签订后而在主管机关批准前发生争议，则适用不同国家的法律，可能产生不同的结果。在法律规定合资合同批准生效的国家，该合同尚未成立，但在意思表示一致合同即生效的国家，此合同就有效地成立了。可见，适用什么样的法律解决国际商事争议，无论对诉讼而言，还是对仲裁而言，都是对争议作出评断的法官或仲裁员所面临的现实问题。中国国际经济贸易仲裁委员会解决当事人之间的争议的准则是：根据事实，依照法律和合同规定，参考国际惯例，并遵循公平合理原则，独立公正地作出裁决。可见，在审理国际案件的过程中，在查明事实的基础上，适用什么样的法律和规则确定当事各方的权利与义务，是作出公正合理裁决的至关重要的环节。在国际商事仲裁实践中，仲裁庭解决争议实体问题应当适用的法律及与此有关的法律规则包括以下内容。

（一）争议所依据的合同是判定当事人权利与义务的基本文件

国际商事仲裁所涉及争议绝大多数源于国际商事合同，而依据各有关国家的法律订立的合同，受到各国的法律保护。因此，就合同双方当事人而言，合同就成为决定他们之间的权利与义务的基本的法律文件。就违反合同的损害赔偿而言，例如买卖合同中的卖方延期交货，或者买方拒收货物或拒付货款，如果合同中对类似的违约有明确的规定，仲裁庭首先应当适用的就是合同中的规定。只有在合同对双方争议的事项没有作出明确规定并在合同中找不到解决问题的依据时，仲裁庭才考虑从该合同应当适用的法律（合同准据法）中寻求解决问题的答案。此外，如果当事双方就合同的解释和履行等问题发生争议，也应当从该合同应当适用的准据法中寻找答案。

---

① See William W. Park, "The Lex Loci Arbitri and International Commercial Arbitration", Vol. 32, Jan. 1983, International and Comparative Law Quarterly, pp. 24 - 25.

② See David St. John Sutton and Others, *Russell on Arbitration*, Twenty-First Edition, Sweet & Maxwell, 1997, p. 75.

（二）合同准据法及其确定

合同准据法是决定合同当事人权利与义务的法律。根据欧洲经济共同体成员国于1980年6月19日在罗马订立的《合同债务适用法律公约》第10条第1款的规定，合同准据法不仅适用于合同的解释和履行，而且应当适用于违反合同的后果，包括依法律的规定确定损害赔偿的金额、债务消灭的各种方法、诉讼时效和无效合同的后果等。一般认为，凡与国际商事合同有直接或间接关系的所有事项，均应适用合同的准据法[①]，包括由于合同无效而产生的不当得利。英国著名国际私法学者戴西等编著的《冲突法》指出，合同的后果，即当事人所承担的合同项下的权利与义务，依合同准据法决定。[②] 按照美国法学会编辑的《法律冲突法第二次重述》（1971年）第198～207条的规定，合同准据法支配由于合同而产生的一切直接或间接事项，但合同的履行方式适用合同履行地法。

可见，按照各有关国家的国际私法和有关的国际公约的规定，除了合同履行方式适用履行地法，所有产生于国际商事合同项下的直接或间接事项，均应适用于合同准据法。

在国际商事仲裁实践中，确定合同准据法的方法有以下几种情况。

1. 当事人在合同中共同选择的法律

如果争议双方在合同中共同选择了合同准据法，此项选择应当受到审理争议的法官或仲裁员的尊重和适用，这已成为国际公约、各有关国家的国内法和对各国的法律冲突规则所进行的官方重述中所公认的处理各国法律冲突的基本原则。例如，1961年《欧洲国际商事仲裁公约》第7条第1款就专门对此作了明确规定："当事人可通过协议自行决定仲裁员就争议所适用的实体法。"按照各国国际私法上普遍认可的当事人意思自治原则，当事人可以自主地订立合同，就他们之间的权利与义务作出约定，也可就合同的适用法律（合同准据法）作出约定。

国际商会国际仲裁院1990年审理的意大利的被代理人诉比利时的代理人的独占分销合同一案中，双方约定合同的适用法律为意大利法。由于申请人在合同执行7年后终止了该合同，并按合同规定提前三个月发出了终止合同的通知，比利时的代理人认为此项终止无效，因为它违反了比利时法中关于"终止独占分销合同的通知至少应当提前三年发出"的强制性规定，从而在比利时法院起诉，要求意大利的被代理人赔偿由于终止该合同而给代理人造成的损失。意大利的被代理人则按照合同中规定的仲裁条款，请求国际商会国际仲裁院依其仲裁规则仲裁解决此项争议。该案由独任仲裁员在德国科隆审理，该独任仲裁员认为，意大利法适用于解决本案争议的实体问题，对比利时法中关于"终止独占分销合同的通知至少应当在三年前发出"的强制性规定不予考虑。就本案争议的是非曲直而言，本案的分销合同已经有效地终止，而合同中关于终止合同应当提前三个

---

① See H. Batiffol, P. Lagarde, *Droit International Privé*, 6th ed., Paris, 1976, Vol. Ⅱ, No. 595, p. 273; P. Mayer, *Droit International Privé*, Paris, 1977, No. 701, 716, pp. 513, 522.

② See Dicey, Morris, L. Collins, *Conflict of Laws*, 10th ed., London, 1987, Vol. Ⅱ, p. 1236.

月通知的规定符合意大利法。①

2. **由仲裁庭决定准据法的适用**

在国际商事交易实践中，许多情况下当事人在合同中并未就合同的适用法律作出约定，而只就争议解决的仲裁机构或应当适用的仲裁规则作出约定。在这种情况下，由仲裁庭决定应当适用的准据法。

关于由仲裁庭决定解决争议应当适用的准据法的情况，有些仲裁规则对此作出了明确的规定，例如，联合国贸法会 2013 年《仲裁规则》第 35 条第 1 款就规定了仲裁庭在作出仲裁裁决时应当适用的法律："仲裁庭应适用各方当事人指定适用于实体争议的法律规则，当事人未作此项指定的，仲裁庭应适用其认为适当的法律。"1961 年《欧洲国际商事仲裁公约》第 7 条第 1 款也对此作了明确规定："当事人可以通过协议自行决定仲裁员解决争议所适用的法律。如果当事人没有决定应适用的法律，仲裁员可按照其认为可适用的冲突规则的规定，适用某种准据法。在上述两种情况下，仲裁员均应考虑到合同条款和商业惯例。"国际商会国际仲裁院 1998 年《仲裁规则》第 17 条第 1 款的规定是："当事人得自由约定仲裁庭解决争议实体问题所适用的法律规则。如无此约定，仲裁庭得适用它所认为适当的法律规则。"按照上述有关规定，仲裁庭决定解决争议应当适用的法律的方法有以下两种情况。

（1）仲裁庭直接决定应当适用的准据法。

美国仲裁协会 1997 年《国际仲裁规则》第 28 条第 1 款规定："仲裁庭应当适用当事人指定的适用于争议解决的一个或数个实体法或法律规则。如无此项指定，由仲裁庭决定其认为适当的一个或数个法律或法律规则。"美国仲裁协会和国际商会国际仲裁院的上述规定反映了国际商事仲裁的最新发展，它打破了传统上的适用法律的方法，即仲裁庭在决定适用法律时，首先确定应当适用的冲突法规则，然后依据此项冲突规则决定应当适用的准据法。而至于这里所说的"法律规则""一个或数个法律或法律规则"的含义，我们将在下一个问题中作专门研究。

（2）仲裁庭通过应当适用的法律冲突规则决定应当适用的准据法。

这是传统的确定准据法的方法。在国际商事仲裁实践中，许多仲裁机构的仲裁规则并未就仲裁应当适用的法律作出规定，在这种情况下，传统的做法就是由仲裁庭首先决定应当适用的冲突规则，然后通过该规则的指定，决定应当适用的准据法。仲裁庭在决定应当适用的冲突规则时，一般有两种方法：第一，适用仲裁地的国际私法中关于适用法律的冲突规则；第二，由仲裁庭直接决定应当适用的冲突规则。

按照现代国际商事仲裁的理论与实践，无论是当事人选择的准据法，还是仲裁庭决定适用的准据法，都不一定局限于某一国家的法律。如前所述，仲裁庭在决定适用法律时，首先，应当考虑的是双方当事人之间的合同是如何规定的，包括就他们之间的具体权利与义务和合同应当适用的法律所作的约定。其次，对于争议所涉及的事项是否有该特定行业的惯例，如国际贸易惯例，如果有此项惯例，不管当事人是否对此在合同中作出约定，按照联合国贸法会 2013 年《仲裁规则》第 35 条第 1 款、国际商会国际仲裁院

---

① *Collection of ICC Arbitral Awards 1991—1995*, Kluwer Law International, 1997, pp. 134 - 142.

1998年《仲裁规则》第17条第2款、美国仲裁协会1997年《国际仲裁规则》第28条第2款等，仲裁庭均应考虑该特定惯例的适用。再次，它也可以是有关的国际公约中的规定，如果买卖双方所属国均为《联合国国际货物销售合同公约》的缔约国，关于合同的订立及买卖双方当事人的权利与义务，均可适用该公约，无论当事人是否对公约的适用作出约定。最后，它还可以是其他“法律规则”。而这些法律规则，一般认为它不是某一特定国家的国内法，但它又是为各有关国家所认可的规则，一般被称为商人习惯法（Lex Mercatoria）。

第六节　国际商事仲裁裁决

一、仲裁裁决的含义

仲裁裁决是仲裁庭就当事人提交仲裁解决的事项作出的决定，此项决定无论在仲裁程序进行中的哪一阶段作出，对争议各方均有拘束力。

在仲裁程序开始后，如果一方当事人对仲裁庭的管辖权提出异议，在此情况下，仲裁庭若不解决管辖权的问题，仲裁程序就无法继续进行。为了确定仲裁庭对其所审理的案件的管辖权，仲裁庭可就其管辖权问题作出先决裁决（preliminary award）。根据联合国贸法会《国际商事仲裁示范法》第16条第3款的规定，当事任何一方可在收到此项裁决后30天内就此决定向有管辖权的法院提出申诉，请求法院对此作出决定。法院的决定是终局的，不容上诉。而仲裁庭在等待法院作出决定的同时，可以继续进行仲裁程序。

在仲裁程序进行的过程中，仲裁庭还可就当事人提出的某些请求事项作出中间裁决或部分裁决（interim，interlocutory or partial award）。这些裁决所涉及的或者是需要立即处理的不易保存的物品，或者是当事人之间不存在争议的部分。这些裁决均构成最终裁决（final award）的一部分。

仲裁程序以仲裁庭作出最终裁决而告终。而最终裁决是就当事人所提交的所有事项作出的裁决，包括中间裁决和部分裁决。如果当事人已经就仲裁庭在仲裁程序中作出的中间裁决或部分裁决履行完毕，最终裁决可以不提及那些争议已经得到解决的事项。如上述裁决尚未履行，仲裁庭则应在最终裁决中特别提及其在仲裁程序中作出的中间裁决或部分裁决构成最终裁决的一部分。

当仲裁程序结束后，如果仲裁庭在裁决中漏裁了当事人的仲裁请求中的某些事项，在应予适用的法律或仲裁规则规定的期限内，无论是当事人提出请求，还是仲裁庭自行发现，仲裁庭如果认为情况属实，可就这些漏裁的事项作出追加裁决（additional award）。

在国际商事仲裁实践中，根据国家法院对国际商事仲裁裁决实施监督的范围，国际商事仲裁裁决可以分为本国裁决（domestic award）和外国裁决（foreign award）。一般而言，内国法院只能撤销本国裁决，而无权撤销外国裁决。法院对外国裁决的监督，仅限于承认与执行或者拒绝承认与执行裁决。关于本国裁决与外国裁决的划分，从制定

《纽约公约》过程中所反映出来的各方面的观点看，主要是地域标准（territorial criterion）。《纽约公约》第 1 条第 1 款将缔约国依据公约所承认与执行的“外国裁决”界定为“在申请承认与执行地所在国以外之领土内作出”。因此，决定仲裁裁决国籍的主要标准，是仲裁裁决在哪一个国家作出。这一标准已经得到多数国家国内法的认可。

二、仲裁裁决的作出

根据《纽约公约》第 1 条第 2 款的规定，仲裁裁决不仅包括当事人在每一个具体案件中所指定的仲裁员作出的裁决，也包括当事人所提交的常设仲裁机构作出的裁决。事实上，仲裁裁决均是由仲裁庭作出的，常设仲裁机构的作用主要是实施对提交其解决的案件的管理，除少数情况外，一般不参与对仲裁案件的裁定。①

裁决应当采用书面形式，并附具裁决所依据的理由。按照许多国家的仲裁法和仲裁规则的规定，在由三位仲裁员组成仲裁庭的情况下，如果他们就裁决的内容不能达成一致，裁决应当根据多数仲裁员的意见作出。如果不能形成多数意见，则按首席仲裁员的意见作出。我国《仲裁法》第 53 条也是这样规定的。

如果在仲裁程序中争议各方就他们之间的争议事项达成和解，仲裁庭可根据当事人之间的和解协议作出裁决。在此种情况下，一般可以不附具裁决所依据的理由。

裁决应当由同意该裁决书内容的仲裁员签署，仲裁员的不同意见可记入笔录，并写明裁决书作出的时间和地点，因为裁决书自该裁决书中所记载的日期起生效。如果一方当事人申请撤销该裁决，则应当诉诸裁决地国的法院。

三、仲裁裁决的效力及其异议

从理论上说，裁决一经作出，即对当事人具有法律上的拘束力。如果一方当事人不能自动履行，另一方当事人可请求法院强制执行。但按照各有关国家的仲裁立法与实践，如果裁决存在法律规定的可以撤销的理由，当事人则可在法律规定的期限内，向对此有管辖权的法院申请撤销该仲裁裁决。

按照联合国贸法会《国际商事仲裁示范法》第 34 条的规定，当事人申请撤销仲裁裁决应当在收到裁决书之日起 3 个月内提出。申请人申请撤销仲裁裁决应当有法律规定的理由，并应提供证据证明这些理由。该示范法规定的可撤销仲裁裁决的理由，归纳起来，主要有以下四种情况。

1. 仲裁裁决所依据的仲裁协议无效

这包括订立仲裁协议的任何一方当事人根据应当适用于他们的法律为无行为能力人，或者仲裁协议本身根据当事人所同意适用的法律为无效协议，当事人如未能就此应当适用的法律作出约定，则按照裁决地国的法律为无效仲裁协议。

---

① 如在国际商会国际仲裁院，其仲裁庭签署仲裁裁决之前，须将裁决草案提交仲裁院批准，仲裁院可就裁决的形式和实体问题提出意见，旨在减少各国法院对国际商会裁决的拒绝执行。

2. 仲裁程序不当

此即未能将有关指定仲裁员或进行仲裁程序的事项向当事人发出适当通知，或者由于其他原因未能给当事人表达其对争议事项的意见的机会。

3. 仲裁庭越权

此即仲裁庭裁决的事项超出了当事人在仲裁协议中规定的事项，如仲裁协议规定将买卖合同项下的延迟交货而引起的争议提交仲裁解决，而仲裁庭所裁决的事项不仅包括由于延迟交货而引起的争议，还包括由于货物本身的质量而引起的争议。在此种情况下，仲裁裁决对货物质量所作的裁决，就超出了仲裁协议的范围，当事人就可以请求法院撤销此项裁决。

4. 仲裁庭的组成与当事人约定或应当适用的法律规则不符

当事人如果在仲裁协议中约定仲裁员应当由专职律师以外的技术人员担任，而事实上的仲裁庭组成人员均为专职律师，则仲裁庭的组成显然违反了当事人之间的约定。

以上情况均应当由申请人提供证据证明。如能证明有上述情况之一的，法院就可裁定撤销仲裁庭已经作出的仲裁裁决。

此外，按照《国际商事仲裁示范法》第 34 条的规定，如果法院查明，该仲裁裁决所涉及的事项依据法院地法为不能通过仲裁解决的事项，或者该仲裁裁决违反了当地的公共政策，也可裁定撤销该仲裁裁决。

四、有权撤销国际商事仲裁裁决的法院

如前所述，只有裁决地国的法院才有权撤销在其境内作出的国际商事仲裁裁决，如果当事人对仲裁裁决有异议，应当向裁决地国的法院寻求救济。例如，在“国际标准电器公司案”（International Standard Electric Corp. v. Bridas Sociedad Anonima Petrolera）中，国际商会国际仲裁院的仲裁庭依据该院的仲裁规则，在墨西哥进行仲裁并作出了裁决。国际标准电器公司是一家美国公司，布里达斯则是阿根廷的公司。标准电器公司不服此裁决，在美国纽约南区法院提起诉讼，请求法院撤销国际商会国际仲裁庭在墨西哥作出的裁决，法院经审理后认为对此案无管辖权，因为仲裁在墨西哥进行，所适用的程序法为墨西哥的法律，只有墨西哥法院有权撤销此案裁决。①

当然，在国际商事仲裁立法与实践中，一些国家也提出了其他的标准，如仲裁程序所适用的法律的国家法院也可行使此项权力。总之，如果国家认为某一仲裁裁决属于其本国裁决，即可对它行使撤销的权力。例如，印度最高法院在 1992 年对一起国际商会国际仲裁院仲裁庭适用该院规则在英国伦敦作出的仲裁裁决，依其本国 1961 年《外国仲裁裁决法》行使了撤销的权力。按照该法第 9 条的规定，如果仲裁裁决根据受印度法支配的仲裁协议作出，即便此项裁决在印度以外的国家作出，在印度也不将其视为外国裁决。

---

① See United States District Court, southern district of New York, 1990, 745F. suppl. 172.

因此，下级法院据此意见撤销了该项在英国作出的仲裁裁决。① 但印度法院的此种做法，受到了许多学者的批评。②

这里必须特别指出的是，在现代国际商事仲裁立法与实践中，包括法国和德国在内的几乎所有国家均采纳了地域原则作为确定国际商事仲裁裁决国籍的原则，这一点可以从法国 1980 年《民事诉讼法典》和德国 1998 年《民事诉讼法典》的修订中得以证明。当初在制定《纽约公约》时，坚持采用仲裁适用法律标准的正是这两个国家，而现在这两个国家的态度均有了改变。德国政府在解释其《民事诉讼法典》的备忘录中，明确地抛弃了以仲裁程序适用法律的标准作为决定仲裁裁决国籍的标准，而完全采用了单一的地域标准：德国民事诉讼法第十编的变更是必要的，因为新法遵循了地域原则。此后，在德国作出的裁决受德国法律支配，无论裁决根据哪一个国家的法律作出。在外国作出的裁决视为外国裁决，而在德国作出的裁决均为德国裁决。③ 可见，德国已经完全抛弃了在制定《纽约公约》时其所坚持的关于"裁决适用法律"决定某一裁决是否属于德国裁决的立场，而无条件地接受了"地域标准"作为决定国际商事仲裁裁决国籍的标准。

第七节　外国仲裁裁决的承认与执行

一、 承认与执行外国仲裁裁决的依据

仲裁庭就国际商事交易中的争议在一国境内作出的仲裁裁决需要到另一国家执行的情况是很普遍的。执行地国的法院承认与执行外国仲裁裁决的依据有两个。

1. 执行地国的国内法

这些法律主要表现在这些国家的民事诉讼法或仲裁法中。现代国际商事仲裁的立法与实践表明，各国法院在承认与执行外国仲裁裁决时，一般不对仲裁裁决所涉及的争议实体问题进行司法复审，而只是依据本国法律或有关的国际公约对仲裁裁决所涉及的程序问题进行司法复审。如果仲裁裁决不存在法律规定的不予执行的理由，法院将作出承认与执行该仲裁裁决的裁定。

2. 执行地国缔结或参加的双边或多边国际公约

执行地国缔结或参加的双边或多边国际公约，是这些国家承认与执行外国仲裁裁决的重要依据。由联合国在 20 世纪 50 年代主持修订的《纽约公约》是一个极为成功的尝试。该公约具体规定了缔约国承认与执行外国仲裁裁决的义务，除了公约规定的情况，

---

① See National thermal Power Corporation v. the Singer Company, India, Supreme Court of India, 1992, 80 all India Rep. S. C. 998 (1993).

② See Jan Paulsson, "Comment, The New York Convention's Misadventures in India", *Mealey's Int'l Arb'n Rep.*, June 1992 (Vol. 7, Issue 6), pp. 18–21.

③ See Professor Dr. Albert Janvanden Berg, *The German Arbitration Act* 1998 *and the New York Convention* 1958, *from Law of International Business and Dispute Settlement in the 21st Century*, edited by Rober Briner & others, Carl Heymanns Verlag KG, Koln, Berlin, Bonn, Munich, 2001, p. 789.

不得拒绝承认与执行外国仲裁裁决。包括我国在内的世界上各主要经济贸易国均为该公约的缔约国，该公约中规定的承认与执行外国仲裁裁决的方式、程序和条件，是这些缔约国承认与执行外国仲裁裁决的重要的国际法依据。

二、申请承认与执行外国仲裁裁决的程序和条件

按照国际商事仲裁立法与实践，申请承认与执行外国仲裁裁决，涉及一国的国家主权，同时也属于执行地国的民事诉讼程序法的问题，当然只能适用执行地国的法律。但是，如果是《纽约公约》项下的裁决，则执行公约裁决的条件只能依照公约第 4 条规定的条件执行，即申请人只要向执行地国的法院提交经公证的裁决书之正本或经认证的副本，以及仲裁协议之正本或经公证的副本即可。如果裁决书或仲裁协议所使用的语言不是裁决执行地国的语言，则申请人应当提供此项语言的文本。执行地国的法院在执行该公约裁决时，不得附加较承认与执行其本国仲裁裁决更苛刻的条件。

《纽约公约》缔约国法院应当承认与执行外国仲裁裁决的效力，只有被申请人提出证据证明存在该公约第 5 条第 1 款规定的五种情况之一者，法院方可拒绝执行该外国仲裁裁决。这五种情况是：

（1）订立仲裁协议的一方当事人依据对其适用的法律为无行为能力者；仲裁协议依据当事人选择适用的法律为无效；如无此项选择，依据裁决地国的法律为无效者。

（2）被申请人未能得到关于指定仲裁员或进行仲裁程序的适当通知，或者由于其他原因，未能陈述其案情的。

（3）仲裁庭越权，即裁决事项超出了仲裁协议规定的范围。但如果当事人提交仲裁的事项可与未提交仲裁的事项区别开来的话，则裁决中关于当事人之间约定的提交仲裁的事项的部分仍然可以执行。

（4）仲裁庭的组成或仲裁程序与当事人之间的约定不符；如无此项约定，与仲裁地国的法律不符。

（5）裁决对当事人尚无拘束力，或已经被裁决地国的主管机关或者进行此项仲裁所适用的法律的国家的主管机关撤销。

此外，如果执行地的法院认定，该仲裁裁决依据执行地国的法律为不可通过仲裁解决的事项，或者承认与执行此项裁决和法院地国的公共政策相抵触的，也可拒绝承认与执行该仲裁裁决。

三、我国法院对外国仲裁裁决的承认与执行

（一）我国执行外国仲裁裁决的依据

我国承认与执行外国仲裁裁决的依据是我国民事诉讼法中的有关规定和我国缔结及参加的双边和多边国际公约。我国于 1987 年 4 月 22 日成为《纽约公约》的缔约国。我国在加入该公约时作出了两点公约允许的保留声明：（1）互惠保留声明，即我国仅在互

惠的基础上对在另一缔约国领土内作出的仲裁裁决的承认与执行适用公约；（2）商事保留声明，即我国仅对按照我国法律属于契约性和非契约性商事关系所引起的争议适用该公约。

在我国执行的外国仲裁裁决，可以分为《纽约公约》项下的裁决（简称公约裁决）和非公约裁决。公约裁决为在我国以外的《纽约公约》缔约国境内作出的仲裁裁决，这些裁决的执行只能依照公约规定的条件进行。对于非公约裁决，依照我国民事诉讼法的规定，按互惠原则予以承认与执行。

（二）执行机构

申请人申请执行外国仲裁裁决的，按照我国 2021 年《民事诉讼法》第 290 条的规定，应当直接向被执行人住所地或者其财产所在地的中级人民法院申请。如果被执行人为自然人的，为其户籍所在地的中级人民法院；被执行人为法人的，为其主要办事机构所在地的中级人民法院。被执行人在我国无住所、居所或者主要办事机构，但有财产的，为其财产所在地的中级人民法院。① 根据最高人民法院在 2002 年发布的《关于涉外民商事案件诉讼管辖若干问题的规定》②，当事人也可以向国务院批准设立的经济技术开发区人民法院提出申请。

（三）执行期限

在我国申请执行仲裁裁决的期限，无论是本国裁决，还是外国裁决，按照我国《民事诉讼法》第 246 条的规定，申请执行的期间为 2 年，自法律文书规定的履行期间的最后一日起算。凡是向法院申请执行的仲裁裁决经法院审查后准许执行的，由法院作出予以执行的裁定，并向被执行人发出执行通知，责令其在指定的期限内履行，逾期不履行的，由法院强制执行。

课堂讨论案例

德国旭普林公司与中国无锡沃可公司（以下简称“沃可公司”）于2000年在欧洲签署了由旭普林公司承包沃可公司位于无锡新区的新厂房工程的协议。该协议约定采用FIDIC（国际咨询工程师联合会）示范合同文本作为合同共同条件，其中关于解决合同争议的条款所使用的语言是：“Arbitration：15. 3 ICC Rules，Shanghai shall apply.”

双方在合同的履行中就最终的结算工程款问题发生了争议，2002 年 10 月沃可公司率先将此争议提交无锡市高新技术开发区人民法院。尽管旭普林公司以合同中含有仲裁条款为由抗辩法院管辖权，法院最终认定对此案有管辖权。于是，旭普林公司就该争议向国际商会国际仲裁院申请仲裁。国际商会国际仲裁院仲裁庭根据国际商会《仲裁规则》

① 参见《最高人民法院关于执行我国加入的〈承认与执行外国仲裁裁决公约〉的通知》（1987-04-10）。参见程德均主编：《涉外仲裁与法律》，第一辑，15～16 页，北京，中国人民大学出版社，1992。

② 2001 年 12 月 25 日最高人民法院审判委员会第 1203 次会议通过，法释〔2002〕5 号，自 2002 年 3 月 1 日起施行。

确认其对双方当事人之间的争议有管辖权，并于2004年3月在上海作出沃可公司应当向旭普林公司支付合同项下的工程欠款及相应的利息和本案仲裁费的裁决。

旭普林公司在申请仲裁后一周，向无锡市高新技术开发区人民法院提出确认本案合同中的仲裁条款（协议）效力的请求。2004年9月，无锡市高新技术开发区人民法院根据我国仲裁法认定上述仲裁协议无效，理由是没有明确指出仲裁机构。

国际商会裁决作出后，由于沃可公司未能执行该裁决，旭普林公司于2004年8月请求无锡市中级人民法院承认与执行该国际商会裁决。2006年7月，无锡市中级人民法院作出的民事裁定书指出：本院经审查认为，本案系承认与执行国外仲裁裁决案，中国系1958年《纽约公约》的缔约国，且根据1958年《纽约公约》第1条规定，本公约对于经仲裁裁决承认及执行地所在国认为非内国裁决者，亦适用之。本案被申请承认和执行的仲裁裁决系国际商会国际仲裁院作出，通过其总部秘书处盖章确认，应被视为非内国裁决。且双方当事人对适用1958年《纽约公约》均无异议，因此本案应当适用1958年《纽约公约》。本案中被申请人沃可公司已举证证明被申请承认和执行的国际商会国际仲裁院在中国上海作出的第12688/TE/MW号仲裁裁决所依据的仲裁条款已被中国法院认定无效，故该裁决具有1958年《纽约公约》第5条第1项所列（甲）情形，不应得到承认和执行。

请结合本章内容，思考下列问题：

（1）本案仲裁庭有权对其管辖权和仲裁协议的有效性作出裁定吗？依据是什么？

（2）我国法院为何对本案仲裁协议作出无效认定？

（3）如何认定国际商事仲裁协议的适用法律？你对我国法院对本案仲裁协议有效性的认定有何评价？

（4）常设仲裁机构所在地是否就是国际商事仲裁地点？本案国际商会国际仲裁院所在地是否就是本案仲裁地点？为什么？

（5）国际商会国际仲裁院适用该院仲裁规则在上海作出的裁决性质如何？如何认定该裁决的国籍？

（6）《纽约公约》的主要内容以及我国与该公约之间的关系如何？

（7）如何正确理解《纽约公约》项下的非内国裁决？其性质如何？

（8）我国法院拒绝执行本案裁决的依据是什么？

问题与思考

1. 何谓国际商事仲裁？它与ADR和司法诉讼之间的联系与区别是什么？
2. 简述常设仲裁机构与临时仲裁机构之间的联系与区别。
3. 简述仲裁庭自裁管辖原则与仲裁条款独立原则的含义。
4. 国际商事仲裁协议的适用法律是什么？
5. 如何确定解决国际商事争议实体问题的适用法律？
6. 简述仲裁程序的适用法律。
7. 如何确定国际商事仲裁裁决的国籍？

第二十二章

WTO的争议解决机制

本章概要

自1995年1月1日起成立的世界贸易组织（WTO）在制定多边贸易规则和监督这些规则的执行方面发挥着重要作用。WTO争议解决机制是WTO体系中具有核心作用的机制，它对于积极解决WTO各成员在履行WTO规则过程中所产生的争议，保证WTO各项协议和规则的履行，维护WTO的正常运作及各成员依据WTO各项协议所享有的各项权利和义务，进而保障多边贸易体制的可预见性和安全性，发挥着至关重要的作用。美国阻挠上诉机构成员遴选导致上诉机构因人去楼空而停止运转，使我们对这一机制的效能有了进一步的认识。本章的内容旨在使学生掌握WTO争议解决机制的起源及特点、该机制在实践中如何运行，以及我国对WTO争议解决机制的运用。

关键术语

WTO　争议解决机制　DSB　DSU　专家组　上诉机构

自WTO争议解决机制于1995年1月1日开始运作以来，WTO争议解决机构受理了大量案件，绝大多数裁决或建议都得到执行。实践证明，争议解决机制的正常运作是保障WTO成功运转的至关重要的基础。只有公正、公平、有效率地解决WTO协议项下的争议，才能确保协议项下的规则的实施，由此进一步保障各成员国之间的贸易关系的可预见性和稳定性。

第一节　WTO争议解决机制的起源与发展

一、1947年《关税与贸易总协定》的第22条和第23条

WTO争议解决机制起源于1947年《关税与贸易总协定》（以下简称“GATT1947”）的第22条和第23条。

根据GATT1947第22条，对于任何缔约方提出的有关影响GATT实施的陈述，缔

约各方应予积极的考虑，并给予充分磋商的机会。根据第 23 条，争端产生的条件是一缔约方根据 GATT 可以直接或者间接得到的利益由于另一缔约方的原因而丧失或受到损害（nullification or impairment）。至于如何解释“利益的损害或者丧失”，在违约之诉和非违约之诉中有所不同。GATT 工作组在 1952 年审理的“澳大利亚硫酸铵案”中将其解释为“包括受到贸易伤害的缔约方对造成伤害的缔约方提起的申诉，其依据是该受到伤害的缔约方在与该造成伤害的缔约方进行谈判时‘不能合理预见到’的伤害”。因此，这里所采用的是合同法上的“合理预见”（reasonable expectation）的理论。尤其值得指出的是，必须是另一缔约方实施的某种措施致使相关缔约方的利益丧失或者受到损害，而无论该措施是否与 GATT 相抵触。也就是说，即便缔约方所采取的措施没有违反 GATT，但如果此项措施使另一缔约方根据 GATT 可能得到的利益遭受损失，则采取措施的一方应当承担由此给另一缔约方造成的损失，这就是所谓的非违约之诉。在违约之诉中，相关争端解决实践逐渐明确，只要申诉方证明被诉方违反相关义务，则推定存在利益的损害或丧失，除非被诉方能够反驳、推翻这一推定。根据 GATT 第 23 条，在通过多边方式解决争议之前，争议各方必须进行磋商，这是通过多边方式解决争议的必要前提。

在 GATT 成立之初，通常通过外交程序解决各成员方之间的争议，即在每半年召开的会议上进行，后来在休会期间，由特别委员会解决，最后发展到由专门成立的工作组（working party）解决各当事方之间的争议。工作组成员通常由各争议当事方政府指定的成员组成，这些成员受政府的指派，代表政府进行谈判。直到 1955 年，在总干事 Eric Wyndham-White 主持工作期间，对工作组成员的组成进行了改革，即负责审理特定争议案件的成员为该特定领域的专家。与以往不同的是，这些专家并不代表他们各自的政府，而是以独立专家的身份参加对争议的审理。这种解决争议成员组成的改变，反映了 GATT 从通过多边外交谈判解决争议到通过“仲裁”或者“司法”解决争议的转变。

二、 1979 年争议解决谅解

在东京回合谈判期间，一些缔约方提出应当对 GATT 的争议解决程序进行改进，并且成立了专门委员会具体负责这一工作，起草了《关于通知、磋商、解决争议与监督的谅解》（Understanding Regarding Notification, Consultation, Dispute Settlement and Surveillance）。该谅解在 1979 年 11 月于日内瓦举行的第 35 届缔约方会议上通过，此文件对 GATT 解决争议的程序作了较为详细的规定。尽管其法律地位并不明确，但是对于解决争议方面具有很大的影响，在 WTO 成立之前，发挥了解释 GATT 的作用。该谅解明确规定了磋商是解决争议的首要步骤，还特别规定了 GATT 总干事在磋商程序中的作用。如果争议不能得以解决，则可以通过专家组的程序解决他们之间的争议。专家组要对解决争议的情况提出报告，交给 GATT 的常设机构——理事会。如果理事会一致通过该专家组的报告，则该报告即成为对争议各方有拘束力的文件，否则该报告对争议各方就没有法律上的拘束力。而报告的通过或者批准，采取的是“协商一致”（consensus）的方式。而这种通过方式致使在争议中败诉的一方当事人在理事会上采取对报告提出异议的方法阻止报告的通过。因此，GATT 这一解决争议的机制即通过专家组的报告，是

GATT 解决争议机制的致命缺陷，因为这一机制致使许多专家组的报告由于被诉方的反对而迟迟不能通过。据权威专家的统计，在 WTO 成立之前的 1991 年至 1994 年间，GATT 成员方提出了 36 项申诉，涉及 32 项具体的争议，其中有 12 个专家组作出了最终报告并在全体缔约方中散发，而经过全体一致通过的报告只有 4 项。①

GATT 这一争议解决机制曾经引起了一些成员的不满。美国为此通过其国内法的方式，对相关成员采取单方面的措施。② 尽管 GATT 争议解决机制存在这样或那样的问题，但在 GATT 存续期间，其对于解决各成员方之间的贸易争议，还是发挥了重要的作用。

三、1994 年争议解决谅解

关税与贸易总协定乌拉圭回合达成的《关于争端解决规则与程序的谅解》（Understanding on Rules and Procedures Governing the Settlement of Disputes，以下简称 DSU）是 WTO 协议的重要组成部分，也是 WTO 争议解决制度的核心内容。

第二节　WTO 争议解决机制的主要内容及特点

建立在 DSU 基础上的 WTO 争议解决机制，不仅包括如何解决 WTO 成员之间在履行世界贸易各协议过程中发生的争议，而且更为重要的是增加了 WTO 对争议解决结果的执行机制及监督机制。程序上的重要变革有二：一是设立了上诉机制，二是争端解决机构通过争端解决报告时采取反向共识原则，即只要有一个成员同意通过该报告，该报告就视为通过。

一、WTO 争议解决程序

（一）WTO 成员就争议事项必须进行的磋商程序

如果 WTO 成员认为它在 WTO 某协议项下的权利由于另一缔约方所实施的法律或者相关措施受到损失，根据 DSU 第 4 条的规定，该成员应当向后者提出磋商的书面请求。收到请求的一方应当在收到此项请求的 10 日内与对方进行磋商，以便达成双方满意的解决方法。

当事人提出双边磋商的请求，应当向 WTO 争议解决机构（Dispute Settlement Body，以下简称 DSB）相关的理事会和委员会通报，并应说明提出请求的理由，包括争议所涉及的措施及法律依据。收到磋商请求的一方如果自收到此项请求之日起 10 日内未

① See Rebort E. Hudec, *Enforcing International Trade Law: The Evolution of the Modern GATT Legal System*, Salem, N. H.: Butterworths, 1993, pp. 11 - 15.

② 即美国《1974 年贸易法》“301 条款”中规定的报复性措施。

能作出答复，或在此后 30 日内或双方约定的期限内未能进行磋商，或者在 60 日内通过磋商未能解决争议，提出申诉的一方即可请求 DSB 设立专家小组解决争议。

如果争议双方在此阶段就争议事项达成一致，该具体案件的争议解决程序即告结束。在 WTO 成立之后十多年中，有三分之一的争议案件，通过争议双方磋商程序都可以得到比较圆满的解决。就争议事项达成协议的 WTO 成员方，也应当向 WTO 争议解决机构及相关的理事会和委员会通报它们之间业已达成的协议内容。

磋商是重要的争端解决程序。虽然并非所有的磋商都解决了争端，但磋商程序提供了双方磋商机会，双方通过磋商对争端具体情形有了更好的了解。磋商解决争端，在时间、成本、效率、结果和意愿等方面，都是积极解决争端的最佳方式。即使经过审理程序作出裁决或建议，争端双方仍需要就如何执行裁决进行磋商。因此可以说，磋商解决争端最好。但磋商程序并不必然导致争端的解决，大量案件未能通过磋商解决，甚至根本就未进行过磋商。从这一意义上说，磋商程序只是申诉方将案件提交专家组审理的前置程序。

（二）专家组解决争议的司法程序

专家组和上诉庭解决争议的方法则属于 WTO 协议项下的解决争议的司法的或者准司法的方法。

按照 DSU 第 4 条第 3 款的规定，只有在收到磋商请求的一方自收到此项请求之日起 10 日内未能作出答复，或在此后 30 日内或双方约定的期限内未能进行磋商，申诉方才有权请求 DSB 设立专家组解决争议。根据 DSU 第 6 条第 2 款，提出设立专家组的申请必须是书面的，必须说明是否进行了磋商，必须指明争议措施，并且必须列明申诉的法律依据。这一申请构成专家组审理权限的依据（DSU 第 7 条第 1 款）。该专家组至迟应在设立专家组的请求列入 DSB 正式程序后的下一次会议上设立，除非 DSB 一致同意不设立该专家组。

专家组一般由 3 名成员组成，特殊情况下可由 5 人组成。成员为资深的政府或非政府人员。这些人员以个人的身份而非作为政府代表或任何组织的代表提供服务。专家组审理案件应当按照 DSU 第 11 条规定的权限，对所审理事项作出客观评估，包括客观认定案件的事实、有关所涵盖的协议的可适用性和一致性，提出相应的建议或裁定。专家组应当协助当事人解决争议，为此应当向 DSB 提交有关调查材料的书面报告，说明争议的事实的调查结果，并提出有关的建议。此项报告除向 DSB 提交外，还应向当事各方提供。报告一般应当在专家组成立后 6 个月内提出，但遇有紧急情况，如易腐烂食品，应在 3 个月内提出。在复杂争议的情况下，也可经书面请求 DSB 并经批准后延长此项期限，但无论如何不得超过 9 个月。

专家组的报告应当向各缔约方分发，为了给各缔约方以足够的时间考虑专家组的报告，DSB 只有在这些报告向各缔约方分发 20 天后，才考虑通过这些报告。此项报告应在分发后 60 天内进行评审，争议各方有权全面参与对专家组报告的评审。他们的各种意见均应记录在案。DSB 应当在此期限内通过此项报告，除非某一缔约方声称将对此报告提出上诉，或 DSB 一致决定不采纳此项报告。当争议一方将提出上诉时，此项报告将在上诉结束后再通过。

必须强调指出的是，在专家组程序进行的过程中，包括在将报告提交当事各方和向WTO全体成员散发之前，有关争议各方还可以就它们之间争议的内容继续进行磋商并达成和解。

（三）上诉机构程序

上诉机构（appellate body）是WTO设立的常设机构，根据DSU第17条第2款设立，由来自WTO七个不同成员的国民组成，任期4年。其成员应当具有法律、国际贸易和相关协议方面的知识，是公认的权威人士，不从属于任何政府，在WTO成员中应当具有广泛的代表性。上诉机构成员只能被重新任命一次。这些成员总体上是兼职的，应当随时听从DSB的召唤，其所从事的职业不能与其上诉机构成员的身份相抵触。

设立上诉的主要目的是减少专家组决定错误的风险，以便使自动通过程序不受政治上的干预和抵制，增强争议解决制度在法律上的稳定性和可预见性。在审理特定上诉案件的过程中，由三名上诉机构成员组成上诉庭，其他成员也应当了解上诉案件审理的进展情况。根据DSU第17条第6款的规定，上诉庭仅审理“专家组报告中所涉及的法律问题和专家组所作的法律解释”。有权提出上诉的是专家组报告中的争议案件的当事人，第三方不能作为上诉方。上诉内容不局限于专家组报告的结论，争端方可以就专家组在报告中就特定事项进行的法律分析和法律解释提出上诉。在同一上诉案件中，争议双方可以互为上诉人和被上诉人。根据DSU第17条第13款的规定，上诉庭得“确认、修改或者推翻专家组对争议作出的法律上的认定和结论”，但没有明确规定上诉庭将其所审理的案件发回重审的权力，上诉庭也无权对其所审理的案件发表咨询意见。

从上诉庭以往审理案件的情况看，所涉及的问题十分广泛，包括：先前的专家组报告的法律地位、有权提出GATT1994项下争议的当事方；设立专家组的请求应当包括的主要内容；专家组的权限范围；举证责任；GATT1994和GATS的适用范围；利益的损害与丧失、上诉范围、上诉程序中私人律师代表政府应诉等问题。一般而言，上诉程序应当仅限于专家小组报告中所涉及的法律问题，或者该专家小组就争议事项作出的法律解释，而不涉及对争议事实问题的查明。

已经向DSB通报其与该争议有重大利益关系的第三方，可向上诉机构提出其书面意见，上诉机构也应给予他们表述其意见的机会。上诉机构对上诉事项所作的决定一般应当在上诉方正式向上诉机构提出就某一事项上诉之日起60天内作出，最多不得超过90天。上诉机构的报告应当在该报告提交全体缔约方后30日内由DSB通过，并由争议各方无条件地接受。除非DSB一致决议不通过该报告。

（四）仲裁及其他程序

1. 仲裁程序

仲裁作为解决WTO成员之间争议的方法，主要规定在DSU第21条第3款（c）项、第22条第6款和第25条中。

DSU第21条第3款（c）项规定的是执行DSB已经通过的专家组或者上诉机构裁定

的合理期限。根据该款的规定，一般案件的执行期限不超过15个月，具体的执行期限完全取决于每个案件的具体情况。至于如何确定该“合理的期限”，该条仅规定了三种可供选择的方式：第一，由败诉方提出一个具体的执行期限交由DSB批准；第二，由争议双方在专家组和上诉庭的报告通过后45天内共同约定一个期限；第三，由仲裁员在90天内决定此项期限。在实践中，这三种确定执行期限的方式通常是依次进行的。首先，如果胜诉方对于败诉方提出的执行期限没有异议，经DSB批准后即可以该执行期限作为执行专家组或上诉庭建议或裁定的合理期限。其次，如果胜诉方对于败诉方提出的执行期限有异议，它们可以在报告通过后45天之内共同达成一个合理的执行期限。一般而言，从胜诉方的角度看，此项执行期限当然越短越好；而在败诉方看来，此项期限越长越好，如果第21条没有规定15个月的执行期限，败诉方可能提出5年或者10年的执行期限。例如，在“日本酒税案”中，专家组和上诉庭均认定日本对进口酒的征税违反了GATT第3条关于国民待遇的要求，建议日本对其相关法律进行修订。美国提出了5个月的执行期限，日本则提出了5年的执行期限。① 由于双方当事人在执行期限的问题上意见差距太大，无法达成一致，于是将此争议提交仲裁员解决。仲裁员在听取了双方当事人的意见后认为，对于美国、日本所列举的种种“特殊情况”，其均不能被说服。因此该仲裁员认定，15个月的期限是合理的。② 因此，只有在双方当事人不能就执行的合理期限达成一致时，才将确定此合理期限的任务交给仲裁庭裁定。在“欧盟牛肉荷尔蒙案”中，仲裁庭裁定的合理期限为15个月。在“印度尼西亚汽车案”中，仲裁庭裁定的合理期限为12个月。③ 在“韩国酒税案”中，仲裁庭裁定的合理执行期限为11个月零两周。④ 而在“澳大利亚鲑鱼案”中，仲裁庭裁定的执行期限为8个月。⑤ 在“欧美香蕉案”中，仲裁庭根据该案所涉及的各种特殊情况，裁定15个月零1周为合理的执行期限。⑥

DSU中明确规定的仲裁解决的另一事项，就是败诉一方在上述合理的时间内对与WTO规则不符的措施加以纠正的条件下，胜诉一方可以对其采取的中止减让或赔偿等报复性措施所涉及的合理金额问题。胜诉方要求采取的中止减让或作出赔偿的金额与败诉方往往很难达成一致：前者提出的金额往往大大地高于后者所期待的金额。双方在对此问题不能达成一致的情况下，可以根据第22条第6款的规定将此争议提交仲裁解决。例如，在上述“欧美香蕉案”中，美国提出的报复金额是每年5.2亿美元，仲裁庭根据DSU第22条第6款将法定报复的金额减至1.914亿美元。仲裁庭适用假设的与WTO规

① See WTO Arbitrator's Report，Indonesia-Certain Measures Affecting the Automobile Industry，WT/DS54/15，WT/DS55/14，WT/DS59/13，WT/DS64/12 (Dec. 7，1998).

② See WTO Arbitrator's Report，Indonesia-Certain Measures Affecting the Automobile Industry，WT/DS54/15，WT/DS55/14，WT/DS59/13，WT/DS64/12 (Dec. 7，1998).

③ See WTO Arbitrator's Report，Japan-Taxeson Alcoholic Beverages，WT/DS8/15，WT/DS10/15，WT/DS11/13，p. 27 (Feb. 14，1997).

④ See WTO Arbitrator's Report，Korea-Taxeson Alcoholic Beverages，WT/DS75/16，WT/DS84/14，p. 41 (June4，1999).

⑤ See WTO Arbitrator's Report，Australia-Measures Affecting Importation of Salmon，WT/DS18/9，pp. 38-39 (Feb. 23，1999).

⑥ See Carolyn B. Gleason & D. Walther，"The WTO Dispute Settlement Implementation Procedures：A System in Need of Reform"，*31 Law & Pol'y Int'l Bus*，p. 716.

则相符的香蕉进口制度计算，得出了上述金额的结论，而拒绝了美国提出的基于美国公司所遭受的利润损失得出的上述金额的索赔请求。

DSU 第 25 条所规定的是一般意义上的仲裁。当事人可以根据它们之间业已达成的仲裁协议，将争议提交仲裁解决。仲裁作为解决 WTO 成员之间争议的方法之一，与一般意义上的国际商事仲裁，既有相同之处，又存在某些区别。

WTO 协议项下的仲裁与一般意义上的国际商事仲裁的相同之处是：首先，它是当事人之间自愿达成的解决争议的手段，以当事人之间业已达成的仲裁协议为前提。这一点体现在 DSU 第 25 条第 1、2 款的规定之中；其次，当事人还应当就仲裁协议项下争议的事项和仲裁程序在协议中作出明示规定，此项规定旨在对仲裁庭的权限范围和仲裁应当遵守的程序规则作出界定；最后，仲裁裁决应当得到当事各方的承认与执行。

WTO 协议项下的仲裁与一般意义上的商事仲裁的不同之处在于：第一，主体不同。WTO 成员多数为主权国家，不同于商事仲裁主体，后者在多数情况下均为不同国家的国民。第二，WTO 成员在达成仲裁协议后，在仲裁程序开始以前，根据 DSU 第 25 条第 2 款规定，必须“充分地通知全体 WTO 成员”。WTO 成员经仲裁协议的当事各方同意，也可以成为仲裁程序的当事人参与仲裁审理程序。这一点不同于一般意义上的仲裁，后者只是在仲裁协议的当事人之间进行，并不存在向任何第三人通知的情况，除非当事人之间另有约定。第三，关于裁决适用的法律，应当是 WTO 规则，而不是当事各方共同选择的法律规则。根据 DSU 第 3 条第 5 款规定，仲裁裁决“不得使任何成员根据这些协定获得的利益丧失或减损，也不得妨碍这些适用协定任何目标的实现”。第四，仲裁裁决不同于《纽约公约》项下的裁决，后者由国家法院依据《纽约公约》规定的条件决定是否承认与执行。DSU 项下的裁决所针对的是国家，而主权国家相互之间不存在谁管辖谁的问题。这里的裁决应当由相关当事方自动执行。如果败诉方在规定的期限内拒绝执行，胜诉方可以根据 DSU 第 22 条规定，请求 DSB 授权补偿和中止关税减让措施。此外，WTO 协议项下的裁决作出后，根据 DSU 第 25 条第 3 款的规定，应当“通知 DSB 和任何有关适用协定的理事会或委员会，任何成员均可在此类机构中提出与之相关的任何问题”。

实践中，使用仲裁解决贸易争端的案件极少。一定意义上，这与第 25 条的仲裁程序有关。该条只涉及仲裁程序本身，未涉及仲裁裁决执行等的后续问题。这增加了仲裁解决争端的不确定性。

2. 其他程序

除了上面提到的磋商、专家组和上诉机构及仲裁程序以外的解决争议的方法，争议各方可通过共同选择的第三者斡旋、调解、调停，或者通过特定的专门委员会的专家就争议事项提出咨询意见。这种方法与磋商解决争议方法的不同之处是由双方均认可的第三方参与解决 WTO 成员之间的争议。由与该争议无利害关系的第三方主持调解或者斡旋，如果争议双方在调解员的调解下使争议得到解决，就没有必要再申请设立专家组解决他们之间的争议了。

在 WTO 中，许多具体的协议项下都设立了专门委员会，如根据 WTO《保障措施协议》设立了保障措施委员会，根据 WTO《农业协议》设立了农业委员会，此外还有知识产权委员会、服务贸易委员会、货物贸易委员会等。相关国家之间就某一特定协议的履行发生争议后，在进行磋商的过程中，还可以寻求相关的专业委员会的协助，或者共同请求该相关的专业委员会作为调解人或者仲裁人，协助解决它们之间的争议。

二、执行专家组或上诉机构裁定的监督程序

DSB 的一个非常重要的职能，就是对专家组和上诉机构报告中的建议和裁定的执行情况实施监督，具体包括执行意向通报、执行合理期确定、执行措施异议处理、中止减让水平或义务（报复）水平确定、报复措施取消异议等程序。

根据 DSU 第 21 条第 3 款的规定，败诉方应当在报告通过之日后 30 天内向 DSB 报告其执行 DSB 建议和裁定的意向。如果败诉方在上述期限内由于这样或者那样的原因不能马上履行专家组或者上诉机构的裁定或建议，比如需要通过立法机构按特定的法律程序进行，则 DSU 规定在"合理的"期限内执行。此项合理期限的确定，通常由相关当事方提出后经 DSB 批准。如果 DSB 不批准该期限，则根据 DSU 第 21 条第 3 款（b）项的规定，由争议各方在报告通过之日起 45 天内共同提出。

如果争议各方在报告通过之日起 45 天内不能就履行专家组或者上诉机构裁定的"合理期限"达成一致，根据 DSU 第 21 条第 3 款（c）项的规定，此项合理期限应当由仲裁员决定。此外，对于败诉成员在合理的期限内对与 WTO 相关协议或者规则不符的法律或者所实施的措施作出的修正，修正后的法律或者措施是否与 WTO 相关规则相符合的问题，DSB 仍然对其履行监督的职责。这一监督是通过执行措施异议程序进行的，亦可称为第 21 条第 5 款程序。如果争议双方对被诉方是否采取执行措施或其执行措施与相关协定的要求不符有分歧，则申诉方可以提出设立专家组的申请，要求专家组对这一争端进行审查。这相当于发起了后续的专家组程序。争议双方对专家组报告涉及的法律问题或法律解释可以提起上诉。在实践中，尽管相关成员声称相关法律或者措施符合 WTO 规则，如果 DSB 认为修正后的相关法律与措施仍然不符合 WTO 相关规则，该相关成员仍然负有继续对其相关国内法或者措施作进一步修订或者纠正的义务。例如在"欧美香蕉案"中，1997 年 9 月 25 日 DSB 通过了上诉机构和专家组的报告，其中建议欧盟应当对本报告和专家组报告中所提到的不符合 GATT1994 和 GATS 规定的措施进行修订，使之符合欧盟在这些协议项下所承担的义务。1998 年欧盟在仲裁员裁定的期限内通过第 2362/98 号规则对 404/93 号法令作了欧盟认为已经符合 WTO 规则的修订并予以公布。但是由于申诉方的反对，DSB 经审查认为还应当作进一步修订。直到 2001 年 5 月 7 日，欧盟宣布关于实施第 216/2001 号法令的细则，即第 896/2001 号法令，持续近七年的欧美香蕉大战才告一段落。可见，DSB 在监督相关国家实际履行其通过的专家组和上诉机构的报告方面，发挥着重要的作用。

中止减让水平或其他义务程序已经在上一节仲裁程序中介绍，不再赘述。

如果申诉方采取了中止减让或其他义务措施，被诉方认为其已经执行了世界贸易组织争端解决机构的裁决或建议，被诉方与申诉方之间未能就中止措施问题达成一致意见，被诉方可以提起设立专家组的申请，要求专家组处理这一争议。

这里还应当指出的是，实际履行专家组和上诉机构的建议和裁定，是WTO相关成员应当承担的国际法义务。WTO协议第16条第4款规定："每一成员均应当确保其国内法律、规章和行政程序与本协议及其附件相符。"因此，实际履行专家组和上诉机构的报告，是WTO成员应当承担的国际法义务。尽管由于这样或那样的原因不能在合理的时间内履行，胜诉方经DSB授权向败诉方实施了中止减让和要求赔偿的报复性措施，但是此项措施并不能免除败诉方纠正其所实施的与WTO规则不符的措施的义务。在没有实际履行专家组和上诉机构报告以前，败诉方一直受制于DSB的监督程序，即相关成员必须向DSB报告其实际履行专家组和上诉机构报告的进展情况。

三、WTO争议解决机制的特点

与GATT的争议解决机制相比，WTO争议解决机制具有如下特点。

（一）实行统一的争议解决机制

根据1979年在东京回合谈判中达成的相关协议，在GATT的争议解决机制下，根据不同的协议设计了若干不同的争议解决程序。这些协议和程序都是相对独立的，GATT成员可以选择加入这些相关的协议和程序，也可以选择不加入其中的一个或几个程序。

WTO建立了统一的争议解决机制，适用于全体WTO成员之间在所有的WTO协议的执行中发生的争议。它不仅涉及传统的货物贸易争议，还包括服务贸易和知识产权方面的争议。因此，有了该争议解决机制，WTO各成员方不会就争议程序问题再发生争议。WTO协议所覆盖的某些协议含有解决争议的特殊条款，例如有关补贴协议和纺织品协议中也有解决争议的特殊规定，在冲突的范围内，这些特殊条款优先于DSU的规则与程序。[①] DSU也允许某些背离其规定的情况。例如，诸边贸易协议（plurilateral agreements，WTO协议的附件4）各当事方对于由于执行这些协议而产生的争议是否适用该DSU规定的程序，可以作出选择性的决定。

（二）建立了专门的争议解决机构（Dispute Settlement Body，DSB）

WTO争议解决机构是根据WTO各成员方共同签署的DSU而专门设立的解决WTO成员方之间由于执行WTO协议而产生的争议的专门机构。该争议解决机构相当于处理争议的总理事会，可以理解为处理争端时的总理事会的别名。在GATT存续期间，并不存在专门的争议解决机构。

---

① 根据DSU附件1所列的协定，这些所覆盖的协议包括：（1）WTO协议。（2）多边贸易协议，包括附件1：1）关于货物贸易的多边协议；2）服务贸易总协定；3）与贸易有关的知识产权协定。附件2：关于争端解决规则与程序的谅解。附件4：复边贸易协议，包括民用航空器贸易协议；政府采购协议；国际奶制品协议；国际牛肉协议。该谅解对于复边贸易协议的适用，以每个协议的签约方通过的决议为前提条件。根据国际肉类委员会和国际奶制品委员会的决议，国际牛肉协议和国际奶制品协议已经于1997年年底终止。参见WTO Focus，No. 23（October 1997），p. 3。

鉴于DSB是根据DSU专门设立的负责WTO各项协议项下的争议解决的机构，因此，加入WTO，就等于接受了除复边贸易协议以外的全部协议，包括DSU和其他相关协议。按照DSU的相关规定，由于WTO协议项下产生的争议，均应当通过DSB解决，因此，DSB对WTO协议项下争议的管辖权是强制性的，所有成员都必须服从DSB的管辖，不允许成员方作出保留。这一点是迄今所有的国际组织都无法比拟的。即使是联合国国际法院的管辖权，也不是强制性的，目前只有不到1/3的联合国会员接受了国际法院的管辖。①

DSB的主要职能是对DSU项下的规则和程序的实施进行管理，包括设立专家组、通过专家组或上诉机构的报告、对专家组或上诉机构作出的裁定和建议的实施情况进行监督，以及授权中止关税减让或相关协议项下的其他义务。

（三）采用了准自动的争议解决程序

争端解决程序的改变，是WTO与GATT之间又一实质性的改革。WTO争议解决机制的各项程序几乎都是自动的：（1）如果争议双方在规定的期限内不能自行解决它们之间的争议，DSB就可以根据任何一方的请求，设立专家组。（2）专家组或上诉机构的报告的通过，打破了GATT时期所实行的“协商一致”（positive consensus）的原则，实行“反向一致”（negative consensus）的原则，即只要不是全体一致反对，报告就获得通过。（3）在授权中止减让或者采取其他方面的报复措施时，只要不是全体一致反对，DSB即可授权对败诉方实施中止减让关税或者其他方面的报复性措施。这就是说，无论是专家组的成立，还是专家组或者上诉机构报告的通过，或者是DSB授权采取报复性措施的决定的通过，几乎都是自动的，因为即便WTO所有成员都反对设立专家组或者通过专家组的报告，请求设立专家组解决争议的当事方也不可能反对。只要不是全体一致反对，那么专家组即可设立，专家组和上诉庭的报告即可通过，DSB授权采取报复性措施的决议也可获得通过。当然，为了尽量减少专家组在适用WTO规则中的错误，DSB还设立了专门的上诉机构，由该机构中的三名成员组成上诉庭，受理WTO成员对专家组报告和裁定中所涉及的法律问题提出的上诉。

争端程序机制的改变所带来的影响是巨大的，它改变了长期以来GATT争议解决专家组的报告由于被申请人的反对而不能通过的尴尬局面。② WTO成立后由DSB通过的著名的“欧美香蕉案”专家组和上诉庭的报告，就是一个典型的案例。就欧盟关于进口香蕉的法令，先后设立了三个专家组，跨越了GATT和WTO两个时期。在该案中，早在1993年2月13日欧盟委员会《关于统一欧盟的香蕉进口政策的第404/93号法令》公布之前，哥斯达黎加、哥伦比亚、尼加拉瓜、危地马拉和委内瑞拉等拉美五国就以该法

---

① See James Cameron & Karen Campbell, Cameron May, *Dispute Resolution in the World Trade Organization*, London, 1998, p. 85.

② 例如在WTO成立之前的1991年至1994年间，GATT成员方提出了36项申诉，涉及32项具体的争议，其中有12个专家组提出了最终报告并在全体缔约方中散发，而经过全体一致通过的报告只有4项。See Rebort E. Hudec, *Enforcing International Trade Law: The Evolution of the Modern GATT Legal System*, Salem, N. H.: Butterworths, 1993, pp. 11 - 15.

令与GATT规则不符并使这些国家在当时欧洲各国不同的制度下所得到的利益受到损失为由，要求与欧盟进行磋商。欧盟认为该草案尚未正式公布，因而拒绝与这些国家进行磋商。于是这些国家向GATT提出申诉。GATT设立了第一个专家组，并于1993年2月10日听取了各方的意见，专家组于1993年6月3日提出了报告并向GATT全体缔约方散发。报告认为，欧盟法令在各国的实施，违反GATT第1条关于最惠国待遇、第11条第1款关于配额限制的规定。由于该报告遭到了欧共体国家和非加太国家①的反对，故未能通过。在欧盟第404/93号法令于1993年7月1日正式实施之前，上述拉美五国又提出了与欧盟磋商的要求，并立即就该法令在GATT规则下的效力问题提出质疑。1993年4月，欧盟与这些国家进行的磋商失败。在关于香蕉争议案的第一个专家组报告在GATT全体缔约方散发后13天，GATT于1993年6月16日又设立了第二个专家组，处理欧盟与拉美国家之间的关于香蕉进口的争议。1994年1月18日，专家组又提出了有利于申诉方的报告。专家组认为，欧盟第404/93号法令中的一些关键性条款，如对非加太国家的优惠关税和进口许可证制度，违反了GATT第1条（最惠国待遇）、第2条（约束性关税）和第3条（国民待遇）的规定。专家组还拒绝了欧盟提出的关于其上述规定基于GATT第24条（关税同盟和自由贸易区）的抗辩。但是，由于欧盟的反对，该报告还是未能通过。②

上述专家组的两个报告之所以未能通过，其主要原因是欧盟及其盟国的反对，致使GATT全体缔约方不能在通过专家组报告的问题上达成一致（positive consensus）。只有在WTO争议解决机制下，这一长达数年的争议才最终得到解决。

从1995年WTO成立后由美国、危地马拉、洪都拉斯和墨西哥提出关于请求设立审理欧盟香蕉进口、销售和分销制度的专家小组的建议，到1997年9月专家组和上诉庭报告的通过③；从欧盟未能在合理的期限内（1999年1月1日）对其香蕉进口制度作出与WTO规则相符的修订，到DSB于1999年3月授权美国采取价值为1.914亿美元的报复性措施，再到欧盟在2001年通过第216/2001号法令对第404/93号法令作出进一步与WTO规则相符的修订和美国撤销其所采取的报复性措施后，前后经历了近七年的时间。如果再加上GATT专家组解决欧盟香蕉进口制度的争议的时间，其一共经历了长达10年的时间，才使该争议得到了彻底的解决。而解决的结果，是欧盟对其有关香蕉进口的法律制度作出与WTO规则相符的修订，即欧盟实际履行专家组和上诉庭的报告中提出的建议和裁定。

（四）增加了对专家组和上诉机构的建议和裁定执行的监督程序

DSB的一个非常重要的职能，就是对专家组和上诉机构报告中的建议和裁定的执行

① 即非洲、加勒比、太平洋地区国家的简称，具体指欧盟第404/93号法令附件中所列举的传统上将其香蕉出口到欧洲市场的12个非加太国家：科特迪瓦、喀麦隆、苏里南、索马里、牙买加、圣卢西亚、圣文森特和格林纳丁斯、多米尼加、伯利兹、佛得角半岛、格林纳达、马达加斯加。

② See Mauricio Salas and John H. Jackson, *Procedural Overview of the WTO-EC Banana Dispute*, Journal of International Economic Law, 2000, No. 1, pp. 145-166.

③ WT/DS27/AB/R, p. 110, 1997-09-09.

情况实施监督。在完全实际履行专家组和上诉机构在报告中提出的建议之前，相关成员应当向 DSB 报告其执行情况。即便在仲裁庭确定的合理期限内，由于不能纠正其所实施的与 WTO 规则不符的措施而受到另外的 WTO 成员经 DSB 授权采取的中止减让或作出补偿的报复性措施后，也不能免除该成员实际履行专家组和上诉机构报告中的裁定的义务，在实际履行此项义务之前，其一直受到 DSB 的监督。尽管在监督问题上还存在这样或者那样的问题，如对败诉方执行报告的要求，包括执行时间表和具体的措施，以及定期对执行情况进行审议等问题，目前 DSU 规定的内容还不够具体。然而，与 GATT 项下的争议解决机制相比，WTO 争议解决机制中的执行及监督机制还是得到了加强。此项监督机制对于保证 WTO 规则的统一实施，以及维护多边贸易体制的稳定性和可预见性，发挥着重要的作用。

DSU 赋予 WTO 争议解决程序准司法性质，旨在有保障地进行争端解决程序，与争端相关的重大问题的所有决策的自动性、争端解决程序各阶段的严格时间表和有关上诉审查等规定得到了具体体现。①

必须指出的是，世界贸易组织争端解决机制的所谓“准司法性”只是一种借喻。上诉机构不同于国内法律体系中的最高法院，更不同于普通法系中的最高法院。专家组和上诉机构是帮助争端解决机构处理争端的辅助机构，其报告需要获得争端解决机构的通过，否则不具有任何法律效力。上诉机构作为二审机构，可以形成事实上的判理，但无权造法。在美国指责上诉机构越权、阻挠上诉机构成员遴选导致上诉机构“停摆”后，上诉机构能否恢复、以什么模式恢复，仍然是一个未知数。

在上诉机制停止运转后，欧盟及中国等一些成员发起设立多边临时上诉式仲裁安排，试图借由 DSU 第 25 条的仲裁程序，对专家组报告中的法律问题进行上诉式审查。但这一机制不属于世界贸易组织争端解决机制的组成部分，其仲裁报告的法律效力不明，美国政府也反对这一机制利用世界贸易组织的资源。因此，这一安排名义上存在，但未实际运作。

第三节　中国对 WTO 争议解决机制的利用

中国自 2001 年 12 月 11 日正式加入 WTO 后所享有的权利之一，就是利用 WTO 的争议解决机制，在多边条件下解决我国与 WTO 其他成员之间的贸易争端。一方面，当我国企业在 WTO 规则项下的利益受到相关缔约方的歧视时，可首先向我国政府有关部门投诉，由政府出面与该相关缔约方政府通过双边磋商的方式解决我国企业受到的不公平待遇，如果不能得到解决，就可以通过 WTO 争议解决机制，向 DSB 投诉，请求通过设立专家组的司法方式，解决我国与 WTO 其他缔约方之间的贸易争议。另一方面，如果 WTO 其他成员方政府就其国内企业的投诉要求与我国政府进行磋商，我国政府也有

---

① 参见余敏友：《WTO 争端解决机制与我国加入 WTO》，载《珞珈法学论坛》，第 1 卷，145 页，武汉，武汉大学出版社，2000。

义务通过 WTO 争议解决机制，解决我国与 WTO 其他缔约方政府之间的贸易争端。

自加入 WTO 以来，随着中国经济的快速发展和经济实力的增强，中国积极参与了 WTO 争端解决的工作。中国通过申诉方、被诉方或第三方的身份，几乎参与了所有相关争端案件。这些工作，维护了我国的贸易利益，扩大了我国在 WTO 成员中的影响，对 WTO 规则的发展和司法实践作出了积极的贡献，锻炼了我国自己的争端解决队伍，在多个方面取得了一定的成绩和较好的效果。①

中国加入 WTO 后利用 WTO 争议解决机制的实践证明，中国的实践有助于促进国际经济贸易的发展和维护多边贸易体制的稳定性和可预见性。作为 WTO 成员，中国既享受了 WTO 协议项下的权利，包括利用 WTO 争议解决机制解决与其他成员之间的贸易争端；同时也忠实地履行了 WTO 协议项下的各项义务，及时纠正与 WTO 规则不符的贸易措施，成功地解决了与 WTO 其他成员之间的贸易争议，维护了我国和其他国家有关当事人在 WTO 协议项下所应当享受的合法权益。

在经济全球化的条件下，各国之间的贸易在国民经济体系中占有重要的地位。在国际经济贸易交往中，尽管 WTO 的建立在相当大的程度上协调和统一了各国相关的贸易管理法规，但是各国在立法和执法过程中均保持一定的独立性。WTO 成员在履行其所承担的 WTO 协议项下的国际法义务的过程中，争议的发生不可避免。作为 WTO 成员，我国恰当地利用 WTO 争议解决机制，妥善地解决与其他 WTO 成员之间的争议，对于促进我国与其他国家之间的国际经济贸易往来，维护我国国家和企业的合法权益，具有重要的作用。

中国对 WTO 争议解决机制应有一个清醒的认识。WTO 争议解决机制属于国际法上的争议解决机制。国家与国际法的互动关系、国家对待国际争议解决机制的矛盾态度，以及 WTO 争议解决机制表现出的问题，特别是上诉机制问题，决定了中国对 WTO 争议解决机制的态度，既要充分利用，又不要过于依赖。即便争议解决机构通过了争议解决报告，报告的实施也最终取决于争议方之间的磋商结果。个别案件也存在被诉方拒不执行裁决的情况。虽说被诉方拒不执行裁决时，申诉方可以申请 WTO 争议解决机构授权对其中止减让或义务（即报复），但若申诉方是小国，也无力采取这类措施。

问题与思考

结合本章内容，特别是我国作为原告或者被告参与 WTO 争议解决活动，思考下列问题：

1. GATT 与 WTO 争议解决机制有哪些不同？
2. 如何评价 WTO 争议解决机制？
3. 如何利用 WTO 争议解决机制解决我国与其他国家之间的贸易争端？

① 参见中华人民共和国商务部条约法律司编著：《WTO 争端解决会议材料》，19 页，2005-06-14。

第二十三章
国家与他国国民之间经济贸易争议的解决

本章概要

在经济全球化的进程中，主权国家在维护国家的经济安全和社会公共利益方面，发挥着重要的作用。国家应维护法律尊严，维护市场竞争秩序，保护本国产业、消费者和其他社会团体的合法权益。政府部门在履行职责过程中，不可避免地与包括外国国民在内的经营者发生冲突，甚至损害经营者的利益。经营者可通过国内和国际两个渠道来捍卫自己的利益，必要时可通过自己的政府向其他有关政府主张权益。在贸易领域，经营者可通过国内程序获得救济，但不能诉诸世界贸易组织争端解决机制。在投资领域，投资者除可在东道国直接起诉东道国政府外，在满足条件时还可诉诸世界银行管理的投资条约仲裁机制。

关键术语

东道国　外国投资者　投资争议　ICSID 解决

第一节　国家与他国国民之间的经济贸易争议的特点

一、国家与他国国民之间经济贸易争议的特点

国家是一国社会公共利益的维护者。为了维护社会公共利益，国家往往制定一系列的行政法规，依法履行政府的职能和维护社会公共利益。国家在履行政府职能和维护社会公共利益的过程中，在执法过程中，可能与被执法人员发生争议。

国家执法部门与被执法人员或者单位之间的争议特点是：第一，从争议的主体看，一方为东道国政府或其机构，另一方则为外国公司，或者是外国公司在中国的子公司。尽管子公司具有东道国的国籍，但是从公司的所有者来看，或者是完全由外国国民出资的子公司，或者是外国国民占有部分份额的合资企业。第二，从争议事项的特点看，多数情况下是由于政府管理行为而产生的争议，或者是由于外国国民违反东道国经济管理法律法规而产生的争议，如由于违反东道国反不正当竞争法而与东道国政府发生的争议，这类争议通常称为行政争议。

二、国家与他国国民之间经济贸易争议的解决方式

行政争议与一般意义上的合同争议不同。行政争议中双方的法律地位不同，所进行的活动也不完全相同。合同是商业性质的行为，而行政争议是国家执法机关在执法过程中与被执法人员之间发生的争议，这类争议一般不能通过协商谈判的方法解决，一般可通过下列方法解决。

（一）行政复议的方法

国家执法机关在执法的过程中，相关人员必须服从执法人员的管理，而不能与执法人员讨价还价。对执法部门的判罚不服的，可以向上级机关提出行政复议。如果对行政复议还是不服，可以向该执法部门所在地人民法院提起司法诉讼。

（二）提起司法诉讼的方法

当事人不服行政执法部门的裁定，可以不经过行政复议，直接向该执法部门所在地人民法院提起司法诉讼。执法部门也可以向法院就外国国民的违法行为提起诉讼，包括民事诉讼和刑事诉讼。

第二节 国家与他国国民之间投资争议的解决

国家与他国国民之间的投资争议，是指外国投资者与东道国政府之间由于在东道国投资而产生的争议。

一、东道国与外国投资者之间的争议种类及解决方法

东道国与外国投资者之间的争议可以分为两大类：一类是基于契约而产生的争议，如国家为了吸引外国投资者而直接与其签订的特许协议。这类协议一般涉及国计民生方面的项目，如开发自然资源或建设大型供电、供水等基础设施等。另一类是非直接基于契约而引起的争议，即由于国家行为或政府管理行为而引起的争议，如东道国通过立法将属于外国投资者所有的财产收归国有，或实行外汇管制、增加税收等政府管理行为，或者由于东道国发生内乱、革命等引起外国投资者财产损失而与东道国政府发生的争议。

关于东道国政府与外国投资者之间的争议，通常可以通过下列方式解决。

1. 协商谈判的方法

这种解决争议的方法可以规定在政府与外国当事人订立的特许协议中。对于非契约性争议，外国投资者也可与政府管理机关进行谈判。但鉴于它们之间没有契约关系，且双方处于不同的法律地位，因而它们之间由于投资活动而产生的争议一般不通过协商谈判的方法加以解决。

2. 东道国救济的方法

此即外国投资者可将争议提交东道国法院，按照东道国的程序法和实体法寻求救济，解决争议。阿根廷著名国际法学家卡尔沃（Carlo Calvo）提出的关于国际投资争议应当由东道国法院管辖，用尽当地救济，反对外交干预的主张，就是典型代表。

3. 外交途径

此即采用外交保护的方法，由外国投资者所属国的政府有关部门通过外交途径向东道国政府提出国际请求，由两国政府之间通过谈判解决。但行使外交保护的前提，是用尽当地救济。

4. 国际仲裁

这是当事人自愿解决争议的方法，其前提是存在将争议提交仲裁解决的仲裁协议。根据 1965 年《关于解决国家与他国国民之间投资争端公约》设立的解决投资争议国际中心，其目的就是为通过仲裁方式解决国家与外国投资者之间的争议提供便利。

二、通过解决投资争议国际中心解决东道国与外国投资者之间的争议

解决投资争议国际中心（International Center for the Settlement of Investment Dispute，ICSID，以下简称中心）根据 1965 年 3 月 18 日由世界银行提交各国政府在华盛顿签署的《解决国家与他国国民之间投资争端公约》（Convention on the Settlement of Investment Disputes Between States and Nationals of Other States，以下简称《华盛顿公约》）设立，该公约于 1966 年 10 月 14 日生效。截至 2021 年 6 月，共有 163 个国家成为《华盛顿公约》的缔约方。

1. 中心的法律地位及管辖权限

中心是根据《华盛顿公约》设立的国际法人，具有完全的国际法律人格。中心的法律行为能力包括：（1）缔结合同的能力；（2）取得和处理动产及不动产的能力；（3）起诉的能力。

中心及其财产享有豁免于一切法律诉讼的权利。中心的官员及雇员在履行公务的过程中，享有《华盛顿公约》规定的特权与豁免。中心的档案无论存放在何处，均不可侵犯。中心及其财产收入以及公约许可的业务活动和交易应豁免于一些税捐和关税。

按照《华盛顿公约》规定：（1）凡提交中心仲裁的投资争议的当事人，其中一方必须是公约缔约国或该缔约国的公共机构或实体，另一方则应是另一缔约国的国民（包括自然人、法人及其他经济实体）。这就是说，争议双方一般应当具有不同的国籍。但在实践中，外国投资者常常在东道国设立当地的公司，而这些公司具有当地的国籍，即属于在东道国注册的外国投资企业。对于这些在东道国设立的外商投资企业与东道国政府之间的争议，尽管这些企业与东道国的国籍相同，但按照《华盛顿公约》第 25 条第 2 款第 2 项的规定，如果某法律实体与缔约国具有相同的国籍，但由于该法律实体直接受到另一缔约国利益的控制，如果双方同意，为了公约的目的，该法律实体也可被视为另一国国民。此外，一个国家为《华盛顿公约》的缔约国的事实，并不意味着该国担保将与该

国有关的投资争议都提交中心解决。(2) 凡提交中心解决的特定争议，当事双方必须订有将该特定争议提交中心解决的书面仲裁协议，而此项协议的存在，是中心取得对该特定争议行使管辖权的必要的实质要件。而一旦双方当事人订立了书面的将该特定争议提交中心解决的仲裁协议，任何一方当事人均不得单方面撤回其已经表示的同意。此外，某一缔约国的公共机构或实体表示的同意，须经该缔约国批准，除非该缔约国通知中心不需要此项批准。(3) 根据《华盛顿公约》的规定，中心管辖权应扩及缔约国及其公共机构或实体与另一缔约国国民之间因直接投资而产生的任何法律上的争议。这就是说，中心对投资争议的仲裁，仅限于由于投资而产生的法律争议，而不是其他方面的争议。因此，争议只有同时具备以上三个实质要件，才属于中心管辖的范围。

值得注意的是，从《华盛顿公约》的字面规定看，"当事人书面同意"仍是仲裁庭受理案件的基础。然而，在国际投资协定(BIT，IIA)中东道国事先同意的条件下，这种仲裁机制向着强制性的方向发展，其特殊的同意模式、特殊的同意效果已不是当初公约的案文"当事人书面同意"所能涵盖的。"BIT 条约本身使投资者成为一个私人首席检察官，有权对主权国家强制执行 BIT 的国际法标准。"① 庞大的 BIT 群体使《华盛顿公约》关于投资仲裁的节制性构建被打破，国际投资仲裁案已泛滥成灾。截至 1994 年年底，只有 3 件与投资条约有关的争端提交到中心，到 2020 年年底，已有 803 件此类争端提交到中心。

2. 中心的仲裁程序

(1) 仲裁申请。

拟将争议提交中心解决的任何缔约国或缔约国的国民，应向中心秘书长提出书面仲裁申请。其内容包括：争议的事实，当事双方的身份，以及它们同意依照中心的调解和仲裁规则仲裁等。秘书长应将申请书的副本送交被申请人，并予以登记(除非秘书长根据申请书中所包括的材料认定该争议不属于中心的管辖范围)。同时，秘书长还应将登记或不予登记的情况通知双方当事人。

(2) 仲裁庭的组成及权限范围。

仲裁庭可以由双方同意的独任仲裁员或三名仲裁员组成。在后一种情况下，由当事各方各自指定一名仲裁员，第三名仲裁员(首席仲裁员)由当事双方协商指定。所指定的仲裁员应具备公约规定的仲裁员应当具备的品德和资格。如秘书长在发出登记通知后 90 日内未能组成仲裁庭，则由中心主席任命仲裁庭的组成人员。被指定的仲裁员应当是仲裁人小组的成员，但不得为争议一方所属的缔约国国民。仲裁庭可就其管辖权限作出决定。

(3) 仲裁审理。

仲裁程序应当按照公约规定进行。除当事双方另有约定以外，应当依照双方同意提交仲裁之日有效的仲裁规则进行仲裁。如果发生公约及中心仲裁规则或双方同意的任何规则未作规定的程序问题，则该问题应当由仲裁庭决定。

仲裁庭在解决争议的过程中，按照《华盛顿公约》第 42 条的规定，应当适用双方共

① Matthew Wendlandt, "SGS v. Philippines and the Role of ICSID Tribunals in Investor-State Contract Disputes", *Texas International Law Journal*, Summer 2008.

同选择的法律。如无此项选择，应当适用争议一方的法律，包括该法律中有关的冲突规则，以及可适用的国际法规则。按照许多东道国的有关国际投资的法律，在东道国的投资，必须适用东道国的法律。实践中在有关国际投资合同中，无论是当事人选择的法律，还是仲裁庭决定适用的法律，通常情况下均为东道国的法律。而外国投资者为了维护自己的利益，避免由于东道国单方面修订其法律（如颁布国有化或征收的法令）而损害投资者的利益，一般在谈判合同时列入“稳定条款”，即在合同履约期间，如法律发生与合同规定相悖的变更，则合同中的规定应当优先适用。

（4）仲裁裁决。

仲裁裁决应当以全体成员的多数票作出，并应采用书面形式，由赞成此裁决的成员签署。裁决应当处理提交仲裁庭解决的所有问题，并说明裁决所依据的理由。任何仲裁员都可在裁决书上附具他个人的意见，无论此项意见是否是多数人的意见。未经双方当事人同意，裁决不得对外公布。中心秘书长应迅速将核正无误的裁决副本送交当事双方。如果当事人对裁决的含义或范围持有异议，任何一方均可向秘书长提出书面申请，要求仲裁庭对有异议的事项作出解释。

（5）中心仲裁裁决的撤销。

当事人只有在下列情况下，才可向秘书长提出撤销裁决的申请：1）仲裁庭的组成不当；2）仲裁庭显然超越其权限范围；3）仲裁庭的成员有受贿行为；4）仲裁有严重背离基本的程序规则的情况；5）裁决未陈述其所依据的理由。秘书长收到请求撤销裁决的申请后，应予以登记，并立即请中心行政理事会主席从仲裁人小组中任命三人组成专门委员会。委员会的成员不得为作出裁决的仲裁庭成员，且不得具有与上述任何成员相同的国籍，不得为争议一方的国家的国民，也不得为争议任何一方的国家所指派参加仲裁人小组的成员，以及曾在该同一争议中担任调停人。委员会有权依公约规定的理由撤销裁决或裁决中的任何部分。

如果仲裁裁决的全部或部分被专门委员会撤销，任何一方当事人可以请求将此争议重新提交给一个新的仲裁庭审理。但如果原裁决仅有部分内容被撤销，则新的仲裁庭不应对未曾撤销的任何部分进行重新审理。

（6）中心仲裁裁决的承认与执行。

中心仲裁裁决的效力与《纽约公约》的不同。依《纽约公约》作出的裁决可以由执行地法院进行审查，如果没有公约规定的拒绝承认与执行的条件，经法院裁定后发出执行令执行裁决。而中心的裁决相当于缔约国法院的最终判决，各缔约国法院不得对它进行任何形式的审查，包括程序上的审查；也不得以违背当地的社会公共秩序为由而拒绝承认与执行。任何一方当事人也不得对中心裁决提出任何上诉或采取任何除公约规定以外的补救办法。除依公约有关规定停止执行的情况外，当事各方及各有关缔约国法院均应遵守和履行中心的裁决。

（7）国家财产执行豁免。

尽管有上述关于中心仲裁裁决承认与执行的相关规定（第 54 条），但《华盛顿公约》第 55 条规定了例外情形：第 54 条的规定不得解释为背离任何缔约国现行的关于该国或任何外国执行豁免的法律。这表明，中心仲裁裁决的执行还面临着国家财产执行豁免这一道坎。各国在这一问题上的立场是不同的。

第三节　中国政府与外国投资者之间投资争议的解决

我国政府与外国投资者之间争议的解决方法，体现在我国有关的国内立法、我国缔结或参加的双边或多边国际公约中。

自 20 世纪 70 年代末我国实行对内搞活经济、对外开放的政策以来，我国在过去的几十年中颁布了一系列有关吸收利用外资的法律和法规。自 1982 年与瑞典签订了第一个双边投资保护协定后，我国已经同 100 多个国家订立此类协定并生效。同时正在与一些国家为签订或修改投资保护协定进行谈判。此外，我国近期签署的自由贸易协定中也含有投资的内容，出现自由贸易协定纳入投资协定的趋势。我国立法机构还分别于 1988 年和 1993 年批准和加入了 1985 年《多边投资担保机构公约》和 1965 年《华盛顿公约》。

根据我国近年来的立法与实践，我国国家与外国投资者之间的争议，除通过双边协商解决外，主要有以下三种情况。

1. 当地救济的方法

此即通过我国国内行政管理机构或司法机构予以解决。例如，我国与荷兰、法国、丹麦等国订立的投资保护协定均规定，对于缔约一国与缔约另一国投资者之间关于该投资者在缔约一国领土和海域内的投资争议，投资者可选择如下的解决方法：（1）向投资所在缔约国的主管行政当局或机构申诉并寻求救济；（2）向投资所在国有管辖权的法院提起诉讼。以上方法适用于所有的在我国境内投资的外国投资者，无论其所属国是否与我国订有双边投资保护协定。

2. 通过国家之间的解决方法

通过国家之间解决东道国与外国投资者之间的争议，可以采取以下方法。

（1）外交谈判的方法。

此即通过国家之间协商的方法解决，但使用这种方法的前提条件，应当是在用尽当地救济后，争议仍然未能得到解决。此种方法可适用于一切与投资争议有关的场合，无论外国投资者所属国是否与我国订有双边协定或者均为有关国际公约的缔约国。

（2）代位求偿的方法。

此种方法主要适用于外国投资者所属国与我国订有双边协定，或者均为有关国际公约的缔约国的情况。根据我国与其他国家订立的投资保护协定，如果对方国家对其国民在我国境内的投资提供了保险或担保，并据此向其在中国投资的国民支付了赔偿，我国政府承认缔约另一方对其国民的权利的代位，但此项代位不得超过其国民应当享有的权利。①

---

① 1979 年中美两国建立外交关系时两国政府签署了《中华人民共和国政府和美利坚合众国政府关于解决资产要求的协议》，采取了一次总付的方式解决了双方公民的相互资产要求问题。1987 年中英两国政府签署了《中华人民共和国政府和大不列颠及北爱尔兰联合王国关于解决历史遗留的相互资产要求的协定》，亦采取一次总付的方式解决双方国民的相互资产要求问题。

根据我国参加的《多边投资担保机构公约》，该公约缔约国的国民也可向该公约项下的多边投资担保机构（MIGA）投保公约规定的风险。该公约第 18 条规定，MIGA“在对投保人支付或同意支付赔偿时，投保人对东道国其他债务人所拥有的有关投保领域投资的权利或索赔权应由 MIGA 代位”。而所有缔约国都应承认 MIGA 的上述权力。

此外，对于那些未与我国订立上述协定或共同参加国际公约的国家，如果国家对其国民在我国境内的投资提供了保险或担保，并据此向其在中国投资的国民支付了赔偿，也可采用此种方法解决争议。

3. 国际仲裁的方法

我国于 1990 年 2 月签署了《华盛顿公约》，1993 年 2 月 6 日正式加入此公约。我国政府在加入时已经向中心发出通知：根据该公约第 24 条第 4 款，中国政府只考虑将由于征收和国有化而产生的赔偿争议交由中心管辖。[①] 然而，随着 1998 年 7 月我国与巴巴多斯签订双边投资保护协定，不仅由于国有化和征收引起的争议可以提交中心仲裁，其他的投资争议也可以提交中心仲裁。[②]

在实践中，已经发生涉及我国政府和当事人的在中心仲裁的案件，其中包括：

（1）中国香港地区居民谢业深仲裁案：Tza Yap Shum v. Republic of Peru（ICSID Case No. ARB/07/6）；

（2）马来西亚一公司诉我国政府案：Ekran Berhad v. People's Republic of China（ICSID Case No. ARB/11/15）；

（3）Standard Chartered Bank（Hong Kong）Limited v. Tanzania Electric Supply Company Limited（ICSID Case No. ARB/10/20）；

（4）平安保险公司诉比利时政府案：Ping An Life Insurance Company of China, Limited and Ping An Insurance (Group) Company of China，Limited v. Kingdom of Belgium（ICSID Case No. ARB/12/29）；

（5）韩国安森住宅公司诉中华人民共和国案：Ansung Housing Co., Ltd. v. People's Republic of China（ICSID Case No. ARB/14/25）；

（6）北京城市建筑集团诉也门共和国案：Beijing Urban Construction Group Co. Ltd. v. Republic of Yemen（ICSID Case No. ARB/14/30）。

我国与一些国家订立的双边投资保护协定中，也有一些涉及通过仲裁解决国家与对方投资者之间的投资争议的规定。而对于那些与我国无此协定或未能参加《华盛顿公约》的国家，如果这些国家的投资者与我国政府订有通过仲裁解决投资争议的仲裁协议，也可通过仲裁的方式解决此项争议。因此，除基于中心规则提起投资条约仲裁案件外，还

---

① See "World Arbitration & Mediation Report", Vol. 4, No. 2, Feb. 1993, p. 32.

② 该协定第 9 条关于投资争议的解决的规定是：（1）缔约一方的投资者与缔约另一方之间任何投资争议，应尽可能由投资者与缔约另一方友好协商解决。（2）如本条第 1 款的争议在争议自另一方收到有关争议的书面通知之日后 6 个月内不能协商解决，投资者有权选择将争议提交下述两个仲裁庭中的任意一个，通过国际仲裁的方式解决。1）依据 1965 年 3 月 18 日在华盛顿签署的《解决国家与他国国民之间投资争端公约》设立的“解决投资争议国际中心”；2）根据《联合国国际贸易法委员会仲裁规则》设立的仲裁庭。该规则中负责指定仲裁员的机构将为“解决投资争议国际中心”秘书长……

可以基于联合国贸法会制定的仲裁程序提出投资条约仲裁案件。近几年基于这两个程序提起的与中国相关的案件在不断增多。

课堂讨论案例

谢业深案

2007年2月12日，中心秘书处受理了谢业深依据中国同秘鲁政府于1994年签订的《中国—秘鲁双边投资保护协定》向中心投诉秘鲁政府的仲裁申请。理由是2002年1月，持有中国护照的中国香港地区居民谢业深（Tza Yap Shum）在大不列颠维京群岛设立了Linkvest公司。同年6月，Linkvest购买了在秘鲁设立的鱼粉生产企业TSG公司90%的股份。2004年，秘鲁税务局在国内采取一系列税收征管措施，同年9月对TSG的税收审计情况签署报告，12月通知TSG欠税情况。2005年1月，秘鲁税务局对TSG实施了"税收抵押扣押令"（Tax Lien with Garnishment），TSG请求税务局撤销该扣押令，遭到秘鲁政府拒绝。

2007年10月1日，仲裁庭组成了以J. L. Kessler为首的三人仲裁庭。谢业深的仲裁请求和依据是：秘鲁当局发出欠税通知后仅1个月，就冻结了TSG的银行账户，致使TSG公司陷入瘫痪。秘鲁政府对TSG公司采取的税收征管措施构成征收行为，进而TSG向秘鲁政府提出索赔2 000万美元的诉求。被申请方秘鲁政府于2008年3月对中心的管辖权提出异议。其理由主要有四：第一，谢业深是中国香港地区居民，中秘BIT并不适用于中国香港地区，故谢业深不符合中秘BIT对"投资者"的定义；第二，谢业深在争议实际发生之前，并未在秘鲁有投资；第三，即使中秘BIT适用于本案，该BIT也只同意将与征收补偿款额有关的争议提交仲裁，而不是将征收争议提交仲裁；第四，谢业深并未提供初步证据证明秘鲁税务局的行为构成征收。

2008年10月中旬本案仲裁庭开庭审理后，其于2011年7月7日作出了对本案有管辖权的裁定。理由是：尽管申请人是中国香港地区居民，但其所持的是中华人民共和国的护照，故中秘BIT适用于本案。2011年11月9日，秘鲁政府向中心申请撤销该裁定，中心依据其规则成立了专门委员会审理此案，2015年2月15日，专门委员会就撤销该裁定的申诉作出了最终决定。

请结合本章内容，思考下列问题：

（1）中心的性质及管辖权限是什么？

（2）你对"谢业深案"有何评论？

问题与思考

1. 国家与外国投资者之间争议的主要特点是什么？
2. 如何解决国家与外国投资者之间的争议？
3. 如何解决我国与外国投资者之间的争议？

图书在版编目（CIP）数据

国际经济法/郭寿康，赵秀文，韩立余主编. --6版. --北京：中国人民大学出版社，2022.4
新编21世纪法学系列教材
ISBN 978-7-300-30517-2

Ⅰ.①国… Ⅱ.①郭… ②赵… ③韩… Ⅲ.①国际经济法-高等学校-教材 Ⅳ.①D996

中国版本图书馆CIP数据核字（2022）第054303号

教育部全国普通高等学校优秀教材（一等奖）
北京高等教育精品教材
新编21世纪法学系列教材
总主编　曾宪义　王利明
国际经济法（第六版）
主　编　郭寿康　赵秀文　韩立余
Guoji Jingjifa

出版发行	中国人民大学出版社		
社　　址	北京中关村大街31号	**邮政编码**	100080
电　　话	010－62511242（总编室）		010－62511770（质管部）
	010－82501766（邮购部）		010－62514148（门市部）
	010－62515195（发行公司）		010－62515275（盗版举报）
网　　址	http://www.crup.com.cn		
经　　销	新华书店		
印　　刷	固安县铭成印刷有限公司	**版　　次**	2000年1月第1版
开　　本	787 mm×1092 mm　1/16		2022年4月第6版
印　　张	31.5插页1	**印　　次**	2024年12月第5次印刷
字　　数	702 000	**定　　价**	79.00元

《　　　　　　　》※任课教师调查问卷

为了能更好地为您提供优秀的教材及良好的服务，也为了进一步提高我社法学教材出版的质量，希望您能协助我们完成本次小问卷，完成后您可以在我社网站中选择与您教学相关的1本教材作为今后的备选教材，我们会及时为您邮寄送达！如果您不方便邮寄，也可以申请加入我社的**法学教师QQ群：83961183（申请时请注明法学教师）**，然后下载本问卷填写，并发往我们指定的邮箱（cruplaw@163.com）。

邮寄地址：北京市海淀区中关村大街31号中国人民大学出版社806室收

邮　　编：100080

再次感谢您在百忙中抽出时间为我们填写这份调查问卷，您的举手之劳，将使我们获益匪浅！

基本信息及联系方式：※

姓名：＿＿＿＿＿＿ 性别：＿＿＿＿＿＿ 课程：＿＿＿＿＿＿＿＿＿＿

任教学校：＿＿＿＿＿＿＿＿＿＿＿＿＿＿ 院系（所）：＿＿＿＿＿＿＿＿

邮寄地址：＿＿＿＿＿＿＿＿＿＿＿＿＿＿ 邮编：＿＿＿＿＿＿＿＿＿＿

电话（办公）：＿＿＿＿＿＿ 手机：＿＿＿＿＿＿ 电子邮件：＿＿＿＿＿＿

调查问卷：※

1. 您认为图书的哪类特性对您选用教材最有影响力？（　　）（可多选，按重要性排序）
   A. 各级规划教材、获奖教材　　B. 知名作者教材
   C. 完善的配套资源　　D. 自编教材
   E. 行政命令
2. 在教材配套资源中，您最需要哪些？（　　）（可多选，按重要性排序）
   A. 电子教案　　B. 教学案例
   C. 教学视频　　D. 配套习题、模拟试卷
3. 您对于本书的评价如何？（　　）
   A. 该书目前仍符合教学要求，表现不错将继续采用
   B. 该书的配套资源需要改进，才会继续使用
   C. 该书需要在内容或实例更新再版后才能满足我的教学，才会继续使用
   D. 该书与同类教材差距很大，不准备继续采用了
4. 从您的教学出发，谈谈对本书的改进建议：＿＿＿＿＿＿＿＿＿＿＿＿

＿＿＿＿＿＿＿＿＿＿＿＿＿＿＿＿＿＿＿＿＿＿＿＿＿＿＿＿＿＿＿＿＿＿

＿＿＿＿＿＿＿＿＿＿＿＿＿＿＿＿＿＿＿＿＿＿＿＿＿＿＿＿＿＿＿＿＿＿

选题征集：如果您有好的选题或出版需求，欢迎您联系我们：

联系人：黄　强　宁丹丽　联系电话：010-62515955/5536

索取样书：书名：＿＿＿＿＿＿＿＿＿＿＿＿＿＿＿＿＿＿＿＿＿＿＿＿

书号：＿＿＿＿＿＿＿＿＿＿＿＿＿＿＿＿＿＿＿＿＿＿＿＿＿＿＿＿＿＿

备注：※为必填项。